儀禮正義

四部備要

經部

上海中華書局據南菁書院續經解本校刊

桐鄉　陸費逵總勘
杭縣　高時顯
杭縣　吳汝霖輯校
杭縣　丁輔之監造

儀禮正義序

績溪戸部胡先生夙承家學邃精三禮以儀禮經爲周公作有殘闕而無僞託鄭注而後惟唐賈氏公彥疏盛行而賈疏或解經而違經旨或申注而失注意因參稽衆說覃精研思積四十餘年成正義若干卷先生自述其例有四曰補注補鄭君注所未備也曰申注申鄭君注義也曰附注近儒所說雖異鄭恉義可旁通附而存之廣異聞佉專己也曰訂注訂鄭君注義偶有違失詳爲辨正別是非明折衷也夫禮者履也禮者體也使人約其心於登降揖讓進退酬酢之閒目以處義足以步目考中度衷昭明物則以是觀其容而知其心即其敬惰以考其吉凶之故春秋所記其應如響故先王所以教君子所以履莫不於是盡心焉顧嬴秦滅學而後高堂生傳禮十七篇五傳而有大小戴慶氏三家之學其時雖並置博士而范史所紀至儒林未有顯者賴康成鄭君本小戴之學又校以古經爲鄭氏學而是經

以明宜其爲百代師表也然自是鄭注孤行雖有荀崧宜置博士之請而爲其學者絶少自王肅沈重黃慶李孟悊而外如袁準孔倫十數家大都專解喪服而已故賈氏並疏二禮而儀禮不逮周禮之該洽即儀禮一經而衆篇亦不逮喪服之該洽觀其自序稱喪服南北章疏甚多其解全經惟取裁黃李二家則其詳略之殊致亦以所本者多寡不同歟況自高堂生推士禮以合之天子後儒雖錯綜全經旁推午貫而先王制禮貴多貴少主減進文精意所存有非一端可例則即鄭注以攷經文亦不免偶有歧合之殊而疏家例取專門即有違失必爲曲解又所申釋必取經注正文彼此殊科或亦彊爲比傅則其解經而反違經旨申注而幷失注義亦勢所必然曷若無所依違期於大通哉雖然三代以上典物俱存服其服則帶裳韠舄之異等易明也履其地則堂室奧阼之殊方易識也接其人則南鄉北鄉東面西面之異位易辨也舉其器則几席筐篚尊俎觚觶之殊制

易攷也故其時君子務察位稱之義而器數則有司存三代以後卽鄭君去古未遠而先王法物已罕有知者故其注禮時卽漢制以相譬況及賈疏時則幷漢制亦多有不能知者（如士冠禮缺項鄭注舉卷幘䌷以證如頍之讀而賈疏則謂卷幘之狀不可知矣）況其更歷千載乎是非旁搜博攷神與古會念釋所在回翔反覆卽器數以攷誼理之存使精融形釋若親接古人而與之進退酬酢於其閒亦安能抉經之心析異同之見以折衷一是哉余於茲識先生爲之之勤研之之久而益信其所擇者精所成者大也昔鄭君自以年老乞於禮堂寫定經說後遂夢徵起起歲阨龍虵今先生亦力疾成書書甫成而遽歸道山後先之軌千載同符然則先生紹業鄭君將於是在世有好是書而刊布之者其亦先生之志也夫

道光己酉十月順德羅惇衍椒生氏撰

儀禮正義目錄

儀禮正義一

南菁書院

績溪胡培翬竹村著

士冠禮第一

鄭目錄云童子任職居士位年二十而冠主人玄冠朝服則是仕於諸侯天子之士朝服皮弁素積古者四民世事士之子恆爲士冠禮於五禮屬嘉禮大小戴及別錄此皆第一

疏正義曰儀徵大學士阮公撰十三經注疏校勘記於儀禮尤詳其自序云鄭氏疊古今文最爲詳覈語助多寡靡不悉紀今校是經寧詳無略用鄭氏家法也培翬撰正義一遵其說詳載各本經注異同其宋嚴州單注本爲宋本之最佳者現已重刻行世悉據錄焉○校勘記云作鄭目錄云至此皆第一毛及陳閩監本俱列疏前今案則是仕於諸侯天子之士近汪士鐘重刻單疏本無仕字誤朱氏儀禮經傳通解陳鳳梧單注本及各本俱有陸氏德明經典釋文以天子二字加於諸侯之上非朱子嘗辨之又云溫本亦誤冠禮於五禮屬嘉禮臧鏞堂目錄本冠下無禮字各本有此皆第一各本同通解作皆此爲第一今俱從各本○鄭目錄者鄭氏康成所作別爲一書不入注內賈氏公彥作疏始引以散附各篇題之下今仍之隋書經籍志云三禮目錄一卷鄭氏撰梁有陶宏景注是別爲一書也嘉慶間黃丕烈重刻宋嚴州單注本不載目錄可證云童子任職居士位年二十而冠者鄭意蓋以此爲士身加冠也然下又云古者四民世事士之子恆爲士朱子謂詳鄭意似謂士之子雖未仕亦得用此禮矣曲禮二十曰弱冠四十曰强而仕此常法也亦容有才質出衆當未冠之時即已居士位者故鄭兼已仕未仕言之吳氏廷華儀禮疑義云徐以升謂下記云天子之子猶士也天下無生而貴者則自天子之子以

下凡入學者皆可以士名之見此經爲天下之通禮其說是也鄭謂士之子恆爲士亦指學士言先祖樸齋先生諱匡衷鄭氏目錄校證云案士有已仕而有位者周禮上士中士下士是也有未仕者玉藻所謂居士王制所謂選士俊士是也今案據此則未仕者亦稱士經文士字實該之矣敖氏繼公儀禮集說謂此篇主言士冠其適子之禮今以經考之其曰主人玄冠朝服則其父固有位之士也又曰將冠者采衣紒則未仕爲士可知敖說近是然賈疏引喪服小功章大夫爲昆弟之長殤以證則固有年未二十而已任職居位者若必專主未仕之士言又不若鄭說之該括矣萬氏斯大儀禮商云禮不下庶人故自士以上一依乎士禮以爲之準雖天子諸侯之子亦不得異焉彼諸侯之有冠禮此惟先君早世世子年幼爲君如魯襄邾隱者乃行之推此於天子亦惟幼而卽位如周成王者或有異焉故曰天子之元子猶士也則諸侯大夫之子可知案此說是也冠者將以責成人之道故年必以二十爲斷喪服十九以下則爲殤以其未成人也荀子謂十九而冠非矣曲禮曰男子二十冠而字內則曰二十而冠始學禮此禮之正也其有年未及二十而冠者則皆禮之變不足引以爲此經之證云主人玄冠朝服則是仕於諸侯天子之士朝服皮弁素積者此當以仕於諸侯絕句朱子云諸侯朝服以日視朝天子皮弁以日視朝皆君臣同服故言此篇言主人玄冠朝服則是仕於諸侯而爲士者若天子之士則其朝服當用皮弁素積不得言玄冠朝服也張氏爾岐儀禮鄭注句讀云其云仕於諸侯明非天子之士實則天子之士亦同此禮唯主人冠服有異今案冠昏喪祭切於民用周公制禮欲以通行天下故多就侯國言之然王朝之與侯國異冠服不異禮節張說是也云古者四民世事士之子恆爲士者齊語文四民謂士農工商也云冠禮於五禮屬嘉禮者五禮吉凶賓

軍嘉是也皆周禮大宗伯掌之冠屬嘉禮者大宗伯云以嘉禮親萬民下卽云以昏冠之禮親成男女是冠爲嘉禮也王氏應麟困學紀聞引三禮義宗云儀禮十七篇吉禮三凶禮四賓禮三嘉禮七軍禮皆亡案吉禮三特牲少牢有司也凶禮四喪服士喪既夕士虞也賓禮三士相見聘覲也嘉禮七士冠士昏鄉飲鄉射燕大射公食也云大小戴及別錄此皆第一者大戴戴德小戴戴聖皆傳儀禮者別錄劉向所作此三家篇第不同惟此篇則皆列爲第一以禮始於冠故耳今所傳之十七篇以士冠始以有司終卽別錄之次第而鄭用之者也其大戴篇次士冠第一士昏第二士相見第三與別錄同以下則異士喪第四既夕第五士虞第六特牲第七少牢第八有司徹第九鄉飲酒第十鄉射第十一燕禮第十二大射第十三聘禮第十四公食第十五覲禮第十六喪服第十七小戴篇次士冠第一士昏第二士相見第三鄉飲酒第四鄉射第五燕禮第六大射第七與別錄同以下則異士虞第八喪服第九特牲第十少牢第十一有司徹第十二士喪第十三既夕第十四聘禮第十五公食第十六覲禮第十七具見賈疏中皆鄭所不從也

儀禮 疏 正義曰唐石經士冠禮第一下標儀禮鄭氏注五字嚴本同儀禮爲全部之總名乃退在士冠禮下者古人著書多以小題居上大題列下班氏之著漢書亦然今仍之又案士冠禮第一上唐石經有儀禮卷第一五字用隸體書蓋後人所加非鄭本之舊不然既退大題於下何於上又書儀禮卷數乎嚴本同皆非也○禮記明堂位曰周公攝政六年制禮作樂故崔氏靈恩陸氏德明孔氏穎達及賈氏皆云儀禮周公所作韓氏愈云文王周公之法制具在於是蓋亦以爲周公作也孔子孟子所云學禮卽謂此書朱子云遭秦滅學禮樂先壞漢晉以來諸儒補輯竟無全書其頗存者三禮而已周官一書固爲禮之綱領至其

儀法度數則儀禮乃其本經而禮記郊特牲冠義等篇乃其義疏耳前此猶有三禮通禮學究諸科王安石變亂舊制廢罷儀禮而獨存禮記之科棄經任傳遺本宗末其失已甚張氏淳云周禮古矣然聖人設官分職之書也至其所用以長以治者豈能舍儀禮禮記古矣然皆釋儀禮之義若祭義冠義昏義鄉飲酒義射義燕義聘義是也豈得而先儀禮虞氏云禮記乃儀禮之傳周禮雖得之於河閒獻王時無有傳之者武帝以爲末世瀆亂之書何休以爲六國陰謀之書至漢末乃行於世唯儀禮之書漢初已行高堂生傳之蕭奮蕭奮傳之孟卿孟卿傳之后蒼后蒼傳之戴德戴聖案此卽鄭氏六藝論所謂五傳弟子也熊氏朋來云周禮大綱雖正其閒職掌繁密恐傳者不皆周公之舊戴記固多格言而譌謬亦不免惟儀禮爲禮經之稍完者先儒謂其文物彬彬乃周公制作之遺今案據此諸說三禮惟儀禮最古亦惟儀禮最醇矣儀禮有經有記有傳記傳乃孔門七十子之徒之所爲而經非周公莫能作其閒器物陳設之多行禮節文之密升降揖讓裼襲之繁讀之無不條理秩然每篇自首至尾一氣貫注有欲增減而不能者今所存止十七篇以爲殘闕不全固有之矣若以爲出後人之僞撰則斷乎其未有也彼樂史徐積之說昔人已早辨之賈疏謂周禮是統心儀禮是履踐不知履踐必本於心外之有揖拜辭讓之文內之必有恭敬謙遜之實故魏氏了翁以爲儀禮一經非由外心以生凡皆人性之固有天秩之自然則以二禮分別外內非矣賈疏又謂儀禮亦名曲禮引禮器經禮三百曲禮三千爲證今案中庸作禮儀三百威儀三千漢書藝文志作禮經三百威儀三千其名大同小異舊解多以經禮爲周禮曲禮爲儀禮然周禮三百六十是官名耳非禮之條目王氏應麟云朱文公從漢書臣瓚注謂儀禮乃經禮也曲禮皆微文小節如今曲禮少儀內則玉藻弟

子職所謂威儀三千也後人多宗朱子之說則以儀禮爲曲禮非矣張氏淳云漢時未有儀禮之名豈漢後學者覩十七篇中有儀有禮遂合而名之歟方氏苞云案漢藝文志曰禮古經儒林傳曰士禮六藝論曰古文禮論衡曰佚禮隋經籍志曰古經釋文序錄曰古禮儀禮之名始見後漢書鄭康成傳其爲魏晉閒人所加可知今案儀禮古祇謂之禮漢書景十三王傳云河閒獻王所得書皆古文先秦舊書周官尚書禮禮記所謂禮卽儀禮也

鄭氏注疏正義曰校勘記云注作註誤要義作著盧文弨云鄭氏注舊作註通部皆然案疏云言注者注義於經下若水之注物作注是也今案唐石經及嚴本俱作注從之○鄭氏者青州北海郡高密縣人名玄字康成漢尚書僕射鄭崇八世孫也後漢末徵爲大司農不就年七十四卒於家賈此疏云鄭崇之後而周禮疏又云鄭沖之孫考後漢書本傳云八世祖崇又漢書有鄭崇傳孫氏星衍云沖之名不見於史疑沖爲崇之誤也注者解經之名漢人解經有名傳者若書孔氏詩毛氏是也有稱解詁解詁者服氏之左傳何氏之公羊是也鄭氏解詩名箋而他經則多稱注今三禮皆用鄭注而儀禮尤爲絕學云云

士冠禮筮于廟門筮者以蓍問日吉凶於易也冠必筮日於廟門者重以成人之禮成子孫也廟謂禰廟不於堂者嫌著之靈由廟神疏正義曰自此至宗人告事畢言筮日之事○張氏爾岐云將冠先筮日次戒賓至前期三日又筮賓宿賓前期一日又爲期告賓冠期前事凡五節今案舊本經不分章朱子作經傳通解始分節以便讀者至張氏爾岐句讀本分析尤詳此書分節多依張本而亦時有更易云○禮下今本有一圈唐石經嚴徐本皆無之校勘記云案分段用圈非古也施之此處尤非所宜葛本別爲一行

亦謬張氏淳儀禮識誤云士冠禮釋文云唐劉昌宗音廟案唐古廟字引此以證經注不當復有從朝者冠禮一卷經注皆一自昏禮而下稍稍從朝是蓋後之鈔寫校勘者失於不審而已今悉改作廟從釋文今案唐石經嚴本俱作廟茲撰正義經文俱從唐石經注文俱從嚴本其或石經嚴本有誤則改從他本並注明於下○此士冠禮三字爲經之正文敖氏謂此目下文所言之禮是也冠者加冠於首之名筮于廟門者淩先生諱廷堪禮經釋例云凡卜筮皆于廟門唯將葬則于兆南案士冠禮筮于廟門又云筮與席所卦者具饌于西塾注西塾門外西堂也又云布席于門中闑西閾外西面又前期三日筮賓如求日之儀特牲饋食禮筮日席于門中闑西閾外又前期三日之朝筮尸如求日之儀少牢饋食禮筮日筮于廟門之外明日朝筮尸如筮日之儀是凡筮皆于廟門也士喪禮卜日族長涖卜及宗人吉服立于門西東面南上又闔東扉主婦立于其內席于闑西閾外此卜日之門謂殯宮門也上經巫止于廟門外注凡宮有鬼神曰廟然則殯宮門即廟門是卜亦于廟也筮亦有不于廟門者士喪禮筮宅既朝哭主人皆往兆南北面注兆域也又云命筮者在主人之右筮者東面抽上韇兼執之南面受命筮人許諾不述命右還北面指中封而筮注中封中央壤也是將葬筮宅則于兆南也今案筮宅不于廟門而于兆南者以宜就地筮之也少牢特牲皆云門外而此但云廟門者以下布席云閾外則亦在廟門外可知矣 注云筮者以蓍問日吉凶於易也者蓍筮草也郭璞云上有蔭叢蓍下有千齡蔡曲禮曰龜爲卜筴爲筮筴即蓍也周禮序官筮人鄭注問蓍曰筮其占易又其職云掌三易以辨九筮之名又曰以辨吉凶故知筮日是以蓍問日之吉凶於易也賈疏云不筮月者夏小正二月綏多士女冠子娶妻時也既有常月故不筮今案古無筮月之法賈說非也秦氏蕙田五禮通考云綏多士女專指昏言周禮仲春之月令會

男女是也云冠子娶妻乃注家之誤耳下經云屨夏用葛冬皮屨可也則冠無常月明矣云冠必筮日於廟門者重以成人之禮成子孫也者案筮日於廟重其事也禮記冠義曰古者聖王重冠古者冠禮筮日筮賓所以敬冠事敬冠事所以重禮又曰已冠而字之成人之道也又曰成人之者將責成人禮焉也責成人禮焉者將責爲人子爲人弟爲人臣爲人少者之禮行焉將責四者之行於人其禮可不重與是其義也兼言成子孫者容祖在則祖爲冠主也云廟謂禰廟者禰廟父廟也周制天子七廟諸侯五廟大夫三廟上士二廟中士下士一廟必於禰者以其親也李氏如圭儀禮集釋云凡言廟者皆禰廟昏禮行事於廟記云受諸禰廟是也其非禰廟則舉廟名以別之若祖廟祧廟是也云不於堂者嫌著之靈由廟神者凡廟有室有堂有庭有門禮有行於廟之室者祭祀陰厭之屬是也有行於廟之堂者儐尸之屬是也有行於廟之庭者納牲之類是也有行於廟之門者此筮日之類是也冠禮三加皆行於廟堂此筮日不於堂而於門故云嫌著之靈由廟神明著自有神也江氏筠讀儀禮私記云注說陳用之非之而據郊特牲卜郊作龜於禰宮謂人君卜於禰宮之內大夫士筮於禰門之外案天地大祭不敢自專故須就禰宮卜之若其祭禰恐不然矣此經筮祭之辭具詳特牲少牢試以此辭命筮人於堂上其去廟奧祇一牖之隔不幾視廟神爲無知乎注蓋通全經而釋之其說未可非也

主人玄冠朝服緇帶素韠即位于門東西面主人將冠者之父兄也玄冠委貌也朝服者十五升布衣而素裳也衣不言色者衣與冠同也筮必朝服者尊著龜之道緇帶黑繒帶士帶博二寸再繚四寸屈垂三尺素韠白韋韠長三尺上廣一尺下廣二尺其頸五寸肩革帶博二寸天子與其臣玄冕以視朔皮弁以日視朝諸侯與其臣皮弁以視朔朝服以日視朝凡染黑五入爲緅七入爲緇玄則六入與

疏正義曰李氏云門東門外之東程氏瑤田儀禮經注疑直云初疑
席於闑西門東為門左扉之東細繹之不然蓋兩門之東也主人
即位於此以待筮事吳氏廷華儀禮章句云西面者鬼神位在西鄉
之○注筮必朝服尊蓍龜之道也毛氏汲古閣本如是嚴徐集釋楊
氏服下俱有者字道下無也字又黑繒帶也嚴本集釋俱無也字白
韋韠也嚴徐集釋俱無也字肩革帶博二寸嚴本集釋通解楊氏三
俱作一校勘記云案作一與玉藻合今俱從嚴本又玄冕以視朔視
釋文作眡云本或作視視下同嚴本作視○云主人將冠者之父兄也
者孟子曰丈夫之冠也父命之是冠之事父為主也兼言兄者容或
父有廢疾使兄主其事云玄冠委貌也者玄冠黑繒冠也注以為委
貌詳後云朝服者十五升布衣而素裳也者雜記曰朝服十五升江
氏永鄉黨圖考云古未有棉花布以麻為之布幅闊二尺二寸十五
升一千二百縷麻布之極細者也云衣不言色者衣與冠同也者李
氏云禮之通例衣與冠同色黃衣黃冠是也裳與韠同色素積素韠
是也此玄冠素韠故其服玄衣而素裳今案經不云裳統於服中鄭
知素裳者固以素韠推而知之然亦有所本金氏榜禮箋云石渠論
玄冠朝服戴聖云玄冠委貌也朝服布上素下緇帛帶素韋韠鄭君
謂朝服素裳實本小戴說是也云筮必朝服者尊蓍龜之道者楊氏
復儀禮圖云朝服重於玄端冠時主人玄端爵韠今此筮亦在廟不
服玄端而服朝服是尊蓍龜之道也然特牲筮日與祭同服玄端何
又不尊蓍龜乎於是賈疏申之云彼為祭事蓍不可尊於先祖故同
服此為冠事蓍可尊於子孫故異服其說殊牽強禮經釋例云考特
牲饋食禮士筮當用玄端冠禮攝盛故用朝服特牲筮日筮尸宿尸
宿賓皆用玄端正祭日賓及兄弟助祭皆攝盛用朝服士冠正冠日
用玄端筮日筮賓宿賓為期則攝盛用朝服蓋相變以為禮也士冠
禮注筮必朝服尊蓍龜之道則與特牲用玄端不合賈曲為之解非

經意也云緇帶黑繒帶者帶亦與衣同色也云士帶博二寸再繚四
寸屈垂三尺者案玉藻曰士練帶率下辟鄭注率縫也辟讀如裨冕
之裨裨謂以繒采飾其側人君充之大夫裨其紐及末士裨其末而
已孔疏士用熟帛練爲帶繂謂緶緝也下裨者士則用緇唯裨繂下
一垂者玉藻又曰大夫大帶四寸雜帶君朱綠大夫玄華士緇辟二
寸再繚四寸鄭注雜猶飾也卽上之裨也君裨帶上以朱下以綠終
之大夫裨垂外以玄內以華華黃色也士裨垂之下外內皆以緇是
謂緇帶大夫以上以素皆廣四寸士以練廣二寸再繚之孔疏繚繞
也再度繞要亦四寸也今案玉藻注云是謂緇帶是謂者卽指此經
言也屈垂三尺亦據玉藻而知玉藻曰紳長制士三尺鄭注紳帶之
垂者也言其屈而重也李氏云帶之反屈向上又垂而下者則有三
尺也云素韠白韋韠者韠蔽膝也冕服謂之韍其他服謂之韠皆以
韋爲之字林云韋柔皮也鄭注乾鑿度云古者田漁而食因衣其皮
先知蔽前後知蔽後後王易之以布帛而獨存其蔽前者重古道不
忘本也凡韠皆同裳色其韍則有山火龍章之飾焉此韍與韠之分
也韠以白韋爲之者朝服之韠也若士玄端服之韠則以爵韋爲之
玉藻曰韠君朱大夫素士爵韋鄭注此玄端服之韠也凡韠必象裳
色則天子諸侯玄端朱裳大夫素裳唯士玄裳黃裳雜裳也皮弁服
皆素韠今案皮弁服用素韠自天子至士皆然故云皆也其朝服自
上至下亦皆素韠其玄端服則唯大夫用素韠耳云長三尺上廣一
尺下廣二尺其頸五寸肩革帶博二寸者玉藻文彼注云頸五寸亦
謂廣也頸中央肩兩角皆上接革帶以繫之肩與革帶廣同凡佩繫
於革帶此韠之形制也云天子與其臣玄冕以視朔皮弁以日視朝
諸侯與其臣皮弁以視朔朝服以日視朝者案玉藻曰天子玄端而
朝日於東門之外聽朔於南門之外鄭注端當爲冕字之誤也又曰
皮弁以日視朝又曰諸侯皮弁以聽朔於大廟朝服以日視朝於內

朝此鄭所據也但玉藻不言臣鄭兼言臣者欲見君臣同服且以見此朝服而筮者爲諸侯之士也云凡染黑五入爲緅七入爲緇玄則六入與者此釋經玄與緇之文也考工記鍾氏染羽三入爲纁五入爲緅七入爲緇鄭注染纁者三入而成又再染以黑則爲緅又復再染以黑乃成緇矣染布帛者染人掌之凡玄色者在緅緇之閒其六入者與賈疏此經及爾雅不言四入及六入士冠有朱紘之文鄭云朱則四入與是更以纁入赤汁則爲朱以無正文故云與以疑之若不入赤而入黑汁則爲紺矣若更以紺入黑則爲緅此五入爲緅是也若更以此緅入黑汁則爲玄更以玄入黑汁則名七入爲緇矣但緇與玄相類故禮每以緇布衣爲玄端也今案此注及疏極明析然則鍾氏所云爲染黑法其爾雅一染謂之縓再染謂之赬三染謂之纁乃染赤之法也詳後爵弁服纁裳下又案淮南子俶真訓云以涅染緇則黑於涅賈疏引作以涅染紺誤

有司如主人服即位于西方東面北上

有司羣吏有事者謂主人之吏所自辟除府史以下今時卒吏及假吏是也

疏 正義曰校勘記云于徐本作於士昏禮至於某之室大射儀士御於大夫鄭注皆云今文於爲于則於于二字宜有辨但俗本溷寫已久不可勝校今案唐石經嚴本俱作于從之以後經從石經注從嚴本可也注府史以下也毛有也字注末皆是也毛有皆字嚴徐集釋俱無如主人服亦朝服也有司朝服敬事也西方門外西方北上者有司○非一立位以北爲上也 注云有司羣吏有事者謂主人之吏所自辟除府史以下者賈疏案周禮三百六十官之下皆有府史胥徒不得君命主人自辟除去賦役補置之是也敖氏云有司即下筮者卦者宰宗人之類先祖樸齋先生儀禮釋官云司主也凡事有專主之者謂之有司又云案鄭氏注大射及周禮司裘職皆云士無臣而特牲饋食禮有私臣則士有臣矣左傳士有隸子弟又云士臣早蓋士

得以其子弟及府史之屬爲臣也特其所臣者少有事私臣不足則同僚相佐助或假公臣爲之故特牲有公有司士喪有公家之臣來給事者賈此疏以羣吏與屬吏不同羣吏爲府史胥徒屬吏爲君命之士然特牲注言屬吏而經言有司羣執事則兼公有司私臣而言府史之屬亦統之矣此篇經言有司不言公有司又下賓及贊者不在有司之列則有司皆士之私臣府史以下也褚氏寅亮儀禮管見云有司私臣皆可謂之有司但裏冠者所用人少或私臣已足故鄭專以主人所自辟除者言之云今時卒吏及假吏是也者是舉漢制以證沈氏彤云案漢書兒寬傳補廷尉文學卒史儒林傳置五經百石卒史黃霸傳補馮翊卒史皆作史今案鄭注各本俱作卒史沈說存以俟考

筮與席所卦者具饌于西塾筮所以問吉凶謂蓍也所卦者所以畫地記爻易曰六畫而成卦饌陳也具俱也西塾門外西堂也 疏 正義曰此筮也席也所卦者皆爲將筮陳之敖氏云席蒲筵也士用蒲席神人同 注云筮所以問吉凶謂蓍也者然則此蓍也而云筮者敖氏云以其用名之云所卦者所以畫地記爻者褚氏云注所以畫地記爻蓋據少牢卦以木之文敖氏補入書卦之具亦密具即方也張氏惠言讀儀禮記云少牢卦以木畫地者此木也又下筮人書卦注云以方寫所得之卦則所卦者兼有木方二物今案方即版也經云所卦者謂所用以畫卦書卦者褚張之說是也云易曰六畫而成卦者說卦傳文云饌陳也者謂陳設也詩卷阿疏饌爲供置之故其義爲陳也云具俱也者詩民具爾瞻毛傳云具俱也云西塾門外西堂也者以筮在門外故知爲門外西堂也必陳於西塾者以筮在闑西近其事也李氏如圭儀禮釋宮云夾門之堂謂之塾爾雅曰門側之堂謂之塾郭氏曰夾門堂也門之內外其東西皆有塾一門而塾四其外塾南鄉案士虞禮陳鼎在門外之右匕俎在西塾之西注曰塾有西者是室南鄉又案士

冠禮擯者負東塾注曰東塾門內東堂負之北面則內塾北鄉也今案此云具饌于西塾爲門外西塾又下經曰舉鼎陳于門外直東塾是門外有東西兩塾也又此篇云擯者負東塾爲內東塾士虞禮曰羞燔俎在內西塾上是門內有東西兩塾也所謂一門而塾四也聘禮曰賓立接西塾爲門外西塾又聘畢擯者負東塾爲門內東塾則人君之門亦有西塾也○賈疏云筮法依七八九六之爻而記之但古用木畫地今則用錢以三少爲重錢重錢則九也三多爲交錢交錢則六也兩多一少爲單錢單錢則七也兩少一多爲折錢折錢則八也張氏惠言云案此用錢所以記爻非代筮也以錢擲法未知始於何時禮經釋例云此卽京氏易項氏安世云以京易考之世所傳火珠林者卽其法也以三錢擲之兩背一面爲折兩面一背爲單俱面爲交俱背爲重說與賈疏正同考世應飛伏游魂歸魂納甲等說俱見京氏易中然則近日錢卜猶是漢人舊學也

布席于門中闑西閾外西面

闑門橛閾閫也古文闑爲槷閾爲蹙

疏正義曰張氏爾岐云布席將坐以筮也前具之西塾至此乃布之云門中者以大分言之闑西閾外則布席處也○注門橜下手本有也字嚴徐集釋俱無云闑門橛者李氏云闑門中央所豎短木也程氏瑤田云橜以一條木爲之卽杙也爾雅之言杙也曰樴謂之杙在牆者謂之㮰在地者謂之臬大者謂之栱長者謂之閣然則杙之爲物大小長短不必同而以之爲門闑則其直者也云閾閫也者鄭注曲禮閾梱皆云門限閾與梱同則閾卽閫可知邢氏昺云閾謂門下橫木爲內外之限也其門之兩旁木則謂之棖棖闑之閒則謂之中門今案以經考之玉藻曰公事自闑西私事自闑東曲禮曰由闑右闑有東西左右之稱則闑之爲中央豎木無疑也曲禮曰不踐閾玉藻曰不履閾閾言踐履則閾之爲門下橫木無疑也爾雅曰橜謂之闑則橜與闑爲一物亦無疑也惟梱之爲閾經無明徵

然曲禮曰外言不入於梱內言不出於梱梱言不出不入是有限域之義故鄭解梱爲門限與閾同也程氏又云說文則曰闑門梱也梱
門橛也橛弋也一曰門梱弋橛也是不謂梱爲門限之橫者而以闑之植於兩扉間者亦呼之爲梱也至解閾字則曰閾榍也榍限也是
固明知閾之與闑兩不相混所異者移閾之名梱者以名其闑爾然而梱之名斷在於閾則說文之云爲所聞異辭者也廣韻於闑字不
曰門閫而曰門閫中是謂闑安門閫之中不謂闑卽閫也於閾字閫字則皆曰門限也可謂能別白黑而定之者矣云古文闑爲槷閾爲
蹙是者賈疏云遭秦燔滅典籍漢興求錄遺文之後有古文今文漢書云魯人高堂生爲漢博士傳儀禮十七篇是今文也至武帝之末魯
恭王壞孔子宅得古儀禮五十六篇其字皆以篆書是爲古文也古文十七篇與高堂生所傳者同而字多不同其餘三十九篇絕無師
說祕在於館王氏應麟云康成不注遂無傳焉方氏體古文考誤云賈公彥謂儀禮五十六篇其字皆篆書是爲古文案昭帝女讀古文
論語宣帝下太常博士時稱難曉若皆篆書則漢時人人能讀何云難曉乎此賈疏之誤也又云禮古經出魯淹中賈公彥顧以爲孔壁
禮記不亦疏乎今案許氏說文序謂孔氏壁中書係古文與篆書異賈說誠誤至經典釋文引鄭六藝論云後得孔氏壁中古文禮五十
六篇是鄭亦以古文禮爲得於孔壁中又漢藝文志云禮古經者出於魯淹中及孔氏所云孔氏蓋卽謂孔氏宅也胡氏承珙儀禮古今
文疏義序云後漢書儒林傳云前書魯高堂生傳禮十七篇至梁人戴德及德兄子聖於是德爲大戴禮聖爲小戴禮又云鄭玄本習小
戴禮後以古經校之取其義長者順故爲鄭氏學是則鄭注所謂今文者乃小戴本所謂古文者則前書云古經出於魯淹中者也鄭君
作注參用二本從今文者則今文在經古文出注從古文者則古文在經今文出注然有不言今古文但云某或作某者殆當時行用更

有別本此十七篇文字異同之由而今文古文所以流傳也此節今文作闑閾古文作槷蹙鄭於經用今文之本而注明古文作某於下使後人有所稽考乃解經慎重之意然鄭從闑閾不從槷蹙者則以闑閾為正字人所易曉也其注周禮匠人云槷古文臬假借字此古文之槷亦是假借而義又殊周禮匠人之槷與爾雅在地之臬同謂於平地中樹八尺之表以規識日景非門中之闑鄭注考工記甚明爾雅既云在地者謂之臬又云橛謂之闑是臬與闑殊郭氏以門橛釋臬則繆矣說文槷作槸本義訓為木相摩周禮假槷為臬儀禮古文及穀梁傳置旃以為槷皆假槷為闑耳蹙字各本皆同段氏玉裁儀禮漢讀考以蹙為閾謂漢人無蹙字祇用閾字又謂漢人多謂門限為門切門切卽閾也亦謂之戚言其界畫謂之閾言其迫切謂之戚胡氏承珙則以蹙為墄引文選西京賦右平左墄薛綜注墄限也為證要之戚墄亦皆閾之假借也○張氏惠言云闑孔疏以為門止有一賈則以為有二案鄭注論語立不中門云立行不當棖闑之中央則鄭以為一闑可知詳聘禮

筮人執筴抽上韇兼執之進受命于主人

筮人有司主三易者韇藏筴之器今時藏弓矢者謂之韇丸也兼并也進前也自西方而前受命者當知所筮也

疏 正義曰儀禮釋官云筮人私臣掌筮者案許氏說文解字云天子蓍九尺諸侯七尺大夫五尺士三尺少牢疏引大戴禮三正記同士有蓍則得有筮人也雜記如筮則史練冠長衣以筮鄭注謂下大夫若士也筮史筮人也是可證士有筮人矣筮人亦名筮史詳少牢禮敖氏謂宰宗人筮人之屬皆公家所使給事於私家者說未的辨見特牲篇末張氏爾岐云兼執之者兼上韇與下韇而并執之此時筮尚在下韇待筮時乃取出以筮今案韇有上下者下韇嚮上承之上韇嚮下冒之筴在韇中執筴卽執韇也必抽上韇見蓍者示有事也特牲禮筮人取筮于西塾執之東面受

命于主人七喪禮筮者東面抽上韇兼執之南面受命此皆士禮大略相同惟士喪筮于兆南南面受命爲異耳少牢禮史朝服左執筮右抽上韇兼與筮執之東面受命于主人彼言左右此不言其實一也○注主三易者毛本者下有也字嚴徐集釋俱無藏筴之器筴嚴本通解俱作筮案曲禮曰筴爲蓍則筴亦蓍也宜從各本作筴敖氏並改經筴字爲筮尤非器下毛本有也字嚴徐集釋俱無盧氏文弨儀禮詳校云丸俗凡正世人疑爲凡疏矣 云筮人有司主三易者周禮筮人掌三易一曰連山二曰歸藏三曰周易蓋筮得一卦而三人各據一易以占也儀禮釋官云卜筮古者貴賤同用三兆三易洪範立時人作卜筮三人占則從二人之言鄭注卜筮各三人大卜掌三兆三易是鄭意謂卜則掌三兆者各一人筮則掌三易者各一人故金縢乃卜三龜士喪禮古者二人注以爲掌玉兆瓦兆原兆者是矣賈疏謂大夫卜筮同用一龜一易無所據也云韇藏筴之器今時藏弓矢者謂之韇丸也者說文韇弓矢韇也段氏注云左傳服注冰韇丸蓋也後漢書南匈奴傳引方言藏箭爲韇丸案絫呼之曰韇丸單呼之曰韇今方言所以藏弓謂之鞬或謂之嬻丸嬻與韇同此鄭以漢時之韇丸證經之韇也韇字从革蓋以皮爲之云兼幷也者說文同云進前也自西方而前者鄉射禮賓少進注云少進差在前是以進爲前也筮人位本在西方今云進是自西向東前行與特牲云東面受命一也云受命者當知所筮也者謂當知所筮之事也

宰自右少退贊命 宰有司主政教者自由也贊佐也命告也佐主人告所以筮也少儀曰贊幣自左詔辭自右

疏 正義曰右主人位之右宰本在西方今來至東方由主人之右贊命也李氏云云少退後於主人蓋不敢與主人並也士喪禮亦云命筮者在主人之右惟特牲禮宰自主人之左贊命不由右者彼注云爲神求變也少牢不使人贊命而自命之者賈疏云大夫尊屈士卑不嫌又特

牲士喪贊命皆有辭此無辭者文不具朱子云所贊之辭未聞蓋當云某有子某將以來日某加冠於其首庶幾從之○注主政教者下毛本有也字嚴徐集釋俱無　云宰有司主政教者儀禮釋官云宰家宰私臣亦曰家相案國語趙簡子使少室周爲宰韋注宰家宰也宰本家臣之名而邑長亦稱宰故有家宰邑宰之殊喪服傳疏云孤卿大夫有采邑者其邑既有邑宰又有家宰若魯三卿公山弗擾爲季氏費宰子羔爲孟氏郕宰之類皆爲邑宰也陽貨冉有子路之等爲季氏家相亦名家宰若無地卿大夫則無邑宰直有家宰孔子爲魯大夫而原思爲之宰是直有家相者也此諸侯之士無地未必有邑宰但於私臣中擇其長者一人使主家之政教亦謂之宰特牲注云宰羣吏之長曲禮士不名家相卽此賈疏謂士無臣以屬吏爲宰失之矣云贊佐也者特牲注又云贊佐也達也云命告也者爾雅釋詁文云佐主人告所以筮也者謂告以所筮之事也云少儀曰贊幣自左詔辭自右者彼注亦云自由也謂爲君受幣爲君出命也此鄭引以證自右贊命之義

筮人許諾右還卽席坐西面卦者在左

卽就也東面受命右還北行就席卦者有同主畫地識爻者

【疏】正義曰說文許聽也諾應也筮人卽席坐西面蓋受命訖行筮事也易曰大衍之數五十其用四十有九分而爲二以象兩掛一以象三揲之以四以象四時歸奇于扐以象閏五歲再閏故再扐而後掛又曰十有八變而成卦此筮法也少牢禮云史曰諾西面于門西抽下韇左執筮右兼執韇以擊筮又曰乃釋韇立筮此不言擊筮與釋韇者文有詳略而儀節當同卦者在左則亦西面可知士喪特牲少牢皆云卦者在左蓋皆在筮人之左也敖氏云少牢禮卦者在左坐此不言坐則是立也江氏筠讀儀禮私記云此說不然少牢筮人立筮卦者不言坐則嫌於不坐故特著坐文今此與特牲俱坐筮卦者之坐不言可知故文省耳褚氏云

筮者雖有坐與立之異而卦者畫爻於地無不坐也盛氏世佐儀禮集編云卦者必坐便其畫地識爻也今案諸家駁敖之說甚是禮經釋例云凡筮士坐筮卿大夫立筮案特牲禮筮者許諾卽席西面坐卦者在左卒筮寫卦注士之筮者坐蓍短由便士冠禮筮者亦坐是士坐筮也少牢禮筮曰史朝服受命于主人命畢史曰諾又云乃釋韇立筮注卿大夫之蓍長五尺立筮由便疏云以其蓍長立筮爲便對士之蓍三尺坐筮爲便若諸侯著七尺天子著九尺立筮可知少牢卿大夫祭禮經云立筮故知卿大夫是立筮也又士喪禮筮宅但云筮人北面指中封而筮不云坐立此是士禮當亦是坐筮也至於士喪卜日之禮宗人還少退受命命畢許諾不述命還卽席西面坐命龜與授卜人龜卜人坐作龜據此則卜禮士亦坐卜也而經文止此一事別無可證注云宗人不述命亦士禮略凡卜述命命龜異龜重威儀多也疏云言凡非一則大夫已上皆有述命蓋卜重於筮威儀多龜無長短之殊自無坐立之別而但以述命不述命爲異也○釋例又云案世所傳筮儀甚弇陋近王氏懋竑以爲非朱子作其言曰士冠禮詩牲饋食少牢饋食禮筮者皆西面惟士喪禮筮宅以不在廟故筮者北面今直云筮者北面見儀禮朱子豈不見儀禮者而疏謬若是邪可謂先得我心者矣○注識爻者下毛本有也字嚴外集釋楊氏俱無　云卽就也者本方言云東面受命右還北行就席者蔡氏德晉禮經本義云右還回身右轉也就席就闑西閾外之席詳蔡意則是右還卽北行也吳氏疑義以爲從東面轉而南轉而西乃北行恐非云卦者有司主畫地識爻者爻有七八九六每得一爻以木畫地識之少牢所謂卦以木是也儀禮釋官云卦者亦私臣筮人之貳案少牢史掌筮注云卦者史之屬則此亦筮人之屬也其職主記卦爻故目爲卦者以事名其官

卒筮書卦執以示主人卒已也書卦者筮人以方寫所得之卦

【疏】正義

曰卒筮謂筮事畢也書卦謂六爻備已成卦體乃書之於版也執以
示主人敖氏云執之不言筮人文省也今案特牲禮卒筮寫卦筮者
執以示主人主人受視反之士喪禮卒筮執卦以示命筮者命筮者
受視反之少牢禮卒筮乃書卦于木示主人各經詳略不同宜以特
牲爲正褚氏云卦者書卦筮人執示於特牲經文明著之矣竊疑此
禮及士喪禮皆然未必有異經文渾耳江氏筠云特牲注云卦者以
方版寫之此注則云筮人以方寫所得之卦而寫卦遂有二人矣特
牲禮筮者執以示主人士喪禮注則云卦者寫卦示主人而示卦又
有二人矣案寫卦自是卦者事示卦自是筮人事俱宜與特牲同經
惟特牲執示云筮人餘俱不云乃省文耳盛氏云注疏謂書卦執示
皆筮人事姜氏兆錫謂皆卦者事俱未合賈疏又云士喪禮卦者自
畫自示主人亦非也詳彼文亦是筮者執示但不言寫卦耳然既云
執卦則其寫於版固不待言也○注寫所得之卦下毛本有也字嚴
本集釋俱無校勘記云案特牲疏引亦無也字　云卒已也者爾雅
釋詁文注又以書卦
爲筮人非辨見上
主人受眂反之
反還
也
疏正義曰嚴本作眂或作
眂非說文眂視皃也與
眂別眂古文視○主人受眂則既知其卦體仍以卦與筮人令占吉
凶　注云反還也者反與返通說文返還也此注還字與聘禮還玉
于館之還
音義同
筮人還東面旅占卒進告吉
旅衆也還與其屬共
占之古文旅作臚也
疏正義
曰案
特牲禮筮者還東面長占卒告于主人占曰吉士喪禮東面旅占卒
進告于命筮者與主人占之曰從少牢禮乃退占吉則史韇筮史兼
執筮與卦以告于主人占曰從據此則占時東面諸篇皆然少牢雖
無文亦東面可知褚氏云上言主人受眂反之則筮者向西行就有
司西方之位乃還其身東面必言東面者明與筮時異向案進告吉
者告於主人也○注臚下毛本無也字嚴本有　云旅衆也者爾雅

釋詁文云還與其屬共占之者謂與其屬主三易者共占之也高郵王文簡公經義述聞云旅序也旅占謂占者三人順其長幼之序以占也特牲饋食禮云長占注曰長占以其年之長幼旅占之疏曰從長者爲始也是其明證鄉飲酒禮司正升相旅注曰旅序也燕禮士旅酌注曰旅序也今案以旅爲序較勝衆義占者以易辭占其吉凶也王氏士讓儀禮糾解云案疏謂夏殷以不變爲占周易以變者爲占然周之占法原兼不變者如六爻皆不變則占本卦彖內爲貞外爲悔孔成筮立衞元得屯泰伐晉筮得蠱貞風悔山是也其占變爻者如畢萬得屯初敬仲得觀四是也其兼變不變占兩象者如晉文遇貞爲屯悔爲豫皆利建侯是也賈說未的云古文旅爲臚也者段氏云案古旅臚通用論語季氏旅於泰山漢書作臚岱是也此鄭從今文不從古文者鄭釋旅占爲衆占故不用臚陳之義周禮司儀皆旅擯鄭意此時陳擯而不傳辭故易旅字爲臚字臚陳之也皆各就其義之所近訓之

若不吉則筮遠日如初儀 遠日旬之外 疏 正義曰吳氏章句云凡筮吉事先筮旬內近日不吉則筮旬外遠日賈以曲禮旬內外爲士與大夫之分未的今案此節經注俱與特牲禮同此疏及彼疏解近占遠日俱多謬誤辨見特牲禮其解如初儀亦未合沈氏彤儀禮小疏云初儀賈疏謂自筮於廟門以下至告吉敖繼公斷自筮人執筴以下案此先云筮遠日如初儀然後云徹筮席賓人告事畢則不吉而弗筮遠日事未畢也筮席未徹也故特牲亦序宗人告事畢於筮遠日之下明筮遠日乃當日弁筮也若非弁筮則如少牢所謂不吉則及遠日又筮日如初者必於官戒乃退之下敘之矣敖說是從叔祖繩軒先生諱匡憲讀經記云如初儀敖君善謂自筮人執筴以下張稷若謂自進受命於主人以下以駁賈說是矣然云受命於主人則已知所筮宰自右贊命則已告所筮豈此時筮遠日又須受命贊命乎恐敖張說亦

未盡今案據此則初儀當自卽席坐西面以下至告吉也

徹筮席徹去也斂也

疏正義曰張氏淳儀禮識誤云案釋文寫注作撤注字必與經同宜皆作撤從釋文戴氏震校識誤云案說文無撤字徹通撤去古皆用徹撤乃後代俗書張氏不能訂正其非轉改徹以從撤疏矣今案唐石經嚴本經注俱作徹。徹筮席謂徹筮與席也前陳之於西塾今事畢則徹之他篇不言者省文　注云徹去也斂也者案曲禮客徹重席鄭注徹去也徹之爲去本屬常解此復言斂者謂筮與席皆斂而藏之內則曰斂枕席簟是席亦云斂也

宗人告事畢宗人有司主禮者

疏正義曰宗人位在西方進東北面告主人也。注者字下毛本有也字嚴徐集釋敖氏俱無　云宗人有司主禮者儀禮釋官云宗人私臣掌禮及宗廟案掌禮之官天子謂之宗伯諸侯以下通謂之宗人周禮有都宗人家宗人左傳晉范文子反自鄢陵使其祝宗祈死鄭公孫黑肱有疾召室老宗人立段魯叔孫昭子齊於其寢使祝宗祈死國語魯公父文伯之母欲室文伯饗其宗老韋注宗宗人主禮樂者楚屈到嗜芰有疾召其宗老而屬之韋注宗老爲宗人者據此則大夫有宗人也周禮都家宗人皆王朝所置諸侯大夫之宗人或自使其家臣爲之士雖卑亦當有家臣主禮事者如大夫宗人之職樂記曰宗祝辨乎宗廟之禮鄭注文王世子云宗人掌禮及宗廟是也

右筮日

主人戒賓賓禮辭許戒警也告也賓主人之僚友古者有吉事則樂與賢者歡成之有凶事則欲與賢者哀戚之今將冠子故就告僚友使來禮辭一辭而許再辭而許曰固辭三辭曰終辭不許也

疏正義曰敖氏云戒賓亦朝服凡既筮而有事如

戒宿之類皆因筮服無變也此雖親相見其辭則皆擯者傳之宿賓放此張氏爾岐云主人筮日訖三日之前戒賓使來觀禮戒賓者主
人親至賓大門外賓西面主人東面戒之其戒辭對辭並見後○注則樂與賢者歡成之嚴本及各本俱作歡集釋作勸盧氏文弨云歡
成正與下凶事哀戚相對勸字無義今案作勸非也一辭而許下毛本有也字嚴徐集釋俱無　云戒警也告也者案戒之本義訓警說
文戒警也此戒賓兼有告義故鄭文言告也以足之云賓主人之僚友者賈疏謂同官爲僚同志爲友是也然賓取賢德當合戚黨僚友
言之鄭舉一以例其餘耳云古者有吉事則樂與賢者歡成之冠昏之類是也有凶事則欲與賢者哀戚之喪禮是也云禮辭一辭而許
者蔡氏德晉云賓許必禮辭以致謙也云再辭而許曰固辭三辭曰終辭不許也者禮經釋例云凡一辭而許曰禮辭再辭而許曰固辭
三辭不許曰終辭案士冠禮主人戒賓賓禮辭許又冠禮畢請醴賓士昏禮納采問名之禮既畢請醴賓賓皆禮辭鄉飲酒請賓鄉射戒
賓燕大射命賓鄉飲酒鄉射安賓賓皆禮辭鄉飲酒鄉射作相爲司正司正皆禮辭聘禮主國之君使卿郊勞聘賓禮辭郊勞畢聘賓將
儐勞者勞者禮辭聘享正禮已畢未私覿之前主國之君使擯者請禮賓及私覿聘賓先以臣禮見儐者辭出請以客禮受聘賓皆禮辭
介衆介覿先以臣禮見擯者辭出請以客禮受介亦禮辭聘禮既畢聘賓請問卿主國之君禮辭主國之君使卿歸饔餼賓朝服禮辭禮
畢將儐使者使者禮辭士昏記不親迎壻請覿主人對曰不敢固辭是亦禮辭皆所謂一辭而許者是一辭而許曰禮辭也又士相見禮
某也願見無由達某子以命命某見主人對曰某子命某見吾子有辱請吾子之就家也某將走見賓對曰某不足以辱命請終賜見主
人對曰某不敢爲儀固請吾子之就家也某將走見賓對曰某不敢爲儀固以請主人對曰某也固辭不得命將走見疏以此爲固辭則

上文辭贄辭還贄皆固辭燕禮公與客燕曰寡君有不腆之酒以請吾子之與寡君須臾焉使某也以請對曰寡君君之私也君無所辱賜於使臣臣敢辭寡君固曰不腆使某固以請寡君君之私也君無所辱賜於使臣臣敢固辭寡君固曰不腆使某固以請某固辭不得命敢不從是亦固辭若下文致命則禮辭矣是再辭而許曰固辭也又士相見禮士見于大夫終辭其贄若嘗爲臣者則禮辭其贄注終辭其贄以將不親答也禮辭一辭其贄而許也是三辭不許曰終辭也至於鄉飲酒鄉射燕禮大射儀之辭降辭洗雖較禮辭爲殺亦禮辭之屬也聘禮士介覿以臣禮見擯者辭禮請受賓固辭注賓爲之辭士介賤不敢以言通於主君固衍字當如面大夫也敖氏繼公曰一辭而得遂亦可謂之固又聘禮記私覿賓固辭注亦以固爲衍字考經所云固辭者蓋賓再辭而後公許故曰固也禮請受者一請賓固辭者再辭注未確敖說亦曲爲之解也又案士冠禮疏三辭而許則曰三辭若三辭不許則曰終辭引公食大夫戒賓上介出請入告三辭又引司儀三辭以釋三辭而許之義而注所謂三辭不許曰終辭者賈氏但覆述而已未嘗據經文以釋之也考終辭二字士相見禮經與注皆有明文實可爲三辭不許曰終辭之顯證賈氏不此之引而旁及注外之義何也

主人再拜賓荅拜主人退賓拜送退去也

疏 正義曰盧氏文弨羣書拾補云荅諸本上從竹譌唐石經從艸後並同今案嚴本亦作荅

○賓許而主人再拜謝其許也賓拜送不言主人荅拜者凡拜送之禮送者拜去者不荅拜詳鄉飲酒賓出奏陔主人送于門外再拜下

注云退去也歸也者鄉飲酒主人退注云退猶去也此復言歸者廣雅釋詁云退歸也

右戒賓

前期三日筮賓如求日之儀前期三日空二日也筮賓筮其可使冠子者賢者恆吉冠義曰古者冠禮筮日筮賓所以敬冠事敬冠事所以重禮重禮所以爲國本　疏正義曰求日筮日也如求日之儀如其筮于廟門以下至告事畢也唯命筮之辭有異張氏爾岐云前者戒賓洗及僚友此又於僚友中專筮一人使爲加冠之賓也疏云命筮之辭蓋云主人某爲適子某加冠筮某爲賓庶幾從之若庶子則云庶子某愚意主人二字似未安亦言其銜位可耳今案特牲少牢筮尸不筮賓者祭所重者尸賓直助祭而已無庸筮也○注古者冠禮校勘記云者嚴徐鍾本俱作日誤今案嚴本作者不誤蓋作校勘記時未見原書係據顧廣圻校錄於鍾本簡端者採入故有此譌茲則取黃氏重刻嚴本逐一校對庶見真面目云　云前期三日空二日也者期冠期也在冠期之前三日是中空二日也沈氏彤云注謂空二日者爲期一日宿賓宿贊冠者又一日也敖乃謂但空爲期之一日誤以宿賓贊與筮賓同日耳云筮賓筮其可使冠子者賢者恆吉者謂必擇其賢者筮之乃吉也王氏士讓云冠爲人道之始賓必取人倫中有德望者冠賓乃己之僚友宜素知之然不遽自決又不宜品第其可否以謀於人故決之鬼神今案注引冠義者證筮賓爲敬冠事也

右筮賓

乃宿賓賓如主人服出門左西面再拜主人東面荅拜宿進也宿者必先戒戒不必宿其不宿者爲衆賓或悉來或否主人朝服　疏正義曰朱子云此云宿賓言主人往而宿之以目下事如篇首言筮日於廟門也今案如主人服賓亦重其事也門左門東詳後禮經釋例云凡門外之拜皆東西面故此賓西面再拜主人東面荅拜也詳孤子冠凡拜北

面于阼階上節敖氏云西面再拜拜其辱也　注云宿進也者謂進之使來特牲少牢注皆云宿讀爲肅肅進也本爾雅釋詁宿爲古文夙宿又通速皆是豫召使來之義云宿者必先戒戒不必宿者案上主人戒賓所戒者廣其冠子之賓及贊冠者皆在戒內故云宿者必先戒其衆賓則但戒而不宿故知戒者不必皆宿也云其不宿者爲衆賓或悉來或否者朱子云鄭注本謂正賓或時不來則將不得成禮故雖已戒之而又宿之欲其必來其非正賓則不更宿蓋但使爲衆賓雖不悉來亦無闕事也疏與音皆非是爲只合作如字讀賓字句絕今案鄭意衆賓不宿者原不必其悉來賈則謂衆賓容有不來者故不宿與鄭背矣釋文音爲衆賓之爲於僞反則似合或悉來或否爲句故朱子辨之云主人朝服者經不言主人何服明與前同服故知朝服也○禮經釋例云凡戒賓宿賓宿者必先戒禮殺者則不宿鄉飲酒主人戒賓賓拜辱主人答拜乃請賓陳器之後主人速賓賓拜辱主人答拜注速召也鄉射禮主人戒賓賓出迎再拜主人答再拜乃請又主人朝服乃速賓注速召也士冠鄉飲鄉射皆先戒賓而後宿賓所謂宿者必先戒也速卽宿也特牲禮宿尸注凡宿或作速此其證也惟士冠速賓於前日鄉飲鄉射速賓於當日爲小異耳疏謂鄉飲鄉射皆有戒無宿非也若燕禮小臣戒與者大射君有命戒射宰戒百官有事於射者射人戒諸公卿大夫射司士戒士射與贊者前射三日宰夫戒宰及司馬公食大夫禮使大夫戒方是有戒無宿也又大射射人宿視滌疏以爲非戒宿之宿特牲饋食禮宿尸宿賓之前皆無戒疏以爲特牲文不具其實亦有戒疏說皆是也少牢禮筮日之後乃官戒又云宿前宿一日宿戒尸此戒尸也筮尸之後乃遂宿尸此宿尸也注云大夫尊儀益多筮日既戒諸官以齊戒矣至祭前一日又戒以進之使知祭日當來疏云其大夫宿戒兩有士有宿而無戒是儀略故云大夫儀多也則又謂特牲有宿無戒與

士冠疏文互異矣

乃宿賓賓許主人再拜賓荅拜主人退賓拜送乃宿賓者親相見致其辭疏正義曰但云賓許不云禮辭者以前戒已許故也　注云乃宿賓者親相見致其辭者張氏爾岐云重言乃宿賓者上文言主人往行此禮此乃親致宿之之辭也辭並見後

宿贊冠者一人亦如之贊冠者佐賓爲冠事者謂賓若他官之屬中士若下士也宿之以筮賓之明日疏正義曰亦如之者如上宿賓賓如主人服以下云一人則其餘衆賓不宿可知　注云贊冠者佐賓爲冠事者即下文坐櫛設纚卒紘諸事佐賓成禮者朱子云佐賓雖輕亦必擇其賢而習禮者爲之不來則亦有闕故並宿之使必來也云謂賓若他官之屬中士若下士也者漢書高帝紀注若及也此兩若字俱當作及字解謂賓之僚屬及他官之屬皆可爲贊也又言中士下士者鄭意以賓是上士則其屬中士及下士皆可爲之言此以見贊冠者當次於賓耳云宿之以筮賓之明日者案上經云前期三日筮賓下經云厥明夕爲期則宿賓贊明在冠前二日爲筮賓之明日矣必言於此者見宿賓與宿贊冠者同日也

右宿賓宿贊冠者

厥明夕爲期于廟門之外主人立于門東兄弟在其南少退西面北上有司皆如宿服立于西方東面北上厥其也宿服朝服疏正義曰厥明夕者謂宿賓贊之明日夕冠前一日之夕也爲期猶言約期也必於廟門之外以冠在廟故也不於廟內者別於冠日行冠事時也兄弟兼親族婣戚言在其南謂在主人之南相次而立於下也西面面向西東面面向東北上以北爲上統於廟也　注云厥其也者爾雅釋言文云宿服朝服

者謂如主人宿賓時所服之朝服也此宿服指主人言云有司皆如之則主人之服可知矣兄弟不言服於下畢袗玄見之

擯者請期宰告曰質明行事擯者有司佐禮者在主人曰擯在客曰介質正也宰告曰旦日正明行冠事

【疏】正義曰此云請期謂請早晚之期故宰告以質明行事也宰告者宰主贊命也　注云擯者有司佐禮者謂擯者卽上有司之屬爲之也儀禮釋官云案敖氏以有司爲筮者卦者宰宗人之類是舉類言之其實有司不盡此據經擯者請期注云擯者有司佐禮者又爵弁皮弁緇布冠各一匴執以待于西坫南注云執之者有司則是冠時凡主人之吏有事者皆得以有司目之也又云有司有二義一是事有常職者謂之有司一是事本無常職行禮時特使人主其事亦目爲有司後凡言有司者放此云在主人曰擯者擯主人所使接賓者也云在客曰介者介客所用以爲輔者也禮經釋例云所謂擯介者凡禮皆有之士冠禮擯者請期又云擯者玄端負東塾又迎賓擯者告士昏禮問名禮賓擯者出請事士昏記賓至擯者請又不親迎壻見擯者以摯出請受燕禮射人納賓注射人爲擯者也今文曰擯者大射儀大射正擯擯者請賓又擯者命賓擯者反命擯者納賓公食大夫禮賓入大夫納賓注大夫謂上擯也又拜至擯者辭又賓三飯擯者退負東塾而立又公以束帛侑賓擯者進相幣公食大夫記鄉擯由下此嘉禮之擯也士相見禮士見于大夫若嘗爲臣者賓出使擯者還其贄於門外又賓對擯者對又始見於君若他邦之人則使擯者還其摯聘禮卿爲上擯大夫爲承擯士爲紹擯又賓問卿下大夫擯聘禮記賓若私獻擯者入告覲禮嗇夫承命注嗇夫蓋司空之屬也爲末擯又擯者謁又擯者延之曰升又享擯者曰予一人將受之又禮畢擯者謁諸天子又諸侯覲于天子四傳擯此賓禮之擯也旣夕禮公賵擯者出請入告又賓賵者將命擯者出請入告又賓奉幣擯者

先入又賵畢擯者出請又贈者將命擯者出請此凶禮之擯也有司徹主人出迎尸宗人擯注賓客尸而迎之主人益尊擯贊此吉禮之擯也皆在主人曰擯也士冠禮冠畢乃醴賓以壹獻之禮贊冠者爲介注介賓之輔飲酒之禮賢者爲賓其次爲介疏云此禮賓與饗禮同鄉飲酒禮主人就先生而謀賓介注賢者爲賓其次爲介聘禮記大夫來使無罪饗之其介爲介注饗賓有介者尊賓行敵禮也據此則饗禮亦有介此嘉禮之介也聘禮受命遂行上介及衆介俟于使者之門外又郊勞上介出請入告又聘介皆入門左又上介覿士介覿又歸饔餼上介請事又賓問卿上介特面衆介面又還玉上介出請又公館賓賓辟上介聽命注聽命於廟門中西面如相拜者然也覲禮上介皆奉其君之旂置于宮此賓禮之介也有司徹乃議侑于賓以異姓宗人戒侑賓尸之禮尸如賓侑如介此吉禮之介也皆在客曰介也至於聘禮郊勞歸饔餼還玉之上介出請卽聘問禮之擯者出請也公館賓之上介聽命卽覿面及私獻禮之擯者立於門中以相拜也此時皆賓爲主人故上介所行皆擯者之禮矣釋例又云案士冠禮疏云聘禮及大行人皆以在主人曰擯在客稱介亦曰相司儀每門止一相是也士相見禮請還贄于將命者注將猶傳也傳命謂擯相也疏云出接賓曰擯入詔禮曰相一也故聘禮與冠義皆云每門止一相是謂擯介爲相也考聘禮冠義皆無每門止一相之文唯周官司儀有之不知疏說何所本又鄉飲酒鄉射主人迎賓皆云主人一相迎于門外注相主人之吏鄉射注作主人家臣擯贊傳命者皆指擯者曰相唯司儀鄭注相謂主君擯者及賓之介故疏兼擯介而言也云質正也者小爾雅廣言文又周禮大司馬質明注同云宰告曰旦日正明行冠事者說文旦明也旦日謂明日也少牢禮云旦明行事注蓋本此段氏云說文日部晢字下曰昭晢明也从日折聲禮曰晢明行事案說文凡言禮皆謂儀禮是鄭本作質許本作

晣也今案字異義同告兄弟及有司擯者告也疏正義曰李氏云兄弟有司在列而猶告之者審慎重其事　注云擯者告也者以下文云擯者告期於賓之家故來此亦擯者告也告事畢宗人告也疏正義曰告事畢告爲期之事畢亦向主人告也　注云宗人告也者上經徹筮席時宗人告事畢此亦宜然擯者告期于賓之家疏正義曰賓不在列故至其家告之也言賓則贊可知敖氏云別言擯者事更端也

右爲期

夙興設洗直于東榮南北以堂深水在洗東夙早也興起也洗承盥洗者棄水器也士用鐵榮屋翼也周制自卿大夫以下其室爲夏屋水器尊卑皆用金罍及大小異疏正義曰冠至期先陳設器服次主人以下即位次迎賓及贊冠者入乃行三加之禮加冠畢賓醴冠者冠者見于母賓字冠者凡九節而冠禮成賓出矣○注及大小異小下聶氏崇義三禮圖有皆字嚴本無朱子云詳注文及字恐誤校勘記云案疏云及其大小異蓋謂論其質則尊卑皆用金罍及論其形制之大小則仍有異耳○直當也經曰直于東榮東西節也故鄉飲酒曰東西當東榮沈氏彤云正堂之旁爲東堂西堂東堂西堂之旁爲夾道夾道之旁爲都宮之牆則東榮正臨夾道故洗東有餘地可置水而當東榮上加東西二字亦非贅文萬氏寢廟圖屋兩旁無夾道疏也經又曰南北以堂深謂南北之節也釋文深申鴆反凡度淺深曰深鄉飲酒疏云堂深謂從堂廉北至房屋之壁堂下洗北去堂遠近深淺取於堂上深淺假令堂深三丈洗亦去堂三丈以此爲度沈氏云堂之深無明文陳氏禮書引尚書大傳曰士之堂廣三雉三分其廣以二爲內注云

雉長三丈內堂東西序之內也是堂廣九丈序內六丈而堂之深亦未及焉案考工記云周人明堂度九尺之筵東西九筵南北七筵五室凡室二筵疏引書傳云周人路寢南北七雉東西九雉室居二雉知周人度堂寢之深廣皆以九與七差之也然則堂廣九丈者堂深宜七丈室取二丈室之外宜五丈以序內堂廣六丈九七差之堂之深尚宜四丈六尺六寸有奇儀禮釋宮云士昏禮疏云碑在堂下三分庭一在北聘禮注云設碑近如堂深三分庭一在北設碑而俾如堂深則庭蓋三堂之深也聘禮疏云碑東當洗則洗西亦當碑而北去堂亦四丈六尺六寸有奇矣今案沈說推闡俱細禮經釋例云凡庭洗設于阼階東南南北以堂深天子諸侯當東霤卿大夫士當東榮案士冠禮設洗直于東榮南北以堂深水在洗東鄉飲酒鄉射設洗于阼階東南南北以堂深東西當東榮水在洗東特牲饋食設洗于阼階東南記設洗南北以堂深東西當東榮水在洗東少牢饋食設洗于阼階東南當東榮士冠禮醮用酒注洗庭洗當東榮南北以堂深此皆當東榮之洗言庭洗者別於北堂上內賓之洗士昏禮設洗于阼階東南經注不言當東榮及南北之節者文不具也其實亦當東榮之洗所謂卿大夫士之禮也燕禮設洗于阼階東南當東霤罍水在東注當東霤者人君爲殿屋也亦南北以堂深大射儀設洗于阼階東南罍水在東公食大夫設洗如饗注必如饗者先饗後食如其近者也饗禮亡燕禮則設洗于阼階東南鄭氏以燕禮證之是公食大夫之洗當亦在阼階東南也此皆當東霤之洗所謂天子諸侯之禮也鄉大夫士言當東榮天子諸侯言當東霤其實設洗皆在阼階東南異其文不異其處也又士虞禮庭洗則設于西階西南水在洗西篚在東者反吉也今案士冠禮設洗不言阼階東南者省文也鄉飲酒義云洗之在阼其水在洗東祖天地之左海也此洗與水設於東方之義也少牢云有枓者據鄭注凡設水必用罍沃盥必用

料此不言者文不具也吉禮水在洗東篚在洗西凶禮反吉則水在西篚在東此不言篚者以冠禮醴觶俱在房不洗爵於此故無篚也門外尊東南者異於常禮也又有內洗設于北堂亦名北洗詳士昏大射獻獲者則設洗於獲者之尊西北士虞卒哭餞尸則設洗在廟

禮 注云夙早也者爾雅釋詁文興起也者釋言文云洗承盥洗者棄水器也者古者盥手洗爵皆一人挹水從上沃之故曰沃盥又曰沃洗其盥洗時下注之水謂之棄水別有器承之使不溢地其器名曰洗也云士用鐵者賈疏云案漢禮器制度洗士用鐵大夫用銅諸侯用白銀天子用黃金也三禮圖引舊圖云洗高三尺口徑一尺五寸足徑三尺中身小疏中士以鐵爲之大夫以上銅爲之諸侯白金飾天子黃金飾據此則天子諸侯之洗亦銅爲之但有飾爲異耳云榮屋翼也者詩斯干如鳥斯革毛傳革翼也榮在屋兩頭如鳥之張其兩翼故謂榮爲屋翼沈氏云賈謂即今之摶風朱子厦屋說云橫棟盡外有版下垂謂之摶風榮翼乃接簷之名賈直指摶風誤又釋宮云說文曰屋梠之兩頭起者爲榮又曰屋櫋聯齊謂之檐楚謂之梠然則梠即檐而檐之東西起者乃曰榮耳案二說釋宮爲得其實謂檐爲榮乃本郭璞注上林賦所云南榮屋南檐者以說文核之郭亦誤也又士喪禮云升自前東榮降自後西榮前者南後者北由南北而言則曰東榮西榮由東西而言則曰前榮後榮故喪大記之西北榮與士喪禮之後西榮一也今案沈說蓋以說文爲據云周制自卿大夫以下其室爲夏屋者李氏云周制天子諸侯爲殷人四阿之屋東西南北皆有霤大夫以下爲夏后氏南北兩下之屋無東西霤而有東西榮案檀弓曰見若覆夏屋者矣鄭注夏屋今之門廡蓋漢時門廡亦兩下爲之故舉以爲證此經不言東霤而言東榮據大夫士宮室之制也云水器尊卑皆用金罍及大小異者經但言水不言盛水之器故注特明之敖氏因士冠諸篇不言罍謂士之水器異於

此褚氏辨之云士苟用他器則諸篇必一見以明其異而俱不言則用罍同也案經傳多以罍爲盛酒器說文櫑龜目酒尊刻木作雲靁象象施不窮也从木从畾又云罍櫑或从缶罍櫑或从皿段氏玉裁說文注云蓋始以木後以匋或曰罍亦木器或瓦器而飾以金耳段氏又云爾雅彝卣罍器也小罍謂之坎然則罍有小大燕禮罍水在東則罍亦以盛水今案韓詩說云天子罍以玉諸侯大夫以金士以梓存以備考凡設洗必設水諸篇或言水在洗東或言罍水在東或言水在洗西大射獻獲者云水在洗北是有洗必有水也惟士昏禮設洗不言水則文不具耳

陳服于房中西墉下東領北上

墉牆

疏 正義曰陳服陳將冠者之衣服卽下爵弁服皮弁服玄端三服也房中東房中也大夫士寢廟之制室在中有東房西房有西房與諸侯同注疏謂大夫士有東房無西房其說非也辨見後江氏永鄉黨圖考云大夫士陳器服及婦人行禮常在東房經有直言房者省文耳非謂止有一房不必言東也方氏苞云贊者方於房中負東墉將冠者房中南面當戶近於西故服陳西墉下取之便也凡著衣必絜其領故東領亦取之便也今案東房之西墉卽室之東墉也北上者爵弁服在北皮弁服次南玄端最南冠時先用卑服自南而北亦取之便也○注墉下集釋有也字嚴本無 云墉牆者牆是總名以經文考之凡室中房中與夾之牆則謂之墉堂上之牆則謂之序堂下之牆則謂之壁其實一也

爵弁服纁裳純衣緇帶韎韐

此與君祭之服雜記曰士弁而祭於公爵弁者冕之次其色赤而微黑如爵頭然或謂之緅其布三十升纁裳淺絳裳凡染絳一入謂之縓再入謂之赬三入謂之纁朱則四入與純衣絲衣也餘衣皆用布唯冕與爵弁服用絲耳先裳後衣者欲令下近緇明衣與帶同色韎韐緼韍也士緼韍而幽衡合韋爲之士染以茅蒐因以名焉今齊人名蒨爲韎韐韍之制似韠

冠弁者不與衣陳而言於上
以冠名服耳今文纁皆作熏【疏】正義曰爵弁爲士服之最尊者三加
時服之禮之通例衣與冠同色帶與衣同色裳與韠同色屨與裳同色注每言之然不盡然禮經釋例云亦有衣與冠不同色者如士冠禮爵弁服純衣緇帶純衣與帶同緇色是也亦有裳與韠不同色者如注既以朝服爲素裳而特牲饋食記之朝服則緇韠是也亦有屨與裳不同色者玄端用黑屨而裳則有玄裳黃裳雜裳之異是也注疏蓋舉其多者言之耳故疏亦云其衣冠異色經即別言之今案韎韐即韎色之韠詳下此陳爵弁服言衣言帶言韠言裳不言屨者下經云爵弁纁屨是也或謂爵弁即韋弁誤詳聘禮君使卿韋弁歸饔餼下○注此與君祭之服與通典作助嚴本及各本作與校勘記云案作與當讀去聲而釋文無音疑作助是也今案集釋作與音預宜從嚴本又再入謂之赬入釋文作染下二字同嚴本俱作入張氏識誤云爾雅有再染三染之文此鄭氏用染字之據也校勘記云鄭氏既據爾雅何以一入不稱染不若依今本槪作入字爲是又今齊人名蒨爲韎韐戴氏震校集釋謂韐衍文非也宜從戴氏侗六書故以韐字屬下句讀段氏云韎說文从韋末聲五經文字亦作韎音末今人從未誤也　云此與君祭之服者與君祭即謂助祭於公也云雜記曰士弁而祭於公者鄭注弁爵弁也此引以證爵弁爲助祭服也云爵弁者冕之次者賈疏云凡冕以木爲體長尺六寸廣八寸績麻三十升布衣之上以玄下以纁前後有旒其爵弁制大同唯無旒又爲爵色爲異又名冕冕者俛也低前一寸二分故得冕稱其爵弁則前後平故不得冕名以其尊卑次於冕故云爵弁冕之次也吳氏疑義云據說文弁本作覍象形或作弁又釋名弁如兩手相合也爵弁與冕制異與皮弁之制同今案據周禮左傳疏賈氏之說蓋本漢禮器制度吳氏以說文釋名駁之似亦可從江氏永云案大戴禮及東方朔荅客難皆云冕而前旒所以蔽明

則無後旒可知謂前後皆有旒此因玉藻前後邃延而誤耳前後邃延謂板長尺六寸自延端至武前後皆深邃非謂後亦有旒也其說是矣云其色赤而微黑如爵頭然或謂之緅者案考工記鍾氏注云染纁者三入而成又再染以黑則爲緅緅今禮俗文作爵言如爵頭色也是也云其布三十升者論語麻冕孔注績麻三十升布以爲之鄭意爵弁與冕同故云其布三十升也江氏永辨之云三十升之說非是古布幅闊二尺二寸當今尺一尺三寸七分半若容三十升之縷二千四百則今尺一分之地幾容一十八縷此必不能爲者也孔意蓋謂古者朝服十五升冠當倍於衣不知冠升倍衣唯喪服斬衰三升冠六升則然自齊衰以下則非倍半之數矣禮無冠倍於衣之例孔誤釋耳麻冕之布亦不過十五升如今尺之一分容九縷已是細密難成矣云纁裳淺絳裳者絳是大赤纁則赤而有黃故云淺絳裳也云凡染絳一入謂之縓再入謂之赬三入謂之纁朱則四入與者案一入再入三入爾雅入俱作染是皆爲染絳法也沈氏彤云縓淺赬赬淺纁是三者皆由淺入深若更以纁入赤則爲朱詩七月我朱孔陽毛傳朱深纁是也但縓赬纁之爲一入再入三入經有明文朱則四入無明文故言與以疑之凡冕服皆玄上纁下爵弁爲冕之次故亦纁裳也云純衣絲衣也餘衣皆用布唯冕與爵弁服用絲耳者詩周頌絲衣其紑戴弁俅俅弁爵弁也則爵弁服之用絲衣可知矣此經及士昏禮純衣鄭皆以絲衣解之周禮媒氏之純帛論語之今也純鄭皆讀爲緇又謂古緇以才爲聲字亦作紂不同者一言其質一言其色也經義述聞云純當讀黗廣雅黗黑也黗與純聲義相近是亦主色言之餘衣謂皮弁服以下及深衣之類皆用布也云先裳後衣者欲令下近緇明衣與帶同色者言衣當在裳先此退在裳後者欲令與緇帶連文見衣與帶同緇色非尊裳而抑衣也褚氏云敖乃有纁裳與冕服之裳同而尊之之論豈爵弁之衣卑於裳邪褚

說是矣二云韎韐縕韍也士縕韍而幽衡合韋爲之士染以茅蒐因以名焉今齊人名蒨爲韎韐韍之制似韠者案此韍也而名韎韐者韎言其色韐言其質鄭此注云韎韐縕韍也玉藻注云縕赤黃之閒色所謂韎也是鄭以此經韎與玉藻縕同爲赤黃色名說文韎茅蒐染韋也一入曰韎爾雅一染謂之縓說文縓帛赤黃色韎與縓皆一入爲赤黃色而染韋則曰韎染帛則曰縓因事異名也爾雅再染謂之赬三染謂之纁韎一入淺於纁纁爵弁服纁裳而韎韐故說文云士無市有韐制如榼缺四角爵弁服其色韎賤不得與裳同是也市卽韍字韐卽韐字鄭云合韋爲之士染以茅蒐因以名焉者合韋爲之解韐字染以茅蒐因以名焉解韎字謂此韐合韋爲體而染以茅蒐其色赤黃因名韎也又云今齊人名蒨爲韎者蒨是茅蒐之別名謂染韎用茅蒐後人因謂茅蒐爲韎假令通古見韎之名義取於蒨也然鄭意固以韎名取於蒨非以韎韐名取於蒨蒨得名韎不得名韎韐賈此疏出注云韍之制似韠孔穎達詩瞻彼洛矣疏引此注云今齊人名蒨爲韎韐皆誤甚韐字義取合韋大夫以上亦用韋爲之而不名韐者據大夫以上有山火龍章之飾謂之韍士無飾則但謂之韐本其質而言之賈疏謂士無飾不得單名韍一名韎韐一名縕韍是也鄭云韐韍之制似韠者韎韐雖不得單名韍得單名韐士喪禮設韐帶注云韐帶韎韐縕帶是其證又韐與韠對韎是色名不得兼韎言似故單云韐文連韍言者因上引縕韍而及之謂韐與韍其制均似韠也必云制似韠者韐韍形象經傳無文韠之制具於玉藻雜記故鄭假以名焉或疑蒨不得名韎韐遂謂韐字爲衍文亦非韐與韍微異經固云韐不云韍鄭不當單云韍之制似韠戴侗六書故韎字下引鄭氏曰齊人謂蒨爲韎又韐字下引鄭康成曰韐韍之制似韠以韐字屬下爲句得其讀矣今依彼正之又詩韎韐有奭今本毛傳韎韐者茅蒐染草也一曰韎韐所以代韠也鄭箋韎韐者茅蒐染也

茅蒐韎韐聲也韎韐祭服之韠合韋爲之其服爵弁服紂衣纁裳也今案傳草字疑韋之誤韎旁從韋是以茅蒐染韋之名非直染草說文云韎茅蒐染韋也當依彼作韋孔氏正義引定本云一入曰韎韐一下當依定本有入字但以韎爲句說文云一入曰韎左傳疏引賈逵云一染曰韎國語注引三君云同一染卽一入一入曰韎蓋漢儒相傳之舊詁此二句傳釋韎字下云韐所以代韠也釋韐字孔疏韎韐連讀亦誤箋云韎韐者茅蒐染也茅蒐韎韐聲也者謂此韎韐以茅蒐染之故云韎茅蒐聲近韎也聲上韐字爲衍文左傳疏及國語注引皆云韎聲也無韐字茅蒐韎聲韋昭所謂急疾呼茅蒐成韎是也前人訓韎者多舉其義至鄭始兼著其聲以爲義由聲出與此注士染以茅蒐因以名焉今齊人名蒨爲韎者同皆單釋韎字下云韎韐祭服之韠合韋爲之始訓韐字疏連韐言聲者皆誤衍云冠弁者爵弁之等皆人執之在堂下是不與衣同陳也今加爵弁於服上者不與衣陳而言於上以冠名服耳者陳服在房中而緇布冠及皮弁是以爵弁名其服非謂冠弁亦陳於房內也云今文纁皆作熏者段氏云此同音假借字鄉射禮大夫與士射袒薰襦則從今文也轉寫加艸頭耳凡所從古今文有彼此互異者以可參觀而得也胡氏云士昏禮玄纁束帛注同案云皆者蓋合下文纁邊士昏禮則合下文纁裳纁袡等言之與禮經釋例云凡士冠三加士昏親迎士復士襲皆用爵弁服案士而用爵弁服攝盛也士復者卽士喪禮復者一人以爵弁服簪裳於衣是也士襲者卽士喪禮陳襲服爵弁純衣是也

皮弁服素積緇帶素韠

此與君視朔之服也皮弁者以白鹿皮爲冠象上古也積猶辟也以素爲裳辟蹙其要中皮弁之衣用布亦十五升其色象焉

疏

正義曰皮弁卑於爵弁陳之在皮弁服南再加時所服也皮弁服不言衣者衣與冠同色略之也言素積素韠者見裳與韠同色也亦言緇帶者士止有一緇帶故

爵弁皮弁玄端三服皆陳之不言屨者下經云素積白屨是也注云此與君視朔之服也者張氏爾岐云此視朔時君臣同服之服吳氏章句云注謂視朔之服其實他禮亦用之今案皮弁服亦用之於聘詳聘禮亦用之於蜡郊特牲曰蜡者索也歲十二月合聚萬物而索饗之也又曰皮弁素服而祭是也云皮弁者以白鹿皮為冠象上古也者禮運曰昔者先王未有麻絲衣其羽皮鄭注此上古之時也案後王易之以麻絲而皮弁猶用皮為之如上古時李氏云古者以鳥獸之皮冒而句領皮弁象之是也必以白鹿皮者取其與衣色相稱也聶氏云舊圖云以鹿皮淺毛者為之高尺二寸周禮王及諸侯孤卿大夫之皮弁會上有五采三采二采玉璂象柢唯不言士之皮弁有此等之飾案弁飾注云一命之大夫及士韋弁皮弁之會無結飾是也云積猶辟也以素為裳辟蹙其要中者案辟即襞服注所謂辟兩側空中央也此之謂辟積祭服朝服辟積無數唯喪服三辟積也輔氏廣云禮服取其文正故裳用正幅而人身之要為小故於要之兩旁為辟積即今服摺也賈疏云素有三義若以衣裳言素者謂白繒即此文之等是也畫繢言素者謂白色即論語云繪事後素之等是也器物無飾亦曰素則檀弓云奠以素器之等是也今並存其說云皮弁之衣用布亦十五升其色象焉者雜記曰朝服十五升此皮弁衣雖無文亦與朝服同可知故云亦也皮弁色白衣白色白是象之也鄭注士喪禮皮弁服亦云白布衣敖氏謂皮弁服用絲衣與鄭異吳氏紱江氏筠褚氏寅亮皆以為可從禮經釋例云考聘禮公側授宰玉裼降立注論語曰素衣麑裘皮弁時或素衣其裘同可知也郊特牲皮弁素服注亦云衣裳皆素則鄭氏已不能自守其前說雜記子羔之襲也素端一皮弁一是皮弁與素端為二服孔氏正義曰盧云布上素下皮弁服賀瑒云以素為衣裳也然則衣裳皆素者或素端歟周禮司服其齊服有玄端素端亦別於皮弁而言之也今

案據盧云布上素下則皮弁用布衣其說有自來矣當以鄭注爲正釋例又云凡士冠禮再加聘禮行聘還玉賓受饔餼覲禮郊勞士喪禮襲既夕禮乘車所載皆用皮弁服今案此皆見於經而可考者也至於聘禮受饔餼明日賓拜于朝拜饔與餼皆再拜稽首注此拜亦皮弁服案此經無明文注意蓋以受時皮弁則拜亦皮弁是拜饔與餼據注亦用皮弁服也

玄端玄裳黃裳雜裳可也緇帶爵韠

此莫夕於朝之服玄端卽朝服之衣易其裳耳上士玄裳中士黃裳下士雜裳雜裳者前玄後黃易曰夫玄黃者天地之雜色天玄而地黃士皆爵韋爲韠其爵同不以玄冠名服者是爲緇布冠陳之玉藻曰韠君朱大夫素士爵韋

疏正義曰玄端又卑於皮弁陳之在皮弁服南初加時所服也玄端卽玄衣端者取其正也金氏榜云衣以端名者有二其一後鄭云衣袂二尺二寸而屬幅是廣袤等也其袪尺二寸是謂玄端對朝服以上後袂者得名乃次於朝服之服其一鄭仲師云衣有襦裳者爲端對深衣以下連裳削幅者得名乃冕弁服朝服玄端通稱今案樂記言端冕則冕亦稱端左傳言端委論語言端章甫則朝服玄端皆可稱端但此經所陳則次於朝之服也玄裳黃裳雜裳三等裳以配玄端乃士服特牲饋食記云玄端玄裳黃裳雜裳可也皆爵韠與此同李云可也者三等士惟其所宜服者陳之裳雖有三而同用爵韠爵亦雜色也帶有二大帶以束衣革帶以繫韠繫佩舉韠則有革帶可知今案玄端不言冠者平時玄冠始冠則服緇布冠也不言屨者下經云玄端黑屨三等裳皆用黑屨者以玄裳爲正也禮經釋例云朝服注素裳鄉飲酒記鄉朝服而謀賓介注朝服素韠白屨燕禮記燕朝服于寢注同然則玄冠玄端玄裳黃裳雜裳緇帶爵韠黑屨者玄端服也玄冠玄衣緇帶素裳素韠白屨者朝服也此玄端與朝服之分也○注天地之雜色毛本色作也嚴徐本俱作色識誤云鄭氏正引易文

不必改也爲色也字近色傳寫者誤耳校勘記云案漢時六經異文甚多張說未確今案黃氏丕烈亦以嚴本爲不誤　云此莫夕於朝之服者吳氏疑義云據賈疏引左傳昭十二年子革夕哀十四年子我夕本非常禮左傳亦無夕時玄端明文據玉藻朝玄端夕深衣則玄端爲大夫士私朝之服也今案玄端所用甚廣詳下云玄端即朝服之衣易其裳耳者玄端朝服皆用緇布衣其裳則朝服用素裳玄端用玄裳黃裳雜裳是易其裳也然朝服用素韠白屨玄端用爵韠黑屨則韠與屨亦易矣云上士玄裳中士黃裳下士雜裳者特牲記注同蓋以上有上中下三等故制三等裳以別之玄尊於黃而黃爲純色又尊於雜也此乃士之正服若大夫以上則有異大夫玄端用素裳天子諸侯用朱裳也云雜裳者前玄而後黃易曰夫玄黃者天地之雜色天玄而地黃者鄭以言雜必非一色故知前玄後黃而引易爲證也褚氏云天玄而地黃陽前而陰後故玄必在前黃必在後玄之幅必三黃之幅必四不可易也敖氏乃謂雜裳亦可前黃後玄謬甚云士皆爵韋爲韠其爵同者朱子云其爵同三字未詳盛氏云案注云其爵同者謂公侯伯之士皆一命子男之士曰不命也士雖有上中下三等而其爵則同故皆以爵注爲韠云不以玄冠名服者是爲緇布冠陳之者此服冠時以配緇布冠則陳於皮弁服之南者乃爲緇布冠陳之不得名玄冠服矣故空其文而但云玄端也江氏永云朝服玄端及深衣皆用玄冠雖不爲緇布冠陳亦不可以玄冠名服云玉藻曰韠君朱大夫素士爵韋者此皆爲玄端服之韠鄭引以證經之爵韠也詳前主人玄冠朝服緇帶素韠下禮經釋例云凡士冠禮賓主人兄弟擯者贊者及冠者初加見君與鄉大夫鄉先生皆用玄端士昏禮使者主人壻從者皆用玄端鄉飲酒鄉射之禮息司正皆用玄端士祭禮筮日筮尸宿尸宿賓視濯視殺正祭尸主人者祝佐食皆用玄端今案此皆見於經而可考者也玄端有用緇裳

昏禮納采使者玄端至注云有司緇裳賈疏以緇裳卽玄裳也玄端有用緇韠者見冠禮兄弟畢袗玄注蓋玄端而緇韠則謂之袗玄也又朝服亦有用緇韠者詳特牲記釋例又云凡士冠禮筮日筮賓宿賓爲期皆用朝服飲射燕食之禮皆用朝服聘禮本國君授使者幣使者受命及釋幣于禰肆儀聘畢使者歸反命賓至所聘之國展幣辭饔餼問卿上介問下大夫士介受餼主國之君使卿郊勞宰夫設飧致士介餼卿接聘賓君不親食使大夫致侑幣皆用朝服士正祭賓及兄弟助祭者皆用朝服大夫祭禮皆用朝服案此亦皆見於經而可考者也至旣夕記云復者朝服又云道車載朝服則亦士禮用朝服者今備錄之○禮經釋例云論語公西華曰端章甫願爲小相焉端卽玄端小相卽末擯也皆指士而言蓋思以其所學仕於列邦但願服士服爲諸侯之末擯以相禮而已此謙辭也乃或者誤會下文宗廟會同非諸侯而何遂謂公西氏欲得國爲諸侯不知會同之禮諸侯當服裨冕豈有玄端章甫以見天子者乎明代時文家之不學可笑如此釋例又云案弁服吉者凡三等士冠禮陳冠服爵弁服一也皮弁服二也玄端三也玄端卽朝服之異其裳者故言玄端卽兼朝服也士喪禮陳襲服爵弁服一也皮弁服二也褖衣三也賈云褖衣則玄端又連衣裳是褖衣卽玄端也又周官司服凡兵事韋弁服一也蓋韋弁稍次於爵弁或衣裳小異猶玄端之於朝服故言韋弁卽兼爵弁也又云眂朝則皮弁服二也又云凡甸冠弁服三也鄭氏注冠弁委貌其服緇布衣亦積素以爲裳諸侯以爲視朝之服是冠弁卽朝服也言朝服則兼玄端矣今案爵弁韋弁爲二服辨見前

緇布冠缺項青組纓屬于缺緇纚廣終幅長六尺皮弁笄爵弁笄緇組紘纁邊同篋缺讀如有頍者弁之頍緇布冠無笄者著頍圍髮際結項中隅爲四綴以固冠也項中有緇亦由固頍爲

之耳今未冠笄者著卷幘頍象之所生也滕薛名蔮爲頍屬猶著纚今之幘梁也終充也纚一幅長六尺足以韜髮而結之矣笄今之簪有笄者屈組爲紘垂爲飾無笄者纓而結其條纁邊組側赤也同篋謂此上凡六物隋方曰篋【疏】正義曰張氏爾岐云此所陳者飾冠之物非謂冠也此說是下文云爵弁皮弁緇布冠各一匴則冠弁各用匴盛之不在篋矣詳下敖氏云經言纚於缺項二笄之閒以見三加同一纚也案下再加之時云正纚如初則不易纚矣缺項纓纚笄紘同篋貯之者待冠時隨各冠取用也 注結項中賈疏無中字屬猶著著下通典有也字今之幘梁也集釋無也字今俱從嚴本足以韜髮韜釋文作叏識誤云士昏禮注之縚髮釋文亦云本又作叏不爲叏則爲縚今之爲韜未知孰據校勘記云案說文韜劍衣也弢弓衣也二字音義相近故古多通用如六韜一作六弢是也叏本訓滑因弢而轉爲叏從省也縚則韜之俗字今案集釋作韜與嚴本同不誤謂此上凡六物嚴本徐本通典集釋俱如是通解要義毛本此下俱有以字釋文摘以上二字爲音張氏識誤遂改此爲以豈此以二字不宜並存歟黃氏謂嚴本不誤今從之 云缺讀如有頍者弁之頍者段氏云毛詩有頍者弁傳云頍弁貌鄭注禮時未箋毛詩云著頍圍髮際云頍象生於卷幘則頍是一物非爲弁貌蓋注禮多用三家詩三家詩或釋頍爲蔮也云緇布冠無笄者著頍圍髮際結項中隅爲四綴以固冠也者皮弁爵弁有笄而緇布冠無笄故於冠武下別制頍圍髮際結於項中謂之缺項缺與頍同其上四隅綴於武以固冠也缺項惟緇布冠有之玄冠則不用而纓屬於武矣是以內則不言缺項然則缺項自別爲一物若如後儒解項爲冠項讀缺爲如字謂當冠項之處有不合者故名缺項則缺項即指冠言之下屬於缺者即屬於冠何以冠在匴而纓在篋乎其說必不然矣云項中有繦亦由固頍爲之耳者此申上結項中之義也繦即結也項中有結

亦以固頍耳云今未冠笄者著卷幘頍象之所生也者是舉漢法爲況廣雅纙帞幘也纙與卷同釋名云幘賾也下齊眉賾然也急就篇注云幘常在冠下或單著之獨斷云幘者古之卑賤執事不冠者之所服也續漢書輿服志云未入學小童幘句卷屈者示尚幼小也王石臞先生詩念孫廣雅疏證云卷與頍一聲之轉也胡氏承珙云輿服志云古者有冠無幘其戴也加首有頍所以安物此亦以頍爲固冠之物名也云滕薛名蔮爲頍者劉氏台拱端臨遺書云案簂各本誤作蔮釋文亦誤釋名云簂恢也恢廓覆髮上也魯人曰頍頍傾也著之傾近前也齊人曰帨飾形貌也字從竹亦從巾作幗滕薛在漢爲魯之南境劉熙以頍爲魯語與鄭合段氏又云今本簂從艸作蔮誤廣韻十八隊簂筐也亦作幗然則簂卽說文幗字廣韻別出蔮字引儀禮此注作蔮由禮注轉寫誤耳鄭知缺訓簂者以經云青組纓屬于缺知之近敖繼公江慎修戴東原氏讀缺項如字今案敖說雖與鄭殊然謂別以緇布一條圍冠而後不合則猶以缺項爲固冠之物也自萬氏斯大謂冠後兩開不相屬爲缺項吳氏廷華蔡氏德晉盛氏世佐因之皆以缺項卽冠後非別有一物說愈紛而義愈遠矣沈氏彤亦辨萬說之誤當以鄭注爲正屬猶著者謂屬與著同以物相連附之名經云青組纓屬于缺者謂以青色之組二條爲纓著於缺項之兩旁冠時垂於頤下結之也云纚今之幘梁也者亦舉漢注爲況開元禮義鑑云古者以黑繒爲纚先韜髮而後加冠幘卷梁故鄭引漢法申之漢書注纚織絲爲之然則緇纚卽以緇色繒爲纚也纚所以韜髮江氏永云纚卽內則之縰古人不露髮必韜而結之繞爲髻乃著冠云終充也者古布帛每幅闊二尺二寸廣終幅者謂充其幅之闊以爲廣而長則六尺也云足以韜髮而結之矣者謂纚之廣長足以韜髮而結之內則疏引盧氏云纚所以裹髻承冠以全幅疊而用之是也云笄今之簪者釋名云笄係也所以係冠使不墜也

文選招隱詩注簪笄也所以持冠也又謝靈運詩注簪以玉爲笄也古曰笄今曰簪是也天子諸侯以玉爲笄大夫以下蓋用象爲之喪事則用櫛笄榛笄詳喪服記云有笄者屈組爲紘垂爲飾無笄者纓而結其絛者案有笄者爲皮弁爵弁也二弁有笄加冠後以笄橫貫之以固冠用組爲紘以一條繫於笄左頭繞頤下自右屈向上仰屬於笄繫之有餘因垂爲飾故雜記注冠有笄者爲紘也無笄者卽緇布冠也纓說文云冠系也餘詳上云纁邊組側赤也者纁是淺赤色謂組以緇爲中以纁爲邊而織之故云組側赤也云同篋謂此上凡六物者缺項青組纓屬于缺共爲一物緇纚爲二物皮弁笄爲三物爵弁笄爲四物緇組紘纁邊皮弁爵弁各一則爲二物是六物也云隨方曰篋者篋與匧同說文匧藏也匧或從竹作篋史記正義篋箱類也云隨方者蓋長方而不正方故釋文云狹而長也

櫛實于簞簞笥也

疏正義曰櫛所以理髮內則釋文云櫛梳也說文櫛梳比之總名也段氏注云疏者爲梳密者爲比玉藻曰櫛用樿櫛髮晞用象櫛據孔疏以樿爲白理木象爲象牙是櫛有二此蓋用象櫛與　注云簞笥也者簞笥皆竹器鄭注曲禮及論語俱云圓曰簞方曰笥此乃訓簞爲笥者亦對文異散則通也實于簞者謂以簞盛櫛也

蒲筵二在南筵席也

疏正義曰蒲筵二者此筵以蒲葦爲之一者賈疏云一爲冠子卽下云筵于東序少北是也一爲醴子卽下云筵于戶西南面是也在南者程氏恂云通指上篋在服南亦簞亦筵筵最南也　注云筵席也者謂筵卽席也鄭注周禮序官司几筵云鋪陳曰筵藉之曰席蓋初鋪在地一重爲筵其上重卽謂之席義取相承藉也又布席亦謂之筵詳下文筵于東序下釋名筵衍也舒而平之衍衍然也

側尊一甒醴在服北有篚實勺觶角柶脯醢南上側猶特也無偶曰側置酒曰尊側者無玄酒服北者纁裳北也

篚竹器如笭者勺尊斗所以㪺酒也爵三升曰觶柶狀如匕以角爲之者欲滑也南上者篚次尊籩豆次篚古文甒作廡【疏】正義曰注勺尊升嚴本及各本皆作升金氏曰追儀禮正譌云賈疏謂此尊料㪺酒者也是注升本作斗後魏以來字多別體升斗字幾不辨故致誤如此黃氏丕烈儀禮校錄云沈氏彤校正作斗今從之又所以㪺酒也集釋單疏要義毛本俱作㪺嚴本作㪺黃氏云㪺蓋㪺之壞字二云側猶特也無偶曰側者側與特皆訓獨故云無偶也張氏惠言二云賈謂禮之大例稱側有二一者無偶特一爲側此側尊昏禮側載聘禮側襲之類一者聘禮云側受几者側是旁側之義也案聘禮禮賓公側受几于序端注不言側義其文與側授宰玉正同亦是無偶之義非旁側也凡儀禮一經側字皆作特訓今案側亦訓旁見廣雅釋言側亦訓邊見史記索隱玉藻大夫側尊用棜士側尊用禁鄭無注孔疏亦以旁解之然此經之側當依張說爲是又云側者無玄酒者古人設尊多用兩其一係玄酒卽明水示不忘古玉藻曰凡尊必上玄酒是也此則無玄酒但用一尊故云側云置酒曰尊者置酒謂之尊猶布席謂之筵皆是陳設之名非謂酒器側尊一甒醴猶言特設一甒醴耳甒是盛醴器名方言甒甖也周魏之閒謂之甒鄭注既夕云甒瓦器禮記禮器曰君尊瓦甒孔疏云此瓦甒卽燕禮之公尊瓦大也詳燕禮禮經釋例云凡醴尊皆設于房中側尊無玄酒案士冠禮陳服于房中西墉下又云側尊一甒醴在服北是設於房中也士昏禮亦云側尊甒醴于房中是醴尊皆在房中也醴事質而禮盛故特尊無玄酒也亦有不尊於房中者聘禮記醴尊于東箱瓦大一有豐是聘禮主君禮賓醴尊則在東箱也亦有不側尊者士虞禮尊于室中北墉下當戶兩甒醴酒此是反吉以醴代玄酒故醴酒並設不側尊不於房中非醴尊正例也敖氏云醴尊設於房臣禮也國君則於東箱蓋據聘禮記言之云服北纁裳北也者此上陳三服先陳

爵弁服而纁裳最在北故知在服北爲在纁裳北也二云篚竹器如笭者案三禮圖引舊圖二云篚以竹爲之長三尺廣一尺深六寸足高三寸如今小車笭今案說文篚只作匪而篚則訓爲車笭段氏注二云釋器曰竹前謂之禦後謂之蔽竹前竹後許所謂車笭也笭之言櫺也言其昤矓也然則篚葢竹器之疏櫺而不密者故鄭二云如笭也許書專以篚爲車笭字而筐匪之匪不從竹後世篚匪字多用篚故段氏二云匪篚古今字又二云漢書作棐應劭曰棐竹器也方曰箱隋曰棐隋者方而長也又案三禮圖謂篚有蓋以儀禮諸篇考之似未確此經二云實勺觶角柶少牢二云勺爵觚觶實于篚又鄉飲酒有上篚下篚皆以盛爵又燕禮大射君臣異篚其單言篚者臣篚也言膳篚者君篚也注二云言膳篚者君象觚所饌也堂下之篚常設於洗西堂上之篚設於尊南此篚設於房中則在尊北篚近洗者便於取爵以洗近尊者便於取爵以酌凡皆盛酒器之篚也又士虞禮有盛食之篚又有盛玉幣之篚孟子所謂實玄黃於篚是也二云勺尊斗所以𣂏酒也者斗與枓同賈疏二云案少牢罍水有枓與此勺爲一物故二云尊斗對彼是罍枓所以𣂏水則此爲尊斗所以𣂏酒也今案詩賓之初筵賓載手仇鄭箋仇讀曰𣂏𣂏者挹酒於尊之名詳少牢司宮摡豆籩勺爵觚觶下二云爵三升曰觶者爵是飲器之大名對文爵與觚觶角散有異散文亦得通稱爵故注主爵言之三升曰觶詳特牲記二云柶狀如匕以角爲之者欲滑也者鄭司農注周禮玉府二云角柶角匕也說文匕部二云匕一名柶木部柶下二云禮有柶柶匕也廣雅柶匙匕也是柶亦名匕鄭不直二云匕而二云如匕者蓋見十七篇中扱醴扱鉶用柶而匕飯匕牲體用匕二者自當有異下文二云加柶覆之面葉又二云加柶面枋則柶有葉有枋注二云葉柶大端張氏爾岐二云柶類今茶匙葉即匙頭或二云柶之盛物處謂之葉然則柶頭亦當爲淺斗狀以挹物其形有似於匕視匕飯匕牲體之匕爲小耳故鄭不直二云匕而二云如匕

也段氏說文注云常用器曰匕禮器曰柶此說似未確王氏廣雅疏證云柶有醴柶有鉶柶吉事用角柶喪事用木柶士冠禮角柶士喪禮東方之饌其實醴酒角觶木柶少牢禮上佐食羞兩鉶皆有柶三禮圖引舊圖云柶長尺櫐博三寸曲柄長六寸漆赤中及柄端今案喪禮楔齒用角柶者以始死時喪具未備故仍用生人吉時所用之柶也三禮圖又謂醴柶用角爲之鉶柶用木爲之然士喪禮醴柶亦用木則其說不足據矣禮經釋例云凡扱醴扱羹之器皆曰柶士冠禮賓醴冠者士昏禮女父醴使者舅姑醴婦聘禮主國之君醴聘賓授醴者皆加柶受醴者皆以柶祭醴三士昏禮記祭醴始扱一祭又扱再祭是扱醴之器謂之柶也公食禮賓祭正饌扱上鉶以柶徧擩之注扱以柶扱其鉶菜也士虞記鉶芼有柶少牢禮尸飯之先設羊豕兩鉶皆有柶尸扱以柶祭羊鉶遂以祭豕鉶嘗羊鉶有司徹主婦獻尸尸坐以羊鉶之柶挹羊鉶遂以挹豕鉶是扱鉶羹之器亦謂之柶也士虞特牲尸入但云祭鉶嘗鉶不云扱以柶者文不具也醴有糟鉶羹有菜故皆以柶扱之今案匕制詳少牢廩人摡甑甗匕下云南上者篚次尊籩豆次篚者籩豆卽脯醢也李氏云一籩一豆者籩實脯而豆實醢今案脯醢亦詳少牢司宮摡豆籩下程氏瑤田云案饌於西墉下服南篋篋南簞簞南筵服北尊尊北篚篚北籩豆云古文甒作廡者廡是門廡兩下爲之段氏云古文字少假借故以廡爲甒說文瓦部不錄甒者從禮古文也小戴記四十九篇多從今文是以有甒無廡如禮器君尊瓦甒喪大記士容瓦甒皆是今案廣雅云甒瓶也甒旁瓦乃後人所加後人又省作甒耳爵弁皮弁

緇布冠各一匴執以待于西坫南南面東上賓升則東面爵弁者制如冕黑色但無繅耳周禮王之皮弁會五采玉璂象邸玉笄諸侯及孤卿大夫之冕皮弁各以其等爲之則士之皮弁又無玉象邸飾緇布冠今小

史冠其遺象也匴竹器名今之冠箱也執之
者有司也坫在堂角古文匴作纂坫作檐
疏 正義曰宋本釋文云
匴本或作算校勘記
云通典作算與或本合今本釋文算誤作篹段氏云史記鄭莊傳餽
遺人不過算器食徐廣曰算竹器疑算卽匴之假借注玉璂嚴本璂
作琪通解楊圖同周禮弁師釋文云璂本亦作琪是二字通又無玉
象邸飾汪氏中云邸字疑衍又古文匴作纂坫作檐毛本兩作字俱
作爲徐本上作字作作下作爲嚴本集釋俱作纂釋文要義毛本
俱作篹嚴徐集釋俱作纂檐嚴本毛本俱作襜釋文作檐張氏識誤
云廣韻檐與簷同𢈪謂之坫故或爲檐今從襜非也校勘記云釋文
檐今本亦誤作襜黃氏校錄以嚴本作襜爲誤段氏漢讀考胡氏承
珙亦皆以襜爲誤今作檐○冠弁是禮之主重於他服故執之而不
陳且他服適房自著而已冠弁必俟賓加之故執以待事各一匴則
執之各一人西坫南者堂廉西頭之南在堂下也執匴者賓未入南
面賓升堂則東面以向賓也東上謂執爵弁匴者在東皮弁緇布冠
以次而西東面則以北爲上不言北上者省文也 注云爵弁者制
如冕黑色但無繅耳者周謂弁師掌王之五冕皆玄冕朱裏延紐五
采繅十有二鄭注繅合五采絲爲之繩垂於延每一帀而貫五采玉
十二斿則十二玉也鄭以爵弁之制與冕大同唯無繅斿爲異吳氏
疑義云上注言爵色赤而微黑或謂之緅下纁屨注則以爲與纁同
色此又第以爲黑色者蓋因弁師五冕皆玄此注既以爲如冕故以
黑言之不覺自爲矛盾耳云周禮王之皮弁會五采玉璂象邸玉笄
者弁師文鄭注會縫中也璂讀如綦綦結也皮弁之縫中每貫結五
采玉十二以爲飾謂之綦邸下柢也以象骨爲之云諸侯及孤卿大
夫之冕皮弁各以其等爲之者亦弁師文此鄭引以證皮弁之制也
云則士之皮弁又無玉象邸飾者鄭蓋據各以其等爲之之文推之
弁師注又云皮弁則侯伯璂飾七子男璂飾五玉亦三采孤則璂飾

四三命之卿璂飾三再命之大夫璂飾二玉亦二采故知降殺至士無玉象飾矣云緇布冠今小吏冠其遺象也者續漢書輿服志云進賢冠古緇布冠也文儒者之服也公侯三梁中二千石以下至博士兩梁自博士以下小吏私學弟子皆一梁故鄭云今小吏冠其遺象今謂漢時也聶氏云緇布冠始冠之冠也大夫士無緌諸侯始加緇布冠續緌自士已上冠訖則敝去之不復著也然庶人猶常著之故詩云彼都人士臺笠緇撮謂彼都邑人有士行者以緇布爲冠撮持其髮今案詩毛傳緇撮緇布冠也云匴竹器名今之冠箱也者說文匴淥米籔也淥米之籔非可以盛冠許蓋與鄭異義廣韻匴冠箱也一切經音義三引風土記云笈如冠箱而卑者也云執之者有司也者前注云有司羣吏有事者故知有司是執事之人此執匴者卽有司也云坫在堂角者禮坫有四爾雅垝謂之坫郭注在堂隅與此注坫在堂角者同既夕記曰設棜于東堂下南順齊于坫據此則坫當在東西堂之隅蓋統一堂而論之必以東堂盡東西堂盡西之處爲隅儀禮凡言坫者皆謂堂隅之坫一也明堂位曰反坫出尊此反爵之坫二也又曰崇坫康圭此亢圭之坫三也內則曰士於坫一此庋食之坫四也反坫崇坫皆在廟中兩楹之閒賈氏釋士喪禮云堂隅有坫以土爲之又云或謂堂隅爲坫則其說不能定矣江氏永云堂之四隅卽爲坫非別有土爲之也反坫以反爵崇坫以康圭乃是燒土爲之案論語皇疏云反坫築土爲之形如土堆禮記疏略同江說是矣庋食之坫在寢內亦當以土若木爲之云古文匴作纂坫作檐者胡氏承珙云說文竹部籫字注云竹器也从竹贊聲讀若纂此當與纂同字今案明堂位曰薦用玉豆雕篹鄭注篹籩屬也則非盛冠之物矣又檐者屋檐聯不在堂角故鄭於此二字俱從今文不從古文也

右冠日陳設

主人玄端爵韠立于阼階下直東序西面玄端士入廟之服也阼猶酢也東階所以答酢賓客也堂東西牆謂之序疏正義曰主人言玄端爵韠不言裳者以三等士皆用此爲玄端也若緇韠則不得名玄端如下兄弟服是也張氏爾岐云主人服此服立阼階下以待賓至其立處與堂上東牆相直　注云玄端士入廟之服也者案特牲士祭用玄端故知爲士入廟之服此冠禮行於廟故服玄端也不言冠者方氏苞云篇首朝服用玄冠則玄端之冠不待言矣云阼猶酢也東階所以答酢賓客也者說文阼主階也段注云階之在東者東階謂之阼階猶西階謂之賓階有主賓相酢之義故注以酢釋之云堂東西牆謂之序者爾雅釋宮云東西牆謂之序鄭加堂字於上者見儀禮經內所言東序西序乃堂上東西牆之名也

兄弟畢袗玄立于洗東西面北上兄弟主人親戚也畢猶盡也袗同也玄者玄衣玄裳也緇帶韠位在洗東退於主人不爵韠者降於主人也古文袗爲均也疏正義曰王氏困學紀聞云案後漢書輿服志秦郊祀之服皆以袀玄蓋袀字誤爲袗釋文之忍反亦誤段氏云案經注袗字皆袀字之誤㐱與勻篆體易譌說文衣部曰袀玄服也从衣勻聲今本譌爲袗㐱聲賴文選閑居賦注可證今案袗當爲袀王段說是也胡氏承珙說亦同九經古義禮經釋例亦皆以袗爲袀　注云兄弟主人親戚也者謂親族姻戚也古人通謂昏姻爲兄弟則兄弟兼外姻在內云畢猶盡也者爾雅釋詁云畢盡也云袀同也玄者玄衣玄裳也緇帶韠又云古文袀爲均也者案昏禮女從者畢袗玄袗亦當爲袀彼注云袀同也同玄者上下皆玄段氏云注以同釋袀以同玄釋

袀玄者此據其字之從勻而言袀均字皆取勻會意不從古文作均者經言衣服則字從衣爲切近也許釋袀爲玄服而鄭不同者許蓋禮家舊說也春秋左氏傳云均服振振賈服杜等皆爲袀服賈云袀同也劉逵注吳都賦亦引左氏袀服振振注袀同也杜注左傳云戎事上下同服此說袀皆同鄭也服虔注左傳云袀服黑服也見閒居賦注此說袀同許也鄭於此經不釋袀爲玄者經云袀玄必二字各義倘袀亦訓玄則但言玄可矣月令孟冬乘玄路注曰今月令曰乘袗路似當爲袀則袀可訓玄鄭未嘗廢其說惟此儀禮之袀字作袀而義同均字從今文義從古文也胡氏承珙云左傳均服振振釋文云均字書作袀漢書律曆五行二志引皆作袀淮南子齊俗訓尸祝袀袨高誘注云袀純服袨黑齊衣也是袀本純服之名純服者謂衣裳同色非袀即是玄此經畢袀玄謂兄弟皆服玄衣玄裳純玄之服爲袀玄故鄭訓袀爲同周禮司几筵疏引賈逵左傳注訓袀爲同呂覽悔過篇今袀服回建高誘注亦云袀同也皆與鄭合今案袗訓禪不訓同經文若作袗則注義不可通矣故知爲袀之誤也鄭兼言緇帶韠者緇與玄近不獨衣裳玄而帶韠亦玄以見上下皆玄之爲同玄義與昏禮注正同也云位在洗東退於主人者主人立於堂下直東序兄弟立於洗東直東榮而皆西面是退在主人後也云不爵韠者降於主人也者上文主人玄端爵韠今兄弟不爵韠而緇韠是降於主人也禮經釋例云玄端用爵韠若緇韠則謂之袀玄其服又次於玄端矣程氏恂云經特起袀玄之文爲不爵韠言之猶昏禮女從者畢袀玄爲不纚笄言之也○方氏苞云玉藻無君者不貳采謂未仕及去位者衣裳上下同色也此兄弟蓋未仕者袗玄即所謂不貳采也衆皆袗玄卽閒有已仕者亦降服以從同故曰畢也敖氏謂盡服玄端則經文宜曰畢玄端此經於主人擯者之中特揭袗玄而昏禮於從者曰畢玄端於女從者曰畢袗玄則異制明矣今案敖氏之

說沈氏彤褚氏寅亮亦皆駁之是也至不貳采之義周氏學健及沈氏說俱與方同可備一解惟皆不知袗爲袀之誤耳

擯者玄端負東塾東塾門內東堂負之北面

疏正義曰擯者卽前爲期節注所云有司佐禮者是也與主人同玄端不必同裳故略之下贊者玄端亦然　注云東塾門內東堂者詳前具饌于西塾下敖氏謂塾之崇過於堂褚氏駁之云塾基必稍高於門故有門堂之稱然必卑於正堂斷無反崇於堂之理又云東塾西塾遙與東西堂不相直其廣也與東西房等廣於東西堂四之一　云負之北面者以向主人也負背立也詳覲禮天子衮冕負斧依下

將冠者采衣紒在房中南面采衣未冠者所服玉藻曰童子之節也緇布衣錦緣錦紳幷紐錦東髮皆朱錦也紒結髮古文紒爲結

疏正義曰在房中亦謂在房內耳非謂在房東西之中也南面則固當戶而立矣然據特牲鄭注云東房房中之東當夾北則房戶不正當房南壁之中孔氏廣森禮學卮言謂東房戶必近西西房戶必近東乃可以達於堂而東房內之東西房內之西則皆正當夾室牆後是也然則在房中南面者謂在所陳器服之東南面而立也○注童子之節也節毛本作節嚴徐集釋楊敖俱作節校勘記云案作節與玉藻合　云采衣未冠者所服者言采衣爲童子未冠者之常服故將冠時服此以待也云玉藻曰童子之節也緇布衣錦緣錦紳幷紐錦東髮皆朱錦也者彼注亦引此經爲證孔疏釋節爲禮節又云緇布衣者謂用緇布爲衣錦緣錦紳幷紐者謂用錦爲緇布衣之緣又用錦爲紳帶幷約帶之紐皆用錦也錦東髮者以錦爲總而東髮也皆朱錦者言童子所用之錦皆朱色童子尚華示將成人有文德云紒結髮者謂結髮爲之盧氏植云童子紒似刀環敖氏云紒露髮爲紒也凶時謂之髽吉時謂之紒內則言男子未冠者亦用纚此乃紒者爲將冠去之又云曲禮曰童子不衣裘裳不裳則是

連裳於衣如深衣制也云古文紒爲結者段氏云案說文糸部有結無紒此從古文不從今文也是以說文髟部髮臥結也髽喪結也䯏簪結也字皆作結紒結古今字皆即後世髻字鄭君從今文是以少牢禮注周禮追師弁師注禮記雜記注皆作紒與說文異

右主人以下即位

賓如主人服贊者玄端從之立于外門之外外門大門外疏正義曰賓如主人服尊卑同也贊者玄端義詳前擯者玄端下從隨也從之謂從賓而至於主人門外也吳氏章句云凡言贊者皆謂賓贊冠者王氏士讓云是時衆賓亦從之西方東面北上主人之贊者先時已入不隨賓入也○注末外字嚴本集釋通解楊氏毛本俱有敖氏無今案經云立于外門之外則門外義已明注特釋外門二字耳敖是也今仍嚴本而附辨于此 云外門大門外者曲禮孔疏云天子五門諸侯三門大夫士二門所謂二門者大門寢門也是大門對寢門爲外門矣此冠禮行於廟則對廟門爲外門故云外門大門也

擯者告告者出請入告疏正義曰注云出請入告者謂出請事於賓入告主人也褚氏云敖謂此賓乃主人戒宿而來故不出請事蓋破注出請之言今案經言擯者告省文耳其實亦當出請敖說非

主人迎出門左西面再拜賓荅拜左東也出以東爲左入以東爲右疏正義曰此門即大門也禮經釋例云凡迎賓主人敵者於大門外主人尊者於大門內案禮之通例大綱則迎於大門內外細目則迎於廟門內外此例以大門爲主而以廟門附注之士冠禮賓立于外門之外注外門大門主人迎出門左士相見禮主人出迎于門外此門亦大門此賓主人皆士聘禮君使卿朝服用束帛勞賓迎于舍門之外此即所舍之大門外又卿致館賓迎再

拜此卿所館之大門外又君使卿歸饔餼賓迎於外門外儐使者賓
出迎則迎于廟門外又賓問卿迎于外門外又君使卿還玉賓迎于
外門外還璋報享賓迎則皆於廟門外考聘禮君與卿圖事遂命使
者是聘賓與卿也此賓主人皆卿公食大夫禮大夫相食迎賓於門外
此大夫兼卿而言此賓主人皆大夫覲禮王使人勞侯氏迎于帷門
之外又天子賜侯氏以車服迎于外門外考郊勞使大行人見鄭注
賜車服使諸公王臣與侯氏皆天子臣也皆賓主人相敵者故皆迎
于大門外也聘禮賓皮弁聘公皮弁迎賓于大門內注公不出大門
降於待其君也禮賓公出迎賓敖氏繼公曰出廟門也公食禮賓朝
服卿位于大門外如聘公如賓服迎賓于大門內注不出大門降於
國君又燕禮記若與四方之賓燕則公迎之于大門內注四方之賓
謂來聘者也考公則主國之君賓則異國之臣皆主人尊者故迎于
大門內也聘禮執主行享私覿賓皆入廟門公皆在廟門內惟禮賓
公出廟門迎又士昏禮納采使者至主人迎于門外注門外大門外
禮賓經云主人迎賓于廟門外此使者注謂夫家之屬若羣吏使往
來者又親迎壻至于門外注婦家大門之外又云主人玄端迎于門
外此主人注謂女父也此主人尊者而迎于大門外以賓客接之故
盛其禮也鄉飲酒禮主人一相迎于門外鄉飲酒義云主人拜迎賓
於庠門之外此經云一相迎者疏謂主人於羣吏中立一相使傳賓
主之命主人乃自出迎賓於大門外也鄉射禮賓及門主人一相出
迎于門外與鄉飲酒禮同考鄉飲酒主人諸侯之鄉大夫也鄉射主
人州長及鄉大夫也而賓皆處士賓主不敵而迎于大門外者尊賢
故具賓主正禮也鄉飲酒禮賓若有遵者主人迎注主人迎之於門
內也鄉射禮大夫若有遵者則入門左主人降注迎大夫於門內也
不出門別於賓此遵者是諸公大夫賓主人相敵而迎之於門內者
辟正賓也又士昏記不親迎壻見主人出門左西面壻入門東面注

出門出內門入門入大門出內門不出大門者異於賓客也此又殺於親迎成主人之尊也敖氏云荅拜不言再可知也　注云左東也出以東爲左入以東爲右者李氏儀禮釋宮云特牲饋食禮注曰凡鄉內以入爲左右鄉外以出爲左右以入爲左右則門西爲左門東爲右鄉飲酒禮賓入門左燕禮鄉大夫皆入門右是也以出爲左右則門東爲左門西爲右士冠禮主人迎賓出門左西面士虞禮側亨于廟門之右是也闑東曰闑右亦入者言之也案特牲注與此注義正同禮經釋例云士相見疏云凡門出則以西爲右以東爲左入則以東爲右以西爲左依賓西主東之位也蓋主人就東階客就西階主人之位常在東故入門右卽東也賓之位常在西故入門左卽西也士虞記餞尸尸出門右卽出門西也考門制二扉之閒有一闑入門左者由闑西入門右者由闑東也今案以上皆泛言賓客出入之法若臣之見君則出入皆由闑東曲禮所謂大夫士出入君門由闑右是也詳後

◉主人揖贊者與賓揖先入

贊者賤揖之而已又與賓揖先入道之贊者隨賓

疏正義曰注云贊者賤揖之而已者對上主人迎賓再拜於贊者揖而不拜是賤於賓也云又與賓揖先入道之者前拜賓訖今又揖賓是爲將先入道之也云贊者隨賓者以後更不見與贊者行禮之文故知隨賓入也經但言主人先入不言賓入又不言入門左右者省文禮經釋例云凡入門賓入自左主人入自右皆主人先入案士相見禮賓奉摯入門左鄉飲酒禮賓厭介入門左介厭衆賓入衆賓皆入門左鄉射禮賓厭衆賓衆賓皆入門左又大夫若有遵者則入門左聘禮賓入門左此大門也及廟門納賓賓入門左介皆入門左又行享賓入門左此皆廟門公食大夫禮大夫納賓賓入門左此大門也卒食賓入門左此廟門是入門賓皆入自左也又士相見禮主人揖入門右有司徹主人揖先入門右敖氏繼公曰凡主人與客揖而先入皆入門

右也是入門主人皆入自右也至於士冠禮迎賓主人與賓揖先入注先入道之士昏禮納采主人迎賓揖入大門廟門同親迎主人揖入賓執鴈從鄉飲酒禮賓至主人揖先入鄉射禮賓至主人以賓揖先入聘禮郊勞賓揖先入此時勞者爲賓賓爲主人勞者奉幣入聘公揖入禮賓公出迎賓以入歸饔餼賓迎于外門外揖入及廟門賓揖入此亦賓爲主人還玉同大夫奉束帛入問卿大夫迎于外門外大夫先入及廟門大夫揖入賓奉束帛入還玉賓賄大夫以入公食大夫禮及廟門公揖入賓入經不云左右者文不具也其實皆賓入門左主人入門右也又凡入門經皆書主人在先賓在後是知皆主人先入也經或云先入或但云入亦文不具也曲禮曰凡與客入者每門讓於客客至於寢門則主人請入爲席然後出迎客客固辭主人肅客而入主人入門而右客入門而左卽此例矣

每曲揖周左宗廟入外門將東曲揖直廟將北曲又揖

疏 正義曰注云周左宗廟者周禮小宗伯文鄭言此者以見廟在寢東入大門必曲行乃得至廟也云入外門將東曲揖直廟將北曲又揖者曲折也蔡氏德晉云凡廟在大門內之東入大門折而東行爲一曲望廟門折而北行爲二曲故入外門將東曲主人與賓揖直廟將北曲主人與賓又揖是爲每曲揖也聘禮行聘時賓入大門公揖入每門每曲揖又賓問卿大夫先入每門每曲揖諸侯三門廟在中門內固有每門矣大夫與士同二門彼言每門此不言每門者大夫三廟廟門外當更有都宮之門士無之故不言每門也餘詳聘禮

至于廟門揖入三揖至于階三讓入門將右曲揖將北曲揖當碑揖

疏 正義曰至于廟門揖入此廟門外之揖也三揖至于階此廟門內之揖也禮經釋例云冠于禰廟案此云至于廟門揖入上云厥明夕爲期于廟門之外下云賓出主人送于廟門外皆不云何廟惟筮于廟門注廟謂禰廟則經所云廟者皆指禰廟而言

是冠禮行于禰廟也敖氏云揖入主人揖而先入門右西面也賓入門左贊者衆賓皆入門左東面北上　注云入門將右曲揖將北曲揖當碑揖者禮經釋例云凡入門將右曲揖北面曲揖當碑揖謂之三揖案士冠禮至于廟門揖入三揖注入門將右曲揖將北曲揖當碑揖士昏禮納采使者至至廟門揖入三揖注入三揖者至內霤將曲揖既曲北面揖當碑揖鄉飲酒禮主人與賓三揖注三揖者將進揖卽入門將右曲揖當陳揖卽將北曲揖陳堂塗也陳與門不相直故入門必再曲然後當陳也當碑揖士冠禮疏云主人將右欲背客宜揖將北曲與客相見又揖碑是庭中大節碑在堂下三分庭一在北又宜揖是知三揖據此而言也昏禮及聘禮鄉飲酒入三揖注雖不同皆據此三節爲三揖義不異也案聘三揖小異詳下又士昏禮親迎至于廟門揖入三揖鄉射禮主人以賓三揖皆行皆無注亦此三揖也又聘禮三揖注君與賓也入門將曲揖既曲北面又揖當碑揖據上文及廟門公揖入立于中庭與鄉飲酒鄉射賓主相敵並入者不同此節疏文刊本錯誤不可讀詳其意蓋謂入門將曲揖者公先在庭南賓既入門將曲揖主君賓既曲北面又揖主君二者主君皆向賓揖之再揖訖主君亦東面向堂塗曲而北行當碑乃得賓主相向而揖是以得君行一臣行二非謂賓入門時主君更向內霤相近而揖也公食大夫禮及廟門公揖入賓入三揖注每曲揖謂右曲揖北曲揖當碑揖相人偶亦是公先揖入賓後入主尊賓卑與聘禮立于中庭小異又聘禮主君使卿歸聘賓饔餼之禮及廟門此廟門謂聘賓所舍之廟也賓揖入大夫奉束帛入三揖皆行此賓主相敵而聘賓先入者注以爲賓與使者揖而入使者止執幣賓俟之於門內謙也疏云聘時主君揖入立于庭尊卑法此賓與使者敵故賓在門內謙也又聘賓問卿卿受于祖廟賓主相敵及廟門亦大夫先揖入然後賓奉束帛入三揖皆行竊謂主人先入道賓也凡禮皆然似

不必別求其義也釋例又云案堂塗與門不相直而與階相直故主人入門至內霤將右曲就堂塗則賓主必相背故揖旣至堂塗俱曲而北面則賓主又相見故再揖當碑則將及階矣故三揖非此固無緣相揖也敖氏曰三揖者於入門左右之位揖參分庭一在南揖參分庭一在北揖與注乖違不可從也今案程氏恂褚氏寅亮亦皆以敖說爲非又經云至于階三讓鄭無注禮經釋例云凡升階皆讓賓主敵者俱升不敵者不俱升案聘禮歸饔餼至于階讓注讓不言三不成三也凡升者主人讓于客三敵者則客三辭主人乃許升亦道賓之義也使者尊主人三讓則許升矣今使者三讓則是主人四讓也公雖尊亦三讓乃許升不可以不下主人也古文曰三讓疏云三讓三辭成也今有三讓大夫卽升無三辭則不成三也又云案周禮司儀云諸公之臣相爲國客大夫郊勞三讓登聽命又云致饔餼如勞之禮卽得行三讓之禮此中古文云三讓與彼合問鄉節注亦云古文曰三讓鄭不從古文也是凡升階皆讓也士冠禮至于階三讓主人升立于序端西面賓西序東面注主人賓俱升立相鄉士昏禮納采至于階三讓主人以賓升西面賓升西階當阿東面疏云禮之通例賓主敵者賓主俱升若士冠與此文是也是賓主敵者俱升也又壻親迎至于階三讓主人升西面賓升北面不相鄉亦尊卑法鄉飲酒禮至于階三讓主人升賓升主人大夫賓士此賓主不敵而亦俱升者盛其禮尊賓使與敵者同也鄉射禮及階三讓主人升一等賓升注三讓而主人先升者是主人先讓於賓不俱升者賓客之道進宜難也聘禮至于階三讓公升二等賓升注先賓升二等亦欲君行一臣行二公食大夫禮至于階三讓公升二等賓升注遠下人君覲禮郊勞至于階使者不讓先升注不讓先升奉王命尊也升者升壇疏云以帷宮無堂可升是賓主不敵者不俱升也聘禮歸饔餼至于階讓大夫先升一等賓從升堂大夫卽歸饔餼使者也又聘賓儐

歸饔餼使者賓升一等大夫從升堂注注賓先升敵也賓謂聘賓此時聘賓爲主人蓋歸饔餼時大夫奉主君之命來則使者尊故大夫先升已致命訖則賓尊故聘賓先升也又聘賓問鄉之禮至于階讓賓升一等大夫從升堂大夫主國之鄉也注賓先升使者尊此皆賓主敵而不俱升者尊其君故尊使者也又士昏禮疏云鄉飲酒鄉射皆主尊賓卑故初至之時主人升一等賓乃升至卒洗之後亦俱升考鄉飲酒經文但云主人升無一等二字與鄉射不同疏說誤也釋例又云有司徹迎尸侑揖乃讓主人先升自阼階尸侑升自西階注沒霤相揖至階又讓此既祭儐尸之禮與賓客略相同也又曲禮曰主人就東階客就西階客若降等則就主人之階主人固辭然後客復就西階主人與客讓登主人先登客從之蓋古經師釋禮之辭亦可與經相證也

主人升立于序端西面賓西序東面主人賓俱升立相鄉

疏正義曰序端序頭賓不言升省文注云主人賓俱升立相鄉者以經云西面東面知之也俱升義詳上節敖氏云主人立於序端北當序也賓在西序負序也主人不立於東序者辟子之坐且不參冠禮也褚氏云賓蓋在西序端也文省耳此非昏禮之賓安得在主人北敖氏蓋欲破注相鄉之說而誤盛氏云序端不言東西序不言端文互見也今案盛氏文互見一語最晐下經云筵于東序少北注云少北辟主人則序端之位安得云辟子乎敖說非

贊者盥于洗西升立于房中西面南上盥于洗西由賓階升也立于房中近其事也南上尊於主人之贊者古文盥皆作浣

疏正義曰程氏瑤田云汪肇瀧謂經文是贊者盥升爲句無于洗西三字三字乃注譌入經者案此說精確觀賈疏無正文句可見當據疏刪正浦氏鏜云于洗西三字衍賈疏云贊者盥于洗西無正文若經有此三字便是正文何云無也戴氏震說同案唐石經及各本皆有此三字未

敢遽刪然諸家之說自確也○注云盥於洗洗西由賓階升也者朱氏大韶云儀禮詳校載汪肇澄說曰注本以此二句釋經盥升二字若謂以由賓階升釋盥於洗西則方位不相當矣段氏經韻樓集曰賈疏以洗西句絕甚誤注盥於洗爲句西字下屬贊者是賓黨不當入門而右洗在東故知自西而東仍自東而西也注於洗二字以明贊者之東大韶謹案此句補明經義也以經但云盥故云盥于洗西經但云升故云由賓階升知於洗西者以鄉飲鄉射皆主人盥于洗北賓盥于洗南故知贊者在洗西阼階惟主人升降其餘無論賓黨主黨皆由西階故知由賓階升今案汪說朱說是也洗是承棄水之物盥是別挹水於罍以沃之不於洗盥也若如段說以於洗爲句則文義有難安矣敖氏云盥者重冠禮故將執事而自潔清也盥于洗西者以洗西無篚故得辟正賓而盥於此也說亦通云立于房中近其事也者以纚笄櫛等俱陳於房待冠時贊者取以奠於筵端故知立於此爲近其事也云南上尊於主人之贊者此贊冠者止一人而云南上明與主人之贊者爲序主人敬客故尊之而在主人贊之上也朱子云贊者西面則負東墉而在將冠者之東矣盛氏云此篇起宿賓節止醴賓節言贊者十有三言主人之贊者一而於始末二節特書曰贊冠者則凡不言者可知然其中有兼主贊言者此節是也兼故下言主人之贊者以別之有兼主贊衆賓言者醴賓節是也兼故下言贊冠者以別之今案盛說頗有分曉云古文盥皆作浣者胡氏承珙云案說文盥澡手也滌濯衣垢也滌或從完作浣是滌浣一字與盥義別此經之義當爲澡手則盥是正字故鄭疊古文不從也

右迎賓及贊冠者入

主人之贊者筵于東序少北西面 主人之贊者其屬中士若下士筵布席也東序主人位也適子冠於

阼少北辟主人。疏正義曰：注云主人之贊者其屬中士若下士者，詳前宿贊冠者一人下。鄭意以主人之贊者與賓贊者位略同也。敖氏以主人之贊者爲私臣，褚氏云注謂其屬中士若下士者，以贊冠者止降賓一等耳，其位亦不甚懸，其非私臣可知。云筵布席也者，布席謂之筵，猶設尊謂之尊，此筵爲冠子也。云東序主人位也適子冠於阼者，鄭意以東序爲主人之位，而東序卽在阼階之上，故又引冠義適子冠於阼以見著代之義，筵于東序而西面，則其位負東序矣。云少北辟主人者，江氏筠云父於東序冠子而其位少北者，則又是子之義不敢正居主位，猶父在之不由阼耳。今案適子冠於阼，此經筵于東序是也。庶子則冠於房戶之外，詳後庶子冠節。將冠者出房南面。南面立於房外之西待賓命。疏正義曰：注云南面立於房外之西者，李氏云昏禮母南面於房外，女出於母左，知房外南面者皆於房戶外之西，其房外之東則南當阼階矣。云待賓命者，下文賓揖將冠者卽是命也。贊者奠纚笄櫛于筵南端。贊者，賓之贊冠者也。奠，停也。古文櫛爲節。疏正義曰：筵南端者，卽東序筵之南頭也。冠事已至，故取纚笄櫛奠於此以待用也。不言纓紘等物，文不具也。纚笄同篋，櫛實簞，經但言纚笄櫛，則是已從篋簞取出，其篋簞不在筵端可知也。注云贊者賓之贊冠者，前宿贊冠者注云佐賓爲冠事者，此奠纚笄櫛及下櫛設纚皆是佐冠之事，故云賓之贊冠者也。云奠停也者，考工記匠人凡行奠水，鄭司農云奠讀爲停，是奠有停義，故此及士昏禮坐奠觶注皆訓奠爲停也。云古文櫛爲節者，段氏云此從今文不從古文者，亦謂櫛爲正字，節爲假借字也。櫛，周禮作楖。案注凡言皆者，如上文古文盥皆作浣，謂此篇盥字三見皆然。不言皆者，如此經上文櫛實于簞不言古文作節，至此言之，則惟此一字古文作節耳。賓揖將冠者，將冠者卽筵坐。贊者坐

櫛設纚卽就設施疏正義曰是時賓在西序端將冠者在房外蓋東北面揖之使就筵也將冠者卽筵西面坐贊者亦坐櫛者
爲之理髮也櫛訖則以纚韜之朱子云古人坐法以膝著地兩蹠向後如今之跪經凡言坐皆然　注云卽就者詳前云設施者說文設
施陳也
賓降主人降賓辭主人對主人降爲賓將盥不敢安位也辭對之辭未聞疏正義曰注云主人降
爲賓將盥不敢安位也者賓之降爲將有事盥以自潔主人則以賓爲己事而降不敢安於其位而從之降也云辭對之辭未聞者謂辭
與對皆有辭經記無文故未聞也注上辭字爲辤受之辤下辭字謂辭說之辭今多混作辭辨見聘禮記蔡氏德晉云賓辭辭以主人無
事不必降也主人對對以勞賓降盥不敢不從降也○禮經釋例云凡禮盛者必先盥案士冠禮初加賓盥卒壹揖壹讓升再加賓盥如
初士昏禮婦至舉者盥又舅姑入于室婦盥饋此冠昏之盥也鄉飲酒鄉射禮主人獻賓盥洗注已盥乃洗爵致潔敬也又云卒洗升復
降盥賓酢主人同又介酢主人降洗卒洗主人盥注盥者當爲介酌燕禮大射主人獻賓盥洗卒洗升復降盥賓酢主人同又主人獻公
盥洗升此燕飲之盥也公食禮設正饌公降盥此食禮之盥也士喪禮飯含小斂奠大斂奠朝夕奠經皆云盥凶事無洗但設盆盥而已
此喪禮之盥也士虞禮陰厭祝盥升又佐食及執事盥特牲饋食禮陰厭主婦盥于房中又云宗人遣佐食及執事盥少牢饋食禮將祭
士盥舉鼎又陰厭祝盥于洗升自西階主人盥升自阼階有司徹主人獻尸降洗卒洗降盥此祭禮之盥也考士冠禮醴冠者贊者洗于
房中注盥而洗爵疏云凡洗爵者必先盥盥有不洗爵者此經直云洗明盥手乃洗爵故鄭云盥而洗爵則經云洗爵者皆盥而後洗不
云盥者文不具也釋例又云凡賓主相敵者降則皆降案鄉飲酒禮主人獻賓取爵于篚降洗賓降注從主人也卒洗升復降盥賓亦降

賓酢主人賓降洗主人降卒洗升復降盥如主人禮主人酬賓降洗賓降升主人卒觶復降洗賓降如獻禮主人獻介降洗介降介酢主人降洗主人復阼階辭如初鄉射同唯無介燕禮主人獻賓此主人以宰夫爲之降洗賓降卒洗升復降盥賓降賓酢主人賓以虛爵降主人降卒洗升復降盥主人降主人酬賓主人降洗賓降大射同有司徹主人獻尸主人降洗尸侑降卒洗升復降盥尸侑降主人受尸酢尸降洗主人降自阼階卒洗升復降盥主人降主人酬尸降洗爵尸侑降卒洗尸升侑不升主人先卒觶降洗尸降聘禮介面卿介降拜大夫降辭此皆賓主相敵者降則皆降也有司徹祭畢賓尸之禮尸如賓侑如介則尸侑皆賓不以正祭時尸尊故亦與主人俱降如鄉飲酒也鄉飲酒鄉射主人獻衆賓不備升降之禮者衆賓卑也燕禮大射主人獻公公不降者公尊也公食大夫禮公降盥賓降公辭賓主不敵亦降者主君尊賓也燕禮大射主人獻卿獻大夫皆云主人洗升不云降者蓋卿大夫之位本在堂下主人酬賓之後亦降復位也獻士獻庶子不備升降之禮者卑也有司徹主婦獻尸洗于房中不降者婦人之禮變於男子也聘禮歸饔餼聘賓儐使者賓降堂受老束錦將以授使者大夫卿使者止注止不降使之餘尊也

賓盥卒壹揖壹讓升主人升復初位揖讓皆壹者降於初古文壹皆作一

【疏】正義曰賓盥卒者盥畢也初位即東序端之位斯時升亦主人先而賓從之賓不言復初位者以賓升即至筵前故也　注云揖讓皆壹者降於初者初謂初升堂時三揖三讓然後升此壹揖壹讓爲降殺於初也云古文壹皆作一者胡氏承珙云一與壹古今文皆互用賈疏雖云一壹得通然鄭於經文必從壹不從一者正以一爲奇數二爲偶數壹爲始初之義再爲重複之詞故凡與二對舉者從一爲協與再對舉者從壹爲宜經文有再讓無二讓有再拜無二拜明乎此可以知鄭意矣○禮經釋

例云凡降洗降盥皆壹揖壹讓升案鄉飲酒鄉射主人獻賓降洗賓降主人卒洗壹揖壹讓以賓升又降盥賓降卒盥亦壹揖壹讓升賓酢主人卒洗揖讓如初升降盥如主人之禮主人酬賓降卒洗揖讓升主人卒觶訖又降洗賓辭降如獻禮升鄉飲酒獻介鄉射獻遵皆揖讓升降洗如賓禮升特牲主人獻賓降阼階西面拜賓如初洗賓辭洗卒洗揖讓升是皆壹揖壹讓也燕禮大射主人獻賓賓酢主人降洗降盥皆賓揖先升主人乃升主人酬賓降洗卒洗亦揖升不讓鄉飲酒鄉射是賓主人正禮故揖讓俱升燕禮大射則宰夫爲主人故賓揖不讓先升也公食大夫卒盥壹揖壹讓公升賓升此賓是異國之臣故公先升也有司徹主人降洗降盥尸侑亦降卒洗卒盥經但云揖不云讓禮殺也鄉飲酒鄉射主人獻衆賓卒洗升有司徹主人受尸酢卒洗卒盥升主人獻長賓卒洗升皆不揖不讓禮又殺也燕禮大射獻大夫獻士升不揖讓者盛禮不在己也至於鄉飲酒獻賓畢賓降立於階西當序東面獻介畢介降立於賓南獻衆賓衆賓之長升受者三人畢降復賓南東面位鄉射賓筵前坐正同但無介至一人舉觶時始揖讓升蓋亦壹揖壹讓也

纚興降西階一等執冠者升一等東面授賓正纚者將加冠宜親之興起也降下也下一等升一等則中等相授冠緇布冠也

疏正義曰筵前將冠者筵前也執冠者東面授則賓西面受也授時亦以匱既授則以匱退注云正纚者將加冠宜親之者贊者既爲設纚矣此賓復正之者以將加冠宜親其事也云興起也者謂既正纚而起立將降階取冠也云降下也者爾雅釋言文云下一等升一等則中等相授者禮器曰天子之堂九尺諸侯七尺大夫五尺士三尺舊說士堂高三尺階三等程氏瑤田云階三等者連堂廉而言若除堂廉言之則九尺之堂其階止八等七尺者六等五尺者四等三尺者二等也所謂盡等不升

堂者當是盡其廉下之等而不踐廉以升堂也而士喪禮注乃曰盡階三等之上則不升堂者已踐廉矣張氏惠言云下文賓降三等受爵弁注云降三等下至地降二等而下至地則凡階上等卽堂廉也案公食禮大夫食賓受醬湆等皆自阼階降堂受授者升一等注云降堂謂止階上則堂廉上也士昏禮廟見婦降堂取笲菜注降堂階上也婦人無降階之事則在堂廉上又可知蓋堂之界以庪爲限庪以前卽爲階自堂而出至階廉卽爲降堂降一等乃爲降階在階之上等接簷下爲盡階不升堂然則堂更當崇於階乃有升降之節堂高數尺但就階廉爲度耳中等者中隔也謂不並等卽爲中等今案階三等程氏張氏俱以爲連堂廉言之是也此經賓降一等則在二等之上執冠者升一等則在三等之上授者受者不並等而立卽爲中等然則注云中等相授卽謂隔等相授張說亦是至程氏引喪服小記中一以上段氏引中月而禫以釋此注中字謂中等爲閒一等則階有四等矣恐非又鄉射云上射先升三等下射從之中等所謂中等則當如程段所云也

賓右手執項左手執前進容乃祝坐如初乃冠興復位

贊者卒進容者行翔而前鶬焉至則立祝坐如初坐筵前興起也復位西序東面卒謂設缺項結纓也【疏】正義曰項冠之後前冠之面也下皮弁亦云右執項左執前則此項非缺項明矣乃冠謂以緇布冠加於將冠者之首興謂賓也○注行翔而前鶬焉鶬通典作鏘　云進容者行翔而前鶬焉者翔謂行而張拱鶬謂容貌舒揚鶬與蹌同詳聘禮記此謂賓進至筵前特正其容儀爲冠者取法也云至則立祝者此釋經乃祝之文謂先祝而後加冠也云坐如初坐筵前者初時賓筵前坐此亦如之云復位西序東面者謂復賓初升時西序端東面之位也云卒謂設缺項結纓也者纓卽屬於缺俟加冠後乃可結之此贊者亦賓之贊冠者也方氏苞云經不言卒纓以

兼治其屬於缺者統言卒乃可以該之今案卒謂終其事也冠者興賓揖之適房服玄端爵韠出房南面復出房南面者一加禮成觀衆以容體疏正義曰此但言冠者不言將以己加冠也揖之適房使釋采衣服玄端服也李氏云冠於堂服於房以冠爲重也方氏苞云據經乃冠者自服而出蓋彼服束帶納屨等事自成童已習爲之敖氏謂皆贊者爲之未知何據○注容體通典體作儀○云復出房南面者一加禮成觀衆以容體者上出房南面以待加冠此復出房南面者則以一加禮成服成人之服使衆觀知也朱子云觀示也禮記冠義曰冠而后服備服備而後容體正顏色齊辭令順吳氏疑義云出房以待再加不特觀衆而已今案吳說亦是

右始加

賓揖之卽筵坐櫛設笄賓盥正纚如初降二等受皮弁右執項左執前進祝加之如初復位贊者卒紘如初爲不見者言也卒紘謂繫屬之疏正義曰賓揖之謂揖冠者使卽筵坐也斯時贊者亦坐經不言者省文櫛設笄亦贊者爲之櫛者以將加皮弁必先脫去緇布冠恐髮亂故重櫛也賈疏云設笄有二種一是紒內安髮之笄一是皮弁爵弁及六冕固冠之笄今此櫛訖未加冠卽言設笄者宜是紒內安髮之笄也又云其固冠之笄則賓於加弁時自設之今案魏書劉芳傳載王肅曰喪服稱男子免而婦人髽男子冠而婦人笄則男子不應有笄芳曰此專謂凶事也非謂男子無笄禮內則稱子事父母雞初鳴櫛纚笄總以茲而言男子有笄明矣肅以芳言爲然案內則笄總之笄卽安髮之笄賈說是也

敖氏不信二笄之說以此笄卽爲上所陳之皮弁笄褚氏云設笄在正纚前安得指爲皮弁笄江氏筠亦辨之但安髮之笄緇布冠亦有始加不言者互見爲義也賓盥正纚如初不更言設纚則止一纚矣復位仍復西序之位也　注云如初爲不見者言也者以其儀節已見於前而經省文不復重見則言如初以括之李氏云不見謂辭對主人升復位之類云卒紘謂繫屬之者謂加弁訖以紘繫於笄之左頭遶頤下屈而上屬於右頭是也

興賓揖之適房服素積素韠容出房南面容者再加彌成其儀疏正義曰興冠者興也敖氏云上不見皮弁之衣故此亦不言益繁之皆省文也　注云容者再加彌成其儀益繁者上加緇布冠時亦正其容體但經不言容至再加乃言之是儀益繁也王氏士讓云始加云進容乃祝言賓之自正以容再加云容見冠者之敬其威儀也

右再加

賓降三等受爵弁加之服纁裳韎韐其他如加皮弁之儀降三等下至地他謂卒紘容出疏正義曰降二等受皮弁降三等受爵弁高氏愈謂其服彌尊其敬彌至是也不言純衣亦省文○禮經釋例云凡士禮冠昏喪祭皆攝盛案士冠禮再加皮弁服三加爵弁服冠畢乃易服服玄冠玄端爵韠奠摯見於君遂以見於鄉大夫鄉先生注謂皮弁服與君視朔之服爵弁服與君祭之服惟玄端爲士之正服見君以易玄冠玄端者明皮弁爵弁二服是攝盛非士所常服也此冠禮之攝盛士昏禮納采用雁周禮大宗伯以禽作六摯大夫執雁士執雉士當用雉而用雁者攝盛也注謂取其順陰陽往來者非也又云主人

爵弁纁裳緇袘乘墨車婦車亦如之注墨車漆車士而乘墨車攝盛
也疏云爵弁用助祭之服親迎以爲攝盛周禮司服士之服自皮弁
而下如大夫之服爵弁尊於皮弁非士服明矣經又云女次純衣纁
袡注次首飾也今時髲也周禮追師掌爲副編次純衣絲衣考士妻
當服纚笄宵衣則次而純衣亦攝盛也此昏禮之攝盛士喪禮復者
一人以爵弁服又云陳襲事于房中纊極二爵弁服純衣皮弁服褖
衣緇帶韎韐考極唯公射始有之此攝盛也既夕禮大遣奠厥明陳
鼎五于門外注士禮特牲三鼎盛葬奠加一等用少牢也注謂盛葬
奠卽攝盛之意也既夕記薦乘車載旜載皮弁服注通帛爲旜孤卿
之所見亦攝焉此乘車當亦攝盛用墨車注以爲棧車疑非君賵賓
奠幣於棧此謂柩車非乘車也此喪禮之攝盛士虞禮特牲饋食禮
尸飯畢皆三獻考飲酒之禮士一獻大夫三獻士祭而三獻者攝盛
也此祭禮之攝盛冠昏爲人道之始喪祭爲人道之終故皆攝盛與
他禮不同後儒但知昏禮爲攝盛而不知冠與喪祭亦然故多岐說
也　注云他謂卒紘容出者謂唯卒紘容出如再加皮弁之儀也經
獨言其他明餘禮節如賓盥降升之類皆與始加同故略之五禮通
考引五經名義云士冠三加始緇布冠欲其尚質重古次皮弁欲其
行三德三行次爵弁欲其承事神明○禮記玉藻曰玄冠朱組纓天
子之冠也緇布冠績緌諸侯之冠也陳氏澔云天子始冠之冠則玄
冠而以朱組爲纓諸侯雖是緇布冠卻用雜采之績爲纓緌爲尊者
飾耳非古制也陳氏祥道禮書云諸侯始加緇布冠績緌次加皮弁
三加爵弁四加玄冕天子則始加玄冠朱組纓次加皮弁三加爵弁
四加玄冕五加袞冕矣郊特牲言玄冠朱組纓天子之冠緇布冠績
緌諸侯之冠鄭氏皆以爲始冠之冠家語稱成王冠祝雍辭曰去幼
志心袞職而賈公彥孔穎達皆言天子當加袞冕則始終之所加與
士異也家語曰王太子之冠亦擬諸侯四加則天子五加可知矣今

案諸侯四加天子五加蓋據傳記推而言之其玄冠朱組纓云云乃玉藻文陳氏引作郊特牲誤

徹皮弁冠櫛筵入于房徹者贊冠者主人之贊者為之疏正義曰將醴冠者故徹去此等入於房冠緇布冠也但言徹皮弁緇布冠者以爵弁冠者服以受醴至見姑姊訖乃易服也　注云徹者贊冠者主人之贊者為之者以其上文主人之贊者設筵賓贊冠者奠櫛故知此徹是賓黨主黨之贊者為之也

右三加

筵于戶西南面筵主人之贊者戶西室戶西疏正義曰此筵為醴子也冠醴子筵于戶西與昏之禮賓筵於戶西者同以其成人尊之設席南面以東方為上也褚氏云戶西廟中最尊之位自戶而外惟賓居之故下記云醮於客位加有成也敖謂遠避主人非特失旨且背記文　注云筵主人之贊者以上文筵于東序經明云主人之贊者故知此筵亦同也云戶西室戶西者凡五架之屋棟北楣下為三閒中為室東西為房房之南壁止一戶室則有戶有牖戶在東牖在西故戶西牖東之地為正中爾雅所謂戶牖之閒謂之扆是也鄭恐人疑為房戶故特明之李氏云寢廟以室為主故室戶專得戶名凡言戶者皆室戶若房戶則兼言房以別之

贊者洗于房中側酌醴加柶覆之面葉洗盥而洗爵者昏禮曰房中之洗在北堂直室東隅篚在洗東北面盥側酌者言無為之薦者面前也葉柶大端贊酌者賓尊不入房古文葉為擖疏正義曰注古文葉為擖陳閩監葛擖俱誤作揭校勘記云案擖當作擸說詳聘禮段氏云擖當作擸字之誤也舊籍擸皆譌葛如獵作獦臘作臈鑞作鍻躐作蹋鬣作䰀皆是聘禮經注

皆從手作攕而廣韻集韻二十九葉俱云櫼栖端攕理持也然則禮經古本櫼從木明矣少儀執箕膺擖亦當作櫼校勘記謂當從手作攕二者不同耳○云洗盥而洗爵者凡洗爵必先盥手故注云然云昏禮曰房中之洗在北堂直室東隅篚在洗東北面盥者此昏禮記文鄭以經云洗於房中故引昏禮房中有洗以證之萬氏斯大讀贊者洗爲句後人頗惑其說惟沈氏彤江氏筠辨之最力沈氏云贊者之洗爲酌醴而洗觶也觶實於篚篚置房中與醴同在服北則洗於房中固其所宜萬氏以洗絕句而謂就庭中之洗洗觶失之矣江氏云萬駁鄭注云昏禮舅洗於南洗姑洗於北洗男女有別之義也冠禮無婦人與事贊者何容別洗況考上文陳器第云設洗直于東榮無北堂別置洗之文筠案經惟昏禮見北洗之文然其所設之處至下記始見之而經初不言也其餘如特牲少牢云主婦盥于房中主婦洗于房中俱是北洗而其上文陳器皆止云設洗於阼階東南初不及其在房中者然則凡北堂設洗經皆不見之不得執以相難至於房中之文見於經者句讀總於中字絕未有於字之上爲句而以此三字貫下連讀者又不應此處獨與他處異也聘禮宰夫佐酌鄭注謂洗升實觶者彼乃醴尊於東箱未聞在房者而然也蓋婦人無堂下位故不得用庭洗男子得立於房中則亦得用房中之洗其有婦人與事則此洗非所宜用無婦人亦得用之今案沈江二說足破萬氏之謬北堂設洗詳昏禮記云側酌者言無爲之薦者無爲之薦謂無人爲之薦脯醢也鄭意以贊者自酌自薦爲側吳氏疑義云側卽上文側尊側字彼注以側爲特謂無玄酒也此經言側酌醴亦謂特酌醴而無玄酒其義甚明與脯醢何涉注以側酌爲贊者獨自酌之其說可通若謂並以明下文脯醢爲贊者獨自薦之則鑿矣今案吳說是也云面前也者謂葉在前枋在後也書顧命大輅在賓階面傳亦云面前也葉柶大端者詳前實勺觶角柶下經云加柶覆之者

蓋末用時覆於觶上用時則仰也李氏云柶醴匕也其兩端枋細而葉大贊者面葉以授賓賓迎受得面枋以授冠者冠者亦迎受得面葉以扱醴也云贊酌者賓尊不入房者賓尊在堂不入房故房中酌醴等事皆贊者爲之下文薦脯醢注以爲贊冠者薦則此贊亦贊冠者也云古文葉爲擖者段氏云士冠士昏注皆云古文葉爲擖而聘禮以柶兼諸觶尚擸擸即擖字聘禮從古文冠昏禮從今文也所從不一者葉是本字謂平面如木葉然擸是假借字皆可從也聘禮注不云今文擸爲葉者可互見也必知擸是擖非者擸與葉同部葛聲不同部也

賓揖冠者就筵筵西南面賓受醴于戶東加柶面枋筵前北面

戶東室戶東今文枋爲柄 疏 正義曰李氏云父醴子而賓主之者以父子不可行揖拜之禮猶燕禮以宰夫爲主人也褚氏云面枋者訝受也贊酌時已言加柶此復言者蓋因下面枋而連言之耳敖氏謂見其更爲之非也觀氏昏禮主人受醴面枋不言加柶自明王氏士讓云賓致醴辭當在筵前北面冠者將受觶之際 注云戶東室戶東者以其贊者酌醴自房出賓當於室戶東受之不得以爲房戶也云今文枋爲柄者胡氏承珙云案說文柄柯也枋木作車此經之義作柄爲近然古音方聲丙聲同部從方從丙字多通故鄭於冠昏二篇從古文作枋而於少牢禮又依今文作柄也

冠者筵西拜受觶賓東面荅拜

筵西拜南面拜也賓還答拜於西序之位東面者明成人與爲禮異於答主人 疏 正義曰注賓還答拜於西序之位葛本脫還字集釋西序誤作東序　云筵西拜南面拜也者以上云冠者就筵筵西南面知之吳氏云凡筵西拜皆南面云賓還答拜於西序之位東面者明成人與爲禮者賓既授觶還西序端東面答之不云拜送觶者以冠者幼故賓不先拜送俟其拜受而答拜之明成人而與爲禮也云異於答主人者李氏云凡

賓答主人拜於西階上北面又主人禮賓皆云拜送此云答拜亦異於主人 薦脯醢 贊冠者也 【疏】正義曰脯籩實醢豆實昏
禮注云薦進也凡醴必用籩豆詳上注云贊冠者也謂此脯醢贊冠者薦之 冠者卽筵坐左執觶右祭脯
醢以柶祭醴三興筵末坐啐醴建柶興降筵坐奠觶拜執觶興賓荅
拜 建柶扱柶於醴中其拜皆如初古文啐爲呼 【疏】正義曰以柶祭醴三毛本三誤二建柶唐石經嚴徐集釋敖氏俱作建注建柶
同通解毛本建俱作捷蓋因釋文而誤改錢氏大昕云士昏禮婦受醴亦有坐啐醴建柶之文則作建爲是禮經釋例云士昏聘禮皆云
建柶當從石經也注扱柶於醴中扱釋文作捷云本又作插亦作扱今案嚴本及各本多作扱蓋用釋文亦作之本也戴氏震校集釋云
唐初已非一本毋庸改扱爲捷盧氏文弨云釋文云云正指注言後人誤會乃改經之建柶爲捷柶失之矣校勘記云案集釋云建陸作
捷蓋其誤自李氏始　左執觶者以右手祭故左手執觶也以柶祭醴三詳士昏記筵末筵之西端也啐嘗也祭則坐於筵中啐則坐於
筵末拜則降筵也降筵則在筵西矣此爲拜而降以席上不拜也觶亦爲拜而暫奠與奠於薦東者異李氏云祭謂取少許祭先世造此
食者不忘本也凡醴不卒觶卒之而禮成上拜拜受觶此拜拜禮成其卒觶者則卒觶乃拜曾子問曰將冠子冠者至聞齊衰大功之喪
如之何孔子曰內喪則廢外喪則冠而不醴徹饌而埽卽位而哭如冠者未至則廢內喪謂同門者冠者謂賓及贊者也廢者喪成服因
喪而冠敖氏云祭脯醢以脯祭擩醢而祭之　注云建柶扱柶於醴中者扱與插同謂祭畢不用以柶插於醴中也敖氏云建猶立也建
者上葉下枋盛氏謂上枋下葉似盛氏是云其拜皆如初者謂冠者筵西南面拜賓西序端東面答拜與上受觶同故云如初禮經釋例

二云凡醴皆用觶不卒爵士冠禮賓醴冠者筵末坐啐醴建柶興降筵坐奠觶拜士昏禮女父醴使者西階上北面坐啐醴建柶興坐奠觶遂拜又舅姑醴婦降席東面坐啐醴建柶興拜聘禮主君醴聘賓降筵北面以柶兼諸觶尚擸坐啐醴是凡醴皆用觶但啐之而已不卒爵也舅姑醴婦降席東面坐啐醴賓醴冠者但云筵末坐啐醴不云東面女父醴使者西階上北面坐啐醴主君禮聘賓但云北面坐啐醴不云西階上皆文不具也醴事質如羹之有大羹湆酒之有明水故啐而不卒爵從其質也至聘禮禮賓有庭實用束帛與冠昏不同者蓋國君之禮又盛矣盛氏云不卒觶者糟醴不可盡也云古文啐爲呼者段氏云案呼與啐音義皆隔必是誤字當是古文啐爲嚌之誤如古文醑作酌今禮酌皆誤酌也

右賓醴冠者

冠者奠觶于薦東降筵北面坐取脯降自西階適東壁北面見于母

薦東薦左凡奠爵將舉者於右不舉者於左適東壁者出闈門也時母在闈門之外婦人入廟由闈門

疏正義曰此奠觶亦於筵上故下云降筵也取脯或以爲祭脯褚氏云特牲少牢俱云賓取祭以降則祭脯也此篇下文卒醮云取籩脯如初則是籩內之脯非祭脯也不敢取祭餘者以見母敬也凡已祭者不復實於籩今案褚說是也必取脯者明其見醴也士昏記賓右取脯歸執以反命與此相類降自西階父在不敢由阼也 注云薦東薦左凡奠爵將舉者於右不舉者於左者此薦卽籩豆也敖氏云籩豆而云薦者上經云薦脯醢故因其事名之省文後皆放此禮經釋例云醴不卒爵故皆奠於薦左注謂不舉者於左是也醴子之席筵於戶西南面故注以薦東

爲薦左也士昏禮女父醴使者奠于薦左注薦左籩豆之東賓席亦南面故注以薦左爲籩豆之東也舅姑醴婦奠于薦東婦席戶牖閒南面也聘禮主君醴聘賓北面奠于薦東注糟醴不啐當作糟醴不卒爵則與奠於薦東經文相應也又此篇醮用酒冠者奠爵於薦東此禮雖用酒不用醴亦但啐酒而已不卒爵與醴同異於飲酒正禮故亦奠於薦左也今案飲酒正禮亦將舉者於右不舉者於左但其儀節較醴爲更繁耳詳鄉飲酒記云適東壁者出闈門也時母在闈門之外婦人入廟由闈門者爾雅宮中之門謂之闈郭注謂相通小門也言宮中則廟與寢皆有之郝氏敬謂如此則廟反在宅右萬氏斯大亦謂乖左祖之制皆非也東壁堂下東牆也冠者降自西階由西而東折而北乃得見母故知適東壁者出闈門也時母在闈門之外者江氏筠云惟房中乃婦人位今既因贊者在房而不得位於此則其不入闈門明矣褚氏云廟中未有無事而入者母在闈門外無疑二說是也雜記曰夫人至入自闈門故知闈門爲婦人出入所由也

母拜受子拜送母又拜

婦人於丈夫雖其子猶俠拜

【疏】正義曰母拜受受脯也子拜送而母又拜俠拜也或疑母無拜子之理萬氏斯大云孔疏謂奠廟之脯重從尊者處來故拜之非拜子也呂氏謂母有從子之義故屈庸敬以伸斯須之敬王氏謂此適子代父承祖與祖爲正體故禮之與衆子異愚以爲皆非也案禮婦人之拜有二肅拜也手拜也肅拜者足不跪微俯其躬而肅之如今婦人揖也手拜者足跪地而拜如今婦人拜也少儀曰婦人吉事雖有君賜肅拜君賜至重尚止肅拜況其他乎故知此受脯俠拜亦肅拜也今案禮記冠義曰見於母母拜之見於兄弟兄弟拜之成人而與爲禮也成人而與爲禮一語即是定解孔疏以下諸說紛如萬氏駁之是已至謂俠拜爲肅拜亦是也唯謂子先揖而後拜送既拜而更揖與經不相符耳特牲饋父拜子昏舅姑饗婦則

拜婦禮各有宜也或又疑子無見父與賓之文儀禮糾解云父冠其子延賓以重其事父自爲主而涖之卽是見也賓既與冠者成禮於堂矣亦不必更行見賓之禮是也　注云婦人於丈夫雖其子猶俠拜者禮經釋例云凡婦人於丈夫皆俠拜俠拜者丈夫拜一次婦人則拜兩次也士冠禮冠者取脯見于母母拜受子拜送母又拜又見姑姊如見母注姑與姊亦俠拜也士昏禮婦見舅姑執笲棗栗自門入升自西階進拜奠于席舅坐撫之興答拜婦還又拜注還又拜者還於先拜處拜婦人與丈夫爲禮則俠拜又贊醴婦婦東面拜受贊西階上北面拜送婦又拜又啐醴拜贊答拜婦又拜皆俠拜也士昏記不親迎壻見主婦一拜壻答再拜主婦又拜注必先一拜者婦人於丈夫必俠拜少牢禮主婦亞獻酌拜獻尸尸拜受主婦西面拜送爵有司徹主婦拜獻尸尸拜于筵上受主婦西面拜送爵不賓尸之禮尸酢主婦主婦拜受爵尸答拜主婦反位又拜注婦俠爵拜亦皆俠拜至於特牲主婦亞獻主婦致爵于主人主婦自酢少牢尸酢主婦主婦獻祝主婦獻兩佐食有司徹主婦獻侑主婦致爵于主人主婦自酢賓致爵于主婦受爵送爵啐酒卒爵皆不俠拜特牲主婦亞獻注不俠拜士妻儀簡耳少牢主婦亞獻卒爵有司徹主婦獻尸啐酒卒爵不賓尸之禮尸醋主婦卒爵亦不俠拜皆降殺之義少牢主婦獻祝祝拜受爵主婦答拜注不俠拜下尸也餘可類推矣

右冠者見於母

賓降直西序東面主人降復初位初位初至階讓升之位疏正義曰注云初位初至階讓升之位者程氏瑤田云案主人初立於阼階下直東序西面此云復初位卽其位也賓主階上立位在序端則階下立位亦宜直東西序與賓主

位必相對也且至階讓升處賓主皆然非位也鄭注蓋誤今案程說是也張氏惠言亦辨之 冠者立于西階東南面賓字之冠者對對應也其辭未聞 疏 正義曰王氏士讓云案冠者立于西階東乃西階下之東也是時尊者既降卑者豈得獨升冠者見母後經無升階之儀足以見之矣今案南面蓋在賓北也禮記冠義曰已冠而字之成人之道也鄭注字所以相尊也記於下乃云見母似見母在字後者記文隨舉爲義其實次序當以此經爲正賈疏云未字先見母字訖乃見兄弟之等急於母緩於兄弟也 注云對應也者漢書注對謂應對是也云其辭未聞者謂對之辭未聞也

右賓字冠者

賓出主人送于廟門外不出外門將醴之 疏 正義曰張氏爾岐云此下冠禮既成賓出就次以後諸事冠者見兄弟見贊者見姑姊爲一節易服見君見鄉大夫鄉先生爲一節主人醴賓爲一節凡三節 請醴賓賓禮辭許賓就次此醴當作禮禮賓者謝其自勤勞也次門外更衣處也以帷幕簟席爲之 疏 正義曰此請醴賓蓋主人於送時請之賓許而後就次不出外門也敖氏云請者有自於人而恭孫之辭也○注此醴當作禮禮下嚴徐集釋通解敖氏俱有禮賓者謝其自勤勞也九字毛本脫以帷幕以毛本誤必嚴徐集釋通解要義敖氏俱作以 云此醴當作禮者下若不醴注醴亦當作禮士昏禮出請醴賓注此醴亦當爲禮贊醴婦注醴當爲禮褚氏云經於醴賓醴婦字皆爲醴注必讀爲禮者蓋推優禮於人之意不欲質言之也賈疏謂天子禮諸侯用鬯不云鬯賓足破不必改禮之論云禮賓者謝其自勤勞也者胡氏承珙云鄭既破醴爲禮故禮賓之禮即易字說之昏禮注云此

醴亦當爲禮禮賓者欲厚之又贊禮婦者以其婦道新成親厚之其易字說經並與此經同醴辭曰注則不破從禮惟禮於昨注疊今文作醴不用賈疏云以其言醴則不兼於醮言禮則兼醴醮二法故也然則此若不醴正是不兼於醮故當作醴而注仍破從禮者疑此注本是前文乃醴賓以壹獻之禮注寫者誤移於此然彼處疏云此醴亦當爲禮不言可知也則在賈時已誤矣今案此以若不醴爲當作醴是也云次門外更衣處也者此門外卽廟門外以經云就次不更言出門可知也更衣處謂可於此更換衣服且小息也鄭注周禮序官掌次云次自修止之處又其職云凡祭祀張尸次鄭司農云尸次祭祀之尸所居更衣帳與此注義同此冠禮賓有次聘禮賓亦有次射有射次喪有喪次覲禮受舍于朝亦謂次也義詳各篇下云以帷幕簟席爲之者帷幕用布簟席用葦言二者皆可爲次也李氏云聘禮記以帷或用簟席

冠者見于兄弟兄弟再拜冠者荅拜見贊者西面拜亦如之見贊者西面拜則見兄弟東面拜贊者後賓出【疏】正義曰敖氏云兄弟與贊者皆先拜之亦重冠禮也今案重冠禮卽謂重其成人而與爲禮也亦如之者謂如其再拜而冠者荅拜也此兄弟兼外姻言義已詳上非謂兄與弟也吳氏章句乃分別兄弟解之或又謂見弟則宜見妹皆誤　注云見贊者西面拜則見兄弟東面拜者經但言見贊者西面不言見兄弟面位故注明之斯時贊者位在西方兄弟位在洗東也云贊者後賓出者以當與冠者爲禮也贊者出亦就次待禮可知

入見姑姊如見母入入寢門也廟在寢門外如見母者亦北面姑與姊亦俠拜也不見妹妹卑【疏】正義曰注亦俠拜也集釋無也字嚴本有　云入入寢門也廟在寢門外者廟在寢東與寢別門又姑姊當在寢不在廟故知自廟而言入爲出廟門而入寢門也云如見母者亦北面姑與姊亦俠拜

也者上經見母北面母俠拜故知經言如者亦如其北面及俠拜也鄭分姑與姊爲二或據左傳疏云古人謂姑爲姑姊妹父之姊爲姑姊父之妹爲姑妹謂冠禮之姑姊卽姑並引列女傳魯義姑姊梁節姑姊以駁鄭注今案姑姊姑妹後世容有此稱周公制禮則無之爾雅亦周公作而釋親篇止云父之姊妹爲姑不云姑姊姑妹其證一也儀禮喪服篇多言姑姊妹若以爲姑姊姑妹則是父之姊妹有服而已之姊妹無服周公制禮何獨遺之其證二也白虎通云父之昆弟不俱謂之世父父之女昆弟俱謂之姑何也姑當外適人疏故總言之其證三也況姑姊姑妹均屬父行冠者冠畢何獨見父之姊而不見父之妹以是知此篇之姑姊當如鄭說未可易也云不見妹妹卑者案白虎通云姊尊妹卑其禮異也注蓋本此邶風泉水詩曰問我諸姑遂及伯姊言姑姊而不言妹斯可證已

右冠者見兄弟贊者姑姊

乃易服服玄冠玄端爵韠奠摯見于君遂以摯見于鄉大夫鄉先生

易服不朝服者非朝事也摯雉也鄉先生鄉中老人爲卿大夫致仕者【疏】正義曰奠摯釋文摯作贄云本又作摯唐石經嚴本俱作摯校勘記云案摯贄今本錯出宜俱從手後不悉校鄉大夫鄉當作卿唐石經嚴本俱作鄉劉端臨遺書云陸德明釋文鄉字無音至禮記冠義則云卿大夫鄉先生並音香自此以後儀禮禮記各本皆作鄉卽石經亦然由今考之此經及冠義皆當作卿大夫作鄉誤也卿大夫謂見爲卿大夫者鄉先生謂已爲卿大夫而致仕者見君之次偏見卿大夫如國語趙文子冠偏見六卿是也賈疏釋注云鄉先生鄉中老人爲卿大夫致仕者先生亦有士鄭不言者經云卿大夫不言士故先生亦略不言據此知賈所見儀禮本作卿大夫也孔疏云

見於鄉大夫謂在朝之鄉大夫也是孔所見禮記本亦作鄉大夫孔以在朝對致仕者文義甚明而今本正義亦並改作鄉今案劉氏從賈孔作鄉段氏玉裁張氏敦仁顧氏廣圻及校勘記俱從陸作鄉經義述聞以劉爲是云宋明道本國語韋注引禮既冠奠摯於君遂以摯見鄉大夫其字正作鄉則韋所見儀禮禮記皆作鄉大夫不作鄉可知此足正陸氏釋文之誤又云初學記禮部下引儀禮正作鄉大夫則唐時固有不誤者不獨賈孔也案述聞證據甚確其段張顧說述聞悉加注辨之詳彼書內不具錄焉又盧氏文弨程氏瑤田朱氏大韶皆斷從劉說字當作鄉無疑石經考文提要已定作鄉今從之鄉先生先毛本誤作見注爲鄉大夫致仕者鄉鍾陳通典通解楊氏俱作鄉嚴本集釋毛本俱作鄉校勘記云作鄉爲是○易服者易去爵弁服而服玄冠玄端也言玄端必言玄冠者以別於始加之緇布冠也奠摯謂奠之於地不親授也禮經釋例云凡卑者於尊者皆奠而不授若尊者辭乃授案士冠禮奠摯見于君士昏禮親迎賓升北面奠雁再拜稽首士相見禮士見于大夫若嘗爲臣者奠摯再拜主人答壹拜注奠摯尊卑異不親授也又始見於君士大夫則奠摯再拜稽首此男子之禮又士昏禮婦見舅執笲棗栗自門入升自西階進拜奠于席注奠之者舅尊不敢授也又見姑受笲腶脩升進北面拜奠于席此女子之禮是卑者於尊者皆奠而不授也又聘禮聘後賓卽館鄉大夫勞賓賓不見大夫奠雁再拜上介受勞上介亦如之此賓因公事未行辭之故奠摯也又士昏禮不親迎壻見入門東面奠摯再拜出注奠摯者壻有子道不敢授也此卑者先奠而不授也又云擯者以摯出請受注欲使以賓客禮見又云壻禮辭許受摯入主人再拜受壻再拜送出此女父辭壻乃授也聘禮賓覿入門右北面奠幣再拜稽首此聘賓先以臣禮見奠而不授也又云擯者辭賓出擯者以幣出又云擯者請受賓禮辭聽命又云振幣進授此主君

辭聘賓乃授也又上介覿皆入門右東上奠幣皆再拜稽首此上介先以臣禮見奠而不授也又云擯者辭介逆出擯者以幣出又云擯者請受介禮辭聽命又云介振幣自皮西進北面授幣此主君辭上介乃授也又上介面卿入門右奠幣再拜此上介先奠而不授也又云大夫辭擯者反幣又云介奉幣入大夫揖讓如初介升大夫再拜受此主國之卿辭上介乃授也覲禮侯氏入門右坐奠圭再拜稽首注卑者見尊奠摯而不授此侯氏覲天子先奠而不授也又云擯者謁注謁猶告也上擯告以天子前辭欲親受之如賓客也又云侯氏坐取圭升致命王受之玉此天子辭侯氏乃授也又四享奠幣再拜稽首此侯氏享天子先奠而不授也又云擯者曰予一人將受之侯氏升致命王撫玉侯氏降自西階東面授宰幣此天子辭侯氏乃授也天子不親受使宰受之殺於覲時也皆卑者先奠而不授尊者辭乃授蓋以客禮待之也又聘禮士介覿入門右奠幣再拜稽首擯者辭介逆出擯者執上幣以出禮請受賓固辭注固衍字又衆介面卿入門右奠幣皆再拜大夫辭介逆出擯者執上幣出禮請受賓辭又聘禮記賓若私獻東面坐奠獻再拜稽首擯者東面坐取獻舉以入告出禮請受賓固辭注固亦衍字此皆尊者雖辭終不敢授禮又殺也賓私獻奠而不授注以爲並受者則以擯者東面知之釋例又云授受之例卑者先奠而不授猶之入門例先入門右拜例先堂下再拜稽首也至尊者辭之乃授猶之入門例尊者辭之乃入門左拜例尊者辭之乃升成拜也其實奠而不授爲卑者之正禮猶之入門右爲卑者入門之正禮堂下再拜稽首爲卑者拜之正禮也飲酒之禮獻酢皆授酬則奠而不授亦此例也今案禮經釋例末條以入門例拜例兼明卑於尊之禮比例尤精卿大夫劉氏謂見爲卿大夫者引國語趙文子冠徧見六卿爲證其說甚確案國語趙文子冠見欒武子范文子韓獻子知武子等皆有訓辭蓋亦古禮如是敖氏依論本

作鄉解之云鄉大夫鄉之異爵者也或曰鄉大夫卽主治一鄉者其說無據經義述聞已駁之冠者冠畢必奠摯見君並見鄉大夫鄉先生者禮記冠義謂以成人見是也　注云易服不朝服者非朝事也者鄭注禮記云服玄冠玄端異於朝也與此注義同敖氏云不朝服者以其未仕也褚氏云敖氏主士冠其子故云未仕不知士之子苟未仕冠後亦未必奠摯見君鄭義爲長云摯雉也者士摯用雉見周禮大宗伯云鄉先生鄉中老人爲卿大夫致仕者案尚書大傳云大夫士七十而致仕歸其鄉里大夫爲父師士爲少師卽此所云鄉先生也注不云士者義已詳前其實鄉先生中亦當有士也

右冠者見君及卿大夫鄉先生

乃醴賓以壹獻之禮壹獻者主人獻賓而已卽燕無亞獻者獻酢酬賓主人各兩爵而禮成特牲少牢饋食之禮獻尸此其類也士禮一獻卿大夫三獻禮賓不用柶者泲其醴內則曰飮重醴清糟稻醴清糟黍醴清糟粱醴清糟凡醴事質者用糟文者用清

疏正義曰此醴亦當爲禮朱子云注不言改字說見上非不具也陳氏禮書云既冠乃禮賓贊者皆與蓋君子之於人勞之必有以禮之故昏禮享送者鄉飮息司正祭禮儐尸冠禮禮賓其義一也○注禮賓不用柶者毛本禮賓誤作賓醴嚴徐集釋通解俱作禮賓飮重醴清糟稻醴清糟黍醴清糟粱醴清糟案稻醴以下十二字今本俱脫嚴徐集釋通解俱有敖氏無末清糟二字陸氏云糟劉本作莤音糟盧氏文弨云飮重醴下朱李誤衍清糟二字今案內則重醴下本無清糟二字　云壹獻者主人獻賓而已卽燕無亞獻者經云壹獻明無亞獻故知惟主人獻賓而已程氏恂云壹獻之後有燕者主人樂得嘉賓而安燕以洽之也昏禮禮賓一人可無燕聘禮禮賓

無燕者燕在後也云獻酢酬賓主人各兩爵而禮成者謂主人獻賓賓酢主人主人將酬賓先自飲訖乃酌以酬賓賓奠而不舉是獻賓酬賓酢主人主人先自飲為各兩爵而禮成也鄭必知有酢有酬者以下言主人酬賓知之也云特牲少牢饋食之禮獻尸此其類也者謂獻尸之禮與獻賓略同亦具獻酢酬也云士禮一獻卿大夫三獻者以大行人子男饗禮五獻差之則卿大夫三獻士止一獻然特牲主人初獻主婦亞獻賓長三獻士禮亦得備三獻者方氏苞云士惟祭備三獻鄉大夫賓興州長教射雖國政賓不過一獻故冠昏不得踰也云禮賓不用柶者泲其醴者郊特牲曰縮酌用茅明酌也鄭注謂和之以明酌泲之以茅縮去滓也即此注言泲之義鄭以此經無用泲之文故知此醴為已泲之醴也凡糟醴不卒爵此一獻之禮有酢有酬須卒爵故用已泲之醴不用糟也云內則曰飲重醴稻醴清糟黍醴清糟粱醴清糟者此鄭引以證醴有清有糟清是已泲者糟是未泲者彼注云重陪也陪設之也糟醇也清泲也致飲有醇者有泲者是也云凡醴事質者用糟文者用清者謂若冠醴子無獻酬是質故用糟此禮賓有獻有酢有酬是文故用清也○王氏士讓云案全經獻酢酬之禮各有異同當詳辨之凡行禮之序獻為先酢次之酬又次之蓋主獻賓賓酢主主復自飲而酬賓賓奠之此其大概同也而每異焉有行一獻之禮者賓主各兩酌而禮成無亞獻如冠醴賓之類是也有共成一獻而奠酬者若舅姑之饗婦舅獻之婦酢之姑酬之婦奠之而禮成矣其外舅外姑之饗壻也視此蓋外舅獻之壻酢之外姑酬之壻奠之而禮成也至若鄉飲酒之儀不同矣惟賓備獻酢酬尊之也於介則獻酢而未酬於衆賓則獻而不酢酬鄉射之於衆賓亦獻而不酢酬皆以次而省也燕禮又異矣其獻賓也君使宰夫代之臣莫敢與君亢禮也其賓酢主之後主未酬賓而遂獻公者尊君也其皆有獻而無酬酢者樂工以下是也若夫大射之禮

有獻於未射之先者於賓於公於孤卿於大夫也尊之也有獻於既射之後者於庶子左右正內小臣之屬也卑之也有射未終而獻者於服不於釋獲於獲者也因其所有事也聘而禮賓儀甚優也然獻以醴而無酢酬酬者則以行於享之後覿之先儀尚多未暇盡歡也公食大夫雖設酒而無獻酢酬者主於食也士虞主人獻尸尸惟酢主而不酬至三獻利成別無酢酬之儀者未吉也至若饋食祭禮上自尸賓下至佐食旁及兄弟內及宗婦則主人皆有獻而主婦有亞獻者其酬酢之儀繁矣其可强以爲同乎更爲通論行酢之禮凡酢者皆承獻爵而答之也其有賓親酌酢主者禮之敵鈞也有授主人爵而主自實爵酢者此介之下一等不敢親酌也尊者於主人亦不親酌何也主人卑不敢煩尊者也其有受酢而更爵者膳宰於公不敢襲至尊也婦之酢舅亦必更爵者男女不相因也主人於主婦亦更爵酌酢者明夫婦之別也主婦於主人不更爵而自酌酢者敬而親之也尸之醋主人必祝酌授之者正祭之尸尊不親酌也賓尸而尸親醋主人者非正祭則尸卑也三獻獻主人而尸受三獻之爵酌以酢之者尸遂賓欲行禮之意也凡此皆酢之異同者也若乃禮成於酬其異同又可得而言矣有至酬而徹筵者禮事畢也有至酬而加幣者申厚意也賓不盡主之歡故至酬而奠爵尸欲神惠之均故至酬亦奠爵酬必先飲勸之周也酬不拜洗禮之殺也旅酬亦名酬而非正獻之酬無筭爵之酬則繼乎旅酬也復有酌而無酢酬者此則以醮名又與是禮異也然則酒也者以行禮也獻酢酬者行禮之節也行之於冠昏和之於飲射洽之於燕食通之於聘覲達之於祭祀緣情循分以爲多寡隆殺古之人相觀而習之是故可與酬酢可與祐神也

主人酬賓束帛儷皮飲賓客而從之以財貨曰酬所以申暢厚意也束帛十端也儷皮兩鹿皮也古文儷爲離【疏】正義曰賈疏云尊卑獻數多少不同及其酬幣惟於奠酬

一節行之而已褚氏云幣言酬賓必行於奠酬之節矣賈說不可易敖氏謂在賓受獻之時非也　注云飲賓客而從之以財貨曰酬所
以申暢厚意也者財謂幣帛貨謂金玉此注釋酬字通上下言之酬而用玉惟天子諸侯為然禮器曰琥璜爵鄭注謂天子酬諸侯諸侯
相酬以此玉將幣也餘詳聘禮致饗以酬幣亦如之下此酬賓以束帛儷皮而家語公冠酬賓束帛乘馬大戴禮酬幣朱錦綵四馬則諸
侯禮與士異也云束帛十端也者凡物十曰束束帛束錦束脩皆以十為數也周禮媒氏凡嫁子娶妻入幣純帛無過五兩鄭注五兩十
端也必言兩者欲得其配合之名雜記曰納幣一束束五兩兩五尋然則每端二丈案據此注五兩即十端特言之異耳云儷皮兩鹿皮
也者案士昏禮注云儷兩也聘禮儷皮注同春秋傳曰鳥獸猶不失儷是儷為兩也知儷皮為鹿皮者惠氏棟云說文麗旅行也鹿之性
見食急則必旅行从鹿丽聲禮麗皮納聘蓋鹿皮也譙周古史考云伏犧制嫁娶以儷皮為禮今案許所謂禮即儀禮也許所見本作麗
鄭本作儷字雖不同而可通用云古文儷為離者月令宿離不貸注離讀如儷偶之儷是二字本通白虎通嫁娶篇引士昏禮作束帛離
皮蓋用古文也贊者皆與贊冠者為介贊者衆賓也皆與亦飲酒為衆賓介賓之輔以贊為之尊之飲酒之禮賢
者為賓其次為介 疏 正義曰敖氏云言此於酬賓之後明酬幣惟用於正賓也沈氏彤云鄉飲酒記云主人之贊者不與無算爵然
後與此亦當然　注云贊者衆賓也皆與亦飲酒為衆賓者朱子云贊者謂主人之贊者也恐字誤作衆賓耳今案下云贊冠者為介即
前經宿贊冠者一人乃賓之贊者也則此贊者為主人之贊者甚明贊者皆與謂主人之屬凡有事於冠者皆得與於飲酒也鄭云衆賓
者飲酒之禮有賓有介有衆賓既云贊冠者為介則主人之贊者自在衆賓之列矣故云亦飲酒為衆賓非謂戒而不宿之衆賓也惟上

衆賓也包殊未分曉故朱子辨之若戒而不宿之衆賓有來觀禮者則亦與於飲酒亦在衆賓之列也云介賓之輔以贊為之尊之者言介所以輔佐賓者尊亞於賓以贊為介是尊贊也云飲酒之禮賢者為賓其次為介詳鄉飲禮言此以見尊之之意也

右醴賓

賓出主人送于外門外再拜歸賓俎一獻之禮有薦有俎其牲未聞使人歸諸賓家也

疏正義曰前冠畢尚有醴賓之事故賓出廟門不出大門此賓出出大門也禮經釋例云凡送賓主人敵者於大門外案士冠禮醴賓畢賓出主人送于外門外再拜士昏禮女父醴賓畢賓降授人脯出主人送于門外再拜敖氏繼公曰門者外門也士相見禮賓退主人送于外門外再拜又還贄出主人送于門外再拜鄉飲酒禮賓出奏陔主人送于門外再拜鄉射禮陔作賓出衆賓皆出主人送于門外再拜皆是大門外聘禮歸饔餼畢賓送于外門外再拜又問卿私面畢賓出大夫送于外門外再拜覲禮賜車服使者出侯氏送再拜此皆賓主人相敵或尊賓使與相敵者前迎于大門外故送亦於大門外也聘禮郊勞賓送再拜前迎于舍門外此亦當送於舍門外也覲禮郊勞使者降以左驂出侯氏送于門外再拜前迎于帷門外此亦當送於帷門外也又士冠禮賓字冠者後賓出主人送于廟門外注不出外門將醴之禮未畢者其迎送皆於廟門外也又聘禮還玉畢大夫出賓送不拜前迎于外門外不拜此送亦當於外門外不拜也聘禮公出送賓及大門內賓出公再拜送公食大夫禮賓出公送于大門內再拜此皆賓主不敵者前迎於大門內故送亦於大門內也又士昏記若不親迎婿見畢出主人送再拜敖氏繼公曰送謂送於外門外竊謂此說非也前迎主人出門左注云出門出內門則此送亦當於內

門外外門內也又案士虞禮賓出主人送拜稽顙注送拜者明於大門外也又士虞記餞尸賓出主人送拜稽顙注送賓拜於大門外特牲饋食禮賓出主人送于門外以士虞證之當於大門外經不云迎賓但云送賓者祭禮之賓壓於尸也士喪禮上篇小斂奠賓出主人拜送于門外注廟門外也又大斂奠賓出主人拜送于門外下篇設遷祖奠賓出主人送于門外以小斂奠注證之皆當送於廟門外送於廟門外與吉禮異也又上篇君使人弔主人迎于寢門外賓出主人拜送于外門外下篇公賵主人釋杖迎于廟門外賓出主人送于外門外尊君之使故迎於寢門外又云貳車畢乘主人哭拜送亦當送於外門外也君親至益尊故迎送皆於大門外也有司徹尸出侑從主人送于廟門之外拜前迎尸侑于廟門外故送亦於廟門外也又不賓尸之禮衆賓出主人拜送于廟門外注不言長賓者下大夫無尊賓也大夫尊於士又無尊賓故送於廟門外不於大門外也此皆異於賓客正禮者也釋例又云凡拜送之禮送者拜去者不答拜案鄉飲酒禮賓出奏陔主人送于門外再拜鄉射禮陔作賓出衆賓皆出主人送于門外再拜注門東西面拜也不答拜禮有終也聘禮禮畢賓出公再拜送賓不顧注公既拜客趨辟君命上擯送賓出反告賓不顧於此君可以返路寢矣論語說孔子之行曰君召使擯色勃如也足躩如也賓退必復命曰賓不顧矣又聘賓問卿面卿及介面卿畢賓出大夫送于外門外再拜賓不顧注不顧言去公食大夫禮畢賓出公送于大門內再拜賓不顧注初來揖讓而退不顧退禮略也示難進易退之義擯者以賓不顧告公公乃還也特牲饋食禮祝告利成賓出主人送于門外再拜注拜送賓也凡去者不答拜疏云總解諸文主人拜送賓皆不答拜鄭注鄉飲酒云禮有終是也有司徹尸出侑從主人送于廟門之外拜尸不顧注拜送之疏云儐尸之禮尸侑賓也故孔子云賓不顧矣有司徹又曰拜侑與長賓亦如

之衆賓從注從者不拜送也又不儐尸之禮衆賓出主人拜送于廟
門外乃反注拜送賓也者亦拜送其長不言長賓者下大夫無尊賓
也疏云賓尸時鄭注言從者不拜送則此云拜送者拜送其長可知
皆送者拜去者不答拜也有司徹尸亦然者賓尸之禮尸如賓侑如
介也他如士冠禮醴賓畢賓出主人送于外門外再拜士昏禮納采
問名主人送于門外再拜士相見禮賓見主人賓退主人送于門外
再拜還贄亦然皆此例也士冠禮戒賓宿賓皆云主人退賓拜送鄉
飲酒禮主人戒賓主人退賓拜辱介亦如之不云主人答拜者亦禮
有終也速賓亦然鄉射禮戒賓速賓皆云主人退賓送再拜此皆主
人至賓之門賓送之則賓爲送者主人爲去者聘禮郊勞勞者揖皮
出乃退賓送再拜致館設飧鄉退賓送再拜歸饔餼大夫降執左馬
以出賓送于外門外再拜此皆主君使人於聘賓則聘賓爲送者使
者爲去者覲禮王使人郊勞使者降以左驂出侯氏送于門外再拜
王賜侯氏車服使者出侯氏送再拜此皆天子使人於侯氏則侯氏
爲送者使者爲去者故經皆不云答拜也　注云一獻之禮有薦有
俎者薦謂脯醢經不言薦鄭知有薦者吳氏疑義云昏禮禮賓聘禮
禮聘使皆有薦此禮有薦之明證也今案前賓醴冠者云薦脯醢則
此有薦必矣云其牲未聞者盛氏謂此俎以乾肉載之冠子者不殺
禮之正也吳氏疑義以爲牲當用豚如醮子沈氏彤則云有俎必有
特牲鄉飲鄉射取擇人而用狗此冠禮戒賓宿賓亦有擇人之義當
亦用狗未知孰是云使人歸諸賓家也者解經歸賓俎爲歸諸賓家
也必歸賓俎者厚之也○張氏爾岐疑此經數事謂冠不告廟見母
不見父見贊者不見賓言歸俎不言載俎今案不言載俎張氏以爲
文不具是也不見父與賓說已見前至冠不告廟秦氏蕙田云文王
世子冠取妻必告有明證矣盛氏云曲禮言取妻者齊戒以告鬼神
而士昏禮亦不具卽此例也○朱子云此章以上正禮已具以下皆

禮之變

右送賓歸俎

儀禮正義一

南菁書院

續溪胡培翬竹村著

若不醴則醮用酒 若不醴謂國有舊俗可行聖人用焉不改者也曲禮曰君子行禮不求變俗祭祀之禮居喪之服哭泣之位皆如其國之故謹修其法而審行之是酌而無酬酢曰醮醴亦當爲禮

【疏】正義曰自此至卒醮取籩脯以降如初言不醴而醮之事○案醴爲太古造法酒爲後世造法醴濁酒清醴質而酒文也據行禮之本意則質爲重故冠禮以醴爲正而醮亦並行焉張氏爾岐云醴醮二法其異者醴則一尊在房醮兩尊于房戶之間醴用觶醮用爵醴筵從尊在房醮筵從洗在庭醴待三加畢乃一舉醮每一加卽一醮醴薦用脯醢醮每醮皆用脯醢至三醮又有乾肉折俎醴贊冠者一酌授賓賓不親酌醮則賓自降取爵升酌酒醴者每加入房易服出房立待賓命醮則每醮訖立筵西待賓命醴者每加冠必祝醴時又有醴辭醮者加冠時不祝至醮時有醮辭其餘儀節並不異也○注不改者也集釋者作舊嚴本及各本俱作者校勘記以作者爲是而審行之是也毛本有也字嚴徐集釋俱無 云若不醴謂國有舊俗可行聖人用焉不改者也者聖人謂周公言周公制禮醴子以醴而復有用酒蓋因其國有舊俗可行用焉不改故並著之於經朱子謂此以下爲禮之變是也引曲禮者卽以證不改舊俗之義案曲禮曰君子行禮不求變俗鄭注求猶務也不務變其故俗重本也謂去先祖之國居他國孔疏此云不變俗謂大夫出在他國不變己本國之俗案鄭答趙商以爲衞武公居殷墟故用殷禮卽引此云君子行禮不求變俗如鄭之意不變所往之國舊時風俗與此注不同然則不求變俗鄭有兩解此注所引蓋謂不變他國舊俗王制曰修其

教不易其俗齊其政不易其宜是也孔疏又云祭祀之禮者卽夏立尸殷坐尸周旅酬六尸及先求陰陽犧牲騂黑之屬也居喪之服者殷雖尊貴猶服旁親周則以尊降服哭泣之位者殷不重適以班高處上周世貴正嗣孫居其首皆如其國之故者謂故俗也今案鄭引曲禮至謹修其法而審行之卽云云是者謂曲禮所云云是不改舊俗也孔疏據夏殷立論蓋謂夏殷之子孫不變夏殷之舊俗與此注所引義殊賈疏乃謂此經醮用酒爲夏殷冠子之法朱子云不醴而醮乃當時國俗不同有如此者如魯衞之幕有縿布祔有離合皆周禮自不同未必夏殷法也其說誠是劉氏敞以醮用酒專爲庶子冠法盛氏云如以此節爲醮庶子經當云若庶子則醮用酒而下文亦不應別見庶子冠法矣朱子謂庶子一醮以酒安得有若此及殺牲之盛禮哉然則劉說亦非矣蓋制禮惟醴而已其或舊俗有用醮者聖人以其無大害理故亦錄於禮經以聽民之擇用也又盛氏謂自此以下皆爲記文詳後記下云酌而無酬酢曰醮者或謂醮與釂通曲禮長者舉未釂鄭注盡爵曰釂荀子禮論篇利爵之不醮也楊注醮盡也是也然說文以醮爲冠娶禮與釂異義此云無酬酢者吳氏紱云醴無酬酢冠禮醴子昏禮醴賓醴女醴婦聘禮醴賓皆是也亦有有酬酢者冠禮醴賓鄭氏以爲清醴是也若醮則皆無酬酢此經及昏父醮子命之迎使人醮庶婦是也云醴亦當爲禮者醴與酒對上云醴此云酒是也醴亦與醮對用醴謂之禮用酒謂之醮是也此經醴字不必改禮說已詳前

尊于房戸之閒兩甒有禁玄酒在西加勺南枋房戸閒者房西室戸東也禁承尊之器也名之爲禁者因爲酒戒也玄酒新水也雖今不用猶設之不忘古也【疏】正義曰此設尊亦當在陳服之後與醴子同敖氏云兩甒一酒一玄酒也玄酒在西尊西上也加勺加於二尊之上而覆之也玄酒亦加勺者不以無用待之也南枋爲酌者

北面覆手執之便也　注云房戶閒房西室戶東也者凡言戶者皆室戶以經云之閒明在東房與室戶之閒故知房西室戶東也云禁承尊之器也者禁以承尊經云有禁明兩甒俱有也云名之爲禁者因爲酒戒也者詳特牲記又豐亦承尊器詳燕禮云玄酒新水也雖今不用猶設之不忘古也者李氏云古未有醴酪以水當酒之用後世以其色玄故謂之玄酒又云凡醴無冪醮亦不用冪從醴賓蔡氏云醴一甒無禁無玄酒有勺在篚不加於尊醮則兩甒有禁有玄酒加勺尊上此其異也禮經釋例云凡設尊賓主人敵者於房戶之閒君臣則於東楹之西並兩壺有玄酒有禁案士冠禮醮用酒尊于房戶之閒云云鄉飲酒禮尊兩壺于房戶閒斯禁有玄酒在西特牲禮尊于戶東玄酒在西注戶東室戶東少牢禮司宮尊兩甒于房戶之閒注房戶之閒房西室戶東也飲酒與祭皆尊於房戶之閒者旣祭獻賓及酢酬旅酬無算爵皆具賓主如飲酒之禮也鄉射禮尊于賓席之東兩壺斯禁左玄酒皆加勺鄉射不云房戶之閒者蓋鄉射於序序有堂無室無室則無房戶故但云尊于賓席之東鄉射上經云乃席賓南面東上注不言於戶牖之閒者此射於序是也鄉飲酒疏云設酒之尊皆於顯處見其文是以此及醮子與鄉射特牲少牢有司徹皆在房戶之閒敖氏繼公曰不言戶牖閒者可知也記云出自東房有東房西房則中有室而席賓於戶牖之閒也明矣皆與注異有司徹旣祭儐尸之禮因少牢正祭之酒但攝之而已不更設尊故疏亦以爲在房戶之閒也燕禮司宮尊于東楹之西兩方壺左玄酒南上公尊瓦大兩有豐注於東楹之西予君專此酒也玉藻曰唯尹面尊玄酒在南順君之面也大射儀司宮尊于東楹之西兩方壺膳尊兩甒在南有豐膳尊卽燕禮公尊君之尊也兩方壺臣之尊也君臣不同尊尊君也皆有玄酒故君臣皆兩尊注云酒在北尊統於君南爲上也唯君面尊言專惠也燕禮大射皆臣與君行禮故尊於東

楹之西也曲禮侍飲於長者孔穎達正義曰陳尊之所貴賤不同若諸侯燕禮大射設尊在東楹之西自北嚮南陳之酌者在尊東西嚮以酌者之左為上尊尊面有鼻鼻向君示君專有此惠也若鄉飲酒及鄉大夫燕則設尊陳于房戶之閒東西列尊尊面嚮南酌者嚮北以西為上尊時主人在阼西嚮賓在戶西牖前南嚮使賓主得夾尊示不敢專惠也尊于房戶之閒但云鄉飲酒不云鄉射較賈氏為精矣釋例又云案燕禮疏云少儀云尊壺者面其鼻鄭注鼻在面中言嚮人也據燕禮向君而言少儀又云尊者以酌者之左為上尊鄉飲酒云尊兩壺于房戶之閒玄酒在西又鄉射云尊于賓席之東兩壺斯禁左玄酒鄭注設尊者北面西曰左此皆據酌者北面而言若據設尊之人及尊面而言卽南面以右為尊詳疏意以為鄉飲鄉射設玄酒之位與燕禮若有異者考鄉飲鄉射尊面向南則以西為上燕禮大射尊面向東則以南為上經例固不異也

洗有篚在西南順洗庭洗當東榮南北以堂深篚亦以盛勺觶陳於洗西南順北為上也

疏正義曰注云洗庭洗者以別於北堂之洗也醮不言設洗者敖氏云醮而設洗之節亦與醴同惟有篚為異此見其異者耳今案醴之篚在房醮之篚在庭此其異也云當東榮南北以堂深者說已詳前云篚亦以盛勺觶者王氏士讓云三醮皆用爵勺加在尊上篚中非觶并無勺也注誤耳張氏惠言云房中之篚有勺者醴尊不加勺故也此尊旣加勺則勺不在篚注連言之誤今案爵觶通稱篚有勺者褚氏謂勺先實於篚後加於尊則注說亦可通云陳於洗西者據經有篚在西言之也云南順北為上也者此篚蓋縱設之以北為上特牲記注謂南順統於堂也是也據此則篚似有刻識為首尾矣此篚在庭為下篚又在堂為上篚詳鄉飲禮始

加醮用脯醢賓降取爵于篚辭降如初卒洗升酌始加者言一加一醮也加冠於東序

醮之於戶西同耳始醮亦薦脯醢賓降者爵在庭酒在堂將自酌也辭降如初如將冠時降盥辭主人降也凡薦出自東房【疏】正義曰朱子云始加二字乃疊見前始加緇布冠一章之禮醮用脯醢乃題下事其實賓答拜後乃薦之也敖氏云卒洗亦當壹揖壹讓乃升

今案此章於其儀文之與醴同者皆云如初則醴為正禮益可見矣注云始加者言一加一醮也者注以經云始加卽云醮明是一加一醮與醴行於三加之後乃薦脯醢者異矣云加冠於東序醮之於戶西同耳者上冠子筵于東序醴子筵于戶西此經不言故注補之明一加一醮雖異而其行禮之處所則與用醴者同也醮之於戶西卽所謂醮於客位者據此則鄭不專以醮為冠庶子法明矣云始醮亦薦脯醢者明每醮皆有脯醢也云賓降者爵在庭酒在堂將自酌也者爵實于篚在洗西是在庭也酒尊于房戶之閒是在堂也上醴子者醴在房贊者酌授賓賓無升降之節此醮則賓自酌故須降取爵于篚以洗洗畢乃升酌也云辭降如初如將冠時降盥辭主人降也者謂上將冠時賓降盥主人降賓辭主人對也但前將冠時賓降止為盥手此則兼為洗爵雖有不同而其辭主人降之節亦如之也云凡薦出自東房者禮經釋例云凡脯醢謂之薦出自東房案士冠禮疏云醴尊在房脯醢出自東房酒尊在堂脯醢亦出自東房鄉飲鄉射特牲少牢薦者皆出東房故注云凡以該之考士冠禮陳服于房中又云脯醢南上房中卽東房也鄉飲酒記薦脯五挺出自左房鄉射記薦脯用籩醢以豆出自東房特牲禮豆籩鉶在東房少牢禮饌豆籩與篚于房中又陰厭主婦薦自東房此皆疏所已言者也公食禮設正饌宰夫自東房授醢醬又云宰夫自東房薦豆六有司徹主人獻尸主婦自東房薦韭菹醢又云主婦與取籩于房又主婦獻尸與入于房取糗與腶脩執以出又主婦致爵于主人設糗脩如尸禮又主人獻長賓宰夫自東房薦脯醢又不儐尸之禮主婦亞獻反取

籩于房中執棗糗又云婦贊者執栗脯此皆疏所未言者也燕禮大射聘禮以及有司徹主人獻侑主人受尸酢主婦獻侑主婦受尸酢不儐尸之禮主婦獻祝主婦致爵于主人賓致爵于主婦所薦籩豆經雖無文則皆出自東房可知也薦亦有不在東房者特牲記云賓與長兄弟之薦自東房其餘在東堂其餘謂衆賓兄弟之薦是也若士虞禮饌兩豆菹醢于西楹之東醢在西一鉶亞之從獻兩豆亞之四籩亞之則是反吉非恆例矣

冠者拜受賓答拜如初贊者筵於戶西賓升揖冠者就筵乃酌冠者南面拜受賓授爵東面答拜如醴禮也於賓答拜贊者則亦薦之【疏】正義曰注云贊者筵於戶西至東面答拜者因經但言拜受答拜未言節次面位故約醴子之文以明之見醮與醴同也云如醴禮也者釋經如初之文也云於賓答拜贊者則亦薦之者上醴禮云賓東面答拜下卽云薦脯醢明醮禮亦當於賓答拜時薦之也張氏爾岐云賓亦筵前北面釋醮辭訖冠者乃南面拜受

冠者升筵坐左執爵右祭脯醢祭酒興筵末坐啐酒降筵拜賓答拜冠者奠爵于薦東立于筵西冠者立俟賓命賓揖之則就東序之筵【疏】正義曰朱子云此正醮禮也下兩醮及後章三醮凡言如初者皆謂如此禮也李氏云不卒爵者從醴禮張氏爾岐云降筵奠爵而後拜執爵與賓乃答拜拜訖冠者乃奠爵薦東其節亦與醴同今案上醴禮云冠者奠觶于薦東降筵北面坐取脯此奠爵薦東云立于筵西唯此爲異耳　注云冠者立俟賓命者沈氏彤云上一加入房易服訖而出南面者立於房戶外之西待命也此立于筵西待命者以不但易服出房而又醮訖故筵西便也云賓揖之則就東序之筵者賓揖之卽所謂賓命也就東序之筵謂當更加皮弁也

徹薦爵筵尊不徹徹薦與爵者辟後加也不徹筵尊三加可

珍倣宋版印

相因由便也

疏正義曰注云徹薦與爵者辟後加也者謂後加更須設薦爵故徹之也敖氏云徹之亦贊冠者也每醮禮畢必徹薦爵者所以新後醮之禮若不相因然是也云不徹筵尊三加可相因由便也者吳氏章句云可相因者則不徹上祇一醴故醴畢見母而盡徹此三醮故其節不同

加皮弁如初儀再醮攝酒其他皆如初

攝猶整也整酒謂撓之今文攝爲聶

疏正義曰朱子云此如初儀者如前再加一章之儀也下條放此再醮攝酒其他皆如初言唯攝酒異於始醮其他皆如之也注云攝猶整也整酒謂撓之者胡氏承珙云說文攝引持也引持亦整理之義故鄭君訓攝爲整惠氏棟云漢書匈奴傳單于以徑路刀金留犂撓酒應劭曰撓和也鄭以攝酒有攪撓之事故舉漢法以明之今案有司徹司宮攝酒注云更撓益整頓之賈疏云因前正祭之酒更撓攪添益整頓之也然則此攝酒亦謂因始醮之酒撓益整頓之示新也此經再醮言攝酒三醮不言攝下若殺章再醮不言攝三醮言攝酒皆省文互見其實再醮三醮皆攝酒也云今文攝爲聶者胡氏云攝正字今文省作聶猶爾雅攝虎櫐釋文云攝又作聶是也

加爵弁如初儀三醮有乾肉折俎嚌之其他如初北面取脯見于母

乾肉牲體之脯也折其體以爲俎嚌嘗之

疏正義曰朱子云初儀見上三醮唯攝酒及有乾肉折俎嚌之爲異其他皆如始醮也北面取脯見於母敖氏云著此者見其與醴同也注云乾肉牲體之脯也者案周禮腊人掌乾肉凡田獸之脯腊膴胖之事鄭注大物解肆乾之謂之乾肉若今涼州烏翅矣薄析曰脯捶之而施薑桂曰腶脩腊小物全乾據此則乾肉與脯腊腶脩俱別此云牲體之脯謂以牲體乾之如脯沈氏彤云但取於脯之乾不取其薄析是也云折其體以爲俎者賈疏云或爲豚解而七體以乾之謂之乾肉及用之將升

於俎則節折爲二十一體與燕禮同故總名乾肉折俎也盛氏云俎
用乾肉不殺故也今案豚解之法陳氏祥道據士喪禮特豚四鬄去
蹏兩胉脊謂四鬄者殊左右肩髀而爲四又兩胉一脊而爲七是也
體解之法朱子謂折脊爲三曰正脊曰脡脊曰橫脊兩胉各三曰代
脅曰長脅曰短脅凡六兩肱各三曰肩曰臂曰臑凡六兩股各三曰
髀曰肫曰胳凡六通爲二十一體是也陳氏去兩髀而以兩觳足之
非是辨見少牢禮佐食遷肵俎于阼階西下又案宣十六年左傳曰
王享有體薦宴有折俎杜註宴則體解節折升之於俎亦謂折爲二
十一體也若骨折與節折異骨折則特牲記所言是也云嚌嘗之者
說文嚌嘗也禮記雜記下鄭注嚌啐皆嘗也嚌至齒啐入口是也○

以上醮

若殺則特豚載合升離肺實于鼎設扃鼏特豚一豚也凡牲皆用左胖煑於鑊曰亨
在鼎曰升在俎曰載載合升者明亨與載皆合左右胖離
割也割肺者使可祭也可嚌也今文扃爲鉉古文鼏爲密疏正義曰
殺殺牲
也此又醮禮之盛者亦因其舊俗而行之也醮用乾肉折俎盛於醴
殺牲又盛於折俎而冠不以盛禮先之者聖人制禮欲其盡人可行
故亦以淳朴之意也注云特豚一豚也者以一訓特亦猶特牲饋
食之爲一豕也說文豚小豕也沈氏彤云不用豕而用豚豚未成牲
而將成牲於冠義類也云凡牲皆用左胖者禮經釋例云凡牲皆用
右胖唯變禮反吉用左胖案鄉飲酒記賓俎主人俎介俎皆右體進
腠鄉射記亦云皆右體也進腠注右體周所貴也此嘉禮用右胖也
特牲記尸俎右肩臂臑肫胳少牢禮司馬升羊右胖髀不升注上右
胖周所貴也又司士升豕右胖又將祭載俎上利升羊載右胖下利
升豕其載如羊有司徹司馬牝羊亦司馬載載右體又云司士牝豕
亦司士載亦右體此吉禮用右胖也是凡牲皆用右胖也既夕禮大
遣奠陳鼎其實羊左胖豕亦如之注反吉祭也士虞記豚解升左肩

髀臑肫胳脊脅又云升胳左胖是變禮反吉始用左胖也至於特牲
記賓骼注骼左骼也賓用左骼者下尸也有司徹侑俎羊左肩左肫
豕左肩折侑用左體者亦下尸也主婦俎羊左臑主婦用左體者因
阼俎無體故下主人也此皆禮之殺者不用右胖其餘皆用右胖也
士冠禮注凡牲皆用左胖當作右胖左字蓋傳寫之誤褚氏云諸吉
禮皆升右胖而此注言凡則是解全經之通例何反背經而云左斯
不然矣賈不悟其譌乃云據夏殷法曲說也盛氏世佐盧氏文弨張
氏惠言亦皆以左爲右之誤云賫於鑊曰亨在鼎曰升在俎曰載者
此因經言載合升而分別其義也凡牲賫於爨上之鑊謂之亨由鑊
而實於鼎謂之升由鼎而盛於俎謂之載李氏云牲體在俎亦得升
名下云肴升折俎少牢云升羊載右胖是也云載合升者明亨與載
皆合左右胖者加載於合升之上見不獨合升於鼎而亨與載亦皆
合左右胖也敖氏以載爲衍文沈氏彤以特豚載爲句謂俎爲載也
豚合升不合載張氏惠言云若合升而不並載則經當明之如昏禮
盥饋合升側載也沈說非是敖去載字則升者將不載乎更非矣釋
例云士昏禮初昏陳鼎其實特豚合升注合升合左右胖升於鼎也
士喪禮大斂奠陳鼎豚合升注合升合左右體升於鼎冠禮人道之
始昏禮男女之始大斂人道之終故皆合升左右胖異於他禮也陳
氏祥道云豚則吉凶皆合升用成牲則升其胖而去髀吉升右而凶
升左云離割也割肺者使可祭也可嚌也者肺必割之而後可祭可
嚌但肺有二種一曰舉肺爲食而設割之使不絕中央少許又名離
肺又名嚌肺是也一曰祭肺爲祭而設割斷之使絕又名抍肺又名
切肺是也儀禮諸篇多舉肺祭肺並言此但也離肺不言抍肺蓋省
文耳肺爲氣主周人尚之故與牲體同實於鼎也云今文扃爲鉉古
文鼏爲密者此注但疊今古文而未解扃鼏之義案士昏禮注云扃
所以扛鼎鼏覆之公食禮注扃鼎扛所以舉之者也凡鼎鼏蓋以茅

爲之長則束本短則編其中央或謂此注有扃鼎扛所以舉之者也鼏覆之十二字考嚴本及各本皆無蓋移後篇之注於前耳未足據段氏儀禮漢讀考云扃篆作鼏以冂野之冂爲聲音古熒切鼏以一下垂之冖爲聲音莫狄切說文鼎部曰鼏以木橫貫鼎耳舉之从鼎冂聲周禮廟門容大鼏七箇卽易玉鉉也又曰鼏鼎覆也从鼎冖亦聲蓋許叔重原文如是二形相似轉寫遂但存其一又云說文金部鉉字下曰所以舉鼎也易謂之鉉禮謂之鼏則許氏所據古文禮作鼏甚明十七篇內本皆鼏鼏連文後人因兩字易混遂易鼏爲扃王石臞先生云此臆說不可從說文鉉字注禮謂之鼏當作周禮謂之鼏與鼏字注引周禮正合鄭注明言今文扃爲鉉則古文乃是扃字非鼏字儀禮今文作鉉而許不引者已云易謂之鉉則不須更引儀禮至古文作扃乃鼏之借字例不當引故不引也左氏暄云扛鼎之具說文作鼏而鄭與許異者以儀禮古文已假借用扃字說經嫌於改字故從古文說文鼏字注云以木橫貫鼎耳則字不當從金又爻辭鼎玉鉉玉亦非可以扛鼎也豈扛鼎之具飾以金飾以玉與惠氏棟云今文扃爲鉉是扃卽鉉也顏師古謂扃貫於鉉則是以鉉爲鼎耳誤矣胡氏承珙云禮經今文作鼏者正字古文作密者假借字鄭於貫鼎之扛皆從古文作扃不從今文作鉉於覆鼎之蓋皆從今文作鼏不從古文作密此則其例之畫一者也今案鼎自一至十二數有多寡由禮有隆殺也此云實於鼎則一鼎也楊氏儀禮旁通圖一鼎特豚士冠醮子士昏婦盥饋士喪小斂奠用之三鼎豚魚腊特牲祭昏禮共牢喪禮大斂奠朔月奠遷祖奠用之五鼎羊豕魚腊膚少牢祭聘禮致飧衆介玉藻諸侯朔月用之楊氏云少牢五鼎大夫之常事又有殺禮而用三鼎者如有司徹乃升羊豕魚三鼎腊爲庶羞膚從豕陳于門外如初以其繹祭殺於正祭故用少牢而鼎三也又士禮特牲三鼎有以盛葬奠加一等用少牢者如既夕遣奠陳鼎

五于門外是也又七鼎牛羊豕魚腊腸胃膚公食下大夫用之九鼎牛羊豕魚腊腸胃膚鮮魚鮮腊公食上大夫用之楊氏云上大夫九俎九俎九鼎也牛羊豕曰大牢凡七鼎九鼎皆大牢而以魚腊腸胃膚配之者爲七又加鮮魚鮮腊者爲九又十鼎正鼎七牛羊豕魚腊腸胃膚陪鼎三膷臐膮聘禮致飧上介用之十二鼎正鼎九牛羊豕魚腊腸胃膚鮮魚鮮腊陪鼎三膷臐膮聘禮宰夫設飧饗歸饔周禮膳夫王日一舉用之楊氏云凡十鼎十二鼎皆合正鼎陪鼎也郊特牲云鼎俎奇而籩豆偶以象陰陽若十鼎十二鼎正陪別數則爲奇也

始醮如初亦薦脯醢徹薦爵筵尊不徹矣疏正義曰朱子云初謂前章之始醮也吳氏章句謂如初兼醴及醮言非注云亦薦脯醢徹薦爵筵尊不徹矣者是亦據前章之始醮言不兼醴也

再醮兩豆葵菹蠃醢兩籩栗脯蠃醢螔蝓醢今文蠃爲蝸疏正義曰朱子云再醮唯攝酒加豆籩爲異不言如初者可知也今案葵菹蠃醢周禮饋食之豆也栗脯周禮加籩之實也前止一豆一籩此兩豆兩籩者敖氏云於此加其豆籩以起三醮之禮亦禮隆有漸也○注螔蝓醢釋文嚴徐集釋通解敖氏作螔毛本誤作螔校勘記云此字从虫虒聲　一云蠃醢螔蝓醢者以蠃爲螔蝓周禮醢人注同即爾雅釋魚曰蚹蠃螔蝓是也云今文蠃爲蝸者段氏云說文蠃字下云一曰虒蝓也蝸字下云蝸蠃也蝓字下云虒蝓也然則蝸與蠃同物而異名周禮作蠃儀禮古文同今文作蝸禮記從今文者也故內則作蝸醢徐仙民禮記蝸音蠃此據周禮及儀禮古文顏師古議其未達又云蝸者蠃類而非一失於考之不詳今案鄭以蠃字近古故疊今文不用也爾雅郭注謂螔蝓即蝸牛熊氏朋來以內則之蝸乃古螺字蠃即螺亦作蝸韻書云蚌屬非蝸牛之蝸其說與郭異矣

三醮攝酒如再醮加俎嚌之皆如初嚌肺攝酒如再醮則再醮

亦攝之矣加俎嚌之嚌當爲祭字之誤也祭俎如初如祭脯醢疏正義曰朱子云初謂上章之三醮也今案加俎謂加豚俎三醮亦兩豆兩籩如再醮而又有豚俎焉三加彌尊故三醮禮彌盛也嚌肺卽離肺也殺牲而後有肺則嚌肺不在如初中故退在下也　注云攝酒如再醮則再醮亦攝之矣者此據經以明再醮之亦攝酒也再醮不言者省文說已詳前云加俎嚌之嚌當爲祭字之誤也者賈疏云經有二嚌不破如初嚌之嚌唯破加俎嚌之字者以祭先之法祭乃嚌之又不宜有二嚌故破加俎之嚌爲祭也胡氏承珙云鄭讀經文加俎嚌之皆如初爲句嚌肺爲句故既破上嚌爲祭卽云祭俎如初如祭脯醢則疏當云不破嚌肺之嚌此乃云不破如初嚌之嚌轉似以嚌肺與上皆如初連文誤矣今案鄭破上嚌爲祭卽云祭俎如初如祭脯醢是爲祭俎言之其實經云皆如初所包尚廣不止祭俎一事也上章三醮有乾肉折俎嚌之其他如初明折俎不在如初中故別云其他謂籩脯醢及降洗升酌至祭酒諸儀也此經云皆如初亦兼籩脯醢及祭脯醢祭酒等事加俎雖與初異而祭之之法亦與初祭脯醢者同故統言皆以概之賈疏謂三醮用再醮之籩豆再醮不徹薦唯徹爵而已乃臆說不可從後儒多辨之○又案朱子不取鄭改字之說謂上章之俎無肺而此章有肺故又特言所嚌者肺而不嫌於複出則此嚌字當從本文爲是陸氏亦云嚌讀如字嚌肺釋上嚌之爲嚌肺也說與鄭異今並存之

卒醮取籩脯以降如初疏正義曰如初謂見母也方氏苞云有加俎而取籩脯者執以見母濡肉非所宜蔡氏德晉云籩脯籩中之脯取籩脯見母以別於薦脯也薦脯已嚌籩脯未嚌今案必取籩脯者恐其褻爾○以上殺牲而醮

右醮用酒之禮

若孤子則父兄戒宿父兄，諸父諸兄。**疏**正義曰：自此至直東塾北面，言孤子冠法。○此孤子謂適子無父者也。敖氏云：孤子雖尊於家，然未冠，不可與成人爲禮於外，故戒宿賓客則諸父若兄爲之。惟言父兄戒宿，則筮日、筮賓、爲期之事，皆將冠者自主之可知。注云父兄諸父諸兄者，謂諸伯叔父及諸從兄之屬是也。

冠之日，主人紒而迎賓，拜，揖讓，立于序端，皆如冠主，禮于阼。冠主，冠者親父若宗兄也。古文紒爲結，今文禮作醴。**疏**正義曰：此主人謂孤子將冠者也。上經云將冠者采衣紒，此但言紒而不言采衣者，曲禮曰孤子當室，冠衣不純采是也。然則亦不用錦束髮可知矣。迎賓拜揖讓立于序端，謂前主人迎賓，西面再拜，賓答拜，以至三揖至階，三讓，主人升，立于序端諸儀，此雖將冠者，亦一一皆如爲子加冠之主人也。敖氏云：孤子未冠而於此乃行成人之禮者，無父則得伸其尊也。諸父若兄不主其事者，家無二主也。禮于阼，楊氏云：父在時冠于東序，醴于戶西，此則冠于東序，醴于東序也。今案醴不於戶西客位者，以父沒，不敢以賓客禮自居，故冠在阼，禮亦在阼也。上經冠子筵于東序少北，張氏惠言云：此孤子冠，當正在阼階，不少北也。敖氏謂禮爲賓與冠者行禮，非是。然則有父加冠，則將冠者紒而俟于房；孤子則紒而迎賓，自爲主。有父加冠，則受醴於室戶西；孤子則醴於阼。此其異也。注云冠主，冠者親父若宗兄也者，親父之父，宗兄則適兄也。注意蓋謂庶子父不在而冠，則適子可爲之主耳。言宗者，以其承大宗小宗而言，是適也。昏禮記曰：支子則稱其宗，弟稱其兄。鄭義疑本此。云古文紒爲結，詳前。云今文禮爲醴者，或謂宜從古文作禮，或謂宜從今文作醴，諸說紛紛。胡氏承珙云：賈疏謂鄭不從今文者，以其言醴則不兼於醮，言禮則兼醴醮二法，此說是也。若昏禮賓入授如初禮，謂如納采授鴈之禮；聘禮賓拜禮于朝，乃拜夫人之

歸禮又禮玉東帛乘皮乃報彼君之享禮皆與醴酒無涉故鄭皆從禮不從醴也

凡拜北面于阼階上賓亦北面于西階上答拜

【疏】正義曰阼階上西階上各專階也拜言凡者謂醴若醮時拜受啐拜及答拜之類也此孤子冠賓主皆北面專階而拜異於父在時醴與醮之拜也敖氏云此賓主相拜之正位也禮經釋例云凡門外之拜皆東西面堂上之拜皆北面案士冠禮宿賓賓如主人服出門左西面再拜主人東面答拜又賓至主人迎出門左西面再拜賓答拜亦東面拜士昏禮親迎主人玄端迎于門外西面再拜賓東面答拜特牲饋食禮宿尸尸如主人服出門左西面主人辟皆東面北上主人再拜尸答拜又宿賓賓出門左西面再拜主人東面答再拜又視濯視牲主人及子姓兄弟即位于門東如初注初筮位也即門外西面之位又云賓及衆賓即位于門西東面北上又云主人再拜賓答再拜三拜衆賓衆賓答再拜又祭日主人及賓兄弟羣執事即位于門外如初主人拜賓如初此皆大門外之拜士昏記若不親迎主人出門左西面注出內門壻入門東面注入大門奠摯再拜出此內門外之拜是門外之拜皆東西面也又士冠禮戒賓宿贊冠者士相見禮迎賓鄉飲酒鄉射禮戒賓速賓迎賓聘禮致館公食大夫禮戒賓亦皆門外之拜經不云東西面者文不具也又送賓及爲人使者不答拜而主人門外之拜當亦西面也士冠禮孤子冠凡拜北面于阼階上賓亦北面于西階上答拜士昏禮納采賓致命主人阼階上北面再拜又醴賓主人北面再拜賓西階上北面答拜又親迎賓升北面奠鴈再拜稽首鄉飲酒禮拜至主人阼階上當楣北面再拜賓西階上當楣北面答拜鄉射作答再拜又主人獻賓賓西階上北面坐卒爵興坐奠爵遂拜又賓酢主人主人適阼階上北面坐卒爵興坐奠爵遂拜又云阼階上北面再拜崇酒鄉射無北面二字文不具也又主人酬賓阼階上北

面坐奠觶遂拜又云賓西階上答拜又主人獻介介西階上北面拜又云主人介右北面拜送爵又云介降席北面坐之西北面拜送又二人舉觶西階上北面皆坐奠觶拜鄉飲酒不云卒爵興坐奠爵遂拜鄉射禮旅酬主人阼階上北面拜又云賓主人賓西階上北面坐卒爵興坐奠爵遂拜又賓酢主人主人北面拜受北面文不具也燕禮主人升自西階賓右北面至再拜又主人獻賓爵又主人酬賓賓降筵北面答拜賓降筵三字大射作西階上聘禮賓致命公左旋北向擯者進公當楣再拜又賓覿升公北面再拜特牲饋食禮西階上獻賓賓北面拜受爵有司徹主人授尸几東楹東北面拜又云尸與侑皆北面答拜又尸西楹西北面拜洗主人東楹東北面奠爵答拜又主人酌獻尸尸北面拜受爵主人東楹東北面拜送爵又尸拜告旨主人北面于東楹東答拜又尸北面卒爵拜主人北面于東楹東答拜又主人酌獻侑侑西楹西北面拜受爵主人在其右北面答拜又侑北面于西楹西卒爵拜又尸酢主人主人拜洗尸北面于西楹西答拜又主人東楹東北面拜受爵尸西楹西北面答拜又主人北面于阼階上卒爵拜又尸侑皆北面于西楹西主人北面于東楹東再拜崇酒尸侑皆答再拜又上賓三獻西楹西北面拜送爵又主人酬尸東楹東北面拜尸西楹西北面答拜又獻賓于西階上主人在其右北面答拜又主人酌酢于長賓西階上北面賓在左主人坐奠爵拜賓答拜又尸作三獻之爵三獻北面答拜又酌獻侑三獻北面答拜又酌致主人三獻東楹東北面答拜又尸酢三獻西楹西北面拜受爵又二人舉觶西楹西北面東上坐奠爵拜又尸北面于阼階上酬主人主人在右坐奠爵拜主人答拜是堂上之拜皆北面也又士冠禮賓醴冠者冠者筵西拜受觶賓東面答拜有司徹尸酢三獻尸升筵南面答拜此皆堂上拜而不北面者辟正主也又士昏禮婦見舅姑升進北面拜又贊醴婦婦東面拜受贊西

階上北面拜送有司徹主婦獻尸侑及受尸酢皆西面拜致爵于主
人則北面拜此則婦人之禮雖堂上拜不皆北面異於男子也釋例
又云凡賓主人禮盛者專階不盛者不專階案士冠禮孤子冠凡拜
北面于阼階上賓亦北面于西階上答拜士昏禮納采賓升西階當
阿東面致命主人阼階上北面再拜禮畢醴賓揖讓如初升主人北
面再拜亦于阼階上賓西階上北面答拜鄉飲酒鄉射賓至主人升
賓升主人阼階上當楣北面再拜賓西階上當楣北面答拜主人獻
賓拜洗受爵送爵告旨卒爵賓酢主人拜洗受爵送爵卒爵崇酒主
人酬賓先卒觶及受觶送觶皆主人阼階上拜賓西階上拜聘禮公
升二等賓升西楹西東面歸饔餼及問卿皆賓主專階有司徹迎尸
迎侑主人先升自阼階尸侑升自西階西楹西北面東上主人東楹
東北面拜至尸答拜主人又拜侑侑答拜主人獻尸送几受几拜洗
受爵送爵告旨卒爵主人受尸酢拜洗受爵卒爵崇酒主人酬尸先
卒觶受觶皆主人于東楹東拜尸于西楹西拜東楹東卽阼階上也
西楹西卽西階上也公食大夫拜至賓雖降階拜辭之始升成拜然
亦各拜於其階是禮盛者則專階也鄉飲酒主人獻介受爵送爵卒
爵介酢主人實爵卒爵崇酒皆介於西階上拜主人于介右拜同拜
于西階上鄉射禮主人獻大夫大夫卽遵者受爵送爵卒爵大夫酢主人
實爵卒爵崇酒亦大夫於西階上拜主人于大夫右拜鄉飲酒鄉射
主人獻衆賓于西階上衆賓之長升拜受者三人主人拜送注拜送
爵於衆賓右是亦同在西階上也燕禮大射賓主人皆升自西階主
人賓右至再拜賓答再拜主人獻賓賓拜洗送爵受爵告旨卒爵賓酢
主人拜洗受爵送爵卒爵主人酬賓先卒爵受爵送爵皆賓于西階
上拜主人于賓右拜燕禮大射公席于阼階上不與賓行獻酢之禮
別使宰夫爲主人故不敢專階而與賓同行禮於西階上也若主人
獻公則降自西階于阼階下拜獻卿獻大夫獻士亦同于西階上拜

有司徹主人獻侑侑于西楹西拜主人于侑右拜是禮不盛者則不專階也又特牲饋食禮主人獻賓受爵送爵卒爵及酌酢賓皆于西階上拜主人于賓右拜祭畢飲酒殺於飲酒正禮故不專階也至若於有司徹獻長賓略同鄉飲酒獻衆賓之儀故亦同在西階上也

殺則舉鼎陳于門外直東塾北面孤子得申禮盛之父在有鼎不陳于門外 疏 正義曰殺亦謂殺牲鼎在東塾之南也考士昏禮期初昏陳三鼎于寢門外東方北面北上特牲少牢亦云北面北上此但云北面不云北上則止一鼎爾賈疏以爲三鼎非也○注孤子下敖本有尊字嚴本無校勘記云敖蓋以意加不可從　云孤子得申禮盛之父在有鼎不陳于門外者鄭意以門外之禮盛上若殺則特豚節不云陳于門外是乃父在之禮故知孤子無父得申禮盛之也或謂冠而殺牲本爲其子故不陳於門外孤子自主冠則陳於門外亦特殺以盡敬于賓而非爲己說亦可通賈疏乃謂陳鼎在外者賓客之禮在內者私家之禮案士昏禮陳三鼎于寢門外特牲禮陳鼎于門外少牢禮陳鼎于廟門之外此皆私家之禮而陳鼎在外則賈說不足據矣禮經釋例云公食大夫禮甸人陳鼎七當門南面西上此陳於門外而南面者也至於士喪禮小斂奠大斂奠朔月奠既夕禮陳鼎皆門外西面士虞禮陳三鼎于門外之右北面北上入設于西階前東面北上則又禮之變不可引以爲據也敖氏云大夫士陳鼎于門外皆北面惟喪奠西面國君陳鼎南面天子未聞此說得之○李氏云大戴禮曰公冠自爲主迎賓揖升自阼立于席北既醴降自酢其餘自爲主者其降也自西階以異其餘皆與公同也曾子問曰父沒而冠則已冠掃地而祭於禰已祭而見伯父叔父而後饗冠者饗冠者謂禮賓也今案大戴禮所云可證孤子自爲主之禮曾子問所云則直可補此經之闕也周氏

學健云已祭而見伯父叔父則知伯叔父不得爲冠主明矣

右孤子冠

若庶子則冠于房外南面遂醮焉房外謂尊東也不於阼階非代也不醮於客位成而不尊

疏正義曰上經所云適子無父者冠法也此經所云庶子父在者冠法也敖氏謂父沒則其禮同於適恐非方氏苞云適兄在而庶弟冠於阼其義何居觀庶婦之不饋則知庶子不得與適同矣今案遂醮焉者謂冠於房外醮亦於房外也敖氏云若不醮而醴其位亦如之此說甚是周公制禮以醴爲正醮則因其舊俗而行之經因上醴醮並言故隨舉醮言之與言醮於客位者同互文耳非謂庶子冠但得用醮而不得用醴也賈疏牽涉夏殷謂三代庶子皆同用醮非矣又謂周庶子一醮夏殷庶子三醮更屬支離敖氏云經惟言冠而遂醮略無異文則是三加三醮皆與上文適子之禮同惟以冠醮在房外爲異案敖說是也褚氏云適子有當用醮者曾子問孔子曰天子賜諸侯大夫冕弁服於大廟歸設奠服賜服於是乎有冠醮無冠醴鄭注服賜服酌用酒尊賜也不醴明不爲改冠改冠當醴之皇氏云諸侯大夫未冠總角從事當冠之年因朝天子而賜之服故歸遂不改冠然則適子用醴庶子用醮之說固不足信矣 注云房外謂尊東也者上經云尊于房戶之閒謂尊在房西室戶東此在房戶之外而南面故知在尊東也云不於阼非代也者下記曰適子冠于阼以著代也此庶子不於阼是非代故也云不醮於客位成而不尊者記曰醮于客位加有成也是適子於客位因其成人而尊之此因冠之處醮焉不於客位是成而不尊也

右庶子冠

冠者母不在則使人受脯于西階下疏正義曰敖氏云言於此者見以上冠者之禮同也張氏爾岐云母不在謂有他故非沒也使人受脯當於後見之褚氏云母沒則無所謂使無所謂受矣被出而嫁則已絕於廟亦不得行此禮矣不在當依賈疏歸寧疾病之訓爲正今案不在謂不在闈門之外耳王氏士讓謂母或有外戚之服未除不入廟預嘉事可備一說或以不在爲母亡誤甚母亡則當與父沒同掃地而祭矣吳氏疑義云西階下蓋就取脯降處授之不至東壁也

右見母權法

戒賓曰某有子某將加布于其首願吾子之教之也吾子相親之辭吾我也子男子之美稱古文某爲謀疏正義曰周公作經先載行禮節次而以諸辭類載於後蓋欲其儀節易明也自此至某敢不宿與乃戒賓宿賓之辭又有祝辭醴辭醮辭字辭列後王氏士讓云辭與記異記乃讀經者所附辭則作經時著爲定式之文便於士大夫承用亦卽經也今案昏禮諸辭俱載記中與此篇異敖氏嘗疑之沈氏彤云案冠禮諸辭卽經也昏禮經未及辭故於記補之冠禮經詳昏禮經略故記補其未備未可一例論也○某有子某賈疏云上某主人名下某子之名加布初加緇布冠也敖氏云冠禮三加乃惟云布者取其始加而贊者言之謙也今案教之謂教以加冠之禮也　注云吾子相親之辭者經不直云子而云吾子是親之之辭也云吾我也者爾雅釋詁文說文吾我自稱也云子男子之美稱者賈疏云古者稱師曰子又公羊傳云名不若字字不若子是也云古文某爲謀者胡氏承珙

云案以某代名金縢惟爾玄孫某已然此本無正字皆假借爲之說文某酸果也古書多借此爲代名之字謀亦从某聲故古文又作謀鄭以代名之字書傳相承作某故不從古文耳賓對曰某不敏恐不能共事以病吾子敢辭病猶辱也古文病爲秉疏正義曰共事謂供給冠事敖氏云不能共事則冠禮不成故云病吾子　注云病猶辱也古文病爲秉者段氏云病不訓辱而可通於辱故曰猶辱秉則病之假借字也丙聲秉聲古音同部主人曰某猶願吾子之終教之也賓對曰吾子重有命某敢不從敢不從許之辭疏正義曰重有命謂再有命也重訓再見史記索隱　注云敢不從許之辭者敢不從謂不敢不從是許之也李氏云此所謂一辭而許曰禮辭也○以上戒宿曰某將加布于某之首吾子將莅之敢宿賓對曰某敢不夙興莅臨也今文無對疏正義曰注云莅臨也者莅亦作涖詩采芑方叔涖止毛傳涖臨也云今文無對者胡氏承珙云案上文戒賓賓辭及賓許皆有對此宿賓亦當有對故不從今文○以上宿

右戒賓宿賓之辭

始加祝曰令月吉日始加元服令吉皆善也元首也疏正義曰前始加冠時云進容乃祝此令月吉日以下即始加之祝辭也再加三加不言祝省文○注首也首通典作長　云令吉皆善也者爾雅釋詁云令善也說文吉善也云元首也者左傳僖三十三年晉先軫入狄師死焉狄人歸其元面如生孟子曰勇士不忘喪其元是元爲首也上經云某有子某將加布于其首

故知加元服爲加首服也棄爾幼志順爾成德壽考惟祺介爾景福爾女也既冠爲成德祺祥
也介景皆大也因冠而戒且勸之女如是則有壽考之祥大女之大福也疏正義曰壽考惟祺惟集釋作維○朱子云順古與慎通用
張氏爾岐云幼志幼年戲弄之志也棄禁絕之也順成德安養其成人之德也今案幼志卽左傳所謂童心棄謂除去也　注云爾女也
者女與汝通表記靖共爾位鄭注爾汝也云既冠爲成德者既冠責以爲人子爲人弟爲人臣爲人少者之禮皆成人之德也云祺祥也
者爾雅釋言文云介景皆大也者介與景皆訓大見爾雅釋詁詩小明介爾景福毛傳介景皆大也云因冠而戒者棄爾幼志是戒也云
且勸之女如是則有壽考之祥大女之大福也者祝以有是德卽有是福是勸之也李氏云家語成王冠頌曰令月吉日王始加元服去
王幼志服袞職欽若昊天六合是式率爾祖考永永無極此周公之制也○張氏云服蒲北反福筆勤反與德叶再加曰吉
月令辰乃申爾服辰子丑也申重也疏正義曰古謂吉月爲月朔此云吉月令辰謂月辰皆善耳與上令月吉日
互言以成文無異義也　注云辰子丑也者左傳成九年浹辰之閒而楚克其三都孔疏從甲至癸爲十日從子至亥爲十二辰故周禮
縣治象浹日而斂之謂周甲癸十日此言浹辰謂周子亥十二辰然則自子至亥皆爲辰此注云子丑者隨舉以示人也云申重也者爾
雅釋詁文敬爾威儀淑慎爾德眉壽萬年永受胡福胡猶遐也遠也無窮古文眉作麋疏
正義曰敖氏云淑善也眉壽豪眉也人年老必有豪眉秀出者張氏爾岐云敬爾威儀正其外也淑慎爾德謹其內也內外夾持順成德
者當如是　注云胡猶遐也遠也遠無窮者惠氏棟云詩隰桑云心乎愛矣遐不謂矣禮記引此詩遐作瑕鄭注瑕之言胡也遐胡互訓

古音通互詳少牢禮胡壽保建家室下云古文眉作麋者惠氏云大戴禮王言篇孔子愀然揚麋盧注麋一作眉荀子非相云伊尹之狀面無須麋楊注麋與眉同漢書皆以麋爲眉蓋古字簡少通用至漢猶然也今案眉正字麋借字故鄭從今文

三加曰以歲之正以月之令咸加爾服正猶善也咸皆也皆加女之三服謂緇布冠皮弁爵弁也【疏】正義曰注皆加女之三服加毛本誤作如　云正猶善也者上注云令吉皆善也此正亦是善故云猶善士喪禮決用正王棘注云正善也是正有善義云咸皆也者爾雅釋詁文

兄弟具在以成厥德厥其【疏】正義曰此注嚴徐集釋通解俱有集釋其下有也字他本脫○此云兄弟具在下醮辭云兄弟具來見觀瞻攸繫也敖氏云厥指兄弟能成兄弟之德則正身齊家之事也張氏爾岐云兄弟具在成此冠禮是成其德也今案成德當指冠者言張說是也　注云厥其者詳前

黃耇無疆受天之慶黃黃髮也耇凍梨也皆壽徵也疆竟【疏】正義曰慶賜也○注嚴本作凍梨監本梨作黎盧氏文弨羣書拾補云凍作涷譌梨黎可通或作犂譌　云黃黃髮也者凍梨也者詩行葦序云外尊事黃耇鄭箋同云皆壽徵也者爾雅釋詁曰黃髮齯齒鮐背耇老壽也詩行葦疏引舍人曰黃髮老人髮白復黃也孫炎曰黃髮髮落更生者似舍人說是耇說文云老人面凍梨若垢詩疏引孫炎曰耇面凍梨色如浮垢也是皆爲壽徵也云疆竟者詩七月萬壽無疆毛傳疆竟也○張氏爾岐云首三句爲一聯服叶德慶叶疆音羌正令二句又自相叶

右加冠祝辭

醴辭曰甘醴惟厚嘉薦令芳嘉善也善薦謂脯醢芳香也【疏】正義曰此醴辭謂冠訖醴冠者之辭也敖

氏云醴言厚見其未泲云嘉善也者爾雅釋詁文 注 拜受祭之以定爾祥承天之休壽考不忘 休美也不忘長有令名 【疏】正義曰拜受祭之謂拜受觶祭脯醢祭醴也此教其行禮下三句祝之也張氏爾岐云定祥承休與易凝命之旨相類天人之理微見於此○注休美也三字今本脫嚴徐集釋通解敖氏俱有 云休美也者釋詁文云不忘長有令名者敖氏云壽考不忘者謂至於壽考而人不能忘之也此蓋古人祝頌之常語詩亦多用之

右醴辭

醮辭曰旨酒既清嘉薦亶時 亶誠也古文亶為癉 【疏】正義曰此不醴而醮者之辭也醮每一加一醮故醴辭一而醮辭有三又醮有不殺及殺之異而其辭則同也 注云亶誠也者爾雅釋詁文云古文亶為癉者段氏云古文用假借字癉勞病也 始加元服兄弟具來孝友時格永乃保之 善父母為孝善兄弟為友時是也格至也永長也保安也行此乃能保之今文格為嘏凡醮者不祝 【疏】正義曰注格至也集釋至作致嚴本及各本俱作至 云善父母為孝善兄弟為友者爾雅釋訓文云時是也格至也永長也者皆釋詁文云保安也者詩南山有臺保艾爾後毛傳保安也云行此乃能保之者張氏爾岐云孝友時格孝友極其至也教以盡孝友之道乃可長保之也云今文格為嘏者胡氏承珙云格有至訓本爾雅嘏不訓至故鄭不從今文少牢禮以嘏于主人注古文嘏為格彼是福慶之辭字當作嘏故又不從古文作格耳經義述聞云格借字也嘏正字也大福曰嘏孝友時嘏言唯孝友之人是福也其福久而不失故又曰永乃保之之字正指嘏言也下文字辭曰宜之于假永受保之注曰假大也

案假亦與嘏通宜之于嘏猶言福祿宜之也承受保之之字亦指嘏言也敖繼公訓格爲感格尤誤謹案從今文作嘏則之字較有著落
似勝鄭說云凡醮者不祝者李氏云醮者於醮乃有辭冠時不祝楊氏云三加三醮既有醮辭則不用祝辭也張氏云醮者不祝謂用酒
以醮者每加冠畢但用醮辭其方加冠時不用祝辭也詳醮辭始加元服等句與祝辭相類兼用之則複矣賈以爲醮庶子不用祝辭錯
會注意今案諸說是也敖氏謂醮者亦祝則豈始加元服等句既用於加冠時又用於醮乎必不然矣王氏士讓褚氏寅亮已辨之○李
氏云來古音力之反案與時之叶　再醮曰旨酒既湑嘉薦伊脯 湑清也伊惟也 疏 正義曰敖氏云獨言
脯者欲協音耳亦舉其所上言之也凡一籩一豆則先脯後醢 注云湑清也者說文湑莤酒也詩鳧鷖爾酒既湑箋云湑酒之泲者也
是湑不訓清但莤之泲之則酒清故此注直云湑清也云伊惟也者爾雅釋詁云伊維也惟與維通 乃申爾服禮儀有
序祭此嘉爵承天之祜 祜福也 疏 正義曰注云祜福也者釋詁文 三醮曰旨酒令芳籩
豆有楚 旨美也楚陳列之貌 疏 正義曰醮辭三章皆從旨酒說起明其不用醴也 注云旨美也者說文同云楚陳列之貌者
詩賓之初筵籩豆有楚毛傳楚列貌與此義同案籩豆每醮皆更設之賈謂三醮用再醮之籩豆非也辨見前 咸加爾服肴
升折俎 肴升折俎亦謂豚 疏 正義曰注云肴升折俎亦謂豚者敖氏云肴謂乾肉若豚也今案上文不殺而醮有乾肉折俎
殺而醮云加俎嚌之是二者皆有俎鄭恐人疑此肴升折俎專指不殺者言之故云亦謂豚謂兼若殺在內蓋不殺與殺均用此醮辭也
或謂此醮辭與三百篇文句多相似乃後人襲詩辭爲之非周公作經之舊不知周公因舊俗而制醮禮自當有其辭安知非後之作詩

者襲取禮經而用之乎 承天之慶受福無疆 疏 正義曰王氏士讓云首章言孝友本也次章言禮儀有本而後有文終之以受福無疆勉其以德獲福也○慶音羌張氏爾岐云亦兩句叶

右醮辭

字辭曰禮儀既備令月吉日昭告爾字 昭明也 疏 正義曰此賓直西序東面與冠者爲字之辭也禮儀既備謂三加已畢也 注云昭明也者說文昭日明也是昭有明義 爰字孔嘉髦士攸宜 爰於也孔甚也髦俊也攸所也 疏 正義曰此孔嘉之字實髦士所宜也 注云爰於也釋詁文云孔甚也髦俊也攸所也皆爾雅釋言文○李氏云嘉古音姬與宜字叶 宜之于假永受保之曰伯某甫仲叔季唯其所當 于猶爲也假大也宜之是爲大矣伯仲叔季長幼之稱甫是丈夫之美稱孔子爲尼甫周大夫有嘉甫宋大夫有孔甫是其類甫字或作父 疏 正義曰通典仲上有伯字集釋唯作惟案自字辭曰至此經注分節依嚴本其徐本鍾本集釋楊氏並與嚴同今本以字辭至孔嘉爲一節髦士至于假爲一節永受至所當爲一節注亦隨經而分與古本異校勘記云案備與與字爲一韻嘉與宜爲一韻假與甫爲一韻此鄭氏分節之意也通解誤讀古韻割裂經注今本依之非矣 注云于猶爲也謂于與爲同義詳聘禮記賄在聘于賄下云假大也者爾雅釋詁文云宜之是爲大矣者鄭訓于爲爲訓假爲大故言宜之爲大矣朱子云假恐與嘏同福也注說非是經義述聞據藝文類聚禮部下通典禮十六並引作宜之於嘏亦謂嘏大福也詳前醮辭孝友時格下云伯仲叔季長幼之稱者如論語周有八士以伯仲叔季分別長

然之文是也此仲叔季唯其所當七字非字辭乃作經者於辭外申言之謂辭稱伯某甫者特舉伯為例其實伯仲叔季當隨長幼異稱李氏云唯其所當者當其文則稱之今案如文仲則稱仲某甫文叔則稱叔某甫文季則稱季某甫也檀弓曰幼名冠字五十以伯仲周道也賈疏謂二十為字之時未呼伯仲至五十乃加而呼之朱子曰案檀弓孔疏云人年二十冠而加字如曰伯某甫者年至五十耆艾轉尊則又舍其某字而直以伯仲別之與此賈疏不同尋孔說是云甫是丈夫之美稱者說文甫男子美稱也鄭氏詩甫田箋云甫之言丈夫也是也云孔子為尼甫者見左傳哀十六年云周大夫有嘉甫者嘉亦作家見左傳桓十五年云宋大夫有孔甫者見左傳桓二年云是其類者舉以證經某甫之稱也云甫字或作父者段氏云此古同音通用春秋經孔父家父檀弓尼父字皆作父是也胡氏承珙云鄭君注禮凡不言古今文言或作或為者蓋當時又別有本存之所以通俗又下記章甫殷道也注甫或為父今文為斧士相見禮若父則游目注今文父為甫者段氏云斧與父甫同音故今文假斧為甫胡氏云此又假借中之假借也至士相見禮之父今文又借甫為之此雖於義易明然不如各仍其正字故皆疊而不用今案某甫鄭多釋為且字詳士喪禮哀子某為其父某甫筮宅下　顧氏炎武云備與字一韻嘉與宜一韻假與甫一韻古人文字錯綜不必二句一韻也案前引校勘記所云即本顧說臧氏庸謂字辭終於永受保之宜曰伯某甫以下十一字皆為記者之言恐非

右字辭

屨夏用葛玄端黑屨青絇繶純純博寸屨者順裳色玄端黑屨以玄裳為正也絇之言拘也以為

行戒狀如刀衣鼻在屨頭繶縫中紃也純緣也三者皆青博廣也【疏】正義曰此以下言三服之屨也左氏暄云周禮屨人注禪下曰屨複下曰舄古今注以木置屨下乾腊不畏泥溼故曰舄以是知屨舄屨之異名也但有禪下複下用木之異耳今案屨與舄異而屨為通名說文云履足所依也又云屨履也韻會云舄履也是屨舄皆可稱履矣經不敘屨於三服後者一以屨賤宜別言之一以屨制繁若並言之恐失輕重之義故退在篇末也經言夏用葛則冬用皮可知故下經又言冬皮屨可也賈氏謂春則從夏秋則從冬張氏爾岐謂春秋熱則從夏寒則從冬張說較勝葛屨見詩亦見周禮屨人據鄭注屨人謂天子諸侯吉事皆舄其餘惟服冕衣翟著舄耳然則士無冕亦無舄矣此玄端黑屨初加緇布冠時所用之屨也○注屨者順裳色故無者字嚴本及各本俱有 云屨者順裳色者謂屨與裳同色猶之衣與冠同色也云玄端黑屨以玄裳為正也者玄端有玄裳黃裳雜裳之不同而同用黑屨者以其黑與玄同色故云以玄裳為正也云絇之言拘也以為行戒狀如刀衣鼻在屨頭者士喪禮襲時乃屨綦結于跗連絇注云絇屨飾如刀衣鼻在屨頭上周禮屨人鄭注絇謂之拘著舄屨之頭以為行戒然則絇者屨飾在屨頭上其狀如漢時刀衣鼻有孔得穿繫於中其義則取於拘拘止足以為行戒也若無絇則謂之鞮屨見周禮鞮鞻氏注云繶縫中紃也者屨人注同案禮記雜記紃以五采注紃施諸縫中若今時絛也是紃即絛謂屨牙底相接之縫中綴絛以為飾也云純緣也者屨人注亦同謂屨口緣邊也云三者皆青者以經云青絇繶純明是絇繶純三者皆用青色也此及下白屨皆以繢文為飾也云博廣也者謂緣之廣一寸也

素積白屨以魁柎之緇絇繶純純博寸魁蜃蛤柎注者【疏】正義曰柎宋本釋文從手旁也嚴徐作者敖氏作之集釋及今本作也○此素積白屨再加皮弁時

所用之屨也素積素裳而白屨亦順裳色也絇繶純皆緇緇亦黑色也　注云魁蜃蛤者周禮掌蜃曰祭祀共蜃器之蜃鄭注飾祭器之蜃也鄭司農云蜃可以白器令色白又曰共白盛之蜃鄭注謂飾牆使白之蜃也今東萊用蛤謂之叉灰云考工記㡛氏注鄭司農引此經亦云魁蛤也段氏以爾雅釋魚魁陸解之案郭注引本草云魁狀如海蛤則魁陸爲此經的解萬氏斯大謂魁以木爲之今俗制屨者之模範乃謬說也云柎注者段氏云周禮司市其附于刑者歸于士注故書附爲柎杜子春云當爲附然則此經柎之亦當爲附之也古柎付附三字通用注者周禮瘍醫注云注謂附著藥則此亦謂附著之也

爵弁纁屨黑絇繶純純博寸

爵弁屨以黑爲飾爵弁尊其屨飾以繢次

疏正義曰此爵弁纁屨三加爵弁時所用之屨也爵弁纁裳而纁屨亦順裳色也不言纁裳者賈氏謂嫌與六冕同玄衣纁裳故不以衣裳而以首服見屨是也　注云爵弁屨以黑爲飾爵弁尊其屨飾以繢次者案考工記曰畫繢之事雜五色東方謂之青南方謂之赤西方謂之白北方謂之黑天謂之玄地謂之黃青與白相次也赤與黑相次也玄與黃相次也鄭注此言畫繢六色所象及布采之第次繢以爲衣又曰青與赤謂之文赤與白謂之章白與黑謂之黼黑與青謂之黻五采備謂之繡鄭注此言刺繡采所用繡以爲裳又鄭注屨人云凡舄之飾如繢之次凡屨之飾如繡次也賈疏謂對方爲繢次比方爲繡次案對方者謂青與白赤與黑玄與黃也比方者謂青與赤赤與白白與黑黑與青也上黑屨以青爲飾白屨以緇爲飾如繡次則纁屨當以白爲飾而乃以黑爲飾者尊爵弁故飾屨如加繢次與舄同也○朱子云三屨經不言所陳處注疏亦無明文疑亦在房中故既加冠而適房改服卽得並易屨而出也但不知的在何處疑服既北上則或各在其裳之南也敖氏云此屨先卑而後尊以三加之次言之也三屨陳之蓋在

其裳之西盛氏云朱子謂屨在裳南者據經服北上言也敖氏謂在裳西者據經服東領言也蓋服既東領則裳與帶韠以次而西屨當在其末敖說近是

冬皮屨可也疏正義曰敖氏云皮屨不見其色與飾同於上可知案餘已詳上

不屨繐屨繐屨喪屨也縷不灰治曰繐疏正義曰敖氏云不屨之屨著屨之稱也然則不屨鄭謂不著矣注云繐屨喪屨也者李氏云喪服有繐衰知繐屨喪屨也曾子問曰如將冠子而未及期日而有齊衰大功之喪則因喪服而冠除喪不改冠雜記曰以喪冠者雖三年之喪可也大功之末可以冠子可以嫁子父小功之末可以冠子可以嫁子可以取婦己雖小功既卒哭可以冠取妻下殤之小功則不可今案據曾子問有因喪而冠之禮因喪而冠可用喪屨此經所云乃平常冠法則不得用喪屨也然考喪服繐衰不用繐屨他亦無用繐屨者則繐屨喪屨之說似有難明惟敖氏云繐乃布之疏者以之爲屨則輕涼也言此者嫌夏時冠或得用之繐非吉布而冠則嘉禮之重者是以不宜屨此屨也此說得之云縷不灰治曰繐者賈疏云斬衰冠六升傳云鍛而勿灰則繐衰四升半不灰治可知餘詳喪服繐衰傳下

右屨

記冠義疏正義曰賈疏云凡言記者皆是記經不備兼記經外遠古之言熊氏朋來云十七篇惟士相見大射少牢饋食有司徹四篇不言記其有記者十有三篇然冠禮之記有孔子曰其文與郊特牲所記冠義正同其餘諸篇惟既夕之記略見於喪大記之首章喪服之傳與大傳中數語相似餘記自與小戴冠昏等六義不同何二戴不以禮經所有之記文而傳之也十三篇之記必出孔子之

後子夏之前蓋孔子定禮而門人記之故子夏爲作喪服傳而並其記亦作傳焉張氏爾岐云此記已有孔子曰當在孔子後不知定誰所錄冠義又記中小目餘篇不後言某義者或欲舉一例餘也又戴記亦有冠義又後儒所爲故與此異也盛氏云凡爲記者有三有記經所未備者有記禮之變異者有各記所聞頗與經義相違者記經所未備者周公之徒爲之與經並行者也記禮之變異則非周之盛時之書矣其在春秋之際乎至於各記所聞者則七十子後學所記也今案諸家發明記義各有所見故並錄之又盛氏謂此篇之經至歸賓俎而止矣自若不醴則醮用酒以下皆記也以昏禮較之此若不醴及下文若殺猶昏禮記若不親迎也若孤子若庶子及冠者母不在猶昏禮記庶婦及宗子無父之類屢制一節亦似昏禮記摯不用死腊必用鮮之類皆記經所未備至諸辭則昏禮俱屬記內尤爲明證案此經古本相傳已久未可據易而其說則可存參云

始冠緇布之冠也大古冠布齊則緇之其緌也孔子曰吾未之聞也冠而敝之可也大古唐虞以上緌纓飾未之聞大古質蓋亦無飾重古始冠冠其齊冠白布冠者今之喪冠是也

疏正義曰大古嚴本作大注同集釋亦作大今本大作太盧氏詳校從大注大古質蓋亦無飾毛本無蓋亦二字嚴徐集釋通解要義敖氏俱有白布冠者毛本冠下無者字嚴徐俱有○此以下至未與郊特牲所引冠義悉同唯字句小異耳彼文作始冠之緇布之冠也多一之字釋緇布冠所由來也郊特牲疏云大古之時其冠唯用白布常所冠冠禮三加先加緇布冠故以爲始冠之冠也大古冠布齊則緇之此也若其齊戒則染之爲緇彼注云齊則緇之鬼神尚幽闇也其緌也孔子曰吾未之聞也此引孔子之言以明有緌之非也郊特牲疏云玉藻緇布冠繢緌則緇布冠有緌者皇氏云此經所論謂大夫士故

緇布冠無緌諸侯則位尊盡飾故有緌也今案皇說蓋本玉藻注然孔子云未聞是緇布冠古未有加緌之事玉藻所云論者多以爲非古制則諸侯亦不得有緌矣冠而敝之可也此亦孔子之言緇布冠冠訖不復用故可敝棄之也聶氏云自士以上冠訖不復著然庶人猶常著之故詩云彼都人士臺笠緇撮案毛傳云緇撮緇布冠也郊特牲注云三代改制齊冠不復用也又玉藻曰始冠緇布冠自諸侯下達冠而敝之可也鄭注本大古耳非時王之法服也與郊特牲注義同自諸侯下達謂自諸侯至士皆用緇布冠也不言天子者以天子始冠用玄冠也江氏永云後世之玄冠用繒不用布故始冠之緇布冠既冠可敝注疏未明言玄冠用繒則可敝之義不明當補注云大古唐虞以上者以下云三王共皮弁素積知大古在三王前故云唐虞以上郊特牲注亦云唐虞以上曰大古也云緌纓飾者陳氏奐云內則冠緌纓鄭注緌纓之飾也孔疏結纓頷下以固冠結之餘者散而下垂謂之緌據此孔疏則纓緌一物張氏惠言儀禮圖云疑緌者別爲絲組既結纓乃著於纓之兩端玉藻疏云惟績緌爲異其青組纓與士同是孔亦以緌纓爲二物矣又玄冠紫緌注云緌當用績諸侯玄冠丹組纓而緌當用績則鄭亦以纓緌爲二也云未之聞大古質蓋亦無飾者雜記曰大白冠緇布之冠皆不蕤蕤與緌同鄭注不緌質無飾也是也云重古始冠冠其齊冠者緇布冠古之齊冠重之故始冠不用玄冠而用緇布冠也云白布冠者今之喪冠是也者大古唯服白布冠後制毋追之等則以白布冠爲喪冠也郊特牲注亦云大白卽大古白布冠今喪冠也

右記用緇布冠之義

適子冠于阼以著代也醮于客位加有成也醮夏殷之禮每加於阼則醮之於客位所以尊

敬之成其爲人也【疏】正義曰嚴徐集釋俱有此注在加有成也下楊氏有醮夏殷至於客位十五字今本並脫又注阼下則字集釋作階非○郊特牲注云東序少北近主位也案阼是主位故冠於此以著代敖氏云著明也明其代父也禮記冠義注云適子冠於阼若不醴則醮用酒於客位敬而成之也戶西爲客位庶子冠於房戶外又因醮焉不代父也今案適子醴於客位醮亦於客位記不言醴而言醮者欲見醮與醴雖殊而於客位則同以別於庶子也此注極明析　注云醮夏殷之禮者此賈疏所本然朱子已辨之矣未可從蓋醴質而醮文三代之禮每由質而趨於文未有由文而趨於質也云每加於阼則醮之於客位者謂一加則一醮也此專主醮禮言之不若禮記注之包括云所以尊敬之成其爲人也者郊特牲注云每加而有成人之道也成人則益尊醮於客位尊之也二注解有成義異亦禮記注爲長敖氏云加猶尚也尊也尊其有成人之道故以客禮待之張氏爾岐云加有成加禮於有成德者也姜氏兆錫云加嘉同適子冠於阼醴於戶西醮用酒亦如之凡以嘉之也今案此數說不解加爲加冠甚是否則與下三加彌尊句複矣

右記重適子之義

三加彌尊諭其志也彌猶益也冠服後加益尊諭其志者欲其德之進也【疏】正義曰嚴徐集釋俱有此注楊氏有諭其志者二句今本並脫○郊特牲諭作喻義同　注云彌猶益也者彌與益殊而義可通於益故云猶益呂覽高注亦云彌猶益也云冠服後加益尊者謂始加緇布冠次加皮弁皮弁尊於緇布冠三加爵弁爵弁又尊於皮弁是益尊也云諭其志者欲其德之進也者張氏爾岐云教諭之使其志存修德每進而上也冠而字之敬其名也名者質所受於父母冠成人益文故敬之也今

珍倣宋版印

文無【疏】正義曰注故敬之也今文無之下五字今本俱脫嚴徐集釋之俱有　云名者質所受於父母冠成人益文者子生三月父名之既冠賓字之字以代名是益文也云故敬之也者張氏爾岐云敬其名敬其所受於父母之名非君父之前不以呼也云今文無之者案郊特牲作冠而字之有之字與古文合故鄭從古文○禮記冠義曰故冠於阼以著代也醮於客位三加彌尊加有成也已冠而字之成人之道也與此大同而文有詳略蓋記禮者傳聞之異耳

右記三加及冠字之義

委貌周道也章甫殷道也毋追夏后氏之道也委猶安也言所以安正容貌章明也殷質言以表明丈夫也甫或爲父今文爲斧毋發聲也追猶堆也夏后氏質以其形名之三冠皆所服以行道也其制之異同未之聞【疏】正義曰毋追唐石經嚴本閩監朱本釋文俱作毋今本釋文徐陳俱作母注同校勘記云案古人書母毋不甚有別故釋文遇毋字必有音曲禮音義曰毋字與父母字不同俗本多亂讀者皆朱點毋字以作無音非也可見二字蒙溷已久凡可以意會者今不盡校也注首或謂委貌爲玄冠嚴徐集釋俱無此七字通解及今本有金氏曰追云此乃鄭注郊特牲文因通解參取兩注傳寫者不察而誤衍於此耳甫或爲父葛本爲作謂猶堆也陸氏云堆本或作塠同皆所常服嚴本無常字○江氏筠云委貌三句是據緇布冠而推言之周弁殷冔夏收據爵弁而言退皮弁在下者以上三者三代異制異名皮弁則無異故也今案江說本郊特牲疏張氏爾岐謂此因冠畢易服玄冠故記之蓋重古始冠服緇布冠其後即服玄冠二說皆通前筮日主人玄冠注玄冠委貌也玉藻注同續漢書輿服志注云石渠論

玄冠朝服戴聖曰玄冠委貌也是鄭所本矣　注云委猶安也言所以安正容貌者鄭訓委爲安而又申言安正容貌以明冠名委貌之義也委貌亦單言委雜記言委武玄縞左傳言晏平仲端委立于虎門是也云章明也殷質言以表明丈夫也者鄭注書堯典平章百姓亦訓章爲明詩甫田箋云甫之言丈夫故以表明丈夫解冠名章甫之義也云甫或爲父今文作斧者詳前伯某甫下江氏永云公西華言端章甫猶云端委孔子言長居宋冠章甫之冠魯人歌袞衣章甫爰得我所似當時章甫與委貌亦通行可通稱也云毋發聲也者史記集解引漢書音義亦云毋發聲語助又釋名作牟追廣雅作無追毋牟無三字聲同云追猶堆也者惠氏棟云案追古堆字枚乘七發曰踰岸出追李善曰追亦堆字今爲追古字假借說文云𠂤小阜也徐鉉曰今俗作堆河東風陵堆戴延之謂之風塠案此與釋文堆本作塠合云夏后氏質以其形名之者以委貌章甫皆言其義此追與堆同是言其形也云三冠皆所服以行道也者郊特牲注云常所服以行道之冠也孔疏行道謂養老燕飲燕居之服敖氏訓道爲制恐非云其制之異同未之聞者謂其制或異或同未聞也鄭在漢時旣未之聞則後世如三禮圖等書所云三冠制相似皆漆布殼以緇縫其上蓋有難於徵信者矣

周弁殷冔夏收弁名出於槃槃大也言所以自炎大也冔名出於幠幠覆也言所以自覆飾也收言所以收斂髮也其制之異亦未聞

【疏】正義曰白虎通云弁之爲言攀也所以攀持其髮也詩文王曰常服黼冔毛傳冔殷冠也五經文字云冔字林作冔經典相承隸省作冔史記五帝紀云帝堯黃收純衣或謂收以持笄王制曰有虞氏皇而祭夏后氏收而祭殷人冔而祭周人冕而祭似冔收卽冕矣然此記與弁連言冠禮三加爵弁不加冕則二者當與弁同也江氏筠云凡經專言弁者類皆指爵弁雜記大夫弁而祭於己士弁而祭於公下云士弁而親迎是也

爵弁既非冕制而與冔收連言者蓋冕飾至周始備冔收二者周制以弁例之如殷士祼將服冔周士祭於公用弁其一也又殷人冔而葬周人弁而葬亦其一也今案說文弁冕屬也夏曰收殷曰冔周曰弁公羊傳宣元年何注云夏曰收殷曰冔周曰弁加旒曰冕此可證弁冔收同類矣○注齋所服而祭也嚴徐集釋俱無此六字通解及今本有盧氏文弨云郊特牲疏全引此兩節注文而無或謂委貌為玄冠及齋所服而祭也兩句尤可證其制之異亦未聞嚴徐集釋俱有亦字今本無異葛本誤作畢異下敖氏有同亦二字盧氏云郊特牲疏引此注有亦字當補正今案王制疏引亦有亦字　云弁名出於槃槃大也冔名出於幠幠覆也者古音弁與槃冔與幠相近故取聲近之字解之云收言所以收斂髮也者即就字之本義解之也

三王共皮弁素積質不變

疏正義曰皮弁素積解已詳前郊特牲注云所不易於先代孔疏以其質素故三王同服無所改易也亦據此注質不變申之說苑云皮弁素積百王不易

右記三代冠之同異

無大夫冠禮而有其昏禮古者五十而后爵何大夫冠禮之有據時有未冠而命為大夫者周之初禮年未五十而有賢才者試以大夫之事猶服士服行士禮二十而冠急成人也五十乃爵重官人也大夫或時改取有昏禮是也

疏正義曰自此至德之殺也皆推明士冠禮可以上達之故此節特言大夫無冠禮也有昏禮帶說古者二句乃申明大夫無冠禮之由下云古者生無爵死無諡注云古謂殷此云古據注則謂周初時也○注或時改取毛本取作娶嚴徐集釋通解敖氏俱作取　云據時有未冠而命為大夫者時謂周末作記之時未冠而命為大夫其冠亦從乎士而已大夫不宜有冠禮故非之云

周之初禮年未五十而有賢才者試以大夫之事猶服士服行士禮者此正明古者必五十而后爵也云二十而冠急成人也五十乃爵
重官人也者周公制禮五十始命爲大夫服官政此注正明冠必二十爵必五十之義也云大夫或時改取有昏禮是也者三十而取五
十而爲大夫則大夫不宜有昏禮然或五十後改取則宜有之故注云是也公侯之有冠禮也夏之末造
也造作也自夏初以上諸侯雖父死子繼年未滿五十者亦服士服行士禮五十乃命也至其衰末上下相亂篡殺所由生故作公侯
冠禮以正君臣也坊記曰君不與同姓同車與異姓同車不同服示民不嫌也以此坊民民猶得同姓以殺其君也【疏】正義曰郊特牲
云諸侯之有冠禮公作諸無也字張氏爾岐云此言不獨大夫無冠禮雖公侯冠禮亦夏末始作非古也據注訓造爲作則末字當一讀
近徐師曾解郊特牲云末造猶言末世則二字連讀盛氏云夏之末造也句法與檀弓魯禮之末失也相似當於末字一讀徐說非盛氏
又云大夫以上本無冠禮而玉藻記天子諸侯始冠之冠家語記成王冠頌及公侯冠禮左傳載魯襄公冠事國語載趙文子冠事然則
諸侯冠禮始於夏末天子冠禮始於周初大夫冠禮其始於周之季世乎郊特牲孔疏謂此記直云諸侯不云天子又下云天子之元子
猶與士同則天子冠禮由來已久但無文以明之案此臆說也家語言天子冠禮而直以成王之事實之且曰此周公之制也足徵其所
自起矣惟其先有諸侯冠禮而後有天子冠禮故大戴禮公冠篇云天子擬焉今案天子諸侯之冠詳家語並錄其文備考家語冠頌邾
隱公既即位將冠使大夫因孟懿子問禮於孔子孔子曰雖天子之元子猶士也其禮無變天下無生而貴者故也行冠事必於祖廟以
祼享之禮將之以金石之樂節之所以自卑而尊先祖示不敢擅也懿子曰天子未冠即位長亦冠乎孔子曰古者王世子雖幼其即位

則尊爲人君人君治成人之事者何冠之有懿子曰然則諸侯之冠異天子歟孔子曰君薨而世子主喪是亦冠也已人君無所殊也懿子曰今邾君之冠非禮也孔子曰諸侯之有冠禮也夏之末造也有自來矣今無譏焉天子冠者武王崩成王年十有三而嗣立周公居冢宰攝政以治天下明年夏六月既葬冠成王而朝於祖以見諸侯示有君也周公命祝雍作頌曰祝王辭達而勿多也祝雍辭曰使王近於民遠於年嗇於時惠於財親賢而任能其頌曰令月吉日王始加元服去王幼志服袞職欽若昊命六合是式率爾祖考永永無極此周公之制也懿子曰諸侯之冠其所以爲賓主何如孔子曰公冠則以卿爲賓公自爲主迎賓揖升自阼立於席北其醴也則如士饗之以三獻之禮既醴降自阼階諸侯非公而自爲主者其所以異皆降自西階玄端與皮弁異朝服素韠公冠四加玄冕祭其酬幣於賓則束帛乘馬王太子庶子之冠擬焉皆天子自爲主其禮與士無變饗食賓也皆同○注五十乃命也五徐本作吾誤篡殺所由生釋文作殺云本又作弒亦作試嚴徐陳本通解亦俱作殺下同以殺其君也毛本也作者嚴徐集釋俱作也　云造作也者謂作此禮也郊特牲注云言夏初以上諸侯雖有幼而即位者猶以士禮冠之亦五十乃爵命也至其衰末未成人者多見篡弒乃更即位則爵命之以正君臣而有諸侯之冠禮與此注略同晉書禮志云儀禮公侯之有冠禮夏之末造也王鄭皆以爲夏末上下相亂篡弒由生故作公侯冠禮是王亦與鄭同矣引坊記者證篡弒之事也

天子之元子猶士也天下無生而貴者也

元子世子也無生而貴皆由下升

疏 正義曰郊特牲無猶字天下無生而貴者也明天子之元子與士同故冠用士禮也褚氏云上既言大夫與諸侯無自身之冠禮此又明冠子亦用士禮雖天子之元子尚然況等而下之乎　注云元子世子也者元者長也鄭必解爲世

子者明其有繼體之尊也云無生而貴皆由下升者郊特牲注云明人有賢行著德乃得貴也惠氏棟云此說與易合乾初爲元士象傳曰時乘六龍以御天皆由下升也今案白虎通云王者太子亦稱士何舉從下升以爲人無生得貴者莫不由士起是注說所本矣

繼世以立諸侯象賢也 象法也爲子孫能法先祖之賢故使之繼世也 疏 正義曰此下一節又覆解諸侯大夫所以無冠禮之意張氏爾岐云諸侯繼世而立疑其生而貴矣實以其象賢乃立之天子元子亦以象賢乃享天位均非生而貴者也故其冠皆用士禮也 注云象法也者象與像同象賢二字亦見書微子之命篇

以官爵人德之殺也 殺猶衰也德大者爵以大官德小者爵以小官 疏 正義曰官與爵有殊王制論定死後官之任官然後爵之是也張氏云凡以官位爵人皆以德爲等殺爵以待有德安得有生而貴者乎 注云殺猶衰也者惠氏棟云衰猶差也荀子云相地而衰政注衰差也九章算術謂差分爲衰分然則殺謂德有等差故鄭又云德大者爵以大官德小者爵以小官也或解殺爲隆殺之殺謂後世擇人任官不及上世民各推其賢者奉之以此爲德之殺恐非○盛氏云朱子解自繼世以立諸侯以下別爲一義以其爲錯簡也竊疑此與郊特牲文同不應兩處皆屬錯簡沈氏彤云先儒疑爲錯簡非也去此三節則義不明備今案盛沈之說似是

右記大夫以上冠皆用士禮之義

死而謚今也古者生無爵死無謚 今謂周衰記之時也古謂殷殷士生不爲爵死不爲謚周制以士爲爵死猶不爲謚耳下大夫也今記之時士死則謚之非也謚之由魯莊公始也 疏 正義曰謚今本作諡唐石經嚴本俱作謚盧氏文弨

云謚說文本作謚今並當作諡○沈氏彤云此因上冠而字之敬其名也而類及之今案沈說是也表記曰先王諡以尊名檀弓曰幼名冠字五十以伯仲死諡周道也是諡法至周始備然士死猶不爲諡其有諡則起於後世故記之以明今古之變耳　注云今謂周衰記之時也者以記云今也明是作記者據其時而言故知今謂周衰作記之時也云古謂殷殷士生不爲爵死不爲諡者郊特牲注云古謂殷以前也大夫以上乃謂之爵死有諡也是士無爵無諡矣白虎通云公卿大夫者何謂也內爵稱也內爵稱公卿大夫何爵者盡也各量其職盡其才也又云何以知士非爵禮曰四十强而仕不言爵爲士至五十爵爲大夫故知士不爲爵也云周制以士爲爵死猶不爲諡耳下大夫也者周禮小宗伯曰賜卿大夫士爵則儐孟子言周室班爵祿而云上士一位中士一位下士一位則周固以士爲爵矣又大史曰小喪賜諡鄭注小喪卿大夫也言卿大夫而不及士又白虎通云卿大夫老歸死者有諡何諡者別尊卑彰有德也卿大夫歸無過猶有祿位故有諡也亦不言及士則士死不爲諡明矣是下於大夫也云今記之時士死則諡之非也者言非禮也云諡之自魯莊公始也者禮記檀弓曰魯莊公及宋人戰於乘丘縣賁父御卜國爲右馬驚敗績公隊佐車授綏公曰末之卜也縣賁父曰他日不敗績而今敗績是無勇也遂死之圉人浴馬有流矢在白肉公曰非其罪也遂誄之士之有誄自魯莊公始也王氏士讓云鄭注引魯莊公誄縣賁之事似未確蓋諡與誄有辨誄者不必皆諡故哀公誄孔子但稱尼父仍字之而不諡汪氏肇瀧云周制下大夫士皆無諡是以孔子爲下大夫有誄無諡魯莊公誄縣賁父是誄也非諡也誄與諡不同鄭誤以誄爲諡今案周禮大祝注云誄謂積累生時德行以賜之命是與易名之典異也○此記所引冠義之文自始至末詞義高古實勝禮記冠義篇蓋不知誰人所作要必孔子之徒爲之是以傳習者

多儀禮作記者錄其文以爲士冠之記而戴記又取以入郊特牲篇也不然何以二者無異辭乎

右記士爵謚今古之異

儀禮正義二

南菁書院

江寧楊大堉雅輪補

士昏禮第二

鄭目錄云士娶妻之禮以昏爲期因而名焉必以昏者取其陽往而陰來日入三商爲昏昏禮於五禮屬嘉禮大小戴及別錄此皆第二

疏 正義曰昏嚴本作昬唐石經作昏說文曰冥也从日氐氐者下也段氏玉裁注字从氐省爲會意絕非从民聲爲形聲也唐人作五經文字乃云緣廟諱偏旁準式省从氐凡泯昬之類皆从氐以昬類泯其亦慎矣今案據此當以作昬爲正從民作昬非也或加女旁作婚亦俗體耳娶釋文作取陽上釋文有取其二字羣書拾補云三禮考注同今據增臧目錄本陽上有取字昬禮昬下無禮字○鄭云士取妻之禮者鄭以此篇主言士禮士二十而冠冠而後娶故昬次於冠也敖氏曰此篇主言士之適子娶妻之禮儀禮釋官云案此篇主言士之昬禮亦兼已仕未仕者言大夫無冠禮而有昬禮鄭氏謂大夫或時改娶也其天子諸侯早娶亦有其禮今皆亡耳云以昬爲期因而名焉者下經云期初昬陳三鼎于寢門外又記云凡行事必用昬昕注用昕使者用昬婿也案昬禮有六一曰納采二曰問名三曰納吉四曰納徵五曰請期六曰親迎自納采至請期五禮皆遣使者行之必用昕昕者賈疏謂昕卽明之始君子舉事尚早是也壻之親迎則用昬故注云用昬壻也壻親迎用昬因名其禮爲昬禮自天子以下禮之隆殺不同而其名昬則同故禮記哀公問言天子諸侯親迎之禮曰大昬周禮大司徒言聚萬民之政曰多昬是上下皆名昬也云必以昬者取其陽往而陰來者三禮札記云晝爲陽夜爲陰昬是陰陽交接之時故云取其陽往而陰來也白虎通云

所以昏時行禮何示陽下陰也昏亦陰陽交時也云日入三商爲昏者賈疏云商謂商量是漏刻之名故三光靈曜亦日日入三刻爲昏不盡爲明案馬氏云日未出日歿後皆云二刻半前後共五刻今云三商者据整數而言其實二刻半也惠氏棟云三光靈曜當作考靈曜今案周禮司寤疏云日入三刻爲昏不盡三刻爲明則不盡下當有三刻二字禮經釋例云王氏應麟曰詩正義云尚書緯謂刻爲商夏文莊蓮華漏銘五夜持宵三商定夕蓋取此蘇子美亦云三商而眠高春而起義與賈疏同皆作商量之商讀如式羊切阮侍郎元云三商日入後計刻漏之數商算至三亥也今籌算法有初商再商三商之制古法或與之同考士昏記凡行事必用昏昕昏昕者即今之曚影限也以時憲術考之太陽未出之先已入之後距地平一十八度皆有光以一十八度爲曚影限然北極出地有高下太陽距赤道有南北故曚影刻分隨時隨地不同其隨時不同者二分之刻分少二至之刻分多也隨地不同者愈北則刻分愈多愈南則刻分愈少也若北極出地五十度則夏至之夜半猶有光愈高則愈不夜矣南至赤道下則二分之刻分極少而二至之刻分相等赤道以南則反是古人推步之術甚疎不論何地何時皆以二刻半爲昏昕之候其說今不可復用矣云昏禮於五禮屬嘉禮者詳士冠禮目錄下褚氏寅亮云杜佑謂康成主男必三十娶女必二十嫁王肅以爲男十六可娶女十四可嫁三十二十言其極耳今案三十二十而嫁娶者周官掌萬民之判衆庶之禮也喪服經有爲夫姊之長殤士大夫之禮也左傳十五而生子國君之禮也又鄭氏嫁娶必以仲春王肅以爲秋冬嫁娶之時孫卿曰霜降逆女冰泮殺止家語霜降而婦功成嫁娶者行焉冰泮而農桑起昏禮殺於此束晳云春秋二百四十年天王娶后魯女出嫁夫人來歸大夫逆女自正月至十二月悉不以得

時失時爲褒貶何限於仲春季秋以相非哉士昏禮請期辭曰惟是三族之不虞卜得吉日便相配合先賢以時月爲限恐非至當說似圓通然三十娶二十嫁之文不特見于周官卽曲禮內則諸文亦彰彰可據白虎通云男三十筋骨堅强任爲人父女二十肌膚充滿任爲人母合爲五十應大衍之數生萬物也是也自春秋時風俗媮薄有不待年而卽恣欲者于是不得已乃遷就爲早昏之禮以杜其漁色之端禮之本義豈若是乎又嫁娶必以春者白虎通曰天地交通萬物始生陰陽交接之時故仲春之月令會男女其文見於周官二月綏多士女其文見於大戴禮夏小正士如歸妻迨冰未泮其文見於邶風今舍經不從而信荀卿王肅等言祇見其惑已又曰娶妻不先告廟者示不必安也蓋因昏禮篇無告廟之文耳然左傳楚公子圍娶于鄭之辭曰圍布几筵告于莊共之廟而來明言告廟矣陳氏禮書謂既納采問名然後歸卜於禰既卜然後納吉當在告廟之日遂引卜郊受命于祖廟作龜于禰宮注云受命退乃卜以爲卜昏之禮亦如之案隱八年左傳杜解云禮逆婦必先告祖廟而後行鄭忽先逆婦而後告廟故曰先配而後祖正義引鄭司農以配爲同牢食也先食而後祭祖無敬神之心故曰誣其祖孔氏詆鄭而從杜其實告廟而後行與夫祭祖而後同牢禮皆無其文毛氏奇齡云昏義壻至主人几筵于廟而拜迎于門外婦家亦告廟且迎壻入廟行事則婦至可知矣又納采納吉問名納徵請期五禮婦家俱告廟行事歷載士禮而壻家未嘗一告廟則壻家行事皆不載矣而白虎通卽曰娶妻不先告廟何鹵莽邪賈氏以爲士大夫諸侯天子禮各不同恐亦周旋之說耳吳氏廷華云篇內器服之屬無一定之等如用鴈爲大夫之摯墨車爲大夫之車其餘如爵弁與禁又俱爲士禮注以墨車爲攝盛疏以女從纚黼爲假盛愚謂若以攝盛言則車服等俱應

從大夫禮胡又有攝不攝之分則攝盛特說經者不得已之辭耳又云器服等不過錯舉士大夫禮以爲之準俾行禮者得六禮大節所在奉而行之餘則各引其分而爲之具聖人制禮之義大略如此方氏苞云親迎昏以爲期蓋必已成夫婦而後可見于舅姑若早至而不見所尊則嫌于慢故必近夜爲宜案納徵疏云大夫無冠禮而有昏禮若試爲大夫及幼爲大夫者依士禮若五十而爵改娶者大夫昏禮玄纁及鹿皮則同于士餘有異者無文以言也記云無大夫冠禮而有其昏禮此篇是也疏以爲試爲大夫及幼爲大夫者依士禮恐非周禮疏亦有改娶之說大抵皆因曲禮三十壯有室五十命爲大夫服官政故作此周旋耳萬氏充宗云先王之制仕者世祿不世官官有尊卑祿卽有厚薄因是以思卿之子孫卽食卿之祿大夫之子孫卽食大夫之祿旣食卿大夫之祿卽行卿大夫之禮固不必身爲卿大夫也大夫之有昏禮曷足怪若以爲備改娶聖人豈預爲此不祥之目哉其說是也但萬氏尚未攷此篇之卽大夫昏禮耳

昏禮下達納采用鴈達通達也將欲與彼合昏姻必先使媒氏下通其言女氏許之乃後使人納其采擇之禮納采而用鴈爲摯者取其順陰陽往來詩云取妻如之何匪媒不得昏必由媒交接設紹介皆所以養廉恥【疏】正義曰徐本通典集釋要義楊氏注無達字及納采而三字○褚氏寅亮云朱子謂下達二字爲用鴈而發言士庶皆得用鴈攝盛之意也如此則宜云納采用鴈下達文義與三年之喪自天子達同方順今無上事而啓口卽云下達古人立言恐不若是仍當主使媒下通其言之說至用鴈之文注與六摯絕不相涉若云士許用大夫之摯以攝盛則天子諸侯大昏合二姓之好以爲宗廟社稷之主何反降用大夫之所執乎又案白

虎通云用鴈者取其隨時南北不失其節明不奪女子之時也又取飛成行止成列明嫁娶之禮長幼有序不相踰越也沈氏彤曰下達下字當去聲讀如周易男下女之下蓋自請期以上皆壻父下女父之事故女在家壻父未有不爲之下者故使媒氏下達乃壻父自下之始也　注云將欲與彼合昏姻必先使媒氏下通其言女氏許之乃後使人納其采擇之禮者周禮地官有媒氏職諸侯之國亦有媒氏傳通男女使成昏姻也云用鴈爲摯取其順陰陽往來者江氏筠讀儀禮私記云方氏苞獨指爲舒鴈夫鴈不再偶是以取之蓋郊特牲所謂一與之齊終身不改之義也舒鴈則無所取矣盛氏世佐云士摯當用雉而雉不可生致故舍雉而用鴈記云摯不用死是也引詩者證須媒氏下達之義也云昏必由媒交接設紹介者五禮自納采以下皆使使往是交接設紹介也云皆所以養廉恥者孟子曰不待父母之命媒妁之言則父母國人皆賤之曲禮曰男女非有行媒不相知名坊記曰男女無媒不交說文云媒謀也謀合二姓也妁斟酌二姓之稱凡此皆所以備禮通情養成男女使保其廉恥也

主人筵于戶西西上右几

主人女父也筵爲神布席也戶西者尊處將以先祖之遺體許人故受其禮於禰廟也席西上右設几神不統於人席有首尾【疏】正義曰女家將受納采之禮先設神坐乃受之韋氏協夢云設筵者雖非主人而主人必親涖之故以主人立文也褚氏寅亮云女父在父爲主人祖在祖爲主人若父祖俱歿則有事於宗子之廟而以宗子爲主人孔氏穎達謂女家每事告廟則男氏將行六禮必皆告廟不徒卜而已其說似女氏可不問卜者然攷左傳懿氏卜妻敬仲其妻占之曰吉又晉獻公筮嫁伯姬于秦遇歸妹之睽則卜筮皆用矣壻家亦惟納吉請期有卜他禮則否士用漆几是時主人及擯者立位與冠禮同吳氏廷華云戶室戶也室南鄉牖在西戶在東戶西卽牖之東蓋堂之中也賓曰

東上此曰西上陰陽之義也　注云右設几者几神所憑也人道東上而左几此神道取地道尊右之義西右也云席有首尾者上其首也西上神道也賈疏云公食大夫記蒲筵萑席皆卷自末是也

使者玄端至

使者夫家之屬若羣吏使往來者玄端士莫夕之服又服以事其廟有司緇裳【疏】正義曰玄端禮服使者以鴈來也　注云使者夫家之屬若羣吏使往來者玄端士莫夕之服者吳氏廷華云此使者當是周禮媒氏男父使來納采故曰使至奉男父命至門外也莫夕之說非已見士冠禮又冠禮止言贊者與贊冠而不言其爲何如人其以贊冠爲降主人一等者特注說耳此疏竟以彼注爲經謬矣至云主人是下士屬是不命之士尤謬據周禮典命公侯伯之士一命子男之士不命如賈說是大國上中下士之外又有不命之士小國不命之士以上又有上中下士不顯與典命經文悖乎據下記士受皮疏云此不命府史之等與子男不命者別又以既夕禮士受馬爲胥徒不知何據要之使者是媒氏不可以屬吏言也且下賓升疏以此爲賓主敵則又何屬之可言盛氏世佐云使者亦士也故玄端服士冠禮擯者及贊者皆服玄端是也云有司緇裳者賈疏云士惟有三等之裳玄裳黃裳雜裳此云緇裳卽玄裳矣

擯者出請事入告

擯者有司佐禮者請猶問也禮不必事雖知猶問之重慎也【疏】正義曰敖氏云賓之將命者入告擯者告主人乃出請事也其辭蓋曰某也使某請事凡賓非主人之所戒速而來者則有請事之禮凡請事西面入告東面大夫士之禮也　注云禮不必事雖知猶問之重慎也者吳氏廷華云擯者當是私臣將命者前已有媒氏通言今使者在門當知有昏事而猶問之故曰重慎也

主人如賓服迎于門外再拜賓不荅拜

門外大門外不荅拜者奉使不敢當其盛禮【疏】正義曰張氏爾岐云當亦如士冠禮主人迎賓主人西面

賓東面此時賓自執鴈淩氏釋例云凡迎賓主人敵者則迎于大門外士冠禮賓立于外門之外主人迎出門左其賓注謂主人之僚友其主人注謂將冠者之父兄士相見禮主人出迎于門外此賓主人皆士士昏禮納采使者至主人迎于門外注門外大門外又親迎壻至于門外注婦家大門之外又云主人玄端迎于門外此主人注謂女父也此主人尊者而迎于大門外以賓客接之故盛其禮也又士昏記不親迎壻見主人出門左西面壻入門東面注出門出內門入門入大門出內門不出大門者異於賓客也此又殺於親迎成主人之尊也　注云門外大門外者賈疏云大夫士惟有兩門寢門大門而已廟在寢門外之東此下有至于廟門明此是大門外可知也云不答拜者奉使不敢當其盛禮者吳氏廷華疑義云主人再拜者亦西面拜辱使者爲男氏納采不敢當賓禮故不答拜非卑之謂也賈疏謂士卑無君臣之禮故不答拜非也

揖入至于廟門揖入三揖至于階三讓入三揖者至內霤將曲揖既曲北面揖當碑揖

疏正義曰注云入三揖者至內霤者李氏如圭云內霤門內霤也霤屋檐滴處云將曲揖既曲北面揖當碑揖者賈疏云凡入門三揖以其入門賓主將欲相背故須揖賓主各至當塗北面相見故亦須揖至碑碑在堂下三分庭之一在北是庭中之節故亦須揖敖氏云與賓揖先入也揖入之後亦每曲揖不著之者此與上篇皆士禮其同可知吳氏廷華云碑在中庭當云二分庭一在北賈疏本下記言之不知彼原非中庭此注明言當碑不當取以爲證

主人以賓升西面賓升西階當阿東面致命主人阼階上北面再拜阿棟也入堂深示親親今文阿爲庪

疏正義曰褚氏寅亮云賓降等者主人先升固已卽敵者亦主人先升也聘禮賓儐卿賓升一等大夫升面卿大夫大夫升一等賓從之又曲禮主人

與客讓登主人先登客從之皆賓主敵而主先升之證先升者道之也道之故曰以若賓尊于主則賓先升不必銜君命也燕禮大射禮宰夫爲主人以辟正主故賓先升考之禮無賓主俱升法賈疏似失之〇注云阿棟也者胡氏承珙云考工記門阿之制五雉注阿棟也鄉射記云制五架之屋正中曰棟次曰楣前曰庪鄭以棟訓阿者非謂棟有阿名謂屋之中脊其當棟處名阿耳阿之訓義爲曲說文阿一曰曲阜也其在宮室則凡屋之中脊其上穹然而起其下必卷然而曲其曲處則謂之阿棟隨中脊之勢亦有卷然穹然之形故易於棟言隆禮即以棟爲阿考工記殷人四阿重屋注四阿若今四柱屋又王宮門阿之制五雉疏云謂門之屋兩下爲之其脊高五丈夫屋有四柱兩下必皆於中脊分之則阿爲中脊卷曲之處明矣中脊者棟之所承故鄭以當阿爲當棟也此經云賓當阿東面致命主人阼階上北面再拜程氏易田云主人在阼階上接賓賓乃獨入堂深而至於棟賓主不相對於授受行禮不便故知阿當在楣而不在棟按古人所稱東階上西階上者必非僅指階前數尺之地焦氏循謂兩楹在楣棟之閒東楹之東西楹之西自階至房戶之前通可謂之階上引燕禮小臣設公席于阼階上西鄉而其下又云樂正由楹內東楹之東告于公以此爲自階至房戶前皆名階上之證其說甚確然則此納采之賓當阿東面主人阼階上北面本不甚懸絕況賓致命之後主人再拜之時賓必還辟不答拜淩氏廷堪云凡爲人使者不答拜士昏禮納采授鴈聘用聘享授玉授璧之例拜時使者當亦三退負序然則此賓致命後退至楹閒主人拜後亦從阼階上至楹閒故經云授于楹閒南面無嫌於授受不順也今文阿爲庪庪者即說文之厃字厂部厃仰也从人在厂上一曰屋梠也秦謂之楣齊謂之厃木部曰楣者秦名屋櫋聯也又曰齊謂之檐楚謂之梠然則厃與檐一物庪即厃亦屋檐之名鄭於聘禮公側襲受玉于中堂與東楹之

閑注入堂深尊賓事也及此經皆取入堂深爲義故不授于楹閒南從今文敷按主人北面再拜者拜其納采之命許之也

面授于楹閒明爲合好其節同也南面並授也

疏正義曰程氏易田云云楹閒著東西之節案公食大夫禮若不親食使大夫致之豆實實于罋陳于楹外簋實實于簠陳于楹內兩楹閒著總謂罋簠蓋楹內楹外著南北之節楹閒著東西之節不知者乃謂楹內楹外楹閒是三處其故在誤解楹閒爲南北之節謂其處必正當兩楹案聘禮階上授受東西之節有四法一爲賓主敵體在兩楹閒賓面卿受幣于楹閒是也一爲賓主雖敵體而所趨者君命則在堂中西卿歸饔餼于聘賓受幣堂中西賓問卿堂中西是也一爲賓臣主君則直趨君位當東楹賓覿進授幣當東楹公禮賓受幣當東楹是也一爲賓主雖君臣而所執者君之器則在中堂與東楹之閒聘賓致命公側襲受玉于中堂與東楹之閒是也以上四事若以楹爲南北之節則必不能出而在楹南矣于楹閒堂東堂西三者非可言而於所謂當堂東楹者亦謂其不在楹南乎此可決授受之節當楹閒也朱大韶云疏以經云南面不辨賓主故知南面並授也聘禮歸饔餼節大夫東面致命賓降階再拜稽首大夫辭升成拜受幣堂中西北面賓儐大夫節賓奉幣西面大夫東面賓致幣大夫對北面當楣再拜稽首受幣于楹閒南面注賓北面授尊君之使又賓問卿節大夫受幣堂中西北面賓面卿節大夫受幣于楹閒南面注賓亦振幣進北面授經三云楹閒南面注於昏禮云並授於聘禮則以爲訝受疏通之曰雖是敵者于兩楹之閒或有訝受者皆是相尊敬之法此大夫南面賓北面雖是敵體尊大夫故訝受案聘禮注是也曲禮記雖云鄉與客並然後受而禮經固無並授受法惟聘禮宰執圭屈繅自公左授使者使者受圭同面垂繅以受命既述命同面授上介聘畢歸使者執圭垂繅北面上介執璋屈繅立于其左宰自公左

受玉此同面相授受也蓋於君前皆北面故授由其右受由其左其餘無同面者公食大夫禮公受宰夫束帛以侑賓受幣當東楹北面賓北面受則公南面授可知聘禮賓覿振幣進授當東楹北面賓北面授則公南面受可知歸饔餼與問卿皆奉其君之命而致公幣也故受於堂中之西而北面與受於公所同儐使者與面卿私幣也故受於兩楹之閒而南面賓與卿體敵不南面授者禮固無並授受法也此使者奉其主人之命來納采不南面授者嫌於君使於大夫同也言受者南面則授者北面可知授當爲受字之誤也文承主人再拜下自然言主人受不當言使者授聘禮諸條皆主受者言其例自明鄭不審授爲受之譌故以南面屬之使者解爲並授與聘禮注異耳又案禮於授受之節或東西面或南北面賓主相對經並不言訝惟聘禮醴賓公東南鄉外拂几三卒進西鄉賓進訝受几于筵前進猶前也訝迎也公前就賓故賓前迎受几也又賓執左馬以出上介受賓幣從者訝受馬公食大夫禮從者訝受皮蓋從者在上介之後賓出從者前迎受之故於上介言受獨於從者言訝受士喪禮下篇若無器則捂受之蓋賓東面主人西面宰在主人之北由北而西南必稍前受之故亦言訝惟此四處言訝則訝受與對面相授受者義亦別但相傳以爲訝受耳　注云南面並授也者盛氏世佐云凡堂上授受摯幣之法主人尊則近東楹賓尊則近西楹於楹閒南面並授敵者之禮也此使者卑於主人而用敵禮者以其奉賓父之命故也

賓降出主人降授老鴈　老羣吏之尊者　疏　正義曰注云老羣吏之尊者者吳氏廷華云老卽趙魏之老者蓋家臣之長注以老爲羣吏之尊者卽上文屬吏說似未確又士冠禮賓出主人送于廟門外此亦當然也案授老鴈後不見有還鴈之儀疑主人既授老鴈老卽以授賓將命者下文賓執鴈卽前所執之鴈也經不言還鴈文不具耳敖氏云授鴈於階下斯則進立於中庭

右納采

擯者出請（不必賓之事有無）【疏】正義曰賓出未去有事可知故出請也

賓執鴈請問名主人許

賓入授如初禮（問名者將歸卜其吉凶古文禮爲醴）【疏】正義曰褚氏寅亮云記西面對注云對賓以女名則孔穎達以爲問毋姓者然矣問名而以誰氏問不敢斥言也主人則直對以三月之名此亦與卜得吉日而先請期於女氏之意同所謂小讓如僞吳氏廷華云據內則三月之名合男女言則女固有名女何氏則父之氏耳但未有已納采而猶不知其氏者疏云婦人不以名行明本不問三月名其說較勝敖氏云初禮三揖以下之儀也此雖俟於中庭亦有三揖與聘禮同

右問名

擯者出請賓告事畢入告出請醴賓（此醴亦當爲禮禮賓者欲厚之）【疏】正義曰此下至送于門外主人禮賓之事又請者不敢必賓事之無敬之至賓告事畢則可以出矣不出者其擯者留之歟蔡氏德晉云凡行重禮者事畢必醴之以致殷勤也敖氏云醴與醴子之醴同擯者請醴賓亦以其降等也若敵者則主人自請之　注云此醴亦當爲禮禮賓者欲厚之者賈疏云士冠禮禮賓爲醴字彼已破從禮故云亦此以醴酒醴賓不從醴者以大行人上公再祼而酢侯伯一祼而酢子男一祼不酢及以酒禮之用齊禮之皆不依酒醴爲名皆取相禮故知此醴亦爲禮敬之禮不取用醴爲醴之義也吳氏廷華云注因司儀王用鬱禮賓不言鬱而言禮是亦理之可通者若賈疏謂凡言禮者皆是上下之辭且與儐字別則鄉大夫所謂以禮禮賓之又何說邪據士冠禮主人戒

賓注以賓爲主人之僚友冠畢則禮賓是敵者亦曰禮不得以上下
爲說至謂聘禮卿亦云無擯者案彼經聘享之後賓朝服問卿受幣
無儐彼注以辟君爲訓蓋賓與卿名位相敵所謂無擯正敵者曰擯
之謂也但彼經問卿只言擯未嘗言禮則賈疏得有擯禮兩名之說
又未可信矣 賓禮辭許 禮辭一辭 疏 正義曰不言擯入告可知賓亦就次注云禮辭一辭者蔡氏德晉云一辭而許者
醴賓之常法案賓禮辭許者亦謂其爲使而醴之與平時宴饗之事不同也 主人徹几改筵東上側尊甒
醴于房中 徹几改筵者鄉爲神今爲人側尊亦言無玄酒側尊於房中亦有篚有籩豆如冠禮之設 疏 正義曰校勘記云陸
氏云鄉本又作嚮案嚮正字鄉今之向字注云鄉爲神今爲人者於戶西禮神坐易他席而布之徹几亦易他几於後授賓也張氏爾
岐云改筵改西上而東上也爲人設則東上者統於主人也云側尊亦言無玄酒者醴象大古質故士冠禮與士昏禮之等皆無玄酒也
云亦有篚有籩豆如冠禮之設者此下云贊者酌醴加角柶明有篚盛之又云贊者薦脯醢則有籩豆可知但冠禮尊在服北南上則此
尊與篚亦南上故云如冠禮之設也韋氏協夢云徹與改皆有司爲之云主人者亦謂主人親涖其事耳 主人迎賓于廟
門外揖讓如初升主人北面再拜賓西階上北面荅拜主人拂几授
校拜送賓以几辟北面設于坐左之西階上荅拜 拂拭也拭几者尊賓新之也校几足
辟逡遁古文校爲枝 疏 正義曰盧詔弓云校緣避明諱改作校釋文遁徐本集釋敖氏俱作巡通解楊氏俱作遁張氏云鄭於儀禮用
逡遁字十有一開寶釋文獨於此作巡諸釋文本皆作遁枝徐本集釋俱作技通解作枝○賈疏云如初升者如納采時三揖三讓也主

人拂几者案有司徹主人西面左手執几縮之以右手推拂几三二手横執几進授于尸前凡敵者拂几皆若此卑於尊者則內拂之凡授几之法卑者以兩手執几兩端尊者則以兩手於几間執之授受皆然受時或受其足或受於手皆横受之及其設之皆旋几縱執乃設之於坐南北面陳之位爲神則右之爲人則左之不坐設之者几輕故也敖氏云復迎之禮更端也主人拜至賓答拜爲己也几所以安體賓雖不隱几主人猶進之崇優厚也几校未詳以有司徹執几之法推之則校者其謂左廉歟云以几辟者嫌辟時或釋几也凡自敵以下其於拜者皆辟經不盡見之也左之在席上之東也設几於左便其右也授几於筵前西面拜送亦於阼階上北面吳氏廷華云賈疏謂昏禮有相親之義案拜至特主人敬賓之意並無相親義若云相親則聘禮何嘗不是親睦聘禮私覿拜至則醴賓亦當拜至文省耳若云不相親故不拜則豈有不親於醴而又獨親於覿之禮又此疏賓主不敵等說即前節注意且既以爲此賓不敵而其言拂几也則曰敵且尸尊主卑既以有司徹爲外拂又據聘禮謂卑於尊者內拂前後矛盾經明言授校其爲兩手執之可知乃又轉一說曰昏禮異於餘禮豈不支離又云此言先授後拜則主人既授而拜几方在客手不能答拜故必設几後乃答至受醴時主方執醴故賓先拜受賓受後主人始拜送情理不過如是賈疏忽創爲非己所得及己所當得等語謬矣至主拜賓拜俱有相辟之禮聘禮賓覿再拜公少退則不特卑始辟尊也況是經賓本不卑乎烏得傅會其說 注云校几足古文校爲枝者胡氏承珙云校蓋骹之借字說文骹脛也與既夕注校脛也訓同祭統夫人執校注校豆中央直者也豆有跗而無足故謂其中央直者爲校几則有足故士昏注以校爲几足也古文作枝者四體謂之四肢說文胑或作肢逸周書孟子又作枝釋名胑肢也似木之枝格也几之有足猶人之有四肢故校亦謂之枝歟

鄭以肢兼手足骹則專於足脛故不從古文 贊者酌醴加角柶面葉出于房贊佐也佐主人酌事也贊
者亦洗酌加角柶覆之如冠禮矣出房南面待主人迎受古文葉作擖【疏】正義曰迎受釋文作梧授从木張氏引釋文从手各本注
疏聘禮公食大夫禮从木既夕禮从手未知孰是說文無梧字有梧字訓逆也既夕疏云梧遻也遻逆二義相近疑梧即梧之俗體而梧
又其字借通用者也盧文弨曰陸梧授二字譌今案公食大夫禮及既夕經既有梧受之言張氏引既夕乃作梧授又引玉篇梧受也梧
授謂授其所受也鄭於既夕注云謂對相授不委地則經似當作授則張說不爲無據而此處釋文授字亦未必譌也○淩氏釋例云士
冠者賓醴冠者贊者洗于房中側酌醴加柶覆之面葉又賓授醴于戶東加柶面枋冠者筵西拜受觶士昏禮女父醴使者贊者酌醴加
角面葉出于房主人受醴面枋筵前西北面賓拜受醴此皆酌者面葉以授醴者所以然者醴者尊不自酌必由酌醴者授之凡訝受皆
對面相授受酌醴者面葉以授醴者則醴者始得面枋以授受醴者受醴者受之乃得前其葉以扱醴而祭也士昏禮舅姑醴婦贊者酌
醴加柶面枋出房席前北面婦東面拜受此則酌者徑授受醴者所以然者舅姑尊不自酌併不自授徑由酌者授之故面枋以便受
醴面葉而祭也 注云酌加角柶覆之如冠禮矣者士冠禮贊者洗于房中側酌醴加柶覆之此與之同故知如冠禮吳氏廷華云贊者
私臣之屬酌醴酌醴尊以實觶也 主人受醴面枋筵前西北面賓拜受醴復位主人
阼階上拜送主人西北面疑立待賓即筵也賓復位於西階上北面明相尊敬此筵不主爲飲食起【疏】正義曰敖氏云
西北面以賓在西階上不可背之也醴子醴婦皆北面者以其立於席西也賓拜亦於西階上復位俟既薦乃升席於賓之拜也主人少

退主人拜送賓亦如之張氏爾岐云主人執醴筵前西北面以待賓賓拜於西階上乃進筵前受醴受訖復西階北面之位主人乃於阼階拜送此醴古人受爵送爵柘拜之法大率如此 注云主人西北面疑立者吳氏廷華云疑立者無事而立此經主人方在受醴獻賓之時何暇疑立又鄉飲酒禮言賓西階上拜主人少退賓進受爵此賓拜主人亦當少退又烏能疑立云云此筵不主為飲食起者賈疏云此筵為行禮故拜及啐皆於西階不如凡筵皆為行禮焉有素為飲食而設者若以拜啐必於西階始為行禮之筵則士冠禮醴子曰冠者筵末坐啐醴降筵坐奠觶拜是拜啐皆於筵前彼何嘗非行禮之筵而拜啐皆不在西階賈說尚可信哉要之拜啐於西階上皆是敬主之義啐於西階蓋有不敢當此筵之義

贊者薦脯醢薦進

疏 正義曰此贊疑卽擯者褚氏寅亮云凡祭於脯醢之豆閒籩為竹豆故脯雖籩實亦得名豆

賓卽筵坐左執觶祭脯醢以柶祭醴三西階上北面坐啐醴建柶興坐奠觶遂拜主人荅拜卽就也左執觶則祭以右手也凡祭於脯醢之豆閒必所為祭者謙敬示有所先也啐嘗也嘗之者成主人意建猶扱也興起也奠停也

疏 正義曰李氏如圭云公食大夫豆多者祭於上豆之閒知凡祭皆於籩豆之閒也張氏爾岐云賓卽筵坐而祭醴南面坐也啐醴則西階北面之位奠觶遂拜亦於西階遂拜者因事曰遂坐奠不起而遂拜也吳氏廷華云既言興復言坐者坐如曲禮坐而遷之之坐賈疏所謂跪也興而跪跪而奠觶遂以拜也啐於西階不敢以賓禮自居也 注云凡祭於脯醢之豆閒者賈疏謂祭脯醢置之皆於豆閒此及冠禮鄉飲酒鄉射燕禮大射皆有脯醢則在籩豆之閒此注不言籩者文省耳云成主人意者主人設饌望賓美之今客嘗之告旨是成主人意也

賓卽筵奠于薦左

降筵北面坐取脯主人辭薦左籩豆之東降下也自取脯者尊主人之賜將歸執以反命辭者辭其親徹疏
正義曰卽筵奠觶者以取脯當北面禮貴相變也主人辭者蓋見賓珍己之物而取之則以不腆辭之賈疏云此奠于薦左不言面位下
贊醴婦奠于薦東注奠于薦東升席奠之此云奠于薦左明皆升席南面奠之也又祭酒亦皆南面並因奠酒之面奠之則冠禮禮子亦
南面奠之聘禮禮賓賓北面奠者以公親執束帛待賜己不敢稽留故由便疾北面奠之也鄉飲酒鄉射酬酒不祭不舉不得因祭而奠
於薦東也燕禮大射重君物君祭酬酒故亦北面奠　注云賓降授執以反命者下記賓右取脯左奉之乃歸執以反命是也
人脯出主人送于門外再拜人謂使者從者授於階下西面然後出去疏正義曰盛氏世佐云上云主人
辭此不言賓對者文省耳張氏爾岐云前迎於門外是大門外此送亦大門外　注授於階下西面者以賓位在西授脯文在出上故知
西階下西面

右醴使者

納吉用鴈如納采禮歸卜於廟得吉兆復使使者往告婚姻之事於是定疏正義曰徐本婚作昏案昏嫁宜作昏
婚姻宜作婚古或俱用昏字凡今本經注作婚者石經徐本俱作昏○郝氏云問名而後納吉者慎重不迫禮之序也乃昏姻之約自納
采問名時定矣故昏辭曰吾子有惠貺室請納采如必問名始卜儻卜不吉可中廢乎故用禮通其義而已張氏爾岐云如納采禮其揖
讓升階致命授鴈及主人醴賓取脯出門之節並皆如之

右納吉

納徵玄纁束帛儷皮如納吉禮徵成也使使者納幣以成昏禮用玄纁者象陰陽備也束帛十端也周禮曰凡嫁子取妻入幣純帛無過五兩儷兩也執束帛以致命兩皮爲庭實皮鹿皮今文纁皆作熏

疏 正義曰李氏如圭云五兩玄三纁二也象陽奇陰耦也天子加以穀圭諸侯加以大璋庶人則用緇帛無纁用緇者婦人陰也納徵用幣故又謂之納幣何休云玄纁取其順天地鹿皮所以重古沈氏彤云鄭周禮注云五兩十端也必言兩者欲得其配合之名雜記云納幣一束束五兩兩五尋然則每端二丈彼疏云古者二端相向卷之共爲一兩五兩故十端也又案鄭雜記注云十箇爲束貴成數兩兩者合其卷是謂五兩八尺曰尋一兩五尋則每卷二丈也合之則四十尺今謂之匹猶匹偶之云與彼疏云一束謂十箇兩箇合爲一卷是束五兩也天之正色蒼而玄地之正色黃而纁聖人法天地以制衣裳而別其色故禮法之重者莫不上玄而下纁記云皮帛必可制納幣以玄纁重昏禮使制爲盛服也又鄭周禮媒氏注純實緇字古緇以才爲聲納幣以緇婦人陰也凡取禮必用其類士大夫乃以玄纁束帛此經注用玄纁象陰陽備也然則玄爲陽而緇爲陰矣又鄭注此經纁裳緇袘云緇緣者象陽氣下施是緇亦陽也案考工記畫繪之事雜五色東方謂之青南方謂之赤西方謂之白北方謂之黑天謂之玄地謂之黃凡五而有六者玄與黑同而異也五方之色單而天之色乃全乎五方之色玄入黑而爲緇則諸色潛藏獨見其方之色而已故說文但訓緇爲黑而康成以爲陰類也然所見者雖獨北方之色而天之色實含諸其中故禮服緇與玄恆互用而康成又以緇爲陽象不等諸專象北方之黑也蓋專象北方之黑不以青赤黃諸色爲裏或曰凡昏禮無貴賤

皆陰陽備鄭乃謂惟士大夫之幣象之豈庶民獨不當象之乎謂娶禮必用其類而以緇則士大夫何爲而不用其類乎形謂言非一端各有所當專用緇則取象幽陰兼用玄纁則取陰陽之備皆昏禮之義類庶人取其細而不取其大下士也然不用黑而用緇則以緇之中仍備陰陽之色耳又案士冠禮所陳三服玄端玄裳乃服之下者然在庶人爲上法昏禮攝盛則庶人與其妻皆可服玄而納幣以緇者緇又降於玄也昏禮幽陰故取象北方之色謂象婦人陰者非也蔡氏德晉曰納徵禮最重故特用皮帛而不用鴈

右納徵

請期用鴈主人辭賓許告期如納徵禮主人辭者陽倡陰和期日宜由夫家來也夫家必先卜之得吉日乃使使者往辭即告之 疏 正義曰婿家得吉乃不敢直以告女家而必請之者不聽命於女家尊之也案此遞言二禮同節皆如納采惟鴈與皮帛爲異耳

右請期

期初昏陳三鼎于寢門外東方北面北上其實特豚合升去蹄舉肺脊二祭肺二魚十有四腊一肫髀不升皆飪設扃鼏期取妻之日鼎三者升豚魚腊也寢婿之室也北面鄉內也特猶一也合升合左右胖升於鼎也去蹄蹄甲不用也舉肺脊者食時所先舉也肺者氣之主也周人尚焉脊者體之正也食時則祭之飯必舉之貴之也每皆二者夫婦各一耳凡魚之正十五而鼎減一爲十四者欲其敵偶也腊兎腊也肫或

作純純全也凡腊用全髀不升者近竅賤也飪熟也扃所以扛鼎鼏覆之古文純爲鈞髀爲脾今文扃作鉉鼏皆作密【疏】正義曰注通解徐本俱作孰熟孰諸本錯出後不悉校徐本作杠釋文集釋通解俱作扛依注例鼏上當有古文二字案儀禮扃鼏屢見經注俱有誤說文鼏注云以木橫貫鼎耳舉之則鼏即扃耳不得爲兩字又金部鉉字注易謂之鉉禮謂之鼏是鉉字惟易有之禮經安得有鉉今本儀禮覆尊則爲冪覆鼎則爲鼏釋文則多作鼏或強爲分別曰冪字從巾覆尊以巾則稱冪覆鼎以茅故不得稱冪然則扃字從戶何以得施於鼎賈氏云鄭兼下緇冪總疊之故云皆可見覆鼎覆尊皆作冪矣又士喪及既夕冪用疏布古文皆作密是古文無分尊鼎尤其明證也案扃鼏二字古文當爲扃密今文當爲冪幎鄭於上字從古下字從今當注云今文扃爲鼏古文幎爲密鼏之從冂乃諧聲非會意也古蓋音冥冥扃聲相近故通作扃又音暝暝鉉聲相近故別作鉉○此又下盡合卺一節論夫家欲迎婦之時預陳同牢之饌也賈疏云東方北面是禮之正但數鼎故云北面北上則此及少牢是也特牲陳鼎于門外北面北上當門而不在東方者辟大夫故也今此亦東方不辟大夫者重昏禮攝盛也鼎不言北上直云北面士冠所云是也凡鼎陳于外者北面爲正阼階下西面爲正士喪禮小斂陳一鼎于門外西面者喪禮少變在東方者未忍異於生時於大斂奠及朔月奠既夕陳鼎皆如小斂奠門外皆西面者亦是喪禮變也士虞陳三鼎于門外之右北面北上入設于西階前東面北上不言東者既葬鬼事變吉故也公食陳鼎七當門南面東上者以賓是外人向外統之集釋云肺有二其一舉肺離割之使食時可祭可嚌又名離肺嚌肺其一名祭肺刌切之以祭又名刌肺切肺祭時二肺俱有生人食惟有舉肺此具二肺者鬼神陰陽也郝氏云北面鼎面向北也北上自北陳而南豚鼎在北也全升全體解折孰於鑊而升

於鼎去蹄去四蹄甲舉猶食手舉食之也肺爲氣之主脊爲體之正食先舉之將食先祭之所食之肺脊與所祭之肺皆升之鼎者也全禽之乾者曰腊謂兔也肫當作純一純一雙也少牢云腊一純而鼎是也髀尾骨也內則云兔去尻故不升於鼎褚氏寅亮云豚合升則豚解爲七體而左右胖皆升矣觳亦連於骼脊則分爲二令夫婦各二增脊之一而爲八去魚之一而爲十四合偶數也經明云腊一純而敖氏謂用一胖不惟失同牢之義且近凶禮矣吳氏廷華云下婦饋言合升側載者下兩俎分載之此一俎合載之也案肺當兼舉肺祭肺以舉肺亦祭故以祭概之兩者各二則四也豚只一肺此有四者析之父醮子當在此時合有胖升者夫婦各一也若祭則升右下文皆坐祭之薦黍稷肺即此祭肺贊爾黍稷授肺脊即此舉肺脊也牲一身前有肩臂臑後有肫骼脊中央有三脊正脡橫脊取中央正脊故曰體之正兔腊也者少牢用麋腊士兔腊可知凡牲體用一胖腊則左右體脅相配共爲一體故得全名特牲少牢亦用全大斂士虞皆用左胖不全者喪禮略注肫作純純全也古文純爲鈞者胡氏承珙曰今文作肫本純之叚借當時蓋別有作純之本故云肫或作純純全也下即就純字疊之云古文純爲鈞周禮司几筵司農注純讀爲均服之均鄭於此不從古文作鈞者蓋以少牢之純爲正字鈞音與純稍遠惟肫音與純相近故但取純訓其字則仍從今文作肫耳云髀爲脾者髀正字脾同音叚借字

設洗于阼階東南洗所以承盥洗之器棄水者疏正義曰設洗之節詳於前篇故此略之吳氏廷華云設洗必兼水水在洗東文省耳

饌于房中醯醬二豆菹醢四豆兼巾之黍稷四敦皆蓋醯醬者以醯和醬生人尚褻味兼巾之者六豆共巾也巾爲御塵蓋爲尚溫周禮曰食齊視春時疏正義曰盧詔弓云石經菹名本同○聶氏崇義云舊圖云敦受

一斗二升漆赤中大夫飾口以白金案九嬪職云凡祭祀贊玉齍注玉齍玉敦也受黍稷器然則天子八簋之外兼用敦也又少牢禮曰主婦執一金敦黍有蓋凡設四敦皆南首注敦有首者尊器飾也飾象龜形周之禮飾器各以其類又明堂位曰有虞氏之兩敦夏后氏之四璉殷之六瑚周之八簋注皆黍稷器制之異同未聞今依孝經說與簠簋容受並同上下內外皆圓爲異褚氏寅亮云鉶亦兼夫婦菹醢敖謂葵菹蝸醢以士用饋食之豆籩也聶氏云覆鉶巾士大夫以絺布纁裏二者夫婦各一四者夫婦各二　注云醢醬者以醢和醬者李氏如圭云醬以醢和之故名醢醬下經直言醬也惟公食大夫禮及此禮有醢醬吳氏廷華云醬合醢言是用醢釀成者膳夫醬合醢醢言醢人則曰齊醢菹醢醢人則曰醬齍菹是蓋有用醢而成者亦有不用醢而成者注所謂和即釀之義蓋以二者相雜之謂也賈疏殊混

大羹湆在爨大羹湆煑肉汁也大古之羹無鹽菜爨竈也周禮曰羹齊視夏時今文湆皆作汁

疏正義曰盧弨弓云竈也二字各本皆譌作火上今從宋本改正○敖氏云此上牲之肉汁也以其重於他羹故曰大復曰湆者嫌羹當用肉也　注云大古之羹無鹽菜者左傳桓二年傳大羹不致郊特牲云大羹不和謂不致五味故知不和鹽菜唐虞以上曰大古三王以來更有鉶羹則致以五味雖有鉶羹猶存大羹不忘古也今文湆皆作汁者五經文字云湆從泣下肉大羹也湆從泣下日幽陰也今禮經相承多作下字段氏玉裁云儀禮音義引字林云湆羹汁也玉篇廣韻同然則本無異字肉之津液如幽溼生水也羅氏有高云湆之爲肉汁者古文段借字音入聲讀若液說文液汁也古文借爲液故湆可訓汁今案此二說是也其汁字古人多段和叶字如周禮大史協事注杜子春云書亦或爲協或爲汁又大行人協辭命注故書協爲汁鄉尊士汁日刑殺司農注汁合也和也故鄭於此仍依古文作湆耳

于室中北墉下有禁玄酒在西綌冪加勺皆南枋墉牆也禁所以庪甒者玄酒不忘古也綌粗葛今文枋作柄

【疏】正義曰張淳云釋文冪作鼏後徹尊冪鄉飲酒鄉射尊綌冪同案今本釋文仍作冪作冪是也然賈氏於前節疏云鄭兼下綌冪總疊之則兩處之文同矣鼏則皆鼏冪則皆冪明無尊鼎之別集釋校云周禮有冪人說文作幎云周禮有幎人是冪即幎之變體粗集釋徐本通解楊敖俱作麤○敖氏云士虞禮云尊于室中北牖下當戶此東西之節宜如之尊不言其器如上篇可知案尊皆用酒此為夫婦三酳而設下注所謂內尊也玉藻士用禁玄酒在西不用也南枋便於酌也不言篚者爵在外篚此不重設也　注云禁所以庪甒者玄酒不忘古也者士冠禮云甒此亦士禮雖不言甒然尊亦甒也庪承於甒云禁者因為酒戒也古謂黃帝以前以禮運云汙尊而抔飲謂神農時雖有黍稷未有酒醴以水為玄酒也

尊于房戶之東無玄酒篚在南實四爵合巹無玄酒者略之也夫婦酌於內尊其餘酌於外尊合巹破匏也四爵兩巹凡六為夫婦各三酳一升曰爵

【疏】正義曰敖氏云無玄酒則惟一尊而已無玄酒用一尊且不尊於房戶之閒又不冪皆遠下尊者也篚實爵巹主酳夫婦也乃設於此者非常禮因有尊而為之耳凡設此篚於堂者必在尊南鄉飲酒禮云設篚于禁南東肆吳氏廷華曰上二句言外尊蓋贊酌以自酢者初酳再酳自爵三酳合巹贊自酢亦用此爵案無玄酒者玄酒非當飲之酒特陳之以表不忘古耳故無庸再陳也巹半匏蓋分一匏為二不用則仍合為一也一再酳用爵夫婦各二故四三酳用巹不設篚於室者室隘不能容也此有醮子之禮盛氏世佐云此尊為媵御設也古人房室皆在東南房戶之東則東序也不曰東序而曰房戶之東尊統於戶不統於牆也

右將親迎豫陳饌

主人爵弁纁裳緇袘從者畢玄端乘墨車從車二乘執燭前馬主人壻也壻爲婦主爵弁而纁裳玄冕之次大夫以上親迎冕服冕服迎者鬼神之鬼神之者所以重之親之纁裳者衣緇衣不言衣與帶而言袘者空其文明其與袘俱用緇袘謂緣袘之言施以緇緣裳象陽氣下施從者有司也乘貳車從行者也畢猶皆也墨車漆車士而乘墨車攝盛也執燭前馬使從役持炬火居前炤道 疏 正義曰二嚴本通解楊敖俱作貳士而乘墨車疏無而字從楊敖徐本作徒○自此至俟于門外論親迎之節集釋曰注言冕服迎者鬼神之者言敬此夫婦之道如事鬼神也凡昏各用其上服五冕色俱玄故謂之玄冕爵弁則士之上服也雜記曰士弁而親迎盛氏世佐云士昏用上服以爵弁則天子以下皆用上服以五冕色俱玄故總稱玄冕也賈疏云五等諸侯亦不過玄冕殆誤敖氏云此禮據壻家而言故以壻爲主人爵弁者以親迎當用上服也此言緇袘不言衣帶韠與前篇互見也從者謂在車及執燭者也張氏爾岐云一命大夫冕而無旒士變冕爲爵弁故云冕之次大夫乘墨車士乘棧車今親迎乘大夫車故注云攝盛巾車注云棧車不革鞔而漆之則士之棧車亦漆但無革鞔爲異吳氏廷華云士冠禮爵弁服纁裳純衣緇帶韎韐玄端玄裳黃裳雜裳緇帶爵韠此但言緇袘者蓋彼此見義也注以空其文明與衣帶同色鑿矣又據士喪禮言貳車白狗攝服是士明有貳車也賈疏謂士無貳車誤案下經女從者畢袗玄注謂從者爲姪娣則此從者亦主人之娣若姪也賈疏謂爲僕隸之屬非是又墨車有革或取其膠固亦用鴈之義注攝盛之說存參

婦車亦如之有裧亦如之者車同等士妻之車夫家共之大夫以上嫁

女則自以車從之䄆車裳幃周禮謂之容車有容則固有蓋【疏】正義曰婦車壻家往迎婦之車亦執燭前馬也䄆襜通車衣也吳氏廷華云親迎爲六禮之一親迎者卽鵲巢所謂百兩御之百兩將之焉有夫家不共車而自乘其車之理此經壻車婦車並舉其爲夫家所共甚明注謂大夫以上自以其車從之非也賈疏引左氏反馬據左傳有反馬說注謂禮送女留其送馬三月反馬此或是送女之人所乘如下所謂從者或載嫁女服器之車俱未可知又鵲巢詩所謂迎御亦正夫家共車之證賈乃以爲自乘其車何其瞶瞶要之親迎之義謂夫家自以其車迎之耳若自乘其車則往就矣烏得曰迎盛氏世佐云如之者如其乘墨車而下之儀也嫁時之車王后重翟上公夫人厭翟侯伯子男夫人翟車孤卿以下至士皆與夫同惟有䄆爲異注䄆車裳帷周禮謂之容車有容則固有蓋者周禮謂之容詩謂之帷裳一名童容容者以爲車之容飾也帷裳者以其帷障車之旁如裳也其上有蓋謂之童容四旁垂而下謂之䄆其實一物也男子立乘有蓋無䄆婦人坐乘重自蔽故有蓋復有䄆敖云以布爲之想當然耳又云在上曰䄆在下曰裳帷此惟有䄆而已以䄆與裳帷爲二非也鄭注雜記云䄆謂鼈甲邊緣䄆固在旁不在上沈氏彤云雜記其輤有䄆緇布裳帷注䄆謂鼈甲邊緣裳帷圍棺者則䄆與裳帷明非一物詩疏云裳帷以帷障車之旁如裳上有蓋蓋有衣四旁垂而下謂之襜是也且昏禮以有䄆爲盛爲䄆非凡婦人車所有也衞風云漸車帷裳則帷裳乃凡婦人車有之其爲二物明矣旣夕記注又云䄆於蓋弓垂之此得其實又容與蓋相配則容是在上之襜非在旁之裳帷也

至于門外婦家大門之外【疏】正義曰賈疏云注知是大門之外者以下有揖入乃在廟廟在大門內故知此爲大門外也

主人筵于戶西西上右几主人女父也筵爲神布席【疏】正義曰顧氏炎武曰主人爵弁

纁裳緇袘注主人壻也壻爲婦主主人筵于戶西注主人女父也親迎之禮自夫家而行故壻稱主人至於婦家則女父又當爲主人故不嫌同辭也女父爲主人則壻當爲賓故曰賓東面答拜注賓壻也對女父之辭也至於賓出而婦從則變其文而直稱曰壻壻者對父之辭也曰主人曰賓曰壻一人而三異其稱可以見禮時爲大而義之由內也

女次純衣纁袡立于房中南面次首飾也今時髲也周禮追師掌爲副編次純衣絲衣女從者畢袗玄則此衣亦玄矣袡亦緣也袡之言任也以纁緣其衣象陰氣上任也凡婦人不常施袡之衣盛昏禮爲此服喪大記曰復衣不以袡明非常

疏 正義曰徐本集釋則此衣亦玄矣無衣字通解有與疏合○不言裳者以婦人之服不殊裳是以內司服皆不殊裳彼注云婦人尚專一德無所兼連衣裳不異其色是也○注云周禮追師掌爲副編次者彼注云副之言覆所以覆首爲之飾其遺象若今步搖矣編編列髮爲之其遺象若今假紒矣次次第髮長短爲之所謂髲髢謂如少牢主婦髲鬄也又云外內命婦衣鞠衣襢衣者服編衣褖衣者服次其副惟於三翟祭祀服之士服爵弁助祭之服以迎則士之妻亦服褖衣助祭之服也玉藻有鞠衣襢衣褖衣注諸侯之臣皆分爲三等其妻以次受此服公之臣孤爲上卿大夫次之士次之侯伯子男之臣卿爲上大夫次之士次之其三夫人以下內命婦則三夫人自闕翟而下九嬪自鞠衣而下世婦自襢衣而下女御自褖衣而下嫁時以服之諸侯之夫人無助天子祭亦得各申上服與祭服同也云以纁褖其衣者褚氏寅亮云內司服注婦人連衣裳不異其色豈於嫁時反異其色而衣緇裳纁邪吳草廬所云裳下禩與集說同誤注以纁緣衣之解不可易云婦人不常施袡之衣盛昏禮爲此服者此純衣即褖衣是士妻助祭之服尋常不用纁爲袡姆纚笄今用之故云盛昏禮爲此服引喪大記者證袡爲非常服也

宵衣在其右姆婦人年五十無子出而不復嫁能以婦道教人者若今時乳母矣纚縚髮笄今時簪也纚亦廣充幅長六尺宵讀爲詩素衣朱綃之綃魯詩以綃爲綺屬也姆亦玄衣以綃爲領因以爲名且相別耳姆在女右當詔以婦禮

疏正義曰釋文紹本亦作岦聶氏髮下有纚也二字○姆蓋齒德兼優之婦可爲女之師表者或爲乳母或爲幼時撫育之人更有老而無夫老而無子無所歸依而德行猶堪導人者可勝斯任　注云姆婦人年五十無子出不復嫁者夫無子被出非事所嘗有若專藉此爲保母豈得盡人而有乎褚氏寅亮云此與下婦纚笄綃衣以俟見及特牲主婦纚笄綃衣並同注謂姆以綃爲領終未安綃衣本在六服下姆執禮事可以服之郝氏云纚黑繒裹髮也笄加簪以縚髻也宵衣黑色衣女子宵衣猶男子玄端宵小也列采爲夏全黑爲宵猶俗謂青衣爲小衣也盛氏世佐云婦人褖衣因男子之玄端玄端一名褖衣士喪禮陳襲事于房云爵弁服皮弁服褖衣是也男子之服惟爵弁服用絲餘皆用布則婦人褖衣亦當用布宵衣次於褖衣其用布可知宵衣士妻之正服其上服褖衣純衣與褖衣制同而用絲乃嫁時盛服非常服也褖衣玄宵衣亦玄而謂之宵者以褖衣是后御於王之服三夫人以下御於王當衣宵衣詩云肅肅宵征以其宵時所衣故名宵衣斅其所以異於褖者少牢饋食禮主婦被錫衣侈袂說者謂侈袂大袖之衣然則宵衣之制其袖狹小爲異餘則同也考士服之玄端袂長二尺二寸袪尺二寸大夫以上侈之蓋半而益一其袂三尺三寸袪尺八寸宵衣與褖之異亦猶是矣云纚縚髮者此纚亦如士冠禮以繒爲之廣充幅長六尺以縚髮而紒之姆所以異於女者女有纚兼有次姆則有纚而無次也云宵讀爲詩素衣朱綃之綃者胡氏承珙云鄭於此易經文作綃而特牲禮主婦纚笄宵衣注綃綺屬也此衣染之以黑其繒本名宵詩所謂素衣朱宵記有玄宵衣衣蓋以士昏

禮說胥縃叚借已明故於特牲不妨依經作胥并引詩及記皆轉從禮經作胥以見胥借作縃爲經典通用之例特牲疏謂詩及禮記皆本作胥字非也女從者畢袗玄纚笄被頴黼在其後女從者謂姪娣也詩云諸娣從之祁祁如雲袗同也同玄者上下皆玄頴禪也詩云素衣朱襮爾雅云黼領謂之襮周禮曰白與黑謂之黼天子諸侯后夫人狄衣卿大夫之妻刺黼以爲領如今偃領矣士妻始嫁施禪黼於領上假盛飾耳言被明非常服疏正義曰婦人之服未有以黼爲衣者敖氏謂以黼爲禪衣而被於玄衣之上亦猶婦之加景非也昏禮惟攝盛車服乃有異爾此固從者安得别製異服注黼領之說是也江氏筠曰注謂施頴黼於領上假大夫妻之盛飾據經上云女從者畢袗玄所謂袗者乃無上衣之謂玉藻袗絺綌不入公門是也如别有衣加之則不名爲袗矣然則經之言袗正以示别於加景而立文也案賈疏引郊特牲繡黼丹朱中衣謂天子諸侯中衣有黼領上衣則無之今此婦人事華飾故於上衣則有之中衣則無也此亦是言袗及言頴之義又案敖氏謂此女從者亦玄衣然據經上從者畢玄端之文知無不實著其名者今此乃異其文當是以被黼之故蓋古人謹於命名卽如一深衣所純者殊則其名亦異今此以非常服故不别爲之名而但不使得蒙其上以示别也陳氏祥道曰袗設飾也說文褧檾也枲屬頴與褧檾通袗玄設飾以玄也頴黼以枲爲領而刺黼也盛氏世佐云女從者謂女之從者卽下經所謂婦人送者也詩云諸娣從之乃諸侯禮鄭引以證此誤頴與褧通禪也黼謂領也頴黼者蓋爲無裏之領而刺黼於其上也詳被字則此領與凡領不同凡領連於衣此蓋别以絲爲之而加於領上歟主人玄端迎于門外西面再拜賓東面荅拜賓壻疏正義曰敖氏云亦擯者出請入告乃出迎之此時賓爵弁服而主人玄端不嫌

於服異者主人不正與賓爲禮特迎而道之入廟耳按賓爵弁服以攝盛故也主人不必攝盛故祇服玄端主人揖入賓執鴈從至于廟門揖入三揖至于階三讓主人升西面賓升北面奠鴈再拜稽首降出婦從降自西階主人不降送賓升奠鴈拜主人不答明主爲授女耳主人不降送禮不參

疏正義曰奠贄而拜稽首壻有子道也案主人揖入之後當有每曲揖之節不言者文略主人不降送父無送女之禮也注云禮不參者據凡行禮者言也此壻迎女而女從之是壻女二人爲禮矣故主人不參之沈氏彤云此時女立房中南面俟壻壻當楣北面奠鴈拜所謂執摯以相見也壻婦之相見同此始婦不答拜者謙不敢當其盛禮也蓋稍還避之婦人從夫者也無論夫下之而不敢當卽夫齊視之而亦不敢當故夫有親迎之禮而婦無見夫之儀夫執摯以拜而婦不答拜也不還其摯者鴈取有常節隨陽義不可不受也婦雖不敢當夫之下之齊之而未嘗不隨者所以明婦順也主人西面于阼階上女房外南面而賓北面奠鴈是許之執贄相見矣許之執贄相見若父母親授之故曰壻親受之於父母也吳氏廷華云婦從者奠鴈時已出堂矣變女言婦已受摯而從之也此有父母戒及送之之節記言父西面戒之又言父送女命之此又言不降從者蓋戒在女出房時送則又申命之之送當少違其位但不降耳母亦不降惟庶母降盛氏世佐云書云拜手稽首者始拜首至手而於其卒拜則首至地也稽首拜中最重臣拜君之拜乃於奠行之者昏義云蓋親受之於其父母也得其旨矣上言女對其父此言婦對其夫言也既從夫而出卽謂之婦此禮經正名之義前案經言主人不降送記云父送女命之蓋違其位少進耳又疏引何休云周人逆於戶知當在房戶外當阿北面壻御婦車授綏

姆辭不受壻御者親而下之綏所以引升車疏正義曰徐本集釋楊
者曲禮曰僕人之禮必授人綏敖俱無曲禮曰三字
通解有據疏云曲禮文則注無可知○李氏如圭曰郊特牲曰壻親
御授綏親之也親之也者親之也沈氏彤曰此稱壻而不稱賓者女
未授則賓之婦既從則壻之皆對主人而稱也此辨名定分之義敖
氏曰曲禮云若僕者降等則受不然則否此壻爲御故如僕人之禮
然非降等故姆辭不受案婦不親辭者夫婦始接情有廉
恥姆道其志也姆既辭則壻當舍綏姆執綏以授女矣婦乘以几
姆加景乃驅御者代乘以几者尚安舒也景之制蓋如明衣加之以
爲行道禦塵令衣鮮明也景亦明也驅行也行
車輪三周御者乃疏正義曰景通典作憬非也古無憬字釋文作御
代壻今文景作憬集釋無車字　注但云尚安舒而賈疏知謂登
車時者記云從者二人坐持几相對坐卽踞几卑故二人踞於地而
對持之非登車而何馬前亦有獨褚氏寅亮云庶人妻用錦外加禪
縠其名曰褧爲文之太著也士妻繻衣纁袡不爲文著故外加者爲
景轉取鮮明之義熊氏朋來欲改景爲褧絅不必李氏如圭云碩人
詩亦云衣錦褧衣庶人卑不嫌與國君夫人同士妻純衣加明衣非
爲其文太著爲禦風塵耳云今文景作憬者胡氏承珙云上文被頴
黼注云頴禪也士妻始嫁施禪黼於領上假盛飾耳此注云景之制
蓋如明衣云案鄭於詩褧衣禮記尚絅及此經頴黼皆訓禪蓋本玉
藻禪爲絅義惟於此景訓明是意與褧絅頴不同賈疏仍以禪縠
釋景非鄭義彼褧爲正字絅頴爲段借字此景爲正字憬乃借字壻
乘其車先俟于門外壻車在大門外乘之先者道之也男率女女從
男夫婦剛柔之義自此始也俟待也門外壻家
大門疏正義曰敖氏云御者既代止車以俟壻乘其車先然後從之
外　注云壻家大門外者案賈疏云命士以上父子異宮故解

爲壻家大門外若不命之士父子同宮吳氏廷華云喪服內則雖俱有異宮說然未聞父子各門之說以理論之父母見在壻豈得自立爲家又此時門內及席皆有燭

右親迎

婦至主人揖婦以入及寢門揖入升自西階媵布席于奧夫入于室即席婦尊西南面媵御沃盥交升自西階道婦入也媵送也謂女從者也御當爲訝訝迎也謂壻從者也媵沃壻盥於南洗御沃婦盥於北洗夫婦始接情有廉恥媵御交道其志

疏 正義曰釋文媵席中無布字○自此至卒食明夫導婦入門升階及對席媵御沃盥即席之儀李氏如圭云詩云好人提提宛然左辟好人爲容好者左辟辟而左不敢當尊蓋壻揖婦入之時也壻爲主先即席婦席未設也吳氏廷華云曰入闑西升自西階雖是導婦亦父在不由阼階之義第言夫即席者婦俟饌具饌具乃即席也案升自西階謂夫婦並升西階也並升之法夫升三等婦少右從之中等並行夫在左既立夫婦並立於西階上俟布席乃入也下經云燭出則夫婦未入之前燭必先入矣不言者文略耳 注云媵沃壻盥於南洗御沃婦盥於北洗者此當如先儒媵沃御盥御沃媵盥爲是蓋媵御佐禮當盥以致潔也鄭道志說殊謬且婦人不下堂今媵亦婦人乃下堂而沃壻盥於南洗乎褚氏寅亮云於即席尊西之後而言媵御沃盥交則敖云於北洗者得之但交沃者媵御也盥者夫婦也如敖云媵沃御盥御沃媵盥之說是媵御盥而反遺夫婦矣則非也席東向西向以南方爲上正法也敖乃變爲北上蓋因執豆席相變故還就以文其詞耳江氏筠云盥有不必就洗者特牲禮盤

匜之設是也」此經沃盥婦卽在尊西南面媵奉盤御執匜夫當於其拜受贊醑之處御奉盤媵執匜二云御當爲訝者迎訝字周禮作訝他經皆作御鄭曲禮注亦云御當爲訝與此同埼案鄉飲酒禮二云主人南面盥沃洗者西北面此當準之

贊者徹尊鼏舉者盥出除鼏舉鼎入陳于阼階南西面北上匕俎從設執匕者執俎者從鼎而入設之匕所以別出牲體也俎所以載也

【疏】正義曰鼏通解敖氏俱作冪浦二云鼏當作冪今作鼏鼏後人更易也集釋校二云杝各本作匕下同張淳二云釋文杝必履反士喪禮乃杝載又曰杝者特牲禮乃杝有司杝羊杝豕魚字皆从木少牢長杝古文作匕鄭氏亦改爲杝○士喪禮舉鼎右人以右手執匕左人以左手執俎舉鼎人兼執匕俎者喪禮略也公食執匕俎之人入加匕於鼎陳俎於鼎南其匕與載皆舉鼎者爲之士虞右人載者喪祭少變故在西方長者在左也今昏禮鬼神陰陽當與特牲禮同亦右人匕左人載遂執俎而立以待設也盛氏世佐二云贊者室老也下經二云贊醴婦而舅姑既沒章二云老醴婦于房中明是一人矣不二云老而二云贊者以事命之敖氏二云盥北面盥於南洗也除鼏者右人也既陳鼎則右人抽扃委於鼎北而西面於鼎東以俟　注二云執匕者執俎者從鼎而入設之者敖氏二云執匕俎者從鼎入而設於其鼎之西也既設俎則各加匕於其鼎東枋遂退此三匕三俎從設則有司三人各兼執一匕一俎歟沈氏彤二云上經所陳器饌醯醬二豆菹醢二豆黍稷四敦及四爵合巹皆爲夫婦各用其半故兼陳之則此設匕俎亦當有六匕六俎矣郊特牲昏義並二云共牢者特謂不異牲若豚魚腊夫婦各食其半耳非謂止三俎而共之也又下經婦用特豚饋舅姑注二云右胖載之舅俎左胖載之姑俎時舅姑共席猶各有俎豈夫婦異席而顧共俎乎且婦前無俎亦非敵偶之義吳氏廷華二云上尊有冪徹之待酌也設匕俎待載

也亦徹豆巾儀禮大槪右人於鼎東西面匕左人於鼎西俎南北面載士虞禮鼎在西階下故匕者東面而載者則仍北面也賈疏以特牲右人鼎北南面左人鼎西俎南北面何也據特牲加匕注云左人北面疏亦以爲鼎西北面猶與此疏合也但彼注又云加匕東柄疏亦云然夫東柄者以匕者在鼎東西面故東其柄以便其匕耳若右人鼎北南面則當東柄不當東柄也堉案賈疏云右人於鼎北南面匕左人於鼎西俎南北面載考特牲注則右人既錯西面俟左人北面當是右人西面匕非南面也**北面載執而俟**執俎而立俟豆先設〔疏〕正義曰敖氏云北面載左人也右人則西面匕此載以俎盛物之稱士喪禮載豚云載兩髀于兩端兩肩亞兩胉亞脊脅在於中皆進柢載魚左首進鬐三列腊進柢此魚十有四則二列也載腊如豚惟無脅耳俟俟時而升褚氏寅亮云少牢禮云匕皆加于鼎東枋東枋者鼎西面匕者在東便也此鼎亦西面則敖氏謂西面匕勝疏南面匕之說**匕者逆退復位于門東北面西上**執匕者事畢逆退由便至此乃著其位略賤也〔疏〕正義曰李氏如圭云逆退後入者先退也敖氏云匕者乃右人以匕出鼎實者也逆退則匕下鼎者在先匕上鼎者在後也言復位見其初位在此門東北面西上私臣之位也特牲記曰私臣門東北面西上逆退者由便也亦便其復位也案左人執俎而俟則退者爲右人明矣此亦舉鼎者謂之匕者以事命之且以別於載者也注以是爲執匕者恐非又案逆退者西面匕畢乃轉南面而退也載者尚立俟故匕者先退**贊者設醬于席前菹醢在其北俎入設于豆東魚次腊特于俎北**豆東菹醢之東〔疏〕正義曰醬與菹俱在豆知不在醬東者下文醬東有黍稷故知在菹醢東也敖氏云菹醢在醬北南上也別見魚腊則此俎云者指豚俎也當豚俎北端而云特者

明不與豚俎爲列亦橫設之凡俎數奇故於其下者特設之張氏爾岐云魚次者又在俎東也腊特設俎北若復東則饌不得方故也盛氏世佐云此設俎豆之次皆以南爲上者夫席東向便其右也設俎者卽載牲體之左人也魚次次豚而東也俎北豚俎北也腊云特則豚魚之並可見矣

贊設黍于醬東稷在其東設湆于醬南饌要方也疏正義曰敖氏云黍在豚南稷在魚南湆不言其器在豆可知少牢禮曰進二豆湆張氏爾岐云二豆並列醬北二敦直列醬東此爲夫設下對設二豆二敦則爲婦三俎共之注云饌要方也者沈氏彤云特牲注云腊特饌要方也彼疏云豆在神坐前豕設於豆東魚次豕東若腊復在東則饌不得方故特也上經腊特于俎北義同此經設湆于醬南者以醬東黍黍東稷若稷東復湆則饌仍不得方故亦特設之於醬南兩注皆明特設之義蓋必有特設者而後饌乃得方也

設對醬于東對醬婦醬也設之當特俎疏正義曰敖氏云下文云設黍于腊北而此醬宜在黍東則於特俎爲東北也盛氏世佐云此爲婦設也夫西婦東故云對凡饌皆對獨於醬言之者以其首設也設之於夫饌之東少北惟云東者舉其大判言之耳不言婦前者婦席未設也案以下言婦饌不言俎者同牢者亦同俎曰對者以壻饌爲主也特俎卽上所謂腊特于俎北者也沈氏彤曰下經設黍于腊北之腊謂婦之腊卽婦之特俎也敖誤以夫婦共三俎乃誤以此腊爲卽上所特設者遂謂醬於特俎爲東北二豆當特俎之東無之而不誤矣且如其言則下經對席北去壻席各半夫婦徑不相直也何以稱敵偶之義邪

菹醢在其南北上設黍于腊北其西稷設湆于醬北御布對席

贊啓會卻于敦南對敦于北啓發也今文啓作開古文卻爲綌疏正義曰注本啓發也有會合也謂敦

蓋也七字○盛氏世佐云醬二豆二對湇夫婦各者也三俎共者也夫席在室之西南隅婦席在其東少北室中迫而饌又在其西偏則二饌蓋相連矣連故得共俎且成其方也又夫婦各有三俎尤經所未之見者經云設對醬于東注謂當特俎敖氏以下文設黍于腊北參之當在特俎之東北且經云設黍于腊北者腊即上文腊特于俎北之腊非有二也乃謂婦饌別有二豚魚一腊而案其設黍之處又不在腊而在豚北直與經文相背矣褚氏寅亮云夫席之黍在醬東稷在黍東對席之黍宜設在醬西魚北其稷宜在黍西豚北無如設稷之地已有腊在故必設黍於稷北而稷乃設于黍西此經所以特著設黍于腊北之文也鄭注所以云對醬當特俎也敖氏以對席當設之稍北因有對醬于腊俎爲東北及北腊即醬西之說不知昏禮對席與饗者對席自別安可以彼例此設席一誤饌位無不誤矣李氏如圭謂對席亦有俎則是六俎而非三俎且失同牢之義亦非張氏惠言云據禮圖豆徑尺二寸登與豆同敦徑六寸八分俎廣尺二寸長二尺四寸横設之一俎適當二豆之徑兩席共俎葅醢當席中必相對與豚魚之俎直腊特于其北則醬湇當之故鄭云對醬當特俎經文云設黍于腊北蓋當腊稍北略言之又疑北爲東字之誤疏云設婦湇於醬北當特俎東饌內是明以黍在腊東若經爲腊北不應無說也又肵俎經不言所在依祭禮當在內西塾章氏協夢云對席必稍北者壻席南上婦席雖與壻席相向而不敢並示有尊卑之義也張氏爾岐曰會敦之蓋卻仰也開敦蓋各仰置敦右案敦南壻敦對敦婦敦又湇本佐食之具飫射等飲而不飯故無湇賈疏說非也少牢文不備是矣至有司徹雖有匕湇肉湇但祭祀之湇在登不祭不嚌彼湇在俎嚌而嘗之蓋賓尸在味與正祭在登者不可同日語也　注今文啓作開者胡氏承珙云古人於啓閉字多作啓少作開故古文作啓者今文則作開左傳哀二年經城啓陽公羊作開陽

此左氏古文公羊今文之別古文御爲訝者御正字訝借字說文御節欲也玉篇御節御也玉篇爲是卪所以節進退趙策云進退之謂節蓋進則以節召之退則以節御之故云節御說文欲字傳寫誤耳疏云御仰也謂仰於地也案贊啓會御于敦南者謂啓其蓋退於敦南卽御爲卻之義

贊告具揖婦卽對筵皆坐皆祭祭薦黍稷肺贊者西面告饌具也壻揖婦使卽席薦菹醢

疏 正義曰張氏爾岐云其祭之序由近及遠肺指祭肺非擧肺也盛氏世佐云告具告於主人也揖婦不言主人可知也敖氏以爲贊者揖非也至是云皆坐則鄉者夫之卽席猶立也　注云贊者西面告者主人東面故西面告也云薦菹醢者敖氏云祭薦黍肺釋上所謂祭者此也祭薦以菹擩於醢而祭也

贊爾黍授肺脊皆食以湇醬皆祭擧食擧也爾移也移置席上便其食也皆食食黍也以用也用者謂用口啜湇用指咂醬古文黍作稷●

疏 正義曰徐本集釋俱無用口用指四字與疏合盧云公食大夫疏引此注亦無此四字○敖氏曰惟爾黍者夫婦各有二敦故但取其尊者而食之凡爾敦者皆右之於席上經特於少牢禮見之授肺脊兼擧而授之也皆受以右手惟飯時則左執之也贊授夫于饌南西面婦則于饌北東面皆訝受之皆食謂一飯也以湇醬皆謂咂之未食擧故用此安食耳擧謂肺脊以其先食擧之因名之曰擧祭謂振祭嚌之一飯乃祭擧異於饋食禮也食擧謂啗之再飯三飯則皆食擧不復以湇醬矣　注云移置席上便其食也者吳氏廷華云俎不可移置席上故授肺脊而已爾黍注謂便其食則席上之右也饌食無不祭而先飯之理此經雖先言皆食後言祭擧食擧然玩也字義蓋謂其食黍者皆祭擧食擧而後食黍是錯綜之文非先後之序也賈疏謂三飯不須道食疏矣至特牲少牢皆祭禮此合巹禮儀節自是不同不應據一節之

異遂斷爲尊卑之大別也云古文黍作稷者胡氏承珙云少牢禮上佐食爾上敦黍于筵上右之注爾近也或曰移也右之便尸食也疏云案特牲云黍稷此及虞皆不云黍稷者此後黍稷連言明并黍稷食之不虛陳而不食不言爾之者文不具其實亦爾之也案此經云爾黍注皆食食黍也是鄭意此敦惟爾黍而不及稷下文三飯卒食注同牢示親不主爲食起三飯而成禮也可知不必偏食黍稷矣且黍重於稷下文婦饋舅姑有黍無稷故此爾敦不及稷古文作稷鄭所不用

三飯卒食卒已也同牢示親不主爲食起三飯而成禮也疏正義曰同牢示親不主爲食起者少牢十一飯特牲九飯而禮成此獨三飯也

贊洗爵酌酳主人主人拜受贊戶內北面荅拜酳婦亦如之皆祭酳漱也酳之言演也安也漱所以絜口且演安其所食酳酌內尊疏正義曰徐本集釋潔俱作絜案凡絜字嚴徐鍾本並作絜是正字○賈疏云壻拜當東面婦拜當南面少牢饋答拜注云在東面席者東面拜在西面席者南面拜故知婦南面拜若贊答婦拜亦於戶內北面也敖氏云洗爵洗於庭也酳之言繼也其字从酉蓋既食之而復繼之以酒取其酒食相續之義也此拜受者皆在席戶內戶內之西也祭謂祭酒凡酳皆坐受爵案注漱以絜口蓋頤養之道應爾也

贊以肝從皆振祭嚌肝皆實于菹豆肝肝炙也飲酒宜有肴以安之疏正義曰張淳曰齊方計反齊嚌古通用此从口者後人加之耳案今本釋文仍作嚌○敖氏云以肝從謂以肝從於酒而進之二肝蓋共俎而進本贊則縮執之振祭者執而振動之以爲祭也此亦以肝擩於鹽乃振祭肝從之法少牢禮備之矣吳氏廷華云擩鹽過多振而去之祭而嚌之後或言加或言實其義一耳賈疏因士虞禮言加此言實遂以祭禮言加此不言加爲異不知特牲亦祭禮其舉獸幹及

魚也則曰實魚於俎豆矣卒爵皆拜贊荅拜受爵再醑如初無從三醑用巹亦如之亦無從也疏正義曰卒爵而拜拜其飯己之賜也爵出奠於篚乃復洗他爵以升盛氏世佐云答拜各答一拜也亦於戶內北面贊答拜不言婦又拜是不俠拜矣不俠拜者以其禮輕故也褚氏寅亮云儀則同初醑無從則同再醑每醑洗爵於庭皆有兩番降案禮成乃用巹重之不輕用也贊洗爵酌于戶外尊入戶西北面奠爵拜皆荅拜坐祭卒爵拜皆荅拜興贊酌者自酢也疏正義曰戴氏震云據前尊于北墉下是爲內尊尊于房戶之東是爲外尊注止稱內尊外尊此處疏云乃酌外尊亦無戶今刪正○敖氏云三醑乃自酢變於常禮也自酢之禮代人酢己耳洗爵者象其爲己洗也奠爵拜者象受也夫婦皆答拜則象同酢之也興謂夫婦也案皆者皆夫婦也始答拜象拜送也次答拜象答卒爵拜也坐贊者坐也祭祭酒也言坐祭則必興而後坐也不言興文省興者夫婦及贊者皆與也洗亦在房入室戶西北面拜兼拜兩席也主人出婦復位復尊西南面之位疏正義曰敖氏云主人出爲將說服於房也婦但當說服於室故不出惟復其尊西南面之位乃徹于房中如設于室尊否徹室中之饌設於房中爲媵御餕之徹尊不設有外尊也疏正義曰乃徹釋文作迺○敖氏云徹之者亦贊也如設于室者謂其饌與席之位也亦皆東西相鄉案媵西御東主人說服于房媵受婦說服于室御受姆授巾巾所以自絜清今文說皆作稅疏正義曰御授石經徐本集釋通解楊敖俱作受作稅上徐本集釋俱有皆字○郝氏曰夫婦皆說禮服也巾帨也姆授授婦也案下記云母施衿結帨帨即巾也至是與服俱說故姆還

以授之使不忘父母之戒云爾吳氏廷華云說服當於隱處其房室之西南隅歟 注云今文說作稅者賈疏云疊今文爲稅不從者稅是追服之言非脫去之義故不從也

御衽于奧媵衽良席在東皆有枕北止

衽臥席也婦人稱夫曰良孟子曰將瞯良人之所之止足也古文止作趾 【疏】正義曰瞯徐本集釋敖氏俱作見與疏合釋文作瞯云今本亦作見臧氏琳云賈本作將見故後人校釋文云今本亦作見乃注疏本反作瞯此文後人依釋文改也祭義見以蕭光見瞯以俠鬷見及見閒皆爲瞯之誤此儀禮注當從釋文作瞯賈疏作見非也○郝氏曰良良人至是始成夫婦焉稱良戚之也北止趾向北首向陽也張氏爾岐云設衽曰衽猶置尊曰尊布筵曰筵也上文媵受主人服御受婦服此御衽婦席媵衽夫席皆與媵御沃盥義同○注云古文止作趾者胡氏承珙云說文止下基也象艸木出有趾故以止爲足段氏玉裁云此引申叚借之法凡以韋爲皮韋以朋爲朋黨以來爲行來之來以西爲東西之西以子爲人之稱皆是也以止爲人足之稱正同許書無趾字止卽趾字許同鄭從今文故不錄趾字如從今文名不錄古文銘也

主人入親說婦之纓

入者從房還入室也婦人十五許嫁笄而禮之因著纓明有繫也蓋以五采爲之其制未聞 【疏】正義曰賈疏云纓有二一曲禮云女子許嫁纓示有從人之端也卽此說纓之纓內則云男女未冠笄者總角笄纓此幼時纓也皆與男子冠纓異故注云其制未聞案主人親說之者明此纓爲己而繫也亦示親之

燭出

昏禮畢將臥息 【疏】正義曰出出於室也

媵餕主人之餘御餕婦餘贊酌外尊酳之

外尊房戶外之東尊 【疏】正義曰經不言媵御餕位據上經云徹于房中如設于室則壻之餘仍在東婦之餘仍在西媵位如壻御位如婦惟尊在房戶之外爲異耳敖氏云不洗而酌

略賤也此酳之儀惟拜受拜送而已不拜既爵媵侍于戶外呼則聞爲尊者有所徵求今文侍作待疏正義曰媵初至有徵求必資之御則御亦在焉經文省耳　注云今文侍作待者胡氏承珙云侍待古同聲故二字互用禮記雜記注侍或爲待

右婦至成禮

夙興婦沐浴纚笄宵衣以俟見夙早也昏明日之晨興起也俟待也待見於舅姑寢門之外古者命士以上年十五父子異宮疏正義曰集釋本以作已○敖氏云士妻之纚笄宵衣猶士之玄冠玄端也蓋事舅姑之常服也盛氏世佐云纚笄宵衣士妻之正服亦純衣纁袡爲始嫁而加盛飾焉耳事已則服其常也郝氏云降如姆𦈡纚亦執役也　注云古者命士以上年十五父子異宮者案內則云由命士以上父子異宮不云年限鄭知十五爲限者以其十五成童是以鄭注喪禮亦云子幼謂年十五以下則不隨母嫁故知十五以後乃異宮也質明贊見婦于舅姑席于阼舅卽席席于房外南面姑卽席質平也房外房戶外之西古文舅皆作咎疏正義曰賈疏云鄭知房外是房戶外之西者以其舅在阼阼當房戶之東若舅在房戶之東卽當舅之北南面向之不便又下記云父醴女而俟迎者母南面于戶外女出于母左以母在房戶西故得女出于母左是以知房外亦房戶外之西也敖氏云見者通言於舅姑使得見也郝氏云舅席在阼亦爲主也姑席在東房戶外南面爲內主也　注云古文舅皆作咎者案舅是正字咎是借字婦執笄棗栗自門入升自西階進拜奠于席笄竹器而衣者其形蓋如今之筥筶籚矣進拜者進東面乃拜奠之者舅尊不敢授也疏正義曰筶籚徐本釋文集釋敖

氏俱作莀蘆嚴鍾通解作莀籚案說文凵盧飯器或从竹去聲○敖氏曰笲棗栗同一器也門舅姑寢門也姑執笲用二手拜時則惟右手執之凡婦人之拜以左掌據地故右手執物而可以拜也內則曰凡女拜尚右手沈氏彤二云詩傳曰方曰筐圓曰筥說文筥箱也箱飯器又二云笑盧飯器以柳爲之蓋飯器而竹與柳爲之者宜於圓是以笑盧亦圓也鄭兼二者以況笲之圓歟禮器釋文二云笲以葦若竹爲之衣以青繒聶圖二云笲如筥狀其口微弇而稍淺容一斗敖氏謂聘禮卷幣實於笲謂笲之制隋方如篋非也實幣之笲蓋隋圜郝氏二云笲竹盤盛棗栗爲摯也升自西階不敢由阼也手奉摯進至舅席前東面立拜古婦人拜不著地故執摯拜而後奠於席賈疏二云雜記二云婦見舅姑兄弟姊妹皆立於堂下西首是見己注二云婦來爲供養也其見主於尊者兄弟以下在位是爲已見不復特見又二云見諸父各就其寢注旁尊也亦爲見時不來今此不言者文略耳　注二云笲竹器而衣者下記二云笲緇被纁裏加于橋注被表也婦見舅姑以飾爲敬是有衣也二云進東面乃拜者自西階上東面至阼席前而拜也二云舅尊不敢授也者下舅直撫之而已姑則親舉之親舉者若親授之然故於舅得二云尊不敢授也

舅坐撫之興答拜婦還又拜

還又拜者還於先拜處拜婦人與丈夫爲禮則俠拜

【疏】正義曰張氏爾岐二云撫撫棗栗笲也撫之者示受也江氏筠二云婦人立拜故姑舉服脩必與而後拜男子跽拜乃舅坐撫棗栗經亦二云與答拜者下記二云舅答拜宰徹笲可以明其故矣蓋笲須拜後乃徹則答拜時笲固在席也婦之奠笲於席必正當舅前舅之坐撫亦必與笲對則笲未徹之時其坐處之不可以拜明矣以笲之有妨於拜而稍違其坐處以答之此舅之所以與也又戴氏震二云婦立拜而舅乃手拜答之疑未必是與答拜者所以示舅之亦肅拜耳案還旋通婦還還者盤旋以辟不敢當舅拜也　注二云先拜處者謂前東

面拜處也云婦人與丈夫爲禮則俠拜謂若士冠禮冠者見母母拜受子拜送母又拜母于子尚俠拜不徒此婦於舅姑而已禮經釋例曰婦奠摯舅撫之猶覲禮侯氏四享王撫玉也敖氏云撫之亦受之其說是也

降階受笲腶脩升進北面拜奠于席姑坐舉以興拜授人

人有司姑執笲以起答婦拜授有司徹之舅則宰徹之

疏 正義曰腶石經作股釋文作段段氏玉裁云本又作腶瞿氏中溶云石本原作段朱梁重刻譌作股陸氏作段正與石本原刻同○褚氏寅亮云婦已見舅不必復出矣故侍御者先執腶脩以俟於下婦旋降階受之以見姑並非以門內門外別輕重之差案公羊傳莊二十四年大夫宗婦覿用幣何注云禮婦人見舅以棗栗爲敬見姑以腶脩爲敬見夫人至尊兼而用之蓋據此經見舅執棗栗見姑執腶脩之文也集說謂於舅並用棗栗見姑惟用腶脩則是以見夫人之禮見舅也而可乎盛氏世佐曰階西階也受蓋受于婦氏人腶脩脯也姑不撫之而舉以與婦於姑之拜也不還不又拜皆下於舅吳氏廷華云北面向姑也人女從授女從令宰徹之曰舉以與則視撫有加禮矣　注云舅則宰徹之者下記云舅答拜宰徹也禮經釋例曰姑舉摯授人猶聘禮公側授宰玉享公側授宰幣也皆略如臣見君之禮也不降階拜者婦人禮異於男子且辟君也

右婦見舅姑

贊醴婦

醴當爲禮贊禮婦者以其婦道新成親厚之

疏 正義曰敖氏云贊謂舅姑醴婦也舅姑必醴之者答其行禮於己也舅不自醴之者於其始至宜示以尊卑之禮也是時舅姑皆立於席吳氏廷華云猶宰夫爲主人之義江氏筠云自來說贊皆用男子蔡

敬齋本義則云以婦女之曉禮儀者爲之醴婦駁舊說云男女不親授受豈有使男子引新婦見舅姑且酌而醴之之禮然案禮惟婦人於丈夫乃有俠拜若同爲婦人雖婦之於姑亦不俠拜此何以受醴啐醴兩見婦又拜文蔡因爲之說曰贊代舅姑拜送故婦又拜蓋婦與舅行禮當俠拜故也然果如所說則下文婦餕而姑酳之酳雖止爲姑禮實亦兼達舅意又何以不俠拜筠謂贊雖代舅而既爲婦人則畢竟婦人之相與拜也婦與婦行禮而爲俠拜禮未之有欲明男女之別而創禮所未有之拜未見其說之允也且經惟男子有奠爵之拜若婦人之拜皆執爵者此經於贊自酢云贊洗爵酌于戶外尊入戶西北面奠爵拜果婦人而然乎

席于戶牖閒室戶西牖東南面位

疏 正義曰賈疏云禮子禮婦禮賓客皆於此尊之至也

側尊甒醴于房中婦疑立于席西疑正立自定之貌

疏 正義曰疑凝通鄭讀爲仡然從于趙盾之仡疑立者不偏倚不搖動之意玉藻云立容德是也立於此者俟贊者酌醴而出也立時少久故特著其容孔氏廣森曰當讀如士相見篇不疑君之疑疑立者斜向舅姑立也於君以不敢斜向爲敬獻酢則又必向所與行禮者爲敬若鄉飲酒賓西階上疑立是向主人立也主人阼階東疑立是向賓立也周禮曰不正其主面亦不背客此疑立之道乎大抵足有定位而面無定嚮隨其所敬轉向之是之謂疑立今人行禮時亦惟習於此節斯敬賓之意達矣

贊者酌醴加柶面枋出房席前北面婦東面拜受贊西階上北面拜送婦又拜薦脯醢婦東面拜贊北面荅之變於丈夫始冠成人之禮

疏 正義曰婦於贊乃俠拜者重其爲舅姑醴己也婦又拜蓋執觶拜也其下二拜亦然 注云變於丈夫始冠成人之禮者賈疏云冠禮禮子與此禮婦俱在賓位彼禮子南面受醴此則東面

不同彼南面者以向賓拜此東面者以舅姑在東亦東面拜之也婦升席左執觶右祭脯醢以柶祭醴三降席東面坐啐醴建柶興拜贊荅拜婦又拜奠于薦東北面坐取脯降出授人于門外奠于薦東升席奠之取脯降出授人親徹且榮得禮人謂婦氏人疏正義曰張氏惠言曰婦升席皆當由序西席則當如冠禮東上褚氏寅亮云上經注云婦人與丈夫為禮則俠拜此婦拜之通例也敖氏何獨於此經云重其為舅姑醴己然則他禮不俠拜邪其有不俠拜者惟荅拜為然少牢獻侑不俠拜者辟獻尸禮張氏爾岐云祭禮南面啐醴東面奠觶又南面取脯則北面韋氏協夢云醴子奠觶拜賓荅拜冠者不又拜此婦又拜者贊者為舅姑醴婦婦拜贊者猶拜舅姑也故贊既荅拜婦又拜敬之至也降降西階也出出寢門也凡受醴者必取脯以降榮見禮也案升席下當有坐字授婦氏人則歸示其父母矣

右贊者醴婦

舅姑入于室婦盥饋饋者婦道既成成以孝養疏正義曰盛氏世佐云盥以致其潔饋以致其養於既授脯即反而行是禮昏義曰明婦順是也案舅姑既醴婦婦即饋舅姑所以荅舅姑之禮又以執為婦之道也特豚合升側載無魚腊無稷並南上其他如取女禮側載者右胖載之舅俎左胖載之姑俎異尊卑並南上者舅姑共席於奧其饌各以南為上其他謂醬湆菹醢女謂婦也如取婦禮同牢時今文並當作併疏正義曰並上徐本集釋通解俱有今文二字案既有今文二字則當字宜衍○盛氏世佐云側獨也合升側載者合左右胖升於鼎而載之俎則獨用右胖也特牲少牢及鄉飲酒

禮皆用右胖此亦宜然然則舅姑亦共俎矣不合載者此婦供養之道非盛禮也注疏說恐非褚氏寅亮云升鼎則合載則左右兩胖各載一俎異於同牢之合載也非無魚腊之謂士虞禮亨一胖故曰側亨此各載一胖故曰側載若因無魚腊而言側則彼固有魚腊爨矣脊亦分爲二載諸兩俎士室約深一丈八尺向東既接設兩席北墉下焉能更橫容婦席邪當依注共席之說室以奧爲尊故舅居奧而姑居舅北敖氏謂舅北姑南非也賈疏云自側載以下南上以上與取女異彼有魚腊升稷此無魚腊無稷彼男東面女西面別席其醬菹醢夫則南上婦則北上今此舅姑共席東面俎及豆等皆南上是其義也雖不言酒既有饋明酒在其中程氏瑤田云凡禮設飯陳簋必黍稷並進以稷五穀長設之爲敬也昏禮同牢皆食亦黍稷並設今婦饋舅姑特見無稷明但設黍也黍美稷疏婦道成以孝養飯必精美不進疏食也 注云並當作併者胡氏承珙云當字疑衍並併義略同鄭於並雖皆訓併然多疊併字不用此注云並南上者舅姑共席於奧其饌以南爲上是仍依古文作並不應云並當作併也段氏玉裁云說文並併也併並也互相訓並讀如旁併讀如幷並併義有別許互訓者禮經注云古文並今文作併是古二字同也承珙案鄭注此經並皆訓併是二字義同正與許合然鄭意經字則一概從並故有司徹注又疊古文作併者不用也

婦贊成祭卒食一酳無從贊成祭者授處之今文無成也

疏正義曰不言舅姑即席於奧文略也無贊故婦贊之祭祭薦胏及黍也成者謂既授之又處置之使知當在豆閒贊祭則其餘皆贊矣卒食亦三飯矣從者從肝席也敖氏云婦洗於北堂酌於室中北墉下之尊西面酳尸西北面拜舅姑答拜於其席

席于北墉下墉牆也室中北牆下

疏正義曰徐本集釋通解俱有首三字今本脫○賈疏云此席將爲婦餕之位褚氏寅亮云席南向北向以西方

爲上有東上者統於主席也敖氏謂此席東上誤婦徹設席前如初西上婦餕舅辭易醬婦餕者卽席將餕也辭易醬者嫌淬汚疏正義曰釋文淬本或作染○盛氏世佐云辭辭其餕也婦將餕姑之饌姑不辭而舅辭者統於尊也易醬示從舅命也沈氏彤曰敖氏謂易醬御爲之非也此蒙上舅辭之文蓋舅親易之下經婦餕姑之饌則姑酳之此舅辭婦之餕則爲之易醬猶酳之之義禮必有報且姑之醬非舅不得輒易也自婦見舅姑至舅姑饗婦壻皆不與亦禮不參之義婦餕姑之饌御贊祭豆黍肺舉肺脊乃食卒姑酳之婦拜受姑拜送坐祭卒爵姑受奠之奠之奠於篚疏正義曰徐本集釋通解敖氏俱有首二字○內則子婦佐餕既食恆餕則舅食婦餕其常也此辭者未授使代尚行賓禮也然婦則自率其常禮而已醬爲饌本既經指哂不易則於尊者爲褻故易之猶燕禮不敢褻君爵之義也舅尊而姑親則易矣故特言餕姑之饌以明之下祭及食則又合兩饌而言也賈疏謂不餕舅餘先儒又謂易醬爲易姑之醬而餕其饌並與內則之義不符盛氏世佐云餕餘亦祭敬尊者之餘也豆菹醢也上肺祭肺也祭者五詳著之見其無不祭也且與上婦贊成祭之文互備敖氏云婦拜於席南面姑亦拜於西墉下東面之位也卒爵而姑受亦不拜既爵矣餕禮輕篚在房戶之東南案脯醢皆祭言豆以概籩也贊亦授之婦徹于房中媵御餕姑酳之雖無娣媵先于是與始飯之錯古者嫁女必姪娣從謂之媵姪兄弟之子娣女弟也娣尊姪卑若或無娣猶先媵客之也始飯謂舅姑錯者媵餕舅餘御餕姑餘也古文始爲姑疏正義曰徐本楊氏俱作容案作容與單疏本文合○案此當媵御徹之曰婦者蓋姑親酳婦亦親徹也其設之

當略如同牢禮御亦得酳未必甚賤此酳亦酌外尊盛氏世佐云婦人送者皆曰媵娣則妻之女弟從嫁者也送者非一人其中容有娣姪從嫁者以士得有一妻一妾故也士妻從嫁者或娣或姪科取其一經惟言娣者舉尊以見卑耳無娣謂無從嫁者也北面之勢不足盡人骨肉之親雖不以娣姪從可也先謂先於御蓋御主也娣姪客也褚氏寅亮云先是婦止餕姑餘不得言錯至是則媵餕舅餘御餕姑餘有交錯之義矣而必言姑飯者見止餕餘而不食舉也何也姑所舉者婦已餕訖惟餘舅所舉者而已若媵食舅所舉而御無舉可食一食舉一不食舉非交錯之義故媵亦不餕舉經特著姑飯二字以明交錯而餕止敦黍也古文作姑者胡氏承珙曰姑飯者媵御共餕姑之飯黍而不餕舅飯亦不敢褻之意

右婦饋舅姑

舅姑共饗婦以一獻之禮舅洗于南洗姑洗于北洗奠酬以酒食勞人曰饗南洗在庭北洗在北堂設兩洗者獻酬酢以潔清爲敬奠酬者明正禮成不復舉凡酬酒皆奠於薦左不舉其燕則更使人舉爵【疏】正義曰更陳本誤作受○賈疏云共饗婦以一獻之禮者案下記云饗婦姑薦焉注云舅姑共饗婦舅獻爵姑薦脯醢但薦脯醢無盥洗之事今設北洗爲婦人不下堂也云姑洗于北洗洗者洗爵則是舅獻姑酬共成一獻仍無妨姑薦脯醢也褚氏寅亮云舅姑席位當如見時注中其燕以下補經未備容饗後亦燕朱子曰以鄉飲酒約之席在室戶外西舅酌酒獻婦於席西受飲畢更爵酢舅舅姑乃酌自飲畢更酌以酬婦婦受觶奠於薦左不舉正禮畢敖氏云舅洗洗爵以獻也姑洗洗觶以酬也婦酢舅亦洗於北洗皆不辭洗不拜洗其獻酢則

各於其席前舅拜於阼階上北面婦拜於席西東面姑酬婦則於主人之席北面奠觶於婦之薦西奠酬者婦取姑之酬酒而奠之於薦東也不燕者尊卑之分嚴也張氏惠言云饗婦禮略以意言之舅降取爵於篚婦避於房舅升酌筵前北面婦筵西東面拜受舅阼階東面拜送婦又拜卽席姑薦脯醢贊者設俎婦祭脯醢祭肺祭酒降席東面卒爵拜舅答拜婦又拜更爵洗酌阼階上酢舅舅西面拜受婦復位東面拜送婦薦脯醢亦宜有折俎舅祭卒爵拜婦答拜姑洗於北洗酌筵前北面酬婦拜卒爵婦北面於姑西答拜姑洗酌婦北面拜受姑北面拜送姑復位婦奠爵於薦左復位堉案義疏云舅獻姑薦疏云舅獻姑酬共成一獻下記亦云姑薦又云婦酢舅更爵自薦則一饗而獻酢酬之節皆備也據鄉飲酒禮獻賓席前西北面酬則席前北面賓酢主人則席前東南面薦脯醢此經第言一獻至所謂酬者考之於禮主人酬賓則奠於薦右鄉飲酒禮主人奠觶于薦西是也賓及主人拜送後賓乃奠於薦左彼經所謂賓北面奠觶于薦東是也此經奠酬當亦合姑與婦言姑奠在右婦奠在左酢則當有舅席如婦見時所設婦東南面送爵於舅姑酬則無酢故略之吳氏廷華云一日之閒行見舅姑禮又行醴婦禮又行饋舅姑禮其禮亦甚繁乃又以饗禮責其行不但過勞恐日亦不足是當異日爲之不必强爲之說也

舅姑先降自西階婦降自阼階授之室使爲主明代己

【疏】正義曰賈疏云曲禮曰子事父母升降不由阼階阼階是主人尊者升降之處今舅姑降自西階婦降自阼階是授婦以室之事也授之室昏義文也案舅姑同降自西階亦舅先降三等姑乃從之中等舅姑既降婦乃降自阼階

歸婦俎于婦氏人言俎則饗禮有牲矣婦氏人丈夫送婦者使有司歸以婦俎當以反命於女之父母明所得禮

【疏】正義曰通解作明得其禮要義作明所得禮案賈疏云三牲是賓所

當得則作所字爲是鄉射注云還設薦俎就之明已所得禮也亦是此意○盛氏世佐云歸者舅姑是有司授之俎蓋特豚也歸俎饗賓之禮也饗婦亦歸其俎者亦所以厚禮之

右舅姑饗婦

舅饗送者以一獻之禮酬以束錦送者女家有司也爵至酬賓又從之以束錦所以相厚古文錦皆作帛【疏】正義曰盛氏世佐云冠禮酬賓用束帛儷皮此不用帛用錦送者賤宜下賓也　注云女家有司者尊無送卑之法士無臣故知有司送之也云古文錦皆作帛者胡氏承珙云敖氏云聘禮使介行禮用錦不用帛辟主君之幣也此無所辟不當用錦宜從古案昏禮用束帛此酬用束錦或亦辟昏禮之正歟小行人合六幣錦次帛繡次錦則差次可知姑饗婦人送者酬以束錦婦人送者隸子弟之妻妾凡饗速之【疏】正義曰凡饗皆就館速之若異邦則贈丈夫送者以束錦贈送也就賓館【疏】正義曰士卑不嫌外娶先儒俱有明說敖氏以此例大夫泥矣贈錦又在酬錦外丈夫送者贈以束錦則婦人亦贈可知不言婦人者文略　注云就賓館者贈賄之等皆就館故知此亦就館也李氏如圭云聘賓至郊而贈故知此亦就其館也

右饗送者

若舅姑既沒則婦入三月乃奠菜沒終也奠菜者以篚祭菜也蓋用菫【疏】正義曰奠菜祭菜殺於正祭此所謂廟見也婦人必舅姑授之室使代己而後主祭祀舅姑在則降阼階時已受之舅姑與祭可矣若舅姑沒則無所受矣故於時

祭之先行廟見之禮以明其職之有所自受然後可以助祭也必三月者時祭無過三月故以久者言之若昏期近於時祭則不必三月矣下記言三月祭行亦以廟見之後乃可以主祭也江氏筠云賈疏引曾子問三月廟見云云謂卽彼祭於禰一也曾子問孔疏則謂廟見奠菜祭禰是一事萬氏充宗云然則舅姑在者高曾祖禰之廟可以不見乎觀曾子問又曰女未廟見而死不遷於祖不祔於皇姑所以不遷不祔者以未廟見也曰祖曰皇姑則知廟見及高曾祖矣今案曾子問所云廟見是專指舅姑在者其所云祭禰卽此經之奠菜指舅姑沒者非謂舅姑沒者止行祭禰而別無廟見又非卽祭禰爲廟見如注疏家之說也或曰經旣著奠菜之禮矣何以不并著廟見之文曰經本詳初昏及夙興事初不及三月而後其言奠菜者特以見舅姑禮及之非主爲廟見致詳也褚氏寅亮云舅沒姑存則當時見姑亦三月廟見舅若姑沒舅存則婦人無廟可見斯不行奠菜之禮矣賈疏極分明庾氏蔚之謂舅姑偏有沒者見其存者不須見亡者豈禰廟可以不見乎崔氏靈恩謂盥饋於存者廟見於亡者當舅見在姑未有專廟又何由而見乎皆屬一偏之見疏謂婦人無廟以舅尚存則權附於皇祖姑之廟耳旣入皇祖姑之廟矣乃竟專見姑乎專有難處故姑沒舅存斷以不見爲正三月祭行達禮也三月祭菜變禮也不可混而爲一孔穎達謂奠菜之禮適婦乃得行之庶婦則否矣

席于廟奧東面右几席于北方南面廟考妣之廟北方墉下

疏 正義曰賈疏云周禮司几筵云每敦一几鄭注云周禮雖合葬及時同在殯皆異几體實不同祭於廟同几精氣合又祭統云設同几同几卽同席此卽祭於廟中而別席者此旣廟見若生時見舅姑舅姑別席異面是以今亦別席異面象生不與常祭同也敖氏云右几見席南上也凡設几例在席之上端舅席東面而南上姑席南面而西上與生人室中之席

東面者北上南面者東上鬼神則變之生時見舅姑舅不用几此有之者異其神也姑席無几主於尊者也張氏爾岐云席於奧者舅席也席於北方者姑席也祝盥婦盥于門外婦執笲菜祝帥婦以入祝告稱婦之姓曰某氏來婦敢奠嘉菜于皇舅某子帥道也入入室也某氏者齊女則曰姜氏魯女則曰姬氏來婦言來爲婦嘉美也皇君也疏正義曰盛氏世佐云祝盥不言其處如常祭可知也婦盥于門外著其異也蓋祝先入筵几於室中降盥於阼階東南之洗乃出廟門帥婦以入也賈疏謂祝盥亦於門外非也某子之解敖說得之蓋謂父爲大夫子爲士者也廟見祭類故以生者爲斷若其舅亦士也當稱其字曰伯某甫矣胡氏匡衷云祝接神之官論語祝鮀治宗廟樂記宗祝辨乎宗廟之禮士得立廟則有祝明矣或曰此祝贊婦廟見當爲女奴曉事者如周禮之女祝婦拜扱地坐奠菜于几東席上還又拜如初扱地手至地也婦人扱地猶男子稽首疏正義曰吳氏廷華云坐當爲跪盧氏弨弓曰李氏疑東字爲誤蓋當言北○盛氏世佐云婦人拜法見於經傳者五曰肅拜少儀云婦人吉事雖君賜肅拜是也曰手拜少儀注曰凶事乃手拜孔疏云婦人除爲喪主其餘輕喪凶事乃有手拜是也曰稽顙喪服小記云婦人爲夫爲長子稽顙是也曰頓首左傳晉穆嬴抱太子以適趙氏頓首于宣子是也曰扱地此奠菜禮是也唯肅拜爲正餘皆非吉禮扱地之拜蓋介乎吉凶之閒以致其哀敬之意歟以男子九拜例之肅拜軍中之拜手拜蓋與空首相似其法先以手至地而頭來至手也稽顙卽凶拜頓首是男子平敵相與之拜而穆嬴施於其臣疏家以爲私求法非禮之正然嬴遭襄公之喪則亦凶拜也殆如吉拜而後稽顙爲殷之凶拜歟扱地於九拜無所似賈疏謂以手至地而首不至手

又與空首不同注云婦人扱地猶男子稽首稽首拜頭至地臣拜君之拜舉以相況者明其爲拜中之最重非謂拜法似之也然則扱地與肅拜異稽顙又與扱地異手拜與扱地皆以手至地而首或至手或不至手亦異熊氏謂初嫁及爲夫爲長子主喪則以手扱地蓋考之未精矣又案肅拜之法周禮注云肅拜但俯下手今時揖也疏引鄉飲酒注推手曰揖引手曰撎爲證少儀注云肅拜拜低頭也若然女子拜蓋不折腰屈膝矣郝氏謂男子坐拜婦人立拜故婦見舅姑手棗栗腶脩拜而後奠若坐奠必先奠後拜此說得之敖氏云凡婦人之拜以左掌據地故右手執物而可以拜殆未講乎肅拜之法歟特牲禮主婦致爵酳酢左執爵拜則以左掌據地之說不辨自破矣蓋扱地之拜爲不逮事舅姑者設將以生其哀慕之心焉故與凶事手拜相似也案婦拜象拜送也奠菜于几東席上象受也還又拜象答拜也此禮與生時舅姑相似張氏爾岐云此在奧之席凌氏廷堪禮經釋例曰士昏禮疏云婦人肅拜爲正今云扱地則婦人之重拜也猶男子之稽首亦拜中之重故以相況也考少儀曰婦人吉事雖有君賜肅拜爲尸坐則不手拜肅拜爲喪主則不手拜鄭注肅拜拜低頭也手拜手至地也婦以肅拜爲正凶事乃手拜耳是拜扱地即手拜之類惟手拜用於凶事扱地拜用於吉事爲異蓋婦人之拜皆立扱地始坐拜也

婦降堂取笲菜入祝曰某氏來婦敢告于皇姑某氏奠菜于席如初禮降堂階上也室事交乎戶今降堂者敬也於姑言敢告舅尊於姑疏正義曰敖氏云入而北面也祝亦在左告之如初禮而奠於席上之右還又拜也盛氏世佐云姑之生也婦不俠拜今乃如見舅之禮者接神之道宜然也張氏爾岐云此北方之席

婦出祝闔牖戶凡廟門無事則閉之疏正義曰注云廟門無事則閉賈疏云神尚幽也先牖後戶闔之

次第也啓則先戶而後牖矣　老醴婦于房中南面如舅姑醴婦之禮因於廟見禮之〔疏〕正義曰敖氏云不於堂辟尊者在之處也張氏爾岐云亦象舅姑生時因婦來見遂禮之也房中廟之房中盛氏世佐云上云贊醴婦贊卽老也以其助舅姑行禮故曰贊此無助故直指其人言之老家臣之長必有德而年高者為之故使之醴婦所以代舅姑也特牲少牢禮有主婦與尸祝佐食賓獻酢致爵之事古人行禮不以為嫌也又郝氏謂三月廟見以夫婦共為祭主非以三月為限也苟未三月而及祭期婦可以不與於祭乎與於祭可以不先見乎此皆臆說也婦入三月然後祭行未三月而及祭期婦固不與也以其未成婦也　壻饗婦送者丈夫婦人如舅姑饗禮〔疏〕正義曰盛氏世佐云春秋宣五年經高固及子叔姬來左傳云反馬也杜注禮送女留其送馬謙不敢自安三月廟見遣使反馬此士禮雖無反馬之事然送女者則必俟其成婦而後歸亦猶謙不敢自安之意也舅姑存則以昏之明日見於舅姑舅姑醴之婦禮成矣送者可以歸矣故舅姑於饗婦之後卽饗送者不必三月也若舅姑既沒則必待三月廟見而後成婦記云擇日而祭於禰成婦之義也又云女未廟見而死歸葬于女氏之黨示未成婦也成婦而後送者乃可以歸故經言壻饗送者於老醴婦之後著其行禮之節也敖氏云此禮宜行於始嫁之時非也且婦未受醴而先饗送者亦失其先後尊卑之次矣

右舅姑沒婦廟見及饗婦饗送者之禮

記

士昏禮凡行事必用昏昕受諸禰廟辭無不腆無辱用昕使者用昏壻也腆善也賓不稱幣不善主人不謝來辱 疏 正義曰昕陽始也昏陰終也受讀如受命文考之受謂命於禰廟然後行事也蓋據壻家言之此爲適士二廟者言其祖禰共廟雖受諸禰廟終不得云禰廟 注云賓不稱幣不善主人不謝來辱者郝氏云腆厚也辱汙也以物贈人自稱不腆謙言薄也賓至主人稱辱謙己汙也男女匹合不得言薄言汙示誠信也顧氏曰歸妹人之終始也先王於此有省文尚質之意焉故辭無不腆無辱告之以直信曰先人之禮而已所以立生民之本而爲嗣續之基故以內心爲主而不尚乎文辭也非徒以教婦德而已

摯不用死皮帛必可制摯鴈也皮帛儷皮束帛也 疏 正義曰摯使者及壻所執以相見也死謂雉也不用死所以釋用鴈之義此古人用幣之通法也郊特牲謂幣必誠聘禮記幣美則沒禮或失之華靡或失之濫惡是皆不可制也可制則無二者之弊矣

腊必用鮮魚用鮒必殽全殽全者不餒敗不剝傷 疏 正義曰集釋校云說文有餧無餒云餧飢也一曰魚敗曰餧五經文字云餧奴罪反飢也經典相承別作餒爲飢餒字以餧爲餧餉之餧字書無文是也○褚氏寅亮云惟九鼎乃有鮮腊今有之者非攝盛也直取其新耳故賈疏以日新解之郝氏曰鮒鯽魚性相依附曰鮒殽全者謂體備盛氏世佐云殽全謂豚俎也殽骨體也全者不折也一骨分爲二曰折特牲少牢禮言俎之折者不一是皆有殽而不全也雖一體完矣而二十一體不備亦不可謂全若同牢之俎斯爲全耳

右記昏禮時地辭命用物

女子許嫁笄而醴之稱字許嫁已受納徵禮也笄女之禮猶冠男也使主婦女賓執其禮疏正義曰盛氏世佐云雜記曰女子許嫁笄而字雖未許嫁年二十而笄禮之婦人執其禮此敖氏之所本也然先儒之論二笄禮則異是賀氏瑒謂許嫁者主婦爲之著笄女賓以醴禮之未許嫁而笄婦人禮之無女賓賈疏謂未許嫁而笄無主婦女賓使婦人而已又謂許嫁者用醴禮之未許嫁者當用酒醮之朱子謂許嫁而笄主婦當戒外姻爲女賓使之著笄而遂禮之未許嫁者則不戒女賓而自以家之諸婦行笄禮諸說皆用鄭義鄭注此節二云使主婦女賓執其禮注雜記二云言婦人執其禮明非許嫁之笄蓋以禮之婦人執其禮七字爲指未許嫁者言而敖則通上許嫁者爲一義此其所以異也詳雜記文敖說亦不爲無理特其所謂未許嫁笄而不字者後許嫁將復笄而字之乎抑字而不復笄乎敖意似謂古女子皆二十笄而後許嫁許嫁復笄而字又與記文不合是則可疑矣或曰二笄禮同笄而字亦同惟有字而稱與不稱爲異耳韋氏協夢云笄女之禮與冠子略同冠子若不醴則醮用酒女子之笄亦可以醴與酒擇用之矣疏謂女子未許嫁而笄者始用酒意雖別之於已許嫁者而不知其說之非也蓋已許嫁與未許嫁皆以醴飲之以笄加之特有稱字不稱字之分耳

祖廟未毀教于公宮三月若祖廟已毀則教于宗室祖廟女高祖爲君者之廟也以有緦麻之親就尊者之宮教以婦德婦言婦容婦功宗室大宗之家疏正義曰敖氏云此據士族之貴者言也祖女所自出之君也禮國君五廟大祖之廟不毀其餘先君若過高祖則毀其廟而遷之未毀者以其猶在今君四親廟之中也其與君共大祖者若大祖去今君五世廟雖不毀其禮亦與既毀者同祖廟未毀而教於公宮統於祖也祖廟毀而教於宗室統於宗也注云以有緦麻之親者賈疏云共

承高祖是四世緦麻之親若三世共曾祖者是小功之親共祖是大功之親共禰廟是齊衰之親則皆教於公宮今直言緦麻者舉最疏而言云教以婦德婦言婦容婦功者昏義文鄭彼注婦德貞順也婦言辭令也婦容婉娩也婦功絲麻也云大宗之家者昏義孔疏云大宗小宗之家悉得教之與大宗近者於大宗與大宗遠者於小宗此說不若賈疏云不於小宗者小宗卑故也若謂與國君絕服者教於大宗之家大宗絕服者教於小宗之家設有繼高祖之宗而與大宗絕服者將於何教乎教於大宗則已遠教於己室是無統矣此則孔說所不通也褚氏寅亮云異姓亦有宗子之室於彼教之

右記筓女教女之事

問名主人受鴈還西面對賓受命乃降受鴈於兩楹閒南面還於阼階上對賓以女名疏正義曰敖氏云問名之儀主人以賓升西面賓升自西階東面問名主人阼階上北面再拜進受於楹閒還於阼階上西面賓亦還於西階東面主人對賓受命乃俱降也吳氏廷華云致命皆當阿此時當亦如之當阿亦階上地但入堂深耳

右記問名對賓之節

祭醴始扱一祭又扱再祭賓右取脯左奉之乃歸執以反命反命謂使者問名納吉納徵請期還報於壻父疏正義曰凡祭醴之法皆如此其記於此者以問名諸禮皆醴賓故也吳氏廷華云經醴賓以柶祭醴三此祭醴當指賓言況下明言賓取脯又言反命其為賓之祭醴甚明賈疏以贊醴婦言之謬矣至所謂又扱再祭者據廣韻再仍也謂

仍如始祭扱之以至於三也

賈謂再祭分爲二祭非也

右記祭醴法

納徵執皮攝之內文兼執足左首隨入西上參分庭一在南攝猶辟也兼執足者左手執前兩足右手執後兩足左首象生曲禮曰執禽者左首隨入爲門中阨狹西上中庭位併疏正義曰敖氏云先儒讀攝爲摺則訓疊也今人屈物而疊之謂之摺執皮攝之者中屈其皮疊而執之也內文兼執足攝之之法也文獸毛之文也內文者事未至也左首爲西上也二云隨入者以其並設嫌亦並行也西上統於賓也參分庭一在南者參分庭深而所立之處當其參分之一故二分在北一分在南也此設皮之位亦當在西方　注二云左首象生者褚氏寅亮云注是也非以西上故也故聘禮則右首矣盛氏世佐云攝皮之位說見聘禮敖二云在西方非是云隨入爲門中阨狹者賈疏二云皮皆橫執之匠人云廟門容大扃七個注大扃牛鼎之扃長三尺每扃爲一個七個二丈一尺彼天子廟門此士之廟門降殺甚小故二云門中阨狹隨入得並也

賓致命釋外足見文主人受幣士受皮者自東出于後自左受遂坐攝皮逆退適東壁賓致命主人受幣庭實所用爲節士謂若中士下士不命者以主人爲官長也自由也疏正義曰敖氏云釋外足見文者事已至也皮以文爲美故當授受之節宜示之他時則否士謂主人之私臣非指有爵者言也自東自門東而來也士之私臣其位在門東北面後與左皆據執皮者言也受者居客之左便其先執前乃執後也聘禮曰賓出當之坐攝之逆退在東者先退由便也此記與聘禮

互見當參考　注云賓致命主人受幣庭實所用爲節者賓堂上致命時執皮者庭中釋皮外足見文主人堂上受命時主人屬吏受皮者自東方出執皮者之後至其左北面受之也云若中士下士不命者以主人爲官長者韋氏協夢云士謂主人之私臣及府史胥徒之屬注以中士下士當之固非而敖氏專指私臣言亦未備

右記納徵庭實之節

父醴女而俟迎者母南面于房外女既次純衣父醴之於房中南面蓋母薦焉重昏禮也女奠爵於薦東立於位而俟壻壻至父出使擯者請事母出南面房外示親授壻且當戒女也 疏 正義曰注云蓋母薦焉者賈疏云舅姑共饗婦姑薦脯醢故知父母醴女亦母薦脯醢云奠爵於薦東者士冠禮子與醮子及此篇醴賓醴婦皆奠爵於薦東明此亦奠爵薦東也

女出于母左父西面戒之必有正焉若衣若笄母戒諸西階上不降必有正焉者以託戒使不忘 疏 正義曰不敖氏集釋作勿○賈疏云母出房戶西南面女出房西行故云出于母左父在阼階上西面故因而戒之母戒諸西階上者母初立房西女出房母行至西階上乃戒之也　注云必有正焉者盛氏世佐云以物爲憑曰正母施衿結帨庶母施鞶皆謂以物與之則此衣若笄亦父戒時予女使服之識而弗忘也

右記父母授女

婦乘以几從者二人坐持几相對持几者重慎之 疏 正義曰賈疏云王后則履石大夫諸侯亦應有

物履之但無文今人猶用臺盛氏世佐云從者二人蓋夫家之從者跪而持之者几卑故也相對各持其几之一端也

右記婦升車法

婦入寢門贊者徹尊冪酌玄酒三屬于尊棄餘水于堂下階閒加勺屬注也玄酒涚水貴新昏禮又貴新故事至乃取之三注於尊中疏正義曰敖氏曰云酌則以勺也棄餘水者不欲人褻用之也徹冪加勺兼指二尊而言吳氏廷華云周禮酒正疏云若五齊加明水三酒加玄酒爲十六尊蓋以五齊各有一明水之尊三酒各有一玄酒之尊也司尊彝疏云雖彝盛明水鳥彝盛鬱鬯五齊三酒幷配尊則尊有十八是以酒正疏十六尊又增出玄酒鬱鬯二尊爲十八尊也十八尊中正尊與配尊各九郎此疏配尊等說也案郊特牲只有齊加明水無三酒加玄酒之文說所謂加明水不過如禮運所謂玄酒在堂醴醆在戶蓋於五齊之外別加一明水之尊非謂五齊各有一明水之尊也又據彼文云明水涚齊之似五齊各有一明水以涚之不知五齊雖有異同而明水則一何必分而爲五且據司尊彝疏鬱鬯用五齊五齊用三酒三酒用水此蓋爲說清涚醆言之如其說亦止三酒用水與鬱鬯五齊何涉此賈疏復舉以爲說謬矣

右記注玄酒之節

笄緇被纁裏加于橋舅荅拜宰徹笄被表也笄有衣者婦見舅姑以飾爲敬橋所以庪笄其制未聞今文橋爲鐈疏正義曰盛氏世佐云橋制漢時已不可考無論後世聶圖云舊圖云讀如橋舉之橋以木爲之似今之步案高五尺

下跗午貫舉笄處亦午爲之此則漢法也郝氏曰橋笄蓋曲起如橋以被覆其上奉以進曲禮奉席如橋衡聘禮勞以二竹簋方玄被纁裏有蓋其實棗栗與此同二說不同請以經文折之經云加于橋則所以庪笄也當從注注云笄蓋者非也字从木則以木爲之當從圖命名之義或取其狀相似則如橋之說亦未可盡廢特其所稱橋衡之義亦與鄭異鄭注曲禮云橋井上㯏槔注云今文橋爲鎬者胡氏承珙云說文橋水梁也橋之本義爲橋梁古者井上㯏槔亦名橋曲禮奉席如橋衡是也此橋所以庪笄鄭雖云其制未聞然作橋於義爲近若鎬爲盥器與此無涉故不從古文

右記笄飾及受笄之節

婦席薦饌于房醴婦饗婦之席薦也疏正義曰賈疏云醴婦時惟席與薦無俎其饗婦非直有席薦並有俎俎則不饌於房從鼎升於俎入設於席前今據醴婦時同有席與薦饌於房中者言也盛氏世佐曰經但云席于戶牖閒而不見席未設時所陳處但云側尊甒醴于房中而不見薦所陳處故記之薦謂脯醢也冠禮筵在南尊在北籩豆次尊南上此宜亦如之未設時先饌于房及其設之則席在舅姑寢堂上客位脯醢設於席前饗婦之位同注說是也

饗婦姑薦焉舅姑共饗婦舅獻爵姑薦脯醢疏正義曰賈疏云經直云舅姑共饗婦以一獻之禮不言姑薦故記之

婦洗在北堂直室東隅篚在東北面盥洗在北堂所謂北洗北堂房中半以北洗南北直室東隅東西直房戶與隅閒疏正義曰賈疏云房與室相連爲之房無北壁故得北堂之名知房無北戶者見上文尊于房戶之東房有南戶矣燕禮大射皆云羞膳者升自北階立于房中不言入房是無北壁

而無戸是以得設洗直室東隅也敖氏云室之東隅有二云在北堂故無嫌於南篚盛爵觶爲婦酢姑酬也庭中設洗水在洗東篚在洗西此篚在洗東則水在洗西矣盥爲將洗爵以酬舅也無嫌於不洗故惟以盥見之此洗內洗也亦曰北洗凡其設之與盥者之位皆如此記主爲婦禮發之故惟云婦洗盛氏世佐曰古宮廟之制楊氏儀禮旁通圖最分明惟北堂之說略焉今以禮家言推大夫士屋皆兩下五架正中曰棟棟南兩架爲楣爲庪皆堂也棟北兩架西爲室東爲房室與房之南皆有壁有戸有牖室北有牖謂之北墉房北無墉故名其半以北曰北堂婦洗設於此云直室東隅者與其在房之西偏也謂天子諸侯有左右房大夫士惟有東房西室者此鄭義也陳氏祥道謂大夫士之房室與天子諸侯相同非也

婦酢舅更爵自薦更爵男女不相因也【疏】正義曰更爵者不敢用舅獻己之爵爲己飲而褻也自薦者爲姑親薦己故不敢使人薦舅行禮欲其稱也

不敢辭洗舅降則辟于房不敢拜洗不敢與尊者爲禮【疏】正義曰此謂舅將獻婦之時也舅降謂降洗也婦辟于房者既不從降又不敢安於堂上故宜辟也張氏爾岐云辭洗拜洗賓主敵者之禮婦於舅則不敢也

凡婦人相饗無降姑饗婦人送者於房無降者以北洗篚在上【疏】正義曰敖氏云此謂姑饗婦人送者與舅沒而姑存饗婦者也故以凡言之言婦人相饗無降明男女相饗則有降者如上記所謂舅降是也

右記醴婦饗婦餕具儀節

婦入三月然後祭行入夫之室三月之後於祭乃行謂助祭也【疏】正義曰程氏瑤田云助祭自兼適婦庶婦言賈

疏惟指適婦未備若三月廟見則惟適婦以廟見奠菜象盥饋庶婦不饋則亦不奠菜也韋氏協夢云祭謂四時常祭祭行謂至是遇有祭祀婦乃行也若然則三月之前雖有祭事婦亦不行不行者未成婦也盛氏世佐云特牲少牢禮婦人助祭者內賓宗婦皆與此不專指適婦若謂助夫祭爲主婦必舅姑既沒或老而傳者乃得爲之舅在無姑仍不得爲主婦也敖氏知此禮該舅姑之存沒而不兼庶婦言亦未爲備

右記婦助祭之期

庶婦則使人醮之婦不饋庶婦庶子之婦也使人醮之不饗也酒不酬酢曰醮亦有脯醢適婦酌之以醴尊之庶婦酌之以酒卑之其儀則同不饋者共養統於適也 疏正義曰褚氏寅亮云醴適婦與醴適子同則醮庶婦與醮庶子位在房外南面矣敖氏疑此席亦在戶閒非也張氏爾岐云亦昏之明日婦見舅姑時因使人醮之於房外之西如醴婦之儀婦不饋則舅姑亦不饗也盛氏世佐云或疑醮禮亦行於見舅姑之日斯時房外之位姑實在焉豈庶婦見舅姑其位亦異於適歟曰非也上文贊醴婦時舅姑尚在阼與房外之位醴畢乃入室若親醴之然所以尊適也此云使人醮之則舅姑早入於室矣無妨席於房外也人亦室老也舅姑不在其位故不云贊　注云酒不酬酢曰醮者亦如庶子醮然知亦有脯醢者以饗婦醮子皆有脯醢也云其儀則同者適婦用醴於客位東面拜受醴贊者北面拜送今庶婦雖於房外之西者亦東面拜受醮者亦北面拜送也

右記庶婦禮之不同於適婦者

昏辭曰吾子有惠貺室某也昏辭擯者請事告之辭吾子謂女父也稱有惠明下達貺賜也室猶妻也子謂公治長可妻也某壻名【疏】正義曰賈疏云壻家舊已有辭女家見許故今得言貺室若然則納采之前固有行媒以合二姓之好矣經不具者以不在六禮之內也某有先人之禮使某也請納采某壻父名也某使名也【疏】正義曰使下敖氏有此字○案行禮而推本於先人示不敢自爲主也對曰某之子惷愚又弗能教吾子命之某不敢辭對曰者擯出納賓之辭某女父名也吾子謂使者今文弗爲不無能字【疏】正義曰徐本集釋通解俱作今文○弗爲不者胡氏承珙云下文納吉對曰某之子不教蓋至納吉則事已定而情彌親故其辭徑遂此納采則禮初行而情未愜故其辭微婉耳致命曰敢納采【疏】正義曰賈疏云此使者升堂致命於主人辭亦當有主人對辭如納徵不言之者文不具也敖氏云此不言對則是主人惟拜而已

右納采之辭

問名曰某既受命將加諸卜敢請女爲誰氏某使者名也誰氏者謙也不必其主人之女【疏】正義曰某壻父名言壻父既受主人之命將加之於卜敢請女爲誰氏也注以某爲使者名加卜豈使者事乎盛氏世佐云古人有姓有氏姓如姬姜之類氏如叔孫季孫之類男子惟稱氏婦人恆稱姓記云幼名冠字五十以伯仲男子之禮也婦人既笄之後即以伯仲爲字而稱之皆與男子異故以姓配伯仲婦人之通稱閒有以姓配氏者如欒黶之妻曰欒祁郭偃之妻曰東郭姜之類蓋傳者以此

相別耳非常稱也婦人之氏有二種而姓氏之氏不與焉一則以姓爲氏如曰姬氏姜氏是也一則以字爲氏如詩所稱戴嬀大任皆曰仲氏是也上云某氏來婦某姓也此云女爲誰氏誰字也禮本問名辭乃問字者使者不敢斥言主人則直告以女名矣若女之姓氏於媒氏傳言時已知之何必問邪注誤以問名爲問姓嫌於知而復問故以謙不必其主人之女解之非也疏家主於護注遂創爲名有二種之說此皆泥於婦人不以名行之故耳夫不以名行者特以婦人無外事故名不聞於人非謂有名而不稱也昭二十七年左傳云請以重見是婦人稱名之例矣周禮媒氏云凡男女自成名以上皆書歲月日名焉記云男女非有行媒不相知名然則女子未字以前其名不出於梱惟媒氏知之而男家則猶待也姜氏亦知注疏之誤而其說以問名爲問字亦未爲得又不駁注不必其主人之女云卽收養爲己女亦當姓主人之姓豈有養女仍以本姓姓之而待請其姓此尤非也男女辨姓收養之女不必不以本姓姓之不知其姓當以實告男家而使卜之如買妾不知其姓則卜之之例豈得冒己之姓而或犯同姓爲昏之厲禁哉然其告之也亦當於媒氏傳言之時不待納采後尚煩男家之問此注說所以難通也昏義孔疏云問名者問其女之所生母之姓名云爲誰氏言女之母何姓氏也亦非問女名將以卜之也問女母之姓名何爲哉又案此辭及下文吾子有命以下至某不敢辭皆賓在廟門外與擯者對答之辭卽經所謂擯者出請賓執鴈請問名主人許者也賓致命於堂當曰敢問名主人則直以女名對之卽上記所謂主人受鴈還西面對者也疏以此爲致命之辭張氏謂告擯者之辭當亦不異今皆不取敖說近是而謂致命亦當云敢請女爲誰氏恐非也不敢斥言而云誰氏者使者之辭直云問名者將父之命自納采以至請期致命之辭俱相似故記於納采納徵見其例而餘則略之

對曰吾子有命且

以備數而擇之某不敢辭卒曰某氏不記之者明為主人之女〔疏〕正義曰命謂問女名也備數而擇之若曰不專采己女然謙也褚氏寅亮云賓之辭若不必為主人之女主人之辭若猶有他姓與男氏議昏者無其事而設其辭皆謙退不敢質言也　注云不記之者明為主人之女者言主人雖對以己女之氏而記者以其可知而不記耳

右問名之辭

醴曰子為事故至于某之室某有先人之禮請醴從者言從者謙不敢斥也今文於為于〔疏〕正義曰胡氏承珙云注云今文於為于者說文于於也象气之舒段氏玉裁云於者古文烏也於下云孔子曰烏亏呼也取其助气故以為烏呼然則以於釋于亦取其助氣釋詁毛傳亦云于於也凡詩書用于字凡論語用於字蓋于於二字在周時為古今字故釋詁毛傳以今字釋古字也此字蓋古文之後出者此字既出則又于於為古今字凡經多用于凡傳多用於鄭於昏禮大射儀從古文作於既夕記又從古文作于者正欲見古文二字已通用耳　對曰某既得將事矣敢辭將行〔疏〕正義曰禮辭也先人之禮敢固以請主人辭固如故〔疏〕正義曰此及下主人又請之之辭言先人見不可辭固請之堅也　某辭不得命敢不從也賓辭也不得命者不得辭己之命〔疏〕正義曰徐陳集釋通解楊敖辭己之命辭俱作許○此及下使者又答也敖氏云此皆擯者傳賓主之辭即經所謂請醴賓賓禮辭許者也

右醴賓之辭

納吉曰吾子有貺命某加諸卜占曰吉使某也敢告貺賜也賜命謂許以女名也某壻父名疏正義曰盛氏世佐云賈疏於貺字絕句非對曰某之子不教惟恐弗堪子有吉我與在某不敢辭與猶兼也古文與爲豫疏正義曰賈疏云我與在以其夫婦一體夫既得吉婦吉可知故云我兼在占吉中也　注云古文與爲豫者胡氏承珙云與正字豫古文叚借字

右納吉之辭

納徵曰吾子有嘉命貺室某也某有先人之禮儷皮束帛使某也請納徵致命曰某敢納徵對曰吾子順先典貺某重禮某不敢辭敢不承命典常法也疏正義曰儷皮束帛所謂先人之禮也納采之屬不言行禮物者鴈特執以將命非幣帛之可比也盛氏世佐云致命之辭宜在敢不承命之後對曰吾子順先典云云當在致命曰某敢納徵之上

右納徵之辭

請期曰吾子有賜命某既申受命矣惟是三族之不虞使某也請吉日三族謂父昆弟己昆弟子昆弟虞度也不億度謂卒有死喪此三族者己及子皆謂服期期服則踰年欲及今之吉也雜記曰大功之末可以冠子嫁子疏正義曰申受命者自納采以來每度受命也王氏引之云卒有死喪不測之患則不得嫁娶矣何以請吉日若

豫料將來則又與惟是之文不合案不無也虞憂也無憂謂無死喪也三族無死喪則可行嘉禮故惟用此三族無虞之時請吉日也此與萃象傳之戒虞左傳之備其不虞異訓彼謂不億度此謂無憂患也 對曰某既前受命矣惟命是聽前受命者申前事也 疏 正義曰張氏爾岐云主人以期當自壻家來故辭之 曰某命某聽命于吾子曰某壻父名也 對曰某固惟命是聽使者曰某使某受命吾子不許某敢不告期曰某日某吉日之甲乙 疏 正義曰使者來時本受吉期於壻父初執謙以請之此乃因其固辭而告之也 對曰某敢不敬須須待也 疏 正義曰盛氏世佐曰此節張氏謂皆賓與主人面相往復之詞敖氏則以吾子有賜命以下至某不敢告期爲擯者所傳曰某曰以下方屬堂上往復之辭二說俱未安謂皆堂上致命之辭則失卻擯者傳言一段如敖氏說又未免割裂之病蓋此辭皆使者在門外與擯者所往復者也其致命於堂當曰敢請期而主人亦惟拜命而已不於堂告期者以在門外已告也仍曰請期者以壻父之命本欲使者請女氏之不期所謂某命某聽命於吾子也若於堂上直告之曰某日豈得爲致命乎故以吉日私告擯者而致命仍曰敢請期斯於情文兩得矣不記之者如上文納吉辭之例也又案昏辭凡使者稱吾子皆謂女父也擯者稱吾子皆謂壻父也注以擯辭之吾子爲指使者其餘尚可強通納徵對曰吾子順先典則不可通矣使者明云某有先人之禮而對辭乃謂使者順先典是以重禮之貺爲出於使者矣其可乎或疑向使者不合稱壻父爲吾子然使者之稱吾子亦非面女父之辭也況壻父是使命所自出女家顧無一辭及之豈禮也哉惟醴辭曰子爲事故之子指使者言納吉對曰子有吉亦指使者而意則不專指使者猶下言我與在雖爲

擯者自我而意亦不專擯者也何以知擯者自我也凡擯者稱女父皆稱其名此不云某而云我則非指女父矣何以不稱吾子有吉某其閒樂其事之有成者亦與有榮焉曰子曰我舉情之疏者而戚者與在也吉不專在壻女之父也二姓之人皆在吉中而使與擯周旋可知也問名曰某既受命將加諸卜注以以某爲使者名亦非也此與某加諸卜某既申受命矣兩處語意相似某字皆當指壻父名時雖未反命而使者已受命卽如壻父親受命矣將加諸卜不可謂使者卜也一使兼行二禮皆出自壻父之命故辭必稟之某敢納徵之某亦當指壻父名與

此是致壻父之命也

右請期之辭

凡使者歸反命曰某既得將事矣敢以禮告主人曰聞命矣（告禮所執脯）

【疏】（正義曰通典無告字玩賈疏意似亦無告字○張氏爾岐云凡者五禮使者皆然　注云告禮所執脯者盛氏世佐云上記云賓右取脯左奉之乃歸執以反命則知此禮是謂所執脯矣蓋以己之得禮明不辱命也至其在女家交際之儀酬荅之辭自當一一述於主人而記者則不及詳敖氏謂禮卽女家所受納采問名之類不若注說之安也）

右使者反命之辭

父醮子（子壻也）

【疏】（正義曰男言醮女言醴互文也取婦以承祭故重其禮亦應在廟與醴女同賈疏以不言神位故知其不在寢未免穿鑿）

命之曰往迎爾相承我宗事（相助也宗事宗廟之事）

【疏】（正義曰爾相謂婦也祭統記國

君取夫人之辭而曰此求助之本故謂婦爲相承我宗事卽昏義所云上以事宗廟而下以繼後世也勖帥以敬先妣之嗣若則有常勖勉也若猶女也勉帥婦道以敬其爲先妣之嗣女之行則當有常深戒之詩云大姒嗣徽音疏正義曰張淳云釋文作帥道當云勉帥道婦張氏之說是也帥之訓道上文已具故此不復言但疊帥道二字以見義○張氏爾岐云當四字爲句事嗣叶相常首尾叶敖氏讀勖帥以敬爲句先妣之嗣爲句言女當勉帥之以敬彼能敬則盡婦道而可以嗣續我先妣之事矣王氏引之曰敖說是矣而未盡也之是也言當勉帥以敬惟先妣是嗣也大雅河漢篇召公是似文義與此同傳曰似嗣也經文以事嗣爲韻若則有常句不入韻士冠禮醴辭禮儀既備令月吉日昭告爾字爰字孔嘉髦士攸宜宜之于假永受保之備字爲韻嘉宜爲韻末二句不入韻是其例也顧氏詩本音謂相常爲韻非是子曰諾惟恐弗堪不敢忘命疏正義曰敖氏云堪任也惟恐不任帥以敬之事蓋謙恭之辭子既對乃拜受觶

右父醮子辭

賓至擯者請對曰吾子命某以茲初昏使某將請承命賓壻也命某某壻父名茲此也將行也使某行昏禮來迎疏正義曰吾子謂女父某壻父也命上敢不敬須之命也親迎而曰承命立言之法也對曰某固敬具以須疏正義曰承上請期答辭故曰固

右親迎至門告擯者辭

父送女命之曰戒之敬之夙夜毋違命夙早也早起夜臥命舅姑之教命古文毋為無【疏】正義
曰毋陳閩監本俱誤作母凡他篇毋字此本亦有誤作母者可以義
求之○張氏爾岐云即記云父西面戒之必有正焉之辭盛氏世佐
云賈疏云父戒之使無違舅命母戒之使無違姑命故父云命母云
戒此注有姑字者傳寫誤也下文宮事謂姑命婦之事此說似泥命
謂舅姑之命注中姑字非衍也宮事謂凡宮中之事不可違夫命也
孟子載母戒女辭曰無違夫子與此記互相發矣　注云古文毋為
無者賈疏謂說文毋為禁辭故從今文毋為正也　母施衿結帨曰勉之敬之夙夜無違宮事
帨佩巾【疏】正義曰張氏爾岐云即前記云母戒諸西階上之辭衿衣小帶一云衣領盛氏世佐云衿注疏無明文內則注衿猶結也
又與此義不合張說蓋用說文注及詩傳漢書注應劭曰衿帶也竊疑此說於此義稍近而施帶於身而結巾於帶以為識也　庶母
及門內施鞶申之以父母之命命之曰敬恭聽宗爾父母之言夙夜
無愆視諸衿鞶庶母父之妾也鞶鞶囊也男鞶革女鞶絲所以盛帨巾之屬為謹敬申重也宗尊也愆過也諸之也示之
以衿鞶者皆託戒使識之也不示之以衣笄者尊者之戒不嫌忘之視乃正字今文作示俗誤行之【疏】正義曰門內廟門之內也庶母
位在下故送之及門內張氏爾岐云鞶大帶其訓囊者从糸不从革
視諸衿鞶者教以見衿鞶即憶父母之言也盛氏世佐云以鞶為囊
者鄭義也杜注左傳以為紳帶一名大帶賈服皆與杜同說文亦云
大帶也孔疏每曲鄭而直杜以易訟之上九或錫之鞶帶知鞶即帶
也左傳疏又以內則鞶袠之鞶亦當為帶然鞶字从糸鞶字从革則
一為囊一為帶自屬兩義張說近得其實上文母施衿愚既以帶解

之矣此鞶又爲帶者丈夫之帶有二一爲大帶以束衣一爲革帶以佩韍玉之等婦帶應如之鞶爲大帶則衿猶丈夫之革帶歟知衿非於革帶故施衿則結帨以爲之佩抑猶有疑焉者玉藻論大帶之制衣小帶者小帶散在於衣非總束其身且非所用以佩物也凡佩繫自天子以至於士皆以絲爲之而內則云男鞶革女鞶絲是杜意爲不可通矣意者內則之鞶當作縏所謂小囊盛帨巾者也易與春秋傳之鞶則如字而爲大帶之別名與內則所論男女幼小時飾易春秋傳所陳命服之飾其指不同也或曰此記之鞶鄭義亦可通蓋母爲之結帨而庶母施囊以盛之也鞶與縏古通用 注云視乃正字今文作示俗誤行之者胡氏承珙云賈疏云曲禮云幼子常視毋誑注云視今之示字彼注破从示此注以視爲正字以示爲俗誤不同者但古文字少故眼目視瞻與以物示人者皆作視字故此注云視乃正字今人以今示解古視故云誤也彼注云視今之示字者以今曉古故舉今文示而言兩注相兼乃具也承珙案小雅視民不佻箋云視今示字曲禮注云視今之示字謂此視字卽今人所用之示字古人正作視不作示耳孔疏云鄭注經中視字者是今之以物示人之示也是舉今以辨古此說得之賈疏謂曲禮注破視從示非也

右父母送女戒命之辭

壻授綏姆辭曰未教不足與爲禮也姆教人者 疏 正義曰經文十四字唐石經徐本集釋通解皆有注四字徐本集釋通解楊氏皆有今本經注俱脫

右姆辭壻授綏之辭

宗子無父母命之親皆沒己躬命之宗子者適長子也命之命使者母命之在春秋紀裂繻來逆女是也躬猶親也親命之則宋公使公孫壽來納幣是也言宗子無父是有有父者禮七十老而傳八十齊喪之事弗及若是者子代其父為宗子其取也父命之

疏正義曰張氏爾岐云此請期以上五禮皆命使者行故言使命所出必自其父若無父者則母命之母命之者亦但命子之父兄師友使之命使不得稱母命以通使也親皆沒不得已乃親命之所以養廉遠恥也盛氏世佐云母命之者母使子之諸父兄命五禮之使者親迎則使命其子昏辭皆稱母所使出命者之名也雖有諸父諸兄不敢擅為昏主必待母命而後為之尊大宗也母沒則族人無敢主其昏矣故己躬命之躬命五禮之使者親迎則告之於禰而其辭皆稱婿名也說苑載諸侯親迎之辭直稱某國寡小君使寡人云云而嫁女之國亦女母夫人對是婦人得與外事矣又言諸侯以至士庶人親迎皆用屨或三兩二兩而以所加琮與束脩為異無用鴈者亦與此經不合蓋雜取諸書所成未可盡信也昏禮當使同姓主之公羊傳云稱諸父兄師友說苑載大夫士昏辭亦曰某之父某之師友師友異姓而與父兄並稱恐未安注云母命之在春秋紀裂繻來逆女者隱二年經書秋九月紀裂繻來逆女公羊傳裂繻者何紀大夫也何以不稱使昏禮不稱主人何休云為養廉遠恥也又云然則曷稱稱諸父兄師友宋公使公孫壽來納幣則其稱主人何辭窮也辭窮者無母也何注云禮有母母當命諸父兄師友稱諸父兄師友以行宋公無母莫使命之辭窮故自命之自命之則不得不稱使又云然則紀有母乎曰有有則何以不稱母母不通也何注云禮婦人無外事但得命諸父兄師友稱諸父兄師友以行耳母命不得達故不得稱母通使又所以遠別也服注亦云不稱主人母命不通故稱使褚氏寅亮云命與親迎各不相蒙集

說言父沒則無醮而命之之人故不可親迎固哉哀公問諸侯當冕
而親迎旣繼世而爲諸侯無父可知而必親迎則親迎豈以父存沒
而異下記云不親迎謂或有事故及疾 支子則稱其宗 支子庶昆弟
不得親迎之等非必指父沒者而言也 也稱其宗子
命使 【疏】正義曰敖氏云支子謂宗子之族人也此指其無父母與親
者 兄者言宗亦大宗子也稱其宗子命使者宗子尊也言稱其
宗則非宗子自命之矣下文弟稱其兄亦然此支子與喪服傳所云
者不同盛氏世佐云此亦謂無父者支子與庶子異庶者對適而言
支者對宗而言有庶子而爲宗者如庶子爲父後者是也有宗子而
爲支者如身是繼禰之宗而父非適長則於祖爲支矣身是繼祖之
宗而祖非適長則於曾祖爲支矣推而上之即至爲繼高祖之宗而
於大宗仍爲支子也曲禮云支子不祭祭必告於宗子以支子對宗
子言與此同喪服傳所云者非宗子之正解也宗五宗也大宗一小
宗四稱謂昏辭所稱之名如曰某有先人之禮之類是也父在則某
是父名無父則是繼禰之宗子名身繼禰則稱繼 弟稱其兄 弟宗子
祖之宗身繼祖則稱繼曾祖之宗其他可類推矣 之母弟
【疏】正義曰此亦謂無父者褚氏寅亮云注所以必指宗子母弟者見
所稱之兄非大宗子則必小宗子也假如宗子沒母弟之次者存
季弟行昏禮亦不得稱次兄何也雖其兄而非宗子也則仍從支子
之例而稱其繼祖之宗子敖氏謂有兄則不稱宗子尚親也似失記
者之
意

右記使命所自出

若不親迎則婦入三月然後壻見曰某以得爲外昏姻請覿 女氏稱昏壻氏

稱姻覯見也【疏】正義曰敖氏云親迎之時主人迎壻以入母立於房外壻奠鴈而降是亦見壻之父母矣若不親迎則壻須別見故於此時爲之必俟三月者婦無舅姑者三月而廟見故此壻行禮於婦家亦以之爲節也下文云某之子未得濯溉于祭祀然則此在廟見之後祭行之前乎盛氏世佐云敖氏創爲無父者不親迎之說據昭元年左傳楚公子圍娶婦事曰圍布几筵告于莊共之廟而來則無父者告於廟而後迎禮也豈以無所承命而廢鬼神陰陽之大典乎隱二年經書紀裂繻來逆女公羊傳曰譏始不親迎也莊二十四年公如齊逆女杜注云禮也詩曰韓侯迎止于蹶之里是親迎孔子以告哀公是諸侯之迎且不以無父廢也況大夫以下乎敖氏之云其爲臆說無疑矣　注云女氏稱昏壻氏稱姻者爾雅釋親文所以別男女則男稱昏女稱姻者義取壻昏時往娶女則因之而來及其親則女氏稱昏壻氏稱姻義取送女者昏時往男家因得見之故也

主人對曰某以得爲外昏姻之數某之子未得濯溉于祭祀是以未敢見今吾子辱請吾子之就宮某將走見

主人女父也以白造緇曰辱【疏】正義曰溉敖氏作摡張氏云釋文云摡古代反少牢禮摡鼎七俎摡甑甗匕與敦摡豆籩勺爵觚觶字皆作摡今本釋文作溉戴氏震曰說文摡滌也溉灌注也二字各別此當爲摡○敖氏曰濯洗也溉拭也濯溉於祭祀謂祭祀則濯溉祭器此非主婦之事乃言某之子亦謙辭也王氏引之云注疏不釋數字釋文亦無音案數當音所角切爾雅曰數疾也數之言速也驟也曾子問不知其己之遲數鄭注數讀爲速是也言前此驟爲昏姻其時未久某之子尚未濯溉于祭祀某是以未敢往見吾子也

對曰某以非他故不足以辱命請終賜見

非他故彌親之辭命謂將走見之言

今文無終賜疏正義曰通解他作它注同○張氏爾岐云非他故謂以非他人之故而來見案非他卽詩兄弟匪他之義親親之辭
也言某以至親故不敢辱主人走見之命請終賜見之賈疏以非他二字連讀非也　注云今文無終賜者此從古文有終賜者蓋以辭
謙爲得禮耳對曰某得以爲昏姻之故不敢固辭敢不從不言外亦彌親之辭古文曰外
昏姻疏正義曰此所謂禮辭也得爲昏姻則異于賓客所以不敢固辭也先辭其見而後不辭其摯亦異於賓客　注云古文曰外昏
姻者校勘記曰以得唐石經徐本通解楊氏敖氏俱作得以集釋校二云上言某以得爲外昏姻之數以者自以也此乃云某得以爲昏姻
之故以者指壻以之也正與故字語氣相貫今注疏本從敖氏說改經耳胡氏承珙云上言自以得爲昏姻之數故謙而言外下言得其
壻以我爲昏姻之故故親而不復言外邵晉涵謂上言外昏姻此不宜異非也主人出門左西面壻入門東
面奠摯再拜出出門出內門入門入大門出內門不出大門者異於賓客也壻見於寢奠贄者壻有子道不敢授也摯雉
也疏正義曰敖氏云主人出門左西面則近於門矣此異於見賓客之位蓋親之也壻入門亦入門左也記似脫一左字此賓主服
玄端郝氏曰主人出壻入門皆大門也主人以迎賓之禮出壻不敢當先入門東面奠摯再拜如父子禮不敢親授也主人不答拜示不
敢受也盛氏世佐云見壻之異於見賓者主人出門而左不拜不揖入是已不必以不出大門爲異也凡出門則以東爲左入則以西爲
左記於壻入門下云東西則壻亦入門左矣不言左省文也疏云案聘禮賓執摯入門右從君臣禮也辭之乃出由門左西進北面從賓
客禮此亦然似以壻入門爲右者然入門右者奠摯當北面此云東面明與聘禮有閒當以敖說爲正案注言雉也以別於鴈壻親迎執

鴈此當執雉賈疏未得注意擯者以摯出請受欲使以賓客禮相見疏正義曰敖氏云壻既出擯者東面取摯以出西面于門東其辭蓋曰某也使某請受注云欲使以賓客禮相見者案聘禮賓執摯入門右從臣禮辭之乃出由門左西向北面從賓客禮此亦然故知所請受者請退從賓客相見受之壻禮辭許受摯入主人再拜受壻再拜送出出已見女父疏正義曰受摯入者亦如聘禮受摯乃更西入也敖氏云壻東面辭既許則進訝受其摯入立于寢門外之右東面向主人也褚氏寅亮駁之曰經明著入與出之文敖氏以為訝受於門中臆說也授受之節宜亦如士相見禮在中庭盛氏世佐云此禮蓋與聘禮上介覿主國君相似壻受摯入門左主人再拜于中庭壻進北面授摯退復位乃再拜送也張氏爾岐云壻出更以請見主婦告擯者乃入見也見主婦主婦闔扉立于其內主婦主人之婦也見主婦者兄弟之道宜相親也闔扉者婦人無外事扉左扉疏正義曰敖氏云擯出請入告主婦乃位於此然後壻入必出乃入者禮更端不敢由便也主婦此時亦纚笄宵衣注云扉左扉者盛氏世佐云左扉是也門以向堂為正左扉西扉也闔西扉立于其內主婦之正位也蓋取夫東婦西之義士喪禮闔東扉主婦立于其內凶禮變於吉也敖氏據之而以此扉為東扉誤矣賈疏謂東扉即左扉尤誤云兄弟之道宜相親也者爾雅母與妻之黨為兄弟故知主婦於壻者兄弟之道也壻立于門外東面主婦一拜壻荅再拜主婦又拜壻出必先一拜者婦人於丈夫必俠拜疏正義曰于丈夫之于要義作與○主婦與壻行禮乃俠拜者重始見也壻東面則主婦南面不相對禮經釋例曰婦見舅姑如臣之見君女父見壻如主人之見賓陽尊陰卑之義也主人請醴

及揖讓入醴以一獻之禮主婦薦奠酬無幣及與也無幣異於賓客疏正義曰敖氏云此略如舅姑饗婦之禮而無俎盛氏世佐云主人送壻于寢門外因請醴之遂及壻揖讓而入也及之云者嫌使擯者請之且以見壻見主婦而出亦主人送也敖云及當作乃非也入入寢門也此時壻尚未出大門士冠禮云賓出主人送于廟門外請醴賓賓禮辭許此宜如之但壻見於寢則爲寢門而非廟門耳　注云無幣異於賓客者案士冠禮醴賓酬之以幣昏禮饗賓酬以束錦燕禮大射酬賓客皆有幣此無幣故知異於賓客也壻出主人送再拜疏正義曰敖氏云送謂送于外門外

右記不親迎者見婦父母之禮

儀禮正義三

南菁書院

績溪胡培翬竹村著

士相見禮第三

鄭目錄云士以職位相親始承摯相見之禮雜記會葬禮曰相見也反哭而退朋友虞祔而退士相見於五禮屬賓禮大小戴及別錄皆第三

疏正義曰單疏本始承摯相見下無之字釋文集釋毛本俱有○鄭云士以職位相親始承摯相見之禮者謂始仕爲士者因職位相親而始行執摯相見之禮是鄭專指有位之士而言也然其實未仕之士以道藝相親而相見當亦用此禮又此篇主言侯國之士然亦兼天子之士在內賈疏謂天子之孤卿大夫士與諸侯之孤卿大夫士執摯既同禮亦無別是也不云見而云相見者據經賓初以摯見主人主人復還摯見賓是迭爲賓主故云相見也王制六禮相見居其一張氏爾岐云經初言士相見禮次言士見于大夫又次言大夫相見又次言士大夫見于君末及見尊長諸儀皆自士相見推之故以士相見名篇云雜記會葬禮曰相見也反哭而退朋友虞祔而退者案雜記原文云相趨也出宮而退相揖也哀次而退相問也既封而退相見也反哭而退朋友虞祔而退此皆謂送葬之事故鄭云會葬禮也彼注云相趨謂相聞姓名來會喪事也相揖嘗會於他也相問嘗相惠遺也相見嘗執摯相見也附當爲祔孔疏出宮而退謂柩出廟之宮門而退去哀次而退謂柩出至大門外之哀次而退去也既封而退謂至窆竟而退也反哭而退謂至葬竟孝子反哭還至家時而退也虞祔而退謂至主人虞祔而退也此五者恩薄者退速恩厚者退遲鄭引相見也二句者明相見者之恩誼較朋友爲疏而視相趨相揖相問者則爲厚耳云士相見於

五禮屬賓禮者周禮大宗伯以賓禮親邦國其別有八雖未言相見然相見亦是賓主相接之法故鄭云屬賓禮也郝氏敬云士相見禮士君子初相接之禮也古之君子論行而結交行苟同矣未遽合也必有介以相通有辭以相命有摯以相將有儀以相敬然後無苟合而免失身之悔然則儀禮一經特制相見之禮其以是與○張氏爾岐云經本言士與士相見遞推至見君見禮已備凡燕見于君以下博言圖事進言侍坐諸儀法殆類記文體例矣盛氏世佐云此篇之經止士相見一章自士見于大夫以下皆記也其中見大夫大夫相見見君三節文與本篇相似猶可曰自士相見推之也至凡燕見于君以下則其體宛似戴記且與彼大同小異者今案自凡燕見于君以下文體與經不相似非周公作張氏盛氏以爲記文說亦有見今並錄存之以諗來者

士相見之禮摯冬用雉夏用腒左頭奉之曰某也願見無由達某子以命命某見摯所執以至者君子見於所尊敬必執摯以將其厚意也士摯用雉者取其耿介交有時別有倫也雉必用死者爲其不可生服也夏用腒備腐臭也左頭頭陽也無由達言久無因緣以自達也某子今所因緣之姓名也以命者稱述主人之意今文頭爲脰疏正義曰自此至賓再拜送摯出主人送于門外再拜言士與士相見之禮其細目則再請返再辭摯而後見賓初以摯見次請賓反見次主人還摯見賓而禮成○摯唐石經及嚴本集釋經注俱作摯釋文作贄云本又作摯今本多作贄石經考文提要云案儀禮識誤云此卷中摯字經注凡四十有四皆從手今計經摯字二十監本作摯者四作贄者十有六岐出今从唐石經宋本儀禮鄭注儀禮圖統作摯注見於所尊敬集釋無於字以將其厚意也集釋無也字今所因緣之姓名也據疏或本無名字嚴本俱有○釋文願見

賢遍反凡卑於尊曰見敵而曰見謙敬之辭也今案禮記少儀曰聞始見君子者辭曰某固願聞名于將命者不得階主敵者曰某固願見方氏慤云願聞名于將命者以其尊而不可以遽見故欲先聞其名與之相敵則不必先聞其名直曰願見而已此隆殺之辨也今此士與士相見體敵故云願見不云願聞名也　注云摯所執以至者君子見於所尊敬必執摯以將其厚意也者案鄭注大宗伯云摯之言至所執以自致又注曲禮云摯之言至也通典云摯者至也信也君子於其所尊必執摯以相見明其厚心之至以表中忠信不敢相褻也陳氏祥道云禮云無辭不相接也無禮不相見也欲民之無相瀆也又云君子於其所尊不敢質也故貴至於邦君賤至於庶人以至婦人童子相見不依摯不足以為禮摯而不稱德不足以為義此論摯之大略也云士摯用雉者取其耿介交有時別有倫也者曲禮曰凡摯天子鬯諸侯圭卿羔大夫雁士雉大宗伯以禽作六摯士執雉是其用雉之證也說苑云雉者不可指食籠狎而服之是其性耿介也李氏云雉春交秋別既別不雜是其有時有倫也云雉必用死者為其不可生服也者書舜典曰五玉三帛二生一死摯一死即謂雉也白虎通云士以雉為摯者取其不可誘之以食懾之以威必死不可生畜士行威守節死義不當移轉也云夏用腒備腐臭也者周禮庖人曰夏行腒鱐鄭司農云腒乾雉鱐乾魚後鄭云腒鱐暵熱而乾案乾則不腐臭故夏時用之敖氏惟見冬夏而不言春秋蓋春則先從冬後從夏秋則反之亦若屨然與云左頭頭陽也者謂頭謂陽故在左也曲禮曰執禽者左首首與頭同鄭注左首尊孔疏左陽也首亦陽也左首謂橫捧之也云無由達言久無因緣以自達也者言應見之心雖久而無介紹以自通也云某子今所因緣之姓名也者即介紹也按鄭解鄉飲鄉射俱以某子為姓氏此云姓名者賈疏謂彼對面語故不言名此非對面之語若不言名直稱姓是何人故以姓

名解之其說是也云以命者稱述主人之意者蓋主人若無見之之意雖有介紹先容亦不得謾相就敖氏云以命以主人之命也言某子以主人之命命某見乃敢見也語極明顯云今文頭爲脰者臧氏琳云賈疏謂鄭不從今文者以其脰項也項不得爲頭故不從也士虞禮取諸脰膉注古文脰膉爲頭嗌也案說文頁部頭首也肉部脰項也二字義別鄭注士相見禮從古文不從今文注士虞禮從今文不從古文可謂各得其當矣

主人對曰某子命某見吾子有辱請吾子之就家也某將走見有又也某子命某往見今吾子又自辱來序其意也走猶往也今文無走【疏】正義曰某子卽上某子賈疏謂某子是中閒介紹之人故賓主共稱之是也張氏爾岐云某子亦所因者之姓名以其前來通意故主人自謙言其曾命某往見也某者主人自名也　注云有又也者詩長發有虔秉鉞箋云有之言又也云某子命某往見今吾子又自辱來者是申言解有爲又之義敖氏作本字解云有辱謂有所屈辱盛氏駁之謂當從注爲是云走猶往也者賈疏謂直取急往相見之意非走驟之義故釋從往也云今文無走者賈謂無走於文義不足故不從今文從古文也

賓對曰某不足以辱命請終賜見命謂請吾子之就家【疏】正義曰注謂字閩葛俱誤在子字下○張氏爾岐云命謂主人請就家之命不足辱不敢當也

主人對曰某不敢爲儀固請吾子之就家也某將走見不敢爲儀言不敢外貌爲威儀忠誠欲往也固如故也今文不爲非古文云固以請也【疏】正義曰注固以請下嚴徐通解俱有也字集釋及毛本無○此賓再請而主人再辭也　注云固如故也者前云請吾子之就家今仍云然故云如故也云今文不爲非者賈疏謂非敢於義不便故不從今文云古文云固以請也者賈疏

謂固請於文從便若有以字於文紓緩故不從古文今案下注云今文不爲非亦不從今文也固以請古文多以字蓋涉下文賓對之辭而誤衍

賓對曰某不敢爲儀固以請言如故請終賜見也今文不爲非【疏】正義曰對唐石經補刻誤作用注言如故集釋作故嚴本及各本俱譌作固程氏瑤田云按上注云固如故也今解此固字卽承用如故二字若作固則如字不可通矣今從集釋

主人對曰某也固辭不得命將走見聞吾子稱摯敢辭摯不得命者不得見許之命也走猶出也稱舉也辭其摯爲其大崇也古文曰某將走見【疏】正義曰此賓三請主人許出見之而又辭其摯也　注云走猶出也者與上注走猶往也殊者賈疏云彼據向賓家故走爲往此據出門故云走猶出也云稱舉也者爾雅釋言偁舉也郝氏義疏云偁又通作稱書敢行稱亂史記殷紀作敢行舉亂士相見禮聞吾子稱摯聘禮賓稱面鄭並云稱舉也云辭其摯爲其大崇也者爲用摯禮大崇不敢當故辭之也云古文曰某將走見者賈疏云上已云某也固辭不得命於下不須云某於文便古文更云某將走見文疊故不從也

賓對曰某不以摯不敢見見於所尊敬而無摯嫌大簡【疏】正義曰注云見於所尊敬而無摯嫌大簡者此釋所以必用摯之義也白虎通云相見有摯何所以相尊敬長和睦也故財帛者所以副至意也然則平等而相見亦有相尊敬之意故注云然

主人對曰某不足以習禮敢固辭言不足習禮者不敢當其崇禮來見己【疏】正義曰此賓嫌其無摯簡略而主人再辭其用摯也　注云言不足習禮者不敢當其崇禮來見己者案不敢當其崇禮來見己是原其所以託言不足習禮之故禮謂賓客往來之禮不云不敢當而云不足習禮謙以辭之也

賓對曰某也不依

于摯不敢見固以請言依於摯謙自卑也今文無也【疏】正義曰注末四字毛本脫嚴徐集釋通解俱有　注云言依於摯謙自卑也者依於摯謂託之以通意無所託則不敢見是謙自卑之辭也云今文無也者謂古文作某也不依於摯今文無也字鄭從古文作某也者取其配文足句非有他義後同

主人對曰某也固辭不得命敢不敬從出迎于門外再拜賓答再拜主人揖入門右賓奉摯入門左主人再拜受賓再拜送摯出右就右也左就左也受摯於庭既拜受送則出矣不受摯於堂下人君也今文無也【疏】正義曰注既拜受送嚴徐俱有受字盧氏據疏疑為衍文非也今文無也四字集釋通解毛本同嚴徐作今文無脫也字○此賓固請用摯而主人許之賓始以摯見也自敢不敬從以上皆賓在門外擯者往復傳言注云右就右也左就左也者謂主人就門右入賓就門左入門大門也門右門左詳士冠禮云受摯於庭者李氏云下記云君在堂升見此無升文則在庭也云既拜受送則出矣者謂主人既拜受摯賓既拜送摯而禮畢即出矣明未與敘殷勤故須反見也云不受摯於堂下人君也者意謂臣見君當受摯於堂此於庭是下人君也楊氏復云注謂下人君此義難曉案聘禮賓至于近郊君使卿用束帛勞賓受于舍門內諸公之臣則受于堂又案聘禮賓私面于卿受幣于楹間及衆介面則受幣于中庭以此言之則受于堂為重受于庭為輕其義可知也今案楊說亦通云今文無也者義已詳前

主人請見賓反見退主人送于門外再拜請見者為賓崇禮來相接以矜莊歡心未交也賓反見則燕矣下云凡燕見于君至凡侍坐于君子博記反見之燕義臣初見於君再拜奠摯而出【疏】正義曰上賓出主人不送而使擯者請見賓亦

不辭而反見者賓本爲見來也賓退主人送再拜賓不答拜義詳士冠禮褚氏云反見之儀則曲禮所云凡與客入者一節備之　注云請見者爲賓崇禮來相接以矜莊歡心未交也賓反見則燕矣者江氏筠云賓之來介以通名摯以致敬其禮過崇是時相接以矜莊賓主之意兩皆未伸故主人須請見請見亦猶是相見而得以交歡心者蓋賓反見則爲燕見矣燕見之禮與始之致尊嚴者不同非燕飲之燕也今案賈疏以禮賓饗賓歡燕爲解誤甚方氏苞王氏士讓吳氏廷華章氏平皆辨之云下云凡燕見于君至凡侍坐于君子博記反見之燕義者此因經但言反見而反見之爲燕見其義未詳故引下文以明之江氏筠云案下文凡燕見于君至凡侍坐于君子雖不見此兩士燕見之禮然即階之辯君所在則知此得升堂矣即言之妥而後傳則知此得安坐矣於博陳與言之儀則知此主與賓得各言所有事於詳論侍坐之法則知此賓於主不嫌坐之移時此鄭之所謂交歡心者也豈燕飲之謂乎且鄭於凡燕見于君節注云此謂特立圖事非立賓主之燕也其義固自明之矣云臣初見於君再拜奠摯而出者鄭欲明下燕見之約爲反見其初見時並無此法又欲見臣之于君其初見禮與此之賓主略同則此反見時亦猶彼之燕見而非復如始之矜莊相接可知矣自賈疏目反見爲留燕而後之論者並疑此爲春秋戰國時公卿下士之儀經義不失之愈遠乎○以上賓見主人

主人復見之以其摯曰鄉者吾子辱使某見請還摯于將命者復見之者禮尚往來也以其摯謂鄉時所執來者也鄉曩也將猶傳也傳命者謂擯相者

疏正義曰注謂擯相者毛本者作也嚴徐集釋通解楊敖俱作者○吾子辱使某見褚氏云辱字當一讀辱謂辱臨也因辱臨而已出見之若賓使之然故謙言使某見也○案還摯謙不敢當也士於士不終辭摯而有還摯大夫於士則終辭摯

而無還摯君於其臣則受之於外臣則使擯還之大夫於嘗為臣者亦然　注〻云復見之者禮尚往來也者禮尚往來曲禮文王氏士讓〻云賓既見而主人復見之所謂相見也〻云以其摯謂鄉時所執來者也者言其摯即賓所執來之摯也〻云鄉曩也者說文〻云鄉不久也又〻云曩鄉也是二字通莊子曰曩子行今子止以曩對今則曩為前時也此經作鄉為正字或作鄉作嚮作向皆古字通用作晌則俗字也〻云將猶傳也傳命者謂擯相者論語闕黨童子將命馬注將命者傳賓主之語出入是將猶傳也周禮司儀注出接賓曰擯入贊禮曰相擯相實一人然則傳命即謂擯者矣經〻云還摯于將命者敖氏〻云不敢廗主人

主人對曰某也既得見矣敢辭

讓其來答己也

疏正義曰賈疏〻云上言主人此亦言主人者上言主人者據前為主人而言此〻云主人者謂前賓今在己家而說也張氏爾岐〻云此下凡稱主人者即前賓稱賓者即前主人　注〻云讓其來答己也者章氏平〻云案鄉飲酒注〻云事同曰讓事異曰辭此以辭為讓恐轉寫誤今案辭與讓大同小異注所謂讓即經所謂辭也

賓對曰某也非敢求見請還摯于將命者

言不敢求見嫌褻主人不敢當也今文無也❀

疏正義曰注末四字毛本脫嚴徐集釋通解俱有○上主人以既得見為辭故賓以非敢求見但請還摯為對也　注〻云言不敢求見嫌褻主人不敢當也者賈疏〻云賓主頻見是褻也今〻云非敢求見嫌褻主人不敢當相見之法直〻云還摯而已

主人對曰某也既得見矣敢固辭

固如故也

賓對曰某不敢以聞固以請于將命者

言不敢以聞又益不敢當

疏正義曰張氏爾岐〻云不敢以聞謂不敢以還摯之事聞之主人但固請于將命者而已益自謙之辭　注〻云又益不敢當者不敢當相見之禮也

主人對曰某也

固辭不得命敢不從出許受之也異日則出迎同日則否疏正義曰注云異日則出迎同日則否者李氏云此不言主人出迎蓋同日也鄉射禮明日息司正主人猶出迎褚氏云今人交際以來而速答爲敬於同日則愈敬古人以異日爲敬同日而往謂之殘日故注云異日則出迎同日則否亦因答者之敬心以爲差也敖氏云不俟主人之迎而即自入蓋急欲還摯且尊主人也夫還摯何爭此斯須之頃而汲汲如是且賓既尊主人主人顧傲然自尊不出迎乎揆之情理斯不然矣經不言者儀已具上文耳張氏爾岐云此上賓主之辭皆擯者傳道

賓奉摯入主人再拜受賓再拜送摯出主人送于門外再拜疏正義曰經明言還摯則摯即其來之摯可知吳氏章句謂禮尚往來復見宜別有摯非也敖氏云授受不著其所如上可知○以上還贄復見

右士與士相見之禮

士見于大夫終辭其摯于其入也一拜其辱也賓退送再拜終辭其摯以將不親答也凡不答而受其摯唯君於臣耳大夫於士不出迎入一拜正禮也送再拜尊賓疏正義曰此下分爲五節士見大夫一也士嘗爲大夫臣者見大夫二也大夫相見三也大夫士庶人見君四也他邦之人見君五也皆由士與士相見之禮推之○注尊賓楊氏賓作賢　注云終辭其摯以將不親答也者終辭不受也不言一辭再辭文省也士於士受其摯於親答時還之大夫於士不親答故不受其摯也敖氏云士於大夫降等者也受摯而不答則疑於君答之則疑於敵使人還之則又疑於待舊臣是以終辭之也云凡不答而受

其摯唯君於臣耳者君謂本國之君也若他邦之人則使擯者還其摯故知不答而受其摯唯君於己臣然也云大夫於士不出迎入一拜正禮也者案經云于其入也一拜其辱也明不出迎可知凡主於賓不出迎不出送入一拜皆降等之禮宜然故鄭以爲正禮也曲禮曰士見於大夫大夫拜其辱與此文同孔疏亦引此經釋之云送再拜尊賓者程氏瑤田云賓退之賓謂見大夫之士今案送而再拜卽降等之客亦然是尊之也凡送賓無論尊卑皆再拜惟喪禮之送賓也一拜○吳氏紱以此爲卑見尊之禮則由士推之凡卑見尊者皆可用此禮也

右士見大夫

若嘗爲臣者則禮辭其摯曰某也辭不得命不敢固辭禮辭一辭其摯而許也將不答而聽其以摯入有臣道也【疏】正義曰嘗集釋通解毛本俱作嘗唐石經嚴徐楊敖俱作嘗案作嘗是也戴氏震云唐石經作嘗卽嘗之俗體今从嘗○儀禮糾解云嘗爲臣者謂鄉爲其家臣而今爲公士者如趙文子所舉管庫之士是也嘗爲臣則非始見矣亦必以摯者以始升爲公臣而見也敖氏云禮辭之者異於現爲臣者也現爲臣則不辭之　注云禮辭一辭其摯而許也者案某也辭不得命以下卽其許之之辭也云將不答而聽其以摯入有臣道也者上士見大夫以將不親答而終辭其摯此亦將不答而聽其以摯入爲其有臣道與凡爲士者異也

賓入奠摯再拜主人答壹拜奠摯尊卑異不親授也古文壹爲一【疏】正義曰敖氏云答一拜者主人尊也言主人答拜是不拜其辱矣今案曲禮曰大夫於其臣雖賤必答拜之鄭注辟正君是現爲臣者且答之況舊

臣乎注云奠摯尊卑異不敢授也者是亦以臣禮見也云古文壹爲一者詳士冠禮賓出使擯者還其摯于門外曰某也使某還摯還其摯者辟正君也疏正義曰敖氏云賓退而主人不拜送亦異於不爲臣者也以其不現爲臣故當還摯某也大夫名吳氏疑義云下某擯者名賓對曰某也既得見矣敢辭辭君還其摯也今文無也疏正義曰注末集釋通解毛本俱作今文無也嚴徐俱作今文無脫也字　注云辭君還其摯也者解經辭爲辭還摯也言君者以嘗爲臣則有君義也擯者對曰某也命某某非敢爲儀也敢以請還摯者請使受之疏正義曰郝氏云某非敢爲儀也擯者述主人命己之辭敖氏則以爲擯者自爲之辭盛氏云第三某字若作擯者自名終於義未協以還摯非出自擯者意也郝說似勝賓對曰某也夫子之賤私不足以踐禮敢固辭家臣稱私踐行也言某臣也不足以行賓客禮賓客所不荅者不受摯疏正義曰注云家臣稱私者玉藻曰士於大夫曰外私又曰大夫私事使私人擯蓋臣於大夫者爲私人也云賓客所不荅者不受摯者賓客之禮凡不荅者不受摯故言某是臣不足以行賓客還摯之禮也褚氏云上主人辭摯而云不足以習禮謙辭也此則直云賤私不足與行禮則是質言之非謙矣語似同意大別擯者對曰某也使某不敢爲儀也固以請言使某尊君也或言命某傳言耳疏正義曰此還摯有三辭初言使某次言命某某末復言使某故鄭分別解之謂言使某是其正尊君之義也或言命某則取傳言之義耳敖氏云云使猶命也是無甚分別矣與鄭異賓對曰某固辭不得命敢不從再拜受受其摯而去之疏正義曰敖氏云

再拜者象受之於主人也○注云受其贄而去之者此因經無賓退之文故注補之謂受其贄卽退之也

右士嘗爲大夫臣者見於大夫

下大夫相見以鴈飾之以布維之以索如執雉鴈取知時飛翔有行列也飾之以布謂裁縫衣其身也維謂繫聯其足

[疏]正義曰儀禮識誤云釋文以索悉各反注同今注無以索二字經曰飾之以布維之以索注舉飾之以布全句釋之至下句不應獨曰維此必今本脫去之以索三字今增入今案戴氏震盧氏文弨皆從識誤是也但嚴本及各本維下俱無此三字未敢遽增而附其說如此○王制曰諸侯之上大夫卿下大夫五人是上大夫卽三卿下大夫卽五大夫也詳聘禮君與卿圖事下儀禮釋官云案卿爲上大夫大夫爲下大夫此對文耳散文則通曰大夫此經諸篇之內有兼卿與大夫總言大夫者有上大夫單言大夫者有下大夫單言大夫者各依文求之可也相見以鴈者周禮大宗伯曰卿執羔大夫執鴈曲禮亦云卿羔大夫鴈是下大夫相見以鴈上大夫相見以羔也如執雉者謂執鴈亦左頭奉之與執雉同○注云鴈取知時者賈疏謂以其木落南翔冰泮北徂隨陽南北今案大宗伯注亦云鴈取其候時而行云飛翔有行列者說苑云鴈者行列有長幼之禮故大夫以爲贄白虎通云以鴈爲贄者取其飛成行止成列也大夫職在奉命適四方動作當能自正以事君也此皆以鴈爲鴻鴈之雁經義述聞則謂鴈鵝也詳士昏禮納采用鴈下云飾之以布謂裁縫衣其身也者曲禮曰飾羔鴈者以繢鄭注繢畫也諸侯大夫以布天子大夫以畫孔疏飾覆也畫布爲雲氣以覆羔鴈爲飾以相見也大宗伯注云士相見之禮卿大夫飾贄以布不言繢此諸侯之臣與天子之臣異也此鄭義也吳氏疑義云贄重於飾

尚無王朝侯國之分豈一飾之微反續與布各別乎且經明言飾若以布而不續何取乎飾也今案吳說似有理此經言布曲禮言續相兼乃備此云飾以布言其以布爲質也彼云飾以續言其于布上畫之也二經似不必爲王朝侯國之別矣裁縫衣其身謂裁布縫之以衣其身也云維謂繫聯其足者維有繫聯之義故解經維之以索爲繫聯其足也索繩也雖不言維羔鴈言維以其生用之也褚氏云既裁縫衣其身翼並在內矣止繫聯其足可也敖氏謂繫聯其足翼添翼字欲補注未備不知翼無須於繫耳

上大夫相見

以羔飾之以布四維之結于面左頭如麛執之

上大夫卿也羔取其從帥羣而不黨也面前也繫聯四足交出背上於胸前結之也如麛執之者秋獻麛有成禮如之或曰麛孤之摯也其禮蓋謂左執前足右執後足今文頭爲脰

[疏]正義曰注羔取其從帥從嚴徐作從後集釋通解楊氏俱作從識誤曰羔取其後帥案監本後作從疏引注文亦作從至其下釋乃云凡羔羊皆有引帥若卿之後君之命者也此釋亦誤以從爲後後字近從傳寫誤也校勘記云按作從是也黃氏丕烈云單疏魏氏皆作從嚴本誤秋閩監葛本俱誤作法 注云羔取其從帥羣而不黨也者賈疏云凡羔羊皆有引帥若卿之從君之命者也今案春秋繁露云羔有角而不任設備而不用類好仁者執之不鳴殺之不啼類死義者羔食于其母必跪而受之類知禮者故羊之爲言猶祥與故卿以爲摯說苑云羔者羊也羊羣而不黨故卿以爲摯白虎通云卿以羔者取其羣不黨卿職在盡忠率下不阿黨也云面前也者詳士冠禮云繫聯四足交出背上於胸前結之也者繫聯四足此解經四維之亦以索可知蓋以索繫其前足又繫其後足從腹下交出背上於胸前結之故云結于面也云如麛執之者秋獻麛有成禮如之者經云左頭則與雉鴈同矣而復云如麛執之者雉鴈兩足羔四足

故其執之之法當如麛也麛鹿子蓋古時有獻麛之禮今禮文殘闕不可考矣賈疏謂庖人秋行犢麛故云秋獻麛若然庖人云春行羔豚亦當有獻羔禮何必云如麛也云或曰麛孤之摯也者此鄭廣存異說耳周禮大宗伯及大行人皆云孤執皮帛唯白虎通云古摯以麑鹿今以羔雁何以爲古者質取其內謂得美草鳴相呼麑與麛同當爲或說所本云其禮蓋謂左執前足右執後足者其禮謂獻麛之禮左執前足右執後足是左頭也云今文頭爲脰詳前○賈疏云執摯者或平敵或以卑見尊皆用摯尊無執摯見卑之法檀弓云哀公執摯見己臣周豐者彼謂下賢非正法也

如士相見之禮大夫雖摯異其儀猶如士

疏正義曰注云大夫雖摯異其儀猶如士者大夫之摯雖異於士然其相見之儀則同也敖氏云此相見之禮蓋兼復見者言之也張氏云士與士相見敵者之禮也兩大夫相見亦敵者故其儀如之王氏士讓云此經言敵鈞者相見若上下大夫之互相見則經無明文○李氏紱云意下之見上當倣上經士見大夫之禮上之見下當倣下經異爵者見士及玉藻大夫見士之禮與

右大夫相見

始見于君執摯至下容彌蹙下謂君所也蹙猶促也促恭慤貌也其爲恭士大夫一也

疏正義曰盛氏云此當以執摯爲句云始見于君執摯者見摯唯新臣有之當朝及燕見則不用也舊以執摯至下四字爲句非　注云下謂君所也者經義述聞云君所不得謂之下鄭說未安敖云至下謂當帶則是解至下爲極卑也然但云極卑而不指其處則安知不更下於帶乎恐古人無此不了之文法且上文摯冬用雉夏用腒左頭奉之釋文奉芳勇反是摯當奉不當提正當用奉者當心之禮何得同於提者之當

帶邪此云至下蓋謂執摯者行至君之堂下至堂下則與君益近故其敬益甚下文遂云容彌蹙也古者謂堂下爲下鄉射禮笙一人拜于下又曰命弟子贊工遷樂于下聘禮記曰若君不見使大夫受自下聽命公食記鄉擯由下注不升堂也禮運曰澄酒在下論語曰拜下禮也皆其證矣今案以下爲堂下解最直截鄭云君所者蓋謂堂下即係君所說亦可通敖氏解至下爲當帶則盛氏亦駁之其說不可從也云蹙猶促也促恭愨貌也者鄭解蹙爲促而又以爲恭愨貌者言其恭敬誠實踧踖不安之貌如是也詩小明政事愈蹙毛傳蹙促也或謂蹙與蹴通哀公問孔子蹴然辟席注云蹴然敬貌云其爲恭士大夫一也者經不言士明臣之見君皆然故云士大夫一也

庶人見于君不爲容進退走容謂趨翔 疏 正義曰賈疏以庶人爲在官府史胥徒之屬王氏昭禹謂非特府史胥徒而已凡民在焉王說是也方氏苞云古者天子諸侯耕耤巡方大詢時田皆與庶人接故庶人有見君之禮或謂下節注庶人之摯鶩五字當在此節據大宗伯庶人執鶩注云鶩取其不飛遷則兼凡民在內矣曲禮庶人之摯匹鄭注說者以匹爲鶩　注云容謂趨翔者張氏爾岐云庶人見於君不爲趨翔之容進退唯疾走而已即曲禮云庶人僬僬今案不爲容甚于蹙進退走所謂不爲容也

士大夫則奠摯再拜稽首君答壹拜言君答士大夫一拜則於庶人不答之庶人之摯鶩古文壹作一 疏 正義曰稽首頭至地拜之重者再拜稽首臣見君之禮也壹拜周禮所謂奇拜也曲禮曰君于士不答拜也此答壹拜者以其始見故也盛氏云案士大夫始見君之禮其詳不可聞矣以聘禮賓覿入門右北面奠幣再拜稽首及覲禮侯氏入門右坐奠圭再拜稽首參之則士大夫奠摯處當在門東拜亦北面也是時君位蓋在堂上答壹拜者遙答之也曲禮曰大夫見於國君國君拜其辱熊氏謂

以初爲大夫敬之殆爲是與上文注云臣初見於君再拜奠摯而出謂拜畢卽出無升堂入摯之事也今案盛氏謂奠摯不升堂是矣至以覿與覿例之謂奠摯當在門東恐非蓋覿與覿其後尚有升授之文故初時入門卽奠之此無升授之事則其奠不必與覿覿同處但經無明文難以臆擬矣　注云言君答士大夫一拜則於庶人不答之者上經並言庶人見君之禮而此答一拜惟據士大夫言之是君於庶人不答拜也餘已詳前

右大夫士庶人見於君

若他邦之人則使擯者還其摯曰寡君使某還摯賓對曰君不有其外臣臣不敢辭再拜稽首受

疏 正義曰他邦之人謂他邦之臣非己臣也敖氏云人蓋通大夫士而言是也其執摯來見也則使擯者還其摯不言于門外省文也賈疏云凡臣無境外之交今得以摯執見他邦君者謂他國之君來朝此國之臣因見之謂若掌客鄉皆見以羔之類是也然不盡此凡他邦之臣出亡來此國者亦當以摯見又定八年左傳公會晉師于瓦范獻子執羔趙簡子中行文子皆執鴈亦是他邦臣來見也篇末他國之人則曰外臣故此稱外臣也敖氏云不有言外之也不敢辭尊君也再拜稽首受亦若受於君前然也今案此與嘗爲大夫臣者使擯還摯略同然彼則受而後還此則不言受但言還彼還摯賓三辭乃受此則不辭而受者儀禮節解云禮無受他臣摯法故奠卽還之亦無抗禮於他君法故辭卽受之也

右他邦之人見於君

凡燕見于君必辯君之南面若不得則正方不疑君辯猶正也君南面則臣見正北面君或時不然當正東面若正西面不得疑君所處邪鄉之此謂特見圖事非立賓主之燕也疑度之

疏正義曰以下雜記諸儀分爲六節燕見于君一也進言二也侍坐三也賜食賜飲四也先生異爵者見士五也廣言稱謂及執幣玉之儀六也○注鄉之嚴本作鄉各本同毛本作嚮○郝氏敬云燕見謂私見非公朝行禮之時今案公朝行禮面位有一定此燕見面位無定也　注云辯猶正也者鄭注玉藻辯色始入亦云辯猶正也鄭意蓋謂臣之見君當以北面爲正故必正君之南面乃可北面鄉之故注又云君南面則臣見正北面也云君或時不然者解經若不得三字謂不得君之南面則君或西面或東面也云當正東面若正西面者謂君西面則臣當正東面君東面則臣當正西面也此釋經則正方三字方猶鄉也曲禮曰立必正方是也云不得疑君所處邪鄉之者據注又云疑度之則訓疑爲擬謂不得擬度君所處而邪鄉之凡臣之事君無一不當出於正故其見君面位亦不苟如是也云此謂特見圖事非立賓主之燕也者鄭恐人疑燕見爲燕飲之燕故特辨之圖事詳聘禮君與卿圖事下張氏爾岐云注知燕見非立賓主之燕者以燕禮君在阼階以西面爲正也

君在堂升見無方階辯君所在升見升堂見於君也君近東則升東階君近西則升西階

疏正義曰此謂燕見而君若在堂則升堂見之也正禮升堂有一定之階此則無之惟辨君所在耳敖氏云方猶常也與上正方之方異義　注云君近東則升東階君近西則升西階者言或東或西無一定之階惟以近君爲便也若燕禮則君升自阼階賓主人升自西階有定階矣故知此亦非立賓主之燕也案天子諸侯皆三朝外朝在庫門外治朝在路門外皆係平地無堂無屋無階惟燕朝在路門內有

堂有階亦詳聘禮然則此節所云見當在燕朝矣敖氏云此云君在堂則上之燕見未必專在堂也

右燕見於君

凡言非對也妥而後傳言凡言謂己爲君言事也妥安坐也傳言猶出言也若君問可對則對不待安坐也古文妥爲綏疏正義曰注云凡言謂己爲君言事也者凡進言之法自言曰言因問曰對二者不同也云妥安坐也者爾雅釋詁文敖氏訓妥爲安謂安和其志氣乃言褚氏云郭注爾雅即引此經爲證又詩以妥以侑毛傳亦云妥安坐也可見古人訓妥總以安坐爲義無有言必之安和者且此妥字指侍君安坐而言不指己說今案褚說是也云若君問可對則對不待安坐也者禮君子問更端則起而對是君有問即宜速對經云妥而後傳言乃專指自言者言之不兼對在內也云古文妥爲綏者胡氏承珙云說文無妥字案鄭注曲禮大夫則綏之云綏讀曰妥又國君綏視云綏讀爲妥是綏有妥音段氏云妥字見禮經小雅許蓋偶遺之今案此今文妥正字古文綏借字

與君言言使臣與大人言言事君與老者言言使弟子與幼者言言孝弟于父兄與衆言言忠信慈祥與居官者言言忠信博陳燕見言語之儀也言使臣者使臣之禮也大人卿大夫也言事君者臣事君以忠也祥善也居官謂士以下疏正義曰敖氏云今本言忠信信慈祥大戴禮注引此無忠信字今有之者蓋因下文有言忠信二字而誤衍今案唐石經嚴本俱與今本同盛氏云有忠信二字於義亦通況此本流傳已久未可輕刪也○張氏爾岐云所與言之人不同則言亦各有所宜言雖多端大旨所主不離乎此今案與君言言使臣者方氏苞

云人君治政成民一日萬幾而要道莫如使臣能使大臣羣臣皆稱其職而各盡其材則萬事得理而民無不安矣與大人言言事君者方氏云始仕者雖有職事尚未得自達於君故與居官者言但言忠信至於大人則忠信不必言當勉以事君之大義所謂以道事君也與老者言言使弟子者老者爲後生所取法故與之言使弟子之事賈疏云書傳大夫致仕爲父師士致仕爲少師教鄉閭子弟雷次宗云學生事師雖無服有父兄之恩故稱弟子也今案此經所謂老即指年高德劭之人不必定屬父師少師賈說似泥與幼者言言孝弟於父兄者幼者即承上弟子言論語曰弟子入則孝出則弟又曰入則事父兄孝弟爲人之本故與幼者恆言及此也與衆言言忠信慈祥者上言老與幼此言衆則是强壯有作爲之人又下別言居官者則此衆係泛指民庶非有位者可知凡人與人相接必以忠信爲要忠信則蠻貊可行不忠信雖州里難行故與衆言以此爲先也又人與人相接貴有親厚之意而不可有乖戾之心慈祥者天地之善氣而仁德之流行也常言及此則有以消其惡念而人皆可爲善矣與居官者言言忠信者此指庶司百執事之人必以忠信爲事上接下之本也但上與衆言兼及慈祥此不言慈祥者方氏云居官而偏於慈祥則容奸引惡而反爲民害矣非衆人之比也　注云博陳燕見言語之儀也者自與君言以至居官衆人所謂博陳也此皆從容燕處講論之言非因事陳說故知爲燕見言語也儀疑當作義上節妥而後傳言及下三節是言其儀此則言其所當言之義也云言使臣者使臣之禮也者論語曰君使臣以禮故知此所言者乃使臣之禮也或疑之禮也之字當作以非云大人卿大夫也又云居官謂士以下者古者建國必立三卿又有五大夫皆所以佐君出治者其下上士中士下士及庶人在官者皆屬於卿大夫不能自達於君是士以下與卿大夫尊卑迥殊鄭見經言大人於君下而又別言居官者故

以鄉大夫爲大人以士以下爲居官者其解甚確而或且疑之不知此經大人猶言大臣以別於居官之爲小臣云爾云言事君者臣事君以忠也者案臣事君以忠亦論語文云祥善也者爾雅釋詁文

凡與大人言始視面中視抱卒視面毋改衆皆若是始視面謂觀其顏色可傳言未也中視抱容其思言見答應之閒當正容體以待之毋自變動爲嫌解惰不虛心也衆謂諸卿大夫同在此者皆若是其視之儀無異也古文毋作無今文衆爲終

【疏】正義曰石經考文提要云毋改監本毋譌母○吳氏疑義云同褚氏云此大人君與公卿大夫俱在內注專指君敖專指公卿大夫俱偏今案吳褚之說是也　注云始視面謂觀其顏色可傳言未也者謂進言之初必先觀其顏色之可否故視面也論語曰侍于君子有三愆未見顏色而言謂之瞽云中視抱容其思之且爲敬也者抱在袷下帶上謂既進言之後不敢視面而視抱者容聽言者思之且以視下於面爲敬也云卒視面察其納己言否也者謂欲察其言之聽納與否故又視面也此論與言時之視有此三者與曲禮所云天子視不上于袷不下于帶國君綏視大夫衡視論尋常視法不同也云毋改謂傳言見答應之閒當正容體以待之毋自變動者謂傳言而聽者未答則當正容體以待之毋自變動失容也褚氏云此當以注正容體義爲長敖氏謂不可以久故或改則經文始中卒三視已屢變矣何得云毋改乎云爲嫌解惰不虛心也者解與懈通言其所以毋改者爲恐自變動則容體近於懈惰且似不虛心以待聽言者之答也云衆謂諸卿大夫同在此者鄭意以此大人爲君故言諸卿大夫同在此其實非君亦有同在之人褚氏謂公所俱可衆人同在是也云皆若是其視之儀無異也者謂同在此之衆人其視君之

儀一與此同也云古文毋作無詳昏禮今文衆爲終者賈疏云以上已有卒卒爲終故從古爲衆也胡氏承珙云若衆爲終不獨與卒視面卒字爲複且上文云毋改鄭云毋自變動不必複言終皆若是矣敖繼公謂衆字無意義宜從今文作終非也今案衆字古有終音故今文訛作終惠氏棟云易雜卦大有衆也荀爽本衆作終春秋傳有魯大夫衆仲明堂月令云衆雨蚤降釋草云濼貫衆皆讀爲終是也

若父則遊目毋上于面毋下于帶子於父主孝不主敬所視廣也因觀安否何如也今文父爲甫古文毋爲無

疏正義曰注古文毋作無作通解毛本俱作爲嚴徐集釋俱作無作○敖氏云此謂與父言之時也其異於大人者遊目耳今案上節云凡與大人言此云若父緊承上說則敖以此爲與父言之時是矣曲禮曰士視五步鄭注士視得旁遊目五步之中也視大夫以上上下遊目不得旁此經云遊目亦謂得旁遊也但其上下仍有節限曲禮又曰凡視上於面則傲下於帶則憂故此經直云毋上于面毋下于帶也　注云子於父主孝不主敬所視廣也者此釋所以得遊目之故蓋非不主敬也但敬心不如孝心之摯耳云因觀安否何如也者謂所視廣則得觀親之安否也褚氏云上經所云視面視抱雖有上下而目睛專注只一直線不旁遊也若旁遊則目光可四注矣蓋不四注不足以察親體之安否敖氏謂與視面視抱無異如是則何謂遊目今案褚說是也云今文父爲甫詳冠禮

若不言立則視足坐則視膝不言則何其行起而已

疏正義曰此云若不言則上爲與言時明矣李氏云荀子云坐視膝立視足應對言語視面案視足視膝統謂視大人與父也郝氏以爲自視非　注云不言則伺其行起而已者案立而行則足先動坐而起則膝先動故注以伺其行起解經視足視膝也敖氏以爲益恭失之矣

右進言之法

凡侍坐于君子君子欠伸問日之早晏以食具告改居則請退可也

君子謂卿大夫及國中賢者也志倦則欠體倦則伸問日晏
近於久也具猶辦也改居謂自變動也古文伸作信早作蚤
疏正義曰注
及國中賢者也中下集釋有之字問日晏曰下敖氏有蚤字具猶辯
也釋文作辦張氏識誤云注曰具猶辦也案釋文云辦皮莧反從釋
文校勘記云案張氏所見注作辦與今本異說文有辦無辦則當以
辦爲正作辦非也作辯尤誤今案嚴本亦作辯非○此及下節論侍
坐于君子之法自欠伸以下數者皆倦怠厭客之意故侍者可以退
敖氏云卑幼之於尊長請見不請退而此乃得請退者緣君子意也
可者許之之辭 注云君子謂卿大夫及國中賢者也者賈疏云禮
之通例大夫得稱君子士賤不得也又鄉射禮注云君子有大德行
不仕者然則君子亦德位尊者之稱也云志倦則欠體倦則伸者陳
氏澔云氣乏則欠體疲則伸郝氏敬云張口曰欠舒體曰伸張氏爾
岐云欠引氣伸橋體皆足與注說相發明云問日晏近於久也者謂
其時之久也云具猶辦也者特牲宗人告有司具注同俱字不作器
具解注云猶辦解具爲備辦與廣雅釋詁訓具爲備同也郝氏張氏
謂從者以食具告君子敖氏則謂君子告從者盛氏云以食具告蒙
上君子而言亦謂君子告其從者案此說是也告從者即謂告以所
食已具辦否也若敖云所食之具則解具字未的矣云改居謂自變
動也者謂君子不安其位而自變動是有倦意也云古文伸作信早
作蚤者胡氏承珙云說文伸屈伸从人申聲禮記儒行竟信其志注
云信讀如屈伸之伸假借字也信或爲申是屈伸字作伸漢時已通
行故鄭許皆從之耳早正字蚤古文假借字漢書多借蚤爲早晚字

鄭注王制引詩四之日其蚤作其早而箋詩不破蚤字者殆以假借人所共識歟此經鄭俱從今文不從古文取其當文易曉耳○禮記曲禮曰侍坐於君子君子欠伸撰杖屨視日蚤暮侍坐者請出矣鄭注以君子有倦意也撰猶持也孔疏撰杖屨者君子自執杖在坐著屨升堂脫之在側若倦則自撰持之也視日蚤暮者君子或瞻視其庭影望日蚤晚也少儀曰侍坐於君子君子欠伸運笏澤劍首還屨問日之蚤莫雖請退可也鄭注以此皆解倦之狀伸頻伸也運澤皆玩弄也金器弄之易以汗澤孔疏還轉也謂君子自轉屨也今案此二經皆言侍坐請退之事而文與本篇有小異又玉藻曰侍坐則必退席不退則必引而去君之黨云云亦侍坐於尊長之法並錄於此以備考

夜侍坐問夜膳葷請退可也

問夜問其時數也膳葷謂食之葷辛物葱薤之屬食之以止臥古文葷作薰

疏 正義曰注膳葷謂食之敖氏無葷字食之以止臥之下集釋有可字○此並言夜侍坐之法問夜膳葷皆有倦意故可請退也　注云問夜問其時數也者亦因時之久而問也時數賈疏謂若鐘鼓漏刻之數也云膳葷謂食之者解膳爲食也云葷辛物葱薤之屬者禮記內則膾春用葱又云脂用葱膏用薤又葱亦作蔥薤亦作䪥爾雅釋草䪥鴻薈郭注即䪥菜也釋草又云茖山蔥葝山䪥是葱薤之產於山者蓋二者其味作辛故云辛物說文葷菜也玉藻注又以薑爲葷是葷不止葱薤故言之屬以該之古所云不茹葷指此非謂不食肉也云古文葷作薰者賈疏云玉藻膳於君有葷桃茢作此葷鄭注論語作焄義亦通若作薰則春秋一薰一蕕薰香草也非葷辛之字故疊古文不從也臧氏琳云禮記玉藻膳於君有葷桃茢注葷桃茢辟凶邪也大夫用葷桃葷薑及辛菜也葷或作焄又祭義焄蒿悽愴注焄謂香臭也說文火部無焄字故鄭注士相見禮從今文作葷而不用古文古文蓋以聲同通借又注玉藻從葷不從焄

則以焄爲俗字也據玉藻注則祭義焄當作葷賈疏謂鄭注論語作焄論語經無焄字蓋鄭注中有此字然鄭注玉藻既定作葷不宜復自用焄當亦俗寫誤也章氏平云案說文亦以葷爲臭菜薰爲香草但古文假借依聲恐不得以後世字訓律之今案今文作葷是正字古文作薰是借字臧氏謂聲同通借章氏謂假借依聲其說是也

右侍坐於君子之法

若君賜之食則君祭先飯徧嘗膳飲而俟君命之食然後食君祭先飯於其祭食臣先飯示爲君嘗食也此謂君與之禮食膳謂進庶羞既嘗庶羞則飲俟君之徧嘗也今文呫嘗膳〔疏〕正義曰注於其祭食毛本於其作食其敖氏作謂君程氏瑤田云食其二字可疑敖作謂君亦難據信盧氏云宋本作於其今案嚴本集釋亦俱作食其戴校集釋改食爲於黃氏校錄云作於其爲是謂於君祭食之頃也此謂君與之禮食嚴本及各本如是楊氏此作食集釋與下有臣字膳謂進庶羞敖無進字今俱從嚴本○若君賜之食謂侍坐於君而君或賜之食也此句直貫下節本節是言無將食者之禮下節是言有將食者之禮不以客不客分也夏氏炘云先飯者飯黍稷也徧嘗膳者嘗庶羞也飯嘗畢則以酒漱口而飲而俟又必君命之食然後食者黍稷庶羞已飯嘗畢若已食然故必君命之食然後食也今案盛氏疑君命之食然後食七字爲衍文非矣　注云君祭先飯於其祭食臣先飯示爲君嘗食也者論語侍食於君君祭先飯鄭注於君祭則先飯矣若爲君嘗食然案此云於其祭食臣先飯彼云於君祭則先飯矣二注義同亦可證此注於其祭食之確爲於字也賈疏云凡君將食必有膳宰進食則膳宰嘗君前之食備火齊不得下文是也今此文

謂膳宰不在則侍食者自嘗自已前食既不嘗君前食則不正嘗食故云不爲君嘗食也云此謂君與之禮食者謂君與臣小小禮食法仍非正禮食正禮食則公食大夫是也彼君前無食此君臣俱有食故知小小禮食此卽玉藻云若賜之食而君客之則命之祭然後祭彼云客之卽此注禮食但此文不云客之命之祭然後祭文不具也經義述聞云士相見所記者侍食之常禮玉藻所記則見客於君者也常禮則臣不祭故士相見但言君祭也客禮則臣亦得祭故玉藻言君命之祭然後祭也二者不同鄭注賈疏强合之非也論語邢昺疏曰敵客則得先自祭降等之客則後祭若臣侍君而賜之食則不祭若賜食而君以客禮待之則得祭雖得祭又須君命之祭乃敢祭也此言君祭先飯則非客之之禮也邢氏之說足以正鄭賈之失矣又侍食之常禮與見客於君之禮所異者祭不祭耳其餘則同今按本篇言若君賜之食則君祭先飯明當君祭之時臣卽先飯與玉藻言客之言命之祭而後言先飯者自殊不得牽合爲一述聞之說是也褚氏云君若客之則命之祭卽玉藻前一條是也若不以客禮待之而適無嘗食者則此經君祭先飯云云是也若有嘗食者則此經若有將食者云云及玉藻若有嘗羞者一條是也當分三節看此經視玉藻少客禮待之一層玉藻視此經少不以客禮待之而無嘗食者一層兩經參考始備始明今案邢疏多本玉藻孔疏唯云此言君祭先飯則非客之之禮也乃邢氏斷語鄉黨圖考常駁之恐非蓋論語言侍食於君君祭先飯與此節正同非客禮也云膳謂進庶羞者此云偏嘗膳玉藻云辯嘗羞知膳卽羞也然周禮膳夫注云膳牲肉也羞有滋味者是一字對文異散則通偏正字辯假字也云旣嘗庶羞則飮者玉藻注云飮利將食也云今云呫嘗膳者盧氏詳校改云爲文臧氏琳云釋文引穀梁傳未嘗有呫血之盟呫嘗也今穀梁莊二十七年傳作歃血無呫嘗也語惟玉篇口部引穀梁與此同知古

本作呫說文口部無呫食部有䬤云相謁食麥也穀梁傳當本作䬤訓爲食與嘗義合廣雅釋詁呫嘗同訓爲食則䬤爲呫之本字無疑呫既訓嘗呫下不當更作嘗字蓋古文偏嘗膳今文偏呫膳今之呫嘗膳當作今文云呫膳文字脫嘗字衍也案此注疑有脫誤如臧氏說卻亦可通○又玉藻曰侍食於先生異爵者後祭先飯言先生異爵則非君也此侍食得祭而云後者以其爲降等之客故後主人也少儀曰燕侍食於君子則先飯而後已此雖非專指侍君食言然先飯後已亦可爲先飯後食之證也　若有將食者則

俟君之食然後食　將食猶進食謂膳宰也膳宰進食則臣不嘗食周禮膳夫授祭品嘗食王乃食　疏　正義曰注膳夫下通解毛本有授祭二字嚴徐集釋楊敖俱無案周禮原文有鄭節引以證嘗食也無者是○此與上節皆是侍食之常禮上節謂膳宰不在此節謂膳宰在也據此經言若有將食者則上節是無將食者可知玉藻曰若有嘗羞者則俟君之食然後食飯飲而俟與此節正同此不言飯飲而俟者省文也夏氏炘云俟君之食然後食不待命者未嘗嘗食君賜食之意未終故不待命俟君食即食也此食亦謂黍稷玉藻又曰君命之羞羞近者命之品嘗之然後唯所欲則食庶羞矣又曰君未覆手不敢飧君既食又飯飧飯飧者三飯也君既徹執飯與醬乃出授從者皆士相見所不具必合考之而君賜食之禮始畢矣　注云將食猶進食者將猶進也進食者即指謂膳宰也云膳宰進食則臣不嘗食者對上注示爲君嘗食也玉藻注云不嘗羞膳宰存也與此注義同云周禮膳夫品嘗食王乃食者彼注云品者每物皆嘗之道尊者也諸侯掌膳食之官謂之膳宰天子謂之膳夫其職掌正同故引周禮膳夫文以證也餘詳燕禮膳宰具官饌于寢東下

若君賜之爵則下席再拜稽首受爵升席祭卒爵而俟君卒爵然

後授虛爵受爵者於尊所至於授爵坐授人耳必俟君卒爵者若欲其釂然也今文曰若賜之爵無君也疏正義曰此謂侍君坐而君或賜之飲也玉藻曰君若賜之爵則越席再拜稽首受登席祭之飲卒爵而俟君卒爵然後授虛爵與此節略同孔疏謂此爲朝夕侍者得賜爵法非燕飲大禮是也曲禮曰長者舉未釂少者不敢飲鄭注不敢先尊者盡爵曰釂燕禮曰公卒爵而後飲也孔疏謂曲禮與燕禮合而與士相見及玉藻違案士相見玉藻二文皆先君卒爵而此云後飲者此據燕飲正禮故引燕禮以證之玉藻及士相見謂私燕之禮故不同也又玉藻孔疏云此經先再拜稽首而後受燕禮與受爵降席下奠爵再拜稽首則先受而後再拜與此不同者熊氏云燕禮據大飲法故先受爵而後奠爵再拜此經據朝夕侍君而得賜爵故再拜而後受是本篇所云與玉藻合與曲禮燕禮異也經云下席又云升席褚氏云據此知士於侍飲侍食時堂上亦有席侍食不祭而侍飲祭者方氏苞云君已祭臣先飯而徧嘗膳至食時又祭則褻矣酒異爵則祭無嫌饋食禮尸每獻必祭祝佐食主人主婦又各祭酒是也敖氏云臣先卒爵亦先飯嘗膳之意君卒爵而授虛爵則授爵亦先於君矣皆與大飲之禮異也案玉藻此下有云君子之飲酒也授一爵而色洒如也二爵而言言斯禮已三爵而油油以退亦本篇所未具又案左傳云臣侍君燕過三爵非禮也若燕飲大禮則有獻有酢有酬有旅酬有無算爵非止三爵而已故知此節爲尋常侍飲法也　注云受爵者於尊所者案曲禮曰侍飲於長者酒進則起拜受於尊所鄭注降席拜受敬也燕飲之禮鄉尊孔疏前一說謂尊所者以陳尊之處也侍者起而往尊處拜受酒是以尊爲盛酒之尊後又引何氏云尊者主人也拜者在尊所對主人也嚮尊謂主人尊也是以尊爲主人二說不同當從後說云至於授爵坐授人耳者賈疏云見曲禮與玉藻並此文並無立授之文故知坐授也

敖氏以爲與授盛氏謂當從注說是也云必俟君卒爵者若欲其釂然也者釂盡爵也言俟君卒爵蓋欲其盡爵亦勸飲之意也云今文曰若賜之爵無君也者胡氏承珙云案無君字則不明所賜且此文上下與玉藻文略同彼有君字故鄭從古文也

退坐取屨隱辟而后屨君爲之興則曰君無爲興臣不敢辭君若降送之則不敢顧辭遂出謂君若食之飲之而退也隱辟俛而逡遁興起也辭君與而不敢辭其降於己大崇不敢當也

疏正義曰注俛而逡巡釋文集釋楊氏巡俱作遁嚴本作巡○玉藻亦曰退則坐取屨隱辟而后屨孔疏坐跪也初跪脫屨堂下爲敬故退而跪取屨也曲禮曰戶外有二屨言聞則入言不聞則不入孔疏謂室有兩人故戶外有二屨此謂體敵者若尊卑不同則長者一人脫屨於戶內故少儀云排闔脫屨於戶內者一人而已矣是也今案此謂熟客往來故得入室若平常行禮則脫屨皆於堂下曲禮曰侍坐於長者屨不上於堂解屨不敢當階鄉飲酒禮司正請坐于賓賓主人介衆賓皆降說屨揖讓如初升坐燕禮賓及卿大夫皆脫屨升就席故少儀又曰凡祭於室中堂上無跣燕則有之是初脫屨在堂下退取屨亦在堂下也玉藻此下有云坐左納右坐右納左亦本篇所未具孔疏納猶著也若坐左膝則著右足之屨若坐右膝則著左足之屨不敢顧辭郝氏謂不回顧君告辭是也　注云謂君若食之飲之而退也者上言君賜食賜爵則此言退即謂食之飲之而退也楊氏以此與上別爲一節非矣云隱辟俛而逡巡者曲禮曰就屨跪而舉之屏於側此隱辟即謂屏於側也又曰鄉長者而屨跪而遷屨俯而納屨此而後屨即謂納屨也俛與俯同逡巡即釋辟字意云辭君與而不敢辭其降於己大崇不敢當也者張氏爾岐云君無爲興臣不敢辭即臣辭君興之語也今於君降送而不敢辭者經云君若降送之言若

不定之辭明非常禮故云於己大崇不敢當也大夫則辭退下比及門三辭下亦降也【疏】正義曰注亦字通解作猶○敖氏云大夫起而退則君與下階則君降及門則君送于此三節皆辭之故曰三辭大夫位尊不嫌與君為禮故得辭也此著大夫則上之不敢辭者為士明矣今案章氏平讀大夫則辭為句謂士不敢辭大夫則辭也褚氏謂當以辭退下三字連讀案退下及門皆指臣言敖氏分析極細若三字連讀義難通矣　注云下亦降也者上經君若降送之降謂降階此下亦謂降階也

右臣侍坐賜食賜飲及退去之儀

若先生異爵者請見之則辭辭不得命則曰某無以見辭不得命將走見先見之先生致仕者也異爵謂卿大夫也辭辭其自降而來走猶出也先見之者出先拜也曲禮曰主人敬賓則先拜賓【疏】正義曰先生異爵者尊于士前有士見于大夫之禮此則先生異爵者特來見士蓋慕德而不以爵位拘也辭不得命謂辭之而不見許也曰字直貫至將走見句某無以見張氏爾岐謂無故不敢輕見姜氏謂無德可以辱見盛氏則云以因也言己欲見尊者而無因見則見字指見先生異爵者言其說較勝　注云先生致仕者也異爵謂卿大夫也者賈疏云此士相見本文是士故以卿大夫為異爵也然則先生亦卿致仕之卿大夫矣云辭辭其自降而來者以尊而請見卑是自降也云先見之者出先拜也曲禮曰主人敬賓則先拜賓者前經主人出迎于門外再拜賓答拜固是先拜矣然彼之拜為迎賓此拜為先見其所以拜不同張氏惠言云當出門北面再拜如相見奠摯之拜與鄭解先見為先拜故引曲禮以證之曲禮本文作客此引作賓者二字通也吳氏疑義云以本欲往見今先見之

於家曰先者對往見為後也其說亦通敖氏謂先拜之先當作走非矣

右先生異爵者見士

非以君命使則不稱寡大夫士則曰寡君之老謂擯贊者辭也不稱寡者不言寡君之某言姓名而已大夫卿士其使則皆曰寡君之某檀弓曰仕而未有祿者君有饋焉曰獻使焉曰寡君之老疏正義曰注不稱寡者毛本者作君嚴徐集釋作者是也○此節疑有譌舛解者雖多卻少確詁今惟擇其近是者錄之以待後人考定焉李氏云玉藻曰大夫私事使私人擯則稱名公士擯則曰寡大夫寡君之老公事為擯謂聘也上大夫曰寡君之老下大夫曰寡大夫儀禮綱解引三禮館議云此經據玉藻釋之文義自明非以君命使句所謂大夫私事使也則不稱寡大夫句所謂私人擯則稱名也士一字為句所謂大夫有所往必與公士為擯也則曰寡君之老句所謂公士擯則曰寡大夫寡君之老也此說依文衍義似屬可從然士上必添公字士下必添擯字乃明且寡大夫寡君之老皆為奉命出使之稱而上下分屬亦少的義戴氏震校集釋云玉藻篇上大夫曰下臣擯者曰寡君之老下大夫自名擯者曰寡大夫大夫私事使私人擯則稱名公士擯則曰寡大夫寡君之老是上大夫自稱下臣下大夫自名擯者稱上大夫曰寡君之老稱下大夫曰寡大夫然必公士擯乃得稱之此文當云非以君命使則不稱寡大夫寡君之老正與玉藻公士擯則曰寡大夫寡君之老互相為義衍士則曰三字耳經義述聞以戴說為是云據賈疏大夫下本無士字經文士字後人所加又云則曰二字因下文士大夫則曰下臣而衍也今案盧氏文弨朱氏大韶亦俱從戴說然唐石經及各本皆有士則曰三字未可必其為衍也汪氏中校本改

士爲使云據鄭注讀經不稱寡爲句又云其使則皆曰寡君之某可證矣注讀經不稱寡爲句者謂大夫非以君命使則不稱寡君之某也云大夫使者謂大夫以君命使則當曰寡君之某也一語反復相應上不言大夫下不言以君命省文互相備耳注卿士二字非釋經士字乃指上大夫卿而言古者通謂六卿爲卿士案方氏苞亦謂士當作使其說不如汪說之審然經作士已久改使亦嫌無據也其餘敖郝諸家之說尤無足取此文似當在闕疑之列矣　注云謂擯贊者辭也者言此皆擯贊稱謂之辭非自稱也云不稱寡者不言寡君之某言姓名而已者盛氏云不言寡君之某指大夫言不兼士也下大夫曰寡大夫上大夫曰寡君之老故言某以該之案言姓名者據玉藻云大夫私事使私人擯則稱名也云大夫卿士其使則皆曰寡君之某者案卿士謂上大夫也或謂卿字爲衍文似無確據云檀弓曰仕而未有祿者君有饋焉曰獻使焉曰寡君之老者盛氏云注引檀弓蓋取使焉曰寡君之義證公事使則稱其君曰寡君也之老二字出處所無傳寫者因經有寡君之老之文而衍耳今案盛氏釋注俱是此注與經亦未盡協姑依文釋之

凡執幣者不趨容彌蹙以爲儀不趨主慎也以進而益恭爲威儀耳今文無容【疏】正義曰散文則玉亦稱幣小行人合六幣是也對文則幣爲束帛束錦皮馬及禽摯之屬是也此執幣是指見君言故容彌蹙與執摯見君者同不曰執摯而曰執幣者蓋兼朝聘見他國之君言之故云凡也　注云不趨主慎也者賈疏據玉藻謂趨有疾趨徐趨二種此經不趨者謂不爲疾趨故云主慎也又謂徐趨則下文唯舒舉前曳踵是也此不爲疾趨亦不爲徐趨但徐疾之閒爲之案玉藻曰圈豚行不舉足齊如流又曰執龜玉舉前曳踵縮縮如也鄭注皆以爲徐趨之事賈說本此云以進而益恭爲威儀耳者案進而益恭釋經容彌蹙之義也云今文無容者胡氏承珙云無容字

則於義不明孟子其容有蹙古文有容義長故鄭從之 執玉者則唯舒武舉前曳踵唯舒者重玉器尤慎也武迹也舉前曳踵備躓路也今文無者古文曳作抴 疏 正義曰曳加點非注唯舒下敖氏有武字嚴本及各本俱無朱子云案注疏以舒字絕句陸佃曰容彌蹙同唯武則舒然則讀武字絕句矣其說近是今案注摘唯舒二字為訓非以武字屬下讀也盧氏云上凡執幣節疏明以舒武連讀校勘記云注疏實不以舒字絕句是也案玉藻曰君與尸行接武大夫繼武士中武皆以武字為句古文曳作抴嚴徐釋文集釋通解俱从手毛本从木作栧案說文手部有抴字木部無栧字从手為是○張氏爾岐云執玉本朝聘鄰國之事因言執摯相見遂兼及之今案此及執幣兩節皆因執摯類及也 注云唯舒者重玉器尤慎也者玉視幣更重故舒徐其武較之不趨者為尤慎也云武迹也者曲禮曰堂上接武鄭注亦云武迹也中人之迹尺二寸云舉前曳踵備躓路也者玉藻孔疏云踵足後跟也謂將行之時初舉足前後曳足跟行不離地恐致躓路也云今文無者者上執幣者有者字此執玉者亦當有者字無者脫也云古文曳作抴者案曳抴聲義並同檀弓負手曳杖釋文曳字作抴鄭以曲禮諸篇多作曳踵故不從古文也

凡自稱于君士大夫則曰下臣宅者在邦則曰市井之臣在野則曰草茅之臣庶人則曰刺草之臣他國之人則曰外臣宅者謂致仕者也致仕者去官而居宅或在國中或在野周禮載師之職以宅田任近郊之地今文宅或為託古文茅作苗刺猶剗除也 疏 正義曰戴氏云經當作上大夫唐石經上字摩滅各本訛作士孜前疏云玉藻上大夫曰下臣與此同也盧氏云石經士字甚清楚不如戴說今案自稱于君何以但言上大夫而不及下大夫與士如戴說

則此節有脫誤矣各本作士仍之草茅之臣毛本草作艸唐石經嚴徐閩本釋文集釋通解要義敖氏俱作草注謂致仕者也致仕者通解毛本脫下四字嚴徐集釋俱有刺猶刻除也此句嚴徐集釋通解陳單注本俱在任近郊之地下毛本在注末今文宅或爲託陳單注本毛本俱同嚴徐無文或二字集釋有文字無或字通解無文字有或字今從集釋○張氏爾岐云此與君言之時其自稱有此數者之異今案士大夫敖氏謂見爲臣者是也統目下臣而不分別者與出使擯贊辭異也他國之人敖氏云亦謂士大夫是也

注云宅者謂致仕者也致仕者去官而居宅或在國中或在野者姜氏云此以市井草茅之臣謂士大夫而下別云庶人曰刺草之臣故注以致仕者訓之與孟子不同案孟子在國曰市井之臣在野曰草莽之臣皆謂庶人此經先言宅者而後言庶人則宅者與庶人異若如敖說以宅者爲未仕而家居者則與庶人不傳質爲臣者正同經何爲區別乎故知市井草茅士相見與孟子文略同而實異姜說是也周禮每以國中與野對言故知此在邦在野爲或在國中或在野也云周禮載師之職以宅田任近郊之地者鄭於彼注易先鄭之說以宅田爲致仕者之家所受田而卽引此經宅者在邦云云以證之故于此經卽引彼宅田爲證也儀禮釋官云案書酒誥曰越百姓里居傳云於百官族姓及卿大夫致仕居田里者彼言里居卽此經言宅之義天子畿內采地三等大國九三公致仕者之田三次國二十一卿致仕者之田六小國六十三大夫致仕者之田二十七並見王制注諸侯亦當有卿大夫致仕者之田但其數未聞耳云刺猶刻除也者廣雅釋詁云刻削也然則刺草卽謂削除其草矣云今文宅爲託古文茅作苗者經義述聞以今文託字爲長謂羇旅之人寄託於此國者也襄二十七年左傳衞子鮮出奔晉託於木門終身不仕是其證託者若仕則自稱于君與士大夫同不仕則或曰市井之臣或曰草茅之臣

而已孟子庶人不傳贄爲臣不敢見於諸侯今託於此國而不仕亦是不傳贄爲臣者故其自稱于君者相若也案宅者之義當以鄭注爲正此亦可存備一說胡氏承珙云說文侂寄也从人乇聲乇古文宅與言部託字音義略同故今文假託爲宅古文又假苗爲茅洛陽伽藍記有魏時苗茨之碑苗茨即茅茨也鄭於經文則皆從其正者○劉氏澂補士相見義曰自天子至于庶人皆有摯摯者致也所以致其志也天子之摯鬯諸侯玉卿羔大夫鴈士雉鬯也者言德之遠聞也玉也者言一度不易也羔也者言柔而有禮也鴈也者言進退知時也雉也者言死其節也故天子以遠德爲志諸侯以一度爲志卿以有禮爲志大夫以進退爲志士以死節爲志明乎其志之義而天下治矣故執斯摯也者致志者也君之摯以事神臣之摯以養人唯君受摯者唯君受養也非其君則辭摯不敢當養也古者非其君不仕非其師不學非其人不友非其大夫不見士相見之禮必依于介紹以言其不苟合也必依于摯以言其道可親也苟而合唯小人無恥者能之君子可見也不可屈也可親也不可狎也可遠也不可疏也賓至門主人三辭見賓稱摯主人三辭摯所以致尊嚴也大夫以禮相接士以禮相諭庶人以禮相同然而爭奪興于末者未之有也人苟悅而相若者未必爭苟飾而相親者未必怨是故士相見禮者人道之大也所以使人重其身而毋邇於辱也所以使人慎其交而毋邇於禍也唯仕於君者召而往未仕而見於君者冠而奠摯在邦曰市井之臣在野曰草莽之臣君雖召不往也是故雖有南面之貴千乘之富士之所以結者禮義而已矣利不足稱焉刑罰行於國所誅者好利之人未有好利而其俗不亂者也無介而相見君子以爲諂故諸侯大國九介次國七介小國五介

右廣言稱謂及執幣玉之儀 附士相見禮

儀禮正義四

珍倣宋版印

儀禮正義五

南菁書院

江寧楊大堉雅輪補

鄉飲酒禮第四

鄭目錄云諸侯之鄉大夫三年大比獻賢者能者於其君以禮賓之與之飲酒於五禮屬嘉禮大戴此乃第十小戴及別錄此皆第四

疏正義曰釋文獻上有將字　云諸侯之鄉大夫三年大比獻賢者能者於其君以禮賓之與之飲酒者孔氏穎達禮記正義曰鄭云鄉飲酒有四事一則三年賓賢能二則鄉大夫飲國中賢者三則州長習射飲酒四則黨正蜡祭飲酒總而言之皆謂鄉飲酒鄉則三年一飲州則一年再飲黨則一年一飲所以然者天子六鄉諸侯三鄉各有鄉大夫而鄉有鄉學取致仕在鄉之中大夫為父師致仕之士為少師在於學中名為鄉先生教於鄉中之人謂鄉學每年入學三年業成必升於君若天子之鄉則升學士於天子諸侯之鄉則升學士於諸侯凡升之必用正月將升用之先為飲酒之禮鄉大夫與鄉先生謀士擇學士最賢者使為賓次者為介又次者為衆賓皆鄉大夫為主人與之飲酒而後升之故周禮鄉大夫職曰三年則大比考其德行道藝而興賢者能者鄉老及鄉大夫帥其吏與其衆寡以禮禮賓之若州一年再飲者是春秋習射因而飲之以州長為主人也若黨一年一飲者是歲十二月國於大蜡祭而黨中於學飲酒子貢觀蜡是也亦黨正為主人張氏爾岐云鄉飲有四此篇所載賓賢之禮甞以正月行之將射而飲於春秋行之黨正正齒位於季冬蜡祭鄉大夫飲國中賢者則無甞時盛氏世佐云此篇所陳乃侯國鄉大夫賓賢之禮他如黨正正齒位州長春秋習射及鄉大夫飲國中賢者雖亦名鄉飲酒而其禮固不能無異也自呂

氏大臨謂鄉人凡有聚會皆當行此禮恐不止四事論語載鄉人飲酒杖者出斯出矣亦指鄉人而言之其說見采於通解而後儒宗之遂以爲鄉人聚會飲酒之通禮矣然論語所載有尚齒之意謂與黨正飲酒法相似則可援以證此則不可且其所謂鄉人者鄉之人耳與鄉飲酒義鄉人士君子之鄉人注以爲鄉大夫者亦別褚氏寅亮云此禮雖主與賢能選有德者爲賓介三賓而餘皆齒序若有遵者則席在賓東而不與鄉人齒是選賢之中仍寓尚齒貴貴之義州長習射有賓無介若有遵則以公士爲賓自賓而外皆以齒序雖曰習射尚功而兼貴貴尚齒猶鄉飲也其黨正飲酒則專爲正齒位而行禮故豆之多寡與年遞增而五十以下俱立侍于堂下然考周官黨正之文曰一命齒于鄉里再命齒于父族三命不齒則尚齒之中仍存貴貴之義焉案天子三命以下皆士故如此分別若侯國則自一命以上苟位列大夫卽不以齒序爲少異耳以上三禮皆行之於在官者也至賈疏謂鄉大夫飲國中賢者用鄉飲酒禮此卽論語所云鄉人飲酒也竊意此禮雖曰飲賢然不過在坐皆賢者耳其賓介等必以年之先後次第爲之若以德則近於標榜矣若以貴又非尊賢之義矣玩杖者出斯出矣之文不云賓而云杖者蓋賓卽杖者年之最高者故卽以杖者名賓也賓出而其餘杖者俱出矣故孔子亦隨之而出矣若尚德不尚年年少者旣爲賓杖者安得不俟而先出乎明乎此則知此禮必兼年高有德者爲之矣或謂此禮不立賓介夫不立賓則獻酢酬之事俱不可行矣故燕義曰立賓主飲酒之義也見凡飲酒必立賓也其或有賓無介如州長習射之儀亦未可定但賓必兼年德耳說論語者往往以鄉大夫賓賢黨正正齒位之禮汨之故詳辨焉方氏苞云將興賢能其德之蓄行之恆藝之習惟鄉先生教之久知之深故就而謀焉若州長習射黨正正齒位則賓之尊

齒德久著於衆無待於謀注謂鄉大夫興賢能不可易也習射正
齒位乃平時所以教士故可遵其禮敎繼公乃謂此士與其同鄉
大夫會飲于鄉學之禮誤矣三者皆國政故有司掌之若士大夫
會飲無爲著於國典亦不宜行於鄉學賈疏謂鄉飲酒義乃黨正
正齒位之法不知通篇皆正解鄉大夫興賢能習射正齒位有賓
而無介也中閒覆舉鄉飲酒之禮五十者立侍以聽政役特約略
黨正之正齒位以附之耳經義聞斯錄曰鄭氏三禮目錄於鄉飲
酒禮云諸侯之鄉大夫三年大比獻賢者能者於其君以禮賓之
與之飲酒於鄉飲酒義云記鄉大夫飲賓于庠序之禮尊賢養老
之義是禮專屬賓賢能而義統繹四事爲異矣或曰戴記冠義以
下數篇先儒以爲禮經之傳經不具者傳詳之孔氏亦云此鄉飲
酒之義說儀禮鄉飲酒也似不當分而爲二且鄭氏以此篇傳屬
賓賢能者因鄉飲酒義有六十者坐五十者立侍六十者三豆七
十者四豆諸文而此篇無正齒位事耳但篇內云主人西階上獻
衆賓衆賓之長拜升拜受者三人注云長其老者命弟子俟徹俎
注云弟子賓之少者記又云衆賓之長一人辭洗立者者東面北
上樂正與立者皆薦以齒是未嘗不論齒且明言有立者矣孟子
曰鄉黨莫如齒王制曰習鄉尚齒鄉人飲酒無不以齒爲主儀禮
之禮戴記之義互相證明也曰州長習射飲酒有賓而無介有合
樂而無升歌笙樂閒歌豈與鄉飲酒之禮一一符合乎黨正蜡祭
飲酒之禮雖亡亦未必絶無異同可知至鄉大夫飲國中賢者僅
見于鄉飲酒義鄉人士君子注中他無可考卽有此事亦未必盡
用鄉大夫之禮也鄭氏以禮爲賓賢能義爲統釋四事必本經師
舊說確不可易矣曰然則呂氏謂鄉人會聚飲酒皆行此禮其說
非歟曰周禮族師春秋祭酺注云族長無飲酒之禮因祭酺而與
其民以長幼相獻酬焉疏云州長黨正有飲酒禮皆得官物爲之

今此族黨不得官物為禮可見此禮止于州黨族尚不用況其餘乎云於五禮屬嘉禮者盛氏世佐云鄉飲酒義孔疏云案鄭目錄云此於別錄屬吉事陸氏釋文亦引鄭云別錄屬吉禮則以此為吉禮之說蓋出於劉向而鄭君見之於禮記目錄不始於孔氏也又案禮記冠昏鄉飲酒燕聘諸義孔疏引鄭目錄皆云別錄屬吉事惟鄉飲酒射二義釋文引鄭云別錄屬吉禮釋文禮字蓋事字之誤鄭注儀禮於冠昏鄉飲酒射燕云嘉而聘云賓者以周官五禮言之也若以事言之則吉者對凶之辭嘉也賓也皆可以言吉也此鄭於禮記目錄所以復存劉說歟

鄉飲酒之禮主人就先生而謀賓介主人謂諸侯之鄉大夫也先生鄉中致仕者賓介處士賢者周禮大司徒之職以鄉三物教萬民而賓興之一曰六德知仁聖義中和二曰六行孝友睦婣任恤三曰六藝禮樂射御書數鄉大夫以正月之吉受灋于司徒退而頒之于其鄉吏使各以教其所治以考其德行察其道藝及三年大比而興賢者能者鄉老及鄉大夫帥其吏與其衆寡以禮禮賓之厥明獻賢能之書于王是禮乃三年正月而一行也諸侯之鄉大夫貢士於其君蓋亦如此云古者年七十而致仕老於鄉里大夫名曰父師士名曰少師而教學焉恆知鄉人之賢者是以大夫就而謀之賢者為賓其次為介又其次為衆賓而與之飲酒是亦將獻之以禮禮賓之也今郡國十月行此飲酒禮以黨正每歲邦索鬼神而祭祀則以禮屬民而飲酒于序以正齒位之說然此篇無正齒位之事焉凡鄉黨飲酒必於民聚之時欲其見化知尚賢尊長也孟子曰天下有達尊三爵也德也齒也【疏】正義曰校勘記云注賓介處士賢者者下通典有也字案通典引諸經傳注往往增入也字就此篇論之如明其德各特也拜賓至此堂尊之也進

酒于賓也復西階上位也坐于席也以右手也酬之言周也賓謙不敢居堂上也不嚌啐下賓也就賓南授之也下賓也長其老者也賤者禮節也謂歌與衆聲俱作也亦絜敬也以察衆也又以序相酬也此類甚多豈古本俱有也字而今本盡刪之歟凡類書徵引羣籍有刪無增此或原本如是今不能一一細校聊誌其概於此孝友睦婣任恤婣徐本作姻張氏曰案周禮婣作嫺鄭氏引經多用古字若玉藻視朔視朝鄭氏引作眡周頌於穆清廟鄭氏引作庿此必不改嫺爲姻案後世行之本原非康成手迹張說殊未確受灋于司徒灋徐葛通解俱作法案法灋今本錯出蓋如此云蓋下疏有亦字天下有達尊三下徐本誤作不嚴鍾俱不誤○張氏爾岐云此鄉飲酒禮有獻賓有樂賓有旅酬有無算爵樂凡四大段而禮成此下至當楣北面答拜則將飲酒之始事初謀賓戒賓次陳設次速賓迎賓拜賓凡三節方氏苞云先生鄉之致仕而教于黨庠州序者也周官黨正書德行道藝而州長考之以贊鄉大夫廢興其法必二十五家之塾歲升其秀民于黨而庠之師聚教焉是黨正所憑以書其德行道藝而待州長之考者也序之師則時會而閭試省察焉是州長所憑以書其德行道藝而贊鄉大夫之興者也故三年大比鄉大夫就之而謀賓介卽周官所謂使民興賢出使長之使民興能入使治之也古者官得其人而事無不治皆由於此韋氏協夢云賓卽所貢之一人將獻于君以賓客禮禮之因謂之賓介輔也佐也所以輔佐賓者謀賓介謂謀其孰可爲賓介也謀之未必在行禮之日蓋因記飲酒禮而追言之耳主人戒賓以下皆本日事也 注云主人謂諸侯之鄉大夫也者賈疏云大國三鄉次國二鄉小國一鄉釋官云左傳有鄉正國語有鄉長韋杜皆以鄉大夫釋之則諸侯有鄉大夫矣周禮鄉大夫每鄉卿一人諸侯以大夫爲之亦當鄉置一人古者軍出于鄉天子六軍出自六鄉諸侯大國三軍次國二軍小國一軍費誓魯人三

郊三遂則賈氏大國三鄉次國二鄉小國一鄉之說信矣孔穎達謂諸侯三鄉鄉二鄉大夫一鄉非也周禮六鄉大夫皆屬於司徒故其職曰受教灋于司徒退而頒之于其鄉吏諸侯則使鄉分掌之左傳宋二師令四鄉正晉趙孟問其縣大夫則其屬國語高子帥五鄉焉國子帥五鄉焉是諸侯之鄉大夫統於鄉也引周禮大司徒之職與鄉大夫者因諸侯鄉大夫經無明文因以天子之官況之故引周禮以證而云諸侯之鄉大夫貢士于其君蓋如此云也云古者年七十而致仕老于鄉里大夫名曰父師士名曰少師而教學焉者尚書大傳云大夫七十而致仕而退老歸其鄉里大夫為父師士為少師是注所本也云賢者為賓其次為介又其次為衆賓而與之飲酒是亦將獻之以禮禮賓之也者賈疏云據鄉貢一人其介與衆賓不貢但輔賓行禮待後年還以貢之耳大國三鄉次國二鄉小國一鄉鄉送一人至君所其君簡試仍更行鄉飲禮賓之于王云今郡國十月行此飲酒禮以黨正每歲邦索鬼神而祭祀則以禮屬民而飲酒于序以正齒位之說然此篇無正齒位之事焉者此舉漢時所行鄉飲酒禮用黨正正齒位之說與此篇不同漢罷諸侯之國為郡郡有太守而封王子母弟者仍為國故曰郡國案漢時鄉飲酒禮今不可考建武時伏湛奏行鄉飲酒禮遂施行之禮儀志明帝永平二年郡國縣道行鄉飲酒于學校至鄭君蓋尚遵而行之故據所目見以證其相異也云凡鄉黨飲酒必於民聚之時者程易田云十二月大蜡乃民聚之時此篇行于正月與十二月相連亦為民聚之時引孟子公孫丑篇文賓賢能為尚德正齒位為尚齒爵則連引之耳

主人戒賓賓拜辱主人答拜乃請賓賓禮辭許主人再拜賓答拜戒警也告也拜辱出拜其自屈辱至己門也請告以其所為來之事不固辭者素所有志

疏 正義曰主人戒賓張氏爾岐云言主人往至賓門欲相警

告非謂已戒之也至請賓方是發辭相戒耳江氏筠云賈疏云冠禮主人戒同寮同寮尊又使之加冠於子尊重之故主人先拜賓答拜此則鄉大夫尊矣賓是鄉人卑矣又將貢已宜尊敬主人故賓先拜辱案冠禮戒賓亦賓先拜主人答拜不言者以有宿賓之儀見之也果主人敬客而先拜則何以速賓賓西面再拜主人東面答拜乎且疏於彼處已明謂與此同矣彼疏云鄉飲鄉射戒賓皆與此文不同此經文不具當依彼文爲正何得於此又爲異說也蓋緣下主人速賓賓拜送之說故耳下疏云聘禮賓至近郊使下大夫至賓館下大夫遂以賓入賓送不拜公食禮使大夫戒賓大夫還賓不拜送遂從之此獨拜送者亦是鄉大夫尊賓卑又擬貢故也下既爲此說故牽此以就之然其說亦誤也蓋不拜送者爲從之不終事此經雖云賓及衆賓皆從之其實賓與介俱不得從主人賓之所以不從主人者緣主人速賓後更須速介也速介後雖無事然下文主人迎于門外拜賓拜介揖衆賓是賓介衆賓一時同來介須挾衆賓隨賓偕行亦不得獨從主人也且公食禮疏云鄉飲鄉射戒賓遂從之而云拜辱拜送者以其主人先反不相隨故得拜辱拜送則又與此違反不知賈果以何說爲正也乃請賓敖氏曰謂致戒辭于賓也其辭卒曰請子爲賓韋氏協夢云主人明是戒賓而云請者謙遜詞主人再拜張氏曰拜其許己也盛氏世佐云賓先拜主人答拜者考士冠宿賓鄉射戒賓皆然是亦禮之常也士冠戒賓云賓禮辭許主人再拜賓答拜主人之拜是拜賓之許己非先拜也方其始至賓家之時仍當賓先拜彼不言者文不具耳以宿賓禮例之可見也蓋主人至賓家戒之則主人爲賓賓爲主人賓既爲主人禮應先拜疏家誤謂冠禮主人先拜而其釋此賓先拜之故亦黏滯　注云拜辱出拜其自屈辱至己門也者敖氏云拜辱即拜迎也方氏苞云主賓往來無稱拜辱者惟此篇戒宿再言拜辱亦所舉不稱恐爲舉者之辱也賓拜賜主

人報禮亦稱拜辱示功罪榮辱彼此共之也始出迎賓主各一拜既而許則主人再拜示爲國求賢之重使士進身之始即知不可苟於自待也鄉射禮主人戒宿賓不言拜辱而賓拜賜主人答之則稱拜辱何也習射國政也以公事相戒非私禮於賓無爲稱拜辱射禮或公士爲賓則非其屬也不可不拜其辱而既有此禮即學士爲賓亦不容異同蓋其德行道藝異日宜與賓與之選以貴下賤辭過於恭亦所以勵士節也盛氏云主人鄉大夫也賓處士也主人戒賓當如先生異爵者請見禮先生異爵者請見先見之不敢拜迎而此乃云拜辱者當賓與大典主人好善忘勢而賓亦以道自重故以處士而儼然與大夫抗禮不爲驕也案古言拜辱者以賤稱尊之辭如左傳敢拜君命之辱子以君命辱于敝邑無若諸侯之屬辱在寡君者何此類甚多以君臨臣則君爲尊臣爲卑謂之辱以賓臨主則賓爲尊主爲卑謂之辱此主人鄉大夫也賓處士也主人至賓家戒之則主人爲賓賓爲主人故爲以卑稱尊之詞而拜其自屈辱也云不固辭者素所有志者此以士相見禮固辭例之也朱子曰學成行修進仕于朝上以致君下以澤民此士之素所有志也張氏曰德業既成欲及時而試也盛氏曰士冠禮鄉射禮于主人戒賓皆云禮辭許不聞有固辭者一辭而許爲賓之道固然此亦如其常而已以爲將貢己而固辭君子惡其矯也

主人退賓拜辱退猶去也去又拜辱者以送謝之疏正義曰敖氏云此拜辱即拜送也拜迎拜送皆言拜辱者蓋一儀而兼二義也迎送者據己言也辱者據彼言也此經言戒賓之儀略者亦以士冠禮宿賓之儀見之也下速賓放此○程易田云注退猶去也謂主人出賓門賓送出門又拜其辱也盛氏世佐云凡賓主相見始而拜迎退而拜送禮之常也拜迎可名拜辱拜送獨不可名拜辱乎鄭君求其說而不得因有以送謝之之解疏又云將貢己宜尊敬主人是以去又拜辱以送謝之何見

之陋也夫主人之於賓卽後世之所謂舉主也所謂座主門生也古者鄉舉里選一以德行道藝爲主而進退之權在舉之者自盡其職之所當爲非以樹恩也而所舉者亦必克副其實而後應之公義重而私恩輕何僕僕而亟謝爲爲此說者習見漢世報舉主之厚而意之耳夫以漢世篤交念故之誼議者猶或非之況自中唐而後一蒙賞拔名曰恩門長奔競之風貽朋黨之禍其流弊可勝道哉韓子曰吾未嘗聞有登第於有司而進謝其門者斯固有識者之所恥也豈先王制禮而不慮及此乎然則飲酒之明日賓鄉服拜賜何也曰謝其以禮禮己也夫禮未有見禮于人而不之謝者鄉射非貢士賓亦拜賜是己爲貢己而以送謝之私也爲貢己而明日不拜賜避嫌也避嫌亦私也此於士習官方頗有關係故不敢不辨據此論甚正但鄭君所謂以送謝之者謂謝其以禮禮己於其來拜而迎之謝其辱尊以就卑於其退拜而送之謝其秉禮以禮己仍飲酒明日賓鄉服拜賜之意彼謝於禮之成此謝於禮之始謂將貢己宜尊敬主人乃賈氏之無識非鄭意也且報舉主之厚此自漢時之陋習然如周舉之奏左雄張陵之劾梁冀伸公義以抑私情者未嘗無之況鄭君乎鄭君高尚不受朝服之徵詎至囿於時趨而以習俗之見解先王之禮經乎盛氏所詆之昧於知人之法矣

介亦如之

如戒賓也【疏】正義曰注云如戒賓也者張氏爾岐云謂如戒賓時拜辱請許諸儀也

右謀賓戒賓

乃席賓主人介

席敷席也夙興往戒歸而敷席賓席牖前南面主人席阼階上西面介席西階上東面【疏】正義曰注云席敷席也者經文乃席爲句謂爲賓主人介敷席也經不言敷席面位注知之者鄉飲酒義云四面之坐象四時也天地嚴凝之氣始

于西南而盛于西北此天地之尊嚴氣也此天地之義氣也天地溫厚之氣始于東北而盛于東南此天地之盛德氣也此天地之仁氣義者也故坐于西北主人者接人以仁以德厚者也故坐于東南而也主人者尊賓故坐賓于西北而坐介于西南以輔賓賓者接人以坐僎于東北以輔主人也又曰賓必南鄉介必東鄉主人必居東方注本此爲說也敖氏曰席賓于戶牖閒主人于東序介于西序少牢下篇席主人于東序西面席侑于西序東面侑介之位同也方氏苞云自聘饗燕射下及冠昏賓席于戶牖之閒乃一定不移之位也下文云衆賓之席皆不屬焉鄉射記曰衆賓之席繼而西則位與賓並明矣下文又云尊兩壺于房戶之閒鄉射禮曰尊于賓席之東則尊當房戶之中賓席于戶西牖東而遵席于尊東具見矣蓋以尊爲節三賓則繼賓而西諸公與大夫則相繼而東位正相配地始可容也尊之左右既無地可以席介自當席于西序而與主人相對矣介之位不繼于賓所以伸賓之尊也不與三賓同列又所以伸介之尊也

衆賓之席皆不屬焉 席衆賓於賓席之西不屬者不相續也皆獨坐明其德各特也 疏 正義曰李氏如圭云衆賓衆賓之長三人也楊氏復云鄉飲酒禮注席賓于牖前與周禮司几筵筵國賓于牖前似同而實異賓席在西北以天子諸侯宮有東西房言之則室前之中爲中此乃王位設扆之處自中以西便爲西北又是牖前如司几筵筵國賓于牖前是也以大夫士東房西室言之房室之閒爲中故戶西牖東西北之位家鄉國皆以爲重士冠禮子筵于戶西士昏禮婦席于戶牖閒鄉飲席于牖前鄉射賓席在于戶牖之處名雖不同皆是一義鄉飲雖是牖前亦是牖東也蓋戶西牖東正西北之賓位也士冠禮子士昏禮婦亦在此位敬禮之如賓客然所謂禮于客位者也若牖前則近于西北隅矣果賓席在牖前則三賓當如鄉射記東面北上今經云衆賓之席繼而西則賓席決不

在牖前明矣雖然此特以鄭義大夫士東房西室言之也又案陳祥道云鄉飲酒薦脯五脡出自左房鄉射記籩豆出自東房大射宰胥薦脯醢由左房夫鄉飲鄉射大夫禮大射諸侯禮其言相類蓋言左以有右言東以有西則大夫士之房室與諸侯同可知鄭謂大夫士無西房恐未然也敖氏云屬連接也必不屬者爲其升降皆由下也以是觀之則賓位在戶西牖東而當兩楹之閒明矣此席亦東上凡席皆有司設之郝氏敬云古者大饗必於宗廟廟堂後中爲室室東爲房室與房皆有牖有戶牖皆居中戶皆在牖東皆南向故戶牖閒爲堂中賓席在焉賓所立位在堂西階上東向主席在堂東階上西向此廟中之禮也鄉飲酒不行于廟于學宮諸館舍其位亦與在廟殊饌席皆在堂上而拜立之位仍在東西階故或退而復位進而升席也方氏苞云鄉射禮衆賓之席繼而西彼州民習射故席相屬以示鄉黨齒讓之風此國興賢能故不相屬以彰朝廷尊賢之義又於此經見鄉射之賓相屬于鄉射見此衆賓之席亦繼而西也姜氏兆錫云鄉飲酒席位經無明文注蓋據鄉飲酒義而言也但鄉飲鄉射之席賓與衆賓之席皆相繼而不屬言其遞爲位則相繼言其各爲位則不屬二者參互推之可見非有殊禮也所以鄉射言繼而西鄉飲言皆不屬者鄉射單以賓與衆賓言之故言繼而西而鄉飲合席賓主人介衆賓之席凡十字爲句則賓與衆賓雖不屬而自相繼主介一東階一西階則不相屬而亦不相繼矣而賈疏於句讀有差因於義釋有誤乃謂賓以將貢于君有所殊別故衆賓之席不屬而不相繼也疏矣秦氏蕙田云衆賓席于賓西南面賓長三人卽鄉飲酒義所謂三賓也不屬者謂衆賓之席不與賓相屬所以尊賓也鄉射主習民以禮樂故衆賓之席繼賓而西不相別異若鄉飲主於興賢賓則賢能中尤異者故特貢之衆賓旣不與於貢安得不與賓相別注謂衆賓皆獨坐似未得經旨盛氏世佐云此節當以乃席賓三字

爲句主人介衆賓之席爲句郝氏姜氏析句俱未安經但言席賓而不言位面以見于鄉射禮者可參考也鄭射無介注知介席在西階上東面者以少牢下篇席侑之處見之也鄉射禮衆賓之席繼而西此則云不屬者與賢大典所以殊異賓于衆也皆者皆主人介衆賓也主人也介也與賓之席遠矣云皆不屬者詞雖總承而意則專主於衆賓也敖氏謂爲其升降皆由下姜氏謂言其遞爲位則相繼言其各爲位則不屬二說皆未得經意當以注疏爲正但注家誤看經文皆字謂衆賓皆獨坐則猶未盡也經意蓋謂主人介衆賓之席皆不屬於賓耳非謂衆賓各不相屬也賓是所與賢能之人故別異之彼衆賓者既不得與於貢則其德故相埒也焉得人人而別之乎又案古人宮室之制前堂後室室之東西偏曰房室與房皆有戶室又有牖戶在東而牖在西戶牖之閒堂之中也故古人重之室之有東西房者則以牖前爲賓位取其在西北也司几筵所云是也室之有東房而無西房者則以戶牖之閒爲賓位亦取其在西北也士冠禮士昏禮所云是也鄭氏謂大夫士東房西室以其私家言之也鄉飲酒行禮于庠鄉射于序庠序皆學舍與私家之制異安見其必無西房乎陳氏祥道之說極爲有據然此注又以賓席戶牖之閒而曰席賓牖前則鄭氏固未嘗謂其無西房也若無西房則牖前乃堂之西北隅賓既席于此則賓西更無容席之地不得云衆賓之席繼而西矣惟有西房故賓席雖在室之牖前而其西尚可以容衆賓之席也然則此注所云牖前與司几筵所云牖前其實無以異也楊氏因陳氏之言而疑鄭氏大夫士無西房之說之誤殆未明於庠序與私家之異歟經義聞斯錄曰注云賓席牖前不知何本或曰牖在戶西賓席牖前正所謂坐賓于西北也特古人賓位以戶西爲正士冠禮醮子筵于戶西而記云醮于客位燕禮司宮設賓席于戶西是也射義云鄉大夫士之射也必先行鄉飲酒之禮考鄉射禮席賓南面東上

注云不言于戶牖之閒此射于序序無室故不言戶牖然賓位正中卽此可見鄉飲酒在鄉學有室賓席在戶西必然矣乃以爲牖前非自矛盾乎揣鄭氏之意不過欲會通鄉飲酒義之文耳然鄉飲酒義皆約略之語賓居戶牖之閒衆賓之席繼而西大勢在堂之西北卽謂之坐賓西北奚不可者曰鄉飲酒之位似與鄉射微有不同鄉飲賓主人介衆賓之席皆不屬鄉射則無介衆賓之席繼而西亦其一也鄉射賓在戶西尊在賓東遵在尊東鄉飲賓在牖前遵在戶前尊在遵東若有諸公則大夫又在尊東鄉射言僎入序于賓東鄉飲言席于尊東固不得以鄉射之位爲卽鄉飲之位也注說必有所受先儒又謂賓在戶牖閒主人自阼階上望之若在西北誠如是則介正在主人之西大夫正在主人之北何以一曰西南一曰東北邪案此節盛氏駁郝氏姜氏析句之非竊謂盛氏亦未爲得也考注云席數席也則以乃席爲句賓主人介衆賓之席爲句上席言數席下席言其人所坐之席二席字皆總賓主人介衆賓言之皆不屬焉句亦總承賓主人介衆賓也鄉飲不言席之面位而鄉射著之鄉射不言皆不屬而鄉飲著之互相見也賓主人介席之不屬其事易明衆賓之席或有疑其相屬者故注以皆獨坐明之是衆賓三人其席亦各不屬也說者多不得其解而妄駁之

尊兩壺于房戶閒斯禁有玄酒在西設篚于禁南東肆加二勺于兩壺

斯禁禁切地無足者玄酒在西上也肆陳也

疏 正義曰設尊之例詳見士冠禮房戶閒吳氏澄云東房之西室戶之東在賓主之閒雖主人之說而賓亦以之酢主人也方氏苞云房戶閒東西之度鄉射禮曰尊于賓席之東則在戶外而南北淺深之度具見矣賈疏冠禮子昏禮婦尊皆在房隱處見其質冠醮子及鄉飲鄉射特牲少牢尊皆在顯處見其文非也房中戶外辨于賓之親酌與否與酒醴文質何涉乎冠昏洗在北堂

故尊于房中以便事也房中北堂皆婦人所有事醴唯一舉使贊者
洗酌以授賓于戸外可耳醮則三洗三酌賓皆親之使賓數出入于
義中北堂則幾於瀆矣鄉飲鄉射獻酬皆在堂階自無尊于房中之
房特牲少牢則尸祝賓侑主人主婦之籩豆鉶羹皆陳于房而主婦
宗婦贊者女賓皆立而待事故尊于戸外寧使主婦時出而酌獻卽
長賓長兄弟非獻尸薦俎不得主入于房戸況衆賓衆兄弟之獻酬
無算而可使入酌于房中乎凡此皆禮之以義起顯著而無可疑者
不可以曲義汩之斯禁有玄酒在西李氏如圭云凡尊必尚玄酒大
夫尊用棜士用禁斯禁卽棜也無足似棜故謂之棜士禁有足少儀
曰酌者之左爲上尊尊南嚮酌者北面故西爲上也吳氏澄云斯禁
一名棜長四尺廣四尺二寸深五寸無足大夫用棜士用禁北面設
尊之酒在左在酒尊之西也設篚于禁南東肆李氏曰東肆者篚首
在西向東陳之敖氏曰設篚于禁南其間當容人蓋酌者北面也東
肆放尊之西上也淩氏釋例曰凡堂上之篚在尊南東肆堂上之篚
所以實獻酬爵觶也鄉飲酒禮設篚于禁南東肆鄉射禮尊于賓席
之東篚在其南東肆鄉飲酒主人獻賓坐取爵於篚降洗此堂上之
篚也適洗南面坐奠爵于篚下此堂下之篚也賓酢主人亦用此爵
主人受酢畢奠爵于東序端主人酬賓坐取觶于篚亦堂上之篚也
此觶賓奠于薦東不舉主人獻介仍用前東序端之奠爵獻介畢介
降洗升授主人爵于兩楹之間主人實爵自酢畢奠此爵于西楹南
及獻衆賓仍用此西楹南之奠爵獻衆賓畢主人始以此爵降奠于
篚此則堂下之篚也鄉射主人獻賓畢奠爵于序端酬賓後卽取序
端之爵獻衆賓無介故也餘皆與鄉飲酒同鄉射主人獻賓坐取爵
于上篚以降疏云凡取爵于篚以降者皆是上篚鄉飲酒不言上者
文略也燕禮堂上不設篚雖膳篚亦在堂下也又曰鄉飲酒記獻工
與笙取爵于上篚既獻奠于下篚注明其異器敬也如是則獻大夫

亦然上篚三爵揚氏復曰上篚爵二觶一獻賓獻遵獻工皆異爵三也主人取觶酬賓一也下篚觶四一人舉觶爲旅酬始一也司正舉觶二也二人舉觶爲無算爵始四也敖氏云上篚爵三觶一下篚觶三說與楊氏異蓋謂一人所舉之觶旅酬畢則仍奠于下篚至二人舉觶時再取之故云下篚觶三也又云既獻工則奠于上篚既獻笙則奠于下篚加二勺于兩壺敖氏云記云尊綌冪賓至徹之則此二勺皆加于冪上矣亦與祭禮微異張氏爾岐云兩壺酒與玄酒各一也斯禁以承壺玄酒在酒之西設篚貯爵在禁之南向東陳之其首在西壺各有勺以備挹酌注云斯禁禁切地無足者吳氏廷華云賈疏引玉藻大夫側尊用棜士側尊用禁注以棜爲斯禁引禮器注又以斯禁無足似棜即所謂澌盡之名故知切地無足據此則斯禁即棜本大夫器注以士所用之禁解大夫之斯禁則似同一無足矣疏謂鄭以大夫士雙言之者此也據特牲禮曰壺禁是禁也記則曰棜禁則又是斯禁兩說不符故彼注謂祭尚燕飫得與大夫同器不爲神戒也愚案禮器云禮有以下爲貴者天子之尊廢禁大夫士棜禁所謂廢禁者蓋合禁與斯禁並廢是尊爲最下棜雖無足然尊之下尚有棜比廢禁者爲稍上故大夫用之禁有足則又上矣故士用之所謂以下爲貴也若如此疏同名棜禁之說則混棜禁而一之既與玉藻大夫士之說不符又與禮器以下爲貴說不符若以禮器玉藻爲不足據則少牢禮曰棜特牲禮曰禁此則經之可據者不得因特牲記棜禁說遂謂禮器亦同名棜禁也況據少牢疏謂特牲用棜仍云禁蓋因彼記與經不符故曲爲合一之解若謂彼經所謂禁者其名曰禁者其實用棜記所謂棜禁者其實亦用棜而名之爲禁其說本屬牽合然可見彼記所謂棜禁者特名棜爲禁然同名棜禁之謂則其說禮器者謬矣至豐與舟之說據燕禮云公尊瓦大兩有豐形似豆疏以爲承尊之物又據司尊彝祼時虎彝蜼彝皆有舟注以爲

尊下臺若今時承盤蓋亦於禁之類則與禮記廢禁之說又不符矣褚氏寅亮云記言賓至而徹冪少牢禮尸卽位而徹冪其節一也第此則覆冪而卽加勺彼俟徹冪而始加勺爲少異耳

設洗于阼階東南南北以堂深東西當東榮水在洗東篚在洗西南肆

榮屋翼

疏 正義曰設洗之例詳士冠禮張氏爾岐云南北以堂深謂以堂廉北至屋壁之遠近爲洗去堂之遠近也疏云假令堂深二丈洗去堂亦二丈以此爲度是也堂上設篚此復設篚者上篚所貯三爵每一爵行畢卽奠下篚且貯餘觶也高氏愈云此時堂上堂下設凡二篚上篚以貯爵觶凡獻酬者於是貯之下篚則虛設之凡以虛爵降者則實之於其中也淩氏釋例曰凡堂下之篚設于洗西南肆鄉飲酒禮篚在洗西南肆鄉射禮同此皆堂上設篚而于堂下又設篚者也士冠禮醮用酒洗有篚在西南順注篚亦以盛勺觶陳于洗西南順北爲上也燕禮篚在洗西南肆設膳篚在其北西面注肆陳也膳篚者君象觚所饌也亦南陳言西面尊之異其文大射儀篚在洗西南陳設膳篚在其北西面注或言南陳或言西面異其文也疏云洗篚言南陳亦西面膳篚言西面亦南陳特牲饋食記篚在洗西南順實二爵二觚四觶一角一散少牢饋食禮設于洗西南肆此皆堂上不設篚而但于堂下設篚者也燕禮大射二篚皆在堂下盛氏世佐云二篚一盛諸臣飲器一盛君飲器而無堂上篚者蓋堂上之篚所以盛爵燕禮輕不用爵也考楊信齋謂鄉飲上篚爵三觶一是上篚亦盛觶也特牲記下篚實爵二是下篚亦盛爵也盛氏之說恐非蓋鄉飲鄉射賓主皆尊禮盛故堂上堂下並設篚燕禮大射君燕其臣禮殺特牲少牢祭畢而飲禮更殺故僅設堂下之篚歟

右陳設

羹定肉謂之羹定猶孰也疏正義曰李氏如圭云肉孰卽定止不敢煩勞賓故以羹定爲速賓節也　注云肉謂之羹者爾雅釋器文敖氏謂肉與湆同在鑊故謂之羹云定猶孰也者王氏述聞曰定者成也言成孰也淮南天文訓秋分而禾蕒定高注曰定成也晉語謀既成矣韋注曰成定也孟子苟爲不孰趙注曰孰成也是定成孰三字同義故曰定猶孰也案漢儒訓詁凡云猶者皆通其引申之義也定訓爲成成訓爲孰孰與定義稍隔故云猶以通之也

主人速賓賓拜辱主人答拜還賓拜辱速召也還猶退疏正義曰盛氏世佐云拜辱卽拜送也聘禮使下大夫至賓館公食大夫禮使大夫戒賓二處賓皆不拜送者以賓遂從之也此處賓不遂從故仍行拜送之禮案上拜辱拜迎也辭主人之來速也下拜辱拜送也於其還而拜以送之也亦如戒賓之儀　注云速召也者敖氏云召之而云速者欲其來之速也云還猶退者戒賓節云主人退賓拜辱此云還猶彼之云退也

介亦如之如速賓也疏正義曰注速賓校勘記徐本集釋俱作賓速　敖氏云衆賓亦戒速而唯言賓介者亦以主人親爲之其禮重故著之爾蔡氏德晉云介亦如之亦主人親速也衆賓則但使人速之

賓及衆賓皆從之從猶隨也言及衆賓介亦在其中矣疏正義曰李氏如圭云鄉飲酒義曰主人親速賓及介而衆賓自從之則衆賓主人不親速方氏苞云戒與速注疏言及賓門而不言其所賓或取於一黨一庠之中而衆賓散布五州一二十五黨之內若戒宿于其家不惟異黨異州之士不能羣萃以待于賓之門如賓介各處一偏則亦不能同日而戒況羹定而後速乎其法必州黨之師賓介之當與與衆賓之親禮者前期聚於某州之序而後鄉大夫就問焉及期則賓介衆賓交於近序之庠故可俟羹定鄉大夫躬速而賓及衆賓皆從之也鄉不設學何也鄉大夫以六鄉攝不

能親教事且以便學子俾各近其家而省勞費耳

主人一相迎于門外再拜賓賓答拜拜介介答拜相主人之吏擯贊傳命者

疏 正義曰張氏爾岐云主人于羣吏中立一人以相禮與之迎賓于庠門外方氏苞云主賓之禮交擯傳辭故聘禮上介問于大夫尚以三介從鄉大夫國卿也而一相以賓乃鄉民之秀無擯可陳承鄉大夫之命而相獻以入無辭可傳若陳擯以臨之則非降尊以下賢之義故惟用一相也其不曰擯而曰相以主于相禮非接賓鄉大夫不可以獨出與賢士接又不可使胥史閱廁故惟以相禮者從又曰賓主獻酬進退拜與之節會有旨視不能及者皆相者詔之故於出門迎賓特著一相以見凡禮皆相贊也冠昏相見無此文其禮皆目視所能給擯者特傳詞耳敖氏曰拜介亦再拜文省耳方氏苞云敖說非也介于戒速禮壹同于賓故並曰介亦如之惟迎賓再拜而介一拜故特文以著之蓋戒速於私家故同之以見用貴下賤之常迎於公所故異之以示為國選賢之序義並行而不相悖也 注云相主人之吏擯贊傳命者盛氏世佐云古者黨有庠術有序教民之職在鄉則掌于州長黨正以下而統于鄉大夫在遂則掌于縣正鄙師以下而統于遂大夫治民之官卽教民之官非若後世守令之外別有教職也主人鄉大夫也自州長以至比長皆其屬吏此相恐是擇州長中一人為之周禮州長職云三年大比則大考州里以贊鄉大夫廢興則相主人者舍州長而誰學中有司如樂師大小胥之屬於國學則有之鄉學則未之前聞也

揖衆賓差益卑也拜介揖衆賓皆西南面

疏 正義曰注云差益卑者以上文再拜賓一拜介是介差卑於賓此於衆賓不拜而揖是衆賓卑於介益卑於賓也方氏苞云祭祀之衆賓半主人之屬吏而主人拜送于門外飲射之衆賓終不拜送始則揖之而使自入何也祭者主人之私事故大夫雖尊衆賓長之獻則交

拜焉衆賓之出則拜送焉同之于賓所以報其勤也與賢能教射則國政也賓介乃德行道藝之越衆者故特申其敬屈貴貴之禮以尊賢而衆賓不得與之儕異之於賓所以厲其德行道藝也然皆得獻于堂下而主人拜之以其亦後此之賢能又所以別之於有司贊者也云拜介揖衆賓皆西南面者李氏如圭曰賓介衆賓門外入門及堂位皆東面北上

主人揖先入揖揖賓也先入門而西面疏正義曰注揖賓也校勘記云揖下要義有衆字 云先入門而西面者賈疏云庠學唯有一門主人導賓先入至內霤西面待賓敖氏云不言入門右可知也亦以賓入門左見之

賓厭介入門左介厭衆賓入衆賓皆入門左北上皆入門西東面賓之屬相厭變於主人也推手曰揖引手曰厭今文皆作揖又曰衆賓皆入左無門疏正義曰注云皆入門西東面者鄉射禮云東面北上此不言東面故注補著之云賓之屬相厭變於主人也推手曰揖引手曰厭今文皆作揖者方氏苞云唯鄉飲酒鄉射賓介衆賓有相厭而入之禮何也賓介衆賓皆鄉大夫州長所治所教之士民也故主人先引而相引以從之非主賓之常禮也賓主獻酬交拜無少退之禮亦唯鄉飲酒鄉射有之何也學士見賓禮以致身故重其禮以答主人主人得賢才以報國故重其禮以屬賓也鄉射之禮雖輕於與賢能然獨立一賓而無介故賓主之交相重不異賓與亦所以淬勵羣士觀示鄉民也君臣之禮更嚴於師長而燕無此儀何也燕禮之主人代君獻也若賓見其拜而少退則疑於當君之禮矣賓之拜拜君賜也若主人見其拜而少退則疑於代君受禮矣故主人之無變乃自比於舉觶賓之無變乃自比於受酬也又曰既曰介厭衆賓入又曰衆賓皆入門右見介引手以招衆賓而衆賓序入不復自相厭也鄉飲酒義至于門外主人拜賓及介而衆賓自入可與此相證淩氏釋例曰凡推手曰揖引手

曰厭士冠士昏鄉飲酒三揖至于階鄉射三揖皆行聘禮公揖入及君與賓三揖歸饔餼問卿三揖皆行公食大夫及廟門公揖入賓入三揖覲禮郊勞三揖至于階皆推手曰揖也鄉飲酒迎賓賓厭介入門左介厭衆賓入衆賓皆入門左獻畢一人舉觶之時揖讓升賓厭介升公厭衆賓升鄉飲無介餘同皆引手曰厭也又覲禮注引司儀文三揖士揖庶姓時揖異姓天揖同姓疏云鄭彼注云士揖推手小下之也時揖平推手也天揖推手小舉之以推手曰揖引手曰撎故爲此解也此疏厭作撎者考鄉飲酒疏云厭字或作撎字者古字義亦通也詳疏意厭字或作撎字似是注文今注無此句蓋傳寫脫之又鄭司農大祝注肅拜但俯下手今時撎是也亦作撎字鄉飲酒鄉射注揖厭今文皆作揖揖厭撎三字對文則異散文則通矣又鄉飲酒疏引手曰厭者以手向身引之蓋推手引手之別也胡氏承珙云段氏玉裁曰厭即尚書大傳之葉拱家語注云兩手薄其心古文禮揖厭分別今文禮厭皆作揖鄭不從之而禮經有厭譌作撎周禮大祝疏竟作引手曰撎斷不可從承珙案疏云厭字或作撎字者古字義亦通也詳此疏意蓋注文本有厭或作撎之語故覲禮疏亦云引手曰撎鄭司農注周禮以撎爲肅拜自誤然撎自是厭之或字說文撎舉手下手也舉而下之即所謂引手也蓋揖則舉手而推之撎則舉手而下之下之則必引手儀禮古文作厭說文小篆作撎總之皆與揖別故鄭從古文作厭以撎爲或作而不從今文作揖說文揖攘也一曰手著胸曰揖案此一曰以下七字疑後人羼入說文揖下云攘也攘下云推也正與鄭君推手曰揖合引手之厭自有撎字當之不應揖下忽有手著胸語致揖厭漫無分別段云許從今文不從古文是以推手引手通謂之揖非是又云撎當從字林爲舉首下手謂跪而舉其首惟下其手是曰肅拜漢人曰撎亦非是案說文拱斂手也斂手與引手義近故段氏以厭爲即尚書大傳之拱厭之本字蓋

當作擪說文擪一指按也指按而下之與手引而下之其義相通廣雅釋詁擪按也荀子解蔽篇厭目而視者注厭指按也文選笙賦厭焉乃揚注厭亦作擪擪謂指擪也是二字通用之證聲轉作撎故禮經別本或作撎說文撎舉手下手也義不可通段氏說文注依左傳成十六年釋文引字林改作舉首下手似覺可從鄭司農注肅拜云肅拜但俯下手今時撎是漢人謂俯首下手之拜如撎故許君據以解撎說文於周禮多從先鄭說也非以撎卽禮經之厭也禮經今文皆作揖而義或有別說文揖攘也攘推也此推手曰揖之說也一曰手著胸曰揖此今文賓揖介介揖衆賓引手曰揖之說也許君於禮經多從今文可證者不一而足今文於推手引手統謂之揖故說文亦於揖備載二義段說似未可非鄭君則以揖厭無別故從古文作厭許鄭於禮經所從本有異也二云衆賓皆入左無門者今文蒙上門左之文而省下門字鄭以無門則文不成義故亦不從之蔡氏德晉云門左謂門西入門北面以西爲左北上既入東面立以北爲尊也既入門內主人先以賓升介及衆賓皆止於所立之位俟酬賓後乃以介升介酢後乃以衆賓升

主人與賓三揖至于階三讓主人升賓升主人阼階上當楣北面再拜賓西階上當楣北面答拜三揖者將進揖當陳揖當碑揖楣前梁也復拜拜賓至此堂尊之

疏正義曰注當陳揖校勘記云張氏曰監巾箱杭本陳皆作楣自嚴本以後始正作陳疏引爾雅陳堂塗也從嚴本案通典作塗塗卽堂塗也雖不如陳字之古其義則同 褚氏寅亮云主賓入門後各向北稍前主西面賓東面是相鄉也俟介及衆賓以次入門訖乃相揖而轉相背卽注所云將進揖也主人東行至阼階堂塗南賓西行至西階堂塗南各轉身向北則由相背而相見矣因又揖注所謂當陳揖也主賓各由東西陳向兩階行於庭中行

三分之二遙當碑處則因有碑隔而又揖注所謂當碑揖也凡揖皆緣向背而生注極分明敖氏汨之不可從主人升賓升李氏如主云主人尊升一等賓乃升也賓主敵則俱升既洗禮殺雖不敵者亦俱升主人與賓揖至于階介及衆賓亦隨賓至西階下而序立案主人升賓升李氏敖氏張氏皆據鄉射禮主人升一等賓升以主人大夫尊也賓士卑也非敵者故不俱升淩氏則謂經文但云主人升無一等二字與鄉射不同此賓主不敵而亦俱升者盛其禮尊賓使與敵者同也考禮經主人先升賓後升者多著一等字此經主人升賓升平列與士昏禮主人升西面賓升北面文同其為俱升可知淩說是也釋例詳士冠禮注云三揖者將進揖當陳揖當碑揖者張氏曰陳堂塗也東西兩向堂之塗也淩氏曰將進揖卽入門將右曲揖也當陳揖卽將北曲揖也陳與門不相直故入門必再曲然後當陳禮言三揖義不異也

右速賓迎賓拜至

主人坐取爵于篚降洗將獻賓也疏正義曰張氏爾岐云此下至以爵降奠于篚言主人獻賓介衆賓之儀凡六節○蔡氏德晉云坐跪也古人席地陳設取爵奠爵必跪淩氏釋例云凡丈夫之拜坐婦人之拜與丈夫之拜奠爵婦人之拜執爵鄉飲酒鄉射燕禮大射特牲少牢有司徹丈夫之拜皆坐而奠爵蓋丈夫之拜稽首也頓首也空首也皆屈膝故必坐而奠爵然後拜也士昏禮婦見姑奠笄于席姑坐舉以興拜授人又贊醴婦婦降席東面坐啐醴建柶興拜是婦人之拜則興也特牲饋食禮主婦自酢左執爵拜主人答拜有司徹主婦受尸酢立卒爵執爵拜尸北面答拜注執爵拜變於男子也疏云凡男子拜卒爵皆奠爵乃拜故云變於男

珍倣宋版印

子也是婦人拜則執爵也蓋婦人之拜肅拜也不屈膝故必與兼可執爵拜也又士昏禮婦見舅姑執笲棗栗自門入升自西階進拜奠于席舅坐撫之興答拜此丈夫之拜亦與而後拜然則舅答婦之拜其亦肅拜歟周禮大祝肅拜鄭司農云但俯下手今時揖是也丈夫亦有之左傳成十六年郤至三肅使者而退即肅拜也又婦人之拜不跪見於禮經宋王貽孫以爲始於唐武后時非也案取爵于篚敖氏云取爵蓋北面也降洗蔡氏云降東階往洗爵也韋氏協夢云降洗亦題上事也坐取爵必與而後降不言與者文略賓降主人也

【疏】正義曰蔡氏德晉云降西階從主人也韋氏協夢云以主人爲己而降己不敢獨安於堂上也凌氏釋例曰凡賓主相敵者降則皆降鄉飲酒禮主人獻賓取爵于篚降洗賓降卒洗復降盥賓亦降賓酢主人賓降洗主人降卒洗升復降盥如主人禮主人酬賓降洗賓降升主人卒觶復降洗賓降如獻禮主人獻介降洗介降介酢主人降洗主人復阼階降辭如初鄉射同惟無介燕禮主人獻賓降洗賓降卒洗升復降盥賓降賓酢主人賓以虛爵降主人降卒洗升復降盥主人降主人酬賓主人降洗賓降大射同有司徹主人獻尸主人降洗尸侑降卒洗升復降盥尸侑降主人受尸酢尸降洗主人降自阼階卒洗升復降盥主人降主人酬尸降洗爵尸侑降卒洗尸升侑不升主人先卒觶降洗尸降聘禮介面鄉介降拜大夫降辭此皆賓主相敵者降則皆降也有司徹祭畢賓尸之禮尸如賓侑如介則尸侑皆賓不似正祭時尸尊故亦與主人皆降如鄉飲酒也鄉飲酒鄉射主人獻衆賓不備升降之禮者衆賓卑也燕禮大射主人獻公公不降者公尊也公食大夫禮公降盥賓降公辭賓主不敵亦降者主君尊賓也主人獻卿獻大夫皆云主人洗升不云降者蓋卿大夫之位本在堂下主人酬賓之後亦降復位也獻士獻庶子不備升降之禮者卑也有司徹主婦獻尸洗于房中不降者婦人之禮變於

男子也聘禮歸饔餼聘賓儐使者賓降堂受老束錦大夫止注止不降使之餘尊疏云凡賓主敵體之法主人降賓亦降今賓降使者不降者使之餘尊當降而不降注蓋謂使者奉主君之命來有主君之餘尊故不降疏但覆述注文而已未能發明餘尊之義也 主人坐奠爵于階前辭重以己事煩賓也事同曰讓事異曰辭疏正義曰注事同曰讓事異曰辭校勘記云張氏云監及巾箱杭本曰作日從嚴本○敖氏云賓從降而主人辭亦尚辭讓也奠爵乃辭者事異則不宜相雜且爲敬也西面坐奠爵與辭蔡氏德晉云主人臨階跪而奠爵起而辭賓之降 賓對對答也賓主之辭未聞疏正義曰敖氏云對時亦少進位下文云賓對復位是也韋氏協夢云賓對對以己當降也主人不再拜從降非崇禮也 主人坐取爵興適洗南面坐奠爵于篚下盥洗已盥乃洗爵致潔敬也今文無奠疏正義曰適洗南面敖氏云南面坐于洗北乃奠爵于篚南不敢由便也篚下李氏如圭云篚南也未洗奠爵于篚下已洗奠爵于篚張氏爾岐云篚下當篚之下非于篚也盛氏世佐云此篚謂堂下洗西之篚王氏引之云注不言篚下爲何所敖繼公以爲篚南其說曰南面坐于洗北乃奠爵于篚南不敢由便也案如敖說主人在洗北因不敢由便而奠爵于篚南賓在洗東亦當不敢由便而奠爵于篚北而燕禮大射儀並云賓洗南坐奠觚于篚下鄭注篚下篚南賓在篚南而奠觚卽于篚南彼又何以由便乎賓敢由便而主又何以不敢由便乎案主人奠爵于篚下謂篚北也蓋篚在洗西主人適洗南面位在洗北而下句遂云坐奠爵于篚下則亦在篚北矣此及鄉射禮並云賓進東北面辭洗鄭注鄉射禮曰言東北面則位南于洗矣洗與篚東西相值賓東北面于洗篚之南則主人南面于洗篚之北身在篚北而奠爵于篚南此勢所不能也鄉射禮賓坐取爵適洗北

面坐奠爵于篚下與盥洗鄭注賓北面盥洗自外來疏曰對主人自內出南面然則賓適洗北面則篚下爲篚南主人適洗南面則篚下爲篚北正所謂賓自外來主由內出也篚在洗西賓北面于洗南則左手近篚奠于篚南者當以左手主人南面于洗北則右手近篚奠于篚北者當以右手皆爲由便也 注云已盥乃洗爵致潔敬也者張氏爾岐云盥洗者盥訖取爵擬洗非謂遽已洗也下文因賓辭復置爵而對對已乃復取爵成洗韋氏協夢云盥洗爲洗而盥也其實此時亦未洗盥洗蓋立而盥也下文云主人坐奠爵于篚則此時立盥明矣案盥洗例見士冠禮云今文無奠者胡氏承珙云上文主人坐取爵與適洗南面今文蒙上爵字但云坐奠于篚下注當云今文無奠下爵傳寫脫下爵二字鄭以上文主人坐奠爵于階前下文主人坐奠爵于篚皆有爵字故從古文若無奠字則坐爵連文不成辭矣

賓進東北面辭洗必進東行示情 疏 正義曰注云必進東行示情者張氏爾岐云賓降立當西序至主人擬洗爵乃進而東行東北向主人辭洗示情者示謙下主人之情也敖氏曰進者少南行也南於洗西乃止而東北面向主人辭洗之意與拜降同凡言洗於辭洗之前皆將洗而未洗者也若既洗則何以辭爲盛氏世佐云敖說是也賓初降時立當西序而此云東北面辭洗則位已在洗南矣其進而南可知也褚氏寅亮云賓降直西序之位必稍南於洗只須進而東行以辭吳氏廷華云賓西序南東向與洗尚遠東行則仍在東序之南尚在洗北如何得北面辭洗則所謂進者謂南行也所謂東者謂南行直洗西南乃東行至洗南北面辭也程氏瑤田云鄉射禮注云言東北面則位南於洗矣案賓主階下立位據士冠禮云主人立于阼階下直東序西面此主人位也賓辭直西序東面此賓位也冠禮之賓位即此經下文賓復位當西序東面者也賓主兩位必相對曰階下曰賓降則其位皆不宜遠於階豈或南

於洗乎且賓介衆賓遞獻而入門左曰北上者蓋旋而東面主人是時亦必旋而西面賓主相向而立此位蓋當門內霤入門北行至此即止而旋其面曰左者對主人在右言之非至此又折而左行也立訖然後主人與賓三揖至于階是時介與衆賓依然立當內霤及主人獻賓酢酬禮畢然後主人以介揖讓升拜如賓禮曰如賓禮者當亦降而至內霤三揖三讓而升也由是言之揖讓之先其位不得北而至於洗南階下之位亦必不能南過於洗曰東北面者辭洗必北面洗在阼階東賓位在西階西故必東行將近洗乃旋而北面而非必位在洗南也

主人坐奠爵于篚興對賓復位當西序東面言復位者明始降時位在此

疏正義曰此奠爵于篚爲將洗而致敬也當西序東西節也下文云賓降立于階西當序方氏苞云但云當西序東面猶未見南北之節也上言賓進東北面辭洗下言主人坐取爵沃洗者西北面則知賓階下之位即洗之南矣蓋主人南面而洗賓宜面向之不宜退立其後也韋氏協夢云前主人奠爵于篚下者爲將盥也既盥則主人取爵以興而將洗因賓進辭洗故又坐奠於篚中而興對也高氏愈云主人將辭降不即辭必俟奠爵乃辭之賓辭洗不即對必俟奠爵乃對之蓋古人行禮其舒徐鄭重如此程氏瑤田云此初次取一爵於堂上之篚也洗當東榮更在東序之東主人降洗故有事於此非其位也主人降即適洗卒洗即升不即其位賓降待事故先即其位及進而辭洗乃又復位俟主人卒洗然後俱升也

主人坐取爵沃洗者西北面沃洗者主人之羣吏

疏正義曰敖氏云沃洗謂以枓斢水而沃洗爵者也沃洗者先亦沃盥張氏爾岐云古人盥洗並用人執器灌沃下別有器承其棄水故別有沃洗者西北面敖氏云西北面宜鄉洗者也既則西面於水東主人南面洗而西北面沃此則北面洗者其西南面沃之歟吳氏廷華

云沃洗者西北面則在洗之東南斜面主人方氏苞云沃者西北面以洗者南面也主人南面洗以賓復位當西序東面在洗篚之南也鄉飲酒之洗爵則有沃洗者而鄉射則無之何也鄉射之賓或以公士則州長之匹儔也獨立一賓即彼諸州之君子及羣士必德行道藝迥出於衆者主人執自洗之常禮可也鄉大夫則國鄉也雖親洗以下賢能而別有沃洗者使衆著於貴有常尊之義也至於冠則贊者洗酌而賓不與以賓乃冠者之父行不唯洗不親酌亦不必親也輕重之權衡蓋如此

卒洗主人壹揖壹讓升

俱升古文壹作一

疏 正義曰注古文壹作一校勘記云壹一徐本互易集解通解要義俱與今本同張氏爾岐云經云壹揖壹讓升當在上從經案張氏云從經則非有別本可案也通解似即依張氏而今本又依通解耳案古文壹作一鄭注屢見皆壹在上一在下此處獨異徐本誤也 云俱升案上文主人升賓升為俱升故知此亦俱升也敖氏謂主人先升而賓從之諸家皆從其說非是古文壹作一詳士相見禮淩氏釋例曰凡降洗降盥皆壹揖壹讓升鄉飲酒鄉射主人獻賓降洗賓降主人辭降主人洗賓辭洗主人卒洗壹揖壹讓以賓升又降盥賓降主人辭降賓不辭盥卒盥亦壹揖壹讓升賓酢主人卒洗揖讓如初升降盥如主人之初禮主人酬賓降賓降主人辭降賓不辭洗卒洗揖讓升主人卒觶訖又降洗賓辭降如獻禮升鄉飲酒獻介鄉射獻遵皆揖讓升降洗如賓禮升不盥不拜洗殺於賓也特牲主人獻賓降阼階西面拜賓如初洗賓辭洗卒洗揖讓升是皆壹揖壹讓也燕禮大射主人獻賓賓酢主人降洗降盥皆賓揖先升主人乃升主人酬賓降洗卒洗亦揖升不讓鄉飲酒鄉射是賓主人正禮故揖讓俱升燕禮大射則宰夫為主人故賓揖不讓先升也公食大夫卒盥壹揖壹讓公升賓升此賓是異國之臣故公先升也有司徹主人降洗降盥尸侑亦降卒洗卒盥經但云揖不云讓

禮殺也鄉飲酒鄉射主人獻衆賓卒洗升有司徹主人受尸酢卒洗卒盥升主人獻長賓卒洗升皆不揖不讓禮又殺也燕禮大射獻卿獻大夫獻士升不揖讓者盛禮不在己也至於鄉飲酒獻賓畢賓降立于階西當序東面獻介畢介降立于賓南獻衆賓衆賓之長升受者三人畢降復賓南東面位鄉射同但無介至一人舉觶時始揖讓升蓋亦壹揖壹讓也

賓拜洗主人坐奠爵遂拜降盥復盥為手坋汙

疏正義曰敖氏云謝其為已洗也張氏爾岐云因事曰遂主人坐奠爵因不起而遂拜也後凡言遂者皆因上事李氏如圭云將獻賓拜手坋塵不可酌酒也敖氏云必盥者為將酌也既拜而盥為拜時以右掌據地不無坋汙也內則凡男拜尚左手蔡氏德晉云復降階盥手為將酌酒也高紫超謂因洗爵而盥雖盥而如未盥者故此將酌酒於賓復降盥以致潔誠也

賓降主人辭賓對復位當西序卒盥揖讓升賓西階上疑立疑讀為仡然從於趙盾之仡疑正立自定之貌

疏正義曰注仡然從於趙盾之仡兩仡字徐本集釋通解俱作疑閩葛俱上作仡下作疑臧氏曰公羊注仡然勇壯貌鄭所據公羊作疑然乃立定之貌不取勇壯義蓋嚴顏之異注疏本改同何本誤也疑然立自定之貌然徐葛閩本集釋通解俱作正與疏合張氏曰注曰疑正立自定之貌獨監本正作止鄉射注曰疑止也諸本皆同案士昏禮注曰疑正立自定之貌公食大夫注曰疑正立也傳寫者誤以二正為止並從士昏及公食大夫禮云疑讀為仡然從於趙盾之仡疑正立自定之貌者案公羊宣六年傳云仡然後乎趙盾而入放乎堂下而立何休注仡然壯勇貌鄭所據公羊本與何異仡然作疑然後乎作從於段氏玉裁曰說文𠤕未定也未為衍字大雅靡所止疑傳疑定也箋止息鄭於士昏禮云疑正立自定之貌於鄉射禮云疑正也有矜莊之色與此而三此三疑

字皆卽說文之𣅀非說文訓惑之疑學者仞𣅀爲疑因於許書定也
之上增未字矣胡氏承珙云段以說文之𣅀卽大雅止疑亦卽此經
疑甚是故鄭注鄉射禮疑止也直訓疑爲止然正立亦是止義故注
士昏禮及此鄉飲酒禮又皆以疑爲正立自定之貌不必概從鄉射
禮注改正爲止至以疑止爲句絕立自定之貌別爲一句則於公食
大夫禮注疑正立也自定之貌爲不可通矣案公羊傳上言疑然下
言立與此經疑立同意亦止立自定之貌何氏謂仡然勇壯貌鄉射
禮注疑止也有矜莊之色勇壯與矜莊義亦相近疑爲𣅀之假借鄭
讀疑爲疑然之疑者恐人誤認爲疑惑
之疑故讀從公羊以明字之假借也

主人坐取爵實之賓之席前西北面獻賓獻進也進酒於賓

【疏】正義曰敖氏云實以酒謂酌也蔡氏德晉
云謂至尊所酌酒以實於爵也取爵實酒
獻必西北面者李氏如圭云邪向席敖氏云以將授賓不宜背之也
張氏爾岐云賓在西階欲其就席受爵故西北向之也吳氏廷華云
尊酒在席東與席並主人實爵來席前故曰西又兼北面者尊賓故
西向少南遂西北面也賓在西階上而獻於席前者席以尊賓注云
獻進也獻酒於賓者淩氏釋例曰凡主人進賓之酒謂之獻此燕飲
之始也鄉飲酒禮主人坐取爵實之賓之席前西面獻賓注獻進也
進酒於賓鄉射禮主人坐取爵實之賓之席前西北獻賓注進於賓
也凡進物曰獻燕禮大射儀主人酌膳筵前獻賓士虞特牲少牢有
司徹主人初獻尸主婦亞獻尸賓長三獻尸此皆獻禮之最尊者也
鄉飲酒主人實爵介之席前西南面獻介鄉射尊者入主人實爵席
前獻大夫燕禮大射儀主人盥洗象觚升實之東北面獻于公又主
人洗升實散獻卿于西階上若有諸公則先卿獻之有司徹主人主
婦三獻酌獻侑此獻之次焉者也鄉飲酒鄉射主人升實爵于西階
上獻衆賓燕禮大射儀主人獻大夫獻士于西階上獻庶子于阼階

上又其次焉者也鄉飲酒升歌三終主人獻工笙奏三終主人獻之于西階上鄉射合樂後獻工獻笙燕禮升歌畢主人洗升獻工笙奏畢主人洗升獻笙于西階上大射儀升歌鹿鳴三終主人獻工鄉射次射飲不勝後司馬獻獲者司射獻釋獲者大射儀次射飲不勝後司馬正獻服不司射獻釋獲者士虞特牲少牢獻祝及佐食特牲祭畢獻賓獻長兄弟衆賓衆兄弟內兄弟及有司徹獻內賓于房中獻私人于阼階上皆執事之人則其殺焉者也蓋行禮時執事之大者主人皆獻之其餘至旅酬無算爵乃得與也又鄉飲酒記鄉射記皆云獻用爵而燕禮大射獻用觚大射獻服不用散禮殺故也又案主人獻賓正禮也鄉飲酒之獻介獻衆賓遵者入公如賓大夫如介鄉射之獻衆賓獻遵燕禮大射之獻公卿獻大夫獻士及庶子皆次於賓者也又燕禮大射之主人獻公者尊公不使與賓同也士虞特牲少牢之三獻此室中事尸之禮不與賓客同唯有司徹之尸侑乃賓尸于堂之禮始以賓客事之尸如賓侑如介也合樂畢獻工及笙猶之射禮之獻獲者及釋獲者祭禮之獻祝及佐食也非賓主人正禮矣祭禮之獻賓及衆賓獻長兄弟及衆兄弟獻內賓及私人亦此類也聖人之心精密如此

賓西階上拜主人少退少退少避疏正義曰注少避校勘記云少釋文作小避釋文徐葛閩本通解敖氏俱作辟張氏云鄉射經曰主人少退注曰少退猶少避也經又曰賓少退注曰少退可逡遁也案釋文少退少逡遁皆作小蓋鄭氏以小稱少改作小從釋文案避張本亦作辟至監本始作避而毛本因之陸氏云辟婢亦反一音避然則辟字原有兩音其音婢亦反者即辟易之辟也今竟改作避又仍依通解音曰辟音避瞀亂之甚○敖氏曰主人西北面于賓席前賓拜于西階上而主人乃少退則是凡拜皆有相之者矣蔡氏德晉云賓先拜而後敢受爵敬主人之至也主人少退以執爵不得答故少逡巡退避也方氏

苞云獻則主賓皆少退酢與酬皆於拜受爵時少退禮備於初以漸而殺也拜受爵時旣少退則拜送爵無庸再退矣

賓進受爵以復位主人阼階上拜送爵賓少退　復位復西階上位【疏】正義曰賈疏云鄉射云賓進受爵于席前復位此不言席前文不具也張氏爾岐云賓進席前受爵復持此爵還西階上位方氏苞云主人拜送爵轉在賓拜受爵之後何也爵旣賓而以授之非若未洗之先旣受之後可因事之閒而奠之也故受者必先拜而後受授者必旣受而後拜尊如尸貴如君其禮則同酬則先奠爵而後拜自酢亦然以其爵乃自飲而不以授人也舉觶騰爵亦奠於薦側而不授蓋燕與大射乃不敢煩君之受而鄉射鄉飲酒因用於賓大夫以致異敬故賓大夫必辭而坐受以示不敢當也案主人拜送爵賓在西階以執所受之爵不得答拜故亦少退高氏愈云此主人獻賓第一爵

薦脯醢　薦進也進之者主人有司【疏】正義曰張氏爾岐云薦之席前　注云進之者主人有司者案周禮膳宰薦脯醢知非主人自薦故云有司也

賓升席自西方　升由下也升必中席【疏】正義曰注升由下也

校勘記云由下通典作猶上○方氏苞云自西方乃不與主人背淩氏釋例云凡賓升席自西方主人升席自北方鄉飲酒鄉射禮主人獻賓賓皆升席自西方鄉射禮主人獻大夫升席注大夫升席由東方是賓升席自西方遵升席自東方也鄉飲酒記主人介凡升席自北方降自南方鄉飲酒鄉射賓酢主人主人皆升席自北方將立司正安賓及徹俎主人皆降席自南方鄉飲不云自南方文不具也鄉飲酒主人獻介介升席自北方旅酬主人酬介介降席自南方經悉與記合燕禮大射但有升筵降筵之文不云升降自何所蓋以禮已具於鄉飲鄉射故也有司徹主人獻尸升筵自西方主人獻侑侑升筵自北方與鄉飲酒同蓋祭畢儐尸筵尸于戶西南面如鄉飲酒之

賓筵侑于西序東面如鄉飲酒之介侑以輔尸如介以輔賓也故主人升筵自北方亦與鄉飲同也侑主人降筵皆自北方與鄉飲酒異者少變於飲酒正禮也鄉飲酒鄉射主人獻賓賓降席注皆云降席席西也是賓升降皆自西方然則遵升降皆自東方歟　注云升由下也者賈疏云曲禮席南鄉北鄉以西方為上今升席自西方云升由下者以賓統於主人以東方為上也李氏如圭云凡升席由下降席由上賓席東上統於主人淩氏廷堪云此注據鄉射經文賓席東上而言鄉飲酒記主人介升席自北方降自南方注席南上升由下降由上此據曲禮而言皆因文釋之非謂禮之通例如此也故鄉射禮賓升席自西方注賓升降由下也賈疏不得注意徵引雖繁而膠葛不明今但據見於經文及注者取以為例經注無文者不敢為之說也

乃設折俎牲體枝解節折在俎

疏正義曰注節折右俎校勘記云右徐葛閩本集釋通解要義楊氏俱作在○淩氏釋例云凡獻酒皆有薦禮盛者則設俎鄉飲酒鄉射主人獻賓薦脯醢主人獻衆賓衆賓之長升拜受者三人每一人獻則薦諸其席衆賓辯有脯醢主人獻工薦脯醢主人獻笙薦脯醢鄉飲酒主人獻介薦脯醢賓若有遵者諸公如賓禮大夫如介禮鄉射司馬獻獲者司射獻釋獲者皆薦脯醢燕禮主人獻賓膳宰薦脯醢主人獻公士羞脯醢主人獻卿薦脯醢主人獻大夫胥薦脯醢主人獻工薦脯醢獻笙辯有脯醢主人獻士士長升拜受觶乃薦司正與射人一人司士一人執冪一人辨獻士乃薦士祝史小臣師亦就其位而薦之大射司馬正獻服不有司薦司射獻釋獲者薦脯醢特牲饋食主人獻賓薦脯醢有司徹主人獻尸主婦自東房薦豆籩主人獻侑主婦薦豆籩主婦獻尸侑不薦者前主人獻尸已薦也但設鉶加糗與腶脩司士羞豕脀而已主人獻長賓宰夫薦脯醢是凡獻酒皆有薦也鄉飲酒主人獻賓獻介俱設折俎鄉射獻賓同燕禮主人獻賓膳宰設折

俎主人獻公膳宰設折俎大射獻卿庶子設折俎燕禮卿無俎特牲主人獻賓設折俎有司徹主人獻尸賓長設羊俎主人獻侑司馬設羊俎尸侑豕俎至主婦獻時設之主人獻長賓司士設俎是禮盛者則設俎也鄉射獻獲者及釋獲者大射獻服不及釋獲者皆設折俎薦不之俎亦庶子設之禮主於射故亦盛其禮也鄉飲酒賓酢主人鄉脯醢設折俎有司徹主人受尸酢主婦薦豆籩長賓設羊俎主婦受尸服婦贊者薦豆籩司馬設羊俎酢所以答禮故亦盛其禮與獻同也薦飲酒介酢主人無薦俎者前賓酢時已具也燕禮大射賓酢主人無薦俎者宰夫爲主人辟君也特牲有司徹主人自酢于賓無薦俎者殺於尸也特牲主人獻衆賓薦俎設于其位獻長兄弟如賓酢衆兄弟如衆賓儀內兄弟如衆兄弟之儀有司徹主人獻衆賓其儀脯醢與脀設于其位主人獻兄弟其薦脀設于其位主人獻內賓獻私人亦有薦脀祭畢行神惠不同於飲酒故禮雖殺亦薦俎並有也至於士虞禮主人獻祝薦菹醢設俎主人獻佐食無薦俎特牲少牢佐食皆有俎則此亦當有之特牲主人獻祝設菹醢俎主人獻佐食無薦記云佐食俎觳折脊脅膚一離肺一少牢主人獻祝薦兩豆佐食設俎主人獻兩佐食俎設于兩階之間主婦賓長獻祝皆因主人之薦俎蓋祝事神故盛其禮薦俎並有佐食事尸故殺其禮有俎而無薦且正祭之獻亦非飲食之通例也於冠禮醴辭曰嘉薦令芳注嘉善也嘉薦謂脯醢脯籩實醢豆實凡經所謂薦者指脯醢也又曰凡薦脯醢在升席先設折俎在升席後鄉飲酒鄉射主人獻賓薦脯醢賓升席自西方乃設折俎賓酢主人薦脯醢主人升席自北方設折俎主人獻介薦脯醢介升席自北方設折俎鄉射主人獻大夫乃薦脯醢大夫升席設折俎燕禮主人獻賓膳宰薦脯醢賓升筵膳宰設折俎大射主人獻卿乃薦脯醢卿升席庶子設折俎皆薦脯醢在升席先設俎在升席後也有司徹主人獻侑主婦薦豆籩侑升筵

自北方司馬設羊俎主婦受尸酢婦贊者薦豆籩主婦升筵司馬升羊俎此祭畢飲酒亦薦脯醢在升席先設俎在升席後也又有司徹主人獻尸主婦薦豆籩賓長設羊俎尸升筵自西方次賓羞匕湆司馬羞羊肉湆次賓羞羊燔薦設凡五事主人受尸酢主婦薦豆籩主人升筵自北方長賓設羊俎次賓羞匕湆司馬羞羊肉湆次賓羞羊燔薦設亦五事二者皆同惟尸升筵在設俎後主人升筵在設俎先爲小異又燕禮大射賓未升堂之時公已升就席故主人獻公薦俎皆在升席後也特牲及有司徹賓皆無席但有位而已故主人獻薦俎時無升席之文也至於公食大夫禮設正饌畢賓始升席則食禮異於飲酒之例矣

主人阼階東疑立賓坐左執爵祭脯醢坐坐於席祭脯醢者以右手

疏正義曰敖氏云立于阼階上之東者事未至宜辟拜處也蔡氏德晉云主人於此亦疑立者蓋敬賓之至若以此酒未足以致敬而不敢必賓之卒爵也凡執爵者皆左手祭薦皆右手例見士冠禮程氏瑤田曰堂上立位賓主皆立于序端主人位在阼階東賓在西階西主人西面賓東面文已見於冠禮是經堂上立位見賓當西序之文不見主人當東序之文于堂上立位見主人阼階東疑立之文阼階東者立于序端之謂也及賓酢主人降洗主人降一則曰主人階東南面辭洗再則曰主人復阼階東西面則主人堂下立位當東序又可知矣然則賓西階上疑立其立位亦當序端不見者可互足也惟賓主拜位東西皆在階上上經當楣北面者是也士冠禮記凡拜北面于阼階上賓亦北面于西階上荅拜雖因孤子冠而言之然於此發凡是其例矣又案大射儀賓酢主人畢賓降立于西階西矣擯者又以公命升賓賓乃升立于西序東面而燕禮射人升賓賓升立于序內東面皆不云序端者蓋序端乃階上有事之立位今賓已受獻不敢安盛而降復以公命升之是時賓無事矣不得在當事之位奠

爵于薦西興右手取肺卻左手執本坐弗繚右絕末以祭尚左手嚌之興加于俎興起也肺離之本端厚大者繚猶紾也大夫以上威儀多紾絕之尚左手者明垂紾之乃絕其末嚌嘗也

疏正義曰校勘記云惠氏棟云依疏說則弗字衍案疏云弗繚即弗紾一也則弗字非衍文大祝注引此經亦有弗字但此注及疏俱未明弗字之義○李氏如圭云薦西薦右也凡奠者將舉於右少儀云其有折俎者取祭反之不坐反之加於俎也卻仰也繚繚祭也絕絕祭也繚祭以手從肺本循之至末乃絕以祭絕祭不循其本直絕以祭此賓用士禮故弗繚主人亦從士禮故下祭如賓禮也祭俎於俎內少儀曰凡羞有俎者則於俎內祭敖氏曰執本卻左手則絕末覆右手矣絕末以祭者絕其末不沒之處所以爲祭也此與振祭之意相類尚左手嚌之謂舉其左手而右手在下以末授口嚌之也將祭乃尚左手則祭時不然矣加于俎以右手張氏爾岐云卻左手仰其左手也案鄉射禮取矢于楅卻手與覆手對弗繚者直絕末以祭不必繚也繚祭以手從肺本循之至末乃絕之絕祭不循其本但絕末而已大夫以上威儀多乃繚士則否經文言弗繚以賓固士也他事但從士禮注疏獨於此處解作繚祭不敢從盛氏世佐云注之誤在以尚左手三字連上句爲義以鄉射禮參觀之鄉射云坐絕祭尚左手嚌之夫鄉射固所稱士禮也絕祭而不繚者也乃其經亦云尚左手則尚左手當連嚌之爲句而弗繚之弗當讀如字吳氏廷華云卻同却縮也右手取肺則伸左手不伸而執本故曰卻鄉射肺離上爲本下爲末繚從肺本循之至末乃絕之又鄉射尚左手嚌之注云右手在下絕以授口嘗之則尚當作上左手在上執本右手在下絕末也肺離離肺也離者離而未絕也褚氏寅亮云注訓繚爲垂紾而不解弗字之義案說文弗撟也又云撟舉也然則鄭意蓋謂舉左手以垂

紾肺乃以右手絕其末以祭弗字易明故不釋也但篇中俱從士禮獨此從大夫禮未詳淩氏釋例曰凡祭薦者坐祭俎者興祭薦者執爵祭俎者奠爵鄉飲酒禮主人獻賓賓坐左手執爵祭脯醢奠爵于薦西右手取肺卻左手執本坐弗繚右絕末以祭尚左手嚌之興加于俎鄉射禮主人獻賓賓坐左執爵右祭脯醢奠爵于薦西興取肺坐絕祭尚左手嚌之興加于俎二禮並同惟鄉飲酒繚祭鄉射絕祭為小異耳祭肺用兩手故必奠爵俎高於豆故必興祭用右手執肺本用左手也取肺與祭時乃坐祭畢加俎又興也燕禮大射儀主人獻賓皆奠爵于薦右興取肺坐絕祭嚌之興加于俎主人獻公皆云公祭如賓禮唯燕禮膳宰贊授肺大射儀庶子贊授肺較賓為夆蓋卽周官大祝九祭之共祭也餘皆無俎大射儀主人獻卿乃薦脯醢卿升席庶子設折俎卿坐左執爵右祭脯醢奠爵于薦右興取肺坐絕祭不嚌肺興加于俎燕禮卿無俎而大射儀卿有俎者注謂射禮尊也不嚌者自貶於君至於獻大夫以下亦皆無俎與燕禮同也公食大夫禮三牲之肺不離贊者辯取之壹以授賓賓興受坐祭士虞禮主人獻祝祝奠爵興取肺坐祭嚌之興加于俎特牲禮主人獻祝又云奠角者文不具也又賓三獻主婦致爵于主人主人左執爵祭薦宗人贊祭奠爵興取肺坐絕祭嚌之興加于俎主人獻賓但不贊祭餘皆同有司徹主人獻尸司馬羞羊肉湆尸坐奠爵興取肺坐絕祭嚌之興反加于俎主人受尸酢司馬羞羊肉湆主人坐奠爵于左興受肺坐絕祭嚌之反加于湆俎此祭畢儐尸之禮尊主人故與尸同也主婦受尸酢奠爵興取肺坐絕祭嚌之興加于俎主婦受尸酢與獻侑同惟主婦祭肺奠爵為異耳又不儐尸之禮主婦致爵于主人及賓致爵于主婦皆左執爵右祭豆籩後奠爵興取肺坐絕祭嚌之興加于俎以上並祭薦者坐而執爵祭俎者興而奠爵蓋祭薦祭俎之正禮也　注云繚猶紾也大夫以上威儀多紾絕之尚左手者明垂

綏之乃絶其末者周禮大祝辨九祭七曰絶祭八曰繚祭注云繚祭以手從肺本循之至於末乃絶以祭絶祭不循其本直絶以祭本同禮多者繚之禮略者絶則祭之鄉飲酒爲大夫禮故用繚祭云弗繚也姜氏兆錫云弗蓋讀如紼綍之紼拂戾之義淩氏廷堪云說文弗撟也其義可與經注相證案說文弗撟也从丿从乀从韋省又丿右戾也乀左戾也撟舉手也是弗者舉手而有了戾之形繚說文纏也又紾轉也孟子紾兄之臂趙注紾戾也方言軫戾也郭注相了戾也軫與紾音義同是弗繚二字義相通經文連言注祇釋繚不釋弗以其義同也左手執本垂紾之右手乃絶其末以祭而復尚左手以嚌肺尚左手嚌之五字連讀姜說是也諸家從此經者多以弗繚爲不繚與注說違異然經明出繚字爲九祭之一固無庸別爲異議也

坐捝手遂祭酒捝拭也古文捝作說【疏】正義曰古文捝作說校勘記云釋文坐捝始銳反拭也注捝同今注中無捝字疑說字本作帨故賈疏以內則之帨釋之浦鏜改說爲帨似有理後凡言古文捝作說放此○李氏如圭云捝手爲絶肺染汙也捝手以所佩捝手刌肺不捝手張氏爾岐云坐以帨巾拭手遂執爵祭酒淩氏釋例云凡祭薦不捝手祭俎則捝手祭薦不捝手說見上祭俎則捝手者考鄉飲酒鄉射主人獻賓燕禮大射主人獻賓大射主人獻卿皆祭肺與加于俎之後坐捝手然後執爵祭酒此見於嘉禮者也特牲禮賓三獻主婦致爵于主人及主人獻賓有司徹不儐尸之禮主婦致爵于主人及賓致爵于主婦亦皆祭肺與加于俎之後坐捝手然後執爵祭酒此見之於吉禮者也蓋祭肺或繚祭或絶祭並禮之盛用兩手故必奠爵捝手也亦有祭俎不捝手者大射儀司馬獻服不司射獻釋獲皆不奠爵不捝手鄉射司馬獻釋獲者亦同不奠爵用一手則作繚祭絶祭可知禮殺不敢備也士虞禮主人獻祝祝奠爵祭肺特牲禮主人獻祝祝執角祭肺皆不捝手少牢祝俎無肺

禮更殺也有司徹主人獻尸主人受尸酢主婦獻侑主人獻長賓祭俎皆不挩手亦不備禮也至於士虞特牲尸入九飯舉肺脊幹骼肩
少牢尸入十一飯舉肺脊幹骼肩舉幹後又舉魚與腊肩方士禮為盛皆不挩手者有佐食授之尊尸也燕禮公祭俎膳宰贊授肺大射
公祭俎庶子贊授肺經並云祭如賓禮不云挩手與否既云祭如賓禮或亦挩手歟公食大夫禮三牲之肺不離贊者辯取之壹以授賓
賓興受坐祭挩手此有贊者授之而亦挩手則燕禮大射公祭俎皆挩手可知矣案挩手之禮為絕肺染汙也絕肺之後皆無不挩手而
祭酒者尊卑當同之也故經不著其挩手之文其有不言挩手者文不具也鄉射司馬獻獲者雖不言奠爵而注云亦二手祭酒反注如
大射則并用一手可知至公食大夫禮有贊者授之而亦挩手則士虞少牢有佐食授之而亦挩手可知禮以敬為主挩手所以敬也淩
氏之說似未確注云挩拭也古文挩作說者胡氏承珙云案賈疏云內則事佩之中有帨則賓客自有帨巾以拭手也據此似經文挩手
字本作帨蓋禮經今文作坐挩手古文作坐說手鄭從今文故疊古文云帨作說釋文本今文仍作挩與疏本異挩字說文訓解挩與此
無涉帨本帥之或字說文帥佩巾也或作帨帨本所以拭手而拭手遂謂之帨手義具通有司徹主婦坐挩手注云挩手者於帨帨佩巾
內則曰婦人亦左佩紛帨古文帨作說據此注知經文本當作挩手鄭注內則云巾以帨手注少儀引鄉射禮與加于俎坐帨手皆作帨
不作挩公食大夫禮賓與受坐祭挩手注挩拭也拭以巾疏云案內則左佩紛帨帨即佩巾而云挩拭拭手以巾似挩不名巾者本名帨
者以拭手為名其實名巾故鄭舉其實稱也據此益知經文必皆作帨手鄭訓挩為拭古文作說者乃假借字鄭所不從案此說是也說
文挩帨異義帥為佩巾之本字帨為帥之或體許君於禮經多用今文此據禮經今文佩巾字用帨從之也許鄭此條同解淺人疑於帨

爲佩巾不得訓拭盡改經注帨字爲挩不知挩巾亦無拭義且以帨拭手謂之帨猶以巾拭手亦謂之巾義本相成也訓詁中此例甚多如幘之本義爲幔而以帷幔覆物卽謂之幘帖之本義爲帛書署而以帛署相附卽謂之帖皆其類也段氏玉裁說文解字注亦云鄉飲酒禮鄉射禮燕禮大射儀公食大夫禮有司徹皆言帨手注帨拭也帨手者於帨帨佩巾據賈氏鄉飲公食二疏知經注皆作帨別無挩字

興席末坐啐酒啐亦嘗也

疏正義曰賈疏云於席末謂於席之尾鄉飲酒義祭薦祭酒敬禮也嚌肺嘗禮也啐酒成禮也於席末言是席之正非專爲飲食之也此所以貴禮而賤財也注云祭薦祭酒嚌肺於席中唯啐酒於席末是也啐酒於席末者酒是財賤財之義也敖氏曰席末席西端也無後事而啐酒者欲知其旨而告之也凌氏釋例曰凡祭酒禮盛者啐酒不盛者不啐酒祭肺禮盛者嚌肺不盛者不嚌肺士冠禮醮用酒冠者祭酒興筵末坐啐酒若醴但啐之而已不卒爵也鄉飲酒鄉射主人獻賓賓皆祭酒興席末坐啐酒燕禮大射主人獻賓亦皆祭酒興席末坐啐酒主人獻公與賓同皆禮之盛者鄉射禮主人獻遵遵祭如賓禮不啐酒注殺於賓也燕禮主人獻卿遂祭酒不啐酒鄉飲酒主人獻介不啐酒皆禮之殺者特牲主人獻尸尸祭酒啐酒尸醋主人主人祭酒啐酒主人獻祝祝祭酒啐酒主婦亞獻賓三獻主婦致爵于主人主人嗣舉奠皆同少牢主人獻尸尸醋主人主人獻祝賓長獻祝上餕嘏主人有司徹主人獻尸主人受尸酢主婦獻尸主婦致爵于主人主婦受尸酢皆祭酒啐酒士虞禮主人獻尸主人獻祝經並云祭酒嘗之嘗酒卽啐酒也亦皆禮之盛者特牲主人獻佐食主人獻賓少牢主人獻兩佐食主婦獻尸主人獻兩佐食賓長獻尸尸酢賓長有司徹主人獻侑主人酬尸主人獻長賓上賓三獻皆祭酒不啐酒亦皆禮之殺者是禮盛者啐酒不盛者不啐酒也鄉飲酒鄉射主人獻賓皆祭肺嚌

之燕禮大射主人獻亦皆祭肺嚌之皆禮之盛者鄉飲酒主人獻介不嚌肺鄉射禮主人獻遵不嚌肺大射主人獻卿不嚌肺注不嚌啐自賤於君燕禮卿無俎但不啐而已皆禮之殺者士虞禮尸九飯佐食舉肺脊脊授尸受振祭嚌之特牲尸九飯同士虞特牲主人獻祝特牲主人獻賓有司徹主人獻尸主人受尸酢主婦受尸酢皆祭肺嚌之皆禮之盛者少牢尸十一飯上佐食舉尸牢肺正脊以授尸經不云祭嚌者文不具也有司徹主人獻侑主婦獻侑主人獻長賓皆祭肺不嚌肺亦皆禮之殺者是禮盛者嚌肺不盛者不嚌肺也鄉飲酒遵者入之禮若公則如賓禮啐酒嚌肺也大夫則如介禮不啐酒不嚌肺也蓋鄉飲鄉射之賓猶之燕禮大射之賓也有司徹祭畢儐尸之尸亦猶飲酒之賓也故皆啐酒嚌肺盛其禮燕禮大射之有公亦猶鄉飲酒鄉射之有遵也諸公為遵則如賓禮故亦啐酒嚌肺尊之與賓同燕禮大射之有卿鄉射之有遵有司徹之有侑亦猶鄉飲酒之有介也故不啐酒不嚌肺殺於賓及尸[illegible]也鄉飲鄉射之主人有司徹之主人主婦皆尊故亦啐酒嚌肺如賓尸禮燕禮大射之主人則以宰夫為之遠下於賓故不特不嚌啐併亦無俎但祭酒而已祝尊於佐食故特牲祝嚌啐佐食不嚌啐少牢祝啐酒佐食不啐酒也少牢祝及佐食俎皆無肺故不祭嚌嘉禮介與鄉不嚌啐則卑於介鄉皆不嚌啐也吉禮侑與賓不嚌啐則卑於侑賓皆不嚌啐也吳氏廷華云席末坐者蓋不敢當南面正席以主人賓賢故不敢當重禮也下階上卒爵義同褚氏寅亮云冠禮冠者啐醴不卒觶亦在序末則此之席末啐酒不為西階上卒爵起見明矣

降席坐奠爵拜告旨執爵興主人阼階上答拜降席席西也旨美也

疏正義曰李氏如圭云席末啐酒因降席便故賓主人與降皆由下敖氏云拜乃告旨謝其以旨酒飲己也降席即拜者欲近於啐酒之處且以別於拜既也既拜則坐以告旨

淩氏釋例云凡獻酒禮盛者則啐酒告旨鄉飲酒鄉射主人獻賓皆啐酒告旨燕禮大射主人獻賓亦皆啐酒告旨有司徹主人獻尸亦啐酒告旨皆禮之盛者鄉飲酒主人獻介鄉射主人獻大夫皆不啐酒不告旨燕禮大射主人獻卿亦皆不啐酒不告旨有司徹主人獻侑亦不啐酒不告旨皆禮之殺者蓋賓之告旨猶主人之崇酒禮盛者皆有之至於有司徹主婦獻尸尸不啐酒不告旨者則主人獻尸時已啐酒告旨矣且主婦之禮殺亦所以辟主人也又曰凡啐酒於席末告旨則降席拜鄉飲酒鄉射主人獻賓皆席末坐啐酒燕禮大射主人獻賓亦皆席末坐啐酒有司徹主人獻尸亦席末坐啐酒是啐酒則於席末也鄉飲酒鄉射主人獻賓皆降席坐奠爵拜告旨執爵興主人阼階上答拜燕禮大射主人獻賓亦皆降席坐奠爵拜告旨執爵興主人答拜于賓右拜也有司徹主人獻尸尸坐奠爵拜告旨執爵以興主人北面于東楹東答拜經不云降席者文不具也是告旨則降席拜也蓋正獻時賓主人各三拜受爵送爵一拜也告旨一拜也卒爵一拜也受爵送爵卒爵皆拜于階上惟告旨之拜則降席而主人亦於階上答拜也又曰凡獻酒禮盛者受爵告旨卒爵拜酢主人禮殺不拜告旨又殺者不酢主人獻酒拜受爵拜告旨拜卒爵酢主人主人如鄉飲酒鄉射主人獻賓燕禮大射主人獻賓有司徹主人獻尸是也不拜告旨如鄉飲酒主人獻介鄉射主人獻大夫特牲主人獻賓獻內賓有司徹主人獻侑主人獻長賓是也不酢主人如鄉飲酒鄉射主人獻衆賓燕禮大射主人獻卿獻大夫獻士特牲主人獻衆賓有司徹主人獻衆賓主人獻兄弟獻內賓是也不拜卒爵如鄉飲酒鄉射主人獻衆賓之長獻工工之長獻笙笙之長鄉射獻獲者釋獲者燕禮大射主人獻大夫獻士士之長獻工工之長獻笙笙之長大射不獻笙大射司馬正獻獲者注不言拜既爵司馬正已反位不拜可知也司射獻釋獲者特牲主人獻衆賓有司徹主

人獻眾賓眾賓長獻兄弟兄弟之長是也不拜受爵如鄉飲酒鄉射主人獻眾賓之長升拜受者三人眾賓獻則不拜受爵獻眾工獻眾笙燕禮大射主人獻眾工獻眾士燕禮獻眾笙有司徹主人獻眾賓經云眾賓長升拜受爵注云眾賓長拜則其餘不拜獻眾兄弟是也至如燕禮大射獻庶子則如獻士之禮獻左右正與內小臣則如獻庶子之禮也獻庶子左右正內小臣皆於阼階上獻士則於西階上特牲主人獻長兄弟于阼階上則如賓儀獻眾兄弟則如眾賓儀獻內兄弟于房中則如獻眾兄弟之儀也若燕禮大射主人獻公不告旨者以酒是己物非禮殺也有司徹主婦受尸酢不崇酒者辟主人也又主人獻私人于阼階上拜于下升受主人答其長拜又云主人于其羣私人不答拜是羣私人皆於階上拜受爵主人於其長答拜與眾賓眾工眾笙眾士眾兄弟不拜受爵之例不同也

賓西階上北面坐卒爵興坐奠爵遂拜執爵興主人阼階上答拜卒盡也於此盡酒者明此席非專為飲酒起

疏正義曰敖氏云必西階上卒爵者以鄉者於此拜受故也淩氏釋例云凡禮盛者坐卒爵禮殺者立卒爵鄉飲酒禮主人獻賓賓酢主人主人獻介介酢主人鄉射禮主人獻賓賓酢主人主人獻遵遵酢主人燕禮大射主人獻賓賓酢主人主人自酢于公主人獻卿特牲禮主人獻賓主人自酢有司徹主人獻尸獻侑主人受尸酢主婦獻尸獻侑致爵于主人主人獻長賓主人自酢于長賓賓受尸酢皆坐卒爵是禮盛者坐卒爵也又鄉飲酒鄉射主人獻眾賓燕禮大射主人獻大夫獻士獻庶子如獻士之禮左右正內小臣同大射鄉射獻獲者釋獲者特牲主人獻眾賓獻眾兄弟內兄弟同有司徹主人辯獻眾賓獻兄弟獻內賓獻私人皆坐祭立飲是禮殺者立卒爵也燕禮大射主人獻公立卒爵者嫌與賓同也鄉飲酒燕禮獻笙立卒爵獻工坐卒爵者工不能備禮也特

牲少牢獻祝與佐食皆坐卒爵者以其接神事尸尊之故盛其禮也宰中獻尸不云坐卒爵者蒙上文尸即席坐也少牢云尸升筵遂坐士昏禮婦餕餘姑酳少牢餕畢主人酳酢皆坐卒爵者以其尊者之餘也又鄉飲酒鄉射主人酬賓燕禮大射主人酬賓有司徹主人酬尸酬賓皆坐祭遂飲此酬禮之盛者也鄉飲酒鄉射一人舉觶二人舉觶皆坐祭遂飲燕禮大射二大夫媵爵皆坐祭遂卒觶特牲主人酬賓坐祭卒觶此旅酬之發端禮亦盛故坐祭卒爵也至於旅酬無算爵其禮殺則皆立飲矣獻酬用爵自酬以下皆用觶此又隆殺之義也鄉飲酒記坐卒爵者拜既爵立卒爵者不拜既爵注隆殺各從其宜不使相錯惟工不從此禮亦隆殺之例也高氏愈云凡獻賓之禮飲一爵而賓主各拜者四拜洗一也拜送二也拜旨三也拜既四也○注非專爲飲酒起校勘記云酒徐本集釋通解楊氏俱作食與疏合 云卒盡也者程氏易田云燕禮亦不在席盡爵然則西階北面坐卒爵乃常禮也云明此席非專爲飲酒起者盛氏世佐云鄉飲酒義曰是席之正非專爲飲食也注蓋本此謂卒爵於西階上即啐酒於席末之義也此說深得禮意敖說淺矣

右主人獻賓

賓降洗將酢主人【疏】正義曰韋氏協夢云此不言以虛爵降鄉射不言降洗皆互文主人降亦從賓也降降立阼階東西面【疏】正義曰程氏易田云初疑洗當東榮在東序之東矣主人位若直東序則賓洗主人辭洗面皆不順及細閱鄉飲鄉射兩經主人洗皆南面辭賓洗亦皆南面賓洗皆北面辭主人洗亦皆北面上經賓辭主人洗也進而東乃北面以西階遠於洗故東行以就主人而賓之卒洗也取爵適洗之南乃北面主人阼階東南面辭洗賓奠爵于篚與對其對也必少西於洗乃得賓主南北相對及主人復東

階東西面之位賓復少東行然後北面盥而卒洗也以主人位直東序而洗又在其東與對既少西於洗則卒洗必東行而後可旋而北面也若以東字屬下作東北面則鄉射禮明是北面盥洗不得於鄉飲又別異也據此則主人堂下之位直東序益明而上經賓進東北面辭洗此經賓東北面盥楊氏圖二東字並屬下讀誤甚

賓坐奠爵興辭西階前也 **疏** 正義曰鄉射云賓西階前東面坐奠爵興辭此不言西階前東面以見於鄉射略之也故注本以為說韋氏協夢云獻賓時不言坐奠爵與此不言坐奠爵階前亦互文

主人對賓坐取爵適洗南北面 **疏** 正義曰校勘記云賓下唐石經衍上字○敖氏云洗南北面別於主人也於賓之取爵也主人復位

主人阼階東南面辭洗賓坐奠爵于篚興對主人復阼階東西面 **疏** 正義曰校勘記云阼階唐石經脫阼字○李氏如圭云凡洗必盥辭洗必既洗而後辭爵已洗則奠之不於篚下此經主人辭洗賓奠爵于篚對則既盥洗矣盥又當如鄉射禮繫之於適洗南之下互之於後耳敖氏曰南面辭洗猶不離阼階東示不違其位而已此主人辭洗在賓盥之先與他禮微異未詳張氏爾岐云前獻賓主人既盥而後辭洗此則賓未盥而已辭洗故主人奠爵初在篚下繼乃於篚以初未聞賓命也賓奠爵即于篚以已聞主命也方氏苞云鄉射燕大射皆賓盥洗而後主人辭燕與大射膳宰以君命禮賓自當待其盥洗而後禮辭此則鄉大夫為國禮賢故賓未盥而先辭遵禮以示下士之誠也若州長習射即賓為公士亦州中有位於朝者則循禮之常可矣盛氏世佐云盥而後辭洗禮之常也未盥而辭洗變以示重也於此可見古人尊賢之禮

賓東北面盥坐取爵卒洗揖讓如初升 **疏** 正義曰敖氏云凡盥洗於洗南者皆北面此云東北未詳疑東

衍文也方氏苞云階下之位主人在洗北賓在洗南故賓辭洗少進東北面而盥洗亦如之主人辭洗西南面而盥洗亦如之盛氏世佐云上言沃洗者西北面此不言者可知也主人在洗北沃洗者在洗南故主人南面而沃洗者西北面沃之便也今賓者在洗南沃洗者在其右故賓方盥洗必東北面邪向之亦取其便也敖氏以東爲衍文非也如初者謂一揖一讓也 主人拜洗賓答拜興降盥如主人禮 疏 正義曰敖氏云如上文降盥以至坐取爵之儀但面位異耳張氏爾岐云如其從降辭對 賓實爵主人之席前東南面酢主人 疏 正義曰主人在阼階賓自主席前向之故東南面淩氏釋例曰凡賓報主人之酒謂之酢鄉飲鄉射禮主人獻賓畢賓實爵主人之席前東南面酢主人燕禮大射主人獻賓畢賓升酌膳以酢主人于西階上此賓酢主人也士虞禮主人獻尸畢祝酌授尸尸以醋主人主婦並獻賓長三獻同特牲禮尸酌授尸尸以醋主人又主婦獻尸畢醋如主人儀又賓三獻尸卒酢注酢於賓也少牢禮主人獻尸畢祝酌授尸尸酢主人又主婦獻尸畢祝易爵洗酌授尸主婦拜受爵尸答拜又賓長獻尸畢祝酌授尸賓答受爵尸拜送爵此正祭時尸酢主人主婦賓長也有司徹主人獻尸侑畢尸降盥升坐取爵酌注酌者將酢主人又主婦獻尸侑致爵主人畢尸降筵受主婦爵以降注將酢主婦又賓三獻畢在酌致主人後尸降筵受三獻爵酌以酢之不儐尸之禮同此儐尸時尸酢主人主婦賓長也此酢禮之盛者也鄉飲酒主人獻介畢介揖讓升授主人爵于兩楹之閒介西階上立主人實爵酢于西階上自酢也獻衆賓不酢鄉射禮主人獻大夫畢大夫遵也大夫授主人爵于兩楹閒復位主人實爵以酢于西階上此卽鄉飲酒介酢主人之儀燕禮主人獻公畢洗升酌膳酒以降酢于阼階上亦是自酢大射作酌散餘儀同燕禮酌膳此酌散者主

於射不主飲酒故也此介遂及公酢主人也特牲禮主人獻賓畢受爵酌酢注主人酌自酢者賓不敢敵主人主人達其意有司徹獻長賓衆賓畢乃升長賓主人酌酢于長賓注主人酌自酢序賓意賓卑不敢酢此祭畢飲酒酢主人也皆酢禮之殺者也下此則不敢酢矣又特牲禮主婦致爵于主人畢受爵酌酢又主人致爵于主婦畢主人更爵酌酢又賓致爵于主人主婦畢更爵酢于主人又主人酳蓍畢上蓍洗爵升酌酢主人少牢禮主人受上蓍爵酌以酢於戶內以及不賓尸之致酢則與於賓三獻與蓍時亦禮之殺者也主人阼階上拜賓少退主人進受爵復位賓西階上拜送爵薦脯醢【疏】正義曰蔡氏德晉云主席在阼而主人在席之南故賓東南面酢主人主人進爵則北面也高氏愈云主人獻賓則北面賓酢主人則西面主人自卑而尊賓之意也拜送爵此賓酢主人第二爵張氏爾岐云薦脯醢者亦主人有司主人升席自北方設折俎祭如賓禮祭者祭薦俎及酒亦嚌啐【疏】正義曰敖氏云北方席下也主人介席皆南上不告旨酒已物也【疏】正義曰敖氏云酒主人之物也其不告旨不言可知乃必言之者宜別之如賓禮也主人不告旨乃亦啐酒者若欲知其美惡以拜崇酒然自席前適阼階上北面坐卒爵興坐奠爵遂拜執爵興賓西階上答拜自席前者啐酒席末因從北方降由便也【疏】正義曰敖氏云從北方降正也據敖氏以升降皆由下故與注說異注本啐酒席末言之故知從北方降爲由便蓋主人當降自南方以啐酒席末因從北方降是爲由便其義精矣褚氏寅亮云凡升席由下降席由上正也降亦有時而從下由便也東鄉西鄉之席以南方爲上則降從南方爲正今既啐酒於席末則身在北矣故即由便從北而降轉

過席前以適阼階注云由便明本非正也敖氏謂升降皆由下反以此從北方降爲正非也後介不啐酒而自南方降席則從降由上之正矣敖氏欲護前說乃云介尊於禮輕者或得由便則尤非試思介身在席中並非在南此便何從生乎案鄉射賓升席自西方注云賓升降皆由下疏云主人在東降不由上敬主人然則升降皆由下惟賓耳程氏易田云主人席在阼階上據鄉飲酒義曰坐于東南是已近堂廉矣今自席前乃適阼階上鄉射禮亦然然則賓主拜位卒爵之位在階上當楣者在主席南幾垂堂廉故主人坐奠爵于序端其南北之節卽當拜位也。

主人坐奠爵于序端阼階上北面再拜崇酒賓西階上答拜東西牆謂之序崇充也言酒惡相充實

疏 正義曰校勘記云注謂徐作爲云東西牆謂之序者爾雅釋宮文敖氏云奠爵于序端拜崇酒之禮然也奠於其所而拜則嫌若拜既奠爵于篚而後拜則嫌若禮畢而更端故以奠於此爲節云崇充也言酒惡相充實者釋詁文崇酒之義說者各異敖氏云崇重也謂賓崇重已酒不嫌其薄而飲之既也故拜謝之卒爵乃拜者若曰已飲之乃知其薄熊氏朋來曰崇充也添酌充滿之方氏苞云周官酒正職大祭三貳中祭再貳小祭壹貳注疏五齊以祭不敢副益三酒人所飲故就其尊而益注之義取獻酢既畢則尊中酒減而益注以崇之惟賓介有崇酒之文正所謂再貳蓋比於中祭也賓介獻酢所減無幾而以此爲崇酒之節者旅酬無算爵皆因賓介而及之耳姜氏兆錫云此謝賓之酢爵也崇之言隆謂之崇酒者謝賓酢之隆施耳如以崇酒爲謝酒惡當於獻賓賓告旨之時不當於酢主主不告旨之後案釋詁崇字三訓崇充也注與熊說本之崇重也敖氏本之崇高也姜說近之郝氏敬議注說爲鑿盛氏世佐云詳注意蓋謂以惡酒充賓腹故拜以謝也於經義未爲大失然訓崇爲充充字並無酒惡之義勢

必添字乃通固不如敖氏之直截也蓋主人崇酒當賓之告旨主人獻賓而賓告旨重主人之旨酒飲己也賓酢主人而主人崇酒酒己物也卒爵而拜重賓之不嫌其薄而飲之既也其不於獻賓賓告旨之時者禮有其節主人獻賓賓以告旨爲節賓酢主人主人不告旨則以崇酒爲節也故崇在不告旨之後高氏愈云酬獻之禮賓主皆同惟賓先拜旨酒而後拜既爵主人先拜既爵而後拜崇酒此爲小殊淩氏釋例曰凡酢如獻禮崇酒不告旨禮殺者則以虛爵授之鄉飲酒鄉射賓酢主人實爵于主人之席前東南面酢主人主人阼階上拜賓少退主人進受爵復位賓西階上拜送爵薦脯醢主人升席自北方設折俎祭如賓禮不告旨自席前適阼階上北面坐卒爵興坐奠爵遂拜執爵興賓西階上答拜主人坐奠爵于序端阼階上北面再拜崇酒賓西階上答拜有司徹主人受尸酢尸升坐取爵酌主人東楹東北面拜受爵尸西楹西北面答拜至次賓羞匕湇後主人席末坐啐酒執爵興至次賓羞燔後主人降筵自北方北面于阼階上坐卒爵執爵以興坐奠爵拜執爵以興尸西楹西答拜主人坐奠爵于序南侑升尸侑皆北面于西楹西主人北面于東楹再拜崇酒尸侑皆答拜是酢酒雖不告旨而崇酒與獻禮異餘皆同也亦有不崇酒者燕禮大射賓酢主人升酌膳以酢主人于西階上主人北面拜受爵賓主人之左拜送爵主人坐祭不啐酒不拜酒不告旨遂卒爵興坐奠爵拜執爵興賓答拜主人不崇酒此主人以宰夫爲之酒是君物故不崇酒注辟正君是也皆賓酌之以酢主人者鄉飲酒介酢主人升授主人爵于西楹之閒介西階上立主人實爵酢于西階上介右坐奠爵遂拜執爵興介答拜主人坐祭遂飲卒爵興坐奠爵遂拜執爵興介答拜主人坐奠爵于西楹南介右再拜崇酒介答拜鄉射大夫酢主人升大夫授主人爵于兩楹閒復位主人實爵以酢于西階上坐奠爵拜大夫答拜坐祭卒爵拜大夫答拜主人坐奠爵

于西楹南崇酒大夫答拜與鄉飲酒介酢主人同皆以虛爵授主人不自酌蓋禮之殺者鄉飲酒注云介不自酌下酒者賓主共之是也亦崇酒者酒已物也燕禮大射主人自酢于公更爵洗升酌膳酒以降酢于阼階下北面坐奠爵再拜稽首公答再拜主人坐祭遂卒爵再拜稽首公答再拜則臣與君行禮也有司徹主婦受尸酢尸酌主婦出于房西面拜受爵尸北面于侑東答拜主婦入于房司宮設席于房中南面主婦立于席西薦設畢主婦執爵以出于房西面于主人席北立卒爵執爵拜尸西楹西北面答拜則男子與婦人行禮也皆與酢之正禮異至於特牲主人獻賓畢受爵酌酢奠爵拜賓答拜主人坐祭卒爵拜賓答拜有司徹主人酌酢于長賓西階上北面賓在左主人卒奠爵拜執爵以與賓答拜坐祭遂飲卒爵執爵以與坐奠爵拜賓答拜則皆祭畢飲酒禮又殺矣又有司徹賓三獻受尸酢尸降筵受三獻爵酌以酢之三獻西楹西北面拜受爵尸在其右以受之尸升筵南面答拜坐祭遂飲卒爵拜尸答拜亦尸親酌不以虛爵授賓者尊賓故盛其禮也又曰凡賓告旨在卒爵前于席西拜主人崇酒在卒爵後于階上拜鄉飲酒鄉射主人獻賓皆席末坐啐酒降席坐奠爵拜告旨注降席席西也然後賓西階上北面坐卒爵燕禮大射主人獻賓亦皆席末坐啐酒降席坐奠爵拜告旨然後賓西階上北面坐卒爵是賓告旨皆在卒爵前于席西拜也有司徹主人獻尸亦席末坐啐酒拜告旨然後尸降北面于西楹西坐卒爵儐尸之尸如飲酒之賓故其例同也鄉飲酒鄉射賓酢主人皆自席前適阼階上北面坐卒爵拜然後阼階上北面拜崇酒鄉飲酒介酢主人坐祭遂飲卒爵然後介右再拜崇酒鄉射大夫酢主人坐祭卒爵拜然後再拜崇酒亦在大夫右拜有司徹授尸酢降筵自北方北面于阼階上坐卒爵拜然後北面于東楹東再拜崇酒是主人崇酒皆在卒爵後于阼階上拜也燕禮大射賓酢主人主人卒爵拜後不崇酒

者主人本宰夫代公爲之酒非己物故其例異也崇酒必再拜者所以申主人之敬也

右賓酢主人

主人坐取觶于篚降洗賓降主人辭降賓不辭洗立當西序東面不辭洗者以其將自飲

疏 正義曰高氏愈云取觶者將以酬賓也凡所謂酬者意欲其人之飲而其人不飲則己先飲以倡之而冀其人之亦飲所謂導飲者也不仍前爵而用觶者一以示更新之敬且器備而多儀亦周之尚文然也李氏如圭云自飲而洗禮貴絜敖氏云主人辭不言奠觶又不言賓對者如上禮可知自飲乃洗者亦象賓之飲己也韋氏協夢云鄉飲禮主人辭降此亦宜然又鄉射禮主人奠觶辭降下有賓對東面立主人坐取觶洗十一字當以鄉射爲正程氏易田云此第二次取一觶於堂上之篚也立當西序東面賓堂下立位也前主人降洗賓降即立於此故於其復位曰當西序東面也此與前經互相足 注云不辭洗者以其將自飲者張氏爾岐云酬酒先自飲乃酬賓故云將自飲獻用爵酬用觶一升曰爵三升曰觶

卒洗揖讓升賓西階上疑立主人實觶酬賓阼階上北面坐奠觶遂拜執觶興賓西階上答拜酬勸酒也酬之言周忠信爲周

疏 正義曰敖氏云此象賓之飲己故其拜亦皆與受之於人者同張氏爾岐云先自飲所以勸賓也拜賓者通其勸意也答拜者答其勸己也淩氏釋例云凡主人先飲以勸賓謂之酬酬禮行於賓酢主人後用觶不用爵惟賓主人乃行之鄉飲酒禮賓酢主人後主人實觶酬賓 注云酬勸酒也酬之言周忠信爲周者賈疏云酬酒先飲乃酬賓鄉射禮賓酢主人後主人實觶酬之此

主人酬賓之正禮也燕禮大射主人自酢于公後升媵觚于賓此媵觚亦酬也宰夫爲主人降于正主故不曰酬而曰媵觚又二人媵爵于公公坐取大夫所媵觶與以酬賓媵觚是主人酬賓此是公酬賓宰夫代公爲主人故公亦酬賓也此觶賓卽用以旅酬主人獻卿後再請二人媵爵公又行一爵若賓若長唯公所酬此酬是卿舉旅之酒若爲大夫士舉旅則曰賜不曰酬大射爲卿舉旅亦作賜此皆酬禮之殺者也特牲禮獻衆賓後主人洗觶酌于西方之尊西階前北面酬賓此觶卽後賓旅酬之觶有司徹主人自酢于長賓後宰夫洗觶以升主人升酌降酬長賓于西階南此觶無算爵之觶此祭畢飲酒之酬亦禮之殺焉者也又有司徹賓三獻尸後主人實爵酬尸張氏爾岐云特牲及下不儐尸皆無酬尸之事此特有之奠而不舉則正祭後以賓客事尸之禮故獻酢之後主人酬之如賓也又獻酒逮及賤者如工笙獲者釋獲者祝佐食之類酢主人惟賓及介遵者有之酬酒雖介遵亦無之尊賓之意也祭禮尸酢主人而下及主婦長賓若酬尸亦惟主人而已蓋酬禮惟賓主人得行之儐尸則酬尸如賓獻助祭之賓則又酬之上大夫儐尸之禮威儀多也

坐祭遂飲卒觶興坐奠觶遂拜執觶興賓西階上答拜

疏 正義曰高氏愈云此主人自飲而亦拜者蓋雖自飲而實冀賓之飲故拜以勸之也此主人酬賓第三爵主人飲張氏爾岐云主人導飲訖

主人降洗賓降辭如獻禮升不拜洗

不拜洗殺於獻

疏 正義曰敖氏云如獻禮如其降後升前之儀張氏爾岐云主人爲賓洗爵故賓降辭如獻時但升堂不拜耳淩氏釋例云凡酬酒不拜洗案獻酒禮盛者共四次拜拜洗在未獻之前一次也拜受爵送爵二次也拜告旨三次也拜卒爵四次也禮殺者則不拜洗也酢酒禮盛者亦四次拜拜洗在未酬之前一次也拜受爵送爵二次也拜卒爵

三次也再拜崇酒四次也禮殺者則不拜洗也至於酬酒雖是賓主人正禮亦不拜洗但有三次拜主人自實觶之拜一次也主人自卒觶之拜二次也卒觶之後主人降洗如獻禮升不拜洗至受爵卒爵之時始拜三次也酬酒奠而不舉故亦無卒觶拜也鄉飲酒鄉射主人酬賓燕禮大射主人酬賓特牲禮主人酬賓有司徹主人酬尸主人酬賓皆然蓋酬酒之禮又殺於獻酢矣

賓西階上立

主人實觶賓之席前北面賓西階上拜主人少退卒拜進坐奠觶于薦西

賓已拜主人奠其觶

【疏】正義曰敖氏云席前北面便於獻以其不授也奠觶于薦西者主人以此觶不舉不敢親授之重勞賓也凡酬酒有卒不舉者有未卽舉者主人皆奠之而不授其意則同燕與大射及少牢下篇主人酬尸與賓皆授觶與士禮異張氏爾岐云奠觶薦西欲舉此觶也盛氏世佐云酬奠觶而不授亦殺於獻也奠于薦右仍是欲賓舉此觶若逆料其不舉而不親授則非主人殷勤之意矣方氏苞云燕大射薦西之酬觶賓時不舉而相授受備其儀以觀示衆人也少牢儐尸之酬爵亦然惟鄉大夫與賢能州長教射則主人奠觶于薦西賓移置薦東而不相授受以當其時不舉則略其儀教士以信直也主人已奠觶賓復遷之以此觶取當取酬主人故更奠以示己受耳

賓辭坐取觶復位主人阼階上拜送賓北面坐奠觶于薦東復位

酬酒不舉君子不盡人之歡不竭人之忠以全交也

【疏】正義曰敖氏云辭辭其奠觶也奠觶酬之正禮也然奠而不授亦不能無降等之嫌故辭之辭之而不獲命乃坐取觶示受也辭及取觶東面復位待主人拜張氏爾岐云賓辭賈疏以爲辭主人復親酌己愚以主人方酌時不辭殆非辭酌也仍是辭其親奠如鄉射二人舉觶時耳盛氏世佐云奠觶于薦東示不舉也凡奠觶將舉

者於右不舉者於左辭是辭奠敖張二說得之北面奠觶敖氏云由便凡賓於主人所奠之物必坐而遷之以示其不敢當之意且爲禮也堂上則左之堂下則右之亦各從其便也高氏愈云此主人酬賓第四爵賓不飲褚氏寅亮云注謂酬酒不舉故奠於左此通例也郎記所云凡奠者于左將舉者于右也集說殊誤試思左右之便豈以堂上下而生別乎又酬觶不舉故奠而不授又不敢必賓之不舉故仍奠薦右賓則遷於薦左以示不舉上經之辭辭其奠薦右也謂辭親酌己者非謂辭奠而不授者亦猶未盡也淩氏釋例云凡酬酒先自飲復酌奠而不授媵爵亦如之鄉飲酒鄉射主人酬賓卒洗揖讓升賓西階上疑立主人實觶酬賓阼階上北面坐奠觶遂拜執觶興賓西階上答拜坐祭遂飲卒觶興坐奠觶遂拜執觶興賓西階上答拜此主人先自飲也又云賓西階上立主人實觶賓之席前北面賓西階上拜主人少退卒拜進坐奠觶于薦西賓辭坐取觶復位主人阼階上拜送是主人復酌奠而不授也燕禮大射主人酬賓升酌散西階上坐奠爵拜賓賓降筵北面答拜主人坐祭遂飲賓辭卒爵拜賓答拜此主人先自飲也又云主人酌膳賓西階上拜受爵于筵前反位主人拜送爵經但云賓受爵不云主人授爵奠爵當亦如鄉飲酒鄉射奠而不授之例疏謂主人不坐奠於薦西者非也有司徹主人酬尸東楹東北面坐奠爵拜尸西楹西北面答拜坐祭遂飲卒爵拜尸答拜此主人先自飲也又云主人實觶尸拜受爵主人反位答拜不云主人奠觶者亦文不具也主人酬賓亦然考特牲禮主人酬賓自飲訖復爵亦先奠觶於薦北此酬酒之例皆奠而不授可知也又鄉飲酒鄉射一人舉觶于賓實觶西階上坐奠觶遂拜執觶興賓席末答拜坐祭遂飲卒觶興坐奠觶遂拜執觶興答拜降洗升實觶立于西階上賓拜進坐奠觶于薦西賓辭坐受以興舉觶者西階上拜送賓坐奠觶于其所鄉飲酒二人舉觶于賓介升實觶于西階上皆

坐奠觶遂拜執觶興賓介席末答拜皆坐祭遂飲卒觶興坐奠觶遂拜執觶興賓介席末答拜遂降洗升實觶皆立於西階上賓介皆拜皆進薦西奠之賓辭坐取觶以興介則薦南奠之介坐受以興退皆拜送降賓介奠于其所鄉射二人舉觶于賓與大夫同特牲禮兄弟弟子舉觶于長兄弟如主人酬賓儀賓弟子及兄弟弟子各舉觶于其長奠觶拜長皆答拜舉觶者祭卒觶拜長皆答拜舉觶者洗各酌于其尊復初位長皆拜舉觶者皆奠觶于薦右長皆執以興舉觶者皆復位答拜長皆奠觶于其所是舉觶之例亦先自飲復酌奠而不授也燕禮大射下大夫二人媵爵于公升自西階序進酌散交于楹北降阼階下奠觶再拜稽首執觶興公答再拜媵爵者皆坐祭遂卒觶興坐奠觶再拜稽首執觶興公答再拜又云若君命皆致則序進奠觶于篚阼階下皆再拜稽首公答再拜媵爵者洗象觶升實之序進坐奠于薦南北上降阼階下皆再拜稽首送觶公答再拜獻卿後媵爵亦同獻士後賓媵觚于公酌散下拜公降一等小臣辭賓升再拜稽首公答再拜賓坐祭卒爵再拜稽首公答再拜賓降洗象觶升升酌膳坐奠于薦南降拜小臣辭賓升成拜公答再拜是媵爵之例亦先自飲復酌奠而不授也至於有司徹主人酬賓自飲畢升酌但云賓拜受爵主人拜送爵不云主人奠觶又二人舉觶于尸侑自飲畢升酌但云尸侑皆拜受爵舉觶者皆拜送不云舉觶者奠觶又兄弟之後生者舉觶于其長自飲畢升酌但云長拜受于其位舉爵者東面答拜不云後生奠觶皆文不具也又云凡酬酒者奠而不舉禮殺者則用為旅酬無算爵始鄉飲酒鄉射主人酬賓坐奠觶于薦西主人拜送後賓北面坐奠觶于薦東燕禮大射主人酬賓拜送爵後賓升席坐祭酒遂奠于薦東有司徹主人酬尸尸拜受爵主人答拜後尸北面坐奠爵于薦左是酬酒皆奠而不舉也特牲禮主人酬賓奠觶于薦北賓坐取觶奠于薦南賓位東面薦北即薦左也薦南即

薦右也此觶至酬舉奠後與兄弟弟子所舉之觶同為旅酬發端有司徹主人酬賓賓拜受爵主人拜送爵賓西面坐奠爵于薦左此觶至旅酬後與兄弟後生所舉之觶同為無算爵發端皆祭畢之飲酒是酬酒禮殺者即同為旅酬無算爵始也蓋特牲旅酬之禮同於有司徹無算爵之禮而有司徹旅酬則別使二人舉觶於尸與侑為之始是士禮殺於大夫也漢儒推士禮而放於天子故鄭注中庸旅酬下為上引特牲以證之而不引有司徹也

右主人酬賓

主人揖降賓降立于階西當序東面主人將與介為禮賓謙不敢居堂上疏正義曰敖氏云主人將降而揖所以禮賓賓降者以主人與介與衆賓為禮故不敢居堂上也賓降之位其南北之節皆於階西至此始見之也主人降西面于門東張氏爾岐云揖降者主人揖賓而自降賓亦降辟階西俟其與介為禮也程氏瑤田云賓堂下立位當西序東面前屢見之矣曰當西序則在階西可知至此必見階西之文者賓此時不與主人行禮且明南北不以堂深故與介辭洗之位不相觸下經主人降洗介降必如賓先立于其位以俟事及辭洗復位自皆立于賓位之南故下注獻酢畢云介降立于賓南也褚氏寅亮云將與介行禮故揖賓示不自己將降之意非揖使同降也賓見主人降亦遂自降矣凡欲入欲升欲降必先揖以示其意禮也

主人以介揖讓升拜如賓禮疏正義曰敖氏云入門止於其位張氏爾岐云主人三揖至階之時介與衆賓亦相隨至階下今此云以介揖讓升唯有升堂揖讓耳無庭中三揖矣拜如賓禮謂亦拜至如賓也案張說本於賈疏諸家皆不從之方氏苞云主人與賓三揖至於

階三讓以賓升此時介與衆賓尚在門左繼乃以介揖讓升拜如賓禮則自門左三揖三讓皆與賓同可知凡賓主同升有讓無揖此篇及鄉射主人揖升燕禮大射賓揖升皆獨升也使無庭中三揖則曰以介讓升拜如賓禮可也鄉射無介主人于衆賓初無三揖是以與衆賓獻酬既畢然後洗拜衆賓盛氏世佐云上迎賓拜至節不見介與衆賓隨至西階之事則介與衆賓尚在門西北上之位也此云揖讓升拜如賓禮謂三揖三讓及拜至之禮皆如賓也何得無庭中三揖乎疏誤當以敖說爲正張氏惠言云記云立者東面北上若有北面者則東上此謂衆賓也注云或統於堂或統於門則立庭南近門可知鄉射遵者入賓及衆賓皆降復初位注云初位門內東面知不近堂也介於入門後主人未與殊禮則隨衆賓俱在庭中東面其位蓋在碑以南此時主人至阼階前揖之介東面于其位揖進東當塗曲北面又揖當碑又揖此揖讓如賓禮也疏非是蔡氏德晉云是時介猶在門左之位故主人與之揖讓以升之拜如賓禮如賓主當楣北面之拜也

主人坐取爵于東序端降洗介降主人辭降介辭洗如賓禮升不拜洗介禮殺也疏正義曰敖氏云爵卽鄉之所奠者也介統於賓而其禮又與之相接故仍用其爵焉賓禮者賓降至壹揖壹讓升之儀也此時介降之位在賓南介不拜洗下賓 注云介禮殺也者鄉飲酒義云主人親速賓及介而衆賓自從之至於門外主人拜賓及介而衆賓自入貴賤之義別矣三揖至於階三讓以賓升拜至獻酬辭讓之節繁及介省矣至於衆賓升受坐祭立飲不酢而降隆殺之義辨矣據此是衆賓之禮殺於介介之禮殺於賓上迎賓拜至節雖無介與衆賓相隨至階下之文然主人拜賓及介而衆賓自入則賓進而介無不相隨之理介相隨而衆賓亦隨之矣三揖三讓之節繁及介而省則介惟有升堂揖讓及拜至無庭中三揖

可知經於介禮同於賓者多云如賓禮禮殺于賓者皆明著之諸家從敖說以駁賈疏亦未考鄉飲酒義之文也

介西階上立不言疑者省文【疏】正義曰李氏如圭云凡事未至者皆疑立案疑立者致敬也賓疑立介下賓不得不疑立故知不言疑者省文蔡氏德晉以不疑立禮殺於賓非是

主人實爵介之席前西南面獻介【疏】正義曰張氏爾岐云介席東面介立西階上在席南故主人西南面鄉之

介西階上北面拜主人少退介進北面受爵復位【疏】正義曰敖氏云主人西南面獻介而介乃北面正方受爵以是推之則賓酢主人主人亦北面受主人獻賓賓其東面受數盛氏世佐云案儀禮圖主人獻賓賓酢主人受爵者皆北面經於賓主人受爵雖不言其何面而於此特見之則其餘從同矣鄉射禮主人西北面獻賓賓西階上北面拜主人少退賓進受爵于席前夫拜既北面則受亦北面可知矣敖氏謂主人獻賓賓東面受非也

主人介右北面拜送爵介少退主人拜於介右降尊以就卑也今文無北面【疏】正義曰敖氏云主人獻介乃拜於其右者以其尊降於賓也凡堂上之獻酢皆分階而拜者賓主二人而已其餘則否方氏苞云主人獻介及答拜皆就西階何也必正主人之位以拜者惟賓一人故禮介必少異於賓又賓介衆賓工笙大師序進爲禮而主人徧獻酬使一一反其位而拜不勝其勞故自賓以外漸損趨走之節以息主人也高氏愈云主人介右北面拜送爵不敢襲獻賓之位也此主人獻介乃第五爵介飲今文無北面鄭不從者胡氏承珙云凡堂上之拜皆北面此主人獻介時西南面介既北面拜受爵主人當北面拜送爵凡拜者同面若無北面嫌於主人尚西西南面故鄭從古文

主人立于西階東【疏】正義曰敖氏云此稍違其拜處與既獻賓而立于阼階之

東意同西階上非其正位故郤辟之張氏爾岐云在介右而又稍東以設薦之時介方升祭主人無事故立於此程氏易田云此西階東在階上郤上下文介右之文不相遠也與冠禮冠者立于西階東賓字之之位在階下者不同而文不別異者以前後有介右之文又不見降文可以互明也自南方降席郤復西階上位以介席敷於西階上也薦脯醢疏正義曰敖氏云下云介升席自北方是介席南上也席南上則此薦當脯在北方與少牢下篇設侑之豆同矣

介升席自北方設折俎祭如賓禮不嚌肺不啐酒不告旨自南方降席北面坐卒爵興坐奠爵遂拜執爵興主人介右荅拜不嚌啐下賓疏正義曰敖氏云凡所不者下賓不啐酒則必不告旨矣乃著之者詳言之也凡經文有詳言者有略言者其例不一方氏苞云不嚌肺不啐酒不告旨示禮為賓設而已不敢當也自南方降席者敖氏云降席適西階上也自南方降者介尊於禮輕者或得由便也主人亦然主人介右荅拜復西就之有司徹侑降席自北方以其卑於介也北面坐者張氏爾岐云西階上北面坐也秦氏蕙田云介位西階西北面而主人立西階東是為在介右也凡北方以東為右

右主人獻介

介降洗主人復阼階降辭如初如賓酢之時疏正義曰洗為主人將自酢也復反也初謂賓酢之時主人降以下至坐取爵卒洗之禮也方氏苞云凡自酢多由受獻者自卑而不敢亢敵者之禮以相酢也自酢者皆自洗自酌惟鄉飲之介不敢抗禮以酢主人又不敢煩主人親洗故降洗而後以爵授主人蓋燕與大射主人獻公而自酢則更爵而自洗宜也特牲禮主人

主婦交致爵則仍其爵以自酢宜也賓致爵于主人主人主婦更爵而自酢亦宜也介之義則宜洗爵以酢主人主人之義則不宜洗爵以自酢故其儀獨異焉褚氏寅亮云主人自酢而介乃降洗恐己所飲之爵不潔也

卒洗主人盥盥者當爲介酧【疏】正義曰敖氏云達介意也褚氏寅亮云注謂盥者將爲介酧疏謂自飲而盥者尊介兩說相發明惟尊介故雖代之酧而亦盥也此較達介意爲長

介揖讓升授主人爵于兩楹之閒就尊南授之介不自酧下賓酒者賓主共之【疏】正義曰李氏如圭云賓主共之故尊當在兩楹閒介卑故不敢自酧敖氏云以後篇大夫禮例之介字宜在授字上於主人之盥也介立于洗南以俟之主人既盥乃揖而行也介授主人爵者不敢酢也主人受之者亦達介意也凡受獻而親酢一人而已其餘則或所獻者自酢焉此介雖尊視賓爲殺故其酢禮如此然其初乃得爲主人洗爵亦其異者也張氏爾岐云揖讓升一揖一讓升也今但授虛爵不自酧者介卑不敢必主人爲己飲也程氏易田云兩楹閒賓主敵者授受之常節也惟獻爵必於席故授受在席前注謂就尊南授之非也然楹閒爲敵者授受之節謂賓在西階主在阼階彼此往來授受之節若賓主同階則不以楹閒爲節也介不自酧爲下賓者以酒者賓主共之故賓自酧以酢主人也

介西階上立主人實爵酢于西階上介右坐奠爵遂拜執爵興介答拜主人坐祭遂飲卒爵興坐奠爵遂拜執爵興介答拜主人坐奠爵于西階南介右再拜崇酒介答拜奠爵西楹南以爵獻衆賓【疏】正義曰注以爵校勘記云徐葛閩本集釋通解楊氏俱作當○敖氏云主人拜于西階而奠爵于西楹南以其近也其意則與南鄉之奠于序端者同拜

介崇酒亦至是乃爲之者因賓禮也高氏愈云此介酢主人凡第六爵主人飲

右介酢主人

主人復阼階揖降介降立于賓南疏正義曰介降立于賓序賓立西階下當序介次之也方氏苞云在禮離坐離立毋往參焉況鄉大夫興賢能州長教射賓主相爲禮而以無事者參其間則無以爲儀故將延介而賓降將延衆賓而介降設不降而疑立於堂以視衆賓之受拜則近於汏故獻酢甫畢即降主人西南面三拜衆賓衆賓皆答壹拜三拜一拜示偏不備禮也不升拜賤也疏正義曰敖氏云是時衆賓皆在門內之西主人少南行近於門東乃西南面鄉之而拜拜衆賓爲將獻之與賓升而拜至之意相類三拜者旅拜之法也衆賓皆答壹拜亦答旅拜之法也此禮大夫士同之盛氏世佐云主人與賓介行禮之時衆賓同在門西北上之位迨其行禮既畢則衆賓皆進而立於賓介之南矣無庭中三揖者賤不敢當主人之迎也經不著其進立之節文不具也惟其已在賓介之南也故主人得於阼階下西南面拜之敖說似太泥三拜衆賓與拜至之意相類特不升之於堂而一一拜之是亦以其賤略之也郝氏敬云升堂受爵不拜于堂上禮殺人衆也方氏苞云衆賓長而外皆獻于堂下故於堂下偏拜之○注三拜一拜校勘記云一徐本集釋俱作壹云三拜一拜示偏不備禮也不升拜賤也者張氏爾岐云示偏解主人三拜不備禮解衆賓答一拜不升拜賤也言主人不升拜衆賓於堂而拜以其賤故略之與賓介升堂拜至者異也朱子曰賈疏云衆賓各得主人一拜主人亦偏得一拜鄉射疏又云衆賓無論多少止爲三拜是示偏也然則主人之拜衆賓不能一一拜之但爲三拜以

示徧而衆賓之長者三人各答一拜也然經及注疏但言衆賓一拜而無三人之文未詳其說盛氏世佐云案禮成於三故旅拜之法無論衆賓多少但爲三拜以示徧初不爲賓長三人而設也經云衆賓皆答一拜亦統指衆賓而言不專謂三賓也疏欠分明故朱子不能無疑然卽以經文證之則其疑可釋矣旅拜之法大夫士微有不同大夫三拜衆賓衆賓答以一拜此及鄉射少牢有司徹所陳是也大夫尊不敢備禮是也士三拜衆賓衆賓答以再拜士卑得備禮也敖氏謂此禮大夫士同之殆未深考與程氏易田云上經主人與賓三揖至于階時介與衆賓斷無隨至西階下之事故獻介時以介揖讓升拜如賓禮可決其先之不隨至階矣至於將獻衆賓主人降階西南面三拜者此及鄉射文俱無揖讓之文蓋主人與衆賓不相値而行故不相揖讓也案有司徹主人降南面拜衆賓於門東三拜衆賓門東北面皆答壹拜注云賓賤純臣也位在門東又云主人獻賓于西階上長賓卒爵取祭以降西面坐委于西階西南注取祭以降反下位也位在西階西南又云衆賓辯受爵其薦與脀設于其位其位繼上賓而南皆東面據此衆賓有兩位未獻位在門東獻則拜而進之位在西階西南由是言之有司徹其主人卿大夫其賓純臣初位在門東鄉飲賓賢能也初位在門西卽上經所謂衆賓皆入門左北上之位也然則南面三拜衆賓者以其初位在門東西南面三拜衆賓者以其初位在門西如此互相證明則主人初與賓揖進時介與衆賓決然在門左北上之位而不隨至西階下也三拜者統衆賓而拜之衆賓多不專拜其長升受之三人也蓋示徧之禮止於三少牢四人薹主人亦祇西面三拜薹者也賈氏疏此經謂衆賓各得主人一拜是以三拜爲拜升受者三人誤矣

主人揖升坐取爵于西楹下降洗升實爵于西階上獻衆賓衆賓之長升拜受者

三人長其老者言三人則衆賓多矣 疏 正義曰主人揖升張氏爾岐云主人自升也衆賓尚在堂下至主人于西階上獻爵衆賓
始一一升受之耳經文自明疏以揖升爲揖衆賓升非也方氏苞云主人揖堂下不升之賓故實爵後特言獻衆賓以揭其義既實爵後
然後賓長三人升拜受耳坐取爵于西楹下韋氏協夢云鄉射禮坐取爵于序端而此取爵于西楹下者彼無介主人于阼階上受賓酢
訖奠爵于序端故卽于序端取之此有介主人既取爵于序端以獻介而於介右受介酢訖遂奠爵于西楹南故于西楹下取之西楹下
卽西楹南也降洗升實爵秦氏蕙田云降洗者惟衆賓之長一人其餘二人皆不降洗禮又殺於介矣張氏爾岐云記云衆賓之長一人
辭洗如賓當亦從堂下東行辭之疏以爲降辭亦未是於西階上獻衆賓敖氏云總言之也此獻之儀主人蓋執爵西南面于西階上衆
賓則以次升受之不獻於席前辟尊者禮也於字衍衆賓之長升拜受者三人李氏如圭云賓介以賢舉衆賓以年序而衆賓之長三人
是爲三賓鄉飲酒義曰立賓以象天立主以象地設介僎以象日月立三賓以象三光敖氏云其拜者亦北面長其年之差尊者

主人拜送於衆賓右 疏 正義曰方氏苞云不言其地介之獻猶就西階而拜於其右則衆賓可知注云於衆賓右非也

坐祭立飲不拜既爵授主人爵降復位 既卒也卒爵不拜立飲立授賤者禮簡 疏 正義曰李氏如圭云
少儀小子舉爵則坐祭立飲下記曰立卒爵者不拜既爵敖氏云不拜既爵卒爵不拜也獻而不拜既爵差卑也自別於尊者且重勞主
人之答己也不拜既爵故當立飲位堂下之位介之南也於此云復則主人揖升之時衆賓其皆進歟盛氏世佐云衆賓皆進當在主人
與介行禮甫畢之時不在主人揖升時也敖氏誤張氏爾岐云一人飲畢授爵降次一人乃升拜受也

衆賓獻則不拜

受爵坐祭立飲次三人以下也不拜禮彌簡疏正義曰敖氏云自第四以下又不拜受爵愈自別於尊者也張氏爾岐云亦升受但不拜耳方氏苞云不拜受爵不敢煩主人拜送也獻爵而不拜可乎主人之拜衆賓衆賓皆答一拜正爲衆賓儀略故總行拜獻拜受之禮於階下主人三拜達其意於衆賓衆賓如答主人所以止於一拜耳韋氏協夢云衆賓不拜受爵主人亦不拜送爵矣

每一人獻則薦諸其席謂三人也疏正義曰敖氏云此薦之節當在坐祭立飲之後與特牲之衆同無俎矣又既飲乃薦遠下賓介也不言不祭者可知也張氏爾岐云席次賓介西前經云衆賓之席皆不屬焉是也

衆賓辯有脯醢亦每獻薦於其位位在下今文辯皆作徧疏正義曰敖氏云衆賓三人之外者也衆賓長以下其堂下之位繼賓介之位而南盛氏世佐云是時賓降立于階西當序東面介降立于賓南故敖知衆賓堂下之位當繼賓介而南也又案此則衆賓自三人之外皆無席亦無南面立于堂上者矣而儀禮圖乃於賓長三席之西復有衆賓之位云南面坐不盡復有東面北上似誤也案張氏惠言儀禮圖賓長席西無衆賓之位可正楊氏之失 注云位在下者堂下立侍不合有席既不言席故位在下今文辯皆作徧者顧氏炎武曰曲禮主人延客食胾然後辯殽內則子師辯告諸婦諸母名宰辯告諸男名玉藻先飯辯嘗羞樂記其治辯者其禮具左傳定八年傳子言辯舍爵于季氏之廟而出史記禮書瑞應辯至此皆以辯爲徧惠氏棟云古徧字皆作辯司馬遷從孔安國問故遷書多古文左傳多古字古言故皆以辯爲徧又云鄉射禮司射乃比衆耦辯注衆賓射者降比之耦乃徧是鄭亦讀辯爲徧胡氏承珙曰鄭於注或用徧或用辯不盡依經文如鄉飲酒云皆如賓酬主人之禮辯注辯辯衆賓之在下者有司徹辯受爵其薦脯醢與脅注徧獻乃薦是辯徧二字注則便文通

用惟於經則皆依古文作辯鄭於今文假借多依本字此獨不出者疑偏乃後出之字故鄭於今文必皆從辯以存古字古義也案說文云辯治也偏帀也偏爲本義鄭蓋以二字通用已久故不改從今文不得疑偏爲後出字

主人以爵降奠于篚不復用也疏正義曰郝氏敬云奠爵於堂下洗西之篚示不用也韋氏協夢云爵亦虛爵也凡既獻而奠者皆虛爵經多不見之

右主人獻衆賓自初獻賓至此爲飲酒第一段

儀禮正義五

儀禮正義六

南菁書院

江寧楊大堉雅輪補

揖讓升賓厭介升介厭衆賓升衆賓序升即席序次也即就也今文厭皆爲揖疏正義曰張氏爾岐云此下言不舉觶待樂賓後爲旅酬之端也○揖讓升敖氏云謂主人獨與賓一揖一讓而先升也張氏爾岐云揖讓升謂主人蒙上以爵降之文也案上入門云主人揖先入注云揖賓也則此亦與賓揖讓而主人先升賓與介衆賓以次而升也賓厭介介厭衆賓衆賓序升敖氏云賓既厭介乃升介厭衆賓升亦然三賓長則不相厭但以次序而升耳方氏苞云覆言衆賓序升猶入門時覆言衆賓皆入門左以示賓衆賓不相厭耳

一人洗升舉觶于賓一人主人之吏發酒端曰舉疏正義曰李氏如圭曰舉此爲旅酬之始敖氏云亦相者使之也獻始備即舉觶爲旅酬始示留賓之意也一人主人之贊者既洗乃升則用下篚之觶也此舉觶者代主人行禮耳中庸曰旅酬下爲上所以逮賤也舉觶猶揚觶方氏苞云此觶用樂畢之後而舉於工笙未入之前何也工之升降拜興也艱故歌畢即獻所以達情而便事也衆賓既獻樂宜作矣而賓介與主人酬酢未畢衆賓皆未受酬故先舉後酬之觶以示工先受獻乃禮以權制也盛氏世佐云舉觶將自飲乃洗者敖氏謂其意與主人酬賓之禮同是也凌氏釋例云凡一人舉觶爲旅酬始二人舉觶爲無算爵始鄉飲酒禮主人獻衆賓畢一人洗升舉觶于賓鄉射亦然此一人舉觶爲旅酬始也至樂賓畢立司正後賓即取此觶以酬主人少長以齒終于沃盥者謂之旅酬故注云發酒端曰舉也旅酬畢使二人舉觶于賓介鄉射則使二人舉觶于賓與大夫

此二人舉觶爲無算爵始也至徹俎說屨升坐後賓介卽取此二觶以酬主人與衆賓爵行無算執觶者皆與謂之無算爵此皆飲酒之正禮也特牲禮之旅酬無算爵則祭畢之飲酒也西階前之一觶卽主人酬賓之觶至嗣舉奠後兄弟之子復舉東階前一觶爲旅酬發端是雖有二觶實亦一人舉觶也旅酬畢賓弟子于兄弟弟子復各酌于其尊舉觶於其長爲無算爵發端是亦二人舉觶也皆與飲酒正禮同亦有二人舉觶爲旅酬始者燕禮大射主人獻賓後使二大夫媵爵于公公取一觶爲賓舉旅行酬主人獻卿或獻孤後又使二大夫媵爵于公公若命長致則一人奠觶于前取酬賓之觶之空處公又行一爵爲卿舉旅行酬主人獻大夫後升歌畢公又行一爵爲大夫舉旅行酬笙奏閒歌畢立司正主人獻士後賓媵觚于公公舉之爲士舉旅行酬此飲酒之正禮也有司徹是祭畢儐尸之禮上賓三獻後二人舉觶于尸侑尸舉一觶以酬主人爲旅酬發端皆二人舉觶惟賓媵觚于公爲一人燕禮大射爲賓爲卿爲大夫旅酬雖二人媵爵所行者實一觶有司徹旅酬雖二人舉觶所行者亦尸一觶也亦有一人舉觶爲無算爵始者有司徹無算爵賓所舉之一觶卽前主人酬賓之觶至旅酬畢兄弟之後生者舉觶于長與前主人酬賓之觶交錯爲無算爵是雖一人舉觶所行者實二觶也燕禮大射旅酬皆三次初次爲賓旅酬此二大夫所媵二觶中之上觶也二次爲卿旅酬此前二大夫所媵二觶中之下觶也三次爲大夫旅酬此獻卿後二大夫中所媵于旅賓空處之觶也至合樂後爲士旅酬則賓所媵之觶也鄉飲酒鄉射旅酬衹一次用一人舉觶以發端無算爵則用二人舉觶以發端皆不用主人酬賓之觶禮盛故也若特牲旅酬賓酬長兄弟卽用主人酬賓西階前之一觶有司徹無算爵賓及兄弟交錯其酬亦卽用主人酬賓西階南之一觶祭畢飲酒之禮殺故也又案特牲禮主人酬賓節主人洗觶節酌于西方之尊西階前

北面酬賓賓在左主人奠觶拜賓答拜主人坐祭卒觶拜賓答拜主人洗觶賓辭主人對卒洗酌西面賓北面拜主人奠觶于薦北賓坐取觶還東面拜主人答拜賓奠觶于薦南揖復位戴氏震云上經賓北面拜主人奠觶于薦北下云主人答拜答賓北面之拜也賓坐取觶還東面下不得有拜字故注但云還東面就其位況賓取觶未奠亦無特觶拜之理拜字不知何時誤衍宋本已然矣無賓兩拜主人答一拜者凡拜皆北面戴說是也考下文旅酬兄弟弟子洗酌于東方之尊阼階前北面舉觶于長兄弟如主人酬賓儀疏云如主人酬賓之儀者長兄弟北面拜弟子奠于薦南長兄弟坐取觶還西面拜弟子北面答拜長兄弟奠于薦北揖復位此是賈氏由上節經文推出者還西面拜與上經還東面拜正同則戴氏所謂拜字誤衍者唐初本已有之但賈氏未能訂正耳又案特牲旅酬用主人酬賓之觶發端無算爵用賓弟子兄弟弟子二人所舉之觶發端有司徹旅酬用二人舉觶于尸侑之尸觶發端無算爵用主人酬賓之觶發端是特牲之旅酬如有司徹之無算爵亦士禮殺於大夫之義也

賓觶西階上坐奠觶遂拜執觶興賓席末答拜坐祭遂飲卒觶興坐奠觶遂拜執觶興賓答拜降洗升實觶立于西階上賓拜賓拜拜將受觶

【疏】正義曰賈疏云賓席末答拜謂於席西南面非謂席上近西為末以其無席上拜法也已下賓拜皆然敖氏云舉觶者自飲洗且拜其洗與主人酬賓之禮同賓席末拜示違其位也不降席答之者以其賤也下二人舉觶放此舉觶者拜亦當楣盛氏世佐云降席而拜故是常法但經既云席末答拜與上文席末坐啐酒同是于席之西端不當仍指為降席也史記載魏其行酒獨故人避席餘半膝席蓋以其失勢而忽之此賓之席末答拜與半膝席相似則以舉觶者賤故也敖說

似長案韋氏協夢仍用疏說謂答拜必於席末者蓋席上既無答拜之法而又不可降席以答故於席西南面拜之盛氏世佐以史記之
半膝席況此經之賓席末不知避席者自離席也膝席不但未離席膝尚在席也況史記不言拜此經席末答拜其非在席上可知盛氏
引以申明敖說可謂擬不于倫矣褚氏寅亮云席末下端之末凡言席末者未離席也言降席者已離席故立文有別疏似混而同之高
氏愈云此一人舉觶自飲以導賓為第八爵實觶而拜以將飲告于賓也卒觶而拜以既飲告于賓也程氏易田云此席末者降席而在
席之西也與席末崒酒而後降席者不同進坐奠觶于薦西賓辭坐受以興舉觶不授下主人也言坐
受者明行事相接若親受謙也疏正義曰敖氏云奠觶者亦以賓未卽飲故也賓辭奠觶之意亦略與上同○注云舉觶不授下主人
也言坐受者明行事相接若親受謙也者敖云此實取之而經云受原賓意也然經於此類亦或言取則又指其事耳云坐受是賓已拜
卽與矣凡此時之在席者皆無事則與經文略也張氏爾岐云案主人酬賓亦奠觶而不親授似酬法當然注以為下主人恐宜再議盛
氏世佐云禮敵者親授卑于尊則奠而不授不敢也主人酬賓亦奠而不授禮之殺也于獻固嘗親授矣今舉觶者之奠而不授自是卑
于尊法初不因禮之殺注云下主人艮然張氏議之過矣賓辭者亦辭其坐奠也褚氏寅亮云前主人獻則授酬則奠此舉觶卽奠以下
主人故也賓不敢當故辭注云下主人非特明奠觶之故並明賓辭之故案授受之例卑者于尊者皆奠而不授若尊者辭乃授此奠而
不授是舉觶者以卑不敢同于主人故不授賓辭辭其不親授卽所謂尊者辭也而舉觶者終不敢親授故賓辭坐授若彼親授而已親
受者賓之謙也主人酬賓奠而不授禮之殺也獻賓親授禮之正也淩氏授受釋例詳士冠禮程氏易田云下主人者謂舉觶者主人之

吏也舉觶者西階上拜送賓坐奠觶于其所所薦西也疏正義曰敖氏云下經云賓坐取俎西之觶卽此觶也其於薦西爲少南乃云其所者明其近於故處也必奠于其所者降於主人且別於不舉者也主人酬賓奠觶于薦西賓取而奠于薦東其觶卒不復舉褚氏寅亮云其所仍在薦西也雖在薦西已稍移在南而近俎西矣故後云北面取俎西之觶高氏愈云此第九爵奠于賓賓不飲舉觶者降事已疏正義曰秦氏蕙田云楊信齋儀禮圖移賓若有遵者一條於此文之下蓋從鄉射之例但遵者或來或否既未可定故經文或在前或在後亦不一例不必改此以就彼也盛氏世佐云遵者之禮鄉射文屬于此而此篇則具書於賓出之後非不言也但以其或來或否記載不同耳儀禮圖移於此節之下蓋以行禮之序序之姜氏遂以此篇爲錯簡非也

右一人舉觶

設席于堂廉東上爲工布席也側邊曰廉燕禮曰席工于西階上少東樂正先升北面此言樂正先升立于西階東則工席在階東疏正義曰張氏爾岐云此下作樂之賓有歌有笙有閒有合凡四節 注引燕禮者賈疏云欲證工席在西階東據樂正于西階東而立在上西則知工席更在階東此言堂廉亦在階東彼云階東亦近堂廉也敖氏云此言設席于堂廉言其南北節也鄉射云席工于西上少東言其東西節也文互見耳席東上而下者工當西階上少東盛氏世佐云工席北向乃東上者亦統於主人也

四人二瑟瑟先相者二人皆左何瑟後首挎越內弦右手相四人大夫制也

二瑟二人鼓瑟則二人歌也瑟先者將入序在前也相扶工也衆賓之少者爲之每工一人鄉射禮曰弟子相工如初入天子相工使眡瞭者凡工瞽矇也故有扶之者師冕見及階子曰階也及席子曰席也固相師之道也後首者變於君也挎持也相瑟者則爲之持瑟其相歌者徒相也越瑟下孔也內弦側擔之者 疏 正義曰注固相師之道道下集釋有也字 側擔之者集說引無者字○敖氏云士之飲酒乃有工有笙者蓋以公家之樂官給學中飲射之事者歟方氏苞云相瑟者以有何瑟之儀故著之瞽必有相故於歌者不言 注云四人大夫制也者賈疏云此鄉大夫飲酒而曰四人大射諸侯禮而云六人故知四人者大夫制也燕禮亦諸侯禮而云四人者鄭彼注云工四人者燕禮輕從大夫制也鄉射是諸侯之州長士爲之其中兼有鄉大夫以三物詢衆庶行射禮法故工亦四人大夫制也若然則士當二人天子當八人以差次也云瑟先者將入序在前也者敖氏云瑟先歌後時以後爲尊亦工禮之異者也引鄉射禮者以鄉射之相爲弟子證此之相爲衆賓之少者也引論語者衞靈公篇文證工必有相以工爲瞽矇者必用視瞭者以扶之也云後首者變於君也者敖氏云後首瑟之首在後也賈疏云燕禮小臣左何瑟面鼓注可鼓者在前也此不面是變於君也云挎持也越瑟下孔也者敖氏云挎以指鉤之也後越去瑟廉差近故以巨擘承下廉而三指挎越也褚氏寅亮云以左大指承瑟下廉而以三指鉤入瑟底孔中案禮記樂記朱弦而疏越注越瑟孔也鄉射禮越注越瑟孔所以發越其聲也案越之爲言闊也闊其孔以發其聲因謂之越故周語越之匏竹韋注謂爲之孔是也尚書大傳大瑟練弦達越達卽通達空闊之意云內弦側擔之者敖氏云內弦弦鄉身也

樂正先升立于西階東正長也 疏 正義曰敖氏云樂當從工乃先升者變於尊者之重禮也此先升而立于阼階東亦明其不與

工序也鄉射禮云樂正先升立于工席之西亦與此文互見也又云天子樂師以下大夫上士下士爲之諸侯之樂師惟當用上士下士然則此使之給事者其下士歟方氏苞云燕及鄉飲鄉射樂正皆先升大射則從工師而升何也鄉射鄉飲工與笙之入及獻各分先後燕則中閒有事使從升歌之工師而升則似堂下之樂事非其所掌故先升而並監視之大射惟堂上之工師有獻則從之而升與之俱

降以監視堂下之工可矣所以然者燕及飲射時暇則儀可展大射事殷則節必殺觀下管之無獻則其義益顯矣燕及鄉射並稱樂正而大射乃小樂正何也大射禮重相工者僕人正僕人師而掌樂事者小樂正則燕不待言矣蓋惟宗廟社稷之祭大樂正乃與焉與周官祀五帝及大神示享先王冢宰贊玉幣玉爵而餘皆小宰贊之義同以事實案之惟鄉大夫與賢能或公家之小樂正與焉州長習射必有司假其名以攝事如司馬司射司士之類耳況黨正之蜡祭獻工而不及樂正何也長官不得與工同獻也終篇無獻樂正之文何也樂正司正凡有司及弟子並包於衆受酬者記曰主人之贊者無算爵然後與則凡有司弟子皆與酬明矣　注云正長也者賈疏周禮有大司樂樂師天子之官此樂正者諸侯及大夫士之官當天子大司樂云長樂官之長也釋官曰案樂正亦公臣見燕禮大射儀大夫士不得有樂正之官疏非是古者教民之事樂官主之虞書命夔典樂教冑子周禮大司樂樂師掌教國子樂正立四教崇四術順先王詩書禮樂以造士又將出學小胥大胥小樂正簡不帥教者以告於大樂正是以鄉飲酒賓賢能樂正與焉非徒主告樂備也

工入升自西階北面坐相者東面坐遂授瑟乃降 降立於西方近其事 **疏** 正義曰 校勘記云送唐石經徐閩葛本通解楊氏敖氏俱作遂案集釋亦作遂○李氏如圭云樂記樂師辨乎聲詩故北面而弦鄉射禮樂正適西方命

弟子贊工遷樂知相者降立西方敖氏云相者東面坐于其席前之西也授瑟以瑟首向東授之淩氏釋例云凡樂瑟在堂上笙管鐘磬鼓鼙之屬在堂下鄉飲酒禮設席于堂廉東上工四人二瑟瑟先相者二人皆左何瑟瑟後首挎越內弦右手相樂正先升立于西階東工入升自西階北面坐相者東面坐遂授瑟乃降鄉射禮席工于西階上少東樂正先升北面立于其西工四人二瑟瑟先相者皆左何瑟面鼓執越內弦右手相入升自西階北面東上工坐相者坐授瑟乃降燕禮席工于西階上少東樂正先升北面立于其西小臣納工工四人二瑟小臣左何瑟面鼓執越內弦右手相入升自西階北面東上坐小臣坐授瑟乃降大射儀乃席工于西階上少東小臣納工工六人四瑟僕人正徒相太師僕人師相少師僕人士相上工相者皆左何瑟後首內弦挎越右手相後者徒相入小樂正從上升自西階北面東上坐授瑟乃降小樂正立于西階東是瑟在堂上也燕飲之樂有瑟有笙故鹿鳴之詩云鼓瑟吹笙與禮經合也鄉飲酒笙入堂下磬南北面立鄉射禮笙入立于縣中西面注堂下樂相從也燕禮笙入立于縣中大射儀樂人宿縣鐘磬鑮建鼓應鼙朔鼙簜鼗皆陳于庭是笙管鐘磬鼓鼙之屬在堂下也樂貴人聲故歌者在上其餘皆在堂下有瞽之詩業虡應田縣鼓鞉磬柷圉簫管皆云在周之庭亦與禮經合也○吳氏廷華云樂貴人聲歌者宜先曰瑟先者道之坐則歌者先也儀禮各經執事者皆可言賓獨此賓與大典賓介衆賓俱選擇而次第之非執事者皆可言賓也據周禮春官則相者為眡瞭據鄉射則此相者為弟子眡瞭不必少而注以少者言則謂弟子也弟子何得為賓與之衆賓則注說非也又此經言後首燕禮言面鼓故注以此為臣禮變于君之面鼓但大射亦君禮而後首與此經同鄉射亦臣禮而面鼓與燕禮同則避君之說不可通矣故又為尚樂及略于樂以解之說非不近似然以此經為尚樂又以避君

而不盡尚樂以鄉射爲略于樂又以避君而不盡略于樂則支離不足爲定論矣

工歌鹿鳴四牡皇皇者華

三者皆小雅篇也鹿鳴君與臣下及四方之賓燕講道修政之樂歌也此采其己有旨酒以召嘉賓嘉賓旣來示我以善道又樂嘉賓有孔昭之明德可則傚也四牡君勞使臣之來樂歌也此采其勤苦王事念將父母懷歸傷悲忠孝之至以勞賓也皇皇者華君遣使臣之樂歌也此采其更是勞苦自以爲不及欲諮謀於賢知而以自光明也

疏 正義曰校勘記云示我以善道楊氏示作視釋文傚作詨云本又作傚同張氏云可則傚大射燕禮同此蓋引詩是則是傚也故好事者皆改爲詨案釋文云詨戶孝反本又作傚大射云詨戶教反亦作傚燕禮云傚本又作詨是必古文詨傚通用宜各從其故○蔡氏德晉云此記所謂升歌三終也淩氏釋例云凡樂皆四節初謂之升歌次謂之笙奏三謂之閒歌四謂之合樂鄉飲酒一人舉觶畢工入升自西階上工歌鹿鳴四牡皇皇者華此升歌也謂瑟與人聲歌于堂上也又云笙入堂下磬南北面立樂南陔白華華黍此笙奏也謂笙入奏于堂下也又云乃閒歌魚麗笙由庚歌南有嘉魚笙崇邱歌南山有臺笙由儀此閒歌也謂堂上之歌與堂上之笙閒作也又云乃合樂周南關雎葛覃卷耳召南鵲巢采蘩采蘋此合樂也謂堂上堂下衆聲俱作也凡四節鄉射禮遵入獻酢之後工入升自西階北面笙入立于縣中西面乃合樂周南關雎葛覃卷耳召南鵲巢采蘩采蘋但合樂一節無升歌笙奏閒歌三節者注云志在射略于樂也燕禮獻大夫後工入升自西階歌鹿鳴四牡皇皇者華此升歌也公爲大夫舉旅酬後笙入立于縣中奏南陔白華華黍此笙奏也乃閒歌魚麗笙由庚歌南有嘉魚笙崇邱歌南山有臺笙由儀此閒歌也遂歌鄉樂周南關雎葛覃卷耳召南鵲巢采蘩采蘋此合樂也亦四節大射儀獻大夫畢工升自西階乃歌鹿鳴三終此升歌也又

云乃管新宮三終此笙奏也但有升歌笙奏兩節無閒歌合樂兩節者亦志在射略於樂也經云鹿鳴三終蓋統四牡皇皇者華而言故鄉飲酒義亦秖云升歌三終此其證也注謂不歌四牡皇皇者華主於講道略於勞苦諮事恐非也燕禮升歌鹿鳴下管新宮笙入三成遂合鄉樂注言遂者不閒也疏據之以爲吹管者亦吹笙是知下管即笙奏也又案李氏光地云據儀禮作樂凡四節升歌一也笙入二也閒歌三也合樂四也蓋堂上之樂工鼓琴瑟而歌堂下之樂或主笙或主管各以所宜故曰歌者在上匏竹在下即笙管之謂也上下迭作則謂之閒上下並作則謂之合準此以求則搏拊琴瑟以詠升歌之樂也下管鼗鼓合止柷圉下管之樂也笙鏞以閒閒歌之樂也簫韶九成合作之樂也其說是也竊謂論語師摯之始謂升歌也大射工六人大師小師各一人升歌爲樂之始也關雎之亂謂合樂也樂之卒章爲亂合樂爲樂之終也不言笙奏閒歌者舉始終以該其全也亦與禮經相發明盛氏世佐云尚書蔡氏傳曰堂上之樂唯取其聲之輕清者與人聲相比則二人歌時必二人鼓瑟以合詠歌之聲不言可知敖氏乃謂工歌之時亦奏堂下之樂以應之則從古無此淩亂雜糅之樂也尚書戛擊鳴球搏拊琴瑟以詠此堂上之樂也下管鼗鼓合止柷圉笙鏞以閒此堂下之樂也堂上之樂以歌爲主堂下之樂以管爲主歌發則堂下之樂不作管奏則堂上之樂亦停所謂無相奪倫者此也此篇所記與虞書異者三堂上有瑟無琴一也磬以石爲之又在堂下二也堂下之樂無管鼗諸器而以笙爲主三也之三者或因虞周異制或因天子宗廟與大夫士相飲隆殺不同至上下迭奏之法則古今一轍也 注云三者皆小雅篇也者朱子曰鹿鳴卽謂今日燕飲之事所以道達主人之誠意而美嘉賓之德也四牡言其去家而仕于朝辭親而從王事于此乎始也皇皇者華言其將爲君使而賦政于外也樂記曰宵雅肄三官其始也正謂

此也蓋此三詩先王所制以爲燕飲之樂用之鄉人用之邦國各取其象而歌之也案三詩爲小雅之始篇作詩在前用詩于樂在後以詩之所言者有合于主人燕賓臣下勤勞王事之意故取以入樂歌之以樂賓而即以戒使習之也此賓賢能爲出仕之始故歌此三詩記所謂官其始也古人歌鹿鳴者自鄉飲酒外如燕禮及始入學大戴禮投壺皆歌之以歌詩斷章取義所用最廣也敖氏云春秋傳云文王大明緜兩君相見之樂也兩君相見得歌大雅則士大夫相飲得歌小雅差之宜也此凡所歌者皆不取其詩之義但以其所得用者樂賓耳盛氏世佐駁之云歌詩不類古人所誚此凡所歌者故是上下通用之樂然既歌其詩則必取于詩之義敖說非云鹿鳴君與臣下及四方之賓燕講道修政之樂歌也者小序云鹿鳴燕羣臣嘉賓也既飲食之又實幣帛筐篚以將其厚意然後忠臣嘉賓得盡其心矣鄭本小序爲說修改括詩中意也云采其己有旨酒以召嘉賓嘉賓既來示我以善道又樂嘉賓有孔昭之明德可則傚也者彼詩云我有旨酒以燕樂嘉賓之心又云人之好我示我周行又云德音孔昭視民不恌君子是則是傚謂采此數語也案鄭氏注禮在前箋詩在後故詩箋與禮注說多不合云示我周行箋云示當作寘寘置也周行周之列位也人有以德善我者我則置之於周之列位言己維賢是用此注則謂人之好我示我以善道與毛傳周至也行道也訓合禮記緇衣引此詩注以爲示我忠信之道與此注亦同君子是則是傚箋云是乃君子所法傚謂嘉賓爲君子所法傚此注則以君子即嘉賓嘉賓有明德爲人所則傚也較詩箋爲優云四牡君勞使臣之來樂歌也此采其勤苦王事念將父母懷歸傷悲忠孝之至以勞賓也者小序云四牡勞使臣之來也有功而見知則說矣篇中有豈不懷歸王事靡盬我心傷悲不遑將母將母來諗等語彼箋云君勞其臣敘述其情而曰我豈不思歸乎誠思歸也故作此詩之歌以養

父母之志來告於君也是所謂忠孝之至也云皇皇者華君遣使臣
之樂歌也此采其更是勞苦自以為不及欲諮謀於賢知而以自光
明也者小序云皇皇者華君遣使臣也送之以禮樂言遠而有光華
也篇中有駪駪征夫每懷靡及周爰諮謀等語是欲諮謀賢知以自
光明也

卒歌主人獻工工左瑟一人拜不興受爵主人阼階上拜送爵

一人工之長也凡工賤不為之洗

疏正義曰吳氏廷華云工北面以西為左主人實爵自東來在工之右故左瑟以避之歌者宜先
獨見瑟者以有事著也有大師則先大師一人拜禮之殺也敖氏云
主人亦坐授之獨拜於阼階上者以工拜受於其位故不得拜於其
左也凡主人與工為禮蓋亦有贊告之者淩氏釋例云凡獻工與笙
於階上獻獲者與釋獲者於堂下獻祝與佐食於室中鄉飲酒禮升
歌畢主人獻工阼階上拜送爵笙奏畢主人獻之於西階上鄉射禮
合樂畢主人獻工阼階上拜送爵獻畢遂獻笙於西階上燕禮升歌
畢主人獻工西階上拜送爵公在阼階故獻於西階上與鄉飲鄉射
不同也笙奏畢主人洗升獻笙於西階上大射儀歌鹿鳴三終畢
主人獻工西階上拜送爵是獻工與笙於西階上也鄉射禮二次射
飲不勝者後司馬洗爵升實之以降獻獲者於侯又司射洗爵升實
之以降獻獲釋獲者於其位少南大射儀第二次射飲不勝者後司
馬洗散遂實爵獻服不服不侯西北三步北面拜受爵又司射洗觚
升實之降獻釋獲者於其位少南是獻獲者與釋獲者於堂下也士
虞禮尸入九飯主人初獻筵祝南面主人獻祝畢酌獻佐食少牢禮
尸入十一飯主人獻尸致嘏畢主人獻祝設席南面獻畢獻上佐食
戶內牖東北面拜坐授爵下佐食亦如之是獻祝與佐食於室中也
獲者釋獲者有事於堂下故獻於堂下祝與佐食有事于室中故獻
於室中工有事於階上笙有事於階上而皆獻於階上者統於工也

獻獲及釋獲者不用主人而用司馬司射各以其職也　注云一人工之長也者敖氏云工歌者也盛氏世佐云一人謂鼓瑟者之長瑟賤而先得獻者以其先就事也云凡工賤不爲之洗者以下文大師則爲之洗況之也吳氏廷華云下記旅則不洗不洗者不祭此非旅當洗者也下言衆工不拜受爵祭則又當洗鄭因此經不言洗下又言大師則爲之洗故謂衆工不爲之洗耳要知所謂洗者主人親洗也不洗者主人不親洗使人洗之也

薦脯醢使人相祭　使人相者相其祭酒祭薦　疏　正義曰敖氏云工雖賤以其受爵于席故每獻輒薦之亦與成人之禮異也

工飲不拜既爵授主人爵　坐授之　疏　正義曰郝氏敬云不備禮也方氏苞云祭酒祭薦皆使人相則工執爵而相者以適阼階可知

衆工則不拜受爵祭飲辯有脯醢不祭　祭飲獻酒重無不祭祭也今文辯爲徧　疏　正義曰敖氏云不拜而受差賤也其意與不拜既爵同祭飲祭酒乃飲也

大師則爲之洗賓介降主人辭降工不辭洗　大夫若君賜之樂謂之大師則爲之洗尊之也賓介降從主人也工大師也上既言獻工矣乃言大師者大師或瑟或歌也其獻之瑟則先歌則後　疏　正義曰注云大夫若君賜之樂謂之大師者李氏如圭云天子諸侯有大師常官大夫君賜之樂與工亦謂之大師敖氏云大師工之長也周官則以下大夫爲之諸侯則宜用上士釋官曰能其事曰工凡樂人通謂之工大師樂工之長左傳叔孫穆子食慶封使工爲之誦茅鴟是大夫家有樂工矣但此賓賢能工及大師當是君之樂人來襄盛禮者或來或否不定來則爲之洗不來而但使樂工來則不爲之洗方氏苞云大師乃爲之洗則衆工實爵而不親洗終則使人以爵奠于篚而主人不親具見矣云賓介降從主人也者案經不言主人降洗則必降可知也禮降則皆降

大師瞽者不降故賓介從主人降敖氏云同大師於己黨也主人辭賓亦對衆賓不降別于賓介也工不辭洗亦不降主人既洗亦與賓介揖而俱升云工大師也上既言獻工矣乃言大師者大師或瑟或歌也其獻之瑟則先歌則後者張氏爾岐云大師亦在瑟歌四人之內通謂之工獻之亦依瑟先歌後之序但爲之洗則不同盛氏世佐云大師乃君賜有爵者無論或瑟或歌必先獻不當依瑟先歌後之序經既言獻工乃言大師者以其出於君賜不必有也注誤焦氏以恕云大師卽國之大師如有事於君所則來者工而已大師不與也若無事於君所則亦來與此禮大射儀先言僕人正徒相大師下乃云後者徒相入故注知後者爲大師無瑟是大師主歌也此注大師或瑟或歌未必然也江氏筠云經言獻工者四俱云工不與左瑟一人拜受爵注於大射儀云大師無瑟言左瑟者節也一人謂大師是謂大師在歌而先得獻也於鄉射云一人無大師則工之長者是謂有大師則獻與大射同但大師或有或無又或瑟或歌爲異也此及燕禮俱云一人工之長者此禮據此節注所云是指瑟工之長燕禮雖無明文然彼經至正歌畢始見大師與此俱言在後則鄭亦是指瑟工言二禮之先俱瑟居先但燕禮大師無瑟後獻是其常此則或無大師或有在瑟中而得先獻爲異耳合數說詳之鄭於大師之名謂臣禮與君禮異君有常官其大師自在歌臣則君所賜者卽得此稱不論歌瑟於獻工之節謂射禮與燕飲禮異大射辨尊卑故大師亦先得獻鄉射亦得同之至燕飲之禮則止如其入之先後耳今案大師之在歌與其先獻自是定禮蓋據經後者之受獻與先一人不同先一人得拜受爵得祭脯醢後受者則不然鄭於鄉射瑟先謂賤者先就事則瑟之賤於歌固甚明也受獻之禮賤者儀多貴者儀簡有是理乎至歌之爲大師更非尋常歌者之比鄭謂工賤不爲之洗於大師洗獻者尊之也賤之而於禮得伸尊之而於禮反屈有是事

乎則獻禮之俱同大射無疑矣知歌之必先瑟獻知大師之必先衆工獻則大師之在歌自明且又有可證者大射樂正命大師曰奏貍首間若一大師不與許諾以其係徒相者所主在歌故也鄉射亦樂正東面命大師大師曰奏騶虞間若一大師不與許諾非君臣同在歌之明驗邪然則經何以於獻工之後始言大師曰鄉射此文固在工不與左瑟之上矣以其臣禮或有或無不定亦猶遵者之禮鄉射言於席工之先而此經言于送賓之後也高氏愈云遵則或有或無故獻遵不數外此獻工四人爲第十次行爵工歌則必獻獻則必拜不敢以其瞽矇而易之其不忽微賤者有如此

右升歌三終及獻工

笙入堂下磬南北面立樂南陔白華華黍笙吹笙者也以笙吹此詩以爲樂也南陔白華華黍小雅篇也今亡其義未聞昔周之興也周公制禮作樂采時世之詩以爲樂歌所以通情相風切也其有此篇明矣後世衰微幽厲尤甚禮樂之書稍稍廢棄孔子曰吾自衞反魯然後樂正雅頌各得其所謂當時在者而復重雜亂者也惡能存其亡者乎且正考父校商之名頌十二篇於周大師歸以祀其先王至孔子二百年之閒五篇而已此其信也

疏正義曰郝氏敬云堂下之樂笙爲主磬亦在堂下樂卽笙磬敖氏云磬南阼階西南也北面立蓋亦東上如工立于磬南近其所應之樂也詩曰笙磬同音而禮有笙磬笙鐘則吹笙之時亦奏鐘磬之篇以應之矣不言者主於笙也張氏爾岐云磬縣南面其南當有擊磬者此笙入磬南北面在磬者之南北面也注云以笙吹此詩以爲樂也南陔白華華黍小雅篇也今亡者謂以笙吹此三詩以爲樂不如鹿鳴三詩以二人歌以二人鼓瑟和之也以笙

吹此詩而不歌故其辭遂亡毛氏奇齡答問云據問笙詩有詩則鄉飲酒禮笙入三終將以笙笙詩邪抑亦別有歌詩者而僅以笙應之邪此問最善從來辨笙詩者未有辨笙其詩者夫所謂笙詩謂笙必有詩非謂笙歌之必有歌也凡詩可以歌亦可以笙笙與鞀管籥四器皆主聲詩皆應歌之器皆在堂下原無徒器者但有歌而器有歌而不器總必有詩如鄉射禮之工歌于上而堂上堂下之笙瑟皆應之卽鄉飲酒禮之合樂是也此有歌之笙也不歌如大射禮之管新宮始奏禮之管象堂下俱不歌而但以管笙聲其詩卽鄉飲酒之笙入閒歌是也此不歌之笙也是春秋傳有歌鐘卽頌鐘頌磬所以應歌尚書有笙鏞周禮有鐘笙卽笙鐘笙磬所以應笙夫笙又有應則笙卽歌矣云其義未聞者小序云南陔孝子相戒以養也白華孝子之潔白也華黍時和歲豐宜黍稷也有其義而亡其辭是明有其義而云未聞者鄭志答炅模云爲記注時就盧君耳先師亦然後乃得毛公傳旣古書義又當然記注已行不復改之是鄭注三禮在前其時未見毛詩不得小序之說故云未聞也云昔周之興也至此其信也者此明周公制禮作樂時三篇之辭具在至更幽厲之亂禮樂廢棄而三詩遂亡引孔子言及正考父者見三篇之亡在孔子之前也案詩箋云此三篇者鄉飲酒燕禮用焉曰笙入立于縣中樂南陔白華華黍是也孔子論詩雅頌各得其所時俱在耳遭戰國及秦之世而亡之其義則與衆篇之義合編故存至毛公爲訓詁傳乃分衆篇之義各置于其篇端云與此注異者其時未習毛詩故有此語後見毛詩爲詩箋遂改其說耳蓋六詩孔子時俱存而序詩者親見其辭故能言其義或謂三百篇未嘗以命篇取義六笙詩序詩者何以知其然因題敷衍以補之也姜氏炳璋詩序廣義駁之曰南陔南隴也白華見于變雅爲刺幽王何以知爲孝子之詩庚有更償續三義何以見萬物得由其道可想見作序者已誦全文不然卽鑿空杜撰豈

能至是序最簡樸閎與詩中字面偶同如漢廣云德廣所及德廣之廣非卽漢廣之廣旄邱云刺衛伯衛伯之伯非卽伯兮叔兮之伯安見孝子絜白卽爲白華之白也三百篇亦有卽其篇名已見詩旨者如螽斯多子以美其子孫衆多葛屨涼薄以刺儉北風狹厲以刺虐碩鼠刺貪此類不可更僕如以序與篇相合疑其不見全文將謂作螽斯序者祗見螽斯二字乎且序與篇名相戾既以爲無理序與篇名相合又以爲順文爲詩序者難矣案笙詩有聲無辭聚訟紛紛小序云有其義而亡其辭鄭君詩箋與此注皆以爲本有辭而亡之至宋劉氏敞始謂亡其辭者亡謂本無非亡逸之亡也儀禮曰笙曰樂曰奏而不言歌則有聲而無辭明矣朱子詩經集傳本其說且云意古經篇題之下必有譜焉如投壺魯鼓薛鼓之節而亡之耳自是言詩之家如李氏樗董氏逌王氏質黃氏震等習禮之家如張氏爾岐方氏苞秦氏蕙田蔡氏德晉等皆從其說然范氏家相詩瀋曰儀禮明云笙入堂下磬南北面立樂南陔白華華黍樂之爲比音而樂之也蓋禮文顯以爲有辭矣嚴氏虞惇讀詩質疑曰升歌笙入閒歌合樂各三終于是工告樂正曰正歌備凡樂四節爲詩十八篇皆謂之歌而可云六詩有聲無辭乎盛氏世佐云詩言志歌永言聲依永又曰予欲聞六律五聲八音在治忽以出納五言然則有辭而後有聲聲之不可離辭而乃成樂也自古然矣又況古人名篇之例或以詩之首二字或一句或刺取篇中一二字以爲題亦有舍篇中字而別命之者要未有無其辭而可命之曰某詩某詩也夫詩逸者多矣如貍首采齊肆夏見於禮記新招新宮河水見於春秋傳三夏之名見國語九夏之名見周禮考其辭與義必無夫子所刪者而今詩皆不能具其亡於夫子之前而不及收與抑亡於夫子之後而今之所存或非其舊與是皆未可知也何獨於南陔以下六篇而保其非逸邪若徒以其曰笙曰樂曰奏而不言歌以爲有聲無辭之證則鄉射禮

云奏騶虞國語云金奏肆夏樊遏渠呂叔玉云肆夏時邁也樊遏執
競也渠思文也其說采於詩集傳是皆有辭而亦云奏周禮籥章以
籥吹豳詩即七月也禮記升歌清廟下管象即維清也燕禮升歌鹿
鳴下管新宮而左傳昭二十五年宋公賦新宮謂之賦則有辭矣國
語又稱伶簫詠歌鹿鳴之三是籥與簫管所吹之詩皆有辭而謂笙
所吹者獨無辭可乎張子曰既無辭安得有此篇必是有其辭所以
亡者由其施之於笙非若歌之可習此言殆為平允胡氏承珙毛詩
後箋曰劉原父七經小傳有云將舞象則先歌清廟是以其序曰奏
象舞將舞武則先歌武是以武之序曰奏大武夫禮文王世子祭統
皆以象與武為下管之樂是曰管曰奏劉氏既知其有辭矣何於笙
詩獨主本無其辭之說以有辭者為歌無辭者曰笙曰奏豈不自相
乖戾乎六經奧論于笙詩引商份之說而申之謂閒歌之聲有義無
辭而其言管新宮則云管與笙一類皆竹為之燕禮升歌鹿鳴下管
新宮昭二十五年宋公賦新宮謂之賦則有辭矣後漢明帝亦取焉
必見其辭故得之以播歌詠蓋未有有詩而無辭者周禮祈年吹豳
于管籥之類必得有辭既知管籥有辭而何以獨知笙詩無辭亦可
見不能自圓其說矣若集傳所引魯鼓薛鼓之節則陳氏長發云魯
鼓薛鼓有譜無辭則僅冠以國名不能更立別名若笙詩有聲無辭
則南陔由庚等名何自來乎承珙又案投壺云命弦者曰奏貍首閒
若一注云弦鼓瑟者也貍首詩篇名也今逸射義所云詩曰曾孫侯
氏是也閒若一者投壺當以為去取節焉然則下文魯鼓薛鼓亦必
隨所弦之貍首以為節是徒譜者當必有取節之詩而謂禮經之笙
奏乃無詩而徒器乎至王雪山以唐樂有上柱鳳雛平調清調瑟調
平折命嘨七曲有聲無辭黃東發又引琴譜長清短清長側短側之
類以證無辭有義不知有辭而後有聲有聲而後有調有調而後有
譜或以習其辭者其辭易存習其聲者其聲易亡理容有之要其初

未有有聲而無辭者卽如俗樂工尺先亦必用曲詞譜出後習之者但留工尺耳

主人獻之于西階上一人拜盡階不升堂受爵主人拜送爵階前坐祭立飲不拜既爵升授主人爵一人笙之長者也笙三人和一人凡四人鄉射禮曰笙一人拜于下【疏】正義曰賈疏云前獻歌工在阼階上以工在西階東也此獻笙在西階上以笙在階下也敖氏云主人獻時亦西南面也方氏苞云以獻笙見獻工亦于西階上以獻工見獻笙亦于阼階上拜送爵各舉一節以互相備也于笙不言相不言受獻不言相祭義同案方說與疏異疑非工在西階東則獻當在阼階上拜送爵亦在阼階也笙在階下則獻在西階上拜送爵亦在西階上也盡階不升堂敖氏云賤也既受爵階上少立俟主人已拜然後降主人拜亦北面升授主人爵亦盡階不升堂　注云一人笙之長者也笙三人和一人者鄉射記曰三笙一和而成聲爾雅云笙小者謂之和釋宮云笙以器名其官亦公臣見燕禮

衆笙則不拜受爵坐祭立飲辯有脯醢不祭亦受爵於西階上薦之皆於其位磬南今文辯爲徧【疏】正義曰蔡氏德晉云衆笙謂一人外吹衆笙者笙凡四人則一人拜外有三人也陳氏暘曰工一人祭薦餘則祭飲而已笙則皆不祭此又等降之別也高氏愈云此獻笙四人爲第十一次行爵

右笙奏三終及獻笙

乃閒歌魚麗笙由庚歌南有嘉魚笙崇丘歌南山有臺笙由儀閒代也謂一歌則一吹六者皆小雅篇也魚麗言太平年豐物多也此采其物多酒旨所以優賓也南有嘉魚言太平君子有酒樂與賢者共之也

此采其能以禮下賢者賢者纍蔓而歸之與之燕樂也南山有臺言
太平之治以賢者爲本此采其愛友賢者爲邦家之基民之父母旣
欲其身之壽考又欲其名德之長
也由庚崇丘由儀今亡其義未聞

【疏】正義曰校勘記云釋文麗本或
作離下同燕釋文作宴　注云
閒代也謂一歌則一吹者張氏爾岐云謂一歌畢一笙繼之也堂上
歌魚麗方終堂下笙卽吹由庚餘篇皆然蔡氏德晉云堂上鼓瑟一
歌堂下吹笙一曲更代而作也案尚書戛擊鳴球搏拊琴瑟以詠此
堂上之樂以詠者所謂歌者在上也下管鼗鼓合止柷敔笙鏞以閒
此堂下之樂所謂匏竹在下也以閒者堂下之樂與堂上之樂閒代
而作唐虞時非周之詩亦必有所歌之詩也所奏者非周之詩亦必
有所奏之詩也故王氏炎陳氏大猷多據儀禮以證尚書見樂之節
次相合乃陳氏樂書集傳纂疏謂儀禮之閒歌與書之以閒初不相
干不過一閒字同閒代更替之義亦同耳其說太拘云魚麗言太平
年豐物多也此采其物多酒旨所以優賓也者詩小序云魚麗言萬
物盛多能備禮也篇中言魚麗于罶君子有酒旨且多毛傳云太平
而後微物衆多取之有時用之有道則物莫不多矣是也云南有嘉
魚言太平君子有酒樂與賢者共之也此采其能以禮下賢者賢者
纍蔓而歸之與之燕樂也者小序云南有嘉魚樂與賢也太平之君
子樂與賢者共之也彼箋云樂得賢者而與立于朝相燕樂也篇中
言南有樛木甘瓠纍之君子有酒嘉賓式燕綏之箋謂君子下其臣
故賢者歸德故有酒與嘉賓燕樂而安之是也云南山有臺言太平
之治以賢者爲本此采其愛友賢者爲邦家之基民之父母旣欲其
身之壽考又欲其名德之長也者小序云南山有臺樂得賢也得賢
則能爲邦家立太平之基矣篇中有樂只君子邦家之基樂只君子
萬壽無期又樂只君子民之父母樂只君子德音不已是也案彼箋
云人君既得賢者置之于位又尊敬以禮樂樂之則能爲邦家之本

得壽考之福是以壽考爲人君得賢之效注謂欲其身之壽考與箋詩異朱子詩集傳以萬壽無期爲祝賢者之壽本此注也云由庚崇丘由儀今亡其義未聞者小序云由庚萬物得由其道也崇丘萬物得極其高大也由儀萬物之生各得其宜也有其義而亡其辭賈疏云堂上歌者不亡堂下笙者卽亡蓋當時方以類聚笙歌之詩各自一家故存者并存亡者并亡也盛氏世佐云疏言笙詩并亡之故不若張子之說笙非若歌者可習之言爲確也

右閒歌三終

乃合樂周南關雎葛覃卷耳召南鵲巢采蘩采蘋合樂謂歌樂與衆聲俱作周南召南國風篇也王后國君夫人房中之樂歌也關雎言后妃之德葛覃言后妃之職卷耳言后妃之志鵲巢言國君夫人之德采蘩言國君夫人不失職采蘋言卿大夫之妻能循其法度昔大王王季居於岐山之陽躬行召南之教以興王業及文王而行周南之教以受命大雅云刑于寡妻至于兄弟以御于家邦謂此也其始一國耳文王作邑于豐以故地爲卿士之采地乃分爲二國周周公所食召召公所食於時文王三分天下有其二德化被於南土是以其詩有仁賢之風者屬之召南焉有聖人之風者屬之周南焉夫婦之道生民之本王政之端此六篇者其教之原也故國君與其臣下及四方之賓燕用之合樂也鄉樂者風也小雅爲諸侯之樂大雅頌爲天子之樂鄉飲酒升歌小雅禮盛者可以進取也燕合鄉樂禮輕者可以逮下也春秋傳曰肆夏繁遏渠天子所以享元侯也文王大明緜兩君相見之樂也然則諸侯相與燕升歌大雅合小雅天子與次國小國之君燕亦如之與大國之君燕升歌頌合大雅其笙閒之篇未聞【疏】正義

曰校勘記云葛覃張氏曰案釋文葛覃大南反五經文字云詩葛覃
亦作蕈九經字樣云葛覃經典或作蕈今本作覃非古也後燕禮同
案今本釋文仍作覃謂歌樂衆聲俱作疏無與字通典無樂字能循
其法度循徐本作脩與疏合案禮記鄉飲酒義正義引正作脩乃分
爲二國監本作三誤 云合樂謂歌樂與衆聲俱作者李氏如圭云
合樂謂堂上歌瑟堂下鐘磬合奏此詩也燕禮曰歌鄉樂周南召南
關雎序曰用之鄉人用之邦國用之鄉人此禮是也用之邦國燕禮
是也鄉飲酒義曰主人升歌三終笙入三終閒歌三終合樂三終歌
與笙每篇爲一終閒歌每閒爲一終合樂鵲巢合關雎采蘩合葛覃
采蘋合卷耳每合爲一終敖氏云合樂謂合周南召南而歌之與鄉
之惟歌小雅者不同也二南乃合而歌之者鄉樂于小雅爲輕也雅
先而鄉樂後先重後輕也鄉飲酒士禮之盛者也故歌小雅與鄉樂
若其禮輕者則惟鄉樂而已下文息司正是也春秋時謂文王之三
爲兩君相見之樂指其始歌者也始歌大雅則合小雅矣諸侯相見
其歌如此及與臣燕則但自小雅而下以是數者觀之可以見君臣
樂歌輕重之差矣然則天子之燕享諸侯亦但如國家相見之樂而
頌則惟宜于祭用之與大夫樂歌蓋如士張氏爾岐云此合樂即論
語所謂關雎之亂也淩氏釋例曰合樂之說賈疏最確謂堂上堂下
笙歌並作也鄉飲酒義合樂三終者蓋堂上瑟歌關雎葛覃卷耳則
堂下亦笙奏關雎葛覃卷耳是爲周南三終堂上瑟歌鵲巢采蘩采
蘋則堂下亦笙奏鵲巢采蘩采蘋是爲召南三終故曰合樂三終也
孔穎達正義謂若工歌關雎則笙吹鵲巢合之若工歌葛覃則笙吹
采蘩合之若工歌卷耳則笙吹采蘋合之不知孔氏所謂合之者工
歌關雎後始笙鵲巢以合之乎抑工歌關雎時即笙鵲巢以合之乎
如工歌關雎時即笙鵲巢以合之則堂上歌者此篇堂下笙者彼篇
萬無可合之理若工歌關雎後始笙鵲巢以合之則仍是閒歌非合

樂矣且果歌者爲周南笙者爲召南則經文何不直云歌關雎葛覃卷耳笙鵲巢采蘩采蘋而云合樂乎蓋不若賈疏爲得矣案淩氏之辯郅確閎歌亦六詩經不言歌言笙此總言合樂則爲同一詩而衆聲並奏可知也然淩氏亦有所本朱子云合樂孔氏非是當從賈疏毛氏奇齡云歌工在上笙管鐘磬皆列堂下而皆可以應其歌是以合樂之法工歌關雎則堂上之瑟堂下之笙管皆羣起而應之其歌葛覃卷耳鵲巢采蘩采蘋皆然舊注所謂合樂者合金石絲竹以歌之金石者鐘磬絲竹者瑟與管笙也如孔穎達說則世無有以張家之聲合李家響者是也云周南召南國風篇也王后國君夫人房中之樂歌也者燕禮記云有房中之樂注云弦歌周南召南之詩而不用鐘磬之節謂之房中者后夫人之所諷誦以事其君子也說詳燕禮云關雎言后妃之德至能循其法度者小序云關雎后妃之德也葛覃后妃之本也卷耳后妃之志也鵲巢夫人之德也采蘩夫人不失職也采蘋大夫妻能循法度也注與小序說皆相合周南王者之風故言后妃之事召南諸侯之風故言諸侯夫人大夫妻之事云昔大王王季至其教之原也者言周之初自近及遠化家爲國是以詩有周南召南之分而六篇居二南之首爲教之原是以合樂用之也注中所言與周南召南譜大略相同小序云關雎麟趾之化王者之風故繫之周公鵲巢騶虞之德諸侯之風故繫之召公而此云有仁賢之風者屬之召南有聖人之風者屬之周南者以周公召公皆宣布文王之化周南所言皆天子后妃之事故曰王者之風而周公治內又聖人也故又曰聖人之風召南所言皆諸侯大夫室家之事故曰諸侯之風而召公治外布文王之化於諸侯又賢人也故又曰仁賢之風王者諸侯據所得之詩言聖人仁賢據周召言兩說實相成也云鄉樂者風也至未聞者盛氏世佐云案饗燕所用詩之差等天子用大雅諸侯用小雅大夫用風此其宜也春秋傳曰肆夏樊遏渠

天子所以享元侯也頌是天子郊廟之樂歌而享諸侯亦用之者所謂禮盛者可以進取也燕則升歌大雅合小雅者所謂禮輕者可以逮下也傳又曰文王大明緜兩君相見之樂也亦謂享禮進取也燕則升歌小雅合鄉樂合鄉樂者亦逮下也今鄉大夫享士而升歌笙閒俱用小雅亦進取也注疏分別未安敖氏不知春秋傳及此經所云皆是享禮進取因謂諸侯宜歌大雅大夫士宜歌小雅亦未是也傳稱穆叔如晉晉侯饗之歌鹿鳴之三三拜饗也而與燕同樂諸侯于聘大夫之禮則然賈疏據此遂謂饗燕同樂尤非詩譜云天子諸侯燕羣臣及聘問之賓皆歌鹿鳴合鄉樂此則得之凡笙閒之詩皆與笙歌同等而諸侯以上又有樂納賓之禮以樂納賓則升歌之後下管乃笙所奏之詩亦皆與升歌同等燕禮具焉其他則未之聞也仲尼燕居以升歌清廟下管象爲兩君相見之樂蓋記者譌也清廟祀文王之升歌也魯以成王之賜得用之周公之廟已爲非禮而謂大饗其可哉

工告于樂正曰正歌備樂正告于賓乃降樂正降者以正歌備無事也降立西階東北面

疏正義曰敖氏云工其長也釋官曰太師亦通稱工鄉飲酒太師或來或否不定故言工不言太師賈疏謂大夫禮卑無太師非是禮記鄉飲酒義工告樂備注云工謂樂正以此經工告樂正樂正告于賓故兼樂正言之其實樂正當天子樂師之職不謂之工也鄭云凡工瞽矇也周禮樂師與大司樂聯職非瞽矇爲之不當稱工正歌備敖氏云謂所歌者皆風雅之正也凡歌以既合樂爲備故告備于合樂之後焉惟告正歌備者蓋以己之所有事者而言故不及乎其他案正歌者以此歌爲樂賓別於無算樂也所謂禮樂之正也敖說非蔡氏德晉云正歌獻酬正用之歌異於燕終無算樂是也方氏苞云觀此則無算樂不限於閒合之所歌明矣必於正歌中取之則不得爲無算如以疊奏爲無算則複而厭矣樂正告于賓乃降

李氏如圭云告于賓者作樂主爲樂賓樂正降在賓西如其堂上立位 注云降立西階東北面者賈疏云以其在堂上時在西階之東北面知降堂下亦然在笙磬之西亦得監堂下之樂故知位在此也

右合樂及告樂備此作樂樂賓是飲酒禮第二段並上段鄭氏以爲禮樂之正是也

主人降席自南方 不由北方由便 疏 正義曰張氏爾岐云此下言旅酬之儀立司正以監司正安賓表位於是賓酬主人主人酬介介酬衆賓衆賓以次相偏焉敖氏云降席自南方其義與介同 側降 賓介不從 疏 正義曰賈疏云側者特也賓介不從故言側上文主人降賓介皆從降此獨不從者以其方燕禮殺故也方氏苞云疏說非也樂以樂賓故主人如大師降洗賓介從遵者爲賓介而至故主人迎賓介從若立司正以監酒儀則主人之事主人自命之可矣與賓無與何爲而從降哉 作相爲司正司正禮辭許諾主人拜司正答拜 作使也禮樂之正既成將留賓爲有懈惰立司正以監之拜拜其許 疏 正義曰校勘記云懈徐本集釋俱作解案此二字諸本錯出不悉校○賈疏云相卽前一相迎賓門外者至此復使爲司正也敖氏云主人自作之者辟君禮也司正之職亦主於相爾乃更其名者禮異於上宜新之也自是以後禮節凡五司正皆有事焉於此立之亦示留賓之意也方氏苞云易相爲司正者前此雖飲酒而義主於相禮後此雖行禮而義主於謹酒故以董正爲名釋官曰國語晉獻公飲大夫酒令司正實爵注司正正賓主之禮者其職無常官飲酒則設之鄉飲酒義一人揚觶乃立司正焉注立司正以正禮則禮

不失可知鄉飲酒鄉射以主人之相爲司正燕禮射人爲擯則射人爲司正大射大射正擯則大射正爲司正以其主於正禮故皆使相禮者爲之鄉射又轉司正爲司馬注云禮樂之正既成將留賓爲有懈惰立司正以監之者如上行獻酬及酢禮暨升堂笙歌閒歌合樂皆禮樂之正者禮樂之正既成將留賓行旅酬之禮恐有懈惰或悠於儀者故立司正以監之詩賓之初筵云既立之監或佐之史蓋古人飲酒之法必立監佐史以察其禮儀也戰國策淳于髡說齊威王曰飲酒大王之側執法在前御史在後是此法至戰國時猶行也

主人升復席司正洗觶升自西階阼階上北面受命于主人主人曰請安于賓司正告于賓賓禮辭許爲賓欲去留之告賓於西階

疏正義曰方氏苞云時尚未請安于賓賓尚未許而預洗觶者司正之立本以警怠察儀以罰其不如法者故執觶以請于賓賓既許即實之自飲以爲儀法也請安蔡氏德晉云留賓安坐也案爾雅釋詁曰安止也因賓欲去故止而留之下文二人舉觶後請坐于賓始言坐此請安請其止耳左傳襄公七年吾子其少安亦謂其少止也杜注以安爲徐失之賓禮辭敖氏云蓋以主人有旨酒嘉殽已己受賜爲辭也執摯受命贊辭變于君焦氏以恕云敖氏說據燕禮司正洗角觶坐奠于中庭升東楹之東受命西階上北面命卿大夫司正降自西階南面坐取觶升酌散降南面坐奠觶右還北面少立云云此司正洗觶升受命于主人以主人之命告于賓不言奠觶乃傳告與燕禮異又階閒北面坐奠觶不南面奠觶亦變于君也

司正告于主人主人阼階上再拜賓西階上答拜司正立于楹閒以相拜皆揖復席再拜拜賓許也司正既以賓許告主人遂立楹閒以相拜賓主人既拜揖就席

疏

正義曰方氏苞云敖氏謂凡相拜皆有相之者說似未安立于楹閒則所相惟賓介主人之拜于賓之相旅則呼受酬者而進之不相其拜之拜也褚氏寅亮云楹閒東西節也其南則近堂廉北面立而相

右司正安賓

司正實觶降自西階階閒北面坐奠觶退共少立階閒北面東西節也其南北當中庭共拱手也少立自正慎其位也己帥而正孰敢不正燕禮曰右還北面【疏】正義曰郝氏云介不得自實觶司正得自實觶者介不敢同於賓而司正不妨同於主司正得專罰也李氏如圭云奠觶者以顯其事表其位也敖氏云奠觶不拜者獨行禮則不象受觶之儀也不南面奠觶亦變于君禮退而少立以其位在是也燕與大射則其位少進亦異者也注云階閒北面東西節也其南北當中庭也者敖氏云階閒東西節亦所謂中庭也方氏苞云燕與大射奉君命以糾儀法故司正奠觶皆南面鄉飲鄉射以屬吏共事於長官之前故皆北面也云共拱手也少立自正慎其位也者賈疏云欲令賓主亦皆正慎其位也案退而拱手與賓主為禮也少立自正其位而令賓主共慎其位也故下引論語以證又引燕禮者張氏爾岐云右還北面謂降自西階至中庭時右還就位坐取觶不祭遂

飲卒觶興坐奠觶遂拜執觶興洗北面坐奠觶于其所退立于觶南洗觶奠之示絜敬立於其南以察衆【疏】正義曰賈疏云鄉射大射禮皆直云卒觶洗不云盥此俗本有盥者誤張氏爾岐云案石經有此字盛氏世佐云唐石經有盥卽賈氏所謂俗本也監本無之蓋從朱子通解本刪秦氏蕙田云吳澄三禮考注亦承唐石經之誤校勘

記云興下徐本集釋楊氏俱有盥字唐石經盥字擠入通解無案張氏據疏去盥字通解用張氏之說而今本又依通解然士昏禮疏云凡洗爵者必先盥則盥字不去亦可○敖氏云坐取觶亦進坐取觶而反坐也不祭者變於獻酬也卒觶拜者宜謝主人也酒主人之物也主人不答拜者不與爲禮則不敢當也主人請立司正而司正乃實觶自飲者所以爲識又欲因以虛爵識其位也洗觶奠之不敢苟也方氏苞云自此以後司正賓主人皆不祭蓋主人賓介衆賓畢飲而以餘酒祭則褻矣司正先自飲而拜非爲酒謝也如謝主人之禮則主人宜答拜蓋自退共少立取觶卒觶奠觶洗觶卒飲拜與退立皆以爲酬者儀法俾既醉而知其秩故主人義不得答拜耳又云奠虛爵于其所雖衆無失儀此觶終虛而不用也鄉射記射者有過則撻之則飲而失儀罰以觥觶可知矣詩云既立之監或佐之史必史書其過越日而行法以正日禮殷無暇及此又事分彰癉不宜相干也周禮閭胥掌觥撻罰之事則鄉之飲射掌罰者必閭胥經不言行罰之地與時必已見於春秋四時所讀之法也燕大射掌罰者亦必別見於邦國禮而今皆無考耳祭禮獻酬尤繁而不立司正以非德性安重而謹於儀者不得與於祭詩所謂奏假無言時靡有爭也褚氏寅亮云未飲前則奠觶而退共少立既飲後則奠而拜拜而洗洗而奠奠而復退立皆一人獨自行禮慎重其威儀以爲表也高氏愈云此又司正之導飲也爲第十二次爵鄉射之禮自此以後遂行射禮

右司正表位

賓北面坐取俎西之觶阼階上北面酬主人主人降席立于賓東初起

旅酬也凡旅酬者少長以齒終於沃盥者皆弟長而無遺矣【疏】正義曰敖氏云俎西于薦西為少南上經惟云奠觶于其所故此明之賓于一人所舉之觶亦取而遷之者以其代主人行禮故也注云初起旅酬也者言此以下為旅酬之初起也云凡旅酬者少長以齒終於沃盥者皆弟長而無遺矣者鄉飲酒義云賓酬主人主人酬介介酬衆賓少長以齒終於沃洗者焉知其能弟長而無遺矣孔穎達正義云此經據旅酬之時其少長以齒終於沃洗者是無算爵之節也張氏爾岐云注言酬爵之無不徧實連無算爵而言下記云主人之贊者西面北上不與無算爵然後與其實旅酬時尚未及沃洗也淩氏釋例云凡正獻既畢之酒謂之旅酬鄉飲酒禮合樂後主人曰請安于賓司正告于賓賓禮辭許此正獻成賓欲去主人命司正留之將以旅酬也又云賓北面坐取俎西之觶阼階上北面酬主人賈疏云不及獻酒則旅酬亦不與旅酬所以酬正獻也又云鄭君連引無算爵與旅酬而言終於沃洗其實此時未及沃洗也鄉射禮射畢賓北面坐取俎西之觶與阼階上北面酬主人此鄉飲鄉射之旅酬也燕禮大射主人獻賓獻公酬酢禮成公取大夫所媵觶酬賓後賓以旅酬于西階上則為賓舉旅行酬禮之初成也又主人獻卿畢二大夫再媵觶公又行一爵以旅于西階上如初則為卿舉旅行酬禮之再成也又主人獻大夫畢升歌後公又舉奠觶以旅于西階如初則為大夫舉旅行酬禮之三成也又徹俎安賓後主人始獻士獻畢賓媵觶于公公坐取賓所媵觶與唯公所賜受者如初受酬之禮則為士舉旅行酬禮之終也此燕禮大射之旅酬也燕禮大射旅酬凡四次與鄉飲鄉射不同皆行於正獻之後者也特牲賓禮與兄弟辯獻後賓坐取觶阼階前酬長兄弟疏云此論旅酬之事有司徹三獻禮成二人舉觶于尸侑後尸遂執觶以與北面于阼階上酬主人注三獻而禮小成使二人舉爵敘殷勤于尸侑疏云此論旅酬之事

此祭畢飲酒之旅酬亦行於正獻之後者也疏又謂旅酬後仍有舉奠加爵等終備乃是禮之大成故云小成也考有司徹無嗣奠之文特牲有之亦在加爵之後旅酬之前疏說蓋誤又案禮記燕義獻君君舉旅行酬而後獻卿卿舉旅行酬而後獻大夫大夫舉旅行酬而後獻士士舉旅行酬而後獻庶子鄭據禮經之儀節言也考燕禮大射主人獻賓後亦獻公燕義云爲君即爲賓故上文亦云君舉旅于賓也

賓坐奠觶遂拜執觶興主人答拜不祭立飲不拜卒觶不洗實觶東南面授主人賓立飲卒觶因更酌以鄉主人將授疏正義曰淩氏釋例云凡旅酬皆拜不祭立飲鄉飲酒旅酬賓酬主人坐奠觶遂拜執觶興主人答拜不祭立飲主人酬介介酬衆賓及衆賓相酬酬皆如賓酬主人之禮鄉射旅酬賓酬主人主人酬大夫大夫酬衆賓及衆賓相酬亦同燕禮公舉媵爵爲賓旅酬賓降西階下再拜稽首公命小臣辭升成拜公坐奠觶答再拜又云賓以旅酬于西階上賓大夫之右坐奠觶拜執觶興大夫答拜又云大夫辯受酬如受賓酬之禮不祭爲卿旅酬爲大夫旅酬爲士旅酬皆如之大射旅酬亦同特牲禮祭畢飲酒賓酬長兄弟賓奠觶拜長兄弟答拜賓立卒觶經不云祭是亦不祭也又云長兄弟酬賓如賓酬兄弟之儀有司徹旅酬尸北面于阼階上酬主人坐奠爵拜主人答拜不祭立飲又云主人以酬侑于西楹西坐奠爵拜侑答拜不祭立飲又云乃升長賓侑酬之如主人之禮至於衆賓遂及兄弟亦如之是旅酬皆拜不祭立飲也至於燕禮大射公爲賓旅酬坐祭立飲者臣與君行禮且膳酒也故雖旅酬亦祭若大夫辯受酬者則不祭矣又云凡旅酬不洗不拜既爵鄉飲酒旅酬賓酬主人不拜卒觶不洗賓觶東南面授主人主人酬介介酬衆賓及衆賓相酬皆如賓酬主人之禮鄉射旅酬賓酬主人卒觶不拜不洗實之進東南面主人阼階上北

面拜賓少退主人進受觶賓主人之西北面答送賓揖就席主人以觶適西階上酬大夫大夫降席立于主人之西如賓酬主人之禮主人揖就席若無大夫則長受酬亦如之燕禮大射公爲旅賓酬賓以旅大夫于西階上卒觶不拜若膳觶也則降更觶洗非膳觶則不洗可知爲鄉旅酬爲大夫旅酬爲士旅酬皆如之有司徹旅酬尸酬主人主人酬侑皆云卒爵不拜既爵不云洗特牲禮旅酬賓酬長兄弟經云賓立卒觶不云拜既爵亦不云洗則皆不洗不拜既爵可知也若燕禮大射公取大夫所媵爵以酬賓公卒觶賓下拜小臣正辭賓升再拜稽首公坐奠觶答拜此卒觶亦拜者臣與君行禮故於卒觶時先拜然後公乃答拜也又云易觶與洗此酬賓之觶是膳觶故易之不敢襲君之爵也既易名則必洗所以示新也故下經云公有命則不易不洗矣鄉飲酒記鄉射記皆云凡旅不洗不洗者不祭方氏苞云賓鄉民之爲士者也以己所飲觶授鄉大夫而不洗何也法之行必自貴者始而後可以畏民志禮之行必自貴者始而後可以感人心度時量事旅酬以後必不能以洗爲禮故不洗而授觶自鄉大夫始而與教勸學之誠愜乎上下矣一事之中禮有相反而適相成者賓介相厭以入主人之贊者不與於酬禮之兼乎法以辨名分也有順乎情以通和樂者拜無不答酬皆不洗之類是也凡此皆聖人運用天理之實也

主人阼階上拜賓少退主人受觶賓拜送于主人之西 旅酬同階禮殺 疏正義曰李氏如圭云鄉射禮拜皆北面注云旅酬同階禮殺者以上正酬時不同階知此同階爲禮殺也

賓揖復席 酬主人訖 疏正義曰敖氏云揖而復席禮之也高氏愈云此賓酬主人爲第十三次爵計賓所飲始二爵矣

右賓酬主人

主人西階上酬介介降席自南方立于主人之西如賓酬主人之禮

主人揖復席其酌實觶西南面授介自此以下旅酬酌者亦如之【疏】正義曰郝氏云主人得賓觶未飲西階上酬介張氏爾岐云主人以所受於賓之觶酬介亦先拜介自飲實觶授介拜送於其東　注云其酌實觶西南面授介自此以下旅酬酌者亦如之者張氏爾岐云亦如之者謂皆西南授之也朱子曰賓主介相酬皆北面但實觶之後授觶之時賓則東南面授主人主人則西南面授介已授之後卽授者又還北面之位賓則拜送于主人之西主人則拜送于介之東皆北面也故下文受介酬者亦既受乃還北面拜受也高氏愈云此主人復酬介爲第十四次爵計主人所飲則四爵矣

右主人酬介

司正升相旅曰某子受酬受酬者降席旅序也於是介酬衆賓衆賓又以次序相酬某者衆賓姓也同姓則以伯仲別之又同則以且字別之【疏】正義曰注則以其序別之校勘記云其序徐本作且字與單疏合是也集釋作某字通解作且序楊氏敖氏俱作其字皆非也案毛本疏解注云則以某甫且字別之也作且字不誤　敖氏云相旅謂相旅酬之禮曰某子受酬卽其事也或言旅或言酬互見耳於賓酬主人主人酬介司正不升惟相之於下耳尊之也若有遵者則先衆賓酬之既則司正乃升也蔡氏德晉云賓介及主人相酬司正惟相之於下而不升尊之也至介酬衆賓衆賓又以次相酬是謂旅酬司正乃升堂相視旅酬之禮所以察其失禮者也曰某子受酬以序呼而進之也受酬者聞其呼己乃降席未受者不得越次也方氏苞云此專呼受酬者必受

之於介無疑也鄉射曰某酬某子或大夫或賓長酬者無定故必目其人案旅酬以次相酬此禮之定制鄉射某酬某子上某字指酬者下某字指受酬者則兼酬者受酬而受相之此第云某子受畢與鄉射文互見也方氏苞以為受之於介未必然又云衆賓工笙酬獻主人以一人而傳數十人之拜雖強力者亦倦矣故自介以下酬爵必遞相致然後衆賓有司弟子可偏而主人得自息也後此舉觶皆使人代非惟禮殺亦主人之力不能繼耳　注云某者衆賓姓也者顧氏炎武云鄉射禮某酬某子注某子者氏也古人男子無稱姓者從鄉射注為得如左傳叔孫穆子言叔仲子子服子之類云同姓則以伯仲別之又同則以且字別之者段氏說文注云凡有借之詞皆曰且經注云且字者十有一鄉飲酒注云同姓則以伯仲別之又同則以且字別之言同姓之中有伯仲同者則呼某甫也少牢禮注伯某之某且字也士喪禮父某甫注某且字也若言山甫孔甫士虞禮適爾皇祖某甫且字也若言尼甫又曲禮有天王某甫注某甫且字也檀弓嗚呼哀哉尼父注因且字以為之謚雜記陽童某甫注某甫且字也左傳桓四年天子使宰渠伯糾來聘注宰渠伯糾天子下大夫繫官氏且字古言表德之字謂之且字可證者如是蓋古二十而冠祗云某甫五十而後以伯仲某甫者所以借伯仲也故鄭注禮之某甫如是何注春秋經之札卷糾皆為且字者與鄭無不合

司正退立于序端東面　辟受酬者又便其贊上贊下也始升相西階西北面

疏　正義曰李氏如圭云衆賓席在賓西南面司正始升賓命之故西階西北面衆受酬者受自左故司正退辟之盛氏世佐云堂上者北面作之惟相介酬衆賓則然其他則司正東面自若也鄉射禮在下者皆升受酬于西階上司正安得南面作之乎敖氏謂堂下者南面作之非也褚氏寅亮云視西階為稍西然受亦在序端之南非正立其處蓋序端在介席西北非俟事處也

酬者自介右由介東也尊介使不失故位【疏】正義曰楊氏復云主人酬介介立于主人之西是主人在介右也及介酬某子某子受酬亦在介右蓋尊介使不失故位也敖氏云受介酬者獨居介右與他受酬者不同明介尊不與衆賓序也若遵者受介酬亦然自介右則介當東南面酬之盛氏世佐曰自介右則介之酬衆賓北面敖氏云東南面非注疏謂自主人酬介以下皆西南面授之亦不盡然

衆受酬者受自左後將受酬者皆由西變於介也今文無衆酬也【疏】正義曰今文無衆酬也校勘記云也徐本集釋通解俱作者與單疏標目合案衆字疑當作受　楊氏復云自介酬某子之後衆受酬者皆立于酬者之左亦如賓酬主人立于主人之左敖氏曰受自左賓黨受酬者之正位也郝氏敬云受介酬者自介右尊介在左也衆人轉相酬則受酬者在左酬者尊受者如賓也張氏爾岐云衆賓首一人受介酬自介右受之第二人以下受其前一人酬皆自其左受之也授受之法授由其右受由其左以尊介故介由右餘人自如常禮也云今文無衆酬也者胡氏承珙云注衆字當作受今文但云衆受自左古文多受酬者三字承上文受酬者自介右而言受酬者謂衆賓之內爲首者一人此衆受酬者拜則疏謂第二人以下並堂下衆賓是也文義較明故鄭氏從古文

興飲皆如賓酬主人之禮嫌賓以下異也【疏】正義曰敖氏云亦惟受酬者立于酬者之西及酬者既受觶進西南面爲異耳盛氏世佐云堂上衆賓相酬當西北面蓋酬者之與受酬者必向其位所以通指也賓酬主人東南面主人酬介西南面皆以是三賓之位在賓西南面則其自相酬亦必西北向之可知惟堂下衆賓則當西南面酬之耳受酬者皆北面

辯卒受者以觶降坐奠于篚辯辯衆賓之在下者鄉射禮曰辯遂酬在下者皆升受酬于西階上【疏】正義曰注云辯辯衆賓之

在下者張氏爾岐云謂既酬堂上又及堂下無不徧也引鄉射記證此與彼同案經文言辯則兼堂下堂上而言長賓三人在堂上介酬長賓長賓第一人酬第二人第二人酬第三人此酬堂上者也長賓之第三人又酬堂下之衆賓衆賓以次而酬及於卒者經以一辯字括之而互見其義於鄉射禮故注引以爲證敖氏謂辯辯衆賓之在上者其後當言酬在下者之禮然後及於卒受者如鄉射禮所云是也經蓋有脫文其說非也方氏苞又云辯後不必遂酬在下者與鄉射禮異也鄉大夫國鄉也以君命與賢能則參用朝廷之禮堂下之賓皆賢能之待與於再舉者故得升堂受酬而有司執事者不與以示國之重賢能非賢能不得與獻酬也若州長習射黨正正齒位主人位非甚尊而其禮爲禮法之常其事爲少長貴賤所能習故獻酬終於沃洗者以洽衆情而示禮教之無不徧亦所以興起之也若謂與鄉射禮同而文不具則執事者之受酬與否乃禮之大閑宜詳其受酬於此經而鄉射從略以見其皆同非若面鄉行由之小節可以彼此互見而昭然無疑者以此知賓賢能之禮無遂酬在下者之事也祭之末煇胞翟閽皆有畀焉故主人之贊者無算爵亦得與案鄉射注云在下謂賓黨也則所謂辯衆賓之在下者謂辯及於堂下之衆賓非謂辯及於執事者也執事者無算爵始得與鄉射言遂酬在下者亦謂賓黨非謂執事也方氏知旅酬之不及執事者而反謂鄉飲鄉射有異亦未卽鄉射之法而細繹之也 司正降復位觶南之位【疏】正義曰蔡氏德晉云旅畢也高氏愈云此介又以主人之觶酬衆賓衆賓交錯以辯各飲一爵爲十五番爵也

右介酬衆賓衆賓旅酬此飲酒禮之第三段

儀禮正義六

南菁書院

江寧楊大堉雅輪補

使二人舉觶于賓介洗升實觶于西階上皆坐奠觶遂拜執觶興賓介席末答拜皆坐祭遂飲卒觶興坐奠觶遂拜執觶興賓介席末答拜

二人亦主人之吏若有大夫則舉觶于賓與大夫燕禮曰媵爵者立于洗南西面北上序進盥洗

疏 正義曰張氏爾岐云此下言無算爵初使二人舉觶文徹俎俎文坐燕飲酒之終禮也○郝氏敬云使司正以主人意使也敖氏云亦代主人行事也至是仍併舉觶者異之也方氏苞云俎尚未徹而觶先舉何也脫屨升堂後拜興受送之儀皆不可展故先舉觶于賓介以行酬賓介不飲而奠焉至無算爵則仍令二人舉此觶也凡舉爵而奠之必下事更端使請安徹俎之後舉此觶而行之於事甚順而必先舉何也君子行禮則不敢緩求安則不敢急亦三揖而進三讓而升之義也鄉飲則舉觶于賓介射則舉觶于賓大夫示主人不敢專惠且遞酬而交錯主人力不能徧俾得少自休息焉耳二人舉觶不於諸公而於介何也此禮爲賓介而舉諸公雖尊乃爲觀禮而來自不得主舉酬之事鄉射無介則大夫與賓各舉一觶可矣俎實則特存臑肫以薦公大夫而介薦以胳又以明貴有常尊之義也 注云若有大夫則舉觶于賓與大夫者賈疏云以大夫尊於介故也敖氏云正言賓介者明雖有大夫猶及介盛氏世佐云鄉飲酒禮專以尊賢非爲貴貴大夫雖尊不當先介且鄉飲義云坐僎於東北以輔主人則尊者亦有主義焉方主人舉觶留賓豈得舍介而之大夫乎注非當以敖說爲正褚氏寅亮

云大夫雖尊不得越介而舉觶鄉射無介故及大夫章氏協夢云飲酒主于尊賢故賓居先介次之觀升堂時賓厭介介厭大夫則是大夫下於介矣經云舉觶于賓介則既酬賓卽當酬介敖氏得之矣案後賓賓若有遵者節經云公升如賓禮大夫則如介禮是公尊而禮如賓大夫尊於介而禮如介禮以賓介為重公大夫皆來觀禮者故不先賓介也敖說較注為的引燕禮者賈疏云證二人舉觶將洗時亦以此盥手也盛氏世佐云上一人舉觶洗而不盥此亦同避君禮也注引燕禮證此舉觶者之位面序進與彼同耳非謂盥亦同也疏誤

高氏愈云此二人復各飲一觶導飲爲第十六番爵

逆降洗升實觶皆立于西階上賓介皆拜

於席【疏】正義曰李氏如圭云逆降後升者先降郝氏敬云先升者後末拜【疏】降張氏爾岐云二人先後之序與升時相反敖氏云鄉射禮曰立于西階北面東上郝氏敬云立于西階上爲避賓介拜也

皆進薦西奠之賓辭坐取觶以興介則薦南奠之介坐受以興退皆拜送降賓介奠于其所

賓言取介言受尊卑異文

今文曰【疏】正義曰張氏爾岐云此二人所舉之觶待升坐後賓介各賓受【疏】舉以酬爲無筭爵者卽此二觶注云賓言取介言受尊卑異文者敖氏云經文錯綜以見其同也介亦辭文不具耳鄉射禮云賓與大夫辭介宜與彼大夫同也方氏苞云敖說非也鄉飲酒之所與羣士也故凡事不敢與正賓同若鄉射則無介大夫之重過於賓無所嫌而並辭故經特著之介不辭所以尊賓也不舉觶於遵所以尊介也盛氏世佐云取受二字經往往互用如上一人舉觶之時云賓辭坐受以興而鄉射禮則云取鄉射禮二人舉觶之時云賓與大夫辭坐受觶以興而此則於賓言取介言受蓋取者指其實而受者原其意也注因取受異文遂生尊卑之解殊爲牽率敖氏改之是

也而謂經有意錯綜以見其同則亦非也經所以複言介坐受以與者正以見介之不辭與賓爲異其義初不在此一字也介何以不辭蓋辭者辭其坐奠也卑於尊者不敢親授故有坐奠之儀賓與大夫尊嫌以尊者自居故辭之介卑無所嫌故不辭也案取受二字散文則通對文則有異受對授而言尊卑不相授受賓雖不敢以尊自居而奠之者則固以賓爲尊也故經於賓曰取不以授受言也介雖亦奠之而介卑於賓卑者可相授受故經於介原其意曰受也取與受對言自有尊卑之別鄭注未可非也云今文曰賓受者胡氏承珙云注語似今文於賓取觶之文作賓受與介不別尊卑故從古文然經薦西奠之下賓辭然後坐取觶若今作賓受坐取觶以興則不辭矣此經似無由以賓受二字連文又案宋本疏標目但有賓言至異文似此節注文止十字今文曰賓受蓋誤衍歟案此經文上下皆作坐受也今文曰賓受謂今文賓亦曰受承上文賓言取介言受言之耳曰賓二字疑互倒宋本賈疏標目但有賓言至異文者此節疏止釋此十字未釋今文曰賓受五字故標目無文胡氏遂疑其誤衍失之矣褚氏寅亮云此與少牢賓尸二人舉觶儀略相似但此二觶俱舉彼尸舉而侑不舉耳高氏愈云此二人所奠爲第十七番爵賓介皆不飲

右二人舉觶

司正升自西階受命于主人主人曰請坐于賓賓辭以俎至此盛禮俱成酒清肴乾賓主百拜强有力者猶倦焉張而不弛弛而不張非文武之道請坐者將以賓燕也俎者肴之貴者辭之者不敢以禮殺當貴者

疏 正義曰注强有力猶倦焉校勘記云力下徐本集釋通解楊氏敖氏俱有者字○請坐于賓賈疏云自此以上皆立行禮人皆勞倦

故請坐于賓敖氏云坐謂坐而飲也賓辭以俎李氏如圭云胥體貴而肉賤少儀曰飲酒者有折俎不坐敖氏云辭其俎者以俎辭其請坐之命謂俎在此不敢坐也俎肴之貴者燕坐則禮殺矣當俎而燕坐是褻之也司正於是又反命於主人注云賓主百拜者敖氏云此用樂記文也亦甚言其拜之多耳非謂真有百拜也云弛而不張張而不弛非文武之道者雜記文云俎者肴之貴者辭之者不敢以禮殺當貴者案禮盛者有設折俎禮既成而俎仍設者主人尊賓不敢以禮殺而略之也賓辭以俎不敢自尊而以殺禮當貴者也

主人請徹俎賓許亦司正傳請告之疏正義曰蔡氏德晉云主人請徹俎順賓意以安賓也司正復請於賓而賓許順主人意而許其坐也敖氏云賓鄉者辭以俎今主人請徹俎而賓許之是許其坐矣

司正降階前命弟子俟徹俎西階前也弟子賓之少者俎者主人之吏設之使弟子俟徹者明徹俎賓之義疏正義曰西階前命之故知賓弟子姜氏兆錫云以降自西階決其為賓黨弟子恐未然司正凡升降皆西階一以輔賓一以監衆安得以西階二字臆揣之邪味下文弟子當是主黨蓋徹俎是命所命而受俎非司正一人所辦故司正首受俎主黨弟子輔之而賓大夫之從者受於外也本紀賓介大夫之俎皆出授從者而主俎則弟子以東明司正與弟子皆主黨而從者則賓大夫之從者可見也案弟子位在西階故司正降西階前以命之衆賓位皆在西階故知弟子為賓之少者賓介大夫之從者不得稱弟子不得列西階下故必授諸弟子弟子始出而授從者下文主人取俎還授弟子介取俎亦還授弟子何以明弟子之必為主黨記賓介遵者之俎受者以降出授從者主人之俎以東謂主人之俎藏於東房又何得以東決其為主黨弟子是姜氏亦臆揣之辭也不如注據經文降階前三字決其為賓黨弟子為確敖氏云俟徹俎者俟尊者徹俎乃受之也

司正升立于席端待事疏正義曰席端校勘記云席唐石經楊氏敖氏俱作序徐本集釋通解俱作席石經考文提要云鄉射禮亦云升立于序端案疏內標目司正至席端疏云卽升立于序端皆誤也然單疏本已如是則誤久矣非始於通解今案毛本疏無標目

賓降席北面主人降席阼階上北面介降席西階上北面遵者降席席東南面皆立相須徹俎也遵者謂此鄉之人仕至大夫者也今來助主人樂賓主人所樂而遵法者也因以爲名或有無來不來用時事耳今文遵爲僎或爲全疏正義曰遵者降席東南面校勘記云唐石經徐本集釋通解楊氏敖氏俱重席字石經考文提要云鄉射禮大夫降席席東南面大夫卽遵者也亦疊席字案疏云遵不北面者以其尊故席東南面向主人是疏本亦疊席字注云皆立相須徹俎者敖氏云主人介遵皆近其席而立俟取俎之節也云遵者謂此鄉之人仕至大夫者也今來助主人樂賓主人所樂而遵法者也因以爲名或有無來不來用時事耳者敖云遵者乃此鄉之人仕至公卿大夫主人請之來與此會者也謂之遵者以其遵承主人之命而來歟或曰遵之爲言尊也大夫尊於士故以是名之未知孰是案遵之爲義爾雅釋詁云遵循也廣雅釋詁云遵表也毛詩酌傳云遵率也是遵爲儀表尚可率循之義故注以爲主人所樂而遵灋者也敖說非云今文遵爲僎或爲全者胡氏承珙云禮記冠義云介僎象陰陽也注云古文禮僎皆作遵又少儀僎爵注云僎或作騶古文禮俱作遵古文禮者皆指此禮經古文也鄭於此注云主人所樂而遵灋者也於鄉射注云謂之遵者方以禮樂化民欲其遵灋之也是古文作遵者正字今文假僎爲之僎或爲全者聲近假借論語異乎三子者之撰鄭注云撰讀爲詮蕭該漢書音義引字林譔音詮是其例也案史記周本紀遵修其緒徐廣曰遵一

作選亦遵僎相通之一證賓取俎還授司正司正以降賓從之主人取俎還授弟子弟子以降自西階主人降自阼階介取俎還授弟子弟子以降介從之若有諸公大夫則使人受俎如賓禮衆賓皆降取俎者皆鄉其席既授弟子皆降復初入之位【疏】正義曰則使人受俎校勘記云受唐石經集釋俱作授○賓取俎還授司正敖氏云北面取俎還南面授司正必言還者明就而受之司正受賓俎者賓尊宜異之方氏苞云惟賓之俎以授司正鄉民之秀者可以出而長之故重其禮以厲羣士也韋氏協夢云鄉射司正以俎出授從者此亦然主人取俎以下敖氏云此取俎與升受俎者皆以先者既降爲節取俎不言所鄉如賓可知主人之俎乃以降自西階者辟君禮也則使人受俎敖氏云人亦謂弟子鄉射禮曰大夫取俎還授弟子是也方氏苞云敖說非也鄉射之大夫不過本州中爵列少尊者故俎授弟子與主人同鄉飲酒之遵者諸公之下尚有諸卿故使公士受俎特異其文曰使人又申之以如賓禮謂如賓之俎使司正受乃公士而非弟子也若使弟子則一與主人介同更無所謂如賓禮者而經贅設此文義無所取矣　注云取俎者皆鄉其席既授弟子皆降復初入之位者張氏爾岐云向席取俎轉身以授人復初入之位東階西階相讓之位也敖氏云賓降立于西階西主人降立于阼階東介于賓南大夫在介南衆賓又在大夫南少退張氏惠言云初入賓無位介與三賓同衆賓皆庭中西面鄉射禮云賓降立于階西東面主人降自阼階西面立大夫降立于賓南衆賓降立于大夫之南少退北上彼無介此有介介當繼大夫而南皆于西階西當序以次而下則介與三賓不復初入之位也淩氏釋例云凡無筭爵必先徹俎降階鄉飲酒禮二人舉觶畢司

正升自西階受命于主人主人曰請坐于賓賓辭以俎主人請徹俎賓許司正降階前命弟子俟徹俎司正升立于序端賓降席北面主人降席阼階上北面介降席西階上北面遵者降席席東南面賓取俎還授司正司正以降賓從之主人取俎還授弟子弟子以降自西階主人降自阼階介取俎還授弟子弟子以降介從之若有諸公大夫則使人受俎如賓禮衆賓皆降鄉射禮二人舉觶畢司正升自西階阼階上受命于主人適西階上北面請坐于賓賓辭以俎反命于主人主人曰請徹俎賓許司正降自西階階前命弟子俟徹俎司正升立于序端賓降席北面主人降席自南方阼階上北面大夫降席席東南面賓取俎還授司正司正以降自西階賓從之降遂立于階西東面司正以俎授從者主人取俎還授弟子弟子受俎降自西階以東主人降自阼階西立大夫取俎還授弟子弟子以降自西階遂出授從者大夫從之降立于賓南衆賓皆降立于大夫之南少退北上此皆徹俎於旅酬之後無筭爵之前者也燕禮立司正訖司正升自西階東楹之東請徹俎降公許告于賓賓北面取俎以出膳宰徹公俎降自阼階以東大夫皆降東面北上大射儀射畢爲大夫舉旅酬訖司馬正升自西階東楹之東北面告于公請徹俎公許遂適西階上北面告于賓賓北面取俎以出諸公卿取俎如賓禮遂出授從者于門外大夫降復位庶子正徹公俎降自阼階以東此皆徹俎於爲大夫旅酬之後獻士之前者也獻士獻庶子禮殺故在徹俎後與無筭爵同矣至於特牲禮宗人告祭脀乃羞在旅酬之前有司徹乃羞庶羞于賓兄弟內賓及私人在旅酬之後則祭畢飲酒之禮不同於飲酒之正禮也

右徹俎

說屨揖讓如初升坐 說屨者爲安燕當坐也必說於下者屨賤不空居堂說屨主人先左左賓先右今文說爲稅 【疏】正義曰揖讓如初升坐敖氏云謂主人與賓一揖一讓也賓則厭介介厭大夫大夫厭衆賓亦以次而升郝氏敬云揖讓如初升謂三揖三讓如初迎賓時也坐主賓皆坐席上跪而以股帖足也盛氏世佐云揖讓如初當如敖說○注不空居堂校勘記云空楊本作宜 云說屨者爲安燕當坐也必說於下者屨賤不空居堂者李氏如圭云少儀曰堂上無跣燕則有之敖氏云說屨者各於其階側北面坐於堂而說屨於上者惟尊長則然此賓主人其尊相敵皆故說於下賓黨之屨亦北上也方氏苞云燕大射但言賓諸公卿大夫說屨升則君說於上明矣排闥說屨於戶內惟長者一人鄉大夫爵齒並尊以與賢能與賓同說屨於階下蓋降爵齒以明尚德之義也云說屨主人先左左賓先右者敖氏云謂賓在主人之左故主人先說左屨主人在賓之右故賓先說右屨是亦鄭氏以意言之耳今文說爲稅詳見士昏禮說服下吳氏廷華云如初者如上獻訖升堂也

乃羞 羞進也所進者狗胾醢也鄉設骨體所以致敬也今進羞所以盡愛也敬之愛之所以厚賢也 【疏】正義曰注鄉設骨體校勘記云釋文云鄉本作鄊同通典作享 云羞進也所進者狗胾醢也者李氏如圭云胾切肉也薦羞不踰牲此牲狗則羞者狗胾也醢則雜餘牲兼作之敖氏云羞者羞庶羞於凡有薦者也此時衆賓亦當祭薦文不具耳注云所進者狗胾羹也少牢特牲之庶羞皆以其牲肉爲胾又有醢故知此禮當放之也淩氏釋例云凡無筭爵皆說屨升坐乃羞鄉飲酒禮將行無筭爵主人請坐於賓賓辭以俎至徹俎畢說屨揖讓如初升坐乃羞無筭爵無筭樂是無筭爵皆說屨升坐乃羞也鄉射禮徹俎畢主人以賓揖讓說屨乃升大夫及衆賓皆說屨升坐乃羞與鄉飲酒同燕禮徹俎畢賓反入及卿大夫皆說屨升就席公以

賓及卿大夫皆坐乃安羞庶羞大夫祭薦司正升受命皆命君曰無不醉賓及卿大夫皆興對曰諾敢不醉皆反坐大射儀徹俎畢賓諸公卿皆入門東面北上司正升賓賓諸公卿大夫皆說屨升就席公以賓及卿大夫皆坐乃安羞庶羞大夫祭薦司正升受命皆命公曰衆無不醉賓及諸公卿大夫皆興對曰諾敢不醉皆反位坐是燕大射無筭爵說屨升坐乃羞亦與鄉飲酒鄉射同惟鄉飲酒鄉射升坐後即行無筭爵燕禮大射升坐後先獻士始行無筭爵爲異耳又鄉射疏云會尊卑在室則尊者說屨在室其餘說屨於戶外若會尊卑在堂則亦尊者一人說屨在堂其餘說屨於堂下是以燕禮大射臣皆脫屨於階下公不見說屨之文明公烏在堂矣亦與鄉飲酒鄉射異也至於特牲禮無筭爵本於階下行之故無說屨升坐之文祭畢飲酒禮殺故也不云乃羞者前旅酬時已羞也有司徹儐尸之禮無筭爵惟行於堂上然亦祭畢飲酒故不云說屨升坐但於是時羞庶羞而已其於特牲無筭爵唯有堂上堂下之分而其爲禮殺則一也不儐尸之禮羞庶羞在賓自酢後亦與特牲禮異也

無筭爵

筭數也賓主燕飲爵行無數醉而止也鄉射禮曰使二人舉觶于賓與大夫又曰執觶者洗升實觶反奠于賓與大夫皆是

【疏】正義曰校勘記云算唐石經徐監皆作筭下同案此二字諸本錯出後不悉據注使主人舉觶于賓徐監葛本集釋通解俱作二楊氏作一○李氏如圭云鄉二人所舉觶者至此二觶並行交錯以酬辯旅在下者主人之贊者亦與焉復實二觶反奠之其爵無筭楊氏復曰鄉飲酒無筭爵其文略案鄉射無筭爵賓與大夫不與取奠觶飲卒觶不拜執觶者受觶遂實之賓觶以之主人大夫之觶衆賓長受而錯皆不拜注錯者實主人之觶以之次賓實賓長之觶以之次大夫此鄉飲酒禮亦同但鄉射有賓無介鄉飲酒有賓有介當實賓之觶以之主人實大夫之觶以之介及其交錯而行也當實主人之觶以之衆賓長

實介之觶以之次大夫又實衆賓長之觶以之第三位次大夫實次大夫之觶以之第二位次賓長如此交錯以辯卒受者與以旅在下者於西階上及其辯也執觶者洗升實觶反奠於賓與大夫所以復奠之者燕以飲酒爲歡醉乃止此所以爲無筭爵也敖氏云無筭爵者行其奠觶終而復始無定數也此異於鄉射者舉觶及反奠者不於大夫而於介耳其賓觶亦以之主人介觶則以之大夫其餘皆可以類推之也程氏易田云注引鄉射禮乃約初使二人舉觶于賓與大夫之文非引無筭爵時使二人舉觶之文彼經無筭爵下則曰使二人舉觶賓與大夫不與取觶飲卒觶不拜執觶者受觶遂實之賓觶以之主人大夫之觶長受而錯不拜此經無筭爵時亦當略同亦使二人舉觶賓與介亦取前薦西薦南受而奠於其所之二觶飲卒觶執觶者亦受觶遂實之賓觶以之主人介觶衆賓之長受而錯也如此則賓介奠於其所之觶至是起而行之矣秦氏蕙田云鄉射無介故以賓與大夫爲尊鄉飲酒有介當以賓與介爲尊鄉飲酒義每以賓主介僎相提並論則無筭爵自宜從賓介始由賓而之主人由介而之大夫如敖氏之說爲是楊氏尚沿舊注之誤耳盛氏世佐云鄉射禮無介故云賓與大夫不與取奠觶飲此篇有賓有介上既言使二人舉觶于賓介則此時取奠觶而飲者亦當爲賓與介矣其行酒之法敖說是也及其交錯而行也當實主人之觶以之衆賓長實大夫之觶以之次賓長又實衆賓長之觶以之次大夫實次賓長之觶以之第三位次大夫循是而辯此堂上旅酬之法也其旅在下者於西階上之法詳見下篇楊氏惑於鄭注若有大夫則舉觶於賓與大夫之說故持論如此淩氏釋例云凡旅酬既畢之酒謂之無筭爵鄉飲酒禮旅酬畢使二人舉觶徹俎說屨揖讓如初升坐乃羞無筭爵鄉射禮旅酬畢使二人舉觶徹俎主人以賓揖讓說屨乃升大夫及衆賓皆說屨升坐乃羞無筭爵燕禮主人獻庶子後無筭爵注筭

數也爵行無次無數惟意所勸醉而止疏云此時四舉旅以前皆有
次有數此則無次無數也大射儀同此燕飲正禮之無筭爵者也特
牲禮旅酬畢賓弟子及兄弟弟子舉觶爵皆無筭注賓取觶酬兄弟
之黨長兄弟取觶酬賓之黨惟己所欲亦交錯以辯無次第之數因
今接會使之交恩定好優勸之有司徹旅酬畢兄弟後生舉觶至賓
一人舉爵於尸後賓及兄弟交錯以酬皆遂及私人爵無筭又不儐
尸之禮次賓加爵後賓兄弟交錯其酬無筭爵注此亦與儐同者在
此篇此祭畢飲酒之無筭爵也皆行於旅酬之後者鄉飲記主人之
贊者西面北上不與無筭爵然後與謂贊者不及獻酒故不與旅酬
至無筭爵乃得與也禮記鄉飲酒義降說屨升坐脩爵無數飲酒之
節朝不廢朝莫不廢夕賓出主人拜送節文終遂焉鄭注終遂猶充
備也孔氏正義曰降說屨升坐者此謂無筭爵之初也以前皆立而
行禮又云脩爵無數者謂無筭爵也熊氏云謂爵
行無數矣然則飲酒之禮至無筭爵乃備可知矣

無筭樂

燕樂亦無
數或閒或
合盡歡而止也春秋襄二十九年吳公
子札來聘請觀于周樂此國君之無筭

【疏】

正義曰敖氏云爵行則奏
樂爵止則樂闋故爵無筭
而樂亦無筭也郝氏敬云向者獻酬有節歌笙閒合皆三終燕樂無
筭不拘於三也方氏苞云舊說仍用前歌與閒但疊用數篇周而復
始亦比於慢矣疑若春秋傳所載賓各賦詩工以瑟與笙應之其不
歌者亦聽以無定數故謂之無筭耳以不出大師所陳十五國之風
故曰鄉樂案諸家言無筭樂皆與注異考注云或閒或合盡歡而止
蓋謂奏樂不定依獻酬之節或用閒歌或用合樂無一定之數主賓
盡歡爵止而樂始止也敖氏說可與注相發明引春秋傳盛氏世佐
謂左傳載季札觀周樂之事乃魯因札之請而備陳之聘禮云歸大
禮之日卽受饔餼請觀觀是也
非國君之無筭也注引之誤

右坐燕此飲酒第四段飲禮始畢

賓出奏陔 陔陔夏也陔之言戒也終日燕飲酒罷以陔為節明無失禮也周禮鍾師以鍾鼓奏九夏是奏陔夏則有鍾鼓矣鍾鼓者天子諸侯備用之大夫士鼓而已蓋建於阼階之西南鼓鄉射禮曰賓興樂正命奏陔賓降及階陔作賓出衆賓皆出

【疏】正義曰注云陔陔夏也陔之言戒也者李氏如圭云詩亡篇六序皆以篇名釋其義南陔曰孝子相戒以養與注陔之言戒義合案周禮鍾師祴夏杜子春云祴讀為陔鼓之陔說文曰宗廟奏祴樂是陔即祴夏賓醉而出奏祴夏是祴之義取於戒注通陔於祴故曰陔之言戒也李氏似以南陔當此經之陔未知所據敖氏云陔夏有聲無辭之樂金奏之一者也其名義未詳盛氏世佐云周禮鍾師注云九夏皆詩篇名頌之族類也此歌之大者載在樂章樂崩亦從而亡是以頌不能具則陔亦頌之逸篇歟然以大夫而送賓之樂儼然與天子同何其無差等也鍾師陔夏之陔本作祴而此篇及鄉射燕禮皆言奏陔而不言夏然則陔之與祴夏同乎否乎今皆不可得而考矣竊謂夏大聲也別之於頌必非諸侯以下之所得干諸侯大夫所奏蓋別為一詩而今亦亡之也或以音節為別如豳詩七月一篇而有風雅頌之異歟樂師鄭司農注云今時禮行於太學罷出以鼓陔為節則陔之音節至漢猶有存者康成乃與鍾師之祴夏混而一之至今天子諸侯大夫之樂尊卑莫辯其誤甚矣疏家乃為之說曰天子則九夏俱作諸侯則不用三夏得奏其肆夏以下大夫以下據此用陔夏以是為尊卑不同不知諸侯進取僅得歌大雅大夫進取僅得歌小雅未聞有歌頌者魯之有頌相傳以為成王所賜議者猶以為僭三家雍徹夫子譏之彼金奏肆夏之三諸侯之僭禮也甯得以為正而據之乎案九夏之用周禮注杜子春分析甚明陔蓋宗廟中上下通得

用之故說文亦就云宗廟奏祴樂漢時大學罷出猶以鼓陔爲節其所奏若何鄭君去司農未遠豈不知之特其詞既亡僅傳其節耳至呂叔玉以肆夏樊遏渠附合詩篇則未敢以爲信也

主人送于門外再拜門東西面拜也賓介不答拜禮有終也

疏正義曰敖氏云再拜送賓也不再拜送介殺於初方氏苞云主人禮先於賓者十有三其大節六賓許出迎拜至崇酒立司正拜送皆再拜一拜者唯獻酬耳賓之禮先於主人者十有二皆一拜蓋鄉大夫賓賢能士當以道自重不敢重拜疑喜於得舉而翕翕相附也周公制禮教士以難進易退而公鄉爲國求賢致敬盡禮以相勖厲者可謂切著矣又曰戒速賓介禮同至拜送則介不與焉以是知賢能之書所獻惟賓也蓋介乃德行道藝次於賓而可備後舉者故戒速壹與賓同所以異之於羣士也而登於天府者惟賓至於後舉則羣士之德行道藝或有先於介者矣故禮終惟賓得拜送而介與衆賓不與又所以齊之羣士俾介與羣士皆有所觀感而興起也鄉射賓出衆賓皆出主人拜送於門外蓋射乃有司之學政凡在列者皆宜加禮不可以分差等此則送賓而不及介以賓乃所與之賢能而介仍鄉之學士也敖氏乃謂此士大夫私飲於學中之禮固哉案禮爲賓而設介與衆賓所以輔賓也禮之初主人速賓及介至於門外主人拜賓及介至於獻酬而介禮少殺燕畢而出飲禮既成而賓賢之禮備矣經特言賓出主人送于門外再拜不言介衆賓見此禮專以爲賓所以重賓而略於介及衆賓也鄉飲酒義云賓出主人拜送節文終遂焉亦不言介也

右賓出

賓若有遵者諸公大夫則既一人舉觶乃入不干主人正禮也遵者諸公大夫也謂之賓者

同從外來耳大國有孤四命謂之公

疏正義曰張氏爾岐云此下言諸公大夫來助主人樂賓主人與爲禮之儀遵不必至故曰若有李氏如圭云賓主獻酬爲正禮遵者無常或來或否故於此乃言之敖氏云此謂遵者先俟於門外以一人既舉觶爲入之節息司正之禮云以告于先生君子然則主人於遵者其亦使之告之歟公大夫若皆來則同時入其入之節在一人舉觶之後衆工未入之前乃於是言之者以其或有或無或來或否不定故也○校勘記云注于徐本作于誤 云遵者諸公大夫也大國有孤四命謂之公者釋官曰案大國孤只一人而鄉飲鄉射燕禮大射儀言諸公鄭氏謂言諸者容牧下有三監後儒謂三監是殷法多疑其說於是有謂諸者不定之辭有謂諸公統公卿大夫而言有謂諸公兼寄公言之有謂兼致仕者言之紛紛不一今案經文言若有已是不定則諸不得更爲不定辭下云無諸公則大夫辭加席燕禮大射皆云若有諸公先卿獻之則諸自專屬公而言亦不統卿大夫也禮云諸侯不臣寄公大射公命徹冪賓及諸公卿大夫皆降拜言降拜則亦在臣列非寄公矣至致仕之說在此篇未嘗不可通但大射是將祭擇士之射皆就在位者言之不得有致仕者故惟鄭意爲允耳又案此經稱公者有二一爲五等之國其君皆曰公公食大夫禮及燕禮大射儀聘禮所言公者是也一爲大國之孤稱公此篇及鄉射禮燕禮大射儀士喪禮言諸公公卿大夫是也天子有三孤副三公大國無公惟有孤故孤亦號爲公又凡臣尊其君皆曰公左傳鄭伯有之臣曰吾公在壑谷伯有卿亦稱公是也春秋時楚之縣大夫皆僭號稱公是僭五等之公比於諸侯非公卿之公也案楚之縣大夫稱公者疑亦公卿之公故齊之大夫未嘗僭諸侯之稱而棠公亦稱公矣是春秋及食邑之大夫皆得通稱公者也

席于賓東公三重大夫再重

席此二者於賓東尊之不與鄉人齒也天子之國三

命者不齒於諸侯之國爵爲大夫則不齒矣不言遵者遵者亦鄉大夫

【疏】正義曰敖氏云三重再重皆蒲席緇布純者也上下之席同物故不必言加此重席亦兼卷而設之○注爵爲大夫校勘記云爵監本誤作爲　云席此二者於賓東者李氏如圭云賓在戶牖閒尊在戶東遵者又於尊東曰賓東者繼賓而言耳其席南面西上統於尊張氏爾岐云賓在戶牖之閒酒尊在房戶之閒正在賓東不容置席則席遵者當又在其東但繼賓而言耳其實在酒尊東也盛氏世佐云席於賓東者東房戶牖之閒也遵北者爲助主人樂賢而來故席之於此鄉飲酒義云坐僎於東北以輔主人是也云尊之不與鄉人齒也者李氏如圭云士來觀禮者齒於堂下鄉飲酒之禮所尚三謀賓介尚德也旅酬以齒尚年也大夫重席坐於賓東尚爵也三者天下之達尊也又案周官黨正職云國索鬼神而祭祀則以禮屬民而飲酒于序以正齒位一命齒于鄉里再命齒于父族三命而不齒鄉飲酒義又曰鄉飲酒之禮六十者坐五十者立侍以聽政役所以明尊長也六十者三豆七十者四豆八十者五豆九十者六豆所以明養老也此蓋黨正飲酒正齒位之法敖氏云席此於賓東尊之不與正賓齒亦不加貴於正賓也又貴貴尊賢尚齒三者之義並行而不悖於斯見之矣盛氏世佐云注云尊之不與鄉人齒是解經不於賓西之故義在貴貴存之以備一解於經義未必合也又注所謂鄉人者堂上三賓耳敖氏以爲正賓齒尤非三賓德劣以年之長幼爲序故云不與之齒正賓曷嘗論齒哉案鄉飲酒禮專爲賓賢旅酬以齒席遵於賓東皆因禮之自然而意不在乎此也諸家多以此禮兼爵齒言非是注尊之不與鄉人齒謂諸公大夫尊於衆賓故不與並列非以此爲貴貴之義也盛氏說亦泥張氏爾岐云不與鄉人齒者衆賓之席繼而西是與相齒此特爲位於酒尊東不在衆人行列中故云不與齒也說最合吳氏廷華云此鄉飲酒爲賓賢而設則賓

爲專尊非他人所可越特因觀禮之鄉大夫其位本尊故爲尊東之席以存尊之之意然不席於戶牖之間則視尊賓之禮又有閒矣蓋遵來觀禮與賓介衆賓本自不同不與鄉人齒者固不可混之賓介衆賓之中卽與鄉人齒者亦何嘗不置之賓介衆賓之外要之賓賢之禮與尚齒之禮本自不同注謂不與鄉人齒其說本合疏引黨正及文王世子之文說固非舛但與此經賓賢之意不相符耳

公如大夫入主人降賓介降衆賓皆降復初位主人迎揖讓升公升如賓禮辭一席使一人去之

如讀若今之若主人迎之於門內也辭一席謙自同於大夫

【疏】正義曰敖氏云入謂入門左也復初位階西以南之位待公入也盛氏世佐云疏云復西階下東面位是也蓋亦介在賓南衆賓在介南矣案經上云入謂入門也下云迎謂迎於門內也此復位自爲階下之位主人降阼階階位在東賓介衆賓降西階位在西敖氏云迎不拜者別於賓介亦以其在門內也迎於門內而拜降等者之禮也公於主人爲踰等乃後升者非正賓也升階正法客尊則先升方氏苞云遵者宜先交於門外一人舉觶相者使人告而公大夫遂入主人乃降而迎迎而不拜以遵有主道也必要其節者使早入則主人之禮不得專於賓介故入於一人舉觶之後示衆賓之酬爵既奠禮之連而不相及此類是也張氏惠言云鄉射禮云賓及衆賓皆降復初位注云初位門內東面疏云入門左東面北上位案門左地狹不足容賓及衆賓門內東面蓋衆賓立者之位也賓初無位在介北可也張氏爾岐云如賓禮者謂拜至獻爵酢爵也 注云如讀若今之若者朱子云此但謂如字讀之如今人所用之若耳張氏爾岐云公若大夫入言或公入或大夫入其降迎皆如下文所云也韋氏協夢云如若同不定之辭也公與大夫或來或不來或皆來或不皆來未可定也蔡氏德晉

云如猶及也此公如大夫入之如與媒氏若無故而不用命者之若同皆訓爲及惠氏棟古義曰周禮旅師而用之以質劑致民注云而讀爲若聲之誤也案古而與如通用如猶若也故如而或讀爲若鄭以爲聲之誤則古讀而如若也胡氏承珙云如若一聲之轉故二字義本相通但如與若有訓爲相似者如此若此之類有司徹若是以辨今文若爲如是也有訓爲相及者論語宗廟之事如會同謂宗廟及會同方六七十如五六十謂方六七十及五六十也春秋傳請爲靈若厲謂諡靈及厲是也此公如大夫入鄭讀如爲若者猶言公及大夫入耳非謂公之入如大夫之入也云讀若今之若者蓋當時之語凡相及之詞多言若故舉今以相況耳漢書文帝紀丞若尉致武帝紀爲復子若孫

大夫則如介禮有諸公則辭加席委于席端主人不徹無諸公則大夫辭加席主人對不去加席加席上席也大夫席再重

疏正義曰敖氏云如介禮者亦如其獻禮耳若其酢則主人於公大夫一也鄉射言大夫之酢其儀與此介同諸公雖尊禮亦如之所以辟正賓也楊氏復云獻遵一條經文所載差略謂公升如賓禮則自拜至以後其禮當與賓同謂大夫如介禮則不拜洗不嚌肺不告旨禮殺於賓但無諸公則獻大夫當如獻賓之禮張氏爾岐云如介禮其入門升堂獻酢等皆如介之殺於賓也方氏苞云疏謂如賓獻介而入之禮非也鄉之學士宜從鄉大夫以入蓋主人雖敬執賓主之禮而賓介則不敢抗禮也大夫與鄉大夫比肩事主不宜使厭而升尤不可公厭大夫以升如介禮謂拜洗不嚌肺不啐酒不告旨送爵崇酒拜皆不於阼階之類與介同耳蓋介不敢正當禮以讓於賓大夫不敢正當禮以讓於諸公其義正同經乃總言諸公之禮壹如賓大夫之禮壹如介惟加席及辭席有異疏說決不可通也盛氏世佐云此云公升如賓禮大夫則

如介禮鄉射禮云若有諸公則如賓禮大夫則如介禮無諸公則大夫如賓及考鄉射禮所載遵者獻酢之禮僅與介同不見所謂如賓禮者諸公之禮既無明文可考於是諸儒各以己意爲說楊氏但謂自拜至以後當與賓同言如獻而不及酢敖氏謂如賓禮如其獻禮耳酢則仍與介同辟正賓也張氏爾岐云謂拜至獻酢並如之以經文斷之則張說近是而亦有所未備也蓋經文簡而該如賓禮三字足以概括一章待公之禮無事於繁複敷陳也既云如賓禮則自拜至而獻而酢無不如之矣鄉射所陳特其所謂大夫如介禮者耳言大夫則諸公可知言有諸公之大夫則無諸公可知也此蓋貴貴之禮有必不可殺者焉得以辟正賓爲辭乎張言獻酢而不及酬是其所未備也如介禮則無酬矣 注云加席上席也大夫席再重者敖氏云委卷而置之也席端席北端也不徹不使人徹之也主人對不許其辭也不去亦謂不使人去之也大夫辭加席謙也有諸公則自委於席端者公唯再重己宜辟之主人不徹明其有爲而爲之非正禮無諸公則主人不聽其辭而去之者士亦一重異爵者不可以無所別也無諸公則大夫之席在尊東南面有諸公則席在主人之北西面云辭加席委於席端則是凡辭席皆近席爲之也此重席乃云加席者但取其在上故耳非謂此席卽加席也凡加席與其下席異物而長半之重席則否又說前辭一席使一人去之云諸侯之加席與其下席而二此席雖非加而數則過於二焉故辭之而主人亦許而徹之也盛氏世佐云案周禮司几筵設席之法天子惟三重諸侯二重此云公三重大夫再重敖氏嫌其尊卑無辨故設爲此席非加之說以通之然下經明言加席則此說固不可得而通之也蓋天子以至大夫尊卑之辨在五席之名物不全係於席之重數也五席者次繅莞蒲熊也天子三重次也莞也繅也諸侯再重祭祀之蒲也莞也卿大夫以下則惟蒲筵緇布純而已加席以莞不聞用繅此則其

差等也若席之重數豈有常乎禮器云天子之席五重諸侯之席三重大夫再重此亦大概言之耳周禮旣云五重者據天子大祫祭而言若禘祭當四重時祭當三重諸侯三重上公當四重亦謂大祫祭時若禘祭降一重諸侯二重禘與時祭同鄉大夫以下特牲少牢唯見一重耳若爲賓饗則加重數非常法故不與祭祀同也又諸侯相饗則三重郊特牲云大饗君三重席而酢焉是也燕他國之臣則一重郊特牲云三獻之介君專席而酢焉以降尊以就卑也是也公食大夫禮蒲筵緇布純加萑席而燕禮筵賓于戸西無加席臣以君屈也是席之重數隨時變易義各有主不可執一論也卽如此篇主人鄉大夫也然以賓故不敢有加席亦是降尊以就卑之義士一重大夫再重禮之正也大國之孤又尊於大夫故爲設三重以異之猶諸侯三重而上公則四重也然因其辭而卽去之則亦再重而已豈可議其僭乎又案公食大夫禮云蒲席常緇布純加萑席尋此公與大夫之加席亦當與彼同記不言者文不具耳敖氏謂上下之席同物非

右遵者入之禮

明日賓服鄉服以拜賜拜賜謝恩惠鄉服昨日與鄉大夫飲酒之朝服也不言朝服未服以朝也今文曰賓服鄉服

【疏】正義曰賓服鄉服校勘記云通解敖氏俱無上服字朱子曰注云今文曰賓服鄉服明古經文無服今有之衍文也○張氏爾岐云此下至篇末言鄉飲明日拜謝勞息諸事　注云拜賜謝恩惠者敖氏云拜謝其飲己之賜也介不拜賜者禮主於賓也云鄉服昨日與鄉大夫飲酒之朝服也者敖云鄉服鄉飲酒之服卽朝服也變朝言鄉見其與昨日同也鄉飲酒士禮也乃朝服者故君之燕禮故

如其服也方氏苞云據經文乃特著賓之鄉服與鄉射之朝服異也主人爲用與賢朝服不言可知故經略焉而記乃詳之而賓之服宜辨故特著其爲鄉服卽修業於鄉之服玄端是也蓋冠服可攝盛卽鄉射亦可攝盛唯鄉大夫興賢能則朝士與鄉民之分界也故雖升賢士與之同服示不敢以貴臨也息司正則改朝服以卽事示國政於司徒未入於國學則仍鄉服而鄉大夫之拜辱亦如之蓋報禮於以嚴慤也若鄉射之賓則宜多公士卽閒用學士亦可假以朝服蓋春秋學政之常假以朝服亦以騶虞爲射節之意耳晝射禮輕故玄端以息司正與鄉飲相變各有當也注說似未安記獨補主人之服正以賓之鄉服已見於經耳又曰經記玄端與朝服每分言之士冠禮三加朝服既冠改服玄冠玄端以見于君則其別顯然矣特牲禮冠端玄注玄冠有不玄端者蓋謂朝服則緇衣也六入爲玄七入爲緇衣色稍異而冠則同故注疏或混而一之如士冠主人玄冠朝服注謂衣與冠同玄是也豈對文則有別散文或可通歟盛氏世佐云於云鄉服則正行禮之日賓蓋處士服矣處士服緇布冠深衣錦帶案經鄉服之鄉讀如鄉日之鄉鄉服承明日而言注昨日卽解鄉字也方氏謂士修業於鄉之服爲鄉服其說無據拜賜拜辱所以終燕飲之盛禮故服朝服以重其事至息司正輕於禮賓故釋朝服而服玄端方氏謂拜賜拜辱服玄端息司正服朝服亦昧於輕重之宜矣拜賜既服朝服則正行禮之日亦服朝服經鄉服二字總昨日之禮而言盛氏謂正行禮之日賓蓋處士服亦非淩氏釋例云凡飲射燕食之禮皆用朝服鄉飲酒記鄉朝服而謀賓介鄉飲酒禮明日賓服鄉服以拜賜又云主人如賓服以拜辱鄉射禮主人朝服乃速賓賓朝服出迎疏云此主人與賓俱朝服又射畢明日賓朝服以拜賜于門外主人不見如賓服遂從之拜辱於門外乃退是鄉飲酒鄉射皆用朝服也惟息司正主人始釋朝服更服玄端也燕禮記燕朝服于

寢公食大夫禮賓朝服卽位于大門外如聘又云公如賓服迎賓于大門內又禮畢明日賓朝服拜賜于朝又若不親食使大夫各以其爵朝服以侑幣致之賓朝服以受明日賓朝服以拜賜于朝又大夫相食若不親食則公作大夫朝服以侑幣致之是燕食之禮皆用朝服也禮記射義古者諸侯之射必先行燕禮呂氏大臨云諸侯之射大射也燕禮用朝服則大射亦用朝服矣又案鄉射及公食大夫戒賓注以爲皆用玄端經無明文疑不可從云今文曰賓服鄉服者鄭以鄉射明日賓朝服以拜賜于門外決之故從古文無上服字今本經文亦作鄉服殆涉注文而誤衍

主人如賓服以拜辱

拜賓復自屈辱也鄉射禮曰賓朝服以拜賜于門外主人不見如賓服遂從之拜辱于門外乃退

疏 正義曰校勘記云復集釋楊氏俱作服張氏云拜賓服自屈辱也案釋文復扶又反近湖北本作服誤盆其甚案張氏以嚴本爲據楊氏又沿嚴本之誤徐鍾俱不誤◎注云拜賓復自屈辱也者敖氏云辱拜賜之辱也主人往拜賓辱者敵也凡尊卑不敵則不荅拜賜之禮引鄉射禮者賈疏云明彼此賓主俱不相見造門外拜謝而已也

主人釋服

釋朝服更服玄端也古文釋作舍

疏 正義曰注云釋朝服更服玄端者李氏如圭云服玄端燕私輕也盛氏世左云朝服以朝玄端以夕是朝服尊於玄端也飲酒朝服息司正服玄端隆殺之宜也淩氏釋例云凡鄉飲鄉射之禮息司正皆用玄端鄉飲酒禮明日拜賜拜辱後主人釋服乃息司正注釋朝服更服玄端也疏云昨日正行飲酒之禮相尊敬故朝服此乃燕私輕故玄端也鄉射經注同疏云朝服之下衣則亥玄端故知釋服說朝服服玄端也鄉飲酒鄉射其禮盛故用朝服息司正不介不殺不拜至不拜洗無俎主人不崇酒不拜衆賓不旅酬其禮殺故用玄端也又案鄉射禮主人朝服乃速賓注戒時玄端公食大夫禮賓朝服卽位于大門外注於是朝服則初時

玄端緇謂注說皆非也考鄉飲酒禮經又不言何服唯記云鄉朝服而謀賓介故知鄉飲酒之爲朝服鄉射禮惟速賓拜賜拜辱言朝服
他皆不言者例見於此故文不具也則戒賓當亦朝服如鄉飲酒非若息司正注以爲服玄端經有主人釋服之文爲可據也公食大夫
禮戒賓不言朝服者亦文不具其實皆服朝服食禮盛於燕禮用朝服豈有食禮戒賓反用玄端者敖氏云禮戒速同服此速賓朝服則
戒時亦朝服可知其說當矣云古文釋作舍者惠氏棟古義曰大射儀獲而未釋獲注古文釋爲舍周禮大胥職春入學舍菜注舍即釋
也占夢職云乃舍萌于四方注舍讀爲釋舍萌猶釋菜也古書釋菜釋奠多作舍字胡氏承珙曰鄭君於周禮旣讀舍爲釋此經即從經
文作釋疊舍字不用蓋釋舍同聲之轉惟釋字於義訓較切耳

乃息司正

息勞也勞賜昨日贊執事者獨云司正司正庭長也

疏正義曰敖氏云息疑即燕之異名考工記云張獸侯則王以息燕是也此禮亦於學宮行之必息司正者以昨日勞之而待之之禮
又殺於賓黨故也釋服乃息之者此無所放故服其正服也案勞也之勞讀如勞來之勞息有止義勞而止息謂之息梓人則王以息燕
注息者休農息老物也禮記樂記息焉游焉注息謂作勞休止之息淮南精神訓曷能久熏勞而不息乎高誘注息止也勞而止息謂之
息故息其勞而勞之亦謂之息此一義之引伸也韋氏協夢云此勞賜鄉飲之贊者司正爲贊者之長舉司正則其餘皆勞矣息司正亦
當使人速之觀鄉射可知淩氏釋例云凡鄉飲鄉射明日息司正略如飲酒之禮鄉飲酒禮明日主人釋服乃息司正無介不殺薦脯醢
羞惟所有徵惟所欲以告于先生君子可也賓介不與鄉樂惟欲此鄉飲酒明日息司正之禮也故注云息勞也勞賜昨日贊執事者獨
云司正司正庭長也無介則但以司正爲賓不殺則無俎皆殺於飲酒正禮鄉射明日賓拜賜後主人釋服乃息司正無介不殺使人速

迎于門外不拜入升不拜至不拜洗薦脯醢無俎賓酢主人主人不崇酒不拜衆賓既獻衆賓一人舉觶遂無筭爵無司正賓不與徵唯所欲以告於鄉先生君子可也羞唯所有鄉樂唯欲此鄉射明日息司正之禮也與鄉飲息司正禮同但經文較詳耳無介下注云勞禮略賤於飲酒也已下皆記禮之異者又遂無筭爵下注云言遂者明其閑闕也賓坐奠觶於其所擯者遂受命於主人請坐於賓賓降說屨升堂矣不言遂請坐者請坐主於無筭爵又無司正注云使擯之而已不立之蓋注又推經之所未詳者皆殺於飲酒之正禮也無

介勞禮略也司正爲賓 疏 正義曰知司正爲賓者以司正是庭長故以爲賓也敖氏云是禮雖主於司正未必以司正爲賓公父文伯飲南宮敬叔酒以路堵父爲客是其徵矣盛氏世佐云司正蓋以州長爲之諸侯之州長士也此乃大夫燕士之禮敖氏所引左傳蓋大夫族飲禮故以異姓爲賓非此比也當以注說爲正方氏苞云據經文以告于先生君子兼召知友蓋先生君子既不可屈爲司正之介知友又不可爲介而先於先生君子故無介爲安不殺市買若因所有可也不殺則無俎 疏 正義曰蔡氏德晉云不殺不特殺也敖氏云無介不殺皆賤於飲酒薦脯醢羞同也 疏 正義曰校勘記云案敖氏注云薦同雖非引鄭注然竊疑鄭注羞字亦薦字之誤案賈疏亦作羞集釋楊氏皆同則注自作羞不得因敖氏而疑注亦作薦也羞唯所有在有何物 疏 正義曰羞字承上言之謂薦脯醢所用之羞親見在所有何物則用之飲酒正禮用狗胾此不殺則無狗胾故唯所有徵唯所欲徵召也 疏 正義曰賈疏云昨日正行飲酒不得喚親友故今食禮之餘則召知友故言徵唯所欲也以告于先生君子可也告請也先生不以筋力爲禮於是可以來君子國中有盛德者可者召不召唯所欲 疏 正義曰敖氏云君子國中有爵有德

者也亦使人告之云可者嫌其禮輕不必告也惟言告是不請矣不請則不速可知皆異於賓也其來若否則但語告者以復命於主人焉敬老尊賢之意也鄉先生外別有君子以是知先王與賢育材有先生君子若與其位蓋如遵方氏苞云但以告而不敢請來與否聽不敢強以仕者必如是而後禮賢之義備也孟子曰大有為之君必有所不召之臣春秋戰國時猶有周豐段干木泄柳之儔為時君所不能屈周公之教思可謂無窮矣周之士也肆其此之謂歟又曰遵者亦不告以禮輕不敢復煩尊者盛氏世佐云鄉者主人就先生而謀賓介則與賢之典先生與有勞焉而昨日之禮乃不以告何也蓋正行禮之時酒清肴乾賓主百拜非強有力者不能勝也敢以是煩長者乎故不以告也至是則禮已輕矣又不敢請而但使人告之蓋不敢必其來也古之鄉大夫待先生之忠且敬也蓋如此褚氏寅亮云注云徵召也告請也召之與請不但見尊卑之等差且見召者必欲其來也而請者聽其自主蓋既殺於正禮則不敢必以屈先生君子也王氏引之云上文主人就先生而謀賓介注賓介處士賢者卽國中有盛德者也然下文云賓介不與則處士有德者但為鄉飲酒之賓介而此日不與其事豈得復告於處士有德者乎君子蓋卽上文之諸大夫也鄉飲酒之日諸公大夫或來或否其不來者則可與於此日之息司正故必以告焉鄉飲酒義曰故聖人制之以道鄉人士君子士君子謂士大夫也賓介為士主人為大夫大夫謂之君子諸公大夫亦謂之君子故曰以道鄉人士君子也此鄉飲酒諸公大夫謂之君子之明證士冠禮遂以摯見于鄉大夫鄉先生鄉大夫則此所謂君子也士相見禮凡侍坐于君子又曰若先生異爵者請見之注云異爵者謂鄉大夫也鄉大夫則君子曲禮曰侍坐于先生又曰侍坐於君子又曰侍坐於長者斷無不侍坐於貴人之理所謂君子者卽鄉大夫也蓋鄉大夫之已致仕者為先生未致仕者為君子

經言告于先生君子謂此二者也先言先生後言君子者鄉黨莫如齒先生七十而致仕其齒最長故先之也鄉射禮之鄉先生君子義與此同彼注云君子有大德行不仕者亦失之

賓介不與禮瀆則變古文與與為預疏正義曰校勘記云注變徐本集釋通解楊氏俱作褻古文與與為預徐本集釋俱作豫通解作預今案敖氏亦云古文與為豫○敖氏云不敢以輕禮浼昨日之尊方氏苞云不與者惟賓介不衆賓尚有與者上經曰徵唯所欲則必德行道藝為主人所心許然後召之非衆賓皆與也人情於得失榮辱之介可徵其器量使周旋於鄉先生君子之前則有不能自掩者矣此與以五物詢衆庶之義同鄉先生君子徵辨其德器衆庶明徵其行藝皆所以振興羣士以為後舉所依據也若賓已受正而又以飲食之道召之則褻矣古文與與為預詳士昏禮我與在下案士昏禮鄉射禮聘禮公食大夫禮士虞禮注皆云古文與為豫則此亦當作豫作預誤也

鄉樂唯欲鄉樂周南召南六篇之中唯所欲作不從次也不歌鹿鳴魚麗者辟國君也疏正義曰敖氏云鄉樂者凡國風皆是也惟欲者唯其所欲則使工歌之不如昨日之有節次也蓋亦純用鄉樂之異者耳國風為大夫士之樂小雅為諸侯之樂大雅頌為天子之樂禮盛者可以進取故鄉飲酒升歌小雅也息司正禮輕故唯用其正樂耳鄉射禮云一人舉觶遂無筭爵然則工入之節其在無算爵之時乎

右拜賜拜辱息司正此條張氏鄭注句讀無今補

記

鄉朝服而謀賓介皆使能不宿戒鄉鄉人謂鄉大夫也朝服冠玄端緇帶素韠白屨今郡國行鄉飲酒

之禮玄冠而衣皮弁服與禮異再戒爲宿戒禮將有事先戒而復宿戒疏正義曰注而復宿戒校勘記云復徐本集釋俱作又與疏合通解楊氏俱作復張氏爾岐云注曰先戒而又宿戒案釋文復字注曰而復同此又必復字也今案賈本作又陸本作復自不同耳張氏鄭注句讀作後以肊改也　云鄉鄉人謂鄉大夫也者敖氏云鄉飲酒也不言飲酒省文耳孔子曰吾觀於鄉王制曰冠昏喪祭鄉相見皆其徵也於此云鄉者如燕禮記先言燕特牲禮先言特牲之類也張氏爾岐云鄉謂鄉飲酒之禮注指人恐義不盡方氏苞云記曰習射尚功習鄉尚齒又曰觀於鄉而知王道之易易蓋古者唯飲酒之禮名曰鄉以鄉大夫與賢能退而以五物之禮詢衆庶黨正正齒位皆鄉禮獨言鄉乃可以該之其不言主人何也以經有明文兼明所就謀賓介之先生亦朝服也案注以記朝服而謀賓介主鄉大夫言故謂鄉鄉人謂鄉大夫也然記鄉字總此一篇下不言主人方氏謂經有明文是也經與記非一人所作古蓋別爲一卷每篇題其名以別之不與下文連讀也敖張諸說皆確云朝服冠玄端緇帶素韠白屨者李氏如圭云冠玄端玄冠玄端也冠與衣帶同色屨與裳韠同色敖氏云謀賓介如飲酒之始故即服其服經不見其服故記明之云再戒爲宿戒禮將有事先戒而後宿戒者張氏爾岐云宿戒之者將其人容有不能令得肄習今鄉飲賓介皆使賢而能爲禮者故不煩宿戒也方氏苞云與賢能國政也惟其人之可無事宿戒故及期而速之賓惟禮辭盛氏世佐云能賢能也使能者即周禮鄉大夫職云考其德行道藝而興賢者能者是也變興言使者合衆而尊寵之謂之興此以鄉大夫尊士卑又其所治故云使也夫使民興賢出使長之使民興能入使治之一有不自者得倖進則殆矣介亦後年擬貢者云皆使能蓋其慎也不宿戒者謂如士冠禮之類三日前戒賓至行禮前一日又宿之而此則否也所以然者冠禮筮日筮賓

若不先期告戒恐其至期或以他故不至則不能成禮故須戒而又宿鄉飲酒之禮則三年一行必於正月煌煌大典誰不聞之況幼學壯行之素志詎有以他故而不至者無事數數而戒宿也蓋冠一家之私禮而鄉飲一國之公禮此其所以異也二句義不相蒙先儒乃混而釋之殊失經意若謂此以使能故不宿戒則凡禮之宿戒者所使者皆非能者乎知其不能則不必使使之而又逆料其不能不敬孰甚焉且古之君子禮樂未嘗斯須去身冠禮又其習見者亦何所不能而必宿之邪案盛氏說能得禮之精意注未釋使能固以能即指賓戒也敖氏之說亦不誤

右記鄉服及解不宿戒

蒲筵緇布純 筵席也純緣也 疏 正義曰賈疏云公食大夫禮云蒲筵常緇布純此不言常文不具也倍尋曰常丈六尺也敖氏云此不言常則其度或短焉

尊綌冪賓至徹之 綌葛也冪覆尊巾 疏 正義曰校勘記云冪宋本釋文作鼏案當以冪爲正○敖氏云賓至徹冪臣禮之節也士昏禮夫婦入于室贊者徹尊冪特牲禮尸即位而徹冪皆與此異方氏苞云凡事皆於諸篇互備此經通例也尊有蓋蓋上加冪冪上加勺又反之以覆勺此篇及鄉射皆賓至即徹自獻酬至禮終不再覆祭則陳饌時徹冪酬奠隨覆之神事尤宜潔敬也故酳尸之後獻酢相繼無復神事則徹而不覆賓祭之尊惟有司以時啓冪而已燕大射更有執冪每酌於膳尊旋啓而旋覆之敬君之禮不異於享神也觀散尊徹冪則不再覆其義顯然矣燕禮至無算爵君命徹膳冪亦不再覆以酌無算不可以旋啓而旋覆也韋氏協夢云綌冪葛之粗者綌冪辟君禮也燕禮用綌冪

其牲狗也 狗取擇人 疏 正義曰敖氏云

用狗者用燕禮之牲也鄉飲與燕類也而燕於君禮爲差輕鄉飲於臣禮爲差重故牲亦不嫌其同**亨于堂東北**祖陽氣之所始也陽氣主養易曰天地養萬物聖人養賢以及萬民【疏】正義曰李氏如圭云鄉飲酒義亨狗於東方祖陽氣之發於東方也祖猶發也敖氏云言爨也堂東北爨所在也就而亨焉凡學宮惟一門故牲爨不於門外而於堂東北堂東北卽東夾之東北也學宮有左右房則亦當有夾室郝氏敬云易象艮爲狗東北艮方陽氣所發生飲以養主故牲用狗亨於東北象陽也鄭解牲狗爲取其擇人迂也

獻用爵其他用觶爵尊不褻用之【疏】正義曰敖氏云其他謂酬及舉觶之屬也然記之文意似失於不備夫酢亦用爵也何獨獻哉此上篚之爵三觶一下篚之觶三張氏爾岐云其他謂酬及旅酬秦氏蕙田云酢亦用爵記但言獻者酢統於獻也敖氏議記文之不備過矣淩氏釋例云凡酌酒而飲之器曰爵爵者實酒之器之統名其別曰爵曰觚曰觶曰角曰散士冠禮疏韓詩外傳曰一升曰爵二升曰觚三升曰觶四升曰角五升曰散相對爵觶有異散文則通皆曰爵也考工記梓人爲飲器勺一升爵一升觚三升獻以爵而酬以觚一獻而三酬則一豆矣後鄭曰觚豆字聲之誤觚當爲觶豆當爲斗鄉飲酒記獻用爵其他用觶鄉射記同此爲鄉飲酒鄉射而言也若燕禮大射雖獻亦用觚宰夫爲主人辟君也至於酬旅酬無筭爵則同用觶矣特牲禮主人初獻尸尸酢主人主人獻祝獻佐食皆用角注不用爵者下大夫也因父子之道質而用角是也又大射司馬獻獲者則用散經云司馬正洗散特牲佐食獻尸則用散經云利洗散獻于尸酢及祝如初儀降實散于篚是也特牲記篚在洗西南順實二爵二觚四觶一角一散注二爵者爲賓獻爵止主婦當致也二觚長兄弟酌衆賓長爲加爵二人班同迎接並也四觶一酌奠其三長兄弟酬賓卒受者與賓弟子兄弟弟子舉觶於其長

禮殺事相接禮器曰貴者獻以爵賤者獻以散尊者舉觶卑者舉角此注皆據特牲經文言之二觚賈氏無疏敖氏曰二觚者長兄弟以觚爲加爵因以致於主人主婦既則更之以酢於主人也說與注異經云長兄弟洗觚爲加爵則衆賓爲加爵亦當用觚注說是也觚卑於爵觶卑於觚角散又卑於觶故代君爲主人之獻酢用觚殺於正主之獻酢用爵也酬旅酬無筭爵用觶又殺於獻酬用爵觚也若夫醴用觶而不用爵觚者醴事質故也

薦脯五挺橫祭于其上出自左房

挺猶膱也鄉射禮曰祭半膱膱長尺有二寸在東陽也陽主養房饌陳處也冠禮之饌脯醢南上曲禮曰以脯修置者左朐右末

疏

正義曰校勘記云注今本釋文猶膱本亦作樴宋本二云猶樴本亦作膱張淳識誤載樴字而缺其說蓋從釋文作從木之樴也在東在上徐本集釋通解楊氏俱有左字二云挺猶膱也鄉射禮曰祭半膱膱長尺有二寸者李氏如圭云脯橫於人前其末居右祭橫其上於人則爲從也脯五挺通祭而六挺敖氏云脯之祭者半挺使人以爲祭也二云橫祭是五挺者縮籩也然則籩亦有首尾歟張氏爾岐二云薦脯用籩其挺五別有半挺橫於上以待祭脯本橫設人前橫祭者於脯爲橫於人爲縮蔡氏德晉二云數脯以挺脯乾則挺直也籩實五挺皆橫設所謂左朐右末也而以祭之半挺直加其上故曰橫祭案挺膱皆有直義爾雅釋詁二云挺直也鄉射記注二云古文膱爲胾今文或作植戠直古聲通故戠或通作埴膱或通作䐈皆其類也脯乾則直因謂之挺或謂之膱其義一也云在東陽也陽主養房饌陳處也者敖氏二云左房東房也有左房則有右房可知陳氏祥道二云鄉飲酒薦脯五挺出自左房鄉射籩豆出自東房大射宰胥薦脯醢由左房夫鄉飲鄉射大夫禮大射諸侯禮其言相類蓋言左以有右言東以有西則士大夫之房室與諸侯同可知淩氏釋例詳士冠禮

俎由東壁自西階升

亨狗既孰載之【疏】正義曰上云亨于堂東北而不別言陳俎之處則
俎俱於東方是俎亦未離於其所也故其設時由東壁而來必
言由東壁者嫌俎當自門入也云自西階升者明賓主同郝氏敬云
亨狗于堂北熟而實於俎故自東壁出由西階升堂也韋氏協夢云
俎為賓設故
升自西階
賓俎脊脅肩肺主人俎脊脅臂肺介俎脊脅胳肺肺皆
離皆右體進腠
凡牲前脛骨三肩臂臑也後脛骨二膞胳也尊者俎
尊骨卑者俎卑骨祭統曰凡為俎者以骨為上骨有
貴賤凡前貴後賤離猶捶也腠理
也進理謂前其本也今文胳作骼【疏】正義曰朱子云印本胳上有肫
字然釋文無音疏又云有臑肫
而介不用明本無此字也成都石經亦誤今據音疏刪去敖氏云今
印本與石經胳上有肫字案疏云介用胳又云或有肫胳兩言者云
云又釋文此處無肫音至下乃音之今據釋文與疏之前說則胳上
固無肫字又考疏之後說則是作疏之時或本已有兩言肫胳二字
者矣是蓋後人妄增之而當時無有是正之者故二本並行其後石
經與印本但以或本為據所以皆誤今從通解刪之校勘記云唐石
經徐本集釋楊氏俱有肫字通解敖氏無案賈疏云肫胳兩見亦是
也又前疏云下有介俎脊脅肫胳仍有肫字則賈氏所據之本雖無
肫字亦不以有肫為非案注但言膞胳不云肫胳使經文為肫字注
必明言肫與膞之為一其不言則鄭所據本無肫字可知也別本蓋
以注之膞胳即肫胳因加肫字於胳字上唐石經不察遂從其本要
當以陸賈為正張氏爾岐鄭注句讀仍加肫字宜為盛氏所譏也進
腠校勘記云釋文作奏云本又作腠注膞胳也校勘記云盧文弨改
膞為膊案膊即肫字說文肫面頯也从肉屯聲膊切肉也从肉專聲
皆非脛骨之義蓋假借用之專肫同音膞肫同字今注疏刊本訛誤
作膊膊以專為聲不得與肫同用周禮醢人豚拍杜子春讀為膊案

殺氏說文注曰儀禮牲胘骼假借胘爲腨字也腨肥腸也析言爲胖
腸統言之則以腨該全脛如禮經之言胘骼是也禮經多作胘或作
膞皆假借字以骨爲上校勘記云上徐本集釋通解敖氏俱作主謂
其本也集釋無其字今文胳作骼集釋作爲與疏標目不合○敖氏
云皆皆肩臂胳也凡肩脅不謂之體右體者吉禮所尚故於三俎用
之肺在後者便其取之也凡俎橫設其後皆於所爲設者爲右方氏
苞云先脊脅而後肩臂何也鬼神不饗味而貴氣臭故骨體以次升
生人所食惟肺脊故昏禮夕食及朝饋舅姑所舉惟肺脊從其質也
賓禮所嚌惟肺而骨體之陳亦以平時所舉爲先用别於神享也淩
氏釋例云凡牲皆用右胖惟變禮反吉用左胖鄉飲酒記賓俎脊脅
肩肺主人俎脊脅臂肺介俎脊脅胘胳肺皆右體進腠鄉射記賓俎
脊脅肩肺主人脊脅臂肺皆右體也進腠注左體周所貴也此嘉禮
用右胖也特牲記云尸俎右肩臂臑胘胳正脊二骨橫脊長脅二骨
短脅少牢禮實鼎司馬升羊右胖髀不升注上右胖周所貴也又云
司士升豕右胖髀不升又將祭載俎上利升羊載右胖髀不升又云
下利升豕其載如羊有司徹司馬杫羊亦司馬載右體又云司士杫
豕亦司士載亦右體此吉禮皆用右胖也是凡牲皆用右胖也既夕
禮大遣奠陳鼎其實羊左胖髀不升豕亦如之注反吉祭也士虞禮
豚解升左肩臂臑胘胳脊脅又云升腊左胖髀不升是變禮反吉始
用左胖也至於特牲記賓骼注骼左骼也賓用左骼者下尸也有司
徹侑俎羊左肩左肫又云豕左肩折侑用左體者亦下尸也主婦俎
羊左臑主婦用左體者因侑俎無體故下主人也此皆禮之殺者故
不用右胖也又案士冠禮若殺則特豚載合升注煑於鑊曰亨在鼎
曰升在俎曰載載合升者明言與載皆合左右胖士昏禮初昏陳鼎
其實特豚合升去蹏注合升合左右胖升於鼎也士喪禮奠陳鼎豚
合升注合升合左右體升於鼎冠禮人道之始昏禮男女之始大斂

人道之終故皆合升左右胖異於他禮也又士冠禮若殺注凡牲皆
用左胖疏云特牲少牢皆用右胖少儀云太牢則以牛左肩折九箇
爲歸胙用左則用右而祭之鄉飲酒鄉射用右體與祭同據周而言
也此云用左鄭據夏殷之法與周異也竊謂注凡牲皆用左胖當作
右胖左字蓋傳寫之誤疏以若不醴則醮用酒如夏殷冠子之法故
爲此說以遷就之不足信也陳氏祥道云豚則吉凶皆合升用成牲
則升其胖而去髀吉升右而凶升左注凡牲前脛骨之肩臂臑也後
脛骨二膞胳也尊者俎尊骨卑者俎卑骨者郝氏敬云凡俎貴骨骨
貴正與前脊正骨也脅肩前骨也臂肩下骨也胳後脛骨也賓骨用
貴主人次之介又次之敖氏云今俎用胳者欲以臑爲諸公俎肫爲
大夫俎也遵者若多則自三以下皆用左體是亦示其相下之意也
若無遵者介俎猶用胳不爲之變也案李氏集釋張氏鄭注句讀本
胳上皆有肫字故其說稍異李氏云周人貴肩賓俎用肩主人用臂
尊賓也大夫雖尊不奪賓主正禮其俎用臑肫卑於主人而尊於介
介用胳若大夫一人則介得用肫故介俎肫胳兩見張氏曰肫胳卽
注膞胳後脛二骨也賓主俎各一體而介俎肫胳並言者以肩臂之
下留其貴者爲大夫俎若有一大夫則大夫用臑而可用肫若有二
大夫則大夫用臑與肫而介用胳用體無常故肫胳兩見也盛氏世
佐云介俎用胳正也不以遵者之多少而有所變若謂有一大夫則
介用肫有二大夫則介用胳然則無大夫則介當用臑矣經何以不
云介俎脊脅臑肫胳肺也且有三大夫則介更何所用乎其說固不
可通也引祭統者明骨有貴賤而俎之尊卑視之也　注云離猶挂
也腠理也進理謂前其本也者郝氏云周人尚肺肺皆離割而不絕
也進腠肉皮向上也云今文胳作骼者胡氏承珙曰說文胳亦下也
亦卽腋字亦部云人之臂亦也骨部曰禽獸之骨曰骼是許書於胳
骼二字有人獸之別儀禮古文作胳今文作骼鄭於鄉飲酒從古文

於有司徹從今文者對文則別散文則通經言牲體獸骨自明不必作骼始曉非同說文字書專明一字本義也段氏說文注胳下曰禮經特體之胳今文作胳古文作骼鄭出古文於注是注從今文也許訓胳爲亦下訓骼爲禽獸之骨是從古文禮不從鄭也又禽獸之骨曰骼注云案骨當作髖許據儀禮十七篇故云禽獸之髖曰骼也儀禮多言肫胳亦作膞皆說文之臑字也骼亦作胳於人曰髖也髖者脾上也牲前是體三曰肩曰臑曰臂於人爲厷肩下臂上也後是體三曰胳曰髀曰臑禮髀賤不升故經多言肩臑臂膞胳臑在臂上胳在肫上而先言臂肫者蓋四肶以下爲貴也胳是本字至埤蒼乃作骼廣雅字林變作骹又或作骰魚虞歌麻通轉之故也云曰骼曰骴者所以別人禽之異名肉部曰臂羊豕曰臑是其例也許案十七篇爲言故不敢謂骼爲人骨也案段氏兩說自異當以骼下爲正鄭於此經曰今文胳作骼於有司徹曰古文骼作胳是古文作胳今文作骼段以爲今文作胳古文作骼顯與注悖肉骨偏旁古多通用如膈或作䯧骴或作胔皆其類也鄭於此注從古文有司徹從今文以其通用可便作耳段以注從今文非也許君據十七篇爲言故謂骼爲禽獸之骨以禮經所言骼皆主牲體言也許君於禮多從今文確有可證段必以許從古文禮不同鄭誤矣說文於胳曰亦下於骼曰禽獸之骨分別言之其實骼胳一字也

右記器具牲羞之屬

以爵拜者不徒作作起也言拜既爵者不徒起起必酢主人疏正義曰賈疏云拜受爵者有不酢主人法故此是拜既爵起以酢主人者也敖氏云以爵拜蓋指賓主介遵既卒爵而奠爵拜者也既拜而與則與飲已者爲禮故曰不徒作然此拜乃前禮

之節其意未必與後禮相通記乃合之以生義似失之又經言奠爵此乃言以爵則其意亦可見矣盛氏世佐云以爵拜者謂凡奠爵執爵興者也不徒者謂起必有所事無空起也試以經文考之蓋一一不爽如主人獻賓賓之告旨也坐奠爵拜執爵興是以爵拜也下節云賓西階上北面坐卒爵是不徒作也其拜既爵也亦然又如賓酢主人主人坐卒爵興坐奠爵遂拜執爵與是以爵拜也下文即言其再拜崇酒之事是不徒作也以是推之凡介遵之禮皆然至於獻衆賓衆賓不拜既爵是不以爵拜也下云授主人爵降復位是徒作也凡拜必奠爵記乃言以爵拜不言奠爵拜何也凡拜畢即執爵興者謂之以爵拜不執以興者謂之奠爵拜奠爵拜則有徒作者矣如介酢主人主人坐奠爵於西楹南介右再拜崇酒下云主人復阼階是其徵也若夫拜受爵之禮先拜而後受爵方其拜時爵固未入手也不得謂之以爵拜注專以拜既爵訓以爵拜以酢主人訓不徒作固偏敖氏雖兼賓主介遵而言然但指其卒爵之拜亦未備且未知奠爵以爵之分而反疑記失豈不謬哉案下文有拜既爵不拜既爵故注探下為言知以爵拜謂拜既爵也

坐卒爵者拜既爵立卒爵者不拜既爵

降殺各從其宜不使相錯唯工不從此禮

疏 正義曰敖氏云此蓋於卒爵之時見其拜不拜之意坐逆於拜故當拜則坐而飲而不當拜則立飲也是一儀者經已具之記蓋言其例耳又此與下條惟以鄉飲鄉射之禮言之則可若推於他禮則有不盡然者矣云惟工不從此禮者李氏如圭云工賤不拜既爵無目不使立卒爵耳

凡奠者于左

不飲者不欲其妨、

疏 正義曰賈疏云謂主人酬賓之觶主人奠於薦右客奠之於左是不欲其妨後奠爵也

將舉于右

便也

疏 正義曰賈疏云謂若上文一人舉觶為旅酬始二人舉觶為無算爵始皆奠於右是其將舉者於右以右手舉之便也李氏如

主云少儀曰客爵居左其飲居右介爵酢爵僎爵皆居右客爵主人酬賓之爵也

衆賓之長一人辭洗如賓禮於三人之中復差有尊者餘二人雖為之洗不敢辭其下不洗

【疏】正義曰敖氏云主人獻衆賓惟於始長者一人為之洗經云主人取爵于西楹下降洗是也一人辭之者禮主於己也張氏爾岐云主人統為衆賓三人長一洗一人進與為禮餘二人不敢往參非又為二人各一洗也又案經文洗升實爵後始言衆賓之長升拜受者三人此時三人尚未升堂其辭洗亦自階下東行辭之疏於前經以主人揖升為揖衆賓升以此辭洗為降辭皆誤盛氏世佐云案經文主人獻衆賓唯有一洗蓋以衆賓之長一人也故此人辭之餘二人並不為之洗何辭之有注誤

立者東面北上若有北面者則東上賢者衆寡無常也或統於堂或統於門

【疏】正義曰張氏爾岐云立者堂下衆賓也東面北上統於堂也賓多東面立不盡卽門西北面東上統於門也敖氏云此謂在門內位之時也賓入門左位近庭南介以下又居其南衆賓若多則容有北面者北面者與東面者相繼當西上云東者字誤也門西北面而東上自為列者耳韋氏協夢云此蓋言凡東面立者之位也門內及堂下並同堂下之位若有北面者亦當西上蓋繼東面而立也若東上則相背矣敖氏以東為西字之誤當從之盛氏世佐云注云衆賓辯有脯醢不見其位面及上下之次故記之記在一人辭洗之下其為堂下衆賓之位無疑敖氏見朱子通解載此條於迎賓之後遂云在門內位之時非也周禮鄉大夫職云鄉老及鄉大夫帥其吏與其衆庶以禮禮賓之則行飲酒禮之時鄉人之善者皆在故容有北面者北面者與東面相繼當西上乃云東上者猶賓席南鄉而以東為上說者以為統於主人是也敖氏改東為西似未達此義注云統於門亦未的確

樂正與立者皆薦以齒

謂其飲之次也尊樂正同於賓黨不言飲而言薦以薦明飲也既飲皆薦於其位樂正位西階東北面【疏】正義曰注以明飲也校勘記云以下集釋敖氏俱有薦字○敖氏云此樂正乃公有司非衆賓也又不立於西方嫌其禮異故明之張氏爾岐云樂正本主人官屬故以齒於賓黨爲尊之盛氏世佐云經文獻衆賓之時不言樂正故記之立者亦謂堂下衆賓也方氏苞云舉樂正司正之薦而不及弟子何也此日之弟子卽他日可爲賓介列衆賓者也有司與酬則弟子可知矣不言與酬而言薦何也言薦則酬見言酬則薦不見而或疑於無薦也

凡舉爵三作而不徒爵 謂獻賓獻大夫獻工皆有薦【疏】正義曰敖氏云言此者明獻禮重無有不薦者也注云獻賓謂賓介及衆賓也云獻工兼笙者也郝氏敬云舉爵三作謂獻賓獻介獻衆賓不徒爵謂樂作也禮成於三三爵既備禮宜少變遵者可入遵者入而後樂作以觀德也樂既作則遵者不入盛氏世佐云舉爵謂初取爵於篚也作起也三作謂奠爵之後復取之而起三次也徒空也不空爵謂實之以酒此禮獻賓獻大夫皆然故云凡試以獻賓禮證之經云主人坐取爵于篚卽此所謂舉爵也既因辭賓降而奠賓對後復坐取爵興適洗是一作也既又因對賓辭洗而奠賓復位後復坐取爵卒洗是二作也既又因荅賓拜洗而奠盥後復坐取爵實之是三作而不徒爵也獻介之不拜洗則少盥後一作矣獻衆賓無辭降之文則又少賓對後一作矣記此者欲見獻賓及大夫禮隆不與介以下同也鄉射記此句在凡奠者于左之上見獻賓禮也此記於樂作大夫不入之上見獻大夫如賓禮也獻介及衆賓皆仍獻賓之爵不得謂之舉爵獻大夫則易爵故得以舉爵統之也注於記中凡字而字俱無所發明且獻之有薦經文明白何待記乎郝說初讀之似有理及細考之亦非鄉射禮無介獻賓及衆賓後卽遵入而樂作矣是舉爵二作而不徒作也何以彼

記亦云舉爵三作而不徒爵乎以此證之則其紕繆顯然矣方氏苞云此謂無筭爵也吉者于旅也語既受三爵則必以善言相告戒或歌詩以見志如以不徒作爲薦則衆賓皆有脯醢立者皆薦安得以獻賓獻大夫獻工爲三舉爵且又去介而著工乎案此記人各爲說似皆未得其旨注謂舉爵爲獻賓獻大夫獻工不徒爵謂皆有薦然獻介獻衆賓亦皆有薦遺介與衆賓而謂賓大夫與工之獻爲舉爵易爵爲舉爵仍爵爲非舉爵似亦未得經意至郝氏方氏自立新說三作未見其合也盛氏專以獻賓獻大夫言雖傅會三作之文然以尤於經無當也今案記言舉爵爲經一人舉觶言也云凡兼二人舉觶言也試以經文證之經言一人舉觶于賓云賓觶于西階上坐奠爵遂拜執爵興是一作也又云坐祭遂飲執觶興是二作也又云坐奠觶遂拜執觶興是三作也是所謂舉爵三作也不徒爵者謂其必實觶也二人舉觶之禮亦同一人舉觶鄉飲在奏樂條之上鄉射在賓若有遵者條之上此記在樂作大夫不入之上與經之次正相合鄉射記此句於凡奠者于左之上上者承上坐卒爵者拜既爵立卒爵者不拜既爵以類相從耳

樂作大夫不入後樂賢者

疏正義曰李氏如圭云大夫之來助主人樂賢故既樂作不入敖氏云此謂大夫之來也後不及一人舉觶之節者也樂作之時不可亂之故不入若樂既作則獻工與笙矣大夫之獻又不宜後於工也褚氏寅亮云其入之節在一人舉觶樂未作前爲時亦無幾注言後樂賢深得禮意敖氏謂樂作則獻工大夫之獻不宜後於工然則大夫專爲自己獻不可後而不入也失之遠矣

獻工與笙取爵于上篚既獻奠于下篚明其異器敬也如是則獻大夫亦然上篚三爵

疏正義曰李氏如圭云三爵獻賓介衆賓一獻工與笙二獻大夫三也敖氏云既獻工則奠於上篚既獻笙乃奠於下篚也不仍用獻大夫之爵者節異則不相因也

既獻大夫而酢則奠爵於西楹南又案注云獻大夫亦然者惟謂亦取爵於上篚耳 其笙則獻諸西階上 謂主人拜

送爵也於工拜於阼階上者以其坐於西階東也古文無上 疏正義曰李氏如圭云獻笙固於西階上矣復記之者嫌亦於阼階上

拜送敖氏云此記乃與經同者特因上文而言耳 注云古文無上 者胡氏承珙云案經言主人獻笙于西階上鄉射禮記其笙則獻諸

西階上此亦當有上字故從今文 磬階閒縮霤北面鼓之 縮從也霤以東西為從鼓猶擊也大夫而特縣方賓

鄉人之賢者從士禮也射則磬在東古文縮為蹙 疏正義曰李氏如圭云在堂上兩階之閒東西節也 注云縮從也霤以東西為

從者李氏云縮霤者上當堂之南霤南北節也凡東西為橫南北為從南霤則以東西為從謂之縮霤敖氏云縮如縮俎之縮縮霤者縮

於霤也前霤兩端東西鄉設磬當其下亦如之故於霤為縮郝氏敬云霤檐閒承霤也縮霤者當霤東西設之於霤為從於堂為橫也云

大夫而特縣方賓鄉人之賢者從士禮也者張氏爾岐云周禮小胥掌正樂縣之位王宮縣諸侯軒縣卿大夫判縣士特縣凡縣鐘磬半

為堵全為肆宮縣四面皆縣如宮有牆也軒縣去其南面判縣又去其北面特縣又去其西面特立一面而已鐘磬編縣之十六枚在一

虡謂之堵鐘一堵磬一堵謂之肆諸侯之卿大夫半天子之卿大夫西縣鐘東縣磬士亦半天子之士縣磬而已此鄉飲酒本諸侯卿大

夫合鐘磬俱有而直有磬者以方賓賢俯從士禮也敖氏云此禮特縣則有磬鐘鑮及鼓鼙惟言磬者以其為縣之主而居首且可以取

節於霤故也陳氏暘曰磬之為器昔人謂之樂石立秋之音夷則之器也蓋其用編之則雜而小離之則特而大叔之離磬則專虡之特

磬非十二器之編磬也古之為鐘以十有二律為之齊量其為磬非有齊量也因玉石自然以十有二律為之數度而已爾雅大磬謂之

鼛徒鼓磬謂之寋周官磬師掌教擊磬擊編鐘則知有編磬矣爾雅言大以見小磬師言鐘以見磬大則特縣小則編縣儀禮鼗鼓倚於頌磬西紘則所謂紘者其編磬之繩歟小胥凡縣鐘磬半爲堵全爲肆鄭氏釋之謂編縣之十六枚同在一簴謂之堵鐘磬各一堵謂之肆禮圖取其倍八音之數而因之是不知鐘磬特八音之二耳謂之取其數可乎典同凡爲樂器以十有二律爲之數度以十有二聲爲之齊量則編鐘編磬不過十二耳謂之十六可乎嘗讀漢書成帝時於犍水濱得石磬十六枚未必非成帝前工師附益四清而爲之非古制也康成之說得非因此而遂誤歟古有大架二十四枚同一簴簴通十二律正倍之聲亦庶乎古也盛氏世佐云編磬之法經無明文可考鄭云十六枚取象八風而倍之也服子慎云十九枚取十二辰加七律也唐李沖用二十四枚取十二律倍聲也大周正樂用十四枚取五聲二變之倍數也諸說紛如鄭公之言頗與樂緯四清聲合後世多祖之蓋以十二律加四清合二八之數也四清者半律也十二律皆有半而此缺其八且無變律朱子嘗譏其法太疎略而用有不周則其非古制明矣馬氏端臨譏李沖所用謂其上不失之四清下不失之二變然考朱子鐘律篇所著十二律正變倍半之法有三十六聲去其不用者八音亦當有二十八聲李氏僅取十二律正倍之聲而不及其變與變半則猶未備也唯陳氏以周禮典同之文定爲十二枚其議發於范鎮最爲有據尚書傳曰天子將出撞黃鍾之鐘右五鐘皆應入則撞蕤賓之鐘左五鐘皆應則鐘之應乎十二律也古矣大者如此小亦宜然陳氏之言殆得之矣古文縮爲蹙者胡氏承珙云說文縮亂也一曰蹴也縮蹴同聲爲訓手部亦云縮蹴引也蹙與蹴同曲禮以足蹴路馬芻有誅釋文本又作足蹴文選羽獵賦注云蹙蹴古字通經典蹙亦有縮義小雅節南山蹙蹙靡所騁傳云蹙蹙縮小之貌是縮蹙二字聲義皆可通惟禮經縮多訓從今

文作縮者正字古文作蹷者同聲借字故鄭從今文王氏引之云東西可謂之橫不可謂之從注說非也縮當從古文作蹷蹷近也磬當兩階之閒其北則霤矣磬非在霤而近於霤故曰蹷霤考工記工人夫角之本蹷於𠠵而休於氣夫角之末遠於𠠵而不休於氣鄭注曰蹷近也正與此蹷字同義縮乃蹷之假借耳江氏筠云此經本未及樂縣故記亦不於縣致詳其言此者特以經有笙入堂下磬南北面立之文本顯磬南之所在兼不辨磬之爲從爲橫亦無以見笙之去堂遠近故特明之謂爲論樂縣者非也敖氏謂此禮特縣則有磬鐘鏄及鼓鼙說爲得之其云惟言磬者以其爲縣之主而居首也則所見猶未達耳

主人介凡升席自北方降自南方席南上升由下降由上由便

【疏】正義曰敖氏云此儀各一見於經云凡者似爲不見者言也二席南上升降當由下其降由上者由便耳若例指爲正禮則似失之且經于主人之酢云自席前適阼階上是其降亦未必皆自南方也乃言凡何與方氏苞云主人及介升席自北方經有明文而記復舉此何也主人之降席無文介之降席雖見於受獻而將徹俎賓主介降席皆不自其方故舉此以著升降之凡例而賓降席之方亦可於升席自西方比類而得之矣褚氏寅亮云此正禮也即康成所云升由下降由上也其主人受酢而自席前適阼階上者以啐酒在席北端故由便而非正也然則此記是正禮何以注亦云由便升以自下而上爲便降以自上而下爲便因其便而禮節生即以是爲正焉猶身在席正中者言也若身在席北而必拘由下之禮則反躐席而不便矣故經從北降此則真由便也注兩由便須如此分別看乃得敖氏云此儀各一見於經乃云凡何歟蓋與彼升降皆由下之說不合故并記駁之耳夫駁記以申其說何所不可

司正既舉觶而薦諸其位司正主人之屬也無獻因其舉觶而薦之

【疏】正義曰敖

氏云無獻者異於正賓有薦者別於其黨凡旅不洗敬禮殺也【疏】正義曰凡凡尊卑也方氏苞云與酬者衆每人而洗曰不暇給矣注說未安不洗者不祭不甚潔也【疏】正義曰敖氏云此承上文惟爲旅者言也若獻酒雖有不洗者亦祭之

既旅士不入後正禮也既旅則將燕矣【疏】正義曰張氏爾岐云士本爲觀禮來敖氏云此士亦主人請之爲衆賓或有故而不及與賓介同來者也經不言士入之節而記見此則未旅以前皆可以入也士賤於大夫可以不獻然不與旅酬則與主人之贊同故不與旅則不入矣云既者終言之也士亦謂當在堂下者也其入則以齒立於西方主人不迎盛氏世佐云此士謂有爵命者周禮典命職大國次國之士一命是也其入也以觀禮亦遵者之類也大夫尊當與於獻故其入以一人舉觶爲節樂作則不入矣士賤於大夫故不得與於獻然非主人之官屬故得與於旅其入當以司正舉觶爲節既旅則不入矣王制云命鄉論秀士升之司徒曰選士鄭此經所貢之賓也司徒論選士之秀者而升之學曰俊士升於學者不征於司馬曰造士大樂正論造士之秀者以告於王而升諸司徒曰進士司馬辨論官材論進士之賢者以告於王而定其論論定然後官之任官然後爵之爵謂命爲大夫士也然則此士與衆賓固不侔矣敖氏一之誤甚且謂未旅以前皆可入皆非也其位亦在堂下東面北上與衆賓齒黨正職云一命齒於鄉里是也褚氏寅亮云敖氏謂不與旅則與主人之贊同其失與解大夫不入一也

徹俎賓介遵者之俎受者以降遂出授從者以送之【疏】正義曰校勘記云注送上徐本集釋俱有以字○敖氏云授從者云出則是飲酒者之禮他人無事者皆不入門張氏爾岐云從者從賓介遵者來者也

主人之俎以東藏於東方【疏】正義曰東適東壁也盛氏世佐云此於賓介遵者之

俎云出授從者而主人之俎不云授主人之贊者則是受者爲主黨弟子無疑矣

樂正命奏陔賓出至于階陔作 疏 正義曰敖氏云此見命之之人與奏之之節也鄉射禮云賓降及階陔作張氏爾岐云命命擊鼓者賓出至階其節也

若有諸公則大夫于主人之北西面 其西面者北上統於公 疏 正義曰賈疏云若無諸公則大夫南面西上統於遵也敖氏云有諸公則大夫位於此尊諸公也

主人之贊者西面北上不與 贊佐也謂主人之屬佐助主人禮事徹冪沃盥設薦俎者西面北上統於堂也與及也不及謂不獻酒 疏 正義曰敖氏云此贊者蓋以學中之有司及私臣爲之西面之位其在洗東南敫與謂與其禮也下言無筭爵然後與則前此所謂不與者獻及旅酬也是句似有脫文位西面且不與旅酬亦飲酒於學之禮異者也特牲記云公有司門西北面東上獻次衆賓私臣門東北面西上獻次兄弟盛氏世佐云記文雖似錯雜然皆依經文之序鱗次櫛比固秩然而不紊也閒有數節之議該茲一記則或見於前或見於後俾讀者得以參考要未有淩亂隔越而不相比者此及下文一條以經文訂之當在樂正與立者皆薦以齒之下否則依既旅士不入之下今在此蓋脫簡也不與者謂薦與旅耳今乃綴之於末與上文之言薦言旅者隔越不屬則所謂不與者竟不知其何所指矣敖氏疑有脫文而不知其爲脫簡殊未深考敫案主人之贊者總記助主人理事者與上若有諸公條皆屬總記不依經次故引於末此云不與下云無筭爵然後與則不與之爲不與旅酬不言可知盛氏謂上文隔越不屬則不與竟不知其何指亦未說記文而細繹之也敖疑脫文盛疑脫簡其失正同淩氏釋例云凡旅酬不及獻酒者不與鄉飲酒記主人之贊者西面北上不與又云無筭爵然後與是不及獻酒者不與旅酬也禮記鄉飲酒

義賓酬主人主人酬介介酬衆賓少長以齒終於沃洗者焉孔穎達正義亦引鄉飲酒記證少長以齒終於沃洗者是無筭爵之節也考鄉飲酒旅酬辯卒受者以觶降坐奠于篚注辯辯衆賓之在下者鄉射旅酬辯遂酬在下者皆升受酬于西階上卒受者以觶降奠于篚注在下謂賓黨也是旅酬不及衆賓以下也燕禮大射公爲賓旅酬云大夫辯受酬如受賓酬之禮卒受者以虛觶降奠于篚爲卿爲大夫旅酬皆如初並不及大夫以下至爲士旅酬始云卒受者以爵興西階上酬士又云士旅于西階上辯注祝史小臣旅食皆及焉蓋前主人獻士時祝史小臣師及旅食者皆與故注云然也特牲禮祭畢飲酒賓旅西階一觶長兄弟旅阼階一觶並衆賓及衆兄弟交錯以辯特牲記又云主婦及內賓宗婦亦旅前主人獻酒至衆賓衆兄弟內賓而止故旅酬亦不及衆賓衆兄弟內賓以下也有司徹旅酬尸主人侑相酬畢至于衆賓遂及兄弟皆飲于上遂及私人拜受者升受下飲卒爵升酌以之其位相酬辯前主人獻酒辯及私人故旅酬亦辯及私人也皆不及獻酒者不與旅酬與鄉飲酒記合也亦有獻而不與旅酬者如鄉飲酒鄉射燕禮大射獻工獻笙鄉射大射獻獲者獻釋獲者是也獻工獻笙爲樂而獻獲者獻釋獲者爲射而獻非正獻之禮故不與旅酬也燕禮大射獻庶子獻左右正內小臣亦不與旅酬者獻庶子獻左右正內小臣在爲士旅酬之後也無筭爵然後與燕乃及之【疏】正義曰賈疏云以其主人之黨故無筭爵乃得酒也敖氏云此遠下於賓黨也鄉射禮曰無筭爵執觶者皆與旅酬觶亦主人之贊者也方氏苞云特牲記公有司獻次賓此則與酬而不獻何也彼以公有司而助己之私祭義近於賓此以公有司給公事義不得比於賓也特牲私臣獻次兄弟此無獻并不與酬何也士之私臣隸子弟也義同於兄弟此所與賢能將使出長之入治之者也賓與之日可使私臣與賓客同獻酬乎事各

異則義從而變也鄉飲義旅酬終於沃洗者與此經異何也彼所釋黨正之飲酒於序以正齒位也故曰六十者坐五十者立侍以聽政役而豆之數各以年爲差安得以混賓與之禮乎案鄉飲酒義終于沃洗者爲無算爵之節非與此經異也方氏誤與敖氏同

右記禮樂儀節隆殺面位次序

儀禮正義七

南菁書院

江寧楊大堉雅輪補

鄉射禮第五

鄭目錄云州長春秋以禮會民而射於州序之禮謂之鄉者州鄉之屬鄉大夫或在焉不改其禮射禮於五禮屬嘉禮大戴十一小戴及別錄皆第五

疏正義曰儀禮釋宮曰案鄉射有二一是州長會民習射一是鄉大夫貢士後以此射詢衆庶其禮皆先行鄉飲酒禮但諸侯之鄉射鄉大夫是大夫州長是士記云大夫兕中士鹿中又鄉大夫射於庠州長射於序爲少異耳張氏爾岐云據注此州長習射而云鄉射者周禮五州爲鄉一鄉管五州鄉大夫或宅居一州之內來臨此射禮又鄉大夫比與賢能訖而以鄉射之禮五物詢衆庶亦行此禮故名鄉射禮也吳氏廷華云此當兼鄉大夫州長之射言注注疏各舉其一耳州鄉之屬故亦曰鄉敖氏曰鄉射者士與其鄉之士大夫會聚於學宮飲酒而習射也此與上篇大同小異惟多射一節耳亦飲酒而但以射言者主於射也郝氏敬云洪荒之初禽獸逼人聖王以弧矢爲威教民自衞其來尚矣此男子之業故古者天子至庶人莫不有事於射比其儆也相角而爭聖人制爲禮以教之讓於是乎射禮與焉其爲鄉射何也朝廷之上謂之國邦國之中謂之鄉鄭氏附會周禮以鄉飲酒爲鄉大夫賓興鄉射爲州長教民士大夫欲習射孰不可用此禮者何必鄉大夫與州長禮士善俗冠昏以士飲酒習射以鄉皆化民成俗之意鄭謂鄉飲於庠庠鄉學習射於序序州學庠序學校同地異名養則爲庠射則爲序豈養老一學習射又一學也盛氏世佐云此篇陳天子之州長春秋習射之禮鄉老及鄉大夫賓賢能訖亦用此禮詢衆庶侯國亦如之

注專指諸侯之州長似未備先儒或目為士大夫習射之通禮非蓋以禮屬民而讀灋飲射皆有民社者之責也豈士大夫平居所常行乎士大夫相與燕飲其事有類於射者投壺是也又案庠序之說經傳各異鄉飲酒義云主人拜迎賓於庠門之外則庠為鄉學矣周禮州長春秋以禮會民而射于州序黨正國索鬼神而祭祀則以禮屬民而飲酒于序則序為州黨學矣鄭說蓋本諸此又學記云黨有庠術有序術鄭讀為遂孔疏云此蓋鄉之所居黨為鄉學之庠不別立序凡六鄉之內州學以下皆為庠六遂之內縣學以下皆為序也又云庾氏云黨有庠謂夏殷禮非周法義或然也孟子則謂夏曰校殷曰序周曰庠學則三代共之夫鄉學之設但聞鄉黨殊名不聞殷周異號且王制云有虞氏養國老於上庠養庶老於下庠夏后氏養國老於東序養庶老於西序殷人養國老於右學養庶老於左學周人養國老於東膠養庶老於虞庠明堂位亦云魯之米廩有虞氏之庠也序夏后氏之序也瞽宗殷學也頖宮周學也然則國學之名亦代不相襲矣乃云三代共之此皆不可曉朱子通解學制篇既並列諸說而斷之曰孟子說與上下數條皆不合未詳其故又云古者教人其立法大意皆萬世通行不可得而變革若其名號位置節文之詳則自經言之外出於諸儒之所記者今皆無以考其實矣然不敢有所取舍姑悉存之讀者亦不必深究也斯言真得闕疑之旨矣然以諸說之時世先後考之竊謂當以鄉飲酒義及周禮之禮為正蓋周之學制自春秋時已廢不復講故佻達成風子衿作刺魯僖能修泮宮史克至作頌以誇美之及其季世七國兵爭此制益蕩然矣故孟子所至輒惓惓以興復學校為勸說然其名號沿革之詳容有得之傳聞而失實者又況漢儒攟摭灰燼之餘雜以夏殷之禮何怪其參差而不相符乎乃若儀禮周禮皆周公制作時所定而鄉飲酒義即

儀禮之義疏也亦不容有誤鄭君據此極爲有見郝氏乃執孟子之言而詆之過矣且謂庠序學校同地異名則於鄉學國學之辨尤欠分曉不更爲無稽之譚乎褚氏寅亮云此篇及鄉飲酒敖氏以爲士與同鄉之士大夫飲酒於學宮之禮案之各經義都不合故不可從

鄉射之禮主人戒賓賓出迎再拜主人答再拜乃請主人州長也鄉大夫若在焉則稱鄉大夫也戒猶警也語也出迎出門也請告也告賓以射事不言拜辱此爲習民以禮樂不主爲賓已也不謀賓者時不獻賢能事輕也今郡國行此禮以季春周禮鄉老及鄉大夫三年正月獻賢能之書于王退而以鄉射之禮五物詢衆庶諸侯之鄉大夫既貢士於其君亦用此禮射而詢衆庶乎

疏 正義曰張氏爾岐云此射禮先與賓飲酒如鄉飲酒之儀及立司正將旅酬乃暫止不旅而射射已更旅酬坐燕並如鄉飲凡賓至之前賓退之後其儀節並不殊也此下言將射戒賓陳設速賓凡三節皆禮初事 ○ 校勘記曰注鄉大夫若在焉鄉誤作卿不言拜辱辱下疏有者字 云主人州長也鄉大夫若在焉則稱鄉大夫也者賈疏云鄉大夫是諸侯鄉大夫則此州長亦諸侯之州長以士爲之是以經云釋獲者執鹿中記云士鹿中若天子州長中大夫爲之釋官曰案鄭注鄉飲酒義亦以州長爲士周禮州長次鄉大夫一等諸侯之鄉大夫以下大夫爲之則諸侯之州長當上士爲之內則州史獻諸州伯州伯命藏諸州府伯亦長稱州伯即州長也盛氏世佐云主人謂天子及諸侯之州長也若其詢衆庶與則鄉大夫也鄉大夫所居之州雖春秋習射亦鄉大夫爲主人其戒賓也親之不合使州長疏謂大夫來臨禮州長戒賓不自稱稱鄉大夫非胡氏肇昕云注云鄉大夫若在焉則稱鄉大夫也謂鄉

大夫若在州之中則習射鄉大夫主之經所謂主人則稱鄉大夫非稱州長也疏誤會注意宜爲盛氏所駁云戒猶警之也語也者張氏爾岐云賓以州中處士賢者爲之若大夫來爲遵則易以公士方氏苞云冠之賓贊始洗戒之前朝三日筮之既筮而宿之前期一日告之鄉飲鄉射則並戒宿於卽事之日何也冠子私家之事雖前期宿戒尚恐奪於公事與賢能習射則國政也鄉大夫既就先生而謀賓介則衆賓之當與衆公卿大夫之來觀者預備之矣春秋習射其法有常其人有定故可以及期戒速同日而畢事也吳氏廷華云射爲行禮之事最重謂當先期戒賓此與鄉飲俱不言先期亦文省耳鄉飲注乃造作夙興字遂有戒賓與射同日之說不知戒者先期告之使之致敬何等鄭重若與射同日則召賓足矣何必曰戒此皆因鄉飲酒有不宿戒之說故據之不知彼無所謂使能不宿戒者蓋謂諸職事皆能而嫻於禮故不必宿戒之若以賓言則何得曰使云出迎出門也者盛氏世佐云主人戒賓必詣賓家請之賓出己家大門外迎主人疏謂出庠之學門外非云請告也告賓以射事不言拜辱此爲習民以禮樂不主爲賓己也者敖氏曰請亦謂致戒辭而請之爲賓也請下似脫一賓字方氏苞云州長教民習射故賓不宿戒不固辭一同鄉飲酒但不言拜其辱蓋此賓或在朝公士或不仕之君子與鄉大夫所舉賢能不同卽或用庠序中學士亦奉長吏之教令而習禮無所爲拜其辱也盛氏世佐云鄉飲酒禮兩云賓拜辱此則云迎送者拜辱明其意迎送指其事無異也注說似求之過矣云不謀賓者時不獻賢能事輕也者郝氏敬云射必有賓教民序也不謀賓無介禮主射將觀德焉非專禮賓也胡氏肇昕曰此賓賢能之後將習射以合民儲材不能遽繩以觀德故注以不謀賓爲事輕也引周禮者鄉大夫職文五物者一曰和二曰容三曰主皮四曰和容五曰興舞注云和載六德容包六行也庶民無射禮因田獵分禽則有主

皮主皮者張皮射之無侯也主皮和容與舞則六藝之射及禮樂與當射之時民必觀焉因詢之也馬融論語注曰一曰和志言其平心志也二曰和容言其和威儀也三曰主皮言其審正鵠也四曰和頌言其合音節也五曰興舞言其中舞蹈也與鄭說異賓禮辭

許主人再拜賓答再拜主人退賓送再拜退還射宮省錄射事疏正義曰賈疏云射宮鄉庠州序也省錄射事下文張侯等事也無介雖先飲酒主於射也其序賓之禮略疏正義曰射義曰古者諸侯之射也必先行燕禮卿大夫士之射也必先行鄉飲酒之禮鄉飲有介此無介者鄉飲主於禮賓此主於射序賓之禮略故不立介以輔賓也敖氏曰無介者以介尊次於賓同於大夫射時難為耦也方氏苞云注與敖說皆近似而未得其情也謂略於序賓則賓長三人皆得受獻而獨略於介何義乎謂難與合耦則大夫雖眾皆與士為耦介必學士之越其曹者乃不得儕於羣士而與大夫耦乎蓋大射鄉射公食大夫燕禮皆有賓無介有介者獨鄉飲酒耳五州之中德行道藝相次比者必有數人故立賓及介而介之禮亞於賓俾眾賓觀感而益自矜奮焉若州長習射則立賓以與主人行禮而倡眾耦足矣無所用介鄉射無介則黨正之正齒位可知大射燕禮則有位者皆在列賢者眾多不可以賓介盡之公食大夫則異國之臣惟正客當之此盛禮而介不與禮以義起各有所當耳案此說可備一解

右戒賓

乃席賓南面東上不言於戶牖之閒者此射於序疏正義曰賈疏云鄉飲酒在庠有室此據州長射於序以其無室無戶牖設席亦當戶牖之處耳敖氏云不言戶牖者可知也記云出自東房有東房西房則中有室而席賓於戶牖之閒也明矣凡席

於此者皆東上經不悉見之也惟爲神席則西上方氏苞云燕禮司宮席賓于戶西東上昏禮主人筵于戶西西上將醴賓改筵東上則凡賓席皆在戶牖閒可知矣下經尊于賓席之東則在戶牖閒之常位明矣注疏說非高氏愈云賓席南面居尊位也鄉飲酒禮不及布席之面此詳之褚氏寅亮云下經云尊于賓席之東而不言房戶閒似州序實無室者盛氏世佐云此賓席亦當在牖前經不言者容射於序也鄉大夫射於庠庠有室云牖前可也州長射於序序無室云牖前不可也序何以無室也州之學小於鄉其堂淺去其室壁之限堂斯深矣無室則無房本記曰出自東房爲射於庠言之也敖氏據此決其有室非序雖無室然其制亦三門五架與大夫士之私室殊而謂席賓於戶牖閒亦非

衆賓之席繼而西 言繼者甫欲習衆席未有所殊別

疏 正義曰敖氏云衆賓亦衆賓之長三人也繼繼賓席也云繼者明其以次而西衆賓之席亦皆不屬而東上蔡氏德晉云衆賓之席以次相繼而西皆南向當西房之外也 注云未有所殊別者褚氏寅亮云明所以相連屬之故其不妨連屬者升降可各由其席之西端不必留隙地也賓既升降由下衆賓同可知韋氏協夢云此所謂繼即鄉飲所謂不屬衆賓之席依次而西不相接屬以便升降也張氏惠言云賓有席西拜知席不與衆賓繼又禮云西序之席北上疏謂大夫多尊東不受則於尊西賓近於西則三賓東面案賓位不可移當如大射小卿之位在賓西衆賓之席繼而西故有西序之席胡氏肇昕曰經言繼而西言衆賓之席皆在賓之西相繼而西非謂衆賓與賓席相連屬也鄉飲言衆賓之席不屬此言繼而西互爲詳略非有異也方氏苞謂鄉飲與賢能以獻於君使出使長之入使治之故於與之之日即辨其等列若春秋習射即公士爲賓亦宜與鄉之學士齒無庸過爲區別說似太泥

席主人于阼階上西面 阼階東階

疏 正義

曰敖氏云阼階上東西節也南北當東序凡主位皆然褚氏寅亮云在階上少東而又少南於東序端韋氏協夢云主人席當東序則西面北上鄉飲有介席與主人席對此無介則主人亦無對席矣胡氏肇昕云西序雖無介席而衆賓多則亦席於西序但不得與主人席對耳張氏惠言云記云西序之席北上疏謂大夫多尊東不受則於尊西賓近於西則三賓東面案賓位不可移當如大射小卿之位在賓西衆賓繼而西故有西序之席

尊于賓席之東兩壺斯禁左玄酒皆加勺篚在其南東肆斯禁禁切地無足者也設尊者北面西曰左尚之也肆陳也疏正義曰敖氏云賓席之東即房戶之閒也張氏爾岐云兩壺酒與玄酒篚以貯爵觶尊南東向陳之首在西高氏愈云設尊於賓席之東者賓與主人酌之皆便也盛氏世佐云鄉飲酒禮云尊兩壺于房戶閒此不言房戶閒而言賓席之東者容或有射於序者無房戶可言也賓席隨地而移故依之以見設壺之處且與前互備此古人立言之法

設洗于阼階東南南北以堂深東西當東榮水在洗東篚在洗西南肆榮屋翼也疏正義曰張氏爾岐云下篚亦以貯觶

縣于洗東北西面此縣謂磬也縣於東方辟射位也但縣磬者半天子之士無鐘疏正義曰敖氏云縣不近階者宜辟東縣之正位也大射東縣在阼階之東蔡氏德晉云鄉飲無射事則縣於階閒今辟射位故縣於洗東北也韋氏協夢云水在洗東縣又在水之北於洗爲東北注云此縣謂磬也又云但縣磬者半天子之士無鐘者賈疏云周禮小胥職云半爲堵全爲肆鄭云鐘磬者編縣之二八十六枚而在一簴謂之堵鐘一堵磬一堵謂之肆諸侯之卿大夫半天子之卿大夫天子之卿大夫判縣者東西各有鐘磬爲肆諸侯之卿大夫判縣者分一肆於兩廂東縣磬西縣

鐘若天子之士特縣者直東廂有鐘磬二簴爲一肆諸侯之士分取磬而已故云無鐘敖氏云縣謂縣鐘磬與鎛於筍簴也鼓鼙之屬亦存焉周官小胥職凡縣鐘磬半爲堵全爲肆又曰天子宮縣諸侯軒縣卿大夫判縣士特縣然則凡爲士者之樂皆得縣鐘與磬惟以特而別於其上耳大射儀言國君西方之縣笙磬次鐘次鎛鼓鼙在其南下經云不鼓不釋鐘師職云掌以鐘鼓奏九夏鎛師職云掌金奏之鼓此與上篇皆賓出奏陔陔夏金奏之一也然則是禮亦有鐘鼓鎛明矣褚氏寅亮云小胥云凡縣者知縣亦有時而堵者矣天子之宮縣諸侯之軒縣不待言即天子卿大夫之判縣士之特縣亦皆肆也然則所謂堵者果何屬乎經雖無明文注及疏以義差之故知諸侯之卿大夫東縣磬西縣鐘士則有磬而無鐘也東磬西鐘合之乃成肆就東西分言則均之半爲堵士無鐘直半爲堵而已無鐘則無鎛矣然則陔夏乃金奏之一賓出奏陔而不用金奏可乎曰禮所不得用者雖專用鼓可也集說謂飲射皆有鐘鼓鎛恐未的盛氏世佐云縣編縣也不言所縣者所縣非一等也天子之卿大夫州長遂大夫皆判縣鐘磬二肆諸侯之卿大夫半之鐘磬爲一堵天子之縣正特縣鐘磬一肆諸侯之州長半之唯磬一堵斯禮也實兼此數者故也大夫判縣當東西分列今皆在洗東北者辟君也大射君禮本合三面皆縣以辟射位闕其北唯東西各一肆故於此宜辟之又案春秋襄十一年左傳云鄭人賂晉侯歌鐘二肆及其鎛磬晉侯以樂之半賜魏絳於是始有金石之樂禮也孔疏云以魏絳蒙賜始有金石之樂知未賜不得有也賜之而云禮也知禮法得賜之也據此諸侯之大夫未蒙君賜在私家不得有鐘磬與鎛之樂其有之者蓋出於特典此在公所行禮雖未賜亦合鐘磬俱有鎛未聞據賈疏則卿大夫以下皆無鎛也下經云不鼓不釋則鼓亦有之以其非金石之樂大夫士皆可用也此與上篇皆大夫士之禮敖氏雜引天子諸侯禮

釋之誤經云西面則鼓之者東面矣若有鐘在其南鼓又在其南皆西面也韓未聞乃張侯下綱不及地武侯謂所射布也綱持舌繩也武迹也中人之迹尺二寸侯象人綱即其足也是以取數焉疏正義曰敖氏云射布而曰侯者王朝射之以威不寧侯遂以名之也諸侯以下則因其名而不改與下綱謂已繫者也綱不及地武則下个亦然張氏爾岐云侯制有中有躬有舌有綱有綱中其身也方一丈倍中以為躬中之上下橫接一幅各二丈謂之躬倍躬為左右舌用布四丈接於躬上左右各出一丈為舌下舌半上舌用布三丈接躬下左右各出五尺也其持舌之繩謂之綱維其綱於幹者又謂之縜上下各有綱下綱去地之節則尺二寸程氏瑤田云司裘職王及圻內諸侯鄉大夫大射皆皮侯也據大射儀列國諸侯與其羣臣大射亦張皮侯故司裘注云列國諸侯射之三侯即引大射儀謂皮侯也然則大射未有不用皮侯者若賓射天子亦張布侯據射人職王三侯五正諸侯二侯三正孤卿大夫一侯二正士一豻侯二正注謂三侯者五正三正二正之侯二侯者三正二正之侯一侯者二正之侯則天子亦張畫布之侯梓人職所謂張五采之侯注謂五采畫正之侯是也又梓人職張獸侯則王以息燕注云畫獸之侯即此下記所謂白質赤質布侯之等蓋皆以獸畫於布是天子於燕射亦張布侯也下記鄉侯乃此經鄉射之侯而不用下記之獸侯注以鄉侯采法無正文以其為賓射之類故約之為二正之采侯也獸侯詳是記者注云天子諸侯之燕射各以其鄉射之禮而張此侯然則雖詳是記而非鄉射之侯也又案鵠正二字散文雖通而實有別故司裘張大侯則曰設鵠大射儀張三侯則曰見鵠梓人張皮侯則曰棲鵠若射人職言正則非皮侯也是以注解鵠字云所射也以皮為之又云以虎豹熊麋之皮飾其側又方制之以為䈂謂之鵠著於侯中所謂皮侯其解正字但云所射也以其為布侯也故孔

沖遠齊風猗嗟詩正義云正之廣狹無文鄭於周禮考之以爲大射則張皮侯而設鵠賓射則張布侯而畫正也盛氏世佐云案鄉侯以布爲之侯中用布五幅幅長一丈廣二尺古者布幅廣二尺二寸以二寸爲縫諸幅皆以二尺計之又以一幅橫接於中之上下謂之躬躬各二丈其接於躬者謂之舌亦謂之个上舌四丈下舌三丈上廣下狹也合之用布十六丈下綱不及地武則上綱去地丈九尺二寸矣焦氏以恕云侯之上下方左右各有五尺之躬其上方又各有一丈之舌下方亦各有五尺之舌必綴以綱而繫之於兩植而後其侯得牢焉所謂張也

不繫左下綱中掩束之事未至也

疏 正義曰敖氏云侯以左爲尊故事未至則不繫左下綱也中掩束之者中掩左下个而以綱束之也下个出於躬五尺中掩之是所掩者二尺五寸矣褚氏寅亮云以左下綱向上斜掩過侯中而束於右上綱故曰中掩束之也張氏爾岐云侯向堂爲面以西爲左射事未至故且不繫左下綱並綱與舌向東掩束之待司馬命張侯乃脫束繫綱也盛氏世佐云案中讀如字釋文丁仲反非下舌三丈中掩之是所掩者丈五尺也姜氏訓中爲侯中之中謂掩其中而束之也亦是一解焦氏以恕云謂之中掩者侯中一丈而左方之躬與舌合長一丈引此一丈以向右方則適與侯中相掩故曰中掩也不繫左下綱猶若未張者然故下文比三耦之後更曰司馬命張侯也方氏苞云凡經文彼此互見者其見之各有所宜如畫物者司空之屬埽所畫者司宮其升降皆自北階義當於大射見之大射既詳則丹墨尺度升降所由不容有異而鄉射之畫者埽者或州之有司或州長之私人不言而可知侯綱去地之數掩束左下綱之度說左繫綱之節義當於鄉射見之俾學士私居習射具知其儀法鄉射既詳則大射惟著三侯之高下與設張者量人與巾車而已聖人制禮審則宜類而使人曲得其情聖人之文隨事異形而措之各有其

地凡互見者皆可以是推之○乏參侯道居侯黨之一西五步容謂之乏所以為獲者御矢也侯道五十步此乏去侯北十丈西三丈疏正義曰注此乏去侯校勘記云乏監本誤作之○敖氏云爾雅曰乏謂之防說者云如今牀頭小曲屏風也侯黨指侯之西邊而言此乏參分侯道而居其一也乃云侯黨者明雖取數於侯道實取節於侯黨也西五步亦謂侯黨之西也然則此乏其南十丈其東三丈乃與侯黨相當與郝氏敬曰乏以皮為之形如曲屏唱獲者所隱蔽一名容容身於內以避矢矢力至此乏竭故名乏黨偏近也玉藻云侍坐引去君之黨鄉侯去射位五十步蓋三十丈也三分之而乏偏近侯一分則去侯十丈去堂上二十丈也西五步謂去侯西三丈避矢道也張氏爾岐云乏狀類曲屏以革為之唱獲者於此容身故謂之容矢力不及故謂之乏黨旁也三分侯道而居旁之一偏西者五步此設乏之節也侯道五十步步六尺計三十丈乏之居三之一西五步故云北十丈西三丈必於此者取可察中否唱獲聲達堂上也盛氏世佐云此言設乏之法也參侯道居侯黨之一者其南北節也西五步者東西節也黨郝訓偏近得之蓋侯道三十丈若第云三分侯道而居其一未知其近堂與近侯與惟云居侯黨之一而後知其去侯十丈也先儒以侯旁釋之其義頗晦且經云西五步則其在侯西偏明矣何必以黨為旁乎高氏愈云侯道五十弓參三之而近侯身者居其一則下以瞻中否而上得聞唱獲聲於近遠為得中也又居西偏五步則為矢所不及矣褚氏寅亮云聶氏崇義曰乏縱廣七尺有半以牛革鞔漆之陳氏祥道云正面北乏面南故文反正為乏謂之容以獲者所屏也鄉侯五十弓則三十丈侯外門內又須有餘地以容往來記云序則物當棟士制棟下至堂廉約三丈六尺庭深三於堂士堂之深自室至堂廉約五丈四尺三之則十六丈二尺合計不及二十丈不足以容侯道然則州

長雖士而州序之庭蓋深於士廟及寢之庭也胡氏肇昕云方氏苞亦云遠於堂而與侯近故曰侯黨與郝說同但以黨爲旁既混於西五步之文而以黨爲偏近謂參分侯道而居侯偏近之一義亦不顯三分侯道而居其一知其近侯非近堂者經以侯字明之非以黨字明之也考經文以侯黨與侯道對言皆實有所指若以黨爲偏近與上文道非同類矣今案黨所也左氏哀五年傳何黨之乎杜注黨所也公羊文十三年傳往黨衞侯何注黨所也劉熙釋名釋州國云上黨黨所也在山上其所最高故曰上黨也然則參侯道居侯黨之一者謂參侯道而居侯所三分之一也王氏引之云之一二字當在乏參侯道下讀乏參侯道之一爲句乏參侯道之一者乏之去侯之度參分侯道之一也侯道三十丈參分之一爲十丈經言乏參侯道之一故注言此乏之去侯北十丈也乏之在其西五步故云居侯黨西五步六尺爲步五六三十丈經言居侯黨西五步故注言去侯西三十丈也不云北幾步者參分侯道之一爲去侯北十六步又六分步之四奇數不成步不可以步言故不云北幾步而云參侯道之一也云參侯道之一則南北之度已明而猶未及東西之度故又云居侯黨西五步也

右陳設

羹定肉謂之羹定猶熟也謂狗熟可食 疏 正義曰注猶熟也校勘記云熟徐本通解俱作孰下同案此二字諸本錯出宜從孰後不具校

主人朝服乃速賓賓朝服出迎再拜主人答再拜退賓送再拜速召也射賓輕也戒時玄端今郡國行此鄉射禮皮弁服與禮爲異 疏 正義曰敖氏云禮戒速同服此速賓朝服則戒時亦朝服可知

鄉射而朝服其義與鄉飲同盛氏世佐云於此乃言朝服則戒時不朝服明矣鄉飲酒禮不言主人服而其記云朝服而謀賓介是戒速亦皆朝服也主人待賓輕重之差於此可見敖說非方氏苞云與賢能國之重典也故戒賓宿賓皆不言所服舍朝服無所服也會民習射疑可以常服故於速賓特舉朝服則前此皆常服可知矣淩氏廷堪云考鄉飲酒禮經文不言何服唯記云鄉朝服而謀賓介故知鄉飲酒之爲朝服鄉射禮唯宿賓拜賜拜辱言朝服他皆不言者例見於此故文不具也則戒賓時當亦朝服如鄉飲酒非若息司正注以爲服玄端經有主人釋服之文爲可據也公食大夫禮戒賓不言朝服者亦文不具其實皆服朝服食禮盛於燕禮用朝服豈有食禮戒賓反用玄端者敖氏之說當矣韋氏協夢云射義曰鄉大夫之射也必先行鄉飲酒之禮此篇自立司正以前皆鄉飲禮也既以鄉飲之禮則戒賓之服自同敖說是也胡氏肇昕云此經盛氏方氏從注說淩氏韋氏從敖說與注異考鄉射雖先行鄉飲酒之禮而其禮輕於鄉飲酒鄉飲經文不言何服則戒宿同爲一服可知鄉射於速賓特言朝服則戒賓非朝服可知如以鄉射唯宿賓拜賜拜辱言朝服他皆不言者例見於鄉飲故文不具夫鄉飲經文未嘗言朝服也記始言朝服而謀賓介耳記在作經者之後不得云例見於鄉飲也鄉飲戒速同朝服鄉射與之同則當於戒賓時特言朝服以詳鄉飲之所略不得於速賓始言朝服令人疑宿戒之相殊也注說甚精不得據敖說而駁之

賓及衆賓遂從之

疏 正義曰敖氏云主人既退衆賓乃至於賓之門而與之皆行也云遂者雖相去有閒而事則實相接也

右速賓

及門主人一相出迎于門外再拜賓答再拜相主人家臣擯贊傳命者疏正義曰張氏爾岐云此下言飲賓之事迎賓拜至主人獻賓賓酢主人主人酬賓主人獻衆賓一人舉觶爲旅酬之端遵入主人獻遵自酢工笙合樂樂賓主人獻工與笙乃立司正以安賓察衆凡十節皆與鄉飲酒禮同此爲射而飲其後卽詳射事○及門敖氏云門學門也韋氏協夢云鄉飲行禮於庠鄉射行禮於序庠序唯有一門故皆直言門而不言大門內門　注云相主人家臣擯贊傳命者盛氏世佐云若射於序則爲之相者其黨正與吳氏廷華云飲射皆公事不當用家臣鄉飲注以相爲主人之吏蓋以屬官言是也揖衆賓差卑禮宜異疏正義曰張氏爾岐云同是鄉人無爵者唯據立爲賓者尊故於衆賓云差卑主人以賓揖先入以猶與也先入入門右西面疏正義曰高氏愈云能左右之曰以此云以者賓之進退似主人也胡氏肇昕云以與聲之轉主賓相接爲平等之稱故曰與也賓厭衆賓衆賓皆入門左東面北上賓少進引手曰厭少進差在前也今文皆曰揖衆賓疏正義曰注云少進差在前也者敖氏云少進謂少東方氏苞云少進而東以獨與主人揖讓也鄉飲酒之賓介禮宜同盛氏世佐云少進謂少北既云北上又云賓少進者衆賓雖皆北上其實比肩而立賓序在前去衆賓差遠也敖說非程氏瑤田云鄉飲酒禮注皆入門西東面疏以主人至門內霤待賓則賓此時亦在門內霤矣然云北上賓少進者則賓與衆賓堂下西階西之位準此矣賓位直西序衆賓以次而南少退於賓據賓降辭洗降洗進退之節擬之則位不迫於階而遠在階南矣下經賓辭洗注云言東北面則位南於洗矣案位亦不得南於洗賓位必與主人位相對衆賓位必與兄弟位相對主人及兄弟之位見士冠禮主人立于阼階下直

東序西面兄弟立于洗東西面然則兄弟退於主人既曰洗東雖衆兄弟以次而南其長必略當洗主人位在兄弟上雖近於洗必少北於洗準此以定賓位南北之節北不迫於階南不踰於洗矣

主人以賓三揖皆行及階三讓主人升一等賓升

三讓而主人先升者是主人先讓於賓不俱升者賓客之道進宜難也

疏 正義曰言皆行者賈疏云賓主既行衆賓亦行敖氏云皆行言皆先後也郝氏敬云皆行主人與正賓同行也方氏苞云主人接賓前後儀法皆與鄉飲酒同惟此言皆行鄉飲酒主人與賓揖讓而升介至衆賓徐進至階下事不相連鄉射則衆賓皆隨賓而行也與賢能則全用賓主之禮故聽其自行教射則兼用有司之法故使之隨行黨正之正齒位賓入而衆賓從之亦此義也鄉飲酒之衆賓主人不酬而鄉射則衆賓長亦受酬以大夫不與則長正當介位也敖氏似謂賓與主人同行果爾則宜稱並不宜曰皆胡氏肇昕云案方氏從賈疏說然此節究以敖氏郝氏說爲當　注云三讓而主人先升者是主人先讓於賓不俱升者賓客之道進宜難也者敖氏云主人升一等賓乃升敵者之禮也方氏苞云凡敵者讓登主人先登客從之謂舉步少有先後耳此賓州民也故州長先升一等而後賓升燕禮則賓升公降一等而揖之義亦類此胡氏肇昕云鄉飲酒禮至於階三讓主人升賓升此盛其禮以尊賓爲敵者之禮也此言主人升一等賓升射禮賓較卑故不敢與主人並升與鄉飲酒異也舊說多誤吳氏廷華云主人有道賓之義故先升然不讓則疑於倨故讓至於三又主人既先道賓自宜後升注以爲進宜難無謂

主人阼階上當楣北面再拜賓西階上當楣北面答再拜

主人拜賓至此堂

右迎賓拜至

主人坐取爵于上篚以降將獻賓也疏正義曰主人坐取爵校勘記云通解無坐字○韋氏協夢云以降降洗也賓降從主人也主人阼階前西面坐奠爵興辭降重以主人事煩賓也今文無阼階疏正義曰韋氏協夢云坐奠爵奠爵於階前也一注云今文無阼階者胡氏承珙云今文無阼階似當作今文無阼階前蓋今文但云主人西面坐奠爵而已若只無阼階二字則是以主人前爲句讀爲王前蠋前之前禮經無此文例矣下文賓以虛爵降主人降賓西階前東面坐奠爵興辭降彼有西階前此自當有阼階前故鄭從古文賓對對答主人坐取爵興適洗南面坐奠爵于篚下盥洗盥手又洗爵欽絜敬也古文盥皆作浣疏正義曰注欽絜敬也校勘記云欽徐陳通解俱作致○古文盥皆作浣者說詳士冠禮賓進東北面辭洗必進者方辭洗宜違位也言東北面則位南於洗矣疏正義曰張氏爾岐云鄉飲酒此處注異彼於東字句此於進字句主人坐奠爵于篚興對賓反位反從降之位也鄉飲酒曰當西序東面疏正義曰當西序東西校勘記云下西字徐本通解敖氏俱作面主人卒洗壹揖壹讓以賓升賓西階上北面拜洗主人阼階上北面奠爵遂答拜乃降乃降將更盥也古文壹皆作一疏正義曰高氏愈云鄉飲主人奠爵不言西面賓拜洗主人奠爵不言北面故此詳之賓降主人辭降賓對主人卒盥壹揖壹讓升賓升西階上疑立疑止也有矜莊之色疏

正義曰朱子云賓降案鄉飲酒曰當西序東面主人坐取爵實之賓席之前西北面獻賓進於賓也凡進物曰獻疏正義曰校勘記云賓席之前敖氏云席之當作之席注進於賓也進下徐本有酒字與單疏標目合通解無

賓西階上北面拜主人少退少退猶少辟也疏正義曰注猶少辟也校勘記云少釋文作小

賓進受爵于席前復位復位西階上位主人阼階上拜送爵賓少退疏正義曰高氏愈云賓西階上拜受爵北面則主人阼階拜送爵亦當北面矣

薦脯醢薦進賓升席自西方賓升降由下也乃設折俎牲體枝解節折以實俎也主人阼階東疑立賓坐左執爵右祭脯醢奠爵于薦西興取肺坐絕祭卻左手執本右手絕末以祭也肺離上為本下為末疏正義曰盛氏世佐云鄉飲酒禮云右手取肺卻左手執本坐弗繚右絕末以祭此亦同故文略耳胡氏肇昕云注卻左手執本右手絕末以祭用鄉飲酒文不云弗繚者以彼為繚祭此絕祭也

尚左手嚌之嚌嘗也右手在下絕以授口嘗之興加于俎坐挩手執爵遂祭酒興席末坐啐酒挩拭也啐嘗也古文挩作說降席坐奠爵拜告旨降席席西也旨美也疏正義曰降席坐奠爵方氏苞曰席南鄉北鄉以西方為上升席自下賓不宜由西以不欲與主人相背變其常故特著之降席本宜自西故不言告旨者張氏爾岐云告主人曰旨酒

執爵興主人阼階上答拜賓西階上北面坐卒爵興坐奠爵遂拜執爵興卒盡主人阼階上答拜

右主人獻賓

賓以虛爵降將洗以酢主人疏正義曰注以酢主人校勘記云酢釋文要義俱作醋○賈疏云鄉飲酒不言虛爵此不言洗互見爲義相兼乃備也主人降從賓也降立阼階東西面當東序賓西階前東面坐奠爵興辭降疏正義曰高氏愈云鄉飲酒賓辭降不言東面今詳之主人對賓坐取爵適洗北面坐奠爵于篚下興盥洗賓北面盥洗自外來疏正義曰高氏愈云篚下當作下篚對前上篚而言以其設於阼階下故云下篚也方氏苞云注疏主人自內出故南面洗賓自外入故北面洗非也古者爲長道通於師鄉飲酒鄉射之主人長也師也賓民也弟子也故雖執賓主之禮而兼存師弟子之義也然則主人之獻賓西北面賓酢主人東南面何也尊賓之義既明著於戶牖間之面位矣其餘儀節又各有時措之宜主人實爵於尊南而進獻賓之席前自宜北面賓實爵於尊南而降至主人之席前自宜南面然則燕與大射主人代君賜爵而洗皆北面何也君雖使膳宰爲獻主而膳宰所執則爲賓舉觶之禮若南面則嫌以主人自居其升也從賓之後而由西階亦此義也主人阼階之東南面辭洗賓坐奠爵于篚興對主人反位反位從降之位也主人辭洗進也疏正義曰注主人辭洗進也校勘記云徐本敖本俱無也字與單疏標目合通解有云反位從降之位者案鄉飲酒禮云主人復阼階東西面上文主人降注云降立阼階東西面故云從降之位也云主人辭洗進也者蓋主人降在阼階東西面因辭洗進而東南面今復反從降之位也賈疏未明賓卒洗揖讓如初升疏正義曰張氏爾岐云如初

者一揖一讓如初獻賓時主人拜洗賓答拜興降盥如主人之禮賓升實爵【疏】正義曰盛氏世佐云升字疑衍鄉飲酒禮云賓實爵韋氏協夢云賓既降盥必升而實爵鄉飲酒文略當以此經爲正主人之席前東南面酢主人酢報【疏】正義曰校勘記云酢要義作醋注同魏氏云賓以虛爵降注將洗以醋主人賓東南面醋主人注醋報經與注以酢爲醋唯此如魏氏說則醋字經一見注兩見也釋文云醋主才各反報也劉云與酢同音義此當爲前注作音而不言下同則此節經注釋文仍作酢歟主人阼階上拜賓少退主人進受爵復位賓西階上拜送爵薦脯醢主人升席自北方乃設折俎祭如賓禮祭薦俎及酒亦嚌啐【疏】正義曰注亦嚌啐校勘記云齊徐陳通解俱作嚌不告旨酒己物自席前適阼階上北面坐卒爵興坐奠爵遂拜執爵興賓西階上北面答拜自由也啐酒於席末由前降便也主人坐奠爵于序端阼階上再拜崇酒賓西階上答再拜序端東序頭也崇充也謝酒惡相充滿也【疏】正義曰張氏爾岐云奠爵序端擬獻衆賓用之韋氏協夢云鄉飲酒賓西階上答拜不言北面此主人阼階上再拜不言北面亦互文也

右賓酢主人

主人坐取觶于篚以降將酬賓【疏】正義曰鄉飲酒云降洗此降亦降洗也賓降主人奠觶

辭降賓對東面立【疏】正義曰鄉飲酒云立當西序東面主人坐取觶洗賓不辭洗不辭
洗以其將自飲卒洗揖讓升賓西階上疑立主人實觶酬之阼階上北面坐
奠觶遂拜執觶興酬勸酒賓西階上北面答拜主人坐祭遂飲卒觶興
坐奠觶遂拜執觶興賓西階上北面答拜【疏】正義曰張氏爾岐云主人先自飲所以為勸也
韋氏協夢云鄉飲酒坐祭不言主人賓兩答拜不言北面當從此文為正主人降洗賓降辭如獻禮以將酌己
升不拜洗酬禮殺也賓西階上立主人實觶賓之席前北面酬賓賓西階上
拜主人坐奠觶于薦西【疏】正義曰盛氏世佐云鄉飲酒禮云主人少退卒拜進坐奠觶于薦西方氏苞云賓酢
主人主人拜賓少退與鄉飲酒同主人酬賓賓拜而主人不少退與鄉飲酒異何也習射以明教即公士為賓致敬於州長亦宜與鄉大
夫同鄉大夫為國求賢故於賓介受酬之拜皆少退蓋過禮以明尊賢之義也以施於習射之賓則義無所取故無此節賓辭坐
取觶以興反位賓辭辭主人復親酌己主人阼階上拜送賓北面坐奠觶于薦
東反位酬酒不舉

右主人酬賓

主人揖降賓降東面立于西階西當西序主人將與眾賓為禮賓謙不敢獨居堂【疏】正義

曰高氏愈云鄉飲酒此下有主人獻介介酢主人禮今射義無介其儀俱省遂獻衆賓也主人西南面三拜衆賓衆賓皆荅壹拜三拜示徧也壹拜不備禮也獻賓畢乃與衆賓拜敬不能並【疏】正義曰壹拜校勘記云一徐本通解要義俱作壹敖氏作一石經補缺亦誤作一○方氏苞云注獻賓畢乃與衆賓拜敬不能並近似而實非也禮有宜分致者有宜合致者賓主獻酢自不宜使無事者立於其側如謂敬不可並則四時朝覲諸侯旅見天子與天子大合諸侯為壇於國外五等之君儐將幣饗禮同時而卒事君與臣皆為相瀆矣主人揖升坐取爵于序端【疏】正義曰盛氏世佐云序端之爵即受酢時所奠者案鄉飲酒云坐取得于西楹下降洗升實爵西階上獻衆賓衆賓之長升拜受者三人長其老者言三人則衆賓多矣國以多德行道藝為榮何常數之有乎主人拜送拜送爵於衆賓右坐祭立飲不拜既爵授主人爵降復位既盡【疏】正義曰賈疏云降復賓南東面位敖氏云位亦堂下之位賓之南也衆賓皆不拜受爵坐祭立飲自第四以下又不拜受爵禮彌略【疏】正義曰張氏爾岐云亦升受但不拜每一人獻則薦諸其席諸於【疏】正義曰賈疏云此還據堂上三人有席者衆賓辯有脯醢薦於其位【疏】正義曰賈疏云還據堂下無席者主人以虛爵降奠于篚不復用

右主人獻衆賓

揖讓升賓厭衆賓升衆賓皆升就席一人洗舉觶于賓一人主人之吏升實

觶西階上坐奠觶拜執觶興賓席末答拜舉觶者坐祭遂飲卒觶興坐奠觶拜執觶興賓答拜降洗升實之西階上北面將進奠觶疏正義曰升實觶校勘記云實石經補缺葛閔俱作賓賓拜拜受舉觶者進坐奠觶于薦西不授賤不敢也賓辭坐取以興若親受然疏正義曰敖氏云前篇言受此言取互文也舉觶者西階上拜送賓反奠于其所舉觶者降疏正義曰張氏爾岐云射後賓將舉之爲旅酬故奠於薦西方氏苞云特牲少牢之禮異者詳之同者則互見此篇自獻賓至舉觶於賓與鄉飲酒同而一一復見何也士大夫之祭禮衆所習知故可互見若鄉飲酒三年而一舉士不預教則始與於衆賓者或愆於儀惟於州長教射詳之則進而與於賓與者可益深於禮意下而與於蜡賓者亦衆習其節文矣

右一人舉觶

大夫若有遵者則入門左謂此鄉之人爲大夫者也謂之遵者方以禮樂化民欲其遵法之也其士也於旅乃入鄉大夫士非鄉人禮亦然主於鄉人耳今文遵爲僎疏正義曰若有遵者敖氏云謂若有與此會而爲遵者也張氏爾岐云言若有者或有或無不定也案鄉飲酒於篇末略言遵者之禮此經乃著其詳正所云如介禮也入門左者敖氏云入門左則鄉者賓入之位也不俟於門外別於正賓　注云謂此鄉之人爲大夫者也方氏苞云周官以三公爲鄉老鄉之地廣與賢禮重故諸公樂道化之行而臨觀焉春秋習射卽有居是州者亦無爲來觀故遵者唯大夫耳遵者之禮不詳於鄉飲酒而具於是篇何也獻酬揖讓大夫卽與賓

同諸公雖貴禮無以加故獨著其加席辭洗去席之特異者至所自執之禮視賓主人每殺爲遵之道則然公大夫一也韋氏協夢云下記云有諸公則如賓禮可見諸公亦與焉此直舉大夫者大夫之爲遵者是其常諸公特偶有之故舉大夫以例遵者之禮也云其士也於旅乃入者盛氏世佐云據注則鄉中命士來觀禮者亦得謂之遵矣韋氏協夢云鄉飲酒記謂士既旅不入則未旅以前皆可入矣蓋士賤既不得爲遵者必主人請之爲衆賓而後得與其事雖或有故不能與衆賓同來何必俟旅酬禮行而後入乎注非是胡氏肇昕云鄉飲酒禮言遵者有公大夫不言士而記云既旅士不入是士亦爲遵也蓋遵者爲觀禮而來不限夫貴賤而行禮之節則有別也此士謂命士與爲衆賓之士不同韋氏以爲衆賓之士當爲遵者之士用以駮注謬矣云鄉大夫士非鄉人禮亦然者盛氏世佐云謂他鄉之大夫士偶來爲遵者其待之之禮隆殺之宜亦如本然也

主人降迎大夫於門內也不出門別於賓○**賓及衆賓皆降復初位**不敢居堂俟大夫入也初位門內東面

疏正義曰初位門內東面者賈疏云上文賓獻衆賓皆入門左東面北上故知之也敖氏云初位階西以南當序之位吳氏廷華云初位蓋上獻畢降立之位在西階西以次而南盛氏世佐云此亦與鄉飲酒禮同復初位者復初降時西階下東面位也衆賓在賓南鄭解爲初入門內之位非韋氏協夢云注說非也主人祇於門內迎大夫而賓與衆賓何必降至門內乎且主人與大夫揖進時賓與大夫相等既不可使賓厭大夫亦不可使大夫厭賓觀下文只言主人揖讓以大夫升而不言賓與大夫序升之禮則賓及衆賓不降至門內可知敖說較注爲長程氏瑤田云初位門內東面指謂賓入門左與主人相面之處也竊以爲此即賓與衆賓堂下直西席之位也 注云不敢居堂俟大夫入也者瑤田謂堂下之位有堂事乃升也事竟則復初

位初位者堂下初立賓主直序之位也先是主人酬賓之後將獻衆賓主人揖降賓降東面立于西階西當西序注云將與衆賓爲禮賓
謙不敢獨居堂瑤田謂斯時賓蓋以事竟復堂下之初位也冠禮冠者見母則堂事竟故賓降於直西序之位主人降復初位也是時冠
者方適東壁賓主卽降非至宇之之時始降也賓言直主人言復互相足也下經賓與主人及大夫取俎授司正及弟子以降矣必皆從
之降者亦以旅酬事竟皆降而復堂下初位也主人揖讓以大夫升拜至大夫答拜主人以
爵降大夫降主人辭降大夫辭洗如賓禮疏正義曰主人揖讓以大夫升敖氏云此賓禮自
三揖三讓以至於一揖一讓之儀也主人以爵降盛氏世佐云亦取爵於上篚也席于尊東尊東明與賓夾尊也不言東上
統於尊也疏正義曰敖氏云此言尊東鄉飲酒言賓東亦文互見也盛氏世佐云遵者之席於序則在東房前之西於序則在棟後第
二架當左楹之左皆所謂尊東也此亦謂無諸公則然若有諸公則大夫於主人之北西面方氏苞云鄉飲酒禮尊于房戶之間遵席于
賓東或疑繼賓席而東此曰席于尊東然後東西之位次顯然並遵席與賓正相對而尊之設也少南亦具見矣蓋賓與遵之席必偏近
於室尊必少南然後出入於房戶者可通而酌以獻酬亦便耳韋氏協夢云自大夫辭洗以前與賓禮同自升不拜洗以後與介禮同惟
尊東之席異於賓介耳大夫雖與賓相等而鄉射以賓爲主自辭洗以前同於賓禮所以尊大夫也自升不拜洗以後同於介禮所以尊
賓也辭洗以前大夫得如賓禮者以諸公不在也若諸公在則亦如介禮記云有諸公則如賓禮大夫如介禮是也升不拜洗
主人實爵席前獻于大夫大夫西階上拜進受爵反位主人大夫之

右拜送大夫辭加席主人對不去加席辭之者謙不以己尊加賢者也不去者大夫再重席正也賓一重席

疏正義曰升不拜洗者高氏愈云凡所不者皆不以縟禮煩之所以優尊者也方氏苞云大夫之不拜洗與介不拜洗酬而賓不拜洗同恐重勞主人之答拜非以其尊也鄉大夫之尊猶拜洗於學士州長與大夫位相近而以尊廢禮非所安也工則弁不辭洗義可參觀胡氏肇昕云大夫如介禮介不拜洗非以其尊則大夫之不拜洗亦非以其尊也且不拜者主於遵者爲言則遵者自不以拜洗重勞主人之答拜也賈疏云以大夫尊故不拜洗不如方說之長主人賓爵席前獻於大夫者敖氏云席前獻其西北面與主人既拜送則亦立於階東盛氏世佐曰凡獻必向所獻者之位獻大夫當東北面以其位在東北故也敖云西北面非大夫西階上拜進受爵韋氏協夢云鄉飲酒禮獻介時西階上北面拜主人少退介進北面受爵此云進受爵則於大夫拜時主人亦宜少退不言者文不具○注謙不以己尊加賢者也校勘記云案不下疏有敢字　云不去者大夫再重席正也賓一重席者敖氏云鄉飲酒云大夫則如介禮有諸公則辭加席委于席端主人不徹無諸公則大夫辭加席主人對不去加席此惟主言無諸公之大夫則是鄉射禮諸公不與盛氏世佐云本記云若有諸公則如賓禮大夫如介禮無諸公則大夫如賓禮今觀此章所陳正與上篇介禮相同蓋爲有諸公之大夫而言也有諸公則大夫之辭加席也亦當如上篇所云委于席端主人不徹此乃云主人對不去加席是又與無諸公之禮同矣何其互異若此歟蓋遵者之來否及諸公之有無皆不可定經故錯舉一二以示例其隆殺信屈之詳必待記而後備記之所以有功於經也然觀乎此則其所謂如賓禮者亦可以類推矣敖氏據此遂謂鄉射之禮諸公不與弁訾記者之失毋乃以辭害意歟

乃薦脯醢大夫

升席設折俎祭如賓禮不嚌肺不啐酒不告旨西階上卒爵拜主人答拜凡所不者殺於賓也大夫升席由東方疏正義曰韋氏協夢云鄉飲酒禮不告旨下云自南方降席北面坐卒爵興坐奠爵遂拜執觶興主人介右答拜此與鄉飲小異當以鄉飲爲正介席東面而南方爲上故降自南方大夫席南面以東方爲上當降自東方但大夫於西階上卒爵拜若降自東方不若自西方之便則當自西方矣敖氏云主人答拜亦於大夫之右注云凡所不者殺於賓也者賈疏云凡所謂經中三事以其殺於賓若然上云不拜洗亦是殺於賓之類也胡氏肇昕云注云凡所不者統上不拜洗爲言據此則不拜洗非以優尊者其義益明賈氏之說前後自異當以此疏爲正也大夫降洗將酢主人也大夫若衆則辯獻長乃酢疏正義曰盛氏世佐云大夫雖衆然受獻後須一一酢主人如經所陳也辯獻長乃酢唯主人尊賓賤乃可今大夫尊於諸侯之州長於鄉大夫爲敵不可也賈疏引有司徹爲證非其倫矣主人復阼階降辭如初卒洗主人盥盥者雖將酌自飲尊大夫不敢褻揖讓升大夫授主人爵于兩楹閒復位疏正義曰敖氏云授主人爵于兩楹閒者大夫雖尊若與鄉飲鄉射之禮則屈於正賓其禮但比於介故此授受之節亦惟與介同主人實爵以酢于西階上疏正義曰焦氏以恕云案注大夫若衆則辯獻之長乃酢賈疏此經據一大夫而言故獻大夫即酢有司徹主人洗爵獻長賓于西階上然後衆賓長升拜受爵宰夫獻主人酌若是以辯乃升長賓主人酌酢于主賓西階上北面是爲辯獻長乃酢也又主人辯獻三賓惟長拜洗及主人辯獻衆大夫惟長一酢其義則一也若然則遵者兼有諸公亦當辯獻諸公大夫而後諸公一

酢從可知矣　坐奠爵拜大夫答拜坐祭卒爵拜大夫答拜疏正義曰韋氏協夢云坐奠爵拜坐奠爵於大夫右也既拜當如鄉飲酒禮執爵興然後大夫答拜卒爵之下亦當如鄉飲酒禮坐奠爵遂拜執觶興然後大夫答拜

主人坐奠爵于西楹南疏正義曰賈疏云此受大夫酢不奠於篚者為士於旅乃入擬獻士故奠爵於此也褚氏寅亮云疏說非也旅用觶不用爵前奠東序端之爵獻衆賓訖已奠于下篚此更取上篚之爵獻大夫獻訖亦不復用至獻工又別取上篚之爵而今奠於此者或暫奠之後則奠於下篚而文略歟焦氏以恕云鄉飲酒之爵其奠于西楹南獻介之爵也以其介右拜送故也大夫拜送如介故所奠同處然彼西楹南之爵其繼以獻衆賓獻訖乃降奠于下篚此禮於降奠一節文不具疑主人于復阼階揖降時亦當以降奠歟　再拜崇酒大夫答拜主人復阼階揖降將升賓大夫降立于賓南雖尊不奪人之正禮疏正義曰敖氏云必降者宜與賓序升也立於賓南下之也鄉射之禮大夫若與則下於賓鄉飲之禮公與大夫若與則皆下於介蓋其禮皆主於士故也張氏爾岐云賓及衆賓自大夫升堂時已立西階下程氏瑤田云大夫謂遵者其堂下西階西之位在賓南賓主之位必相對若伸其尊是奪正禮矣觀下文大夫及衆賓皆升則衆賓位又在遵者之南矣又下經賓大夫取俎降大夫立于賓南衆賓皆降立于大夫之南少退北上足以明其堂下之立位矣下記云大夫與則公士為賓注云不使鄉人加尊於大夫據此則易賓或不易衆賓歟衆賓若猶處士固不得加尊於大夫與　主人揖讓以賓升大夫及衆賓皆升就席疏正義曰敖氏云賓亦厭大夫大夫亦厭衆賓乃升也衆賓其長三人也

右遵入獻酢之禮

席工于西階上少東樂正先升北面立于其西言少東者明樂正西側階不欲大東辟射位【疏】正義曰敖氏云少東據工之下席而言也樂正立於其西猶未至階也鄉飲酒禮云樂正先升立于西階東張氏爾岐云案鄉飲酒不射席工亦與此同此注云辟射位恐非經意或是欲其當賓席耳盛氏世佐云案蒲筵丈六尺工四人席六丈四尺也即謂周以八寸為尺亦當今之五丈有奇此豈西階上少東所能容乎且鄉飲酒云樂正先升立于西階東此云樂正先升北面立于其西文互見也樂正立于工席之西猶于西階為東則工席更東可知經云少東據工席之最西者言也工賤者先就事布工席亦先布其最西者故經據之而言也敖說得之下經云樂正適西方命弟子贊工遷樂于下辟射也夫將射乃辟則此席不辟明矣注云辟射位固非張云欲其當賓席亦未為得也褚氏寅亮云言少東則西於鄉飲酒工席故樂正逼近階而立遷樂在後此時已先辟其位者禮主於射示其意也方氏苞云鄉飲酒無射位工升自西階即北面坐故不言少東

工四人二瑟瑟先相者皆左何瑟面鼓執越內弦右手相入升自西階北面東上工坐相者坐授瑟乃降瑟先賤者先就事也相扶工也面前也鼓在前變於君也執越內弦右手相由便也越瑟下孔所以發越其聲也前越言執者內有弦結手入之淺也相者降立西方【疏】正義曰注云面前也鼓在前變於君也者賈疏云鄉射與大射相對大射君禮後首此臣禮前首燕禮與鄉飲酒相對燕禮面鼓又舉鄉飲酒後首相變張氏爾岐云面鼓者瑟首在前也鼓謂可鼓處與鄉飲酒不同者在鄉飲酒欲

其異於燕在鄉射欲其異於大射皆爲變於君也姜氏兆錫云注疏變於君之說覺支鄉射禮輕於鄉飲燕禮輕於大射鄉飲賓賢大射選士其禮重矣故可鼓者皆在後主於將敬也若鄉射只習藝燕禮只達情而已故可鼓者皆在前以鳴豫也盛氏世佐云姜說與注疏合之其義乃備蓋以鄉飲與燕禮對鄉射與大射對則爲變於君以鄉飲與鄉射對大射與燕禮對則又爲將敬與鳴豫之别儀禮一書此等至纖細之處亦精密周匝乃爾横說豎說無所不通信非聖人不能爲也讀者幸以是求之云執越内弦右手相便也越瑟下孔所以發越其聲也前越言執者内有弦結手入之淺也者賈疏云瑟近首鼓處則寬近尾不鼓處則狹側持之法近鼓持之手入則淺近尾持之手入則深是以此禮與燕禮面鼓則云執之手入淺也大射與鄉飲酒後首則云挎越手入深也敖氏云前越去廉差遠故不可挎但執之而已盛氏世佐云瑟體首寬尾狹内越内雖長廣狹亦等但弦居瑟上近首鼓處則寬近尾不鼓處弁而狹此疏說也若然則側持之法近鼓持之手入得深宜云挎近尾持之手入得淺宜云執今以經文考之反是此與燕禮皆面鼓乃云執鄉飲酒與大射皆後首乃云挎鄭公内有弦結之說不可通矣當以敖說爲正蓋瑟體尾狹則後越去瑟廉差近可挎首寬則前越去瑟廉差遠故僅可執也○章氏協夢云鄉飲工入升歌主人獻工然後笙入今射禮不升歌故工入笙即入俟合樂之後始與笙並獻之蓋主人之獻工與笙特爲其有事於射而勞之耳若工未歌而得獻則與衆賓等矣此所以俟既合樂而後獻與

笙入立于縣中西面堂下樂相從也縣中磬東立西面

疏正義曰注云縣中磬東立西面者賈疏云鄭知不在磬西西面者若磬西西面則笙者背磬不可故知在磬東西面也蔡氏德晉云笙者入立于縣中當鐘磬之間與鄉飲酒磬南北面立之文互見也縣在東階上立者西面蓋縣之東也

盛氏世佐二云案縣中磬南鐘北也此主大夫判縣而言鄉飲酒二云笙入堂下磬南北面立與此異褚氏寅亮二云笙磬相應豈可背磬而立鄉飲酒磬在階間則立於其南亦鄉磬也敖氏欲與注異謂立於磬西不可從胡氏肇昕二云敖氏謂縣中爲縣中之西然縣在洗東北而笙者立於縣之西則與磬相背既違笙磬同音之義且距階亦未嘗不遠也自宜以注說爲正又敖氏謂此與鄉飲立于磬南之意同考鄉飲酒二云磬南北面立此二云立于縣中西面其不同可知又此與鄉飲磬所縣不同處故盛氏不從其說

乃合樂周南關雎葛覃卷耳召南鵲巢采蘩采蘋不歌不笙不間志在射略於樂也不略合樂者周南召南之風鄉樂也不可略其正也昔大王王季文王始居岐山之陽躬行以成王業至三分天下乃宣周南召南之化本其德之初刑于寡妻至于兄弟以御于家邦故謂之鄉樂用之房中以及朝廷饗燕鄉射飲酒此六篇其風化之原也是以合金石絲竹而歌之

疏 正義曰注躬行以成王業校勘記二云行下徐本有召南之教四字通解無瞿氏中溶二云燕禮注有此四字此亦宜有胡氏肇昕二云鄉飲酒注二云昔大王王季文王居於岐山之陽躬行召南之教以行王業及文王而行周南之教以受命燕禮注同彼以召南之教屬大王王季周南之教屬文王故躬行下有召南之教四字此注合言大王王季文王下總承二云乃宣周南召南之化若於躬行下加召南之教四字則上下文義不相通貫通解無者是也瞿說不可從　二云不歌不笙不間志在射略於樂也不略合樂者周南召南之風鄉樂也不可略其正也者方氏苞二云獨奏合樂不惟志在射也鄉飲酒以與賢能故升歌間歌備陳君臣相悅上下志同之樂使觀感而興起焉學士習射則歌二南使盡志於修身齊家之要可矣江氏筠二云此禮與大射俱以射故略於樂而大射不略升歌而略笙間合此禮不略合樂而略歌笙間注疏

謂二南是鄉大夫之正小雅是諸侯之正不可略其正是也但二禮於歌笙間合中既各取其一而用之而大射何以於升歌外別添下管一節彼既樂有二節則此宜亦如之又何以只用合樂一節豈以笙間二者俱係雅詩之故邪玩下無算樂之文與息司正所云鄉樂惟欲者固不同也況鄉飲酒既得備用四節則此宜亦可以上取以與大射儀相配矣曰大射儀雖二節實止足當此之一節此雖一節實不下大射之二節蓋大射鹿鳴三終新宮三終此則周南三終召南三終節雖不同篇則惟一此其所以異也然則鄉飲酒義孔疏合樂之說其不如賈疏之爲可信者此亦其一證乎又鄭氏於大射工歌謂所歌惟鹿鳴而四牡二篇則不之及合之此鄉射之樂可以定其失矣

工不興告于樂正曰正歌備不興者瞽矇禮略也疏正義曰注瞽矇校勘記云矇諸本俱誤作矇唯徐本不誤案單疏正作矇○盛氏世佐云正歌謂鄉樂也大夫士以歌風爲正鄉飲酒升歌笙間用小雅禮盛者進取也於此益可見矣敖氏云凡歌至於合鄉樂乃爲備此合鄉樂矣故雖不歌小雅亦可謂之備方氏苞云鄉飲酒之樂四缺其三而曰正歌備何也凡樂歌必與禮事相應鄉大夫爲國興賢必爲忠爲孝使民物安阜上下和樂然後可爲邦家之基故必備升歌笙歌閒歌合樂而其義始全修業於鄉學之士則所以養其德行而烝於門內者二南備矣故正歌不過合樂也

樂正告于賓乃降樂正降者堂上正樂畢也降立西階東北面疏正義曰樂正告于賓校勘記云張氏爾岐曰監本樂字誤細書混疏文內注云樂正降者堂上正樂畢也者賈疏云云正樂者對後無算樂非正樂也下射雖歌騶虞亦是堂下非堂上故以堂上決之也○韋氏協夢云鄉飲有歌有笙故歌畢即獻工笙畢即獻笙更越閒合二節乃告備此不歌不笙不閒而即合樂故合樂即告備告備降然後獻工獻笙也

右合樂樂賓

主人取爵于上篚獻工大師則爲之洗尊之也君賜大夫樂又從之以其人謂之大師也【疏】正義曰注謂之大師也校勘記云徐本無也字與疏合通解有 云君賜大夫樂又從之以其人謂之大師也者方氏苞云州長習射不宜有大師或大師卽其州之人會公事之間樂與於斯禮又或公卿有賜樂而從以工師者使來襄事耳儀禮釋官云案公賜大夫樂於傳有之從之以其人而謂之大師無所據也此工及大師皆君之樂人鄉飲鄉射主於教民乃公家之事非若冠昏喪祭爲私事者可比或疑州射而君使樂人共其事恐官有不給不知一鄉五州大國三鄉爲州十五周禮大師下大夫二人小師上士四人瞽矇上瞽四十人中瞽百人下瞽百有六十人諸侯樂工之數雖無可考然人數必多當亦足供其事且諸侯之州長是士未必有賜樂之法下經云一人拜受爵注一人無大師則工之長者然則大師來否原自不定鄭氏以意爲說似未可從

賓降主人辭降大夫不降尊也【疏】正義曰注云大夫不降尊也者敖氏繼公曰大夫不降亦別於賓盛氏世佐云經不言大夫降以大夫或來或否也若來亦當從主人降大夫不尊於賓也注非鄉飲禮云賓介降大夫如介禮亦不得云別於賓也方氏苞云凡辭而終降者必有對對後必更見降者階下之事唯主人爲工洗賓降則有辭而無對並不見賓階下之事蓋賓以降表意主人辭焉而遂止也使三賓大夫皆不降而賓獨降則其升也不可與主人同又不可後於主人與主人同升是與身受主人之獻無別也後主人而升則主人無以自安故惟辭焉而遂止爲宜胡氏肇昕曰注以大夫不降尊也徵論大夫如介禮不尊於賓且階上尚有賓長三人經亦不言衆賓降豈得亦以爲尊乎郝氏

敬二云獻大師洗爵主賓皆降不言大夫者有至有不至禮重主賓也盛氏本此爲說較注爲確褚氏寅亮云明無大師主人不降洗賓亦不降也

工不辭洗卒洗升實爵工不興左瑟一人拜受爵左瑟辟主人授爵也一人無大師則工之長者

疏正義曰注辟主人授爵也校勘記云辟陳閩監葛俱誤作辭○敖氏繼公云主人卒洗亦與賓揖讓乃升此以上著大師之禮異也餘則與非大師者同張氏爾岐云左瑟者身在瑟右向主人也

主人阼階上拜送爵薦脯醢使人相祭人相者

工飲不拜既爵授主人爵眾工不拜受爵祭飲辯有脯醢不祭祭飲不興受爵坐祭坐飲

不洗遂獻笙于西階上不洗者賤也眾工而不洗矣而眾笙不洗者笙賤於眾工正君賜之猶不洗也

疏正義曰注而眾笙不洗者校勘記云眾徐本作著與單疏述注合通解作眾胡氏肇昕云敖氏集說亦云乃著笙不洗者似所據鄭注亦作著字然賈疏述注後又云況眾笙乎又云不取眾笙不爲洗也兩出眾笙字正解注之眾笙不洗也當以作眾字爲正○敖氏繼公云非大師則工之長亦不洗矣乃著笙不洗者正使笙師猶不洗也諸侯之笙師蓋以下士爲之言遂者承工後也鄉飲酒禮笙入樂南陔白華華黍乃獻之此不笙亦獻之者主人自爲射故而略於樂耳不可以其無事而廢禮也江氏筠云歌笙閒合四節首二節係兩者分奏後二節係兩者並爲閒則其所爲者各三合則其所爲者各六乃是自然之次第敖氏何得謂合樂無笙且閒字合字經俱蒙上立文始分奏者至是而閒代爲之故云乃閒閒猶其事兩分至末而二者并合爲之故云乃合樂謂合非工笙之合則閒亦非一歌一吹之相閒邪據此經先著工之入次著笙之入而云乃合樂以承之其爲笙工之合奏甚明又考

經之著笙入因樂南陔而著者鄉飲禮燕禮與燕禮記文是也因合鄉樂而著者此經是也不合樂則不復著故大射儀無笙入文若謂無算樂時所用則大射亦無算樂何以經不言笙入乎況諸凡樂工之獻俱以有事而獻未有無事獻者亦俱於卽事後獻未有先事獻者其必不然明矣蓋敖氏泥於燕禮遂歌鄉樂之文考經所云歌者實皆不止歌之一事鄉飲燕禮樂備四節而工告樂備但云正歌鹿鳴三篇歌瑟並用而經唯云工歌云升歌蓋樂貴人聲以歌為主言歌則足以該餘事也乃閒之所以必言笙者以其歌笙異詩故須著之合樂則歌笙共之言歌可包笙在內故燕禮之文然耳且鄉飲酒之禮歌笙並著而其義但云閒歌三終益可見矣又案合樂周南召南之樂卽樂南陔白華華黍樂也據注唯於笙以樂言鹿鳴三詩未有云樂者然則此樂之一字非以合笙而得名邪且樂謂人之樂之則所云合者明是指工言而非指詩言矣

笙一人拜于下盡階不升堂受爵主人拜送爵階前坐祭立飲不拜既爵升授主人爵衆笙不拜受爵坐祭立飲辯有脯醢不祭主人以爵降奠于篚反升就席亦揖讓以賓升衆賓皆升

疏正義曰注云亦揖讓以賓升衆賓皆升者賈疏云云亦者亦前主人共大夫行禮訖主人揖讓以賓升大夫及衆賓皆升就席也上賓降時雖不言衆賓降衆賓卑從降可知故今從賓升也褚氏寅亮云獻工奠爵訖而反升乃與賓揖讓而升故注釋於此時集說謂卒洗時以賓升者誤也方行賓爵獻工之禮何得又參以與賓揖讓升之禮且尚有降奠爵事賓此時亦未便卽升盛氏世佐云主人揖讓以賓升之節當在此經不言者以大師或有或無也若無大師不為之洗賓亦不降也方氏苞云注謂兼以賓及衆賓升非也賓雖欲降以主人之辭而止三

賓則並無欲降之文則反升就席者惟主人耳樂以樂賓故大夫三賓不言欲降不敢與賓同受禮也蓋賓及三賓之爲大夫而降不獨以其尊也主人將與大夫爲獻酢崇酒之禮賓及衆賓席位偪介於大夫不宜無事而相參若獻工與笙則賓與大夫三賓位在戶牖閒而主人別獻工於西階之上絕不相礙且其儀甚簡賓大夫衆賓何故又相率而辭降讓升費時失事以促正射之節使旅酬舉觶升堂無算爵之禮皆汲汲若不可逮乎胡氏肇昕云經反升就席承主人以爵降奠于篚則專指主人可知前獻工賓降主人辭降賓之因辭而卽止不終降也方說似可從

右獻工與笙

主人降席自南方禮殺由便疏正義曰注云禮殺由便者上文主人受酢爵時禮盛故主人降席自北方此禮殺故降席自南方鄉飲酒禮注不由北方由便是也方氏苞云惟賓酢主人主人升席自北方用升席之正禮尊禮也立司正及將徹俎主人降席自南方臨屬吏及弟子乃特變其方以尊主人注皆曰由便似非禮意胡氏肇昕云臨屬吏及弟子是禮殺於賓也特變其方不用升席之正禮此主人之所以可由便也注自可通側降賓不從降疏正義曰方氏苞云具樂以樂賓故主人洗獻工而賓從降不敢坐視主人之勤而自安也立司正以旅酬則主人側降而賓不從不敢謂禮專爲己也義不宜降而注以大夫尊爲義失之矣作相爲司正司正禮辭許諾主人再拜司正答拜爵備樂畢將留賓以事爲有懈倦失禮立司正以監之察儀法也詩云既立之監或佐之史疏正義曰注爲有懈倦失禮校勘

記云觶釋文徐陳通解俱作解○韋氏協夢云司正爲旅酬立也今未行旅酬禮先立司正者蓋相必主人作之爲司正然後以司正行司馬之事若未作則固不得干其事也

主人升就席司正洗觶升自西階由楹內適阼階上北面受命于主人 洗觶者當酌以表其位顯其事也楹內楹北 疏 正義曰賈疏云受命于主人者謂受主人請安賓之命　注云楹內楹北者敖氏繼公云楹謂兩楹盛氏世佐云楹謂前楹由楹內言其入堂之節也蔡氏德晉云由楹內適阼階者以樂正坐階際故也

西階上北面請安于賓 傳主人之命 疏 正義曰敖氏繼公云賓爲射事而來此時未射若無嫌於不安乃亦請安于賓者飲酒之節宜然也方氏苞云立司正以糾儀而曰請安于賓蓋指不祭立飲不拜卒觶不洗而爲言禮辭之體然也而此篇更有隱義焉教射禮嚴司射執扑以臨不勝者以觥代扑賓大夫皆就不勝者之位而飲方是時賓大夫酬主人之禮未備衆賓皆未受酬先舉罰爵而後舉酬所以愧厲之者切矣先以主人之意請安于賓以示主人急於酬賓而會有司之請射禮之旁皇周浹曲得其次序類如此

賓禮辭許司正告于主人遂立于楹閒以相拜 相謂贊主人及賓相拜之辭 疏 正義曰敖氏繼公云賓辭者亦不敢必主人之終行射事也盛氏世佐云主人所以請安于賓者爲行禮既久恐賓身或有不安也賓辭亦恐主身有不安也禮之體人情也至矣如第曰爲賓欲去留之則此賓爲射而來事未至而故留之賓故辭毋乃文繁而詐乎胡氏肇昕云主人請安于賓賓必禮辭皆禮之節次宜然也盛氏泥於安字望文生訓非是

主人阼階上再拜賓西階上答再拜皆揖就席 爲己安也今文揖爲升 疏 正義曰注云今文揖爲升

者胡氏承珙古今文疏義云案上文云賓升席主人升席言升則不言就言就則亦不必言升又云大夫及衆賓皆升就席者謂自堂下升也此賓主皆在階上不必言升今文蓋涉上主人升就席而誤故鄭從古文胡氏肇昕云鄉飲酒禮皆揖復席注不云今文揖爲升則鄉飲今文亦作揖可知此作升乃字之誤也故鄭不從之司正實觶降自西階中庭北面坐奠觶興退少立奠觶表其位也少立自修正慎其位也古文曰少退立疏正義曰中庭北面坐奠觶敖氏繼公云此中庭其阼階前南北之中與蓋射時司正爲司馬至誘射之後方易位於司射之南則此位必不在階閑如鄉飲酒司正之位也盛氏世佐云案司正奠觶處鄉飲酒禮云階閑此云中庭互見也其位同及其爲司馬也乃位於司射之南辟射也敖說誤焦氏以恕云鄉射司正中庭北奠觶及北面立于觶南此爲階閑之中庭與鄉飲一例無可疑也記司正既舉觶而薦諸其位即此觶南之位也燕禮立司正南面坐奠于中庭大射立司正南面坐奠于中庭亦在階閑與鄉飲同位也至將射則司正爲司馬下經設楅于中庭亦司馬暫立於其南者正其處也至射事畢命弟子退楅則司馬反爲司正退復觶南而立此即前者階閑奠觶之所也記云司馬階前命張侯遂命倚旌階前者西階前西面也弟子與獲者俱在西方故於此命之爾記又云命負侯者由其位則司射誘射之後又命獲者執旌以負侯鄭云於賤者禮略賈氏疏司馬自在己位遙命之此亦階閑中庭之位耳迨初射之時司馬降自西階適堂西釋弓襲反位立於司射之南此則司馬離階閑之位而始定西方東面之位於司射之南也若阼階前中庭之位則敖氏鑿空說之而無所依據蓋有心於異同而不知其非也又曰鄭之主於階前者以鄉飲經文可證也燕禮大射皆不言其位於何所則皆主階閑爲東西節矣若敖氏之謂阼階前直自爲此說耳

且司正爲司馬易位於司射之南乃西階前三耦之北也其未爲司
馬之時位於階閑如鄉飲禮固無妨也何以決其必不在階閑乎若
燕禮大射立司正時猶未射也臨射而始辟似亦無妨也何以決其
必不在階閑乎然則經文於燕射之禮只言中庭而不言階閑者已
見鄉飲則文不具也鄉飲之禮只言階閑而不言中庭者互見燕射
故也朱氏大韶云敖此節注云中庭其阼階前南北之中數蓋射時
司正爲司馬至誘射之後方易位於司射之南則此位必不在階閑
如鄉飲酒司正之位案中庭據南北東西言南北之中謂之中庭東
西之中亦謂之中庭敖以爲阼階前南北之中與經不合經凡言中
庭無有偏指一階者且司正爲司馬易位於司射之南乃在西階前
三耦之北其未爲司馬之前經但言階閑言中庭不言阼階前鄭於
鄉射北面立於觶南注曰立觶南亦其故擯位疏聘禮擯者退中庭
是擯者在中庭有位燕大射皆擯者爲司正此作相爲司正相卽擯
也故知觶南者中庭故擯位也至將射則司正爲司馬鄉射司馬遂
適堂前北面立於所設楅之南命弟子設楅乃設楅於中庭此司馬
暫立於南者正其處也射事畢命弟子退楅則司馬反爲司正退復
觶南而立此卽階閑奠觶之處也並在階閑中庭惟初射時司馬降
自西階適堂西釋弓襲反位立於司射之南此則司馬離階閑之位
始定西方東面之位在司射之南若阼階前中庭之位固無此說鄉
射云司馬命張侯又命獲者倚旌于侯中記云司馬階前命張侯遂
命倚旌又云命負侯者由其位敖云階前卽觶南之處此云階前下
云由其位文互見也案階前者西階前也以經不言其處故記著之
曰階前蓋弟子及獲者皆在西方故司馬於西階前西面命之至負
侯之命則仍自階閑中庭觶南也故疏云司馬自在己位遙命之是
也若在阼階前則離西方太遠況張侯倚旌之命其節次在司射降
自西階階前西面命納射器下則其在西階前又可知乃移西階之

前以就其阼階之說強爲之解曰此與前二命皆不離其位則記文於前二命何以云階前於命負侯何以云由其位蓋款以奠觶之位在阼階中庭遂一誤而無不誤韋氏協夢云堂下至門內霤皆謂之庭通一庭言之則東西南北之中爲中以南北向言之則或東或西凡在南北之中者皆謂之中以東西向言之則或南或北凡在東西之中者亦謂之中此中庭蓋指東西之中而言卽鄉飲所謂階閒也注知階閒與中庭爲一而以階閒爲東西節中庭爲南北節則誤矣中庭蓋東西節也階閒乃南北節耳褚氏寅亮云亦當階閒南北之中而不在阼階前南北之中鄉飲曰階閒此曰中庭互文見義　注云古文曰少退立者胡氏承珙古今文疏義曰案鄉飲酒禮云司正賓觶降自西階階閒北面坐奠觶退共少立注云共拱手也少立自正慎其位也燕禮云司正降自西階南面坐取觶升酬散降南面坐奠觶右還北面少立注云少立者自嚴正慎其位大射儀云司正降自西階南面坐取觶升酬散降南面坐奠觶與右還北面少立蓋此所奠之觶將以察儀須少立自慎而後取觶以副司正之義故言少者以爲少節非以爲退節少下立上不當有退字鄭以鄉飲燕禮大射決知當從今文作少立也

進坐取觶興反坐不祭遂卒觶興坐奠觶拜執觶興洗北面坐奠于其所今文坐取觶無進又曰坐奠之拜【疏】正義曰注云今文坐取觶無進又曰坐奠之拜者胡氏承珙古今文疏義曰案進者蒙上退文有進爲是鄉飲酒退共少立下但云坐取觶不言進者文不具耳又執觶取觶皆言觶此不應變觶爲之故二者鄭並從古文

興少退北面立于觶南立觶南亦其故擯位【疏】正義曰注云立觶南亦其故擯位者賈疏云射禮擯者退中庭是擯者在中庭有位燕禮大射皆擯者爲司正此及鄉飲酒作相爲司正相卽擯也故曰故擯位　未

旅旅序也未以次序相酬以將射也旅則禮終也疏正義曰未旅校勘記云未徐本作未注同恐誤○張氏爾岐云鄉飲酒立司正卽行旅酬今此禮主於射故且未旅急在射也敖氏繼公云大射儀亦司正已定位卽行射事然則射之正禮以此爲節上下同也經於射事既畢始見旅酬之儀則是時未旅可知乃言之者亦經文過於詳耳方氏苞云司正所奠旅酬之觶也直待三射事畢然後賓取所奠之觶以行酬故於此曰未旅以明射事未舉而預請安于賓之義又曰鄉飲酒立司正之後卽舉旅故此言未旅以別之若不言未旅直承以三耦次于堂西則事之節次不眏而辭氣亦不相貫敖氏之說前後皆失之

右立司正

三耦俟于堂西南面東上司正既立司射選弟子之中德行道藝之高者以爲三耦使俟事於此疏正義曰注司射選弟子之中校勘記云選誤作遷○張氏爾岐云自此以下始言射事射凡三番第一番三耦之射獲而不釋獲第二番賓主大夫衆賓耦射釋獲升飲第三番以樂節射此下至乃復求矢加于楅言三耦之射司射請射于賓命弟子納射器比三耦司馬命張侯又命倚旌樂正遷樂器三耦取弓矢司射誘射乃作三耦射司馬命設楅取矢凡九節射之第一番也○郝氏敬云凡射二人爲耦天子六耦諸侯四耦大夫士三耦謂之正耦鄉射正耦三用六人司射選賓有行藝者充之未旅酬先俟于堂下之西南面立長幼以東爲上序立而西雖有三耦之數尚未定同耦之人立於此待司射比耦也司射適堂西袒決遂取弓于階西兼挾乘矢升自西階階上北面告于賓曰弓矢既具有司請射司射主人

以吏也於堂西袒決遂者主人無次隱蔽而已袒左免衣也決猶闓也以象骨為之著右大擘指以鉤弦闓體也遂射韝也以韋為之所之遂弦者也其非射時則謂之拾拾斂也所以蔽膚斂衣也方持弦矢曰挾乘矢四矢也大射曰挾乘矢于弓外見鏃于弣右巨指鉤弦古文挾皆作接

疏 正義曰有司請射者敖氏繼公二云示已不敢擅其事也○注右巨指鉤弦校勘記二云右諸本俱誤作南唯徐本與此同胡氏肇昕二云案敖氏引注亦作右 二云司射主人之吏也者賈疏二云大射諸侯禮有大射正為長射人次之司射又次之小射正又次之皆是士為之則此大夫士禮不得用士故知是主人之吏為之儀禮釋官曰案射義孔子射於矍相之圃使子路執弓矢出延射注謂子路於時為司射大夫士無射人之官臨事立一人以掌射事亦謂之司射也大射以射人為司射又有大射正小射正共贊射事俱與此異方氏苞二云注於相曰主人之家臣於司射曰主人之吏辭未別白以義裁之皆非也周官王朝大禮皆大宗伯相戴記有發則命大司徒教士以車甲司徒搢扑北面誓之州長會民而習射於序亦禮事之大者相與司射必於黨正取之主人之吏與家臣可使與賓大夫相揖讓且搢扑以涖羣士乎程氏瑤田二云此經挾矢矢在弓外居弣下故二云見鏃下經執矢矢兼諸弦則在弦上故二云尚鏃也右手持矢且鉤弦而見鏃於弣則弦矢中矩故曰方持左執弓右執矢後開前合而以鏃交於弦則弦矢不中矩故曰側持也疏二云有司謂司馬故大射二云為政請射注二云謂司馬司馬政官主射禮諸侯之州長無司馬官直言有司以比司馬也案此經之相注二云主人家臣司正作相為之司馬司正為之是三官一人兼也惟司射注二云主人之吏今有司請射為司射告賓之詞其非司射為之明矣州長無司馬官則司正所作之司馬亦假借之稱然則有司以比司馬或即指為司正歟若大射儀大射正為擯遂為司正與此經相為司正略同此經命

張侯命獲者倚旌執旌負侯去侯命設楅設中取矢乘矢復求矢皆司馬所職而大射儀則司馬師命負侯注云司馬師正之佐也司馬正命去侯注云司馬正政官之屬司馬命取矢負侯者因之負侯命設楅司馬師乘矢司馬正命復求矢此初一番射也其第二番射則去侯者司馬也第三番射公將射則司馬師命負侯司馬命去侯一云於堂西袒決遂者主人無次隱蔽而已者賈疏云主人無次對大射人君禮有次在東方不須適堂西也云袒左免衣也者郝氏敬云袒露左臂也賈疏云凡事無問吉凶皆袒左唯有受刑袒右云決猶闓也以象骨為之著右大擘指以鉤弦闓體也者案闓與開同決鉤弦以利發故云猶闓也小雅車攻毛詩曰決鉤弦也云遂射韝也以韋為之所以遂弦者也其非射時則謂之拾拾斂也所以蔽膚斂衣也者案文選李陵答蘇武書注引說文云韝臂衣也周禮繕人注云韝扞著左臂裏以韋為之說文但言臂衣而不言射韝者段氏玉裁說文注云凡因射著左臂謂之射韝非射而兩臂皆著之以便於事謂之韝許不言射韝者言臂衣則射韝在其中矣胡氏肇昕云韝从韋故知以韋為之韝著於臂以斂袖所以利弦也禮經作遂小雅作拾鄭一物也故小雅毛傳曰拾遂也又案詩衛風童子佩韘毛傳韘玦也能射御則佩玦鄭箋云韘之言沓所以彄沓手指段氏玉裁云毛公釋韘為決而箋云韘之言沓此以禮經之極釋韘也大射云朱極三注極猶放也所以韜指利放弦也以朱韋為之食指無名指將指各一小指短不用鄭意以韘極沓三字雙聲且極用韋為之故字从韋決則用象骨為之故不從毛而易其義淩氏次仲亦以鄭義為長胡氏肇昕云鄭此注云決猶闓也拾斂也決著右臂指以鉤弦拾以蔽膚斂衣是二物用處不同大射注云極猶放也放義與闓相近與斂相反極所韜指以利放弦卽此經所謂決也段氏據以朱韋為之遂謂鄭以韘沓極為一非矣說文韘射決也所以拘弦以象骨韋

系箸右巨指从韋枼聲詩曰童子佩韘從毛傳以韘決爲一陳氏長發稽古編曰案射禮右巨指著決以鉤弦食指中指無名指著沓以放弦決用棘及骨及象爲之沓用朱韋爲之亦名極極取其中於指沓取其沓於指也韘之爲決爲沓皆無明文而毛說較古又有許說相輔當得其眞胡氏肇昕云謂沓極所以彄指自與決爲一類與拾之斂臂者有殊賈疏亦引大射朱極三證決當有所本也又按段氏玉裁云決卽今人之扳指也胡氏承珙云毛傳韘玦也今之扳指如環無端古之玦則如環而缺其缺處當聯以韋系所以著指亦可以佩淩氏釋例云凡射者之器曰弓曰矢曰決曰拾鄉射禮司射降自西階階前西面命弟子納射器注射器弓矢決拾旌中籌楅豐也詩小雅車攻決拾既佽弓矢既調是弓矢決拾皆射者之器也周禮夏官司弓矢恆矢庳矢用諸散射後鄭注恆矢弓所用也庳矢弩所用也又云二者皆可以散射也謂禮射及習射也考禮經之射用弓不用弩其矢蓋恆矢歟又夏官繕人掌王之用弓弩矢以服矰弋抉拾鄭司農云抉者所以縱弦也拾者所以引弦也詩云抉拾既佽詩家說或謂抉謂引弦彄也拾謂韝扞也抉拾卽決拾也云方持弦矢曰挾乘矢四矢也大射曰挾乘矢于弓外見鏃于弣右巨指鉤弦者案方持弦矢曰挾方持者並持也下文左執弓右執一个注云側持弓矢曰執側持者獨持也莊子山木篇方舟而濟於河司馬彪注方猶並也漢書敘傳下晉灼注亦云方並也兼弦矢而並持之故曰方持此解挾之義下記云凡挾矢于二指之閒橫之橫之別爲一義賈疏引橫之以釋方持非是盛氏世佐云案挾矢之法蓋以左手執弣右大指鉤弦而弅夾四矢於第二第三指閒於弓外見鏃於弣如大射之儀也吳氏廷華云注以拾爲蔽膚蓋誤認袒爲肉袒耳據曲禮注袒而卽衣曰裼孟子集說又以袒裼爲露臂蓋袒去左袖露臂衣非肉袒也凡人見射必袒因謂射用力故肉袒不知禮射本不尚力左

臂亦無所用力也且據司射著遂注以遂為射韝著之所以遂弦蓋
因發矢時左臂衣袖礙弦故著此以遂之若既肉袒則無礙於弦何
必著遂則射者之袒不過去上服左臂裼衣必去左臂裼衣者以裼
衣是禮服不宜夾禮服著遂故去之記人因大夫曰袒纁襦公曰袒
朱襦士以下不言襦故誤以為肉袒耳不知此止以辨襦之色士以
下襦色相似故不言色惟以公與大夫有纁與朱之別故特言之非
士以下無襦也云古文挾皆作接者胡氏承珙古今文疏義曰儀禮
之挾矢周禮之挾日音皆子協反挾日干本作市日左傳作浹謂十
日徧也禮注方持弦矢曰挾謂矢與弦成十字形也皆自其交會處
言之古文禮挾皆作接然則接矢矢為本字挾弓為假借字與承珙案
挾與接同聲亦同義說文挾俾持也孟子挾貴而問趙注挾接也此
挾貴挾長謂有挾持訓接似不相近考廣雅云接持也是接挾皆有
持義蓋交接之處必有所持而後固故接得有持義趙注訓挾為接
猶訓挾為持耳但挾之訓持是本義接訓持乃引申之義故鄭從今
文作挾耳大射儀云卒射右挾之鄭注右挾之右手挾弦案卒射則
無矢可挾故知為挾弦是挾即持也徒弦亦可曰挾不必矢與弦接
而後言挾也段說殊泥○淩氏釋例云鄉射禮初射請射司射升自
西階階上北面告于賓曰弓矢既具有司請射又曰司射適阼階上
東北面告于主人曰請射于賓賓許三耦卒射司射升堂北面告于
賓再射請射請釋獲司射皆升告于賓卒射及數獲畢釋獲者皆升
自西階盡階不升堂告于賓三射司射升請以樂樂于賓賓許諾餘
皆如初大射初射請射司射自阼階前曰為政請射三耦卒射司射
適阼階下北面告于公再射請射司射升自西階東面請射于公公
許遂適西階上命賓御于公又司射適阼階下北面請釋獲于公卒
射及數獲畢釋獲者皆阼階下北面告于公三射司射適阼階下請
以樂于公公許餘皆如初鄉射告于賓者尊賓也大射告于公者尊

公也鄉射初射告賓復告主人者賓主人敵也大射再射告于公遂命賓者尊賓以耦公也告賓于西階者賓在西階也告公于阼階者公在阼階也大射再射升自西階請射于公者便于命賓也告賓于階上告公于階下者君臣之義也此鄉射大射之別也

賓對曰某不能為二三子許諾言某不能謙也二三子謂衆賓已下疏正義曰注云言某不能謙也者敖氏繼公云不能謂不善射也高氏愈云賓辭不能不欲以德藝先人也云二三子謂衆賓已下者賈疏云謂除三耦之外通射者而言韋氏協夢云二三子謂有司也司射告賓以有司請射故賓言某本不能特為二三子之請不得不許耳注專指衆賓恐未備胡氏肇昕云鄉射本為衆庶習禮非為賓一人故賓辭言某本不能特為衆庶習射已不得不許耳注言衆賓已下則已通射者而言矣韋說失之敖氏云為二三子許諾見所以不辭而卽許之意向者賓為射而來故至是不敢辭但謙遜而已高氏愈云為二三子則以衆賓樂此不能獨異也

司射適阼階上東北面告于主人曰請射于賓賓許疏正義曰敖氏繼公云不請射于主人惟告以賓許者緣主人尊賓之義也賓許之辭主人與聞之矣必告之者禮當然也阼階上告主人惟北面東似行文上言司正阼階上北面受命于主人足以見之矣北面告變於君也大射儀司射東面請射于公褚氏寅亮云觀此知主人之席在阼階上少東矣敖氏謂東字衍文非也

右司射請射

司射降自西階階前西面命弟子納射器弟子賓黨之年少者也納內也射器弓矢決拾旌中

籌福豐也賓黨東面主人之吏西面【疏】正義曰注籌福豐也校勘記云福監本誤作福後並同　二云納內也者案內義與入同吳氏廷華云與射及執事者皆庠序中人何賓黨之可言至投壺爲燕法主歡此亦有飲酒何獨不主歡卽曰習禮何賓黨習而主黨獨不習邪況此事是公事主人亦是公主人弟子斷應在習禮之內蓋鄉學中之學士不當以賓黨言也據疏以賓黨在西經言西面命之故知爲賓黨不知射事諸執事皆在西此納器於西故弟子在西以待事非賓黨在西之謂

乃納射器皆在堂西賓與大夫之弓倚于西序矢在弓下北括衆弓倚于堂西矢在其上上堂西廉矢亦北括【疏】正義曰乃納射器皆在堂西者敖氏繼公云初納之時總置於堂西未有所分別既則陳其弓矢如下文所云也賓與大夫之弓倚于西序矢在弓下北括衆弓倚于堂西矢在其上者敖氏云此以弓位之上下見尊卑也下文云東序東則此序下似脫一西字也序西堂西之弓其亦皆北上與堉案敖說是也堂西者西堂下也東序東者東夾之東也西序西者西夾之西也卽東垂西垂衆弓倚于西堂下而矢在堂廉賓主人大夫之弓則倚于東西堂廉之上故下文曰主人堂東袒決遂執弓賓于堂西亦如之謂賓主人各在堂下取弓于堂廉而執之也卒射賓序西主人序東皆釋弓謂釋於故處也則賓與大夫之弓在西序西明矣若西序則西夾之牆不應賓與大夫之弓獨在堂既在堂賓何以在西堂下執弓自唐石本始脫各本因之郝氏敬云西序堂上西牆括矢端受弦處括言會也矢與弦會也括向北鏃向南順也衆耦之弓倚于堂西階下矢在階上

主人之弓矢在東序東亦倚於東房也矢在其下北括【疏】正義曰姜氏兆錫云賓與大夫之弓矢亦在西序主人之弓亦倚於東序矢在其下北括皆互文也高氏愈云倚弓矢各

有其地上賓不相混貴賤不相錯蓋禮貴有別如此

右弟子納射器

司射不釋弓矢遂以比三耦于堂西三耦之南北面命上射曰某御于子命下射曰子與某子射比選次其才相近者也古文曰某從于子

疏正義曰郝氏敬云司射自初取弓挾矢至是不釋執所事也凡耦尊者立右爲上射武事尚右左爲下張氏爾岐云御進也侍也進而侍射於子尊辭也盛氏世佐云某字也某子氏也下射稱字上射稱子亦尊卑異辭也堉案義疏云堂西蓋堂之西偏所謂西堂下也大射有次在東故三耦俟于次次西出故耦亦西面此無次射位則猶彼經之次堂西之位則猶彼經之次北也堂西當南出故耦亦南面大射西面北上尚右此南面東上乃尚左者大射之次與此經射位東西相向大射次中北上此經射位亦北上雖東西異面其北上則一堂西之位在未就射位之先與射位別則亦率其上射在左之常而已　注云比選次其才相近也者敖氏繼公云比猶合也謂合之而爲耦也上下射相配謂之耦命上下射之辭異亦尊卑也其命之惟以所立之序爲先後故不復變位旣命耦乃定所謂比也胡氏肇昕云敖氏解比字與注爲異然必選次其才相近者乃可合之爲耦周禮大司馬比軍衆注比校次之也又宮正以時比宮中之官府次舍之衆寡注比校次其人之在否此比耦與周禮同義故云選次其才相近者也云古文曰某從于子者胡氏承珙古今文疏義曰案大射儀云遂告曰大夫與大夫士御于大夫鄭彼注云御猶侍也大夫與大夫爲耦不足則士侍於大夫與爲耦也華嚴經音義引倉頡云侍從也故古文作從鄭以大射決

之故從今文

右司射比三耦

司正爲司馬兼官由便也立司正爲涖酒爾今射司正無事 疏 正義曰敖氏繼公曰以其始與射事故名爲司馬此時之位其西面於觶南歟司正爲司馬遠辟君禮也大射儀司馬二人司正如故郝氏敬云前立司正今司正爲旅酬今未旅而射即以司正充司馬供射事高氏愈云飲則爲司正射則爲司馬蓋才之優者無不宜故皆使其人爲之儀禮釋官曰司正主飲酒之禮司馬主射禮以其同主禮事故職相兼此大夫士之禮大射儀則別有司馬不使司正爲之與此異也韋氏協夢云此時司馬之位已在司射虛位之南下唯云反位則反已立於此矣不著之者是時司射位未定不得先見司馬位也

司馬命張侯弟子說束遂繫左下綱事至也今文說皆作稅 疏 正義曰敖氏繼公云命之繫左下綱耳乃云張侯者以張侯之事成於此故也　注云事至也者賈疏云上張侯時不繫左下綱中掩束之今命弟子說其束不致地遂繫左下綱於植事至故也云今文說皆作稅者詳見士昏禮

司馬又命獲者倚旌于侯中爲當負侯也獲者亦弟子也謂之獲者以事名之 疏 正義曰郝氏敬云射中者獲報中之人曰獲者旌獲者所執矢中揚旌唱獲時司射將誘射司馬命獲者取旌倚侯北正中

獲者由西方坐取旌倚于侯中乃退 疏 正義曰敖氏繼公云坐取旌見其偃於地也侯中侯之中央也倚之於此若示射者以中地然退反於西方之位也倚旌而未負侯蓋當誘射之節則異於耦射也且行事亦宜有漸郝氏敬云取旌由西方射器在堂西也

右司馬命張侯倚旌

樂正適西方命弟子贊工遷樂于下當辟射也贊佐也遷徙也疏正義曰敖氏繼公云適西方自西階東而往西階前也樂謂瑟也亦西面命之郝氏敬云樂正前降立西階至是適堂西命弟子相瞽遷樂于下辟射位也吳氏廷華云弟子工之弟子即上相者也上縣於洗東則不必遷此云遷者蓋指瑟云

弟子相工如初入降自西階阼階下之東南堂前三笴西面北上坐笴矢幹也今文無南疏正義曰敖氏繼公云如初入謂何瑟之儀與後先之序也堂東堂也堂前三笴坐處之北也必空三笴也辟主人往來堂東之路也位於堂下而坐惟工耳亦無席盛氏世佐云坐必於席蓋遷樂時并工席亦遷之也敖云無席非方氏苞云鄉飲酒禮著工之降而不見所坐之地故互見於此彼注云降立於西方誤　注云笴矢幹也者賈疏云矢人注矢幹長三尺是去堂九尺也胡氏肇昕云考工記以笴厚為之羽深注笴讀為稾謂矢幹古文叚借字又紛胡之笴注笴矢幹也是矢幹謂之笴也云今文無南者胡氏承珙古今文疏義曰敖氏謂堂為東堂案阼階下之東南即堂前不必以堂為東堂但其南去堂之節以三笴為度疏引矢人注矢幹長三尺三笴是去堂九尺然則經文堂前三笴正緣上南字而設今文無南字非是

樂正北面立于其南北面鄉堂不與工序也疏正義曰賈疏云工西面北上以南北為序樂正北面則東西為列故云不與工序也敖氏繼公曰北面者蓋變於堂上之位堂上則樂正與工同面盛氏世佐云以上三節皆一時事當司射比三耦之時司馬即命張侯倚旌而樂正命遷樂矣經文序事不得不爾非真有先後也

右樂正遷樂

司射猶挾乘矢以命三耦各與其耦讓取弓矢拾猶有故之辭拾更也疏正義曰敖氏繼公云讓者下讓其上也取云拾者謂更迭而取之也司射以此二者命之韋氏協夢云讓與至於階三讓之讓同謂上射讓下射也司射既比三耦三耦上射先行下射從之上必讓下敵者之禮也敖氏謂下讓其上未確郝氏敬云三耦既比司射先自射教之射者禮儀未閑司射挾乘矢命各與其耦揖讓迭取弓矢勿相雜越皆司射命也姜氏兆錫云命各與其耦讓者射以觀德命之揖讓以審其比禮比樂之意此鄉大夫所謂退而以五物詢衆庶者也拾取弓矢亦其中和容之一徵故首命之張氏爾岐云各與其耦讓取弓矢拾卽司射之所以命三耦者胡氏肇昕云郝氏姜氏皆於讓字絕句張氏於矢字絕句拾字別一句盛氏世佐以郝姜爲得今案當以張氏爲長各以其耦讓取弓矢此命其取弓矢之辭拾者言其取之有次不相雜越也　注云猶有故之辭者案上文云司射兼挾乘矢又云司射不釋弓矢此云猶挾乘矢故云有故之辭三耦皆袒決遂有司左執弣右執弦而授弓有司弟子納射器者也凡納射器者皆執以俟事疏正義曰郝氏敬云弣弓把也敖氏繼公云有司弟子主授受弓矢者如此授之是並授也　注云有司弟子納射器者也者方氏苞云經於前後弟子所有事皆質言之而別言有司獲者則非弟子明矣注以爲弟子非也禮必有義弟子所有事皆饋便而易供者授弓矢唱獲必有司習事乃能無愆於儀度使以弟子易之設倉皇失措而取觥撻非所以誘教也遂授矢受於納矢而授之疏正義曰敖氏繼公云遂則亦授弓者授之也上云衆弓倚于堂西矢在其上是既納

射器則陳之矣弟子乃留于堂西主授受之事故此時復執以授之胡氏肇昕云經凡言遂者皆相因之辭上文言有司授弓授弓訖因遂授矢卽一人也當以敖說為正

三耦皆執弓搢三而挾一个 未違侯處也搢插也插於帶右 疏 正義曰郝氏敬云插三矢於帶閒挾一矢於第二指閒備先射也一个謂一矢凡奇曰个○校勘記云注兩插字釋文陳本通解要義俱作定案今本釋文亦作插唯宋本作捷見張淳士冠禮識誤 云搢插也插於帶右者賈疏云以其左手執弓右手抽捷而射故知插於帶右故詩云左旋右抽案插釋文作捷捷與插古字通用樂記注亦云搢猶捷也釋文捷本亦作插插又與扱通士冠禮鄭注建柶扱柶於醴中釋文扱作捷本又作插後人知搢之為插不知捷之與插本同義也因改注中捷為插幸有釋文猶可見鄭注之舊也

司射先立于所設中之西南東面 疏 正義曰敖氏繼公云下經云設楅于中庭南當洗又云設中南當楅西當西序然則此時司射之位少南於洗而西當榮與司射先立於此欲三耦知其位也張氏爾岐云中謂鹿中以釋獲者其設之之處南當楅西當西序此時尚未設中云所設中之西南者擬將來設中之處也

三耦皆進由司射之西立于其西南東面北上而俟 疏 正義曰敖氏繼公云進亦每耦並行上射在左如退適堂西之儀也立于其西南又以司射所立處為節也俟俟作射案三耦本俟於堂西至此始違俟處進而立於司射之西南以俟射也

右三耦取弓矢俟射

司射東面立于三耦之北搢三而挾一个 為當誘射也固東面矣復言之者明卻時還 疏

正義曰校勘記云一个單疏本標目作箇　注云固東面矣復言之者明卻時還者賈疏云司射先在中西南東面今三耦立定卻來向三耦之北東面明司射卻時右還西南東面也敖氏繼公云復云東面者以其遠於舊處且明既還而後搢三挾一也三耦之北其正位之西也立於此者示三耦以揖進之節耳張氏爾岐云據注及疏言司射本立於中之西南今命三耦已復還立此經上文先字非先後之先乃舊先之先愚詳經文似當仍作先後字爲妥此復言之者欲言其將誘射故復從立處說起耳姜氏兆錫云司射原在中之西南東面因三耦來立於其西南其時司射卻身遜避以便其進立至三耦立定隨復回向三耦之北東面而立注云復言之者明卻時還也味文義當是如此而疏說未明故順其意而發之盛氏世佐云司射自請射之後卽於階前命弟子納射器比三耦于堂西又命三耦取弓矢其初固未有定位也經云先立者謂先三耦而立于所設中之西南以示射位也下經云司射先反位與此先字義同其非舊先之先明矣張氏辨之甚當然其自爲說亦非也案上經三耦立于司射之西南見司射之位在其東北也此云立于三耦之北則進而西矣既違故位嫌其所面亦異故復云東面以決之非複出也由三耦東北進而立于其北未嘗有所退卻回還也注云卻時還亦非塙案司射本位在三耦之東北至是將誘射故就射位立于三耦之北及射畢揖扑反位則反於本位不復向射位兩位蓋各自別

揖進當階北面揖及階揖升堂揖豫則鉤楹內堂則由楹外當左物北面揖

鉤楹繞楹而東也序無室可以深也周立四代之學於國而又以有虞氏之庠爲鄉學鄉飲酒義曰主人迎賓於庠門外是也庠之制有堂有室也今言豫者謂州學也讀如成周宣謝災之謝周禮作序凡屋無室曰謝宜從謝州立謝者下鄉也左物下物也今文豫爲

序序乃夏后氏之學亦非也疏正義曰敖氏繼公云自揖進以下皆教三耦以射儀也誘射而就左物者亦以其爲士黨也序州黨之學堂卽庠也鄭氏以爲鄉學是也黨屬於州州屬於鄉以此言之則三者之學其小大深淺可知矣序則鉤楹內繞楹之東而北以其物當棟也堂則由楹外謂循楹之南而東以其物當楣也蓋射者必履物而物之在堂有深有淺故爾夫此篇以鄉射爲名而其禮乃及於州黨之學者其故何哉蓋君子之居是鄉或有近於庠者或有近於序者故其射也各隨其居之所近而因便會聚於其中以行禮焉此其所以不容不異也郝氏敬云司射東面立以下皆司射自射以教射也揖進卽所立之次東向一揖進當西階塗北向一揖及西階下一揖此堂下三揖也楹卽今廳中四柱負棟者鉤楹謂近檐兩楹內可鉤行古人堂牖戸皆在後楹閒室與房在堂之北後楹中閒戸牖室也後楹東閒戸牖房也所謂東西階位皆在堂深處而前當兩階非就檐下布席也淩氏釋例云凡射未升堂之前三揖曰耦進揖曰當階北面揖曰及階揖鄉射禮司射誘射東面立于三耦之北搢三而挾一个揖進當階北面揖及階揖大射儀司射誘射入于次搢三挾一个出于次西面揖當階北面揖及階揖此升堂之前三揖也鄉射初射上耦揖進上射在左並行當階北面揖及階揖再射一耦揖升如初又云賓主人大夫揖皆由其階降揖主人堂東袒決遂執弓搢三挾一个賓于堂亦如之皆由其階階下揖賓主人大夫揖猶耦進揖也由其階降揖猶當階揖也由其階階下揖猶及階揖也又云大夫袒決遂執弓搢三挾一个由堂西出于司射之西就其耦大夫爲下射揖進耦少退揖如三耦三射皆如初此鄉射升堂之前三揖也大射初射上耦出次西面揖進上射在左並揖當階北面揖及階揖再射一耦揖升如初又云諸公卿取弓矢于次中袒決遂執弓搢三挾一个出西面揖揖如三耦三射皆如初此大射升堂之前三

揖也司射誘射者教射也故其儀與耦射同也大射有次在洗東南故出次西面揖鄉射無次但於堂西袒決遂故耦進東面揖也大射賓待君射不揖者君尊不降階賓不敢與之耦也○校勘記云注而又以有虞氏之序為鄉學序徐本通解俱作庠敖氏作序案敖引鄭注雖作序然其說云序州黨之學堂即庠也鄭氏以為鄉學是也是敖氏所見本亦作庠偶誤寫作序耳讀如成周宣謝災之謝謝徐本通解要義楊氏俱作榭下並同案春秋左氏經作成周宣榭火公羊經作成周宣謝災鄭引公羊經而疏以左氏經釋之非鄭意也且說文無謝字左氏穀梁之作榭未必非後人所改當從言為正　云鉤楹繞楹而東也序無室可以深也周立四代之學於國而又以有虞氏之庠為鄉學鄉飲酒義曰主人迎賓於庠門外是也庠之制有堂有室也今言豫者謂州學也讀如成周宣謝災之謝周禮作序凡屋無室曰謝宜從謝州立謝者下鄉也今文豫為序序乃夏后氏之學亦非也者賈疏云注云今言豫者謂州學也者周禮地官州長職云春秋以禮會民而射于序是也云凡屋無室曰榭宜從榭序乃夏后氏之學亦非也者鄭廣解榭名爾雅云闍謂之臺有木者謂之榭及成周宣謝及此州立榭皆是無室故云凡以該之不得從豫及序故云宜從榭也今文豫為序序乃夏后氏之學亦非也不從今文者以其虞庠夏序皆是有室州之序則無室故云非言亦者古文為豫已非今文作夏后氏之序亦非盛氏世佐云禮記學記云術有序周禮州長職云春秋以禮會民而射于序本記云序則物當楣皆作序此古文作豫誤也鄭公從之者取其與榭字略似便改讀以求合於爾雅無室曰榭之文耳詎知榭是臺上之屋所以臨觀講武與此州黨學舍絕不相干不可援以為據也若夫序之無室其證有三而爾雅不與焉蓋序為州黨學其規模制度必狹小於鄉學之庠而其器席陳設一與庠同又須留餘地以通行禮者之往來若復去四分之一

以爲室其勢必不能容一也庠大於序而射者所履之物止於當楣楣棟前一架也序小於庠而物反當正中之棟若其有室則室之牖前爲賓席席前又設薦俎與物同在●一架之內能無礙乎二也又以經文證之序本與庠對今以堂對言者互文也堂者對室之稱無室不可以言堂故言序則知堂之爲庠矣言堂則知序之無室矣其言簡而義該如此三也之三者皆足以明序之無室鄭公不一爲拈出而輕改經文以申己臆過矣若以序爲夏后氏之學其說出於王制明堂位與孟子異未知孰是然即謂周人立夏之學於州去室而仍取序名亦無不可何必改序爲榭邪凌氏釋例云注既云周禮作序矣復以今文豫作序爲非且下記云序則物當棟正作序字疑注說不然也胡氏承珙云鄭於經豫字但讀如謝不即破其字爲謝所以存古音此既以序爲非而於禮記學記周禮州長弁下記諸序字皆不破之者蓋以序榭字本通耳經義聞斯錄曰案鄭氏之意蓋以豫序同爲叚借字本字當作榭故後注有二云或言堂或言序亦爲庠榭互言自作庠榭然周以有虞氏之庠爲鄉學安知不又以夏后氏之序爲州黨學邪記二云序則物當棟堂則物當楣記與禮之堂皆謂庠古人屋皆五架中爲棟棟之前有楣有庪棟之後亦有棟有庪序無室庠則後楣之南爲堂北爲室故序則物當棟後餘兩架庠則物當楣後亦餘兩架而侯之入庭深淺亦視此爲率以侯道之五十弓爲定也楹當楣下物當棟在兩楹北故鉤楹內物當楣在兩楹之間故由楹外此篇司正洗觶升階亦由楹內適阼階受命于主人司馬升堂命去侯命去矢亦皆鉤楹內立於物閒蓋此篇本州序習射之事也而鄉大夫詢衆庶亦用此禮故并庠之物當楣由楹外言之或疑鄉庠州序之內各有序有堂似非胡氏肇昕云案諸家皆泥於州長射於序之文故說多窒礙而難通不知庠有室序無室此定制也而經於鄉射兼言堂者以禮或有兼行於庠者其制與序有異故因序

而弁及之玩經文豫則鉤楹內堂則由楹外豫言序堂言庠一則字明是分言庠序非專為州長習射而言也鄉射記射自楹閒注云自
楹閒者謂射於庠也此鄉射亦行於庠之明證禮經古文作豫今文作序豫序皆從予得聲古相通用鄭讀豫為榭者以爾雅無室曰榭
豫亦無室故讀從之說文無榭字古借謝為之故春秋成周宣榭火公羊經宣謝災鄭此注即本公羊之文謝與豫序古音亦相近孟子
曰庠者養也校者教也序者射也皆取同音為訓序之訓為射猶豫之讀如謝也云左物下物也者張氏爾岐云物者以丹若墨畫地作
十字形射者履之以射左物下射所履故云下物也姜氏兆錫云物者猶物色之物大射禮云若丹若墨畫物而午是也及物揖

左足履物不方足還視侯中俯正足方猶併也志在於射左足至右足還併足則是立也南面視侯

之中乃俯視併正其足疏正義曰淩氏釋例云凡射既升堂之後三揖曰升堂揖曰當物北面揖曰及物揖鄉射禮司射誘射升堂
揖豫則鉤楹內堂則由楹外當左物北面揖及物揖左足履物不方足還視侯中俯正足不去旌誘射將乘矢大射儀司射誘射升堂揖
當物北面揖及物揖由下物少退誘射射三侯將乘矢始射干又射參大侯再發此升堂之後三揖也鄉射初射上射先升三等下射從
之中等上射升堂少左下射升上射揖並行皆當其物北面揖及物揖皆左足履物還視侯中合足而俟再射賓主人射升堂揖主人為
下射皆當其物北面揖及物揖三射如初此鄉射升堂之後三揖也大射始射上射先升三等下射從之中等上射升堂少左下射升上
射揖並行皆當其物北面揖皆左足履物還視侯中合足而俟再射諸公卿升射如三耦三射如初此大射升堂之後三揖也又始射司
射命曰毋射獲毋獵獲上射揖司射退反位再射司射命曰不貫不釋上射揖司射退反位三射司射命曰不鼓不釋上射揖司射退反

位鄉射大射皆同此揖亦在升堂之後然唯第一耦之上射有之餘耦皆無也鄉射或於庠或於序故曰鉤楹內由楹外大射用三侯故曰始射干又射參大侯再發其禮既殊故誘射亦異也　注云方猶併也志在於射左足至右足還併足則是立也南面視侯之中乃俯視併正其足者朱子曰注意若曰左足履物而右足不併便還足南面視侯之中也若便併右足則是立矣以志在相射故未暇立而先視侯既視侯而後俯併其足也敖氏繼公云左足履物從畫也大射儀曰司射由下物少退則履物者當履其從畫也不方足未暇北面而立也他時并欲還者必先立故言此以明之還謂右還而南面也右還者爲下射宜向上射也既視侯中乃俯視而正足則視侯中之時右足其亦在從畫而少退與正足謂左右各履橫畫之兩端也亦左先而右次之張氏爾岐云左足履物不及併足右足初旋已南面視侯乃俯正足而立是其志在於射也吳氏廷華云還者北面及物履物後乃還而西面立又轉首南視侯也不方足者未及併足卽視也據此則古射者亦側立西向左手把弣向南與今同惟併足而立與今之不丁不八者異記所謂志正體直者非必正面向侯也褚氏寅亮云向北履物之時左足必履橫畫之距還身正足之時右足必履橫畫之隨其縱畫則虛而不履蓋兩足之間也敖氏謂履縱畫者非左足履物勢必右還其身而後向南謂下射向上射者亦非誘射無分上下也盛氏世佐云射之立法與他時異他時併足而立可也而射者之足則不可併併則不可射聖人於此恐人或有未嫻也故先於射位畫爲一縱一橫之物而使之取正焉司射於誘射之時既視侯中卽俯而視足以察其合法與否皆所以教也方足者併足而立也此常法也正足者正其足於物也物一縱一橫履之者亦左足縱而右足橫如其所畫也至今射者之立取象於丁猶古人畫午之遺意注於正足方足之分茫然莫辨而敖氏遂以左右各履橫畫

之兩端釋之若然則其身正南面而立矣將何以支左詘右而射乎蓋自文武殊科而射為武事於是習於射者既不能講明容體以證於經而儒生學士游於藝者蓋寡又徒守紙上之空言謬誤相承莫能是正而義遂晦矣此愚之所以讀之而慨然也至於疏說之誤則由讀注之不審云左足至右足還者謂志在於射故左足甫至物右足即還不及併足而立也又云併足則是立也者反言以明之耳疏以右足還三字連下為句則非矣得朱子之解注意始明而近世又有謂左足至為句右足還併足為句則是立也三句皆是反言者亦失注意

不去旌以其不獲【疏】正義曰賈疏云以其旌擬唱獲今以三耦誘射不唱獲故不去旌也敖氏繼公云倚旌於侯而不去者以誘射不主於中且不獲也郝氏敬云凡射獲者持旌侯西唱獲此教射不計獲故旌倚侯不去也褚氏寅亮云旌倚侯中蓋在正下誘射者必善射其中侯也必不中旌故可不去其不去也非不主於中也蓋見中侯不中旌也注以不獲釋之微矣方氏苞云注謂以不獲敖氏謂不主於中皆非也發而不中尚可以教射乎疑旌之高不掩正鵠倚於侯之中央在正鵠之下惟司射發必中的不失分寸故不去旌以為表儀使人則傚是以誘射畢始命獲者執旌以負侯三耦射則去之正恐矢或集於旌而貫於侯也胡氏肇昕云方氏憑几說經未可據當以舊說為正

誘射誘猶教也【疏】正義曰誘引導也亦有教之之意

將乘矢將行也行四矢象有事於四方【疏】正義曰敖氏繼公云言此者必四矢盡發也大射儀誘射以四矢射三侯胡氏肇昕云射義云男子生桑弧蓬矢六以射天地四方天地四方者男子之所有事也是注所本

執弓不挾右執弦不挾矢盡【疏】正義曰敖氏繼公云執弓左執弣也挾弓者以大巨指鉤弦也此不挾則但執弦而已也

南面揖揖如升射降出于其位南適堂

西改取一个挾之改更也不射而挾之示有事也今文曰適序西【疏】正義曰改作一个校勘記云作唐石經徐本通解敖氏楊氏俱作取是也○敖氏繼公云南面揖揖退也揖如升射謂如其當物升堂之揖也云出于其位南見是時未有司馬西方之位也自賓與大夫之外凡南行而適堂西與堂西出而北行者皆由於此惟發於其位及反位者則否張氏爾岐云司射位在所射中之西南東面今乃出其位南北迴適堂西者疏以爲教衆耦威儀之法故也衆耦射畢皆當自此適堂西釋弓脫決拾也吳氏廷華云上司射立于中之西南東面三耦又立于司射之西南東面北上司射升堂誘射畢降階南行出于其位之南則當與三耦立處相當蓋三耦本立於其位之西南也司射至此乃西面行與上耦對至上耦前乃轉而北行至堂西取一个挾之即從堂西取扑然後反位其反位仍由故處自階西至堂西自堂西南行至上耦前西向作之乃轉身東行轉北反位褚氏寅亮云乘矢已射訖故更取一矢以挾非與上相變之意　注云今文曰適序西者胡氏承珙古今文疏義曰案上文惟賓與大夫之弓倚于西序主人之弓矢在東序衆弓則皆倚于堂西矢在其上此司射取矢自當云適堂西又大射儀司射誘射畢亦云遂適堂西改取一个挾之鄭以彼決此故從古文遂適階

西取扑搢之以反位扑所以撻犯教者書曰扑作教刑【疏】正義曰敖氏繼公云搢扑者以三耦將射也張氏爾岐云反位所設中之西南東面也方氏苞云扑作教刑平時庠序之所用也至習射則必有大過而後撻其不中者欽之而已而司射非有事於堂上必搢扑正以示衆射者容體不比於禮節不比於樂皆由平時不盡志於此本當用扑而姑以觥代也而賓大夫主人亦因此各繹己之志矣周官閭胥掌觥撻罰蓋功事役事庶人則以撻罰禮事則吏士以觥罰耳

右司射誘射

儀禮正義八

南菁書院

江寧楊大堉雅輪補

司馬命獲者執旌以負侯欲令射者見侯與旌深有志於中疏正義曰張氏爾岐云上文命張侯倚旌疏二云同是西階前至此未有他事當亦西階前命之也盛氏世佐云下記云命負侯者由其位正謂此也張氏云西階前命之非敖氏繼公二云使之執旌于侯中以示射者若謂中侯則舉此而言獲然郝氏敬二云旌先倚侯三耦將射乃命獲者執旌北向背侯立俟司馬命也

獲者適侯執旌負侯而俟俟待也今文俟爲立疏正義曰注二云俟待也者賈疏二云待司馬命去侯二云今文俟爲立者胡氏承珙古今文疏義曰案大射儀二云負侯者皆適侯執旌負侯而俟鄉射禮三耦俟于堂西南面東上鄭以彼此互決故皆從古文胡氏肇昕二云今文俟爲立立蓋竢之壞字此經當今文作竢古文作俟說文俟大也从人矣聲竢待也从立矣聲古文多假借故作俟今文用本字故作竢說文於禮經多用今文二云竢待也蓋本今文也此經及大射儀三耦俟于次北今文俟作立皆即竢之脫壞也大射儀皆適次而俟今文俟作待字雖異而義同知此亦不爲立字也經典竢字少見唯爾雅釋詁二云竢待也左傳哀元年日可竢也用竢字爾雅釋文二云竢又作俟詩齊風俟我于著乎而漢書地理志引作竢是俟竢古相通用也後世不知俟之本訓爲大而以待義當之則俟失其本義而反以竢爲俟之古字故漢書竢待之字多作竢而師古於賈誼終軍彭宣司馬遷等傳皆二云竢古俟字釋玄應衆經音義亦二云俟古文竢糇𡰥三形幾不知俟竢之爲二字矣

司射還當上耦西面作上耦射還左還也作使也

疏正義曰敖氏繼公云當謂上下射之閑張氏爾岐云三耦在司射之西南東面今欲西面命射故知左還蔡氏德晉云還左轉而西向也時三耦猶在西階下西南與司射俱東面立司射還向上耦二人使之升堂而射也褚氏寅亮云經明云當上耦作上耦射敖氏云當上下射之閑與經違矣作之必正對之而後作獨作上耦則下耦亦隨之而並行矣下經司射西階之東北面命上射曰無射獲無獵獲亦專命上射亦正對上射而下射自喻若在上下射之閑則宜云階閑而何以云西階之東邪

司射反位上耦揖進上射在左並行當階北面揖及階揖上射先升三等下射從之中等中猶閑也

疏正義曰敖氏繼公云上射在左以其當就上物也上射差尊故先升中等空一等也同階升者前後相當宜空一等以相遠為敬與異階升者之義不同其降亦然然則凡升階者必於其中央與吳氏廷華云揖進時東行以北為左當階轉北以西中等者上揖已升三等下射乃升一等中空一等也

上射升堂少左下射升上射揖並行並併也併東行

疏正義曰云少左者賈疏云辟下射升階也敖氏繼公云為下射升堂則皆在右也吳氏廷華云北面以西為左東行以北為左升階少左蓋略向西讓下射升位也既升並行則轉而東行也張氏惠言云上下射並行中閑相去如兩物容弓升階相隨行及上堂而後左右併階隘故也

皆當其物北面揖及物揖皆左足履物還視侯中合足而俟

疏正義曰張氏爾岐云當物上射當右物下射當左物履物還視侯中皆倣誘射之儀敖氏繼公云不云不方足省文耳合足左右並立於橫畫即上所謂正足也吳氏廷華云當物時上下射尚東向上射先當左物乃俱轉身北面揖畢乃北行及物並揖以左足履物尚

北向也既履物乃轉身西向卽南面向侯所謂還也還卽視侯中乃并足正立俟者俟司馬司射兩命然後射也此當與誘射參看又大射言執弓右挾之此無文可知盛氏世佐云合足猶正足也謂俯察其足之縱橫必合於所畫之物胡氏肇昕云左足履物右足還不及方足也至視侯中乃合足而俟合足而俟卽并足而立也上文所謂方足也盛氏謂合於所畫之物解合字義迂曲賈疏云俟俟司馬命去侯

司馬適堂西不決遂袒執弓不決遂因不射不備

疏正義曰敖氏繼公云惟云適堂西是猶未出於司射之南也云執弓是亦不挾也不決遂不挾弓變於大射也云袒執弓則固不決遂矣乃先言之者嫌執弓者袒必決遂也經文亦或言袒以包二者故以此明之褚氏寅亮云注云因不射不備蓋此經之不挾矢而并不決遂與大射之雖決遂而仍不挾矢者俱以不射故也其不挾矢與大射同而不決遂與大射異者變於君禮也方氏苞云教射而會鄉民儀可略不與射則不決遂執弓而不挾可矣大射則擇士以祭君親臨之故不射而決遂執弓而右挾禮宜嚴也

出于司射之南升自西階鉤楹由上射之後西南面立于物閒右執簫南揚弓命去侯鉤楹以當由上射者之後也簫弓末也大射曰左執弣揚猶舉也

疏正義曰敖氏繼公云去離也命去侯者令辟射且當獲也郝氏敬云時獲者南負侯侯所居乏在西故西南面命之注云鉤楹以當由上射者之後也者賈疏云于西楹西而北東行過由上射之後也云簫弓末也大射儀曰左執弣揚猶舉也者敖氏云右執簫爲欲揚弓也至是乃云執簫則初執弓之時左執弣右執弦矣南揚弓以弓之上端南向而舉之也必南之者爲獲者在侯故也吳氏廷華云去侯以將射也司馬不徑從堂西至階下升階乃從堂西西南行出司射之西南然後轉東至當階乃轉

北行升階既升又不徑從階上東行乃從西楹西而北始轉東由上射之後立于其後俱與司射示威儀之義同又上射在西下射在東
司馬從西來故止由上射後立于其中也獲者在侯中面南面者令去侯至乏之在西也在物閒易隱故揚弓示之南揚者獲者在南也
方氏苞云命去侯則揚弓揮之使行故高舉以爲招也命取矢則揖弓俯拾于地故下指以示意也胡氏肇昕云禮記曲禮云凡遺人弓
者右手執簫注簫弭頭也釋名云弓其末曰簫言簫梢也是簫爲弓末也獲者執旌許諾聲不絕以至于
乏坐東面偃旌興而俟聲不絕不以宮商不絕而已鄉射威儀省偃猶仆也疏正義曰賈疏云而俟者待射者
發矢當坐故下云獲者坐而獲也注云聲不絕不以宮商不絕而已鄉射威儀省者賈疏云大射云負侯皆許諾以宮趨直西及乏之南
又諾以商至乏聲止是其威儀多此不者威儀省故也敖氏繼公云此去侯亦宜趨直西乃折北而就乏之東面偃旌是旌亦東首矣胡氏
肇昕云蔡氏德晉以執旌許爲句諾字屬下讀蓋以大射之諾以宮又諾以商也然考鄉射大射二篇如賓許諾大史許諾皆以二字連
讀蓋諾者應之聲僅云執旌許則文義不了當以舊讀爲是司馬出于下射之南還其後降自西
階反由司射之南適堂西釋弓襲反位立于司射之南圖下射者明爲二人命去
侯疏正義曰襲敖氏繼公云復衣也此襲對袒而言上衣雖裼猶爲襲也玉藻曰尸襲執玉龜襲非是則皆裼矣淩氏釋例云凡有
事于射則袒無事于射則襲鄉射禮司射請射三耦將射三耦拾取矢衆賓將射賓主人大夫將射賓主人拾取矢大夫就其耦兼取矢
皆袒決遂司馬命獲者去侯命取矢司射命飲不勝者皆袒執弓大射儀司射請射三耦射司馬正命獲者去侯命取矢三耦拾取矢君

與賓射諸公卿將射三耦及諸公卿大夫衆射者拾取矢皆袒也遂再射司馬命取矢司射命飲不勝者皆袒執弓是有事於射則袒也鄉射司馬命去侯訖命取矢加福訖賓主人大夫卒射飲畢賓主人大夫拾取矢訖射畢司射退射器皆襲大射司馬正命去侯訖命取矢加福訖三耦卒射君諸公卿卒射衆耦拾取矢訖飲畢射畢司射退射器皆襲是無事於射則襲也鄉射司馬獻獲者大射司馬正獻服不皆襲鄉射大射司射獻釋獲者亦襲此皆飲酒之禮無事於射者也司馬乘矢襲司射數獲襲者皆既射以後之事也飲罰爵勝者皆袒決遂示能射也不勝者皆襲說決拾示不能射也鄉射三射司射請以樂射則襲大射不云襲文不具也與前初射再射請射袒決遂不同者禮射異於能中故袒襲不相因而相變也反位立於司射之南者敖氏云反謂復其故道也司射之南皆指其虛位言也是時司射不在此反位而著其在司射之南則前此猶在觶南之位也方有此位而言反以向者由是而往故也褚氏寅亮云經先言出於下射之南則是由物閒而出從下射南向東行也繼云還其後則是過下物折向北又折向西而還下射之後也疏似倒釋經文且失注中圍下射之義又襲復衣也對袒而言故謂之襲與聘禮之襲有別司射之南之位司馬至此時乃改觶南之位而位於是焉不曰復初位而曰反位者位雖其位於此始立焉爾盛氏世佐云反位則其在此位也不自此始矣方其爲司正也位在觶南及爲司馬則位在司射之南反爲司正復就觶南之位蓋觶南之位當階閒中庭故射則遷之也必於司射之南從其類也不於其爲司馬時著之者以司馬之位取節於司射彼時未見司射位故至此始言之也敖云前此猶在觶南之位非 注云圍下射者明爲二人命去侯者敖氏云圍下射而降者往來交變以爲儀也盛氏世佐云圍下射者威儀之法宜爾也下文司射命取矢之時上下射皆不在亦圍左物而降則可見

矣鄭解似迂當以敖說爲正方氏苞云司馬升降皆紆道而由司射之南何也升降經由堂東西者惟賓主人大夫不敢上擬又司馬位在司射之南三耦衆賓卒射而降皆由司馬之南適堂西釋弓說決拾故司馬先爲之儀又云司馬命去侯升由上射之後立于物閒故降還下射之後以適堂西與再射命去侯升自右物之後降還左物之後同理當如此別無深意注推說似迂遠

司射進與司馬交于階前相左由堂下西階之東北面視上射命曰無射獲無獵獲上射揖司射退反位

射獲謂矢中人也獵矢從傍【疏】正義曰相左者賈疏云相左之時在西階之西司馬由北而西西行司射由南而東行各以左相近故云相左也敖氏繼公云司射進與司馬交于階前著其進之節也相左著其行之方也司馬南行司射北行而相過故謂之交司馬在西司射在東故謂之相左蓋南行者以東爲左北行者以西爲左也盛氏世佐云凡升堂者皆自其位東行當階前乃直北至階反位亦如之上經云出于司射之南升自西階是其徵矣若然則相左之說當如敖解疏誤也江氏筠云仍是司馬由東而南行司射由西而北行蓋司射由其位進行至堂塗則折而北及行至近階始折而東耳由堂下西階之東者敖氏云由堂下者自堂下而少東行也西階之東當上物之南也其於堂中爲少西故取節于西階也惟命上射者以其先發而下射從之且下射共聞之矣故不復戒戒其射獲獵獲而不及其他者獲近于侯舉近以見其遠也揖以揖受其戒○注獵矢從傍校勘記云陸氏曰傍或作旁案敖氏作旁 云射獲謂矢中人也獵矢從傍者賈疏云人謂獲者郝氏敬云司射不升堂由西階東北向上射命曰射無計獲善射者正己無爭勝之心則發必中度獵猶爭也不由拾發獵次爭勝射者所戒蓋初射誘習不釋算計獲故以此曉之盛氏

世佐云無射獲戒其傷人也無獵獲戒其驚人也郝說非胡氏肇昕云射獲獵獲皆射不中度之最甚者故舉以爲戒射主于中不得戒其無計獲且射無計獲亦不得云無射獲也獵之言捷也文選景福殿賦獵捷相加注獵捷相接之貌矢從人傍而過是與人相接之皃皆恐其傷人也故戒之

乃射上射既發挾弓矢而后下射射拾發以將乘矢后後也當從后

【疏】正義曰敖氏繼公云弓字衍文挾矢則挾弓可知不必言也大射儀無弓字既發而挾矢是射時乃傳矢也此亦可以見其節矣云拾發者亦見下射既發挾矢而後上射射也古之射者其序整齊而不紊其儀從容而不迫大抵類此張氏爾岐云上射發第一矢復挾二矢下射乃發一矢如是更發以至四矢畢盛氏世佐云弓字非衍也謂上射既發第一矢復于帶閒取第二矢傳于弓而挾之也大射儀無弓字省文耳蔡氏德晉云上射先發一矢俟再挾矢于弓而後下射發拾更迭也下射既發再挾矢于弓而後上射又發各行四矢也○校勘記云注古文而后作後非也孝經說然后曰后者後也當從后徐本如是與單疏標目合要義節錄注云古文后作後非通解與今本同案依疏當作孝經說說然后曰各本少一說字云后後也當從后者案此注缺脫當從徐本賈疏云引孝經說者取孝經緯援神契文臧氏琳云案說文先後字作後君后字作后儀禮古文作後與說文合今文作后當是同聲假借字胡氏承珙云案經傳多借后爲後鄭非不知后爲後之假借聘禮記君還而后退注云而后猶然後也此注必云當從后者正以古文多假借當本作后孝經亦古文故引以爲證又大射儀而后下射射彼今古文蓋皆作后故以此古文作后者爲非謂是傳古文者之誤古文當本作后不作後也胡氏肇昕云此說是也鄭君於禮經多從古文許君於禮經多從今文古文多用假借字今文多用本字此經古文作後故鄭君辨

之謂古文當作后不作後也云后者後也非以後釋后謂后卽後之假借耳亦以通古今字之異也古人訓詁多有此例如毛詩汝墳惄如調飢傳云調朝也非以朝訓調謂調卽朝之假借耳文選注引薛君章句曰朝飢最難忍是毛詩作調用假借字韓詩作朝用本字也又采蘩于沼于沚傳云于於二字經典多通用而有古今文之別故經文多用于傳注多用於以於釋于所以通古今字異也舉此而此注之從后不從後以後釋后之故可推矣

獲者坐而獲 射者中則大言獲獲得也射講武師田之類是以中爲獲也 疏 正義曰敖氏繼公云獲者於射時則坐以俟其中也中乃獲之必坐而獲者旌在地須坐乃舉之以獲也且示有所變○注則大言獲敖氏集說載鄭注作坐言獲講武田之類集說田上有師字案校勘記不載各本有如此者敖以意增改耳

舉旌以宮偃旌以商 宮爲君商爲臣聲和律呂相生 疏 正義曰敖氏繼公云此一中而兩言獲也蔡氏德晉云舉旌之聲高爲宮偃旌之聲下爲商蓋一唱而聲再變也

獲而未釋獲 但大言獲未釋其算 疏 正義曰注大言獲敖氏集說引注無大字○敖氏繼公云是時未立釋獲者則未釋獲可知張氏爾岐云釋算所以識中之多寡注上下文皆言大言獲賈疏乃以宮爲大言獲商爲小言獲是一矢而再言獲恐未是或一聲漸殺各有所合與盛氏世佐云大射儀云去三侯皆許諾以宮及乏南又諾以商此獲者受去侯命之聲也亦宮商爲二聲非一聲而漸殺注兩言大言獲者據第一聲而言也張氏以此非疏誤韋氏協夢云上獲唱獲也下獲獲之算也未釋獲者三耦之射不主於中也蔡氏德晉云初射雖有中否而不計勝負但唱獲而不釋算故曰未釋獲

卒射皆執弓不挾南面揖揖如升射 不挾亦右執弦如司射 疏 正義曰敖氏繼公云不挾者變於大射吳氏廷華云卒射承上

將乘矢但每發必唱獲故夾敘之如升射者前揖處皆當揖也

上射降三等下射少右從之中等並行上射于左降下

疏 正義曰敖氏繼公云堂上並行下射在左今降階必少右乃當上射之後也並行上射于左者謂上射先降少左下射降乃並行而上射於左也上射必於左者進時上射在左退亦宜然堂上各發於其物不可得而變降時有先後故因既降而為之此將適堂西也上射乃不於右便其反位者以有釋弓等事而未即反故也吳氏廷華云鄉大夫階五等降三等即是中等與大射又不同又云從之隨上射後降階也中等並行者既降乃並也上下射離物南行轉西當階轉南時上射在西下射在東南以西為右少右隨上射後降階也既降中等下射乃前至上射之西並行上射在左褚氏寅亮云當發位並行向西階時上射南下射北上射已於左矣不待降階時始易位經於階下著之者明仍在左也張氏爾岐云並行既降階而並行盛氏世佐云上經云上射升堂少左此云下射稍右從之互文也凡獨升者中階而升也共升則差尊者在左差卑者在右雖閒一等如其並行之節也並行上射于左兼在堂上堂下言也張云既降階而並行敖云堂上並行下射在左皆非胡氏肇昕云上經云上射升堂少左下射升上射揖並行此既升堂而並行也此經云上射降三等下射少右從之中等並行上射于左乃既降階而並行也張說不誤盛氏駁之非是

與升射者相左交于階前相揖

疏 正義曰敖氏繼公云進退者交則相揖以其事同也張氏爾岐云相左者降者由西升者由東也蔡氏德晉云相左交者初耦自堂上降交耦自堂下升交遇乃于西階前南下就西以東為左北升趨東以西為左也淩氏釋例云凡射後二揖曰卒射揖曰降階與升射者相左交於階前揖鄉射禮初射三耦乃射上射既發挾弓矢而后下射射拾發以將乘矢卒

射皆執弓不挾南面揖揖如升射上射降三等下射少右從之中等並行上射于左與升射者相左交于階前相揖再射三射皆如初此鄉射之射後二揖也大射儀初射三耦乃射上射既發挾矢而后下射射拾發以將乘矢卒射右挾之北面揖揖如升射上射降三等下射少右從之中等並行上射于左與升射者相左交于階前相揖再射諸公卿卒射降加三耦三射如初此大射之射後二揖也大射卒射北面揖不同鄉射南面揖者君在堂上故也司射誘射卒射北面揖注不南面者爲不背卿考下文諸公卿大夫卒射亦揖如三耦此時卿已降矣則非爲卿可知敖氏繼公云北面揖者爲下射與君同物不可南面揖于楹閒嫌也鄉射賓主人卒射南面揖皆由其階階上揖降階揖賓序西主人序東皆釋弓說決拾襲及位升及階揖升堂揖皆就席賓主人分階故多階上一揖既降復升就席故又有及階升堂二揖也又大夫卒射揖如升射耦先降降階耦少退皆釋弓于堂西襲耦遂止于堂西大夫升就席大夫降無與升射者交于階前之揖者大夫既降復升就席然後繼射者始升也鄉射司射誘射卒射南面揖揖如升射降此無升射故無交于階前之揖也大射司射誘射卒射北面揖及階揖降如升射之儀卒射揖後復有降階揖者大射諸侯禮威儀多也誘射無耦而亦揖者教衆射者以行禮之節也

由司馬之南適堂西釋弓說決拾襲而俟于堂西南面東上三耦卒射亦如之司射去扑倚于西階之西升堂北面告于賓曰三耦卒射

去扑乃升不敢佩刑器卽尊者之側**疏**正義曰升堂北面校勘記云北字誤在司射上○敖氏繼公云司馬之南卽鄉者所謂司射之南也此時已有司馬之位又在司射之南正當往來者之北故以之爲節耳釋弓說決拾以己初射之事畢也說遂而言拾者别於

用時也侯侯司射命也二當作二一字之誤也二耦謂文耦下耦也下耦謂與此異者無與升揖者相左相揖之事耳胡氏肇昕云下三耦拾取矢節云三耦拾取矢亦如之敖氏亦云三當作二考大射三耦卒射亦如之作三二耦拾取矢亦如之作二細繹經文當以作二耦爲是蓋三與二字畫相似又涉下三耦卒射而誤耳蔡氏本義本之徑改經文爲二耦　注云去扑乃升不敢佩刑器即尊者之側者敖氏云扑刑器也將告尊者必去之敬也士之射禮賓主之故司射獨以是告賓　賓揖以揖然之

右三耦射

司射降搢扑反位司馬適堂西袒執弓由其位南進與司射交于階前相左升自西階鉤楹自右物之後立于物閒西南面揖弓命取矢揖推之也【疏】正義曰敖氏繼公云司射將反位司馬將升堂而交于階前則是其去扑與袒執弓之事亦相接爲之褚氏寅亮云司馬適堂西在司射未降先司射南降而司馬已至階故於此得相交堉案義疏云司射降自西階司馬方升南北相值故曰相左則司馬在東司射在西也盛氏世佐云命取矢命取鄉誘射及三耦射之矢注云揖推之也者賈疏云推手曰揖引手曰厭故周禮司儀天揖時揖土揖鄭注皆以推手解之揖弓者向侯而推之以其命取矢故也揚弓者向之而揚之以其命去侯故也敖氏云揖弓與揚弓相變爲文則揖者其推而下之之謂與去侯取矢之事異故上下其弓以別之揖弓繼西南面而言是弓亦西南鄉矣蓋以獲者與弟子皆在西南故也揖弓者蓋右執弦盛氏世佐云揖弓與揚弓相變揚者舉之向上也揖者推之向外也論語曰上如揖蓋揚則高而揖則平與敖以

揖爲推而下之非

獲者執旌許諾聲不絕以旌負侯而俟俟弟子取矢以旌指教之

疏正義曰敖氏繼公云獲者許諾者取矢之事已主之也獲者審於視矢雖不親取而主其事

司馬出于左物之南還其後降自西階遂適堂前北面立于所設楅之南命弟子設楅楅猶幅也所以承笴齊矢者

疏正義曰敖氏繼公云司馬立于所設楅之南示弟子以設處也凡言所設某者皆謂器之未設者也鄉者射器納于堂西楅在其中今司馬北面命設之則是時弟子已奉楅而出與弟子在西司馬北面不必鄉而命之張氏爾岐云所設楅謂所擬以設楅之處堉案先命取矢後命設楅者蓋楅自堂西一設即是矢則合三耦及誘射者總二十八矢須一一取之不能促致故必先命之使二事並舉於一時及設楅後又釋弓堂西襲而反位弟子乃得取矢加楅遂進撫而乘之庶幾禮成於敏焉其獲者負侯本爲弟子取矢而設注所謂以旌指教之也若北面負侯侯在其背何能指之以旌意必轉而向侯始可指示之又命取矢不言弟子應諾者可知已又弟子方委矢于楅及不備又命升堂西南命之者據下云弟子自西方應諾則委矢後弟子已西反故也韋氏協夢云下射履左物此云出于左物之南即上出于下射之南也弟子位在西南此時奉楅而出已至堂前但未即設耳故司馬北面鄉而命之○注所以承笴齊矢者校勘記云徐本無齊字聶氏通解楊氏俱有朱子曰注脫齊字據疏補之　云楅猶幅也所以承笴齊矢者賈疏云義取若布帛有邊幅整齊之意故云所以承笴齊矢胡氏肇昕云大射儀總衆弓矢楅注楅承矢器說文無楅字本字作箙箙弩矢箙也周禮司弓矢曰中秋獻矢箙注箙盛矢器也以獸皮爲之蓋承矢之器本以竹木爲之而以獸皮爲飾故其字从竹爲箙或从木爲楅服與畐偏旁

古多通用詩生民覃實匍匐釋文匐本亦作服爾雅釋鳥蝙蝠服翼方言蝙蝠自關而東謂之服翼皆其證也故輻通作輹猶覆訓爲服也偪通作伏猶服通作伏也福通作備猶服通作犕也

乃設楅于中庭南當洗東肆東肆統於賓

疏 正義曰敖氏繼公云中庭東西節也南當洗不言北文省也東肆龍首在西也必東肆者以上射在西也司馬不以弓爲畢者辟大射禮也盛氏世佐云中庭兩階之閒也南當洗亦南北以當深也東肆向東陳之首在西也褚氏寅亮云陳祥道云考之於禮奉楅者坐奠委矢者坐委乘矢者坐撫取東矢者坐說則楅卑而無足可知舊圖楅有足誤矣竊謂楅應有足但不高耳南當洗亦大判言之未必尺寸不爽如在洗西而稍南亦可云當淩氏釋例云凡設楅于中庭南當洗東肆鄉射禮初射畢司馬適堂西袒執弓由其位南進與司射交于階前相交升自西階鉤楹自右物之後立于物閒西南面揖弓命取矢獲者執旌許諾聲不絕以旌負侯而俟司馬出于左物之南還其後降自西階遂適堂前北面立于所設楅之南命弟子設楅乃設楅于中庭南當洗東肆大射初射畢司馬正袒決遂執弓右挾之出與司射交于階前相左升自西階自右物之後立于物閒西南面揖弓命取矢負侯許諾如初去侯皆執旌以負其侯而俟司馬正降自西階北面命設楅小臣師設楅司馬正東面以弓爲畢注鄉射禮曰乃設楅于中庭南當洗東肆是大射設楅之處與鄉射同也鄉射既設楅司馬由司射之南退釋弓于堂西襲反位弟子取矢北面坐委于楅北括乃退司馬襲進當楅南北面坐左右撫矢而乘之若矢不備則司馬又袒執弓如初升命曰取矢不索弟子自西方應曰諾乃復求矢加于楅大射既設楅司馬正適次釋弓說決拾襲反位小臣坐委矢于楅北括司馬師坐乘之卒若矢不備則司馬正又袒執弓升命取矢如初曰取矢不索乃復求矢加于楅卒司馬正進坐左右

撫之與反位蓋楅者承笴齊矢之器故設于中庭以備取矢委之且爲行禮之節又鄉射再射畢取矢加楅大夫之矢則兼束之以茅上握焉三射同大射再射畢取矢加楅賓諸公卿大夫之矢皆異束之以茅三射同此則與衆耦異者也又案鄉射記云楅髹橫而奉之南面坐而奠之南北當洗此言設楅之儀也**司馬由司射之南退釋弓于堂西襲反位弟子取矢北面坐委于楅北括乃退司馬襲進當楅南北面坐左右撫矢而乘之**撫拊之也就委矢左右手撫而四四數分之也上既言襲矣復言之者嫌有事即袒也凡事升堂乃袒

疏正義曰敖氏繼公云司馬所由者亦其位南也是時司射在其位之北故以司射爲節盛氏世佐云委加矢于楅上也北括則於楅爲橫也楅之東西設也於茲益信　注云撫拊之也就委矢左右手撫而四四數分之也者賈疏云撫者撫拍之義以右手撫四矢於東以左手撫四矢於西是四四數而分之也胡氏肇昕云釋名云撫敷也敷手以拍之也拍搏也手搏以上也是左右撫矢而乘之者左右手相撫拍而四四數分之也云上既言襲矣復言之者嫌有事即袒也者敖氏云司馬是時不執弓無嫌於不襲此襲字蓋衍胡氏肇昕云上襲以命弟子設楅退而釋弓是無事即襲也此進則有事矣而云襲者以在堂下也故曰嫌有事即袒也經文所以詳言之敖氏謂爲衍文非是云凡事升堂乃袒者賈疏云堂下雖有事亦不袒若司射不問堂上堂下有事即袒司馬與司射遞行事恐同故明之也淩氏釋例云凡射者之事及釋獲者之事皆司射統之鄉射禮司射適堂西袒決遂取弓于階西兼挾乘矢升自西階階上北面告于賓曰弓矢既具有司請射賓對曰某不能爲二三子許諾司射適阼階上東北面告于主人曰請射于賓賓許大射儀司射適次袒決遂執弓挾乘矢于弓外

見鏃于弣右巨指鉤弦自阼階前曰爲政請射遂告曰大夫與大夫士御于大夫此初射請射也鄉射司射倚扑于階西升請射于賓如初賓許諾大射司射適西階西倚扑升自西階東面請射于公公許此再射請射也鄉射司射去扑倚于階西升請射于賓如初賓許大射司射倚扑于階西適阼階下北面請射于公如初此三射請射也鄉射司射不釋弓矢遂以比三耦于堂西三耦之南北面命上射曰某御于子命下射曰子與某子射大射畫物畢司射西面誓之曰公射大侯大夫射參士射干射者非其侯中之不獲卑者與尊者爲耦不異侯大史許諾遂比三耦三耦俟于次北西面北上司射命上射曰某御于子命下射曰子與某子射此初射比三耦也鄉射賓主人大夫若皆與射司射則告于賓適阼階上告于主人主人與賓爲耦遂告于大夫大夫雖衆皆與士爲耦以耦告于大夫曰某御于子又二云司射降搢扑由司馬之南適堂西立比衆耦大射司射適西階上命賓御于公諸公卿則以耦告于上大夫則降卽位而後告司射自西階上北面告于大夫曰請降司射先降搢扑反位大夫從之降適次立于三耦之南西面北上司射東面于大夫之西比耦大夫與大夫命上射曰某御于子命下射曰子與某子射卒遂比衆耦衆耦立于大夫之南西面北上若有士與大夫爲耦則以大夫之耦爲正命大夫之耦曰子與某子射告于大夫曰某御于子命衆耦如命三耦之辭此再射比衆耦也鄉射大射司射誘射皆將乘矢此誘射也鄉射司射還當上耦西面作上耦射大射初射司射適次作上耦射再射三射作射如初此作射也鄉射大射初射司射命曰無射獲無獵獲再射命曰不貫不釋三射命曰不鼓不釋此命射也鄉射司射去扑倚于西階之西升堂北面告于賓曰三耦卒射大射適阼階下北面告于公此告卒射也皆射者之事也鄉射禮請射後司射降自西階階前西面命弟子納射器乃納射器皆在堂西大射儀司射請射

後遂適西階前東面右顧命有司納射器射器皆入君之弓矢適東
堂賓之弓矢與中籌豐皆止于西堂下衆弓矢不挾總衆弓矢楅皆
適次而俟此命納射器也鄉射司射命三耦拾取矢再射三射如初
大射同此命拾取矢也亦射者之事而司射命之也故曰射者之事
皆司射統之也又鄉射司射立于中南北面視算大射同此視算也
鄉射大射再射畢司射襲適洗洗爵升實之降獻釋獲者于其位少
南薦脯醢折俎有祭釋獲者薦右東面拜受爵司射北面拜送爵釋
獲者就其薦坐左執爵祭脯醢興取肺坐祭遂祭酒興司射之西北
面立飲不拜既爵司射受爵奠于篚釋獲者少西辟薦反位此獻釋
獲者也皆釋獲者之事也鄉射司射命釋獲者設中大射同此命設
中也鄉射數獲後司射命設豐三射如初大射同此命設豐也鄉射
三射畢司射命釋獲者退中與算而俟大射同此命退中與籌也亦
釋獲者之事而司射命之也故曰釋獲者之事皆司射統之也凡獲
者之事皆司馬統之鄉射禮初射後弟子取矢委楅訖司馬襲進當
楅南北面坐左右撫矢而乘之再射三射司馬乘矢如初大射儀初
射後小臣委矢于楅訖司馬師坐乘之卒若矢不備則司馬正又袒
執弓升命取矢如初曰取矢不索乃復求矢加于楅卒司馬正進坐
左右撫之再射司馬正坐左右撫之三射司馬師乘之此乘矢也鄉
射飲不勝者後司馬洗爵升實之以降獻獲者于侯薦脯醢設折俎
俎與薦皆三祭獲者負侯北面拜受爵司馬西面拜送爵獲者執爵
使人執其薦與俎從之適右个設薦俎獲者南面坐左執爵祭脯醢
執爵興取肺坐祭遂祭酒興適左个中亦如之左个之西北三步東
面設薦俎獲者薦右東面立飲不拜既爵司馬受爵奠于篚大射飲
不勝者後司馬正洗散遂實爵獻服不服不侯西北三步北面拜受
爵司馬正西面拜送爵反位宰夫有司薦庶子設折俎卒錯獲者適
右个薦俎從之獲者左執爵右祭薦俎二手祭酒適左个祭如右个

中亦如之卒祭左个之西北三步東面設薦俎立卒爵司馬師受虛爵洗獻隸僕人與巾車獲者皆如大侯之禮卒司馬師受虛爵奠于篚此獻獲者也皆獲者之事也又鄉射禮乃張侯下綱不及地武不繫左下綱中掩束之將射司馬命張侯弟子說束遂繫左下綱大射張三侯亦不繫左下綱將射不云司馬命張侯者文不具也此命張侯也鄉射司馬又命獲者倚旌于侯中大射不云亦文不具此命倚旌也鄉射司馬命獲者執旌以負侯大射司馬師命負侯者執旌以負侯此命負侯也鄉射耦升堂履物後司馬適堂西不決遂袒執弓出于司射之南升自西階鉤楹由上射之後西南面立于物閒右執簫南揚弓命去侯獲者執旌許諾聲不絕以至于乏坐東面偃旌興而俟再射三射去侯皆司馬命之大射耦升堂履物後司馬正適次袒決遂執弓右挾之出升自西階適下物立于物閒左執弣右執簫南揚弓命去侯負侯皆許諾以宮趨直西及乏又諾以商至乏聲止再射三射及公射去侯皆司馬命之此命去侯也鄉射初射畢司馬適堂西袒執弓由其位南進與司射交于階前相左升自西階鉤楹自右物之後立于物閒西南面揖弓命取矢獲者執旌許諾聲不絕以旌負侯而俟再射三射皆如初大射初射畢司馬正袒決遂執弓右挾之出與司射交階前相左升自西階自右物之後立于物閒西南面揖弓命取矢負侯許諾如初去侯皆執旌以負其侯而俟再射三射皆如初此命取矢也鄉射司馬命弟子設楅大射司馬正北面命設楅此命設楅也鄉射畢司馬命弟子說侯之左下綱而釋之命獲者以旌退命弟子退楅大射畢司馬正命退楅解綱小臣師退楅巾車量人解左下綱司馬師命獲者以旌與薦俎退此命退楅說侯綱退旌也亦獲者之事而司馬命之蓋獲者之事統於司馬射時獲者去侯至射畢取矢委楅時獲者又許諾負侯故取矢設楅退楅亦司馬命之也又案射器九注所云弓矢決拾旌中籌楅豐是也弓矢

決拾四者射者之器也旌獲者之器也中籌二者釋獲者之器也取
矢必獲者許諾以旌負侯然後設楅則楅亦獲者之器也飲不勝者
必釋獲者數獲然後設豐則豐亦釋獲者之器也凡射者之事統於
司射射如請射比耦誘射作射命射告卒射皆司射之事而納射器拾
取矢亦司射命之也凡獲者之事統於司馬如乘矢獻獲者皆司馬
之事而張侯獲者倚旌負侯去侯及取矢設楅退楅說侯綱退旌亦
司馬命之也凡釋獲者之事亦統於司射如視算獻釋獲者皆司射
之事而設中設豐飲不勝者退中亦司射命之也射禮繁縟鄉射大
射二篇司射與司馬迭爲進退學者幾於心目俱眩昌黎所以苦儀
禮難讀也今比其例而觀之雖繳文瑣節井井然若網在綱有條而
不紊始知禮經廣大精
深非聖人必不能作也
若矢不備則司馬又袒執弓如初升命曰取
矢不索索猶
盡也【疏】正義曰敖氏繼公云此自適堂西以至揖弓皆如初
也適堂西亦由其位南郝氏敬云矢不備有遺也三
耦二十四矢乃備方氏苞云必餘於所用之數以備鉤折不可索盡
及時求之而莫給也至此而後發命何也初射惟三耦矢有定數再
射則衆耦皆辯又初射之矢或有鉤折故宜多取以備乏匱也案此
宜以取矢爲句不索爲句命曰取矢卽上文之命取矢也矢有定數
取之者不容不給此云若矢不備者恐有鉤折之虞不可不備也不
索者不令矢之盡也矢僅給所用之數則盡矣不索乃復命取矢之
故
弟子自西方應曰諾乃復求矢加于楅增故曰加鄉獲者許諾至
此弟子曰諾事同互相明
【疏】正義曰敖氏繼公云弟子已應卽往取矢司馬乃降由司射之南
執弓反位如初弟子既加矢于楅司馬進撫之如初此經文略也
褚氏寅亮云不盡之矢必棲於隱蔽處須求乃得案求亦取也孟子
勿求於心趙注求者取也　注云鄉獲者許諾至此弟子曰諾事同

互相明者敖氏云此時獲者猶負侯而取矢之弟子已退在西方之位故獨應之

右取矢委楅第一番射事竟

司射倚扑于階西升請射于賓如初賓許諾賓主人大夫若皆與射則遂告于賓適阼階上告于主人主人與賓爲耦言若者或射或否在時欲耳射者繹己之志君子務焉大夫遵者也告賓曰主人御于子告主人曰子與賓射疏正義曰張氏爾岐云自此至釋獲者少西辟薦反位言賓主大夫衆賓耦射釋獲升飲之儀射之第二番也司射請射比耦三耦取矢于楅衆耦受弓矢序立乃設中爲釋獲之射三耦射賓主人射大夫射衆賓射司馬取矢乘矢司射視釋獲者數獲設豐飲不勝者獻獲者獻釋獲者凡十三節○請射于賓如初者敖氏繼公云請射請三耦之外皆射也其辭亦曰有司請射耳如初升自西階階上北面告也此請射與下請釋獲亦不聽命於賓之意韋氏協夢云鄉射以賓爲主故卒射必告始射必請則遂告於賓敖氏云言遂者謂承賓許諾之後也賓若不與射則雖許諾而司射亦不告然則上言請射于賓者非獨爲請賓射明矣○注云言若者或射或否在時欲耳射者繹己之志君子務焉者敖氏云若皆與射而後告是其或欲或不欲固已前告司射矣主人與賓爲耦禮也假令或有一人不欲射則缺此一耦蓋不可與餘人爲耦故爾焦氏以恕云記云衆賓不與射者不降是凡在堂上者或射或否各順其欲初無一定也義疏云案主人以射故而請賓賓以射故而應主人之請必無不與之事而經云若者蓋不爲必然之詞且爲大夫及三賓言之耳愚案射者繹己之志君子務焉是射者其宜也特此禮爲鄉人習射則賓主大

夫及衆賓無妨以不能自謙也云必無不與者明與經戾矣又義疏云案大夫與三賓之或射或否疑已前定於納射器之時故此時司射得據以告于賓愚案納射器在初請射之後司射堂下命之弟子納之堂西及東西序也當請射于賓賓對曰某不能爲二三子許諾則賓一已之射否尚未定也蓋姑陳射器而射否則俟其自擇前定之說恐未然也然則與射及否直定於司射升階再請射之後未告賓之前而經不具言之耳大夫三賓蓋亦如之胡氏肇昕云初請射節司射告于賓曰弓矢既具有司請射賓對曰某不能爲二三子許諾此云請射于賓如初賓許諾是賓之或射或否即于賓對司射時明之經文固顯著之矣至若主人與大夫衆賓之射否蓋即繼賓而告于司射注所謂在時欲耳是也下文賓主人大夫若皆與射若者承賓許諾言之許諾則告有一不許諾者則不告其人也蓋主人大夫衆賓之許諾與否皆於賓許諾中括之經文簡而義該當以意推之也

遂告于大夫大夫雖衆皆與士爲耦以耦告于大夫曰某御于子

大夫皆與士爲耦謙也來觀禮同爵自相與耦則嫌自尊別也大夫爲下射而云御于子尊大夫也士謂衆賓之在下者及羣士來觀禮者也禮一命已下齒於鄉里

疏 正義曰校勘記云告于大夫曰告上石經徐陳通解楊氏敖氏俱有以耦二字○注及羣士來觀禮者也來徐誤未　云大夫皆與士爲耦謙也者敖氏繼公云大夫不自爲耦者變於君所之射也此賓主人皆士於衆耦之上下射不敢俱以大夫爲之郝氏敬云主人耦賓尊賓爲上射也大夫耦士以貴下賤也韋氏協夢云大射大夫與大夫爲耦此大夫與士爲耦在大夫則爲自謙在主人則爲尊君兼鄭敖兩說乃備云士謂衆賓之在下者及羣士來觀禮者也禮一命已下齒於鄉里者敖氏云士謂衆賓也大夫宜與衆賓長爲耦若衆則以次而爲之不足乃及於堂下

者焉盛氏世佐云士謂命士來觀禮者非衆賓也敖云衆賓長亦非然觀此注所言則士之來觀禮者亦與衆賓齒可見矣讀鄉飲酒禮者亦當參考也褚氏寅亮云有大夫則以公士爲賓然則衆賓之中無士矣蓋旣爲士則不在詢衆庶之中也若堂下一命之士齒於鄉里者有之故鄭以此士解與大夫爲耦蓋亦觀禮而非習射者也敖氏誤以衆賓爲士不知此固秀民而非士矣方氏苞云士當爲學士之有德行道藝者注疏必以爲在官之士非也鄉大夫之尊可與所興之學士爲賓主州之良士卽異日所賓興也大夫雖尊而爲遵則有主道焉故可與學士耦而爲下射若在官之士而居大夫之右則悖矣

西階上北面作衆賓射作使【疏】正義曰敖氏繼公云作衆賓射使之降而爲射事也盛氏世佐云衆賓謂堂上三賓也案衆賓盛氏專謂堂上三賓以下文衆賓將與射者皆降衆賓在堂上故降也然此節爲司射比衆耦當兼堂下衆賓言之爲是

司射降搢扑由司馬之南適堂西立比衆耦衆耦大夫耦及衆賓也命大夫之耦曰子與某子射其命衆耦如三耦◎【疏】正義曰敖氏繼公云立比衆耦謂立於此爲比衆耦耳比之之事俟衆賓降而後爲之盛氏世佐云是時衆耦猶未比也先言之者明司射立此之意耳經中此例閒有之如鄉飲酒及此篇獻賓禮皆云南面坐奠爵于篚下盥洗亦非謂遽已洗也敖說是此注若移於下經司射乃比衆耦之下則得矣吳氏廷華云上倚扑升此復搢之也衆賓在堂乃至堂西比之者蓋將比未比俟皆降始比之下經衆賓皆降適堂西司射乃比衆耦是也此注疏宜在彼下又大夫之耦上經已告大夫不待比注兼及之以其與比者一時同命之也

衆賓將與射者皆降由司馬之南適堂西繼三耦而立東上大夫之耦爲上若有東面者

則北上言若有者大夫士來觀禮及衆賓多無數也疏正義曰敖氏繼公云將與則或有不與者矣記曰衆賓不與射者不降是也降者由司馬之南適堂西而堂下之衆賓皆從之不言者可知也此雖未執弓矢亦必由司馬之南者異於大夫也繼三耦而立居其西也衆賓之立以齒則大夫之耦為上可知乃著之者嫌其不與耦並立則或變於有耦者也衆賓若多堂西南面之位不足以盡之則當東面於西壁而北上也言若有者見堂下之士多寡無定數也張氏爾岐云司馬位在司射之南若有東面者或賓多南面列不盡也

賓主人與大夫皆未降言未降者見其志在射疏正義曰敖氏繼公云尊者事至乃降也賈疏云言未降後有降階之理故下云三耦卒射賓主人大夫揖皆由其階降與耦俱升射也　注云見其志在射者盛氏世佐云注意蓋曰經不言不降而言未降者見其志在於射俟三耦卒射乃降也此於義未為失疏家不曉而為之說曰言志在射者以其射在堂上故也郝氏遂從而詆之其誣鄭公也實甚故特為白之大射儀云諸公卿皆未降鄭注亦云言未降者見其志在射疏云言未者後當降故云未若終不射不得言未則得注意矣

司射乃比衆耦辯衆賓射者降比之耦乃徧疏正義曰敖氏繼公云乃者言其方有事也衆耦謂衆賓自為耦者也大夫之耦亦存焉是時衆賓皆已立于司射之北若西然後可比之不言命之之辭者如上耦可知也大夫之耦則先命之其辭曰子與某子射與他耦上射之辭異云辯者為下節

右司射請射比耦

遂命三耦拾取矢司射反位反位者俟其袒決遂來疏正義曰張氏爾岐云遂命者承上比耦畢遂命

之也郝氏敬云始誘射三耦命司射共矢二十八箇是三耦餘一乘也皆收委於楅故就楅取之拾取上射取一下射取一彼此更迭至四也　注云反位者俟其袒決遂來者蔡氏德晉云反立西階東面司馬北之位也三耦拾取矢皆袒決遂執弓進立于司馬之西南必袒決遂者明將有射事疏正義曰朱子曰此拾取矢疑行王氏引之云上文既云命三耦拾取矢則自皆袒決遂以下皆言三耦拾取矢之事故承上文以起下文曰三耦拾取矢言三耦之拾取矢也始而袒決遂執弓以待拾取矢既而上耦拾取矢既而中下二耦相繼拾取矢是之謂三耦拾取矢矣三耦拾取矢五字之意直貫至下文三耦拾取矢亦如之句非特爲皆袒決遂三句而設也皆袒決遂之時尚未拾取矢也而其事歸於拾取矢則統謂之三耦拾取矢且下文衆賓未拾取矢皆袒決遂執弓與此三耦拾取矢皆袒決遂執弓相對爲文不得以爲衍字吳氏廷華云袒決遂在堂西乃至司馬西南之位蓋卽上射時立於司射西南之位也盛氏世佐云於此言拾取矢者明其袒決遂執弓擬爲此事耳卽上文司射立比衆耦之例也章氏協夢云三耦拾取矢題下事也下乃序其事而言之與前一人洗舉觶于賓同意敖氏繼公云惟云執弓是亦不挾也亦變於大射者與此所立者卽其故位更以司馬爲節近故爾鄉者司馬未在此故以司射爲節賈疏云案上司射位在中西南司馬位在司射南今立於司馬之西南亦東面北上也案義疏云三耦取矢位卽是前番射位司馬已就位故經云司馬之西南賈疏以爲異位非也　注云必袒決遂者明將有射事者賈疏云始取未有射事而袒決遂者以其取矢訖卽有射故豫著之　司射作上耦取矢作之者還當上耦如作射疏正義曰上司射作射時左還當上耦西面作上耦射今作上耦取矢亦如之　司射反位上耦揖進

當楅北面揖及楅揖當楅楅正南之東西

【疏】正義曰敖氏繼公云當楅北面揖者當楅南則折而北行故北面揖也及楅揖者爲上下射將折而西東也張氏爾岐云上耦發位東西時一南一北並行及至楅南北面向楅亦一東一西相並也姜氏兆錫云及楅揖不言北者下賓主人及楅揖注所謂當楅之東西主西賓東面相揖也前後互推之可見盛氏世佐云及楅揖謂及楅之東西而揖也姜說得之下云上射東面下射西面即謂此揖之時也經文句法倒耳敖說非淩氏釋例曰凡拾取矢前四揖曰耦進揖曰當楅北面揖曰及楅揖曰上射進坐揖鄉射禮初射畢三耦拾取矢上耦揖進當楅北面揖及楅揖此拾取矢以前之三揖也又云上射東面下射西面上射揖進坐此揖唯上射有之下射進坐不揖也再射畢三耦拾取矢如初又云大夫袒決遂執弓就其耦揖皆進如三耦耦東面大夫西面大夫進坐說矢束興反位而后耦揖進坐大夫爲下射故耦進坐揖大夫大夫不揖也三射畢拾取矢如初此鄉射拾取矢前之四揖也賓主人拾取矢皆進階前揖及楅揖拾取矢如三耦此時賓東面主人西面故無當楅北面揖也大射儀初射畢三耦拾取矢一耦出西面揖當楅北面揖及楅揖此拾取矢以前之三揖也又云上射東面下射西面上射揖進坐此上射之進坐揖也再射畢三耦拾取矢如初諸公卿大夫皆降如初位與耦入于次皆袒決遂執弓皆進當楅進坐說矢束上射東面下射西面拾取矢如三耦若士與大夫爲耦士東面大夫西面大夫進坐說矢束退反位耦揖進坐三射畢拾取矢如初此大射拾取矢前之四揖也諸公卿大夫耦進當楅進坐不云揖者文不具也蓋拾取矢耦進揖猶射時耦進之揖也當楅北面揖猶射時當階北面揖也及楅揖猶射時及階揖也拾取矢在庭不升堂目無物故無升堂當物及物三揖也進坐獨上射揖者亦猶射時司射命射上射揖也然命射之揖唯第一耦之上射

有之此拾取矢進坐之揖凡耦之上射皆有之則與射時異也上射東面下射西面【疏】正義曰敖氏繼公云上射在西下射在東如其物之位也胡氏肇昕云經文此二句盛氏以爲與上及楅揖爲倒裝句法是也蓋經文於此必倒引者上以明及楅揖爲上射在楅之西而東面下射在楅之東而西面下以領起上下射之進坐亦一東面一西面也上射揖進坐橫弓

郤手自弓下取一个兼諸弣順羽且興執弦而左還退反位東面揖

橫弓者南踣弓也郤手由弓下取矢者以左手在弓表右手從裏取之便也兼弁矢於弣當順羽既又當執弦也順羽者手放而下備不整理也不言毋周在阼非君周可也【疏】正義曰敖氏繼公云進坐不言北面可知也矢南鄉人于楅南北面取之便也盛氏世佐云此揖進謂自其楅西東面之位揖進就楅也此時上射伿東面于楅西取矢敖說非取矢必坐者以楅卑故也以下記楅制考之則其不高大可見矣　注云橫弓者南踣弓也郤手由弓下取矢者以左手在弓表右手從裏取之便也者敖氏曰橫弓踣弓也此橫弓覆手也覆手橫之以上端向下射敬之也弓下弦弣之下也盛氏世佐云橫弓注云南踣弓是也蓋東西向者以南北爲橫郤仰也手右手也弓下弓弦之下也東面坐而南踣弓則執弓之手必覆覆者手在弓背之上面而弦向下也左手覆弓上執之而仰右手自弓下取矢兩手相對爲便也經言右手之郤則左手之覆可知言右手自弓下則左手在弓上亦可知此立言之法也焦氏以恕彙說曰敖云上射覆手橫弓以弓之上端向下射者敬之也下射郤手橫弓以弓之上端向上射也人北面弓東西俱爲橫也案義疏云弓之兩端皆簫也而有上端下端之別者弣側有韘士喪禮設依撻焉是也撻在上則爲上端執弓者必以上端向人爲敬愚案敖氏依此以釋則爲特見然君子於

射事則尚敬楅處侯之北亦統於侯也故上射卻手取矢則覆手執弓下射覆手取矢則卻手執弓並以弓之上端鄉侯亦所以著其敬而不徒相變爲容之謂矣褚氏寅亮二云拾取矢時經無北面之文因不必還周異於大射故於反位時著其面位而曰東面揖然則取矢東西面位不改不過進而近楅耳非北面也唯取矢者一向東一向西故左手踣弓有卻手覆手之異勢右手取矢亦有弓上弓下之不同若皆北面則其儀不異矣敖氏以上端向人爲敬之說似是實非吳氏廷華二云東西面以在楅之兩旁也言進者從楅兩旁東西面至楅也疏二云卻仰也謂左手執弣右手取矢也弓上下者楅橫矢首北括而南鏃括有羽末向括取矢者執鏃則羽順出於當而無損執括則逆矣東面者右手當鏃便於弓下取之仰手者以手在矢下也不覆手者弓下矢上無餘地也西面者右手羽不可執故必從弓上向左執鏃順羽而出之矢在手下故手覆也右手仰則左手當在弓上而覆右手覆則左手當在弓下而仰也兼矢于弣便再取也順羽者以手順之恐委矢或逆也且與者隨順隨與也左還者上射左手向外轉而南乃西反東面位下射轉左向南乃東反西面位也又上射東面當西踣弓而橫于南北若南踣弓則弓在楅矢外尚何弓上下之可言二云兼弁矢於弣當順羽既又當執弦也順羽者手放而下備不整理也者敖氏二云兼諸弣晛左手弁執矢也凡執弓者左執弣兼矢於弣卽順羽與則是橫弓者惟取矢之時則然也執弓者言不挾也盛氏二云兼弁也弣弓鞬也弁矢于左手弓鞬閒而以右手順其羽且與者疏二云謂順羽之時則與也郝氏敬二云矢羽在北右手仰取矢身左轉向南羽順在北非執弦亦右手也二云不言毋周在阼非君周可也者大射二云左還毋周反面揖注二云左還反其位毋周右還而反東面也君在阼還周則下射將背之此對彼爲言彼有君在阼周則背君此在阼非君故周可也敖氏曰左還者以左體向右而還也于

楅前必左還者以楅東肆宜順之反位不言毋周是亦左還也此與順羽且興皆變於大射二云盛氏世佐云左還向左而還也敖氏云以左體向右而還非反位反其楅西東面之位也復二云東面者嫌其臣左還而變也蓋東面者以北爲左左還則面北矣於是遂西轉南向至其故處而仍東面焉此則左還而周也與大射異者大射威儀多此則惟取其便故也注在阼非君之說似迂焦氏彙說曰通解朱子曰燕禮司正右還疏云以右手向外者以奠觶處爲內也此三耦左還疏云以左手向外者以所立處爲內也大射云毋周者既以左手向外繞其所立之處及至將匝之時乃復以右手向外而轉身也此注云周可也則以左手向外繞其立處以至於匝乃不復以右手向外而即便轉身也燕禮則右還而未至於匝故不言周與不周案朱子此條論還周最爲明析而注家下射背阼之由正可由此思之也又曰燕禮司正南面坐奠觶右還北面及少立左還南面坐取觶鄭云右還必從觶西爲君之在東也北面而左還者亦從觶西也敖氏謂堂上堂下背君毋嫌而南面右還北面左還皆從觶東往來則不惟鄭異解而鄭之右還正敖之左還敖之右還乃鄭之左還其左右適相反也然考毋周之戒大射於上射下射皆詳之不言其他如上射也此必非無關得失而但取相變爲容者矣況皆內還者言東西殊面而內還則同故特辭以明之也如皆北面則當言左還而無取乎異其文而曰內還也又曰大射毋周義疏云毋周變於鄉射之周者也君在堂上取矢者在堂下固無背之之嫌且司射司馬御亦時有南面者不嫌也案司射與司馬御亦時有南面者此只一人微背於君則何所嫌若取矢于楅先弟子之三耦繼乃諸公卿大夫之衆耦多人還周而背君安得不爲嫌邪敖之立義其與鄭異而失之者莫此爲甚矣又曰天體至圓繞地左旋常一日一周而過一度日行少遲故一日繞地一周而在天爲不及一度月行尤遲一日不及天

十三度二十八宿左轉故春則中星南方朱鳥七宿也夏爲東方蒼龍秋爲北方玄武冬爲西方白虎中星迭移是從東而左行也依此言之則鄭之左還爲合敖之左還與鄭正相反者謬可知矣未知何所依據也敖箋燕南面右還而北面云從鱓東而行及北面左還而南面云亦從鱓東而行是直目左還爲右還目右還爲左還耳

下射進坐橫弓覆手自弓上取一个

興其他如上射覆手由弓上取矢者以左手在弓裏右手從表取之亦便

疏 正義曰注云以左手在弓裏右手從表取之亦便者張氏爾岐云亦南踣弓左手執弓仰而向上故右手覆搭矢爲便也朱子曰上文東向覆手南踣弓則弦向身此云西向卻手南踣弓則弦向外敖氏繼公云此橫弓卻手也卻手橫之亦以上端向上射也人北向弓東西向于人于弓皆爲橫也弓上弦弣之上也凡覆手卻手而橫弓其弦皆向身與盛氏世佐云下射進謂自其楅東西面之位而進也不云揖者文省耳坐西面坐也橫弓亦南踣弓也西面坐而南踣弓則執弓之手自仰矣仰手執弓者手在弓下而弦向上也執弓之手既仰則取矢之手不得不覆亦取其便也弓上弓弦之上也案朱子弦向身向外之說即自注中手在弓表弓裏悟來今不從者蓋以卻手與覆手相對卻手取矢則執弓之手必覆覆手取矢則執弓之手必卻若謂上射橫弓之法手在弓表而弦向身是左手未全覆也謂下射橫弓之法手在弓裏而弦向外是左手未全卻也與經覆卻相對之意未合故不敢棄經而任傳也敖云凡覆手卻手而橫弓其弦皆向身亦非其他如上射者敖氏云他謂兼諸弣而下也惟西面揖異爾吳氏廷華云此東踣弓也如上射者左還退反位是也惟揖則西面與上不同盛氏云所異者位面耳西面者以南爲左則其左還之法正與上射相反也淩氏釋例曰凡拾取矢上射下射各四揖若兼取矢則上射下射各一揖鄉射禮初射畢二

耦拾取矢上射揖進坐橫弓卻手自弓下取一个兼諸弣順羽且興執弦而左還退反位東面揖此上射取第一矢之揖也又云下射進坐橫弓覆手自弓上取一个興其他如上射此下射取第一矢之揖也取第二第三第四矢經雖無文皆揖可知再射畢三耦拾取矢如初賓主人拾取矢如三耦三射畢拾取矢如初是鄉射拾取矢上射下射各四揖也又再射畢大夫與其耦拾取矢大夫進坐說矢束興反位而后耦揖進坐兼取乘矢順羽而興反位揖此上射兼取四矢之揖也又云大夫進坐亦兼取乘矢如其耦此下射兼取四矢之揖也三射畢如初是鄉射兼取矢上射下射各一揖也大射儀初射畢三耦拾取矢上射揖進坐橫弓卻手自弓下取一个兼諸弣興順羽且左還毋周反面揖此上射取第一矢之揖也又云下射進坐橫弓覆手自弓上取一个兼諸弣興順羽且左還毋周反面揖此下射取第一矢之揖也亦四矢皆揖再射畢三耦拾取矢如初又諸公卿大夫拾取矢如三耦三射畢拾取矢如初是大射拾取矢亦上射下射各四揖也又再射畢諸公卿大夫拾取矢若士與大夫為耦士東面大夫西面大夫進坐說矢束退反位耦揖進坐兼取乘矢興順羽且左還毋周反面揖此上射兼取四矢之揖也又云大夫進坐亦兼取乘矢如其耦此下射兼取四矢之揖也三射畢如初是大射兼取矢亦上射下射各一揖也大射毋周者恐背君也上射取矢自弓下下射取矢自弓上禮相變也以禮例考之與相敵者為耦則拾取矢卑者與尊者為耦則兼取矢示不敢與之拾也又案鄉射大射初射三耦拾取矢畢後者遂取誘射之矢兼乘矢而取之以授有司是誘射之矢未耦之下射代為取之亦兼取矢也鄉射記取誘射之矢者既拾取矢而后兼誘射之乘矢而取之注謂反位已禮成乃更進取之不相因也

既拾取乘矢揖皆左還南面揖皆少進當楅南皆左還北面搢

三挾一个楅南鄉當楅之位【疏】正義曰張氏爾岐曰拾取乘矢更遞而取各得四矢也敖氏繼公云不掤矢不兼挾皆左還亦變於大射進謂東西行而相近也盛氏世佐云進謂各自其楅東西之位而南行也當楅南將折而西矣故以是為揖挾之節也吳氏廷華云四矢俱拾畢左還反位然後南面揖並左還上射東南行下射西南行將至楅南並左轉而北揖且挾然後轉而南行下經左還上射于右是也敖氏謂上當楅之地尚在南此特上及楅之地以經言少進則去楅近也若向當楅處則遠矣不可言少進也褚氏寅亮云北面下揖三丁大射儀有揖字此似脫方南面揖時上下射皆已離東西之位一在楅西南一在楅東南矣至少進則西南者向東東南者向西仍俱至鄉者當楅揖之處於是皆左還北面揖而揖三挾一焉當北面時上射在西是于左也下射在東是于右也至再左還而並行向西以反位下射乃退而從上射之南並行則反在上射左矣故經於皆左還之下而明之曰上射于右注云下射左還少南行乃西面也敖氏云上射固已居右殊不可解又取矢時上射在北是居左反位時上射仍在北是居右猶升階進射時上射在西是居左及南面射時上射履西物是居右也　注云楅南鄉當楅之位者張氏云楅南前者進時北面揖之位也今退至此皆左還北面揖三矢而挾一个胡氏肇昕云敖氏以當楅南為鄉及楅之位故與鄭異不知經明云當楅南是為鄉當楅之位無疑以為及楅之位固已與經文相戾矣揖皆左還上射于右上射轉居右便其反位也下射左還少南行乃西面【疏】正義曰注云上射轉居右便其反位也者張氏爾岐云揖挾已而揖皆左還西面並行前者進時上射在北是在左今仍在北是于右取其反位北上為便也敖氏繼公云上射固居右矣復言之者嫌或當如卒射而退轉居左也凡每耦既射若既取矢而退者其由折皆與進時同云下射左還

少南行乃西面者賈疏云以其初北面時東西相當今西行宜並故下射少南行乃西面也吳氏廷華云揖爲將左還也左還者左手向外自北面而西西而南也南面以西爲右上射本在西又言之者嫌降在左也又上射本在右嫌降或居左故特明之注云上射轉居右若上射本左至此始轉而右者誤矣下射左還少南行云云其說亦合但係西折時事此時方南行亦不可遽以爲說

與進者相左相揖退反位相左皆由進者之北

疏正義曰校勘記云經文揖下唐石經有退字案錢氏大昕云宋本亦有之大射云退者與進者相左相揖退釋弓矢于次說決拾襲反位較此文稍詳此處退字亦不可少○敖氏繼公云相揖者亦以事同也盛氏世佐云位司馬西南之位 注云相左皆由進者之北者張氏爾岐云進者自南東行反位者自北西行故得相左淩氏釋例云凡拾取矢後四揖曰既拾取矢揖曰左還揖曰北面揖搢三挾一个揖曰既退與進者相左揖鄉射禮初射畢三耦既拾取乘矢揖皆左還南面揖皆少進當楅南皆左還北面搢三挾一个揖皆左還上射于右與進者相左相揖退反位再射畢三耦拾取矢如初又云衆賓繼拾取矢皆如三耦此鄉射拾取矢後之四揖也大射儀初射畢三耦既拾取矢捆之兼挾乘矢皆內還南面揖適楅南皆左還北面揖搢三挾一个揖以耦左還上射于左退者與進者相左相揖退釋弓矢于次說決拾襲反位再射畢三耦拾取矢如初又云諸公卿大夫拾取矢如三耦又云衆射者繼拾取矢皆如三耦此大射拾取矢後之四揖也鄉射三射畢三耦及賓主人大夫衆賓皆袒決遂拾取矢如初矢不挾兼諸弦弣以退不反位遂授有司于堂西大射三射畢三耦及諸公卿大夫衆射者皆袒決遂以拾取矢如初矢不挾兼諸弦面鏃退適次皆授有司弓矢襲反位矢不挾則無北面搢三挾一个之揖射禮終故節文亦異也鄉射再射畢賓主人拾取矢卒北面搢三挾一个

揖退賓堂西主人堂東皆釋弓矢襲及階揖升堂揖就席賓主人拾取矢畢皆升就席故無與進者相左之揖而有及階升堂二揖也又云大夫兼取乘矢如其耦北面搢三挾一个揖退耦及位大夫遂適序西釋弓矢襲升卽席此大夫獨升耦不升故并無及階升堂之揖也大射再射畢拾取矢若士與大夫爲耦大夫亦兼取乘矢如其耦北面搢三挾一个揖進大夫大夫與其耦皆適次釋弓說決矢拾襲反位此卽鄉射大夫與其耦兼取矢之例故亦無與進者相左之揖也

三耦拾取矢亦如之後者遂取誘射之矢兼乘矢而取之以授有司于西方而后反位取誘射之矢挾五个弟子逆受於東面位之後

疏正義曰校勘記云而后反位后誤作後○敖氏繼公云三亦當作二大射云二耦是也朱子曰後者遂取誘射之矢則是下耦之下射也張氏爾岐云以授者以誘射之矢授之也注云取誘射之矢挾五个弟子逆受於東面位之後者賈疏云弟子卽納射器者下耦將司射乘矢來向位西面弟子卽往逆受之下射乃反東面敖氏繼公云下耦之下射於旣拾取之後又兼取誘射之四矢皆兼諸弣至楅南乃北面搢三挾五个至西方以四矢授有司而挾一个以反位此見其異者也此西方卽堂西也士喪禮以東堂下西堂下爲東方西方亦其徵也有司卽弟子之納射器者因留主授受于堂西故此下射出于其東面位之後以乘矢就而受之也大射儀曰以授有司于次中皆襲反位亦謂就而授之盛氏世佐云以授有司于西方而后反位則是下耦之下射就而授之也注云弟子逆受非褚氏寅亮云逆受者卑賤之分也此往則彼逆矣未有傲然俟其至而受者胡氏肇昕云經云以授就後者言注云逆受就弟子言相互成文也蓋後者就而授之弟子逆而受之與經文義正相成敖氏說殊偏而盛氏反據以駁注非也

右三耦拾取矢

衆賓未拾取矢皆袒決遂執弓搢三挾一个由堂西進繼三耦之南而立東面北上大夫之耦爲上未猶不也衆賓不拾者未射無楅上矢也言此者嫌衆賓三耦同倫初時有射者後乃射有拾取矢禮也

疏正義曰注云未猶不也衆賓不拾者未射無楅上矢也者賈疏云以第一番唯有三耦射無賓射法不得云未是以轉爲不以其全不拾取矢也敖氏云未拾取矢謂于堂西取矢不拾也堂西取矢固不拾矣乃言之者以繼三耦拾之後嫌當如之也其後取矢于楅乃拾故此云未也是時雖未拾取矢亦讓取弓矢拾如鄉者三耦之爲進立射位以射事至也張氏爾岐云衆賓初射當于堂西受弓矢于有司故不拾取矢案三耦初射時亦云各與其耦讓取弓矢拾則衆賓不拾取矢又不僅以未射也盛氏世佐云此衆賓于堂西受弓矢于有司皆如三耦初取弓矢之儀其取之之法亦更迭取之上經云三耦各與其耦讓取弓矢拾是其徵也云未拾取矢者謂不如三耦之拾取矢于楅耳不言不而言未者以第二番射時亦有拾取矢于楅之事故也張云衆賓不拾取矢不僅以未射并云嫌衆賓三耦同倫初時有射後乃射有拾取矢禮也胡氏肇昕云此節賈疏說多未明析詳注意蓋以經言衆賓未拾取矢者以上言三耦拾取矢此繼言衆賓受弓矢事嫌與三耦同倫以衆賓亦拾取矢也故經特著之曰衆賓未拾取矢拾取矢之禮必初時有射者後乃有此禮故上有三耦射後乃有三耦拾取矢之禮此時衆賓未射故不拾取矢至第三番衆賓射乃亦有拾取矢之禮也經文衆賓未拾取矢對上三耦拾取矢爲言至三射衆賓亦拾取矢是不以其全不拾取矢故不曰不而曰未注就本節言之故轉未

爲不而下又推言之以盡其義也

右衆賓受弓矢序立

司射作射如初一耦揖升如初司馬命去侯獲者許諾司馬降釋弓反位司射猶挾一个去扑與司馬交于階前升請釋獲于賓猶有故之辭司射既誘射恆執弓挾矢以掌射事備尚未知當教之也今三耦卒射衆足以知之矣猶挾之者君子不必也疏正義曰如初者蔡氏德晉云謂與誘射之儀同也方氏苞云射事畢皆以弓矢授有司于堂西誘射之矢三耦之後者以授有司則司射之射事畢矣故再射第舉作射如初示不復誘射也三耦三射皆與賓主人大夫與再射三射司射則一射而止何也誘射者教之射也賓大夫主人與焉則不敢教也弟子筋力方進故三射皆與以強教之賓大夫主人三賓則有年長者矣故射止於再而不欲與者亦聽焉皆禮之曲盡乎人情也命去侯不言如初者敖氏繼公云可知也胡氏肇昕云賈疏云此臣禮威儀省司馬初命去侯時獲者許諾聲不絕以至于乏再番三番命去侯直許諾無不絕聲故不言如初大射君威儀多故第二番與前同獲者亦宮商趨之故言如初於第三番禮殺復不以宮商直許諾又不得言如初賈氏推究頗詳較敖說爲精去扑與司馬交于階前者敖氏云先去扑乃進與司馬交于階前則去扑當于西方而不于階下矣不言相左不言升及堂上所立處亦文省吳氏廷華云司馬降反位司射將升故交于階前亦當相左去扑亦當倚于西階釋獲者郝氏敬云釋籌於地計射者所中獲射中也增案大射以弓爲畢此經無文辟君禮也○注衆足以知之矣校勘記云侯徐本

通解楊氏俱作矣陳本作矦案矦即矣之譌今本據此遂誤作侯胡氏肇昕云疏述注亦作矣　云猶有故之辭司射既誘射恆執弓挾矢以掌射事備尚未知當教之也者敖氏云司射于誘射之後改挾一个至此時猶然也必云猶者嫌既久則可以不挾也官以司射爲名故執弓必挾矢以掌射事也云今三耦卒射衆足以知之矣猶挾之者君子不必也者言君子不必人之已知而遂不挾也故必猶挾

一个備尚未知當教之也賓許降搢扑西面立于所設中之東北面命釋獲者設中遂視之視之當教之

【疏】正義曰敖氏繼公云西面立於所設中之東亦示以設之之處如前設楅之爲之釋獲者在堂西故北面命之既則復西面視之中實算之器也名之曰中者取其中於侯而後釋算也此不以弓爲畢亦辟大射禮　注云視之當教之者賈疏云謂教其釋算安置左右及算數告勝負之事

釋獲者執鹿中一人執算以從之鹿中謂射於謝也於庠當兕中

【疏】正義曰張氏爾岐云中形如伏獸鑿其背以受八算算射籌也敖氏繼公云釋獲者自執中而不執算亦變於君禮　注云鹿中謂射於謝也於庠當兕中者敖氏曰鹿中者以主人士也記曰士鹿中盛氏世佐云鹿中特爲諸侯之州長言耳若天子之州長射于序亦兕中吳氏廷華云鄉大夫州長皆大夫其待賓大概皆大夫禮至射則各有其算主人及大夫同兕中士用鹿中賓衆賓不在三等士中則攝用鹿中可也二者當兼有經第言鹿中者蓋據賓言之

釋獲者坐設中南當楅西當西序東面興受算坐實八算于中橫委其餘于中西南末與共而俟興還北面受算反東面實之

【疏】正義曰坐設中南當楅西當西序東面者盛氏世佐云中蓋東西設之首在東也知此以經言

餘算委于中西其末在南而于中爲橫則中之東西設可知矣下記云鹿中釋獲者奉之先首而此云釋獲者坐設中東面則其首在東亦可知矣淩氏釋例云凡設中南當福西當西序東面鄉射禮再射司射西面立于所設中之東北面命釋獲者設中遂視之釋獲者執鹿中一人執算以從之釋獲者坐設中南當福西當西序東面與受算坐實八算于中橫委其餘于中西與共而俟大射儀再射司射命釋獲者設中以弓爲畢北面大史釋獲小臣師執中先首坐設之東面退大史實八算于中橫委其餘于中西與共而俟注鄭射禮云設中南當福西當西序是大射設中之處與鄉射同也又鄉射大射司射命射訖釋獲者坐取中之八算改實八算于中興執而俟乃射若中則釋獲者坐而釋獲每一个釋一算上射于右下射于左若有餘算則反委之又取中之八算改實八算于中興執而俟此釋獲也卒射取矢加福訖司射立于中南北面視算釋獲者東面于中西坐先數右獲二算爲純一純以取實于左手十純則縮而委之每委異之有餘純則橫于下一算爲奇奇則又縮諸純下興自前適左東面坐兼斂算實于左手一純以委十則異之其餘如右獲司射復位釋獲者遂進取賢獲執以升自西階盡階不升堂告于賓若右勝則曰右賢于左若左勝則曰左賢于右以純數告若有奇者亦曰奇若左右鈞則左右皆執一算以告曰左右鈞此數獲也蓋中者實算之器設之當西序以爲行禮之節也算者郝氏敬曰籌也中制鏧背可容八算一耦八矢一算直一矢也南末者敖氏繼公云南末象矢之北括而南鏃也褚氏寅亮云實算者東面算于庭爲縱于人爲橫矢北括則南首算則南末與矢相變吳氏廷華云東面言實獲者東面設之也大射執中先首則中亦東面也南末末在南也算有本末下記握素其本也又云中當西序西序之西爲西堂又西爲西堂下釋獲者來自西堂下當東南行及東面設中執算者亦應東面隨其後釋獲

者當西南取之蔡氏德晉云南末則算縱矣而曰橫委者統于中而
言也蓋算于庭則縱于中則橫也共而俟者敖氏云待其將射乃執
算　注云與還北面受算反東面實之者賈疏云以其所納射器皆
云當西執中與算皆從堂西來向西序之南南面故執中者既東面
坐設訖與還向北面受算迴而東面實之也胡氏肇昕云注知北面
受算者以設中既東面而必與者知還北面而受算也敖氏謂與受
算東面並受也非　司射遂進由堂下北面命曰不貫不釋貫猶中也不中正不釋算也古文貫作關

疏正義曰盛氏世佐云司射亦於西階之東視上射命之經文省
也　注云貫猶中也不中正不釋算也者敖氏繼公云貫謂中
而不脫言此者明雖中而不貫猶不釋算褚氏寅亮云中而又脫則
巧力俱全安有不釋算之理命辭蓋期其貫不期其必脫也敖氏求
深反失郝氏敬云不貫矢不穿布也禮射布侯中必貫布則釋算不
中不貫則不釋盛氏世佐云鄉射射質不貫質不釋算方氏苞云注
謂不中正不釋是也而於貫之義尚未切著蓋必射甲革椹質而後
可貫必矢貫於鵠的而後有白矢襄尺剡注井儀之形故詩曰四鏃
如樹也王制鄉飭不帥教者習射尚功習鄉尚齒州長之習射黨正
正齒位正飭不帥教者之法也曰尚功則當以貫革爲賢尚書傳所
云貫革之射閑于蒐狩者謂甲革也周官圉人充椹質以習射于澤
宮州長習射宜用澤宮之禮則所貫椹質也疑士大夫雖畫布爲侯
必以木爲匡蒙以布實草於其中而著於侯之背面以受矢故以翦
草之工充椹質也若但畫布以爲正則數貫之後不可復射且所謂
貫者特穿之而過無所謂白矢襄尺剡注井儀之式矣古文貫作關
者惠氏棟古義曰呂氏春秋云中關而止謂關弓弦正半而止卽儀
禮所謂不貫也貫與關古字通史記伍子胥傳云伍胥貫弓執矢嚮
使者注云貫烏還反後漢祭彤傳能貫三百斤弓司馬貞曰滿張弓

一曰貫謂上弦也古串與患通又讀爲貫故古文患作悶从心關省聲也胡氏承珙古今文疏義曰案惠說非是鄭注云貫猶中也不中正不釋算也此貫卽貫革之貫詩猗嗟射則貫兮傳亦云貫中也貫从毌說文毌穿物持之也从一橫貫象寶貨之形凡毌之屬皆从毌禮記注云貫革謂射穿甲革也古文作關者亦穿物橫持之義說文關以木橫持門戶也禮記雜記見輪人以其杖關轂而椺輪者疏云關穿也若呂覽之中關史漢之貫弓則皆彎字之借說文彎持弓關矢也故孟子越人關弓而射之文選注引作彎弓賈誼書士不敢彎弓而報怨史記陳涉傳引作貫弓要皆非訓中之義也胡氏肇昕云字有正義有借義有引申之義而皆以聲爲主聲近而義亦隨之也古音貫與關相近滿張弓謂之貫亦謂之關因之而張弓中革謂之貫亦謂之關義本相成此經當用中革義如惠說謂不滿張弓者則不釋獲其義未顯胡氏駁之是也戚氏學標用惠說以解孟子關弓本不誤而依惠氏云卽儀禮所謂不貫也牽合禮經則不惟誤解儀禮并誤解孟子矣又案張弓本字作彎彎亦有橫持之義說文彎持弓關矢也是也又說文毌讀若冠毌可讀爲冠猶貫可讀爲關也

上射揖司射退反位釋獲者坐取中之八算改實八算于中與執而俟執所取算【疏】正義曰賈疏云八算者人四矢一耦八矢雖不知中否要須一矢則一算改實八算擬後來者用之敖氏繼公云右取算以左手執二手共執之也俟謂俟射中乃釋算

右司射作射請釋獲

乃射若中則釋獲者坐而釋獲每一个釋一算上射于右下射于左

若有餘算則反委之委餘算禮尚異也委之合於中西【疏】正義曰敖氏繼公云乃射謂堂上拾發矢也若中則獲者言中此則釋之釋謂置算於地獲則用此算故因名此算曰獲坐而釋獲既獲則與云每一个釋一算覆言釋獲之法也一个謂一矢中也于右于左象其堂上南面之位也下言數獲謂奇者縮之然則此每釋一算亦縮之與蓋中西之算橫則釋者縮亦宜也餘算釋者釋於手置地以待算也上二耦射射上射在右下射在左尊右也之不盡者也於一耦卒射乃反委之既則與共而俟吳氏廷華云釋故釋亦如之八矢不必盡中故有餘反委之者釋算于中西之位委之也亦南末張氏爾岐云釋猶舍也以所執之算坐而舍於地中首東向其南爲右其北爲左中西其後也　注云委餘算禮尚異也者謂餘算釋之不盡者委之於地別取中內八算以禮尚異不用其餘也云委之合於中西者敖氏云中西謂中西之算胡氏肇昕云中西中之後也中後故云反委之每一个釋一算上射釋于中之右下射釋于中之左此謂矢之中者矢不中則不釋算故手中得有餘算餘算則反委之合於中西也合於中西謂不於左右於中西爲宜也賈疏謂橫委其餘於中西手中餘者與之合夫中西本無算以手中餘者委之方有算也而云與之合非已

又取中之八算改實八算于中興執而俟三耦卒射【疏】正義曰敖氏繼公云言此者著繼射者之節也自上耦乃射至三耦卒射皆不言其儀亦不以如初蒙之者亦以其可知故省文也吳氏廷華云改後言興則取時坐也俟俟下耦射也下耦射與中耦同故經不言第三言卒射也卒射下當有司射告賓之文與第一番同

右三耦釋獲而射

賓主人大夫揖皆由其階降揖主人堂東袒決遂執弓搢三挾一个

賓于堂西亦如之疏正義曰敖氏繼公云司射不告賓主人射者辟君禮也皆由其階謂主人東階賓大夫西階也堂東東堂之下也堂西亦然賓主人之弓各倚於其序矢在其下而二人乃皆於堂下執弓挾矢蓋有司取以授之大夫亦降者別於不與射者也盛氏世佐云賓主人之弓矢本在東西牆之外堂廉之上豈得於堂上取之哉敖說殆誤矣

皆由其階階下揖升堂揖主人爲下射皆當其物北面揖及物揖乃射疏正義曰敖氏繼公云復言皆由其階者賓主射禮嫌主人從之而升降於西階也既揖乃升階乃豫言之耳主人爲下射者尊賓且不失其位也不言履物及射之儀者如三耦可知盛氏世佐云復言皆由其階者三耦同階而升嫌此亦如之也㫖案義疏云衆射者升降皆由司馬之南惟賓主人第言階而無司馬之南之文則升降皆近於堂與衆別也

卒南面揖皆由其階階上揖降階揖疏正義曰敖氏繼公云凡耦之升降皆上射先而下射後此賓爲上射主人爲下射乃分階而行又不別見其升降之序則是主人先而賓後如常禮亦與其他爲耦者不同也

賓序西主人序東皆釋弓說決拾襲反位升及階揖升堂揖皆就席或言堂或言序亦爲庠謝互言也賓主人射大夫止於堂西疏正義曰敖氏繼公云賓序西主人序東自釋弓於故處也反位升謂反位而後升也位者主人階東賓階西當序之位也反立於此相待而升也此升堂揖揖就席也凡自側階升降者經皆不見之江氏筠云鄭謂此賓主人俱釋弓于堂之下敖氏則謂爲堂上案經於賓主人之袒決遂則言堂東堂

西於大夫則執弓釋弓俱言堂西至下拾取再射加于楅之矢賓主人之袒決及襲亦俱言堂東堂西其言序者獨此大夫之取矢揖進耳記云凡適堂西皆出入于司馬之南惟賓與大夫降階遂西取弓矢蓋以尊者宜逸故也然則既有有司主授受何以勞賓主大夫之自釋前後釋弓已明見優尊之法何以獨此時不然乎則鄭謂堂序互言自是不易之論矣蓋說者多泥序東序西惟堂上得稱不知經固不專以目堂上也士喪禮襲經于序東注序東東夾前疏釋曰經云主人降自西階更無升降之文而云序東東夾前者謂鄉堂東東西當序牆之東又當東夾之前非謂就堂上東夾前也觀此說可以知之矣　注云或言堂或言序亦為庠謝互言也者經義聞斯錄云注意蓋以堂屬庠以序屬謝然考古人鄉與州黨之學皆有堂有序平地謂之庭尚上謂之堂有階為堂無階為庭此篇州序之禮而屢言升階降階當階及階阼階西階是有堂矣爾雅云東西牆謂之序此篇凡言序端東序西序序東序西皆非州序之義乃堂上之東西牆耳士冠禮主人直東序賓直西序亦與此篇之序同觀納射器賓與大夫之弓倚于西序矢在弓下衆弓倚于堂西矢在其上主人之弓矢在東序東則主人堂東賓堂西以弓矢在序東序西也故射畢而主人與賓釋弓仍在序東序西後文又云賓堂東主人堂西皆釋弓矢襲與此經文異而事正同不然豈賓主大夫之弓矢據州學言衆賓之弓矢又據鄉學言乎堂東堂西指堂廉下言序東序西指堂廉上言倚于東西序則在序外堂廉之上衆弓倚于堂西矢在其上則弓在堂廉下而矢在堂廉上耳　云賓主人射大夫止於堂西者案記云大夫降立于堂西以俟射注以此決之也

右賓主人射

大夫袒決遂執弓搢三挾一个由堂西出于司射之西就其耦大夫爲下射【疏】正義曰敖氏繼公云大夫與賓同降止于堂西至是乃袒決遂執弓矢亦尊者事至而後爲之也大夫執弓亦有司授之于堂西就其耦亦由其西而立于其南也大夫爲下射者以貴下賤之義也大夫于士尊固尊矣若復爲上射則大不敵故與士爲耦則必爲之下射方氏苞云大夫雖尊爲遵則有主道故於衆賓亦遜焉案義疏云大夫尊與賓主等乃一升一降由司馬之南者蓋就其耦於射位不得不與衆射者同至釋弓堂西其耦已止則大夫自當徑至階下如賓主之禮不必由司馬之南也又大夫弓矢倚于序此執搢挾乃在堂下者案賓主人有司自東西堂上授之大夫當亦然

揖進耦少退揖如三耦及階耦先升卒射揖如升射耦先降降階耦少退皆釋弓于堂西襲耦遂止于堂西大夫升就席耦於庭下不並行尊大夫也在堂如上射之儀近其事得申【疏】正義曰敖氏繼公云此經言士與大夫爲耦之儀其異於三耦者惟於庭少退耳則其他皆同可知褚氏寅亮云耦先升三等而大夫從之上射之禮也皆釋弓于堂西亦過司馬之南而後爲之以與耦俱行故也○注耦於庭下校勘記云徐本通解楊氏俱無下字　云耦於庭下不並行尊大夫也者謂揖進耦少退降階耦少退不與大夫並行所以尊之也云在堂如上射之儀近其事得申者謂及階耦先升升三等而大夫從之揖如升射謂堂上三揖耦先降與先升同皆上射之儀也以近射事故得申上射之禮也

右大夫與耦射

衆賓繼射釋獲皆如初司射所作唯上耦於是言唯上耦者嫌賓主人射亦作之大射三耦卒射司射請於公及賓疏正義曰衆賓繼射韋氏協夢云此衆賓謂不與大夫爲耦者敖氏繼公云不言如三耦可知也釋獲皆如初敖氏曰皆皆賓主人以下也 注云於是言唯上耦者嫌賓主人射亦作之者敖氏曰嫌作射亦在如初中故以明之韋氏曰司射作上耦則二耦三耦至賓主衆賓皆與聞矣故不以更作之案經言司射所作唯上耦在衆賓繼射下明衆賓射非一耦而所作唯上耦其餘耦不更作也唯上耦對衆耦言不對賓主言也注推及賓主明餘耦不作賓主亦不作也引大射者賈疏曰記云賓主人射則司射擯升降是雖不作猶爲擯相之但不請也 卒射釋獲者遂以所執餘獲升自西階盡階不升堂告于賓曰左右卒射降反位坐委餘獲于中西興共而俟司射不告卒射者釋獲者於是有事宜終之也餘獲餘算也無餘算則空手耳俟俟數也疏正義曰敖氏繼公云後射者既由司馬之南而適堂西釋獲者乃告卒射也執獲以告己所有事者也不升堂降於司射也左右猶言上下射也此亦據其所立之物而言之 注云司射不告卒射者釋獲者於是有事宜終之也者以前番射司射告卒射此不告是使釋獲者終其事也云餘獲餘算也無餘算則空手耳者以一耦八矢盡中則釋八算無餘算則空手以告無所執也云俟俟數也者敖氏云謂俟司射視算乃數之

右衆賓繼射釋獲告卒射

司馬袒決執弓升命取矢如初獲者許諾以旌負侯如初司馬降釋

弓反位弟子委矢如初大夫之矢則兼束之以茅上握焉兼束大夫矢優之是以不拾也束於握上則兼取之順羽便也握謂中央也不束主人矢不可以殊於賓也言大夫之矢則矢有題識也肅慎氏貢楛矢銘其括今文上作尚

疏 正義曰敖氏云禮無決而不遂者此決字當爲衍文上經云司馬適堂西不決遂袒執弓此宜如之也司馬降亦由司射之南釋弓于堂西襲乃反位○注貢楛矢校勘記云楛釋文作楛云字又作楛　云兼束大夫矢優之是以不拾也者郝氏敬云大夫之矢束以茅使大夫弁取不煩拾取也盛氏世佐云矢兼束之以茅者大夫之禮宜然非以其不拾取故也大射儀賓諸公卿大夫之矢皆異束之以茅而其取之也亦拾則可見矣大射云異束以每人各一束而言也此云兼束以四矢共一束而言也姜氏兆錫疑此誤當從大射作異束非云束於握上則兼取之順羽便也握謂中央也者朱子云注疏上握之說未明宜束之之處當在中央手握處之下使握在上則去鏃近而去羽遠取之便易也敖氏云上握謂上於手握之處也矢以鏃爲上括爲下下經云面鏃是也盛氏云上矢鏃也四寸曰握下記云箭籌八十長尺有握是也上握焉者謂束之之處去鏃四寸也矢笴長三尺羽六寸刃二寸束之去鏃四寸則去羽尺有八寸矣必於此者恐其傷羽也褚氏寅亮云取矢必先脱束然當其束時亦必遠羽而近鏃斯不損羽故云上握焦氏以恕云大夫爲下射則西面取矢所謂覆右手自弓上取北括之矢者也然必進坐說束而後取之則敖氏上於手握之說爲得之胡氏肇昕云握在手之中央故云握謂中央也束於握上謂以茅束之於手所握處之上卽敖氏所謂上於手握之處也盛氏據穀梁注握四寸之文解說雖新然非經上握之意矣云不束主人矢不可以殊於賓也者韋氏協夢云兼束大夫矢者以異爵尊之也主人士也安得束之注以不束

主人矢爲不殊於賓殆指鄉大夫賓賢能時行此禮者亦不束主人矢與盛氏云雖鄉大夫爲主人亦不束者以賓故俯從士禮也云言大夫之矢則矢有題識也者敖氏云周官鄉師職曰黨共射器州共賓器鄉共吉凶禮樂之器然則古之射于學宮者其射器亦皆公家共之與此大夫之矢未必大夫所自有也但於衆矢之中取乘矢而兼束之即爲大夫之矢矣胡氏肇昕云案盛氏謂當從敖說今案前弟子納射器云賓與大夫之弓倚于西序矢在弓下北括衆弓倚于堂西矢在其上主人之弓矢在東序東賓大夫主人衆賓弓矢各分別言之是其弓矢皆必有所題識始可知也雖其弓矢不必皆其人所自有然其有識別而不混於所施則有可懸擬者注云未可非也肅慎氏貢楛矢銘其括事見國語注引以證矢之有題識也云今文上作尚者胡氏承珙疏義云案上下字作上尊尚字作尚鄭於上握從古文作上於覲禮尚左從今文作尚者皆取其當文易曉耳司馬乘矢如初疏正義曰敖氏繼公云乘矢惟言如初則是不進束矣亦異於大射禮也

右司馬命取矢乘矢

司射遂適西階西釋弓去扑襲進由中東立于中南北面視算釋弓去扑射事已疏正義曰敖氏繼公云遂者由釋獲者之西而北行也由中東明于階西直進也盛氏世佐云司射視設中命上射訖即反中西南之位至是云遂適西階西者謂自其位而北行也進由中東則于階西東行而出于中之北矣注云釋弓去扑射事已者視算既在射之後射訖而視其算故云射事已也敖氏云釋弓弁矢去之去扑而視算爲算中有尊者之獲不敢佩刑器以視之敬也必釋弓

矢者射事已矣因去扑之時可以弁去之也不執弓則不宜袒故襲
不言說決拾文省韋氏協夢云司射命取矢之時本未決遂故此不
云說決拾敖謂文省非褚氏寅亮云注云射事已明甚敖氏謂不釋
敢佩刑器以視之迂甚中西之地有算而釋獲者又在故由中東釋
獲者東面于中西坐先數右獲固東面矣復言之者爲其少南就右獲疏正義曰張氏爾岐云右獲
上射之獲敖氏繼公云先數右獲尊上射也二算爲純純猶全也耦陰陽疏正義曰耦陰陽者謂陰陽相合也一
純以取實于左手十純則縮而委之縮從也於數者東西爲從古文縮皆爲蹙疏正義曰敖氏繼
公云取謂以右手數卽取之委之當在所釋右獲之南注云於數
者東西爲從者賈疏云凡言從橫者南北爲從東西爲橫今釋算者
東面則據數算東爲正故云於數者東西爲從也云古文縮皆爲蹙者詳鄉飲酒禮每委異之易校數疏正義曰敖氏繼
公云異之者又在其南有餘純則橫于下又異之也自近爲下疏正義曰賈疏云此則以南北爲橫也敖氏繼公
云有餘不成十者也下謂委之西橫之者宜變於上純自二以上則
亦每純異之以次而西此橫者亦南末也其縮者東末與盛氏世佐
云橫南北設也下中西少南也純之縮者順中而設故亦以西爲一
下敖氏云縮者東設非注云自近爲下者謂以近釋獲者爲下也一
算爲奇奇則又縮諸純下奇猶虧也又從之疏正義曰盛氏世佐云純下謂餘純之南也與自前
適左東面起由中東就左獲少北於故東面鄉之疏正義曰起由中東案集釋本由中西誤集說本更端故起由中東更
端故三字當是敖氏所添注云少北於故者賈疏云故則又算也又移至左算之後東面鄉之坐兼斂算實于左

手一純以委十則異之右變於【疏】正義曰校勘記云十誤作實　注云變於右者張氏爾岐云於右獲則自地而實于左手數至十純則委之于左獲則自左手而委于地數至十純則異之是其變也其縱橫之法則同

其餘如右獲謂所縮所橫【疏】正義曰敖氏繼公云謂如其所縮所橫及每委異之也異之則次而北與盛氏世佐云敖說每委二字當作十純

司射復位釋獲者遂進取賢獲執以升自西階盡階不升堂告于賓賢獲勝黨之算也齊之而取其餘【疏】正義曰注云賢獲勝黨之算也者敖氏云勝黨所餘之算也言賢者因下文也張氏爾岐云賢猶多也賢獲所多之算云齊之而取其餘者敖氏云既數左獲少退當中之正西校其算之多寡卒進取其所餘者二手共執之以升

若右勝則曰右賢于左若左勝則曰左賢于右以純數告若有奇者亦曰奇賢猶勝也言賢者射之以中爲雋也假如右勝告曰右勝于左若干純若干奇【疏】正義曰賈疏云若干者數不定之辭凡數法一一已上得稱若干奇則一也一外無若干鄭亦言若干者因純有若干奇亦言若干奇言若干者衍字也孔氏穎達投壺正義曰勝者若雙數則曰若干純隻數則曰若干奇猶十算則云五純九算則云九奇也朱子曰孔說差勝然或是九算則曰四純一奇也盛氏世佐云孔疏與注合若朱子所言則奇仍不可言若干矣又案投壺曰遂以奇算告曰某黨賢于某黨若干純奇則曰奇若然則釋獲之取賢獲無論多寡止一算而已亦不盡所餘而執之胡氏肇昕云投壺某黨賢于某黨若干純奇則曰奇純言若干奇不言若干者承純而省之也蓋所餘之算盡純數則曰若干純若有奇數則不除其純數而唯曰若干奇也賈疏疑爲衍文非是褚氏寅亮云告則分左

右而總計之歛則仍視各耦之勝負假令十算則曰五純假令九算則曰四純一奇蓋算有二即曰純矣孔氏穎達謂九算則曰九奇恐未然

若左右鈞則左右皆執一算以告曰左右鈞降復位坐兼斂算實八算于中委其餘于中西與共而俟

【疏】正義曰賈疏云此將爲第三番射故豫設之或實或委一如前法敖氏繼公云兼斂算者兼斂左右之算及橫于中西者而執之也○淩氏射禮數獲即古算位說一篇今錄於後曰鄉射大射數獲之位即古算之位也禮記投壺卒投請數鄭氏亦引射禮以注之考鄉射禮第二次射畢數獲釋獲者東面于中西坐先數右獲二算爲純一純以取實于左手十純則縮而委之鄭注縮從也于數者東面爲從孔氏穎達投壺疏滿十純則從而委之每十雙則東西縮爲一委經又云每委異之鄭注易校數案此籌皆東西直引也經又云有餘純則橫于下鄭注又異之也自近爲下孔穎達投壺疏有餘謂不滿十雙或八雙九雙以下則橫于純下謂橫在十純之西南北置之案此籌皆南北橫引也經又云一算爲奇奇則又縮諸純下鄭注奇猶虧也又從之孔穎達投壺疏若唯有一算則縮之零純之下在零純之西東西置之案此籌又東西直引也數右獲畢則數左獲亦東面坐兼斂算實于左手一純以委十則異之鄭注變於右賈疏右則一一取之于地實于左手此則總斂于左手一一取之于左手委于地是變也必變之者禮以變爲敬也經又云其餘如右獲鄭注謂所縮所橫楊信齋曰釋算之法先數右獲其算在地以右手取之于地二算爲純實于左手十純則縮而委之于地有餘純則橫于下奇則又縮諸純下及其數左獲也總斂其算于左手以右手取之二算爲純即委之于地十純則異之其餘如右獲謂有餘純則橫于下奇則縮于純下如右獲之法也是數右獲左獲雖有于地于手之異

而其先直列次橫列又次復直列則皆同也大射儀數獲亦然其法滿十位則直橫遞列恐其易淆也蓋古九數布籌列位之本法凡算皆用之不獨射禮數獲也故既夕禮云讀書釋算則坐鄭注必釋算者榮其多然則數多皆釋算可知也元郭若思授時草乘除之位正如此唯其位平列爲小異耳自珠算盛行古算籌算位皆已不傳僅此見于禮經者尚可推見聖人遺制梅氏古算器考但引周易揲蓍以證古算籌而不及此蓋未之深考也

右數獲

司射適堂西命弟子設豐將飲不勝者設豐所以承其爵也豐形蓋似豆而卑疏正義曰敖氏繼公云命設豐乃不摺扑者以尊者亦當飲此豐上之觶故也褚氏寅亮云敖說非也賓主大夫之飲固執爵者酌授于席前卒觶而授執爵者也不在豐堉案設豐不言面位據大射儀司宮士奉豐由西階升北面坐設于西楹西則此亦北面設之也　注云設豐所以承其爵也豐形蓋似豆而卑者蔡氏德晉云豐以木爲之其形似豆所以承罰爵者聶氏崇儀禮圖曰舊圖引制度云射罰爵之豐作人形豐國名其君坐酒亡國戴杅以爲戒張氏鎰云鄭注鄉射與燕禮義同以明其不異也制度之說何所據乎且聖人一獻之禮賓主百拜此其所以備酒禍也豈獨於射事而以亡國之豐爲戒哉恐非也弟子奉豐升設于西楹之西乃降勝者之弟子洗觶升酌南面坐奠于豐上降袒執弓反位勝者之弟子其少者也耦不酌下無能也酌者不授爵略之也執弓反射位不俟其黨已酌有事疏正義曰注酌者不授爵校勘記云授誤作校　云勝者之弟子其少

者也者賈疏云以其執弟子禮使令故知少者也敖氏曰弟子不待司射命之而洗觶升酌者設豐實觶其事相因可知也此不命之而弟子知其爲勝黨者蓋於釋獲者升告之時已與聞之矣勝者之黨實觶者主于飲不勝者也然亦惟發端以見其意耳故後有執爵者爲之云耦不酌下無能也者方氏苞云注非也非獻非酬本無親酌之義投壺禮勝者曰敬養而亦使他人酌則非下無能審矣蓋勝者張弓而先升不勝者弛弓而先降彼此相形實有難爲情者雖法行於有司而同儕猶略見獻酬之意故使子弟洗酌坐奠于豐亦曰敬養之義耳吳氏廷華云少謂勝者之少者卒射已立于堂西升酌畢降立于堂西與衆射者同奉司射北面之命遂俱袒決拾執張弓反于司射西南之位不言決拾張弓可知又云耦不酌說可解不可解罰爵自取飲故不授非略之也凡射者儀節皆俟有司之命行之弟子之升酌因設豐之命也則執弓反射位亦當在下射命之之後與衆俱袒而反位也云酌者不授爵略之也者敖氏云辟飲尊者之禮也云執弓反射位不俟其黨已酌有事者敖氏云反位反堂西之位此時袒執弓於禮無所當疑衍大射儀無之盛氏世佐云勝者之弟子亦與于射者也其洗觶升酌也自堂西而來則其反位也亦反于堂西耳注乃以爲反射位者因經袒執弓三字在反位之上而誤也夫衆射者之弓皆釋于堂西禮未有于階前袒執弓者敖氏所以有行文之疑也以愚考之則亦非衍也蓋云降袒執弓則其適堂西可知矣反位者反南面東上之位就其耦也先袒執弓而後反位者爲其耦已執弛弓而俟也經言此者遂著司射遂袒執弓以下事與此洗觶升酌同節也且以見此弟子之亦與射也不言決遂文省也褚氏寅亮云經云勝者之弟子則即射賓中之年少者矣以是勝黨故袒執弓降時始執者前洗酌有事也先反射位者事畢也注皆因依經立訓敖氏以此弟子爲設楅設豐之輩位在堂西而不與射故以

袒執弓三字爲衍文而以反位爲反堂西之位非也司射遂袒執弓挾一个搢扑北面于三耦之南命三耦及衆賓勝者皆袒決遂執張弓執張弓言能用之也右手執弦如卒射疏正義曰敖氏云司射袒亦決遂經文省耳方氏苞云不言決遂下適階西釋弓矢說決遂有明文也　注云執張弓言能用之也右手執弦如卒射者上文卒射執弓不挾右執弦此亦如之也敖氏曰執張弓射時執弓之常法也不勝者皆襲說決拾卻左手右加弛弓于其上遂以執弣固襲說決拾矣復言之者起勝者也執弛弓言不能用之也兩手執弣又不得執弦疏正義曰敖氏云此亦司射以是命之也　注云固襲說決拾矣復言之者起勝者也者以前降堂時既襲說決拾矣此復言之者以不勝者之襲說決拾起勝者之袒決遂也敖氏曰不勝者固襲脫決拾矣復言之者承命勝者之後宜明言之不然則嫌亦袒決遂與之同也云執弛弓言不能用之也者案說文張弛弓弦也弛弓解弦也是張弓爲弛弦之弓故言能用之也弛弓爲解弦之弓故言不能用之也云兩手執弣又不得執弦者敖氏云左手卻執弣則右手其覆執籥焉司射先反位居前侯所命來疏正義曰侯所命來者張氏爾岐云所命謂三耦衆賓三耦及衆射者皆與其耦進立于射位北上疏正義曰敖氏云三耦以下皆如司射所命而後進也大夫之耦亦當進立于三耦之南郝氏敬云射位始序立作射之位司射與司馬位之西南也司射作升飲者如作射一耦進揖如升射及階勝者先升升堂少右先升尊賢也少右辟飲者也亦相飲之位疏正義曰淩氏釋例云凡飲不勝者未升堂之前三揖曰耦

進揖曰當階北面揖曰及階揖鄉射禮再射飲不勝者司射作升飲者如作射一耦進揖如升射三射飲不勝者如初大射儀再射飲不
勝者小射正作升飲射爵者如作射一耦出揖如升射三射飲不勝者如初經云揖如升射則亦當如射時未升堂之前耦進揖當階北
面揖及階揖之三揖也 注云先升尊賢也者敖氏云先升道之勝者升三等而不勝者從之也上下射在庭如初儀至階乃以勝負分
先後蓋屈信之節然爾韋氏協夢云耦不酌不授而同升者不敢自矜其功也但勝者先升則已有別矣云少右辟飲者也者朱子曰右
自北面而言則東也所以辟當飲者使當升取觶也敖氏云少右辟飲者變於射時也云亦相飲之位者賈疏云相飲者皆北面于西階
授者在東飲者在西朱子曰相飲之位謂飲之者立於飲者之右也不勝者進北面坐取豐上之觶興
少退立卒觶進坐奠于豐下興揖立卒觶不祭不拜受罰爵不備禮也右手執觶左手執弓 疏 正義
曰敖氏云進固北面矣乃言之者嫌南面奠觶則亦當南面取觶也少退者欲與勝者並乃飲也豐下豐下之南方氏苞云投壺禮不勝
者奉爵勝者跪曰敬養主賓相歡無所謂榮辱也此則同耦相視絕無禮與辭有司行法私禮無所施 注云右手執觶左手執弓者賈
疏云此無正文以祭禮皆左手執爵用右手以祭此亦可知也不勝者先降後升先降略之不由次 疏 正義曰敖氏云
後升者先降亦變於射時也此禮以勝者爲主故勝者先升不勝者先降勝者從降亦中等不勝者若下射也則既降而少右上射則少
左庭中之行如射時與升飲者相左交于階前相揖出于司馬之南遂適堂西
釋弓襲而俟俟復射 疏 正義曰淩氏釋例曰凡飲不勝者既飲之後二揖曰卒觶揖曰降階與升飲者相左交于階前

揖鄉射禮再射飲不勝者耦進及階勝者先升堂少右不勝者進北面坐取豐上之觶興少退立卒觶進坐奠于豐下興揖不勝者先降與升飲者相左交于階前相揖出于司馬之南遂適堂西釋弓襲而俟三射飲不勝者如初大射儀再射飲不勝者耦出及階勝者先升升堂少右不勝者進北面坐取豐上之觶興少退立卒觶進坐奠于豐下興揖不勝者先降與升飲者相左交于階前相揖適次釋弓襲反位又云衆皆繼飲射爵如三耦三射飲不勝者如初是飲不勝者既飲之後二揖也此二揖猶射時卒射揖降階與升射者相左交于階前揖及拾取矢時既拾取矢揖既退與進者相左揖也拾取矢在庭故曰進退射與飲在堂故云升降也此飲在西楹之西勝者不與故無升堂揖當物揖及物揖三揖與升射時不同也又鄉射賓主人不勝則不執弓執爵者取觶降洗升實之以授于席前受觶以適西階上北面立飲卒觶授執爵者反就席鄉射記主人亦飲于西階上疏云此謂主人在不勝之黨受罰爵之時也賓主人飲罰爵其禮異於衆耦者優之也敖氏繼公云不勝者釋弓而已勝者又說決拾而襲也經文省耳　注云侯復射者謂侯第三番射敖氏曰侯謂南面東上以俟司射之後命

有執爵者

主人使贊者代弟子酌也於既升飲而升自西階立於序端

疏 正義曰注云主人使贊者代弟子酌也者案弟子亦與於射者故主人使贊者代之贊者不射者也方氏苞云尚有三耦三射弟子多與焉如每耦之弟子皆升洗酌費時而失事矣故別使執爵者代之惟於初升之一耦見其義執爵與獲者同稱則亦州之屬士耳云於既升飲而升自西階立於序端者敖氏繼公云執爵者之升似當在上耦未升飲之時立於序端以俟之也胡氏肇昕云弟子洗觶升酌南面坐奠于豐上以後階上弟子無事遂降至上耦升飲既訖將飲衆耦於是有取觶實之之事而執爵者代弟子以升自西階立于序端以執其事不必於上耦未

升飲之時而立以俟之也敖說與鄭異非是 執爵者坐取觶實之反奠于豐上升飲者如初以每者輒酌以至於偏 疏 正義曰敖氏繼公云取觶北面奠之亦南面 注云每者輒酌以至於偏者敖氏曰注意蓋每人既飲則執爵者輒爲酌之以至於偏也 三耦卒飲賓主人大夫不勝則不執弓執爵者取觶降洗升實之以授于席前優尊也 疏 正義曰敖氏繼公云上射勝則酌主人大夫下射勝則酌賓授于席前賓主人則於其右大夫則於其左皆邪鄉之 注云優尊也者郝氏敬云賓主人大夫飲不執弛弓不親取觶觶必洗必授之席前不反奠殊尊也方氏苞云雖優尊者實與不勝者同罰蓋古者武事莫重於射若臣長幼莫不盡志於此無事則以習禮樂有事則以決戰勝所以保國衛民將於是乎在大夫州長卿有事時之軍帥師帥也故老病不能射者可辭於請射之初而與於射則不敢寬其罰蓋法不行於貴者則無以肅其下也又曰媵酬爵以奠而不敢授爲敬舉射爵則反之何也以飲爲罰非獻酬以將愛敬之比故奠于豐俾自取飲使尊者自降而取飲則義不安故又使執爵者升授也 受觶以適西階上北面立飲受罰爵者不宜自尊別 疏 正義曰敖氏云西階上亦楹西少南此飲罰爵者之正位也以是禮主于罰爵故雖尊亦當就此而飲郝氏敬云飲不于席于西階亦北面亦立飲其示罰同也胡氏肇昕云執爵者實觶授于席前優尊者若不敢罰之也受觶以適西階上不敢以尊者自別故不于席飲而必適西階上從其罰也 卒觶授執爵者反就席大夫飲則耦不升以賓主人飲耦在上嫌其升 疏 正義曰敖氏云不升立于射位也大夫既飲則徑適堂西而釋弓與諸氏寅亮云耦不升堂徒執張弓立于射

位甚無謂也況大夫之耦不勝大夫並不執張弓也而謂大夫不勝
耦乃執張弓乎既不執又何釋敖氏説似臆撰胡氏肇昕云上文賓
主人大夫不勝則不執弓是大夫與賓主人同禮也大夫既飲亦反
就席不執弓也敖説非郝氏云大夫飲耦不升賓主人飲勝者同升
可知

若大夫之耦不勝則亦執弛弓特升飲尊者可以孤無能對疏正義曰敖氏云言特升飲
明大夫在席自若也大夫飲而耦不升則耦飲而大夫不與亦宜爾
執弛弓而升飲衆賓之不勝者其禮然故不得以所與爲耦者之異
而變也郝氏敬云大夫耦飲大夫不升則賓主人耦飲同可知○注
無能對校勘記云徐本無對字　云尊者可以孤無能對者盛氏世
佐云注意蓋謂不勝者特升飲是以其無能而孤之也衆賓繼飲射
大夫與其耦尊卑不敵故可耳其敵者則必與之偕也

爵者辯乃徹豐與觶徹猶除也設豐者反豐於堂西執爵者反觶於篚疏正義曰校勘記云衆賓繼飲繼誤作
既○敖氏云衆賓繼飲皆如三耦也自命設豐以下皆言勝者飲不
勝者之禮若左右鈞則無此而即獻獲者與郝氏敬云射爵即罰爵
也

右飲不勝者

司馬洗爵升實之以降獻獲者于侯鄉人獲者賤明其主以侯爲功得獻也疏正義曰敖氏云
獲者受命于司馬故司馬主獻之　注云鄉人獲者賤明其主以侯
爲功得獻也者敖氏云是時獲者負侯未退就而獻之辟若禮也獻
時蓋西南面大射之禮獻獲者于侯西北三步吳氏廷華云大射服
不與獲者並稱則二者等耳鄉大夫不備官此獲者亦當以其屬攝

之周禮服不下士一攝者雖卑未必賤於下士但大射設尊此不設尊
大射獻服不于侯西三步此卽獻之于侯者彼諸侯禮詳此大夫禮
略也注以賤爲說非是堉案獲者之位八負侯也右个也左个也侯
中也左个之西北三步也薦右也再負侯也之南也八者以負侯始
亦以負侯終方氏苞云獲者不宜得獻且有俎獻于侯示以侯而得
獻也大射則服不先受獻于侯之西北設薦俎而後轉以祭侯示不
寧侯本不當祭而服不私獻之也示獲者以侯得獻宜於鄉人校射
見之弭不寧侯本不宜祭宜於諸侯之大射見之禮之變必有義而
置之各有其所如此

薦脯醢設折俎俎與薦皆三祭

皆三祭爲其將祭侯也祭侯三處也

疏 正義曰敖氏云先設薦俎乃受爵亦變於君禮也其設之亦當侯中在獲者之
前 注云皆三祭爲其將祭侯也祭侯三處也者賈疏云三處下文
右與左中是也敖氏曰皆三祭爲其將祭於侯之三處也薦有三祭
謂脯之半職者三也俎祭謂刌肺也薦俎皆北面設之俎在薦南吳
氏廷華云諸經獻後乃設薦俎此在獻前者蓋將設猶未設下左右
中及西北三步乃設之下注薦之於位是也薦祭脯醢俎祭肺脯則
下記祭半職橫于上是也祭祭食也禮食必有祭也三祭者注所謂
獲者以侯爲功也侯有中及左右故必歷三處祭薦俎及酒亦三處
皆其所也又經明言獻服不其受爵乃祭酒祭薦祭俎皆獻禮耳注
因此經祭字遂以祭侯言之周禮注亦以此爲說據夏官射人祭侯
則爲位則祭侯固有其禮但不可以獻服不卽爲祭侯據此爵及薦
俎皆一蓋專爲獲者設耳若謂祭侯三處則應三爵三薦俎不應止
用一爵一薦俎爲移此就彼之計且獲者亦不應代侯卒爵以尸禮
言則侯北面尸亦不應南面也又據經先獻獲者後獻釋獲者兩獻
俱有祭若以此祭爲祭侯豈下釋獲者亦可謂之祭中乎張氏爾岐
云皆三祭脯之半脡俎之離肺皆三也蔡氏德晉云三祭謂祭侯之

左右中三處故俎之胁與脯之半胾皆用三也

獲者負侯北面拜受爵司馬西面拜送爵

負侯負侯中也拜送爵不同面者辟正主也其設薦俎西面錯以南為上為受爵於侯薦之於位古文曰再拜受爵

【疏】正義曰敖氏云固負侯北面矣復言之者明其還而倚旌乃拜且嫌受獻或異面也 注云拜送爵不同面者辟正主也者賈疏云上文正主獻賓獻衆賓皆北面與受獻者同面今此與受獻者不同面故云辟正主也敖氏云拜送爵不同面明其異於常禮也云其設薦俎西面錯以南為上為受爵於侯薦之於位者賈疏云此云負侯北面拜受爵是受爵於侯下云左个之西北三步東面設薦是薦之於位也經云東面注云西面錯者據設人而言盛氏世佐云注意蓋謂上文設薦俎之法設者西面錯之以南為上俎在薦南也知西面錯者以送爵者亦西面故也先設於此者為其受爵於侯故亦於其負侯之位薦之也獲者北面而設俎在薦南者以其暫錯於此且變於祭侯也疏誤吳氏廷華云儀禮之例獻受在階上及席前受訖就席乃設薦俎是注所謂薦之於位不在此受爵之所也又云設薦俎薦在內俎在外注所謂錯謂俎錯出在外則是由南而北錯注以為西面錯失之矣又陳設必因乎位獲者北面則薦俎當以北面為準北面以東為上注以為南上亦不合據疏云據文東面蓋指下文左个西北之設言不知彼是獲者東面故可以為南上且亦不可謂之西面錯也疏為之解曰據設人而言然據此經獲者北面送爵者不南面相向則下文獲者東面薦者亦未必西面相對也少牢特牲尸東面故南上與下獲者東面同但下設在左个西北此射在侯焉得以彼證此云古文曰再拜受爵者胡氏承珙古今文疏義曰案大射儀獻服不云服不侯西北三步北面拜受爵與此獻獲者事同知古文再字衍也

獲者執爵使人執其薦與俎從之適右

个設薦俎獲者以侯為功是以獻焉人謂主人贊者上設薦俎者也為設籩在東豆在西俎當其北也言使設新之 疏 正義曰郝氏敬二云侯北向以東為右偏則為个姜氏兆錫云獻爵於侯負侯拜受謂居侯北三步而不西耳若謂於侯拜受則侯中與左右个皆一侯之內也相去幾何何以二云使人執其薦與俎從之適右个耶惟去其侯三步東往右个故曰執而從之又曰適盛氏世佐曰經二云獻獲者於侯又二云獲者負侯北面拜受爵則其於侯中明矣侯中與右个在一侯之內乃二云使人執其薦與俎從之而適者禮以變易為敬不徑自中而移於東也下經二云適左个中亦如之然則自右而移於左自左而復移於中皆使人執其薦俎從之而適也豈必去侯三步而後可二云適哉姜說誤矣 注二云獲者以侯為功是以獻焉者敖氏曰獲者因射侯而得獻故就侯而祭其薦俎與酒焉示不忘本也二云人謂主人贊者上設薦俎者也者以前使為獲者設薦俎是主人贊者故知此亦同也二云籩在東豆在西俎當其北者賈疏二云侯以北面為正依特牲少牢皆籩在右故知籩在東右廂豆在西左廂也敖氏二云下言獲者南面坐祭薦乃祭俎則是俎在侯北薦在俎北而獲者又在薦北如常禮矣其設薦之位亦脯西而醢東蓋上右也薦俎不統於侯者此獻主於獲者非為侯故耳焦氏以恕二云祭侯之祭以今時例之亦如旗纛神之祭相似但今則加嚴敬而古之祭侯頗略直與始為飲食之祭相準然始之設薦蓋設之於侯而不在西北二步之位繼之設薦宜統於侯以北面為正而籩在右者得之矣至於獻獲之禮不參祭侯者殆非禮意也經二云獻獲者於侯乃通下文而言之不必過泥此一語也二云言使設新之者賈疏二云鄭意嫌更獲者使人設之其實薦此者仍前人而二云使人設薦俎二示新之而已

獲者南面坐左執爵祭脯醢執爵興取肺坐祭遂祭酒為侯祭也亦二手祭酒反注如大射

疏正義曰注反注校勘記云反徐本作及通解楊氏俱作反○敖氏曰必云執爵與者見其所取者非離肺也取離肺者必奠爵乃與注云爲侯侯祭也者賈疏云此正祭侯故獲者南面鄉侯祭也云亦二手祭酒反注如大射者大射儀云獲者左執爵又祭薦俎二手祭酒此不云二手者文不具耳

興適左个中亦如之先祭左个後中者以外卽之至中若神在中也疏正義曰中亦如之校勘記云亦唐石經徐本楊氏俱作皆通解敖氏作亦案敖云謂適左个又適侯中皆如適右个而祭之儀也則敖所見本亦作皆刻集說者誤改爲亦耳注云先祭左个後中者以外卽之至中若神在中也者敖氏曰先右次左後中禮之序然爾士喪禮曰主人扱米實于右三實一貝左中亦如之其序正與此同

左个之西北三步東面設薦俎獲者薦右東面立飲不拜既爵不就乏者明其享侯之餘也立飲薦右近司馬於是司馬北面疏正義曰敖氏云左个之西北三步獲者受獻之正位也鄉以有爲而受於侯今執爵宜居正位故執爵先立於此而東面執薦俎者又從之而西面設於其東也薦右牖南也飲於薦右亦變於大射禮也以違其位而南故復言東面盛氏世佐云東面設薦俎謂主人之贊者東面設也舊說獲者東面設者西面非張氏句讀以此五字爲句今從之褚氏寅亮云左个西北三步獲者之位也注以爲受爵於侯薦之於位獻薦異處敖氏謂獻薦皆在侯細玩此經及大射儀其言獻也則異其文此則曰獻獲者於侯又曰獲者負侯北面拜爵明其在侯也大射儀則曰獻服不氏服不侯西北三步北面拜受爵明獻之於位也兩處經文不同也至其言薦也則同於獲者將祭時俱曰薦俎從之於既祭後俱曰左个之西北三步東面設薦俎並無異詞然則兩禮所設薦俎俱在其位明矣如薦俎先設於侯中乃獲者不先祭中反令徹其薦俎先祭

右个左个然後仍設故處而祭中何邪故當以注爲正至所以獻薦雖主獲者實兼爲侯是以俎有三祭既有三祭則當爲侯祭矣故注於其祭酒而曰反注反注者向身內注與凡禮外注異所以明其爲侯祭也然則祭侯時薦俎之設亦當順侯北面之位而不當從南面之位矣敖氏亦誤又大射之獻亦當在侯因大侯前參于二侯故移獻就其位異於此 注云立飲薦右近司馬於是司馬北面者欽定義疏云是時獲者東面司馬必北面乃得受爵於獲者之右也受爵必於其右者以送爵時由其右故也

司馬受爵奠于篚復位獲者執其薦使人執俎從之辟設于乏南遷設薦俎就乏明己所得禮也言辟之者不使當位辟舉旌偃旌也設於南右之也凡他薦俎皆當其位之前 疏 正義曰敖氏云司馬於此方言復位則是既獻獲者於侯之後卽北面立於侯之西北以俟獲者之來與獲者於此自執其薦者己授爵則不敢徒手而勞人也 注云遷設薦俎就乏明己所得禮也者賈疏云前設近侯見享侯之餘此近乏者己所有事之處遷近乏是明其己所得禮故也云言辟之者不使當位辟舉旌偃旌也設於南右之也者敖氏云辟如辟奠之辟謂離於故處也此改設于乏南故云辟設必就乏者宜近其位也不當其位辟旌云凡他薦俎皆當其位之前者凡他薦俎謂燕及食幷祭祀之薦俎皆當其位之前與射異也

獲者負侯而俟 疏 正義曰敖氏云事未畢而受獻故反而卒之俟俟命去侯張氏爾岐云俟後復射也

右司馬獻獲者

司射適階西釋弓矢去扑說決拾襲適洗洗爵升實之以降獻釋獲

者于其位少南薦脯醢折俎有祭不當其位辟中疏正義曰敖氏云釋弓矢說決拾爲將洗酌而行禮也不執弓矢則當襲矣去扑者獻則不可佩刑器也說決拾襲當於堂西不言者文省也釋獲者聽命於司射故司射主獻之獻時蓋西北面既授乃北面也折上當有設字蓋文脫也有祭脯與切肺也獲者與釋獲者皆賓之弟子以有勤勞之事於此乃得獻則其他弟子於獻衆賓之時亦不與明矣盛氏世佐云司射作升飲者訖即爲此獻釋獲者之事亦與司馬獻獲者同節也經中此類甚多若必一事畢乃爲一事則一日之閒有不能終禮者矣階西司射倚弓矢與扑之所說決拾襲當于堂西不言者從省文方氏苞云賓主人大夫而外衆賓薦惟脯醢而獲者釋獲者乃有俎有祭何也以祭侯宜有薦俎也獲者釋獲者有俎而司馬司射無俎何也事有所專以主祭侯而有加俎猶大射所先薦者惟司正與射人而司馬則與羣士徧獻薦燕所先薦司正射人司士執幕者而大射正則與羣士徧獻薦也特牲少牢衆賓兄弟皆有薦脅何也祭自尸食以後皆與祝侑賓兄弟獻酬之時三射禮成餘時無多人人皆備祭肺祭酒之節日亦不暇給矣燕禮若射則不獻庶子義可類推也堉案釋獲者之位在中西本位也少南就其薦也薦右也司射之西也辟薦少西也注云不當其位辟中者賈疏云以釋獲者位在中西故獻之於其位少南所以辟中也釋獲者薦右東面拜受爵司射北面拜送爵釋獲者就其薦坐左執爵祭脯醢興取肺坐祭遂祭酒興司射之西北面立飲不拜既爵司射受爵奠于篚釋獲者少西辟薦反位辟薦少西之者爲復射妨司射視算也亦辟俎疏正義曰敖氏云就其薦謂於薦西也司射之西則又少南

於薦西之位矣蓋與司射俱北面則宜並立也拜受立飲不同面者異於堂上之獻也獲者亦然　注云亦辟俎者據上獻獲者獲者執其薦使人執俎從之辟設于乏南是辟薦兼辟俎也此但云辟薦不云辟俎省文耳以與獲者同故云亦辟俎敖氏云辟與上經辟設之意同惟云辟薦據釋獲者所執而言也辟俎則有司爲之

右司射獻釋獲者第二番射事竟

司射適堂西袒決遂取弓于階西挾一个搢扑以反位爲將復射　疏　正義曰張氏爾岐云司射獻釋獲者事畢反位自此下至退中與算而俟言以樂節射之儀司射又請射命耦三耦賓主人大夫衆賓皆拾取矢司射作上射升射請以樂爲節三耦賓主人大夫衆賓卒射又命取矢乘矢又視算數獲又設豐飲不勝者又拾取矢授有司乃說侯綱退旌退楅退中與算共九節射之第三番也○韋氏協夢云司射既奠爵于篚卽適堂西釋獲者亦卽辟薦此二節蓋同時爲之經因敘獻釋獲者禮而先言釋獲者辟薦之儀非謂釋獲者既辟薦然後司射適堂西也

司射去扑倚于階西升請射于賓如初賓許司射降搢扑由司馬之南適堂西命三耦及衆賓皆袒決遂執弓就位位射位也不言射者以當序取矢　疏　正義曰注云位射位者賈疏云下云各以其耦反于射位故知此是射位在司射之西南東面者也張氏爾岐云位司馬之西南東面位也

司射先反位言先三耦及衆賓也既命之卽反位不俟之也鄉不言先三耦未有拾取矢位無所先　疏　正義曰注云鄉不言先三耦未有拾取矢位無所先者張氏爾岐云

初三耦在司射西南及司馬立司射之南三耦拾取矢移位於司馬之西南是拾取矢時射位始定故注云未有拾取矢位無所先也又射者堂下凡三位堂西南面比耦之位司射西南東面三耦初射之位司馬西南東面則拾取矢以後至終射之位也盛氏世佐曰上經于三耦初取弓矢之時已云司射先立于所設中之西南及其將飲不勝者也又云司射先反位并此凡三言先矣其義一也第二番將射命三耦拾取矢司射反位不言先文有詳略耳注說非又案射者堂下止有二位堂西南面比耦之位一也司射之西南射位二也司馬之西南卽司射之西南也疏以此位分爲二非韋氏協夢云疏謂鄉射有堂西取矢及比耦之位有三耦射位在司射西南有拾取矢及再番射位是三位考經文初番射時射位在司射西南再番射時射位在司馬西南拾取矢位亦在司馬西南疏以司射司馬之文異遂分爲二位不知司馬西南之位卽司射西南之位觀司馬旣命去侯之後立于司射之南面再番射時遂云立于司馬之西南蓋始射司馬未有定位故以司射爲節再射遂以司馬爲節也若然則三耦鄉射唯有二位而已較大射少一位者大射有次此無次故也

及衆賓皆袒決遂執弓各以其耦進反于射位以猶與也今文以爲與

疏正義曰注云以猶與也今文以爲與者賈疏云春秋之義能東西之曰以若存以字謂言尊卑不同任意以之故轉爲與則平敵之義也胡氏承珙云疏說是也上文主人以賓揖大射儀以耦左還注皆云以猶與也胡氏肇昕云敖氏云以其耦進謂上射先而下射從之也進亦並行若大夫之耦則亦以序而獨進下文云大夫就其耦是也敖蓋因經以字因有先後之別不知以與一聲之轉故古多通用鄭君以今文之與注古文之以以其音義相同不煩改字也

右司射又請射命耦反射位

司射作拾取矢三耦拾取矢如初反位賓主人大夫降揖如初主人堂東賓堂西皆袒決遂執弓皆進階前揖南面相俟而揖行也疏正義曰蔡氏德晉云作拾取矢就射位西南使之也所作亦惟上耦其餘以次進也郝氏敬云前射委楅惟二十八矢故三耦拾取餘皆取諸堂西今賓主大夫衆耦矢皆委楅故自三耦至衆賓皆取矢于楅三耦爲正先拾如初反射位　注云南面相俟而揖行也者盛氏世佐云賓主人各於堂下之東西方袒決遂執弓訖乃皆進賓進而東主人進而西及階各於其階前南面揖而行蓋楅在中庭之南當洗故自堂東西來者皆須南行就之也疏云各於堂上南面面相見而揖非及楅揖拾取矢如三耦及楅當楅東西也主人西面賓東面相揖拾取矢不北面揖由便也疏正義曰注云及楅當楅東西也者賓主人東西行及楅所主人乃西西面賓乃東東面拾取矢敖氏曰階前揖而南及楅揖而止所止之處即拾取矢之位也是其位猶未離乎階前矣然則衆耦於楅東西之位亦宜如是也云不北面揖由便也者以三耦及衆賓皆於楅南北面揖賓主人各由東西是由便也褚氏寅亮云階前之揖各向南揖也及楅之揖則東西相向矣敖氏謂亦南面揖非吳氏廷華云據上三耦拾取矢先東行當楅南北面揖然後上射東面下射西面進拾取矢此經先言階前乃言及楅是從堂東西逕至階前南行直東西當楅之處主人轉向楅西行賓轉向楅東行及楅乃揖則與三耦面位不同三耦在楅之南故須北面揖此在楅之東西故無北面揖由便之說非也疏謂賓主出堂則不可解矣卒北面搢三挾一个亦於三耦爲之位

疏正義曰注云亦於三耦爲之位者張氏爾岐云與三耦搢三挾一之處同也敖氏云此儀異於三耦者蓋退於北與退於南者不同也案盛氏以敖說爲是

揖退皆已揖左還各由其塗反位

疏正義曰賈疏云賓主北面揖退之時皆左還相背各向堂塗反堂東西之位盛氏世佐云賓主人北面揖訖各由其故道而反堂東西之位此進而北行也乃云退者自楅而言也注云已揖左還非案拾取矢以上經固以如三耦說該之矣迨既拾取矢據三耦當有南面揖少進當楅之文經第言北面搢三挾一个揖退而已省文可知

賓堂西主人堂東皆釋弓矢襲及階揖升堂揖就席將袒先言主人將襲先言賓尊賓也

疏正義曰敖氏云賓主人釋弓矢不於序之西東者變於卒射時也不言說決拾者可知也○注尊賓也校勘記云尊閩誤作是云尊賓也者以上將袒先言主人袒是盡敬之事也此將襲先言賓襲是修容之禮也

大夫袒決遂執弓就其耦降袒決遂於堂西就其耦於射位與之拾取矢

疏正義曰敖氏云袒決遂蓋於賓既出堂西而爲之

揖皆進如三耦

疏正義曰敖氏云如三耦則耦不少退也以其行事於庭無堂上堂下之異故不得如升射之儀也

耦東面大夫西面大夫進坐說矢束說矢束者下耦以將拾取

疏正義曰注云說矢束者下耦以將拾取者盛氏世佐云注蓋原大夫說矢束之意亦欲如三耦之拾取是以敵者之禮待其耦故云下耦也吳氏廷華云注下耦下同於耦也東矢亦尊大夫也說之不敢當其尊也故曰下於耦敖氏曰凡大夫之取矢于楅者必說其矢東以當拾取也其自爲耦者並行至楅南即爲之其與士爲耦者即位而後爲之此其異者也說矢東不言北面亦文省盛氏云與此大夫之說矢東言於西面之下則亦西面說也敖云北面非

反位而后耦揖進疏正義曰而後校勘記作后云后作後○敖氏云大夫進及反位皆不揖以非及耦行禮之事也方氏苞云自大夫以上矢有束必矢與其人之志慮血氣相應而不可混也脫束以矢當拾取也其自爲耦則並行至楅南而脫之以拾取而同升就席也與士爲耦則脫束而反位其耦乃進取矢俟耦反其位而後大夫釋弓矢以升故取矢時即分先後也大夫先脫束示欲與耦拾取也耦進而兼取乘矢示不敢與之拾也然後大夫亦兼取焉則尊不陵而卑不偪矣坐兼取乘矢順羽而興反位揖兼取乘矢者尊大夫不敢與之拾也相下相尊君子之所以相接也疏正義曰敖氏云耦兼取乘矢不敢拾取者以其非敵也凡敵者共取矢于楅則拾以爲儀言順羽是亦兼諸弣矣此與三耦異者惟不拾取矢耳餘則同大夫進坐亦兼取乘矢如其耦北面搢三挾一个亦於三耦爲之位揖退耦反位大夫遂適序西釋弓矢襲升即席大夫不序於下尊也疏正義曰韋氏協夢云耦反位反司馬西南之位也大夫不與耦同反位故遂釋弓矢于序西而升即席優尊者也宵案言耦反位大夫不反位可知言大夫適序西耦不適序西可知反位者反射位也必取道于司馬之南上經大夫與其耦射其可證者此大夫獨適序西則揖退之後耦自南行轉西以反位大夫則自轉而西行北折至堂西衆賓繼拾取矢皆如三耦以反位

右三耦賓主人大夫衆賓皆拾取矢

司正猶挾一个以進作上射如初一耦揖升如初進前也鄉言還當上耦西面是言進

終始互相明也今文或言作升射 [疏]正義曰敖氏云進由司馬之東面進也此以適南爲進者凡進退之文無常大抵以有事於彼爲進卒事而反爲退也　注云鄉言還當上耦西面是言進終始互相明也者賈疏云上番將射時云司射還當上耦西面作上耦射不言進明還當上耦時者進近上耦乃作之此直進作射不言還當上耦明進時亦還當上耦而作之故言終始互相明也云今文或言作升射者敖氏曰經文上字似衍否則其下當有耦字今文或言作升射蓋後人亦疑其誤而易之矣胡氏承珙曰敖謂上字衍是也疏云此直進作射似經文但云作射如初本無上字鄭不從今文作升射者大射儀司射猶挾一个以作射如初亦不言作升射也司馬升命去侯獲者許諾司馬降釋弓反位司射與司馬交于階前去扑襲升請以樂樂于賓賓許諾 [疏]正義曰敖氏云司射惟去扑耳其決遂執弓挾矢自若也似不宜襲此言襲蓋衍文以樂樂者用樂爲歡樂也以此請之於賓故曰請以樂樂于賓大射儀曰請以樂盛氏世佐云此襲字非衍也蓋射武事也故請射則袒樂文事也故請樂則襲言襲則其說決拾可知矣不釋弓矢者射未畢也方氏苞云初射再射欲其容體比於禮也至三射又欲其節比於樂初射再射欲其不失正鵠也至三射又欲其循聲而發射之初弓矢未調三射而後樂作俾循序而益致其精也射之終筋力既乏三射而樂始作俾嚴終而彌斂其氣也孔子曰射者何以射何以聽其事至難故聖人陶冶羣材而磨礱其德性者如是其曲盡焉其辭曰請以樂賓不敢質言之也賓喻其意故不辭而遂諾案義疏云凡司射升堂惟去扑而已其袒決遂如故未聞變袒而爲襲也注疑襲爲衍文是也司射降搢扑東面命樂正曰請以樂樂于賓賓許東面於西

階之前也不就樂正命之者傳尊者之命於賤者遙號命之可也樂正亦許諾猶北面不還以賓在堂【疏】正義曰敖氏云必搢扑而後命樂正者辟併敬也義疏云大射司射東面命樂正樂正應曰諾此經亦諾可知注謂樂正猶北面未還蓋上遷樂時樂正立於工南北面至是聞命許諾位猶未變與大射同也○注號命之可也校勘記云命徐陳通解楊氏俱作令　云樂正亦許諾者據大射儀有樂正曰諾也云猶北面不還以賓在堂者賈疏云樂正位東階東南北面大師位東北西面賓在堂南面樂正猶北面不還西面是以下文特云東面命大師明此時不西面受命矣吳氏廷華云經不言樂正受命面位下東面命大師是正面相向以示所命之重也則受命亦當西面向司射與大射同可知但文不具耳

司射遂適階閒堂下北面命曰不鼓不釋

不與鼓節相應不釋算也鄉射之鼓五節歌五終所以將八矢一節之閒當拾發四節四拾其一節先以聽也【疏】正義曰注云鄉射之鼓五節歌五終所以將入矢者周禮射人云王以騶虞九節諸侯以貍首七節卿大夫以采蘋五節士以采蘩五節鄉射為大夫士禮故鼓五節歌五終者下記云歌騶虞若采蘋皆五終是也云一節之閒當拾發四節四拾其一節先以聽也者賈疏云尊卑樂節雖多少不同四節以盡乘矢則同其餘外皆以聽以知樂終始長短也王九節者五節先以聽諸侯七節者三節先以聽卿大夫士五節者一節先以聽皆四節拾將乘矢但尊者先以聽則多卑者先以聽則少優至尊先知審故也敖氏云鄉射之歌五終而鼓五節其三節先以聽而二節之閒拾發乘矢焉射人職所謂五節二正是也王之大射九節五正諸侯七節三正卿大夫與士同盛氏世佐云此當以疏說為正敖氏好立異而引周禮射人職為證以愚考之則不然蓋自敖說推之則王之九節五正五節之閒拾發乘矢而其先以聽者四節也諸侯之

七節三正三節之閒拾發乘矢而其先以聽者亦四節也夫天子以
下降殺以兩禮之大凡也今其先以聽者天子諸侯同爲四節而大
夫士僅減其一焉固已不倫矣且其拾發乘矢一也而乃有五正三
正二二正之不同是節之多者似促數而節之少者反舒長此亦理之
不可通者蓋射人所云九節七節五節者以其樂節言也
所云五正三正二正者以其侯采言也鄭注蓋不可易矣上射揖司
射退反位樂正東面命大師曰奏騶虞閒若一東面者進還鄉大師也騶虞國風召南之
詩篇也射義曰騶虞者樂官備也其詩有壹發五豝五豵于嗟騶虞
之言樂得賢者衆多歎思至仁之人以充其官此天子之射節也而
用之者方有樂賢之志取其宜也其他
賓客鄉大夫則歌采蘋閒若一者重節疏正義曰校勘記云樂正東
面命大師曰命字誤在東
上○敖氏曰言命大師者見所命者必其長也此惟據有大師者言
之注云射義曰騶虞者樂官備也其詩有壹發五豝五豵于嗟騶
虞之言樂得賢者衆多歎思至仁之人以充其官者朱子曰據詩但
取壹發五豝之義耳騶虞則爲仁獸之名以庶類蕃殖美國君之仁
如之也樂官備云者諸儒有以騶爲文王之囿虞爲主囿之官故立
此義而鄭注因之與其詩箋自相違異胡氏肇昕云周禮鍾師疏引
異義今詩韓魯說騶虞天子掌鳥獸官文選魏都賦注引魯詩傳云
古有梁騶梁騶者天子之田也賈誼新書禮篇云騶者天子之囿也
虞者囿之司獸者也凡此諸說皆與毛詩異而與射義合鄭志張逸
問傳曰白虎黑文又禮記曰樂官備何謂答曰白虎黑文周書王會
云備者取其壹發五豝言多賢也考異義許慎從毛說而鄭無駁亦
以毛爲是注禮則用韓魯說者以與樂賢之意相近也褚氏寅亮云
詩孔疏謂射義注引詩斷章斯言最昀可釋朱子箋注相異之疑然
注云思得仁如騶虞之人以充其官則未始以騶虞爲官與箋義亦

無大異至賈誼新書云騶者文王之囿虞者囿之司獸又云騶虞官虞山澤之官二者皆不失人官備可知則以官備釋騶虞與小序異鄭因未嘗取其說以注禮也云此天子之射節也而用之者方有樂賢之志取其宜也者案鄉射得奏騶虞說者不一郝氏敬云國風小雅上下或可通用也高氏愈云意其音節有可相假用者也蔡氏德晉云周官射人王射以騶虞九節大夫以采蘋士以采蘩皆五節今雖奏騶虞而仍如采蘋采蘩之五節則其等未嘗辯且周南召南為鄉樂用之鄉人用之邦國天子歌騶虞亦不必天子獨用不可以僭禮律之也盛氏世佐云禮射有三大射賓射燕射是也士無大射大夫以下無燕射有鄉射射義及射人職所言以樂節射之差皆賓射也故與此異鄉射得歌騶虞者二南為鄉樂騶虞篇次在召南內故得用之且大夫士去天子遠無嫌於僭也若諸侯之大射與賓射同大射儀云奏貍首是也以是推之則天子及大夫之大射亦與其賓射同樂可知矣又投壺云命弦者曰請奏貍首投壺大夫士燕射之類是也乃奏貍首者燕禮殺故變而與諸侯之賓射同所謂禮窮則同也然但以瑟奏之而不用金石之樂亦異也鄉射與投壺雖奏騶虞貍首而其節則止於五下記云歌騶虞若采蘋皆五終是也胡氏肇昕云騶虞為鄉樂故鄉樂得用之且與樂賢之志相宜也盛氏推論說多未確不如蔡說為精矣云其他賓客鄉大夫則歌采蘋者賈疏云采蘋是鄉大夫樂節其他謂賓射與燕射若州長他賓客自奏采蘩此篇有鄉大夫州長射法則同用騶虞以其同有樂賢之志也云閒若一者重節者賈疏云閒若一謂五節之閒長短希數皆如一則是重樂節也

大師不興許諾樂正退反位

疏 正義曰盛氏云反位反工南北面位也

右司射請以樂節射

乃奏騶虞以射三耦卒射賓主人大夫衆賓繼射釋獲如初卒射降皆應鼓與歌之節乃釋算降者衆賓【疏】正義曰注云降者衆賓者賓主人大夫卒射皆升堂惟衆賓降也敖氏曰降指衆耦之最後者而言以見釋獲者升告之節也吳氏廷華云交番射賓主人大夫亦降脫決拾乃升則降者不獨衆賓也釋獲者執餘獲升告左右卒射如初卒已也今文曰告于賓【疏】正義曰注云今文曰告于賓者胡氏承珙古今文疏義曰案上文已云卒射釋獲者遂以所執餘獲升自西階盡階不升堂告于賓曰左右卒射矣此云升告左右卒射如初亦是告于賓不言可知猶大射儀於再射時既云卒射釋獲者遂以所執餘獲適阼階下北面告於公曰左右卒射其後三射既畢亦但云釋獲者執餘獲進告左右卒射如初不復言告于公矣胡氏肇昕云升告左右卒射六字爲句謂以左右卒射升告之也若作告于賓當有曰字如上文告于賓曰左右卒射其義方顯若僅作告于賓似左右卒射爲告賓後事矣故鄭不從今文

右三耦賓主人大夫衆賓以樂射

司馬升命取矢獲者許諾司馬降釋弓反位弟子委矢司馬乘之皆如初

右樂射取矢數矢

司射釋弓視算如初算獲算也今文曰視數也【疏】正義曰注云今文曰視數者胡氏承珙曰說文云筭長六尺計

歷數者从竹从弄言常弄乃不誤也算數也从竹具聲讀若筭是二字音同而義别禮經執筭受筭之類當作筭無算爵無算樂之類當作算然經典每多錯出筭是計數之物雖亦可通爲數義究不得即以數字代筭字鄭此注云筭獲筭也今文視筭作視數則是以訓詁字代經文者故不用與

釋獲者以賢獲與鈞告如初降復位疏正義曰敖氏云言如初又言降復位爲司射命設豐之節也亦以見其所如者止於此無復實算於中之事矣蓋以其不復射故也

右樂射視算告獲

司射命設豐設豐實觶如初遂命勝者執張弓不勝者執弛弓升飲如初疏正義曰校勘記云通解設豐二字不重出案大射設豐不重通解因彼而誤敖氏注大射云當更有設豐二字如鄉射之文胡氏肇昕云升飲如初下敖氏云大射儀云卒退豐與觶如初此脫一句也

右樂射飲不勝者

司射猶袒決遂左執弓右執一个兼諸弦面鏃適堂西以命拾取矢如初側持弦矢曰執面猶尚也并矢於弦尚其鏃將止變於射也疏正義曰賈疏云言猶袒者亦是有故之辭以其常袒恐不袒故言猶以連之也盛氏世佐云司射之請以樂樂於賓也經既云襲矣至是言猶袒者蓋自其命勝者不勝者之時而袒也其閒命樂正及視算皆襲胡氏肇昕云以樂樂賓節敖氏以襲爲衍文韋氏協夢據此節猶袒決遂明司射前此皆袒以敖說爲是然考初番射訖

數獲司射適西階西釋弓矢去扑襲則二番射訖視筭亦必襲矣經不言者互文相見也視筭既襲命勝者不勝者又袒而此因之云猶袒決遂也盛氏謂推究頗精當從之 注云側持弦矢曰執者對方持弦矢曰挾而言張氏爾岐云方持弦矢曰挾者矢橫弦上而持之側持弦矢曰執者矢順弁於弦而持之云面猶尚也者尚與向通尚其鏃者張氏曰鏃向上也司射反位三耦及賓

主人大夫衆賓皆袒決遂拾取矢如初矢不挾兼諸弦弣以退不反位遂授有司于堂西 不挾亦皆執之如司射也不以反射位授有司者射禮畢 疏 正義曰注云不挾亦皆執之如司射也者謂亦側持弦矢也賈疏云兼諸弦弣則與司射異司射直執一个無三矢兼於弣三耦以下則執一个弁於弦又以三矢弁於弣敖氏曰拾取時猶皆兼諸弣至楅南北面則不挾矢但取一矢兼諸弦餘三矢則兼諸弣自若亦象揗三挾一之儀且如司射之戒也賓與主人則亦于楅東西之位爲之云不以反射位授有司者射禮畢者敖氏云不反位但由司馬之南而過也授有司授之以弓矢也必授之者射事止則宜反於所受者也此文主于三耦及衆賓大夫與其耦亦存焉若賓則自階下以授有司于堂西主人則以授有司于堂東也辯拾取矢揖皆升就席 謂賓大夫及衆賓也相俟堂西進立於西階之前主人以賓揖升大夫及衆賓從升立時少退於大夫三耦及弟子自若留下 疏 正義曰注云衆賓謂堂上三賓也云相俟堂西進立於西階之前者以上授有司弓矢于堂西故知相俟於此也云主人以賓揖升大夫及衆賓從升立時少退於大夫三耦及弟子自若留下者賈疏云皆依上文獻後升及留在下之法敖氏曰揖皆升就席謂衆賓三人也衆賓三人必俟拾取矢者辯而後升若主人賓大夫則既授弓矢卽升如初禮固不

侯其辯也胡氏肇昕云經文云皆自謂賓主人大夫及衆賓也正承上文賓主人大夫衆賓而言不得專屬衆賓也敖氏故與鄭立異非郝氏敬亦曰賓主大夫以下席在堂上者皆復升盛氏世佐云賓主人大夫必俟辯拾取矢而後升者以射事至是而終故變於初也

右拾取矢授有司

司射乃適堂西釋弓去扑說決拾襲反位【疏】（正義曰司射之扑在階西今來去扑于堂西之等以其不復射也敖氏曰反位其猶在中西南與不言釋矢可知也）司馬命弟子說侯之左下綱而釋之（說解也釋之不復射揜束之）【疏】（正義曰注揜束之校勘記云揜諸本俱作奄云說解也釋之不復射揜束之者敖氏曰釋則是不束也說而釋之變於射與未射之時郝氏敬曰凡侯未射左下綱不繫揜束之射畢又脫繫復揜之盛氏世佐云說侯之左下綱異於射時也釋之謂不揜束異於未射時也其不全去之者見此禮主為射也疏云備復射非也）命獲者以旌退命弟子退福司射命釋獲者退中與算而俟（諸所退皆俟堂西備復射也旌言以者旌恆執也獲者釋獲者亦退其薦俎）【疏】（正義曰注云備復射者張氏爾岐云謂旅酬後容欲燕射也云獲者釋獲者亦退其薦俎者敖氏曰此據大射儀而言也退薦俎各當其位之前與）

右退諸射器射事竟

司馬反為司正退復觶南而立（當監旅酬）【疏】（正義曰張氏爾岐云此下言射訖飲酒之事旅酬二人舉

觶徹俎坐燕送賓以至明日拜賜息司正諸儀並同鄉飲酒禮○敖氏曰射事已而復其故職也云復觶南見射者觶不徹是時司射亦當復東方之位郝氏敬云初司正揚觶退立于中庭觶南未旅而射改爲司馬今射畢旅行復爲司正仍立觶南以監旅也張氏爾岐云觶南者司正北面監衆之位

樂正命弟子贊工卽位弟子相工如其降也升自西階反坐贊工遷樂也降時如初入樂正反自西階東北面

疏正義曰儀禮釋官曰案樂正公臣見燕禮大射儀周禮樂師職曰令相與此經合敖氏曰命弟子亦適西方命之也郝氏敬云樂正初自西階命弟子贊工遷東階下辟射今射畢復命弟子贊工升西階東北面坐初不言樂不言樂正者正樂告備則降立堂下今工反而樂正仍立階下懸闕可知也 注云降時如初入者敖氏云謂後先及相之之儀也郝氏曰如其降謂如降往東階時左荷右相也云樂正反自西階東北面者張氏爾岐云西階東北面樂正告樂備後降立之位遷樂於下則立阼階東南北面今當命弟子又復來此也遷工反位爲旅酬後將有無算樂也敖氏曰反坐謂反其故位而坐也工既坐弟子亦降立于西方高氏愈云反坐復其舊時之坐也前因將射工降坐于阼階下之堂前矣此則因行旅酬而工復升各復其舊時之坐以待舉樂也

賓北面坐取俎西之觶興阼階上北面酬主人主人降席立于賓東賓坐奠觶拜執觶興主人答拜賓不祭卒觶不拜不洗實之進東南面所不者酬而禮殺也賓立飲

疏正義曰俎西之觶張氏爾岐云將射前一人舉觶於賓賓奠于薦西者也

主人阼階上北面拜賓少退少退少逡遁也主人進受觶賓主人之西北

面拜送旅酬而同階禮殺也疏正義曰據獻酬之時賓主各於其階也賓揖就席主人以觶適西

階上酬大夫大夫降席立于主人之西如賓酬主人之禮其既實觶進西南面

立鄉所酬疏正義曰注鄉所酬校勘記云鄉徐陳通解楊氏俱作鄉　云其既實觶進西南面立鄉所酬者賈疏云以上賓酬主人阼

階上實觶進東南面則知此主人酬大夫西階上實觶而亦進西南面也主人揖就席若無大夫則長受

酬亦如之長謂以長幼之次酬衆賓疏正義曰注云長謂以長幼之次酬衆賓者謂堂上三賓以長幼之次而酬也敖氏云

此惟據主人所酬者而言大夫若衆則相酬酬辯乃及長盛氏世佐云大夫若衆則大夫長受主人酬訖卽實觶酬衆賓長衆賓長酬次大

夫交錯以辯也敖說非蔡氏德晉云此主人酬大夫及衆賓之長也與鄉飲酒酬介之禮同司正升自西階相旅

作受酬者曰某酬某子某者字也某子者氏也稱酬者之字受酬者曰某子旅酬下爲上尊之也春秋傳曰字不

若子此言某酬某子者射禮略於飲酒飲酒言某子受酬以飲酒爲主疏正義曰敖氏云此謂大夫酬長若長相酬之時也盛氏世

佐曰此謂無大夫而衆賓長相酬之時也賓主人及大夫旅酬皆不相至衆賓乃相之若主人酬長相之之辭當曰主人酬某子猶主人

與賓爲耦而告賓曰主人御于子也若大夫酬長辭當曰某子酬某猶大夫爲下射而以耦告之曰某御于子也受酬者自大夫右大夫

如介禮也○注此言某酬某子者校勘記云此葛本誤作化　云稱酬者之字受酬者曰某子旅酬下爲上尊之也者敖氏云司正稱酬

者之字稱受酬者曰某子彼此之辭也此主爲酬者命受酬者緣酬者意欲尊敬之故於此言字於彼言子所以不同引春秋傳曰者莊

公十年公羊傳文以證子之尊於字也云此言某酬某子者射禮略於飲酒飲酒言某子受酬以飲酒爲主者明射禮之異於飲酒也吳氏廷華云此特主人及大夫獻賓長之禮卽尊之亦非下爲上之可言敖氏謂稱字稱子彼此之辭是也要之司正作受酬者則某子是相對者之稱故辭有彼此且酬者與受酬者較則又以受酬者爲主故稱其字也方氏苞云有司教射自當序賓以齒而射者私家之行輩又各有少而尊長而卑者設以父族母族之尊行次酬卑者而司正代爲尊之之稱義無所取況以次相酬受酬者必少而轉爲尊稱亦未見其安夫子孫祭告以字呼祖考則不得爲卑稱明矣蓋因衆賓姓同者甚多設曰某子酬某子則不辨其誰何惟酬者稱字則所酬者雖以姓舉而不慮其相混矣但其中有同姓遞酬者則宜並稱字而記無文蓋既明於異姓相酬之稱則同姓之不得更稱姓者並以字舉可知矣韋氏協夢云某子受酬據受酬者而言也此云某酬某子據酬者而言也其意蓋曰某酬某子某子受酬經特互文見義耳注非胡氏肇昕云旅酬之禮以次相酬則此酬者卽先受酬之人故司正但作受酬者而受酬者之爲某子不稱其字而但稱其氏緣酬者之意以尊之也要之酬者之爲某受酬者之爲某子其敘本自秩然不至相混而司正必作之者禮貴防其未然也

受酬者降席司正退立于西序端東面退立俟後酬者也始升相立階西北面疏正義曰注云退立俟後酬者也者以酬時司正不與其事故必退立至後酬者又始升相也

衆受酬者拜興飲皆如賓酬主人之禮辯遂酬在下者皆升受酬于西階上在下謂賓黨也鄉飲酒記曰主人之贊者西面北上不與無算爵然後與此異於賓疏正義曰引鄉飲酒記者賈疏云欲見主黨不與酬之義吳氏廷華云在下謂諸執事卽鄉飲酒記謂

主人之贊者賓與禮重故酬不及贊此詢衆禮輕故亦與酬耳卒受者以觶降奠于篚

右旅酬

司正降復位使二人舉觶于賓與大夫二人主人之贊者疏正義曰張氏爾岐云以起無算爵韋氏協夢云大夫若衆亦唯舉觶於其長若有諸公則舉觶於諸公而大夫亦不與矣褚氏寅亮云鄉者二人所舉之觶賓與大夫奠于薦右未飲今仍使二人終此上事俟其飲畢受觶酌酬主人及長埼案使二人舉觶使之者未詳敖氏謂司正使之是也至二人所舉卽前奠於賓與大夫薦西之觶舉此二觶以發之後之交錯以辯皆其所舉可知舉觶者皆洗觶升實之西階上北面皆坐奠觶拜執觶興賓與大夫皆席末答拜舉觶者皆坐祭遂飲卒觶興坐奠觶拜執觶興賓與大夫皆答拜舉觶者逆降洗升實觶皆立于西階上北面東上賓與大夫拜舉觶者皆進坐奠于薦右坐奠之不敢授疏正義曰注云坐奠之不敢授者對獻酬時皆親授此云坐奠以贊者卑不敢授也賓與大夫辭坐受觶以興辭辭其坐奠觶疏正義曰必辭者賓與大夫不敢以尊自居也舉觶者退反位皆拜送乃降賓與大夫坐反奠于其所興不舉者盛禮已崇古文曰反坐疏正義曰校勘記云大夫下石經徐本要義楊氏敖氏俱有坐字通解無　注云不舉者盛禮已崇者此釋經反奠之義敖氏云此奠於其所亦皆少違其故處

而在其俎之西也方氏苞云未請安于賓未命弟子徹俎而預奠酬觶何也進退拜送坐興之禮說屨升堂後不可復行故預拜送坐奠于其所然後升坐而取飲可以不興不拜也吳氏廷華云舉觶者堂上無位此云反位者其西階上之位與云古文曰反坐者胡氏承珙古今文疏義曰此賓與大夫當舉觶者奠于薦右之時旣坐受觶以興矣至此乃坐而反奠于其所反奠者謂還奠于薦右上文一人舉觶亦云舉觶者西階上拜送賓反奠于其所彼不言坐者省文然反奠連文與此正同古文作反坐者誤倒鄭所不從

若無大夫則唯賓長一人舉觶如燕禮媵爵之爲 疏 正義曰燕禮初二大夫媵觶至旅酬復使二人君命長媵一爵於君此若無大夫則唯賓一人其一人舉觶之禮當如燕禮之媵一爵故引以況之敖氏云言此者明不舉觶于賓長此二人舉觶雖曰正禮然若無大夫則缺一人以其禮唯當行於尊者耳方氏苞云大夫不與衆賓長可同於介之受酬而不可同於爲介舉觶何也鄉飲酒之介乃德行道藝亞於賓以待後舉者故禮多同於賓而與大夫等鄉射之衆賓長非必德行道藝遠過其曹也主人繼賓而酬之乃所以達其意於衆賓若特爲舉觶則義無所取而受者轉不能安矣

右司正使二人舉觶

司正升自西階阼階上受命于主人適西階上北面請坐于賓請坐欲與賓燕盡殷勤也至此盛禮已成酒清肴乾強有力者猶倦焉 疏 正義曰注至此盛禮已成校勘記云已徐本通解俱作以　云酒清肴乾強有力者猶倦焉者本禮記聘義之文引以證請坐于賓之意也 賓辭以俎俎者肴之貴者也辭之者不敢以燕坐褻

貴者反命于主人主人曰請徹俎賓許疏正義曰韋氏協夢云上言請坐于賓亦傳主人之辭也下言主人曰亦傳辭于賓也此與鄉飲酒皆互文司正降自西階階前命弟子俟徹俎弟子賓黨也俎者主人贊者設之今賓辭之使其黨俟徹順賓意也上言請坐于賓此言主人曰互相備耳疏正義曰注順賓意也校勘記云賓重脩監本誤作濱　云上言請坐于賓此言主人曰互相備者以上言請坐于賓亦司正傳主人之辭此言主人曰亦傳主人之辭于賓也互相備文乃相足也司正升立于序端賓降席北面主人降席自南方阼階上北面大夫降席席東南面俟弟子升受俎賓取俎還授司正司正以降自西階賓從之降遂立于階西東面司正以俎出授從者授賓家從來者也古者與人飲食必歸其盛者所以厚禮之疏正義曰注云古者與人飲食必歸其盛者所以厚禮之者以鄉飲酒燕射皆有徹俎之禮俎為肴之貴者徹以歸之故云歸其盛者主人取俎還授弟子弟子受俎降自西階以東主人降自阼階西面立以東授主人侍者疏正義曰敖氏云主人取俎未必在司正出門之後上文蓋終言之耳注云以東授主人侍者者盛氏世佐云鄭為此說者所以成其為賓黨弟子耳姜云弟子當是主黨則其以俎而東也無授主人侍者之事矣大夫取俎還授弟子弟子以降自西階遂出授從者大夫從之降立于賓南凡言還者明取俎各自鄉其席疏正義曰韋氏協夢云此三節皆同時為之蓋賓取俎之時主人與大夫即皆取

俎授弟子經特名終言其事耳非有先後也衆賓皆降立于大夫之南少退北上從降亦爲將燕

右請坐燕因徹俎

主人以賓揖讓說屨乃升大夫及衆賓皆說屨升坐說屨者將坐空屨褻賤不宜在堂也說屨則摳衣爲其被地疏正義曰韋氏協夢二云賓主人說屨之時大夫及衆賓亦皆說屨畢主人乃揖賓升賓厭大夫大夫厭衆賓衆賓亦序升也　注二云說屨則摳衣爲其被地者賈疏二云曲禮二云摳衣趨隅彼謂升席者引之證說屨低身若不摳衣被地履之案少儀二云排闔說屨於戶內一人而已矣注二云雖衆敵猶有所尊也彼尊卑在室則尊者說屨在戶內其餘說屨於戶外若尊卑在堂則亦尊者一人說屨在堂其餘說屨於堂下是以燕禮大射臣皆說屨於階下公不見說屨之文明公舄在堂矣此及鄉飲酒臣禮賓主人行敵禮故皆說屨於堂下也乃羞羞進也所進者狗胾醢也燕設啗具所以案酒無筭爵使二人舉觶賓與

大夫不興取奠觶飲卒觶不拜二人謂鄉者二人也使之升立于西階上賓與大夫將旅當執觶也卒觶者固不拜矣著之者嫌坐卒爵者拜既爵此坐於席禮既殺不復崇疏正義曰注云使之升立于西階上賓與大夫將旅當執觶也者敖氏二云使之亦司正也此舉觶謂取而酌之卽下文所云執觶者受觶遂實之之事也方氏苞二云二人舉觶卽舉賓大夫前奠于其所之觶也賓大夫不興而取奠觶飲則命舉觶者取之明矣敖說失之胡氏肇昕二云賓主人大夫衆賓說屨升飲則與拜之儀多省故必使二人舉觶凡堂上舉觶執觶之事皆其所掌鄭注故渾括言之二云卒觶者固不拜矣著之者嫌坐卒爵者拜既爵據上正旅酬時賓酬主人

卒觶不拜故云卒觶者固不拜矣又獻酬時皆坐卒爵拜既爵此則卒觶不拜故云著之者嫌坐卒爵者拜既爵云此坐于席禮既殺不復崇者據正獻酬時言之也淩氏釋例云凡無算爵不拜唯受爵于君者拜案鄉飲酒鄉射旅酬以前燕禮大射爲大夫舉旅行酬以前皆是立行禮禮盛故拜至無算爵則坐行禮禮殺故不拜考鄉射禮無算爵使二人舉觶賓與大夫不與取奠觶飲卒觶不拜執觶者受觶遂實之賓觶以之主人大夫之觶長受而錯皆不拜辯卒受者與以旅在下者于西階上長受酬酬者不拜乃飲卒觶以實之受觶者不拜受辯旅皆不拜執觶者皆與旅卒受者以虛觶降奠于篚執觶者洗升實觶反奠于賓與大夫無算樂是無算爵皆不拜也以鄉射推之則鄉飲酒無算爵是賓與介取奠觶餘當與鄉射儀同經不云者文不具也燕禮大射無算爵卒受爵者與以酬士于西階上士升大夫不拜乃飲實爵士不拜受爵大夫就席士旅酌亦如之又云士終旅于上如初無算樂是燕禮大射無算爵亦不拜也特牲饋食禮賓弟子及兄弟弟子各舉觶于其長長皆奠觶於其所皆揖其弟子弟子皆復其位爵皆無算注賓取觶酬兄弟之黨長兄弟取觶酬賓之黨唯己所欲亦交錯以辯無次第之數有司徹賓尸之禮賓及兄弟交錯其酬皆遂及私人爵無算不賓尸之禮賓兄弟交錯其酬無算爵經雖不云不拜準以飲酒正禮則皆不拜可知也唯受爵于君者始拜燕禮大射無算爵士也有執膳爵者有執散爵者執膳爵者酌以進公公不拜受是酌膳進公公不拜也又云執散爵者酌以之公命所賜所賜者與受爵降席下奠爵再拜稽首公答拜受賜爵者以爵就席坐公坐爵然後飲執膳爵者受公爵酌反奠之受賜爵者與授執散爵者執散爵者乃酌行之唯受爵于公者拜然亦降席拜而不降階拜則已殺於旅酬之禮矣鄉射無算爵受酬者不拜受注禮殺雖受尊者之酬猶不拜而燕禮大射受君之酬則拜者君尊異

於常人也又燕禮大射公有命徹冪則賓及諸公卿大夫皆降西階下北面東上再拜稽首公命小臣辭公答再拜大夫皆辟遂升反坐此則命徹冪之拜而非無算爵之拜也此拜亦降階拜公雖命小臣辭而不升成拜示禮有終也 執觶者受觶遂實之賓觶以之主人大夫之觶長受長衆賓長而錯皆不拜錯者實主人之觶以之次賓也實賓長之觶以之次大夫其或多者迭飲於坐而已皆不拜受禮又殺也 疏 正義曰張氏爾岐云大夫與衆賓等則得交相酬或大夫多於賓或賓多於大夫則多者無所酬自與其黨迭飲也敖氏云錯謂以次更迭而受也大夫若惟一人則衆賓長先受其觶以次錯行之大夫若有二人以上則皆及於大夫乃及衆賓蓋先尊而後卑也二云大夫之觶長受而錯則賓觶但至主人而止與所以然者以二觶並行難爲旅也若無大夫乃行主人之觶爲其無二觶故爾𥡴案注曰實曰以則皆執觶者爲之矣大夫之觶長受雖不言以亦二人以之可知至旅在下者於西階上卒受者既奠爵于篚始云執觶者洗酌反奠于賓與大夫則堂上相酬皆旨酌也胡氏肇昕云經文賓觶以之主人大夫之觶長受二句相對而錯總承賓觶大夫之觶言之敖氏乃讀長受而錯爲句而爲賓觶但至主人而止之言以與注爲異不知錯之爲義言其交錯也以二觶交錯相酬始易盡旅酬之法乃云二觶並行難爲旅也何哉若無大夫止有一人舉觶則以次迭相酬耳 辯卒受者興以旅在下者于西階上衆賓之末飲而酬主人之贊者大夫之末飲而酬賓黨亦錯焉不使執觶者酌以其將旅酬不以己尊孤人也其末若皆衆賓則先酬主人之贊者若皆大夫則先酬賓黨而已執觶者酌在上辯降復位 疏 正義曰注衆賓之末校勘記云之誤作至末徐葛俱作末似誤下兩末字徐亦俱作末葛本其末仍作末不以己尊

於人也於徐葛陳閩通解楊氏俱作孤與單疏合是也一云不使執觶者酌以其將旅酬不以己尊孤人也者盛氏世佐云堂上皆坐飲故使執觶者酌在下者于西階上立飲若使坐者自若而飲者特升是以己之尊孤人也所以卒受者必升自酌以旅在下者此當與大夫三耦不勝則特升飲參看彼是罰爵故云尊者可以孤無能此方旅酬義取弟長而無遺故云不以己尊孤人也淩氏釋例云凡無算爵堂上堂下執事者皆與案鄉射禮無算爵卒受者興以旅在下者于西階上又云執觶者皆與旅此注主人之贊者卽鄉飲酒記所謂主人之贊者西面北上不與無算爵然後與是也注云贊佐也謂主人之屬佐助主人禮事徹鼏沃盥設薦俎者蓋據鄉飲酒義終於沃洗者言之也以此推之則燕禮大射執膳爵者執散爵者亦皆與於無算爵也特牲饋食禮宗人獻與旅齒於衆賓佐食於旅齒於兄弟有司徹遂及私人爵無算是祭畢飲酒堂上堂下執事者皆得與於無算爵與飲酒之正禮同也中庸云旅酬下為上所以逮賤也鄭注謂逮賤者宗廟之中以有事為榮亦謂宗廟之中堂上堂下雖執事之賤者亦得以與於無算爵為榮也長受酬酬者不拜乃飲卒觶以實之言酬者不拜者嫌酬堂下異位當拜也古文曰酬者不拜疏正義曰盛氏世佐云長謂堂下衆賓之長也酬者卽二賓之卒受者胡氏肇昕云長當兼主人贊者之長言○注古文曰酬者不拜校勘記云曰下徐本通解俱有受字二云嫌酬堂下異位當拜也者以堂上酬者不拜上已明之此酬堂下異位嫌其當拜故復著之敖云嫌親酬當拜也非云古文曰受酬者不拜者胡氏承珙云此酬者謂堂上酬堂下者下乃云受酬者不拜受則此古文受字衍也受酬者不拜受禮殺雖受尊者之酬猶不拜疏正義曰注雖受尊者校勘記云禮殺雖徐本楊氏俱作進通解作雖○敖氏曰鄉者旅酬有拜而飲者拜而受

者故於此一一明之韋氏協夢云受酬者不拜指長受酬而言也下皆不拜指其次受酬者以下而言方氏苞云日暮人倦受酬而拜尊者將答焉故轉以不拜爲敬

辯旅皆不拜

主人之贊者於此始旅嫌有拜

疏 正義曰鄉飲酒記云主人之贊者不與無算爵然後與故云於此始旅贊者統諸執事以及於沃洗者尤卑嫌有拜故著之

執觶者皆與旅

嫌已飲不復飲也上使之勸人耳非逮下之惠也亦自以齒與於旅也

疏 正義曰上文舉觶者于西階上卒觶是已飲也中庸曰旅酬下爲上所以逮賤也所謂逮下之惠也

卒受者以虛觶降奠于篚執觶者洗升實觶反奠于賓與大夫

復奠之者燕以飲酒爲歡醉乃止主人之意也今文無執觶及賓觶大夫之觶皆爲爵實觶觶爲之

疏 正義曰張氏爾岐云旅于西階上故卒受者降奠觶敖氏云此以降者一觶也然則主人所飲之觶執觶者其先以奠于篚與盛氏世佐云上文及此兩言卒受者依注二觶並行則卒受者二人也敖氏主唯行大夫之觶故云然今亦不取竊謂堂上旅酬皆執觶者酌以送之受者各於其席坐飲故二觶可以並行至於旅在下者之時同在西階上酬者又須親酌若復二觶並行頗覺其雜糅而無次況一階之上而行禮者常四人焉能曲盡其進退雍容之度乎然則旅在下者蓋用一觶也所用之觶毋論賓與大夫但取行至三賓之末者三賓之末飲而酬堂下衆賓之長堂下賓長飲而酬主人之贊者亦以交交錯而辯也其一觶則執觶者以降奠于篚注云執觶者酌在上者辯降復位其在斯時與敖謂堂上唯行一觶注謂堂下亦行二觶皆未合讀者試以上下經文反復玩味必有能辨之者褚氏寅亮云俟再舉也飲酒至末雖不行酬亦必酌而奠之蓋不敢必其不舉也胡氏肇昕云盛氏自立新說謂堂上行二觶堂下行一觶非也考堂上既二觶並行則卒

受者各執一觶以旅在下者安見其雜糅而無次且經言旅酬而終之以執觶者皆與旅酬則受酬終於執觶者執觶者一人二觶並行二人旣各受酬乃各以虛觶降奠于篚而復洗升以反奠于賓與大夫其始終之序不相淆亂宜如此上文注云執觶者酌在上者辯降復位謂執觶者將與旅酬而盛氏遂據以爲以一觶降奠于篚其在斯時殊屬牽合要之敖氏故與鄭立異盛氏又斟酌於鄭敖之閒均無當也自宜以注說爲正　注云復奠之者燕以飲酒爲歡醉乃止主人之意也者敖氏云此後酒行終而復始至醉而止所謂無算爵也云今文無執觶及賓觶大夫之觶皆爲爵賓觶觶爲之者賈疏云今文此經云執觶者無此執觶又今文無執觶及賓觶大夫之觶皆爲爵不從者以其皆在無算爵之科明不爲爵云賓觶觶爲之者亦不從也胡氏承珙古今文疏義曰此節注疏皆譌錯不可讀許氏宗彥云此注今文無執觶及賓觶大夫之觶皆爲爵十五字當在上執觶節下承珙案此經卒受者以下並無賓觶大夫觶字注何得爲此語自是上節執觶者受觶以下之注誤移於此但云今文無執觶亦誤彼經云執觶者受觶遂實之賓觶以之主人大夫之觶長受而錯皆不拜注皆云今文執觶及賓觶大夫之觶皆爲爵蓋總言執觶以下諸觶字今文皆爲爵今文下衍無字耳若今文無執觶二字則者字無所屬不成文義矣至此節注文或謂但當有今文賓觶觶爲之七字承珙案疏云賓觶觶爲之者亦不從也言亦則不止此語可知詳疏意此經執觶者洗升實觶注云今文無執觶者賓觶觶爲之鄭以無執觶者嫌於卒受者洗升固所不從賓觶觶爲之則今文字誤亦所不從故疏云亦不從也章氏平云注今文無執觶案執觶上疑脫虛觶二字今文蓋作卒受者以降奠于篚執爵者洗升實之疑者今文若無執觶則亦必無者字旣無執觶者則下文洗字是卒受者洗卽上文不當云奠于篚又注及字連執觶故疑注文有脫字案此

說亦通然於賓觶大夫之觶終無說以解矣 無算樂合鄉樂無次數

右坐燕無算爵無算樂射後飲酒禮竟

賓興樂正命奏陔陔陔夏其詩亡周禮賓醉而出奏陔夏陔夏者天子諸侯以鐘鼓大夫士鼓而已 疏 正義曰引周禮者鐘師注杜子春云客醉而出奏陔夏 賓降及階陔作賓出眾賓皆出主人送于門外再拜拜送賓於門東西面賓不答拜禮有終 疏 正義曰敖氏云降謂降堂及階至階上也韋氏協夢云降謂降席也胡氏肇昕云降與及階連當以敖說為是方氏苞云拜送眾賓異異於鄉飲酒禮何也鄉大夫同鄉也惟既獻於主之賢能乃以賓禮寵異之故雖介不拜送若州長教射則概執主賓之禮可矣韋氏協夢云大夫之出當在賓及眾賓之後主人既送賓與眾賓然後入揖大夫乃出再拜送之下記云大夫後出主人送于門外再拜是也

右賓出送賓

明日賓朝服以拜賜于門外拜賜謝恩惠也 疏 正義曰盛氏世佐云朝服者據公士為賓言也處士則曰鄉服方氏苞云賓為公士則朝服其正也卽州之學士而攝用之亦宵雅肄三之義惟隱居之君子不宜朝服但既抱道不仕自不得以鄉射之賓強之 主人不見如賓服遂從之拜辱于門外乃退不見不褻禮也拜辱謝其自屈辱 疏 正義曰注云不見不褻禮也者賈疏云禮不欲數數則瀆主人不見恐相褻也方氏苞云別記云無辭不相接也鄉飲酒及射

禮既畢更無辭可致故拜于門外而不見士相見禮主人復見以還贄有禮與辭也敖氏云拜賜之禮賓至於門外擯者出請入告主人辭不見賓乃拜主人拜辱亦如之

右明日拜賜

主人釋服乃息司正釋服說朝服服玄端也息猶勞也勞司正謂賓之與之飲酒以其昨日尤勞倦也月令曰勞農以休息之疏正義曰注引月令者見息之為勞之也江氏筠云飲立司正至射則轉為司馬正射時有司馬又有司射二者皆主人之吏司射主射事其勞較司馬殆有甚焉又擯相係司正之職而賓主人射則司射擯其升降似勞之宜亞於司正而殊於餘執事者矣士冠禮有賓有贊冠者至醴賓時則贊冠者為介嫌此禮或當放之而用司射為介故經特明之也無介勞禮略貶於飲酒也此已下皆記禮之異者疏正義曰注云勞禮略貶於飲酒也者賈疏云謂貶於鄉飲酒鄉飲酒有介此無介也敖氏曰昨日正禮已無介則此可知矣乃言之者嫌不射而飲或用介也不殺無俎故也使人速速召賓疏正義曰賓卽司正敖氏云亦當使人戒乃速經文略也方氏苞云司正無所用戒故速亦不必親也迎于門外不拜入升不拜至不拜洗薦脯醢無俎賓酢主人主人不崇酒不拜衆賓既獻衆賓一人舉觶遂無算爵言遂者明其閒闕也賓坐奠觶于其所擯者遂受命于主人請坐于賓賓降說屨升坐矣不言遂請坐者請坐主於無算爵疏正義曰敖氏云言不殺復言無俎者嫌不殺者亦或有俎也士冠士虞以乾肉折俎主人不崇酒則賓亦不告

旨矣不拜衆賓謂不拜之於庭指將獻之時也若獻則衆賓亦拜受爵而主人答之 注云言遂者明其閒闕也者敖氏云謂舉觶之後無筭爵之前其閒工入升歌等禮皆闕也此一人舉觶在獻衆賓之後雖與正禮之舉觶爲旅酬始者同實爲無筭爵始也言遂無筭爵明其說屨升坐卽取此觶故也

無司正使擯者而已不立之 疏 正義曰方氏苞云息司正而更立司正則於敬賓之義微若有嫌不若無之爲安

賓不與昨日至尊不可褻也古文與作豫

徵唯所欲徵召也謂所欲請呼以告于鄉先生君子可也告請也鄉先生鄉大夫致仕者也君子有大德行不仕者 疏 正義曰方氏苞云鄉飲酒鄉射至息司正乃告于君子何也君子抱道不仕賓興習射自不敢相屈至息司正則聞鄉之後進有成有造未必不惠然肯來耳鄉先生宜兼大夫以公事不得爲遵及樂作而未入者鄉飲酒疏謂老人教於鄉學者尚未該教於鄉學唯士大夫退休者耳

羞唯所有用時見物 疏 正義曰謂其時所有之物卽用之也

鄉樂唯欲不歌雅頌取周召之詩在所好

右息司正

儀禮正義九

西元二〇二四年三月一日重製一版

儀禮正義 冊一（清胡培翬撰）

平裝四冊基本定價貳仟柒佰元正
（郵運匯費另加）

發行人 張 敏 君
發行處 中 華 書 局
臺北市內湖區舊宗路二段一八一巷八號五樓（5FL., No. 8, Lane 181, JIOU-TZUNG Rd., Sec 2, NEI HU, TAIPEI, 11494, TAIWAN）
客服電話：886-8797-8396
公司傳真：886-8797-8909
匯款帳戶：華南商業銀行西湖分行
179100026931
印　刷：維中科技有限公司
海瑞印刷品有限公司

No. N0034-1

國家圖書館出版品預行編目(CIP)資料

儀禮正義/(清)胡培翬撰. -- 重製一版. -- 臺北市 : 中華書局, 2024.03
冊 ; 公分
ISBN 978-626-7349-05-2(全套 : 平裝)

1.CST: 儀禮 2.CST: 注釋

531.12 113001465